Bornhofen

Das Konzept

Aktualität, Praxisbezug und eine ausgefeilte pädagogische Aufbereitung der Inhalte kennzeichnen die Werke von Bornhofen. Die **Zweibändigkeit** und die **Vernetzung** zwischen den Buchführungs- und Steuerlehrbüchern bei ständig aktueller Rechtslage gewährleisten das sichere Verständnis der beiden Sachgebiete als auch ihres wechselseitigen Zusammenhangs. Aufgaben verschiedener Schwierigkeitsgrade bringen die notwendige Sicherheit bei der Umsetzung des erlernten Wissens.

Der Veröffentlichungsrhythmus

Buchführung 1 und Steuerlehre 1 erscheinen der **laufenden** Rechtslage angepasst stets im **Juni** eines jeden Kalenderjahres. Der den Werken beigeordnete kostenlose **Aktualisierungsservice** informiert über Rechtsänderungen des bis Jahresende verbleibenden Zeitraums.

Buchführung 2 und Steuerlehre 2 erscheinen mit dem **vollständigen** Rechtsstand des Vorjahres stets im **Februar**. Gleichzeitig werden Ausblicke für das laufende Jahr geboten.

Die Autoren und das Team

Die inhaltliche und methodische Darstellung von *StD, Dipl.-Hdl. Manfred Bornhofen und Steuerberater, Dipl.-Kfm., CPA Martin C. Bornhofen* ist wesentlich geprägt durch ihre praktischen Erfahrungen in der Wirtschaft und ihre langjährigen Lehr- und Prüfungstätigkeiten.

Manfred Bornhofen gehört zu den wenigen Autoren, die Gabler zu seinem 75-Jahre-Jubiläum 2004 für seine besonderen Leistungen als Autor mit dem Gabler-Award eigens ausgezeichnet hat.

OStR, Dipl.-Kfm. Markus Bütehorn unterrichtet angehende Steuerfachangestellte in den Fächern Steuerlehre und Rechnungswesen sowie in der Erwachsenenbildung an einer Fachschule für Steuern, Rechnungslegung und Controlling. Er ist Prüfungsausschussmitglied der Steuerberaterkammer Rheinland-Pfalz im Bereich der Steuerfachangestellten- und Steuerfachwirtausbildung sowie der IHK-Koblenz im Bereich der Bilanzbuchhalterausbildung.

Steuerberater, Dipl.-Kfm., Dr. Sebastian Gocksch war Mitarbeiter an einem Lehrstuhl für Betriebswirtschaftliche Steuerlehre und ist seit Jahren in der Praxis eines großen wirtschaftsberatenden Unternehmens tätig.

Finanzwirt, Dipl.-Hdl., StD Lothar Meyer ist Mitglied verschiedener Prüfungs- und Lehrplankommissionsausschüsse des Landes Baden-Württemberg für Steuerfachangestellte und Steuerfachwirte. Er ist Fachberater in der Schulaufsicht und schwerpunktmäßig in der Lehrerfortbildung tätig. Als Fachlehrer und Dozent unterrichtet er insbesondere Steuerrecht und Rechnungswesen.

Bornhofen

Die Lehrbücher

Buchführung 1
Grundlagen der Buchführung für Industrie- und Handelsbetriebe

Buchführung 2
Abschlüsse nach Handels- und Steuerrecht,
Betriebswirtschaftliche Auswertung, Vergleich mit IAS/IFRS

Steuerlehre 1
Allgemeines Steuerrecht, Abgabenordnung, Umsatzsteuer

Steuerlehre 2
Einkommensteuer, Körperschaftsteuer, Gewerbesteuer,
Bewertungsgesetz und Erbschaftsteuer

Die Lösungsbücher

Zu den Lehrbüchern sind auch passende Lösungsbücher mit zusätzlichen
Aufgaben und Lösungen erhältlich.

Studiendirektor, Dipl.-Hdl. Manfred Bornhofen
Steuerberater, Dipl.-Kfm., CPA Martin C. Bornhofen

Mitarbeiter:
OStR, Dipl.-Kfm. Markus Bütehorn
StB, Dipl.-Kfm., Dr. Sebastian Gocksch
Fw., Dipl.-Hdl., StD Lothar Meyer

Buchführung 1
DATEV-Kontenrahmen 2007

Grundlagen der Buchführung
für Industrie- und Handelsbetriebe

19., überarbeitete Auflage

GABLER

Bibliografische Information Der Deutschen Nationalbibliothek
Die Deutsche Nationalbibliothek verzeichnet diese Publikation in der
Deutschen Nationalbibliografie; detaillierte bibliografische Daten sind im Internet über
<http://dnb.d-nb.de> abrufbar.

1. Auflage 1984
.
.
.
19., überarbeitete Auflage Juni 2007

Alle Rechte vorbehalten
© Betriebswirtschaftlicher Verlag Dr. Th. Gabler | GWV Fachverlage GmbH, Wiesbaden 2007

Lektorat: Dr. Riccardo Mosena
Korrektorat: Inge Kachel-Moosdorf

Der Gabler Verlag ist ein Unternehmen von Springer Science+Business Media.
www.gabler.de

Umschlaggestaltung: KünkelLopka Medienentwicklung, Heidelberg
Druck und buchbinderische Verarbeitung: LegoPrint, Lavis
Gedruckt auf säurefreiem und chlorfrei gebleichtem Papier
Printed in Italy

ISBN 978-3-8349-0488-1

Vorwort zur 19. Auflage

Die **Buchführung 1** erscheint im **Juni** eines jeden Kalenderjahres mit dem aktuellen Rechtsstand des **laufenden** Jahres.

Zusammen mit der **Buchführung 2** deckt das Werk die grundlegenden Inhalte der Buchführung und des Jahresabschlusses ab.
Während die **Buchführung 2** die Abschlüsse nach Handels- und Steuerrecht (inklusive eines Vergleichs zu Abschlüssen nach IAS/IFRS) sowie deren betriebswirtschaftliche Auswertung behandelt, erläutert und erklärt die **Buchführung 1**

die Grundlagen der Buchführung für Industrie- und Handelsbetriebe.

Die 19., überarbeitete Auflage der Buchführung 1 berücksichtigt den **aktuellen Rechtsstand** des Jahres **2007**. Sollten sich nach dem Erscheinen der Buchführung 1 noch Rechtsänderungen für 2007 ergeben, können diese kostenlos im Internet unter

www.gabler.de/bornhofen

abgerufen werden.
Damit wird bei der Buchführung 1 der **vollständige Rechtsstand** des Jahres 2007 garantiert.

Rechtsänderungen gegenüber dem Vorjahr bzw. Änderungen, die sich ab 2007 ergeben, sind durch senkrechte Randlinien gekennzeichnet.

Zahlreiche erläuternde **Schaubilder, Beispiele, Wiederholungsfragen** und zu lösende **Übungsaufgaben** – basierend auf dem Rechtsstand des Jahres 2007 – unterstützen den Lernerfolg.
Zur Erleichterung der Erfolgskontrolle wird in umfangreichen Kapiteln bereits nach einzelnen Abschnitten unter dem Stichwort "**Übung**" auf die entsprechenden Wiederholungsfragen und Übungsaufgaben hingewiesen.
Die "**Zusammenfassenden Erfolgskontrollen**" bieten die Möglichkeit, auch Inhalte vorhergehender Kapitel in die laufende Erfolgskontrolle einzubeziehen.

Aufgrund der vielen **Vernetzungen**, die sich zwischen dem **Steuerrecht und** dem **Rechnungswesen** ergeben, wird mit einem **besonderen Symbol** (siehe Seite VI) auf Schnittstellen zu den Werken **Steuerlehre 1** und **Steuerlehre 2** sowie zur **Buchführung 2** und innerhalb der **Buchführung 1** hingewiesen. Somit wird ein optimaler Lernerfolg im Kontext Steuerrecht und Rechnungswesen auf stets aktueller Rechtslage gewährleistet.

Der Buchführung 1 liegen die DATEV-Kontenrahmen **SKR 04** und **SKR 03, gültig ab 1.1. 2007**, zugrunde. Diese sind nicht nur die in der Praxis am häufigsten verwendeten Kontenrahmen, sondern gleichzeitig auch zu anderen Kontenrahmen (z.B. GKR und IKR) kompatibel.
Beide Kontenrahmen sind mit Zustimmung der DATEV eG am Ende des Buches abgedruckt.

Für die Lösungen der Übungsaufgaben und für zusätzliche Aufgaben mit Lösungen ist ein **Lösungsbuch** erhältlich (**ISBN 978 – 3 – 8349 – 0489 – 8**).

Manfred Bornhofen
Martin C. Bornhofen

Erläuterung zu den in diesem Buch verwendeten Symbolen

| Die mit einer senkrechten Randlinie versehenen Seiten kennzeichnen die Rechtsänderungen gegenüber dem Vorjahr bzw. Änderungen, die sich ab 2007 ergeben.

[B 1] Das Symbol **B 1** verweist auf die **Buchführung 1**, 19. Auflage.

[B 2] Das Symbol **B 2** verweist auf die **Buchführung 2**, 18. Auflage.

[S 1] Das Symbol **S 1** verweist auf die **Steuerlehre 1**, 28. Auflage.

[S 2] Das Symbol **S 2** verweist auf die **Steuerlehre 2**, 27. Auflage.

[A L] Das Symbol **A L** verweist auf das **Lösungsbuch** zur Buchführung 1, 19. Aufl., und darin enthaltene zusätzliche Aufgaben mit Lösungen.

Inhaltsverzeichnis

Grundlagen der Buchführung für Industrie- und Handelsbetriebe

Abkürzungsverzeichnis

A	=	Abschnitt
AAG	=	Aufwendungsausgleichsgesetz
AB	=	Anfangsbestand
AEAO	=	Anwendungserlass zur AO
AfA	=	Absetzung für Abnutzung
AG	=	Aktiengesellschaft
AktG	=	Aktiengesetz
AK	=	Anschaffungskosten
aLuL	=	aus Lieferungen und Leistungen
AN	=	Arbeitnehmer
ANK	=	Anschaffungsnebenkosten
AO	=	Abgabenordnung
AR	=	Ausgangsrechnung
AV	=	Anlagevermögen/Arbeitslosenversicherung
AWV	=	Arbeitsgemeinschaft für wirtschaftliche Verwaltung
B	=	Berichtigungsschlüssel
BA	=	Bundesanzeiger, Betriebsausgaben
BdF	=	Bundesminister der Finanzen
BFH	=	Bundesfinanzhof
BGA	=	Betriebs- und Geschäftsausstattung
BGB	=	Bürgerliches Gesetzbuch
BNK	=	Bezugsnebenkosten
BiRiLiG	=	Bilanzrichtlinien-Gesetz
BMF	=	Bundesministerium der Finanzen
BpO	=	Betriebsprüfungsordnung
BStBl	=	Bundessteuerblatt
BuG	=	Betriebs- und Geschäftsausstattung
BV	=	Betriebsvermögen
BWA	=	Betriebswirtschaftliche Auswertung
DATEV	=	Datenverarbeitungsorganisation des steuer- beratenden Berufes in der Bundesrepublik Deutschland eG
DB	=	Der Betrieb
EGAO	=	Einführungsgesetz zur Abgabenordnung
Eh.	=	Einzelhandel
e.K.	=	eingetragener Kaufmann
EK	=	Eigenkapital
ER	=	Eingangsrechnung
ESt	=	Einkommensteuer
EStDV	=	Einkommensteuer-Durchführungsverordnung
EStH	=	Amtliches Einkommensteuer-Handbuch
EStG	=	Einkommensteuergesetz
EStR	=	Einkommensteuer-Richtlinien
EU	=	Europäische Union
EUSt	=	Einfuhrumsatzsteuer
EV	=	Eigenverbrauch
EWWU	=	Europäische Wirtschafts- und Währungsunion
FA	=	Finanzamt
Fifo	=	First in first out
FK	=	Fremdkapital
GewSt	=	Gewerbesteuer
GKR	=	Gemeinschaftskontenrahmen der Industrie
GmbH	=	Gesellschaft mit beschränkter Haftung

GoB	=	Grundsätze ordnungsmäßiger Buchführung
GoBS	=	Grundsätze ordnungsmäßiger DV-gestützter Buchführungssysteme
GoS	=	Grundsätze ordnungsmäßiger Speicherbuchführung
GuVK	=	Gewinn- und Verlustkonto
GuVR	=	Gewinn- und Verlustrechnung
GWG	=	geringwertiges Wirtschaftsgut
H	=	Hinweise, Haben
HAÜ	=	Hauptabschlussübersicht
HB	=	Handelsbilanz
HGB	=	Handelsgesetzbuch
HK	=	Herstellungskosten
HR	=	Handelsregister
HRefH	=	Handelsrechtsreformgesetz
IKR	=	Industriekontenrahmen
K	=	Kontokorrent
KapCoRiLiG	=	Kapitalgesellschaften- und Co-Richtlinien-Gesetz
KG	=	Kommanditgesellschaft
KiSt	=	Kirchensteuer
KSt	=	Körperschaftsteuer
KV	=	Krankenversicherung
Lifo	=	Last in first out
LFZG	=	Lohnfortzahlungsgesetz
LSt	=	Lohnsteuer
LStDV	=	Lohnsteuer-Durchführungsverordnung
MwStSystR	=	Mehrwertsteuer-Systemrichtlinie
m.Z.	=	mit Zinsschein
ND	=	Nutzungsdauer
OFD	=	Oberfinanzdirektion
OHG	=	offene Handelsgesellschaft
o.Z.	=	ohne Zinsschein
PflegeVG	=	Pflegeversicherungsgesetz
PV	=	Pflegeversicherung
PublG	=	Publizitätsgesetz
R	=	Richtlinie
rkr.	=	rechtskräftig
RV	=	Rentenversicherung
Rz.	=	Randziffer/Randzahl
S	=	Soll
SachbezV	=	Sachbezugsverordnung
SB	=	Schlussbestand
SBK	=	Schlussbilanzkonto
SKR	=	Spezialkontenrahmen
sL	=	sonstige Leistungen
SolZ	=	Solidaritätszuschlag
SolZG	=	Solidaritätszuschlagsgesetz
StB	=	Steuerbilanz
StBereinG	=	Steuerbereinigungsgesetz
StEntlG	=	Steuerentlastungsgesetz 1999/2000/2002
StEuglG	=	Steuer-Euroglättungsgesetz
StSenkG	=	Steuersenkungsgesetz
StSenkErgG	=	Steuersenkungsergänzungsgesetz
SV	=	Saldovortrag
Tz.	=	Textziffer/Textzahl
U 1	=	Umlage 1

U 2	=	Umlage 2
USt	=	Umsatzsteuer
UStDV	=	Umsatzsteuer-Durchführungsverordnung
USt-IDNr.	=	Umsatzsteuer-Identifikationsnummer
USt-IDNrn.	=	Umsatzsteuer-Identifikationsnummern
UStR	=	Umsatzsteuer-Richtlinien
UV	=	Umlaufvermögen
vBP	=	vereidigter Buchprüfer
VermBG	=	Vermögensbildungsgesetz
VoSt	=	Vorsteuer
VSt	=	Vermögensteuer
vwL	=	vermögenswirksame Leistungen
VZ	=	Veranlagungszeitraum
WG	=	Wechselgesetz
WoBauFG	=	Wohnungsbauförderungsgesetz
WoPG	=	Wohnungsbau-Prämiengesetz
WP	=	Wirtschaftsprüfer
WStG	=	Wechselsteuergesetz
ZM	=	Zusammenfassende Meldung

Grundlagen der Buchführung für Industrie- und Handelsbetriebe

1 Einführung in das betriebliche Rechnungswesen

1.1 Begriff

Das **betriebliche Rechnungswesen** ist ein System zur Ermittlung, Verarbeitung, Speicherung und Abgabe von Informationen über ausgewählte wirtschaftliche und rechtliche Vorgänge eines Betriebes.

Nach dem Buchführungserlass aus dem Jahre 1937 wird das betriebliche Rechnungswesen in **vier Teilbereiche** gegliedert:

1. **Buchführung** (Zeitraumrechnung),
2. **Kalkulation** (Stückrechnung),
3. **Statistik** (Vergleichsrechnung) und
4. **Planung** (Vorschaurechnung).

Zu 1. Buchführung

Die **Buchführung** ist eine **Zeitraumrechnung**. Sie erfasst die Vermögens- und Kapitalbestände und deren Veränderung zum Zwecke der Ermittlung des Erfolges eines Rechnungszeitraumes (Jahr, Monat). Vermögen und Kapital werden nach Art, Menge und Wert aufgezeichnet. Der Erfolg kann Gewinn oder Verlust sein.

Die Buchführung wurde erstmals 1494 durch den Franziskanermönch **Luca Pacioli** zusammenfassend dargestellt.

Zu 2. Kalkulation

Die **Kalkulation** wird in der modernen Literatur als **Kosten- und Leistungsrechnung** bezeichnet. Die Kosten- und Leistungsrechnung ist eine **Stück- bzw. Leistungseinheitsrechnung**.

Die **Kostenrechnung** erfasst den in Geld bewerteten Gütereinsatz zur Herstellung von Erzeugnissen, zur Bereitstellung von Waren oder Dienstleistungen. Ihr Zweck ist die Ermittlung der Selbstkosten des hergestellten Produktes bzw. der Leistungseinheit.

Die **Leistungsrechnung** hat die Aufgabe, die betrieblichen Leistungen, gemessen an den Umsatzerlösen, Bestandsveränderungen und innerbetrieblichen Eigenleistungen, zu erfassen und sie den Kosten gegenüberzustellen.

Zu 3. Statistik

Die **Statistik** ist eine Vergleichsrechnung. Sie besteht in der zahlenmäßigen Erfassung von immer wiederkehrenden Vorgängen (Umsätze, Auftragseingänge, Zahlungsströme, Laufstunden von Maschinen). Als Quelle der Statistik dient die Buchführung mit ihren Belegen und Erhebungen durch unmittelbare Mengenfeststellung mittels Zählung.

Zu 4. Planung

Unter **Planung** ist eine Vorschaurechnung zu verstehen. Sie ist eine auf die Zukunft gerichtete Rechnung und besteht in der Aufstellung und Vorgabe von Sollzahlen für begrenzte Zeiträume oder Projekte.

1.2 Aufgaben des betrieblichen Rechnungswesens

Aufgaben des betrieblichen Rechnungswesens sind

> 1. die Ermittlung von Prognoseinformationen zur Unterstützung der betrieblichen Planung (**Entscheidungsvorbereitung**),
> 2. die Ermittlung von Vergangenheitsinformationen für Zwecke der Rechenschaftslegung (**Dokumentation**),
> 3. die Ermittlung von Informationen über Soll-Ist-Abweichungen (**Überwachung, Kontrolle**) und
> 4. die Steuerung fremden Verhaltens in Richtung auf betriebsziel-erfüllende Handlungsweisen (**Steuerung, Lenkung**).

Das betriebliche Rechnungswesen dient mit seiner **Informationsfunktion** vor allem der **Unternehmensführung** als Entscheidungsgrundlage und Frühwarnsystem. Die im betrieblichen Rechnungswesen vorhandenen Informationen stellen eine fundierte Basis für betriebswirtschaftliche Entscheidungen (z.B. Investitionen) dar und zeigen beim Abweichen von vorgegebenen Werten der Unternehmensführung frühzeitig Handlungsbedarf an.

Das betriebliche Rechnungswesen hat aber auch die Aufgabe die **Außenwelt zu informieren**. So sind z.B. große Kapitalgesellschaften (z.B. Aktiengesellschaften) verpflichtet, ihre **Bilanz**, **Gewinn- und Verlustrechnung**, **Anhang** und ihren **Lagebericht** bekanntzumachen und die Unterlagen beim Handelsregister einzureichen (§ 325 Abs. 2 HGB).

Ebenfalls informiert das betriebliche Rechnungswesen über wesentliche **Besteuerungs-grundlagen** (z.B. **Umsatz, Gewinn**). Die Finanzverwaltung (**Finanzamt**) hat das **Recht nachzuprüfen, ob** die in den Steuererklärungen angegebenen **Besteuerungs-grundlagen stimmen**. Bei einer Prüfung wird mithilfe des betrieblichen Rechnungs-wesens festgestellt, ob die Steuern in der gesetzlich geschuldeten Höhe entrichtet worden sind.

Bei der Erfüllung der Aufgaben ist das betriebliche Rechnungswesen als **dynamisches System** anzusehen. Die relevanten Informationen werden zunächst **erhoben** (z.B. Be-lege), **gespeichert** (z.B. kontiert), **verarbeitet** (z.B. gebucht) und **erneut gespeichert** (z.B. Bilanz), bevor sie an interne (z.B. Unternehmensführung) oder externe Adressaten (z.B. Aktionäre) **abgegeben** werden.

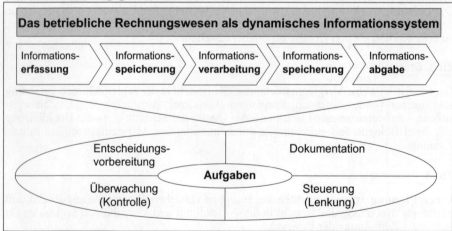

1.3 Buchführung als Teilbereich des betrieblichen Rechnungswesens

1.3.1 Begriff

Die wirtschaftlichen und rechtlichen Vorgänge, die das betriebliche Rechnungswesen umfasst, verändern ständig **Vermögen und Schulden** eines Unternehmens, und zwar durch

- Einkäufe,
- Lagerungen,
- Nutzung und Verbrauch von Gebäuden, Maschinen, Werkzeugen, Werkstoffen,
- Inanspruchnahme von Dienstleistungen und
- Verkäufe.

Diese Vorgänge bezeichnet man als **Geschäftsvorfälle**. Die planmäßige, lückenlose und ordnungsmäßige **Erfassung der Geschäftsvorfälle** eines Unternehmens mit ihrem wesentlichen Inhalt und ihrem Geldwert mit Hilfe von Belegen bezeichnet man als **Buchführung**.

Die **Art der Geschäftsvorfälle** ist davon abhängig, welchem **Wirtschaftszweig (Industrie oder Handel)** ein Unternehmen angehört.
Damit **alle Arten der Geschäftsvorfälle** dargestellt werden können, wird im Folgenden von einem **kombinierten Industrie- und Handelsbetrieb**, der J & M Möbelfabrik GmbH, ausgegangen, der neben **industriellen Erzeugnissen** (Tische), die **selbst hergestellt** werden, noch **Handelswaren** (Stühle) führt, die **ohne** Be- oder Verarbeitung weiterverkauft werden:

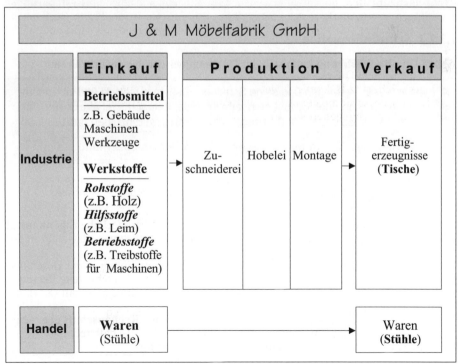

Buchungsrelevante Vorgänge (**Geschäftsvorfälle**) der J & M Möbelfabrik GmbH	
	Beispiele:
Industrie	Kauf einer Kreissäge auf Ziel (auf Kredit) 3.000,00 Euro Kauf einer Fräsmaschine gegen Bankscheck 5.000,00 Euro Barkauf von Holz für Tische 500,00 Euro Zielkauf von Schrauben für Tische 50,00 Euro Zielkauf von Farben für Tische 250,00 Euro Barkauf von Schmieröl für die Fräsmaschine 110,00 Euro Verkauf von Fertigerzeugnissen (Tischen) auf Ziel 2.500,00 Euro
Handel	Kauf von Stühlen gegen Bankscheck 650,00 Euro Zielverkauf von Stühlen 1.200,00 Euro

1.3.2 Aufgaben der Buchführung

Die **Buchführung** bildet mit ihrem Zahlenmaterial heute eine **wichtige Grundlage** für das **gesamte betriebliche Rechnungswesen**. Die **Buchführung dient** vor allem:

1. der **Selbstinformation** des Unternehmers,
2. der **Rechenschaftslegung** gegenüber den Gesellschaftern,
3. dem Nachweis der **Besteuerungsgrundlagen**,
4. dem **Gläubigerschutz** und
5. als **Beweismittel**.

1.3.2.1 Selbstinformation

Anhand der **Buchführung** kann sich der Unternehmer darüber **informieren**:

- wie sich sein Vermögen und seine Schulden zusammensetzen und verändern,
- welchen Gewinn oder Verlust er innerhalb eines Zeitraums erwirtschaftet hat,
- welche Aufwendungen und Erträge seinen Erfolg im Einzelnen nach Art und Höhe beeinflusst haben,
- wie hoch seine Privatentnahmen sind.

1.3.2.2 Rechenschaftslegung

Oft ist ein **Einzelunternehmer nicht** in der Lage, das erforderliche **Eigenkapital allein aufzubringen**. Andere beteiligen sich an dem Unternehmen, das dann in der Form einer **Gesellschaft** betrieben wird.
Die kapitalmäßige Beteiligung ist nicht immer mit einer Beteiligung an der Geschäftsführung verbunden, sodass Kapital**geber** und Kapital**verwalter verschiedene Personen** sind. Dies gilt z.B. für die stille Gesellschaft, die Kommanditgesellschaft (KG), die GmbH und die AG.
Wer fremdes Kapital verwaltet, schuldet dem Kapital**geber Rechenschaft** über seine **Verwaltung**. Dieser allgemeine Grundsatz gilt auch im Gesellschaftsrecht.
Grundlage der **Rechenschaftslegung** ist die **Buchführung**.

1.3.2.3 Besteuerungsgrundlagen

Wesentliche **Besteuerungsgrundlagen** ergeben sich aus der **Buchführung** (z.B. **Umsatz, Gewinn**).

Das **Finanzamt** hat das **Recht**, die **Besteuerungsgrundlagen** zu **überprüfen**.

Bei einer Prüfung dient die **Buchführung** als Kontrollmittel. Mit ihrer Hilfe kann festgestellt werden, ob die Steuern in der gesetzlich geschuldeten Höhe entrichtet worden sind.

1.3.2.4 Gläubigerschutz

Die **Buchführung** dient **direkt** und **indirekt** auch dem **Gläubigerschutz**.

Der **direkte** Gläubigerschutz besteht z.B. darin, dass sich eine Bank anhand geprüfter Buchführungszahlen vor der Gewährung eines Kredits ein Urteil über die Kreditwürdigkeit des Kreditnehmers bildet und sich während der Laufzeit des Kredits Kenntnisse über dessen wirtschaftliche Lage verschafft.

Indirekt dient die Buchführung dem Gläubigerschutz, wenn sie den Unternehmer davor bewahrt, die eigene wirtschaftliche Lage falsch zu beurteilen, falsche unternehmerische Entscheidungen zu treffen und durch zu hohe Privatentnahmen die Haftungsmasse (= das Vermögen) zum Nachteil der Gläubiger zu verringern.

1.3.2.5 Beweismittel

Schließlich können Handelsbücher in einem Prozess als **Beweismittel** dienen. Das **Gericht** kann die Vorlegung der Handelsbücher anordnen (§ 258 Abs. 1 HGB).

Welche Beweiskraft den vorgelegten Büchern beizulegen ist, entscheidet der Richter nach dem prozessualen Grundsatz freier Beweiswürdigung; ggf. zieht er einen vereidigten Buchprüfer bzw. Wirtschaftsprüfer als Sachverständigen hinzu.

1.4 Erfolgskontrolle

WIEDERHOLUNGSFRAGEN

1. Was versteht man unter dem betrieblichen Rechnungswesen?
2. Was bezeichnet man als Buchführung?
3. In welche Teilbereiche kann das Rechnungswesen gegliedert werden?
4. Welche Aufgaben hat das betriebliche Rechnungswesen zu erfüllen?
5. Welches Interesse hat das Finanzamt an der Buchführung?

ÜBUNGSAUFGABEN

Übungsaufgabe 1:

Welcher der nachstehenden Arbeitsbereiche gehört nicht zu den Teilbereichen des betrieblichen Rechnungswesens? Kreuzen Sie die richtige Lösung an.

(a) Kalkulation
(b) Statistik
(c) Werbung
(d) Buchführung

Übungsaufgabe 2:

Setzen Sie die gesuchten Aufgaben der Buchführung in die richtigen Zeilen ein. Die Buchstaben in den unterlegten Feldern ergeben das Lösungswort.

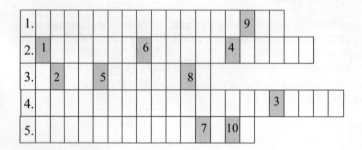

Wenn die Buchführung die ihr gestellten Aufgaben erfüllt, dann kann

1. sich der Unternehmer selbst einen Überblick über die Zusammensetzung seines Vermögens und seiner Schulden verschaffen,

2. ein Gesellschafter des Unternehmens die Geschäftsführung kontrollieren,

3. sie auch vor Gericht verwertet werden,

4. das Finanzamt prüfen, ob der in der Steuererklärung ausgewiesene Gewinn stimmt,

5. die Hausbank die Kreditwürdigkeit prüfen.

Lösungswort:

1	2	3	4	5	6	7		8	9	10
							K			

2 Buchführungs- und Aufzeichnungsvorschriften

2.1 Handels- und steuerrechtliche Buchführungspflicht

Ob Bücher zu führen sind, ist **nicht** in das Ermessen des Unternehmers gestellt. Der Unternehmer ist vielmehr **gesetzlich verpflichtet**, Bücher zu führen, wenn bestimmte Voraussetzungen erfüllt sind. Buchführungsvorschriften sind sowohl im **Handelsrecht** als auch im **Steuerrecht** enthalten.

2.1.1 Handelsrechtliche Buchführungspflicht

Die **handelsrechtliche** Buchführungspflicht knüpft an die **Kaufmannseigenschaft** an. Nach § 238 Abs. 1 Satz 1 HGB ist jeder **Kaufmann** verpflichtet, Bücher zu führen. **Kaufmann** ist, wer ein **Handelsgewerbe** betreibt (§ 1 **Abs. 1** HGB).

Handelsgewerbe ist jeder **Gewerbebetrieb**, es sei denn, dass das Unternehmen nach Art oder Umfang einen in kaufmännischer Weise eingerichteten Geschäftsbetrieb (kaufmännische Organisation) **nicht** erfordert (§ 1 **Abs. 2** HGB). Ob ein **Gewerbebetrieb** vorliegt, richtet sich nach den Merkmalen des **§ 15 Abs. 2 EStG.**
Ein **Gewerbebetrieb** liegt nach § 15 Abs. 2 EStG vor, wenn folgende Merkmale erfüllt sind:

- Selbständigkeit,
- Nachhaltigkeit,
- Gewinnerzielungsabsicht,
- Beteiligung am allgemeinen wirtschaftlichen Verkehr und
- keine Land- und Forstwirtschaft, keine freie Berufstätigkeit und keine andere selbständige Arbeit.

Unternehmer, die einen **Gewerbebetrieb** im Sinne des § 15 Abs. 2 EStG führen, bezeichnet man als **gewerbliche Unternehmer**.

> Beispiel:
> Der ehemalige Kellner Hans Müller pachtet eine Gastwirtschaft, die er auf eigene Rechnung bewirtschaftet. Er beschäftigt keine Angestellte.
>
> Hans Müller ist **gewerblicher Unternehmer**, weil er einen Gewerbebetrieb führt, bei dem alle Merkmale des § 15 Abs. 2 EStG erfüllt sind.

Gewerbliche Unternehmer, deren Unternehmen nach Art oder Umfang einen in kaufmännischer Weise eingerichteten Geschäftsbetrieb **nicht** erfordert (**Kleingewerbetreibende**), sind **keine Kaufleute**.
Anhaltspunkte für einen in kaufmännischer Weise eingerichteten Geschäftsbetrieb (**kaufmännische Organisation**) sind z.B.:

- ein hoher Umsatz,
- eine hohe Mitarbeiterzahl,
- ein umfangreiches Warenangebot,
- vielfältige Geschäftskontakte.

> Beispiel:
> Bei dem gewerblichen Unternehmer Hans Müller (Beispiel zuvor) liegen keine Anhaltspunkte für eine kaufmännische Organisation vor.
>
> Hans Müller ist als Kleingewerbetreibender **kein Kaufmann** und damit nach § 238 HGB **nicht buchführungspflichtig**.

Gewerbliche Unternehmer, deren Unternehmen nach Art oder Umfang einen in kaufmännischer Weise eingerichteten Geschäftsbetrieb (**kaufmännische Organisation**) **erfordert**, sind **Kaufleute** und damit **verpflichtet, Bücher zu führen** (§ 238 Abs. 1 Satz 1 HGB).

Beispiel:
Franz-J. Wichtig hat in diesem Jahr einen Supermarkt in Bonn eröffnet. Er beschäftigt 15 Arbeitskräfte. Wichtig rechnet in diesem Jahr mit einem Umsatz von 500.000 € und einem Gewinn von 50.000 €.

Franz-J. Wichtig ist **Kaufmann** und damit **buchführungspflichtig**, weil sein Gewerbebetrieb eine kaufmännische Organisation erfordert (hoher Umsatz, hohe Mitarbeiterzahl, umfangreiches Warenangebot, vielfältige Geschäftskontakte).

Handelsrechtlich buchführungspflichtig ist **jeder gewerbliche Unternehmer**, dessen Unternehmen nach Art oder Umfang einen in kaufmännischer Weise eingerichteten Geschäftsbetrieb erfordert, **unabhängig** von der **Eintragung** in das Handelsregister (HR). **Seit dem 1.1.2007** wird das Handelsregister **elektronisch** geführt (§ 8 Abs. 1 HGB).

Für **Kleingewerbetreibende** besteht die Möglichkeit, die **Kaufmannseigenschaft** freiwillig durch **Eintragung** in das Handelsregister zu erlangen.
Ein gewerbliches Unternehmen, dessen Gewerbebetrieb nicht schon nach § 1 Abs. 2 HGB Handelsgewerbe ist, **gilt** als **Handelsgewerbe** i.S.d. HGB, **wenn** die Firma des Unternehmens in das Handelsregister **eingetragen** ist (§ 2 HGB).
Mit der Erlangung der **Kaufmannseigenschaft** durch die freiwillige Eintragung ins HR wird der **Kleingewerbetreibende** handelsrechtlich **buchführungspflichtig**.

Beispiel:
Der gewerbliche Unternehmer Hans Müller, dessen Unternehmen **keine** kaufmännische Organisation erfordert, lässt sich **freiwillig** in das Handelsregister eintragen und firmiert in Zukunft "Hans Müller e.K.".

Hans Müller ist durch Eintragung **Kaufmann** und damit **buchführungspflichtig**.

Land- und Forstwirte und Handelsgesellschaften (z.B. AG, GmbH, KG, OHG), die keine gewerblichen Unternehmen sind, werden ebenfalls **durch Eintragung** in das Handelsregister zum **Kaufmann und** damit **buchführungspflichtig** (§§ 3 und 6 HGB).

Zusammenfassung zu Abschnitt 2.1.1:

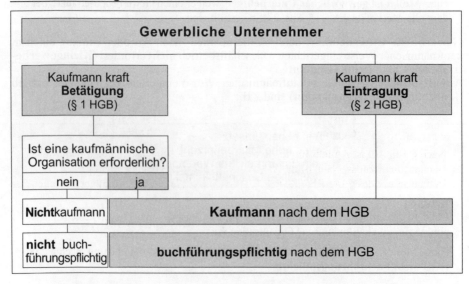

2.1.2 Steuerrechtliche Buchführungspflicht

Die **steuerrechtliche** Buchführungspflicht ist in den §§ 140 AO und 141 AO geregelt. Sie wird auch als abgeleitete und originäre Buchführungspflicht bezeichnet.

Die **abgeleitete** Buchführungspflicht ist in **§ 140 AO** geregelt und lautet:

> "Wer nach **anderen Gesetzen als den Steuergesetzen** Bücher ... zu führen hat, die für die Besteuerung von Bedeutung sind, hat die Verpflichtung, die ihm nach den anderen Gesetzen obliegen, auch für die Besteuerung zu erfüllen."

Unter **§ 140 AO** fallen alle **Kaufleute**, denn sie sind **nach "Nichtsteuergesetzen"** (z. B. nach dem **HGB) verpflichtet, Bücher zu führen.**

Darüber hinaus werden **Gewerbetreibende sowie Land- und Forstwirte**, soweit sie nicht Kaufleute sind und damit bereits durch § 140 AO erfasst werden, nach **§ 141 AO** buchführungspflichtig, wenn sie bestimmte Grenzen überschreiten (= **originäre** Buchführungspflicht).

Gewerbetreibende sowie **Land- und Forstwirte**, die nach den Feststellungen der Finanzbehörde für den einzelnen Betrieb die folgenden Grenzen überschreiten, sind nach **§ 141 AO** buchführungspflichtig:

> 1. **Umsätze** von mehr als **500.000 Euro** im Kalenderjahr oder
> 2. selbstbewirtschaftete land- und forstwirtschaftliche Fläche mit einem **Wirtschaftswert** (§ 46 BewG) von mehr als **25.000 Euro** oder
> 3. **Gewinn aus Gewerbebetrieb** von mehr als **30.000 Euro** im Wirtschaftsjahr oder
> 4. **Gewinn aus Land- und Forstwirtschaft** von mehr als **30.000 Euro** im Kalenderjahr.

Bis 31.12.2006 betrug die Umsatzgrenze 350.000 € im Kalenderjahr.

Die **Finanzbehörde** hat den Steuerpflichtigen auf den **Beginn** der Buchführungspflicht **hinzuweisen**. Diese Mitteilung soll dem Steuerpflichtigen **mindestens einen Monat** vor Beginn des Wirtschaftsjahres bekannt gegeben werden, von dessen Beginn ab die Buchführungspflicht zu erfüllen ist (AEAO zu § 141, Nr. 4 Sätze 1 und 2).

Beispiel:
Der Kioskbesitzer A, Koblenz, der Einkünfte aus Gewerbebetrieb erzielt, ist **kein Kaufmann**. Anhand seiner Einkommensteuer- und Umsatzsteuererklärung für das Jahr 2007 stellt die Finanzbehörde folgende Beträge fest:

Umsatz	**150.000 EUR**
Gewinn aus Gewerbebetrieb	**32.000 EUR**

Nach **§ 140 AO** ist A **nicht buchführungspflichtig**, weil er als Nichtkaufmann keine Bücher führen muss. Nach **§ 141 AO** ist A jedoch **buchführungspflichtig**, weil er die Betragsgrenze des **§ 141 Abs. 1 Nr. 4 AO** (Gewinn aus Gewerbebetrieb) überschreitet.

Selbständig Tätige mit Einkünften im Sinne des § 18 EStG (z.B. Ärzte, Rechtsanwälte, Wirtschaftsprüfer, Steuerberater) **fallen nicht unter § 141 AO**.

> **Übung:** 1. Wiederholungsfragen 1 bis 4 (Seite 21),
> 2. Übungsaufgaben 1 und 2 (Seite 21 f.)

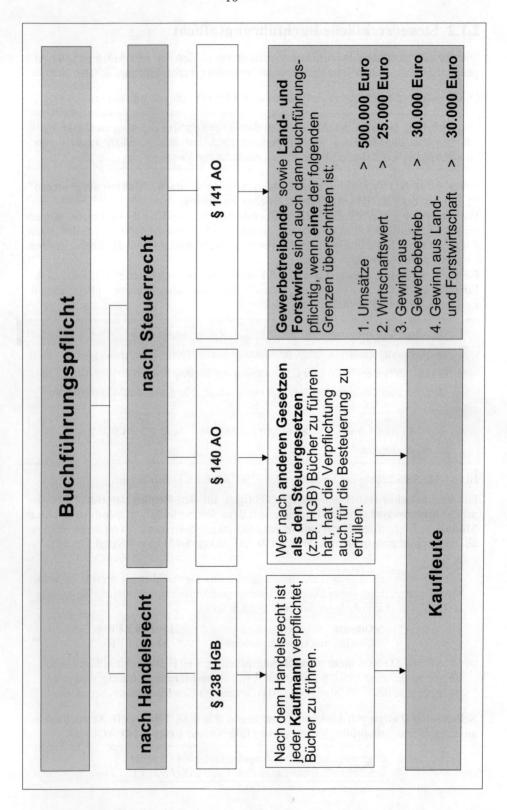

Buchführungspflicht

nach Handelsrecht

nach Steuerrecht

§ 238 HGB

Nach dem Handelsrecht ist jeder **Kaufmann** verpflichtet, Bücher zu führen.

Kaufleute

§ 140 AO

Wer nach anderen Gesetzen **als den Steuergesetzen** (z.B. HGB) Bücher zu führen hat, hat die Verpflichtung auch für die Besteuerung zu erfüllen.

§ 141 AO

Gewerbetreibende sowie **Land- und Forstwirte** sind auch dann buchführungspflichtig, wenn eine **eine** der folgenden Grenzen überschritten ist:

1. Umsätze	>	**500.000 Euro**
2. Wirtschaftswert	>	**25.000 Euro**
3. Gewinn aus Gewerbebetrieb	>	**30.000 Euro**
4. Gewinn aus Land- und Forstwirtschaft	>	**30.000 Euro**

2.1.3 Grundsätze ordnungsmäßiger Buchführung

Sowohl das **Handelsrecht** als auch das **Steuerrecht** verlangen vom Buchführungs-
pflichtigen, dass er bestimmte **Buchführungsgrundsätze** beachtet.

§ 238 Abs. 1 HGB verpflichtet jeden **Kaufmann**, in seinen Büchern seine Handels-
geschäfte und die Lage seines Vermögens nach den **Grundsätzen ordnungsmäßiger
Buchführung (GoB)** ersichtlich zu machen. Nach den Vorschriften der **§§ 140 und
141 AO** gelten die Grundsätze ordnungsmäßiger Buchführung **(GoB)** auch für den
steuerrechtlich zur Buchführung Verpflichteten.

In den **Ordnungsvorschriften** der §§ 238, 239 und 257 HGB sowie in § 146 AO
ist bestimmt, wie eine ordnungsmäßige Buchhaltung beschaffen sein muss. Eine
Buchführung ist <u>ordnungsgemäß</u>, wenn

> - die für die kaufmännische Buchführung **erforderlichen Bücher**
>   geführt werden,
> - die **Bücher förmlich in Ordnung** sind und
> - der **Inhalt sachlich richtig** ist (H 5.2 (GoB) EStH).

Für die **Ordnungsmäßigkeit einer Buchführung** hat die Arbeitsgemeinschaft für
wirtschaftliche Verwaltung e.V. **(AWV)**, Eschborn, folgende **Kernpunkte** aufgestellt,
die auch als **Grundsätze ordnungsmäßiger DV-gestützter Buchführungssysteme
(<u>GoBS</u>)** gelten (BMF-Schreiben vom 7.11.1995, BStBl 1995 I S. 738 ff.).

> Die buchungsmäßigen Geschäftsvorfälle müssen richtig, vollständig und
> zeitgerecht erfasst sein sowie sich in ihrer Entstehung und Abwicklung verfolgen
> lassen (**Beleg- und Journalfunktion**).
>
> Die Geschäftsvorfälle sind so zu verarbeiten, dass sie geordnet darstellbar sind
> und ein Überblick über die Vermögens- und Ertragslage gewährleistet ist
> (**Kontenfunktion**).
>
> Die **Buchungen** müssen einzeln und geordnet nach Konten und diese fort-
> geschrieben nach Kontensummen oder Salden sowie nach Abschlussposten
> dargestellt und jederzeit lesbar gemacht werden können.
>
> Ein **sachverständiger Dritter** muss sich in dem jeweiligen Verfahren der
> Buchführung in angemessener Zeit zurechtfinden und sich einen Überblick über
> die Geschäftsvorfälle und die Lage des Unternehmens verschaffen können.
>
> Das Verfahren der DV-Buchführung muss durch eine **Verfahrensdokumentation**,
> die sowohl die aktuellen als auch die historischen Verfahrensinhalte nachweist,
> verständlich und nachvollziehbar gemacht werden.
>
> Das in der Dokumentation beschriebene Verfahren muss dem in der Praxis
> eingesetzten Programm (Version) voll entsprechen (**Programmidentität**).

<u>**Übung:**</u> Wiederholungsfrage 5 (Seite 21)

2.1.4 Verstöße gegen die Buchführungspflicht und mögliche Folgen

Gegen die **Buchführungspflicht verstößt, wer** entweder

- **keine Bücher führt**, obwohl er dazu verpflichtet ist,

oder

- seine **Bücher mangelhaft führt**.

Bei mangelhafter Führung der Bücher ist zwischen **formellen** und **sachlichen** Mängeln zu unterscheiden.

Beispiele für formelle Mängel:

- Abkürzungen, Ziffern, Buchstaben oder Symbole werden nicht eindeutig verwendet (z.B. Abkürzung "Ba" bedeutet einmal bar, dann Bank, dann Büroausstattung, dann Barscheck usw.);

- eine Buchung wird so verändert (z.B. durch Überschreiben oder Durchstreichen), dass ihr ursprünglicher Inhalt nicht mehr feststellbar ist;

- Buchungen werden in Bleistift vorgenommen;

- Buchungen werden mit Tintenex oder auf andere Weise entfernt;

- Kasseneinnahmen und Kassenausgaben werden nicht täglich, sondern in größeren Zeitabständen festgehalten;

- Buchungen werden nicht in der Zeitfolge, sondern zeitlich ungeordnet vorgenommen;

- die Buchführung ist durch viele Stornobuchungen, Umbuchungen und Nachtrags-buchungen nicht mehr so klar und übersichtlich, dass sie einem sachverständigen Dritten innerhalb angemessener Frist einen Überblick über die Geschäftsvorfälle und die Vermögenslage ermöglicht.

Beispiele für sachliche Mängel:

- Ein buchungspflichtiger Geschäftsvorfall (z.B. der Barverkauf von Waren) ist nicht gebucht;

- ein fingierter (d.h. nicht existierender) Geschäftsvorfall (z.B. Privateinlage des Inhabers) wurde gebucht;

- ein Geschäftsvorfall wurde unvollständig gebucht (z.B. von einer Tageskassenein-nahme über 3.500 Euro wurden nur 3.200 Euro gebucht),

- ein Geschäftsvorfall (z.B. ein Kreditkauf von Waren) wurde im falschen Abrech-nungszeitraum gebucht.

Ein **Kaufmann** kann **nicht unmittelbar** zur Erfüllung seiner **handelsrechtlichen** Buchführungs- und Bilanzierungspflicht **gezwungen werden**.

Die **Nichterfüllung** dieser Pflichten führt jedoch zur **Bestrafung**, wenn der Kaufmann seine Zahlungen eingestellt hat oder über sein Vermögen das Insolvenz-verfahren eröffnet wurde (Fälle des einfachen und betrügerischen **Bankrotts**, §§ 283 und 283b Strafgesetzbuch).

Hat ein **steuerrechtlich** zur Buchführung Verpflichteter **keine Bücher geführt**, kann die Finanzbehörde die Erfüllung der Buchführungspflicht durch Auferlegung eines **Zwangsgeldes** erzwingen(§ 328 AO).
Das einzelne **Zwangsgeld** kann bis zu **25.000 Euro** betragen (§ 329 AO).

Bei fehlender Buchführung hat das Finanzamt die **Besteuerungsgrundlagen zu schätzen** (§ 162 AO).

Bei **formellen Mängeln** wird die Ordnungsmäßigkeit der Buchführung grundsätzlich **nicht** berührt, wenn die formellen Mängel so **gering** sind, dass das sachliche Ergebnis der Buchführung nicht beeinflusst wird (R 5.2 Abs. 2 EStR 2005).

Schwere und gewichtige formelle Mängel, die das Wesen der kaufmännischen Buchführung berühren, können dagegen zur **Verwerfung der Buchführung** führen.

Enthält die Buchführung **materielle Mängel**, so wird ihre Ordnungsmäßigkeit dadurch **nicht** berührt, **wenn** es sich um **unwesentliche** Mängel handelt, z.B. nur unbedeutende Vorgänge sind nicht oder falsch dargestellt. Derartige Fehler sind dann zu **berichtigen** oder das Buchführungsergebnis ist durch eine **Zuschätzung** (Ergänzungsschätzung) richtigzustellen (R 5.2 Abs. 2 EStR 2005).

Enthält die Buchführung dagegen **wesentliche**, also **schwerwiegende materielle Mängel**, so ist die Buchführung **nicht mehr ordnungsgemäß**. In diesem Fall ist eine **Vollschätzung** erforderlich (R 4.1 Abs. 2 Satz 3 EStR 2005).

Eine **Vollschätzung** nach § 162 AO ist vorzunehmen, wenn die Buchführung so schwerwiegende formelle und/oder materielle Mängel enthält, dass das ausgewiesene Buchergebnis auch durch eine Zuschätzung nicht richtig gestellt werden kann.

Die Inanspruchnahme von Steuervergünstigungen ist seit 1975 **nicht mehr von dem Vorliegen einer ordnungsmäßigen Buchführung abhängig.**

Werden buchungspflichtige Geschäftsvorfälle leichtfertig oder vorsätzlich nicht oder falsch gebucht und wird dadurch eine Verkürzung der Steuereinnahmen ermöglicht, liegt eine **Steuergefährdung** (= Ordnungswidrigkeit) vor, die mit einer **Geldbuße bis zu 5.000 Euro** geahndet werden kann (§ 379 AO).

Bei einer **Steuerverkürzung** im Sinne des § 378 AO kann die **Geldbuße** sogar **bis zu 50.000 Euro** betragen.

Liegt der Tatbestand der **Steuerhinterziehung** vor (§ 370 AO), können **Geldstrafen oder Freiheitsstrafen bis zu fünf Jahren**, in besonders schweren Fällen **bis zu zehn Jahren** verhängt werden.
Bei **gewerbsmäßiger oder bandenmäßiger Steuerhinterziehung** ist eine Freiheitsstrafe von **einem Jahr** bis zu **zehn Jahren** vorgesehen (§ 370a AO).

Das **Schaubild** auf der folgenden Seite gibt einen Überblick über die **Verstöße gegen** die steuerrechtliche **Buchführungspflicht und mögliche Folgen.**

Verstöße gegen die Buchführungsvorschriften und mögliche Folgen

Verstöße gegen steuerrechtliche Buchführungsvorschriften	**mögliche Folgen**
Verpflichteter führt **keine Bücher**	Zwangsgeld bis **25.000 Euro**; Vollschätzung; bei Steuergefährdung Geldbuße bis **5.000 Euro**; bei Steuerverkürzung Geldbuße bis **50.000 Euro**; bei Steuerhinterziehung Geld- oder Freiheitsstrafen.
Verpflichteter **führt Bücher mit** geringfügigen formellen oder unwesentlichen sachlichen Mängeln	Berichtigung durch Zuschätzung.
Verpflichteter **führt Bücher mit** schweren und gewichtigen formellen oder sachlichen Mängeln	Verwerfung der Buchführung; Vollschätzung; bei Steuergefährdung Geldbuße bis **5.000 Euro**; bei Steuer**verkürzung** Geldbuße bis **50.000 Euro**; bei Steuer**hinterziehung** Geld- oder Freiheitsstrafen.

2.2 Aufzeichnungspflichten

Im **Steuerrecht** wird unterschieden zwischen **Buchführung und Aufzeichnungen**.

Die Buchführung erfasst **alle** Geschäftsvorfälle nach einem bestimmten **System** (z.B. doppelte Buchführung).

Aufzeichnungen erfassen **nur bestimmte** steuerlich bedeutsame Sachverhalte.

Die **Buchführung** ist also **umfassender als** die **Aufzeichnungen**.

Aufzeichnungen sind so vorzunehmen, dass der **Zweck** erreicht wird, den sie für die Besteuerung erfüllen sollen.

Die **Ordnungsvorschriften** des § 146 AO gelten **sowohl** für die **Buchführung als auch** für die **Aufzeichnungen.**

Bei den **Aufzeichnungspflichten** sind zu unterscheiden:

> 1. die **originären** Aufzeichnungspflichten und
> 2. die **abgeleiteten** Aufzeichnungspflichten.

2.2.1 Originäre Aufzeichnungspflichten

Unter **originären** steuerrechtlichen **Aufzeichnungspflichten** sind solche zu verstehen, die sich **unmittelbar** aus Steuergesetzen ergeben.

Die wichtigsten **originären** Aufzeichnungspflichten werden im Folgenden erläutert.

2.2.1.1 Umsatzsteuerliche Aufzeichnungen

Der **Unternehmer** ist nach **§ 22 UStG** verpflichtet, zur Feststellung der Umsatzsteuer und der Grundlagen ihrer Berechnung Aufzeichnungen zu machen.

Aus den Aufzeichnungen müssen u.a. zu ersehen sein:

> 1. die vereinbarten bzw. vereinnahmten **Entgelte** für die vom Unternehmer **ausgeführten** Leistungen. Dabei ist ersichtlich zu machen, wie sich die Entgelte auf die steuerpflichtigen Umsätze, **getrennt nach Steuersätzen**, und auf die **steuerfreien Umsätze** verteilen;
> 2. die **vereinnahmten Entgelte** für **noch nicht ausgeführte** Leistungen. Dabei ist ersichtlich zu machen, wie sich die Entgelte auf die steuerpflichtigen Umsätze, **getrennt nach Steuersätzen**, und auf die **steuerfreien Umsätze** verteilen;
> 3. die **Bemessungsgrundlagen** für ausgeführte **unentgeltliche Leistungen**;
> 4. die **Entgelte** für **empfangene** Leistungen (Vorumsätze);
> 5. die **Bemessungsgrundlage** für die **Einfuhr** und
> 6. die **Bemessungsgrundlagen** für **innergemeinschaftlichen Erwerb** und die hierauf entfallenden **Steuerbeträge**.

Buchführende Unternehmer erfüllen diese Aufzeichnungspflichten in der Regel dadurch, dass sie in ihrer **Buchführung** die **Konten den Anforderungen des § 22 UStG** entsprechend gliedern.

2.2.1.2 Aufzeichnung des Wareneingangs

Gewerbliche Unternehmer müssen nach § 143 AO den Waren**eingang** gesondert aufzeichnen. Die Pflicht, den Wareneingang gesondert aufzuzeichnen, gilt für **alle gewerblichen** Unternehmer.

Land- und Forstwirte fallen **nicht** unter die Vorschrift des § 143 AO.

Aufzuzeichnen sind alle Waren, Rohstoffe, unfertigen Erzeugnisse, Hilfsstoffe und Zutaten, die der Unternehmer im Rahmen seines Gewerbebetriebs zur Weiterveräußerung oder zum Verbrauch erwirbt (§ 143 Abs. 2 AO).

Nach **§ 143 Abs. 3 AO** müssen die Aufzeichnungen folgende **Angaben** enthalten:

1. den **Tag des Wareneingangs oder** das **Datum der Rechnung**,
2. den Namen oder die Firma und die Anschrift des **Lieferers**,
3. die handelsübliche **Bezeichnung** der Ware,
4. den **Preis** der Ware,
5. einen Hinweis auf den **Beleg**.

Eine bestimmte **Form** ist für die Aufzeichnung des Wareneingangs **nicht vorgeschrieben**.

Buchführende Gewerbetreibende erfüllen die Aufzeichnungspflicht des § 143 AO, wenn sich die geforderten Angaben aus der **Buchführung** ergeben.

Nichtbuchführende Gewerbetreibende erfüllen ihre Aufzeichnungspflichten nach § 143 AO in der Regel durch Führen eines **Wareneingangsbuchs**.

Die Aufzeichnung des Wareneingangs kann nach § 146 Abs. 5 Satz 1 AO auch in der **gesonderten Ablage von Belegen** bestehen (z.B. Offene-Posten-Buchführung) **oder** auf **Datenträgern** (z.B. Magnetband, Magnetplatte, Diskette) erfolgen.

2.2.1.3 Aufzeichnung des Warenausgangs

Gewerbliche Unternehmer, die nach Art ihres Geschäftsbetriebs Waren regelmäßig an **andere gewerbliche** Unternehmer zur Weiterveräußerung oder zum Verbrauch liefern, müssen nach § 144 AO den Waren**ausgang** gesondert aufzeichnen.

Die Pflicht, den Warenausgang gesondert aufzuzeichnen, gilt demnach **nur für bestimmte** gewerbliche Unternehmer.

Buchführungspflichtige Land- und Forstwirte, die gewerbliche Unternehmer (z.B. Obst- und Gemüsehändler) beliefern, müssen ebenfalls den Warenausgang gesondert aufzeichnen (§ 144 Abs. 5 AO).

Die Aufzeichnungen müssen nach § 144 Abs. 3 AO die folgenden **Angaben** enthalten:

1. den **Tag** des Warenausgangs oder das **Datum** der Rechnung,
2. den Namen oder die Firma und die Anschrift des **Abnehmers**,
3. die handelsübliche **Bezeichnung** der Ware,
4. den **Preis** der Ware,
5. einen Hinweis auf den **Beleg.**

Eine bestimmte **Form** ist für die Aufzeichnung des Warenausgangs **nicht** vorgeschrieben.

Bei **buchführenden** Unternehmern können die Aufzeichnungspflichten im Rahmen der **Buchführung** erfüllt werden.

Nichtbuchführende Steuerpflichtige erfüllen ihre Aufzeichnungspflicht in der Regel durch Führen eines **Warenausgangsbuches.**

Die Aufzeichnung des Warenausgangs kann ebenfalls durch die **geordnete Ablage der Belege** ersetzt werden **oder auf Datenträgern** erfolgen (§ 146 Abs. 5 AO).

2.2.1.4 Aufzeichnung bestimmter Betriebsausgaben

Land- und Forstwirte, Gewerbetreibende und selbständig Tätige sind nach § 4 Abs. 7 EStG verpflichtet, bestimmte Betriebsausgaben **einzeln und getrennt** von den anderen Betriebsausgaben aufzuzeichnen.

Zu den **aufzeichnungspflichtigen Betriebsausgaben** gehören nach **§ 4 Abs. 5 EStG** z.B. **Aufwendungen für Geschenke** an Geschäftsfreunde und **Aufwendungen für Bewirtung** von Geschäftsfreunden.

Diese Aufwendungen sind z.T. bei der steuerlichen Gewinnermittlung **abzugsfähig** (z.B. Geschenke bis 35 Euro), z.T. sind sie **nicht abzugsfähig** (z.B. Geschenke über 35 Euro).

Soweit diese Betriebsausgaben nicht bereits nach den Vorschriften des EStG vom Abzug ausgeschlossen sind, dürfen sie bei der Gewinnermittlung nur berücksichtigt werden, wenn sie **besonders aufgezeichnet sind** (§ 4 Abs. 7 Satz 2 EStG).

Wie diese Aufzeichnungspflicht im Einzelnen zu erfüllen ist, ergibt sich aus den Einkommensteuer-Richtlinien (R 4.11 EStR 2005).

2.2.1.5 Aufzeichnung geringwertiger Wirtschaftsgüter des Anlagevermögens

Will ein Steuerpflichtiger **geringwertige Wirtschaftsgüter** des Anlagevermögens (= Anlagegüter, deren Anschaffungs- oder Herstellungskosten **410 Euro** nicht übersteigen) im Jahr der Anschaffung oder Herstellung **voll abschreiben**, so muss er sie unter Angabe des Tages der Anschaffung oder Herstellung in einem besonderen, laufend zu führenden **Verzeichnis** aufführen (§ 6 Abs. 2 EStG).

Das **Verzeichnis** braucht **nicht** geführt zu werden, wenn diese Angaben aus der **Buchführung** ersichtlich sind, wobei es **erforderlich** ist, dass die geringwertigen Wirtschaftsgüter auf einem **besonderen Konto** (z.B. **0670** (0480) Geringwertige Wirtschaftsgüter bis 410 Euro) gebucht werden.

Auf das besondere Verzeichnis kann außerdem verzichtet werden, wenn sich die erforderlichen Angaben bereits aus dem **Bestandsverzeichnis** nach **R 5.4 EStR 2005** ergeben.

Ferner brauchen die geringwertigen Wirtschaftsgüter **nicht** in das besondere Verzeichnis aufgenommen zu werden, wenn die Anschaffungs- oder Herstellungskosten für das einzelne **Wirtschaftsgut nicht mehr als 60 Euro** betragen (R 5.4 Abs. 3 EStR 2005).

2.2.2 Abgeleitete Aufzeichnungspflichten

Aufzeichnungspflichten, die **nach anderen** als steuerrechtlichen Vorschriften bestehen, sind nach § 140 Abs. 1 AO auch für die Besteuerung zu erfüllen, wenn sie für diese von Bedeutung sind.

Von den vielen so genannten **außersteuerlichen** Aufzeichnungspflichten sind z.B. betroffen:

- Apotheker, *Herstellungsbücher*;
- Banken, *Depotbücher*;
- Bauträger und Baubetreuer, *Bücher nach der Gewerbeordnung*;
- Fahrschulen, *Fahrschüler-Ausbildungsbücher*;
- Gebrauchtwagenhändler, *Gebrauchtwagenbücher*;
- Handelsmakler, *Tagebuch nach HGB*;
- Heimarbeiter, *Entgeltbücher*;
- Hotel-, Gaststätten- und Pensionsgewerbe, *Fremdenbücher*;
- Reisebüro, *Bücher nach der Gewerbeordnung*;
- Winzer, *Kellerbücher* und *Weinlagerbücher nach dem Weingesetz*.

2.2.3 Folgen bei Nichterfüllung der Aufzeichnungspflichten

Die **Erfüllung** der steuerrechtlichen **Aufzeichnungspflichten** kann nach § 328 Abs. 1 AO **erzwungen** werden.
Verstöße gegen die steuerrechtlichen **Aufzeichnungspflichten** werden wie Verstöße gegen die Buchführungspflicht behandelt.

Übung: 1. Wiederholungsfragen 6 bis 10 (Seite 21),
2. Übungsaufgaben 3 und 4 (Seite 22)

2.3 Aufbewahrungspflichten der Buchführungs- und Aufzeichnungsunterlagen

Buchführungs- und Aufzeichnungsunterlagen müssen sowohl nach **Handelsrecht** (§ 257 HGB) als auch nach **Steuerrecht** (§ 147 AO) **aufbewahrt** werden.

Nach **Handelsrecht sind nur Kaufleute** verpflichtet, ihre Handelsbücher, Inventare, Eröffnungsbilanzen und Jahresabschlüsse (= Bilanzen und Gewinn- und Verlustrechnungen), Lageberichte sowie die zu ihrem Verständnis erforderlichen Arbeitsanweisungen und sonstigen Organisationsunterlagen, empfangene Handelsbriefe, Wiedergaben der abgesandten Handelsbriefe und Buchungsbelege geordnet aufzubewahren (§ 257 Abs. 1 HGB).

Die weitergehenden **steuerrechtlichen** Vorschriften verpflichten **alle Buchführungspflichtigen** zu den in § 257 Abs. 1 HGB aufgeführten Unterlagen noch **sonstige Unterlagen, soweit sie für die Besteuerung von Bedeutung sind** (z.B. Abschreibungsunterlagen), gesondert aufzubewahren (§ 147 Abs. 1 AO).

Nach § 257 Abs. 3 HGB und § 147 Abs. 2 AO können alle aufzubewahrenden Unterlagen, mit Ausnahme der Eröffnungsbilanzen und Jahresabschlüsse, als Wiedergabe auf einem **Bildträger** (z.B. Mikrofilm) oder auf anderen **Datenträgern** (z.B. Disketten, Magnetbänder, Magnetplatte, elektrooptische Speicherplatte) aufbewahrt werden, wenn dies den Grundsätzen ordnungsmäßiger Buchführung entspricht und sichergestellt ist, dass die Wiedergabe oder die Daten mit den aufzubewahrenden Unterlagen übereinstimmen, wenn sie lesbar gemacht werden (§ 147 Abs. 2 Nr. 1 AO).

Die **Aufbewahrungsfrist** für Bücher, **Inventare**, **Buchungsbelege** (z.B. Rechnungen), **Jahresabschlüsse** sowie die zu ihrem Verständnis erforderlichen **Arbeitsanweisungen** und sonstigen Organisationsunterlagen beträgt **zehn Jahre**.

Empfangene Handelsbriefe, Wiedergaben der abgesandten Handelsbriefe und die **sonstigen Unterlagen**, soweit sie für die **Besteuerung von Bedeutung** sind, müssen grundsätzlich **sechs Jahre** aufbewahrt werden (§ 257 Abs. 4 HGB und § 147 Abs. 3 AO).

Die Aufbewahrungsfrist **beginnt** handels- und steuerrechtlich mit dem Schluss des Kalenderjahres, in dem die letzte Eintragung in das Buch gemacht, das Inventar aufgestellt, der Jahresabschluss festgestellt, der Handelsbrief empfangen oder abgesandt, der Buchungsbeleg entstanden ist sowie die sonstigen Unterlagen zustande gekommen sind (§ 257 Abs. 5 HGB und § 147 Abs. 4 AO).

Handelsrechtlich **endet** die Aufbewahrungsfrist nach Ablauf von zehn bzw. sechs Jahren.

Steuerrechtlich ist für das **Fristende** – anders als im Handelsrecht – die **Ablaufhemmung** nach § 147 Abs. 3 Satz 2 AO zu beachten.

Nach § 147 Abs. 3 Satz 2 AO läuft die Aufbewahrungsfrist von zehn bzw. sechs Jahren **nicht** ab, soweit und **solange** die Unterlagen **für Steuern von Bedeutung** sind, für welche die allgemeine **Festsetzungsfrist** des § 169 Abs. 2 Satz 1 AO **noch nicht abgelaufen** ist [siehe dazu auch H 6.11 (Aufbewahrungspflichten) EStH].

Übung: 1. Wiederholungsfragen 11 und 12 (Seite 21),
2. Übungsaufgaben 5 und 6 (Seite 22)

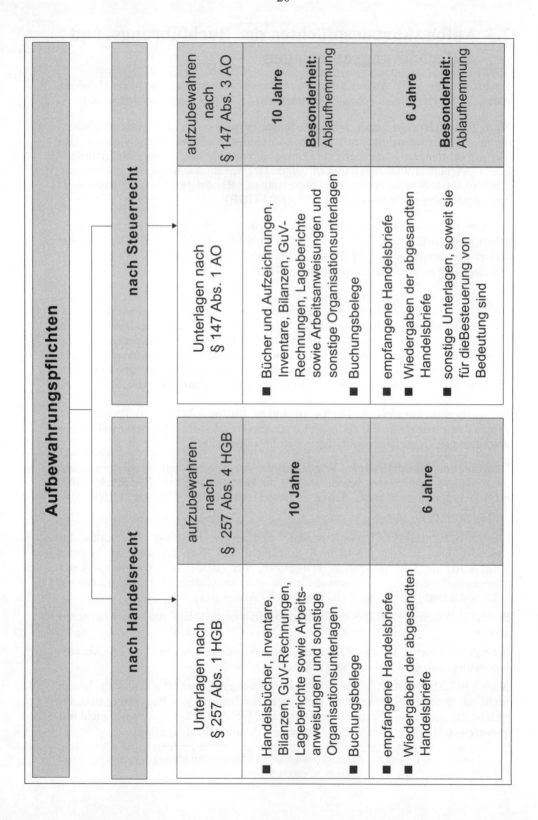

2.4 Erfolgskontrolle

WIEDERHOLUNGSFRAGEN

1. Wer ist nach § 1 Abs. 1 HGB Kaufmann?
2. Was versteht man unter einem Handelsgewerbe?
3. Wer ist handelsrechtlich verpflichtet, Bücher zu führen?
4. Wer ist steuerrechtlich zur Buchführung verpflichtet?
5. Wann ist eine Buchführung ordnungsmäßig?
6. Wer verstößt gegen die Buchführungspflichten?
7. Zwischen welchen Mängeln ist bei mangelhafter Buchführung zu unterscheiden?
8. Welche Folgen hat die Nichterfüllung der steuerrechtlichen Buchführungspflicht?
9. Welche Aufzeichnungspflichten kennen Sie?
10. Welche Folgen hat die Nichterfüllung steuerrechtlicher Aufzeichnungspflichten?
11. Welche Unterlagen müssen nach dem Steuerrecht aufbewahrt werden?
12. Wie lange müssen diese Unterlagen aufbewahrt werden?

ÜBUNGSAUFGABEN

Übungsaufgabe 1:

> Prüfen und begründen Sie bei den Fällen 1 bis 4 die handelsrechtliche Buchführungspflicht.

1. Der Landwirt Ohlig betreibt in Maisborn (Hunsrück) einen Getreideanbaubetrieb. Er erzielt aus seinem Betrieb Einkünfte aus Land- und Forstwirtschaft nach § 13 EStG. Sein Betrieb erfordert eine kaufmännische Organisation; eine Eintragung in das Handelsregister erfolgte nicht.
2. Heinz Boden betreibt in Köln ein Tapetengeschäft und erzielt damit Einkünfte aus Gewerbebetrieb nach § 15 EStG. Sein Betrieb erfordert keinen in kaufmännischer Weise eingerichteten Geschäftsbetrieb.
3. Dr. med. Claus betreibt in Düsseldorf eine Facharztpraxis; er erzielt aus seiner Praxis Einkünfte aus selbständiger Arbeit nach § 18 EStG. Aufgrund der Betriebsgröße ist eine kaufmännische Organisation erforderlich.
4. Dieter Daumen betreibt in Bonn ein Sportartikelgeschäft. Sein Betrieb erfordert keine kaufmännische Organisation. Der Umsatz betrug im Jahr 2006 210.000,00 Euro; der Überschuss der Betriebseinnahmen über die Betriebsausgaben betrug – 15.000,00 Euro. Im August 2007 wurde er vom Finanzamt aufgefordert, künftig seinen Gewinn durch Betriebsvermögensvergleich zu ermitteln.

Übungsaufgabe 2:

> Prüfen und begründen Sie bei den Fällen 1 bis 4 die steuerrechtliche Buchführungspflicht.

1. Jessica Hahlbrock betreibt in Stuttgart eine Fachbuchhandlung; sie ist Kaufmann im Sinne des HGB.
2. Der selbständig tätige Steuerberater Raymond Bothe betreibt seine Kanzlei in Bremen. Im Jahr 2006 betrug sein Umsatz 360.000,00 Euro und sein Gewinn 150.000,00 Euro.

3. Der Textileinzelhändler Daniel Kühlenthal hat zu Beginn des vergangenen Jahres in München seinen Betrieb eröffnet; der Betrieb erfordert keine kaufmännische Organisation. Sein Umsatz betrug im vergangenen Jahr 510.000,00 Euro und sein Gewinn 28.000,00 Euro.

4. Eva Gusterer hat in diesem Jahr in Köln einen Supermarkt eröffnet; aufgrund der großen Anzahl von Lieferanten ist eine kaufmännische Organisation unbedingt notwendig. Frau Gusterer rechnet in diesem Jahr mit einem Umsatz von 300.000,00 Euro und einem Gewinn von 24.000,00 Euro.

Übungsaufgabe 3:

Der buchführungspflichtige Gewerbetreibende Dieter Schwabe, Heilbronn, hat im Rahmen seiner Buchführung u.a. folgende Vorgänge erfasst:

1. Bei der Buchung der Geschäftsvorfälle verwendet Schwabe die Abkürzung "BA" einmal für "bar", dann für "Bank" und schließlich für "Büroausstattung".
2. Einige Buchungen hat Schwabe durch Überschreiben so verändert, dass ihr ursprünglicher Inhalt nicht mehr lesbar ist.
3. Eine Tageseinnahme in Höhe von 5.000,00 Euro hat Schwabe nur mit 4.500 Euro gebucht.
4. Die Bilanz zum 31.12.2007 erstellt Schwabe aufgrund eines unvollständigen Inventars.

Prüfen Sie, ob bei den angeführten Vorgängen Verstöße gegen die Buchführungs-vorschriften in Form von formellen oder sachlichen Mängeln vorliegen.

Übungsaufgabe 4:

Der Gewerbetreibende Kliensmann, München, ist nicht Kaufmann im Sinne des HGB; Umsatz, Betriebsvermögen und Gewinn überschreiten nicht die Grenzen des § 141 AO. Kliensmann will von Ihnen wissen, welche Bücher und Aufzeichnungen er führen muss.

Welche Auskunft geben Sie ihm?

Übungsaufgabe 5:

Wie lange hat der buchführungspflichtige Gewerbetreibende Werner Neuhofer, Dresden, folgende Unterlagen aufzubewahren?

1. Buchungsbelege (z.B. Rechnungen, Lieferscheine, Bankauszüge usw.)
2. Angebote an Kunden
3. Bilanzen

Übungsaufgabe 6:

Dieter Schwabe (aus Übungsaufgabe 3) hat die Buchführungsvorschriften sehr nach-lässig erfüllt, sodass in seiner Buchführung viele schwere und gewichtige formelle und materielle Mängel vorhanden sind.

Wie wird die Finanzverwaltung darauf reagieren?

3 Grundlagen der Finanzbuchführung

3.1 Inventur und Inventar

Jeder **Kaufmann** ist nach Handelsrecht und nach Steuerrecht **verpflichtet**,

> 1. zu **Beginn** eines Handelsgewerbes (§ 240 **Abs. 1** HGB) **und**
> 2. für den **Schluss** eines **jeden** Geschäftsjahres (§ 240 **Abs. 2** HGB)

eine Bestandsaufnahme (= **Inventur**) durchzuführen (§ 240 HGB und § 141 AO).

Ebenso haben **Gewerbetreibende** und **Land- und Forstwirte, die** nur nach **Steuerrecht buchführungspflichtig** sind, **Bestandsaufnahmen** zu machen. Für sie gelten die **handelsrechtlichen** Inventurvorschriften entsprechend (§ 141 AO).

> **Merke:** **Buchführungspflichtige** sind auch **inventurpflichtig.**

3.1.1 Inventur

Durch die **Inventur** sollen alle **Vermögensgegenstände** (z.B. Grundstücke, Waren, Forderungen aus Lieferungen und Leistungen) und alle **Schulden** (z.B. Schulden aus Lieferungen und Leistungen, Schulden gegenüber Banken) **mengenmäßig und wertmäßig** erfasst werden.

> **Merke:** Die **Inventur** ist eine mengen- und wertmäßige **Bestandsaufnahme** aller Vermögensgegenstände und Schulden.

Die **handelsrechtlichen** Begriffe "**Vermögensgegenstände**" und "**Schulden**" entsprechen dem **steuerrechtlichen** Begriff "**Wirtschaftsgut**":

Steuerrecht	Handelsrecht
Wirtschaftsgüter	**Vermögensgegenstände**
	Schulden

Wird eine vorgeschriebene **Inventur nicht durchgeführt**, ist die **Buchführung** als **nicht ordnungsgemäß** anzusehen (R 5.3 Abs. 4 EStR 2005).

Nach der **Art der Durchführung** unterscheidet man

> 1. die **körperliche Inventur und**
> 2. die **Buchinventur.**

Zu 1. Körperliche Inventur

Das HGB enthält keine ausdrückliche Vorschrift, dass die Inventur zum Bilanzstichtag **körperlich** durchzuführen ist. Es kann jedoch davon ausgegangen werden, dass der Gesetzgeber die **körperliche** Aufnahme aller Vermögensgegenstände als eine **Voraussetzung** angesehen hat.

Bei der **körperlichen Inventur** werden die körperlichen Gegenstände (wie z.B. Rohstoffe und Waren) durch **Zählen, Messen, Wiegen und Bewerten** aufgenommen.

Auf eine jährliche **körperliche** Bestandsaufnahme der beweglichen Gegenstände des **Anlagevermögens** (z.B. Maschinen, Kraftfahrzeuge) **kann verzichtet werden, wenn** jeder Zugang und jeder Abgang dieser Gegenstände laufend in ein **Bestandsverzeichnis (Anlagenverzeichnis)** eingetragen wird und aufgrund dieses Verzeichnisses die am Bilanzstichtag vorhandenen Gegenstände ohne Weiteres ermittelt werden können (§ 241 Abs. 2 HGB; R 5.4 Abs. 5 EStR 2005).
Dieses Verzeichnis kann auch in Form einer **Anlagenkartei** geführt werden.

Zu 2. Buchinventur

Nicht alle Vermögensgegenstände lassen sich durch eine **körperliche** Inventur erfassen. Der Wert der körperlich **nicht** erfassbaren Wirtschaftsgüter wird durch eine **Buchinventur** ermittelt.

Bei der **Buchinventur** werden die Vermögensgegenstände und Schulden (= **Wirtschaftsgüter**) wie z.B. Forderungen und Verbindlichkeiten, mithilfe von Belegen und buchhalterischen Aufzeichnungen aufgenommen.

Ein **weiteres Kriterium** zur Unterteilung der Inventurverfahren ist der **Zeitpunkt** der körperlichen Bestandsaufnahme. Danach unterscheidet man folgende **Inventurverfahren**:

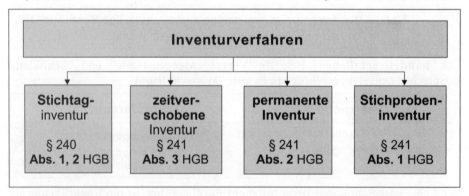

Die als **Stichtaginventur** bezeichnete körperliche Bestandsaufnahme **für** den Bilanzstichtag (z.B. 31.12.) ist das herkömmliche Inventurverfahren. Es ist das **sicherste Verfahren** und überall dort anzuwenden, wo es wirtschaftlich geboten und wegen Fehlens geeigneter buchmäßiger Unterlagen notwendig ist.

Die Inventur **für** den Bilanzstichtag (z.B. 31.12.) braucht nicht **am** Bilanzstichtag vorgenommen zu werden.

Die Inventur muss aber **zeitnah** sein, d.h. in der Regel innerhalb einer Frist von **zehn Tagen** vor oder nach dem Bilanzstichtag durchgeführt werden. Dabei muss sichergestellt sein, dass die **Bestandsveränderungen** zwischen dem Bilanzstichtag und dem Tag der Bestandsaufnahme anhand von Belegen oder Aufzeichnungen **ordnungsgemäß berücksichtigt werden** (R 5.2 Abs. 1 EStR 2005).

3.1.2 Inventar

Vermögensgegenstände und Schulden, die durch **Inventur** (Bestandsaufnahme) festgestellt worden sind, werden nach Art, Menge und unter Angabe ihres Wertes in einem **Verzeichnis**, dem **Inventar**, aufgeführt.

> **Merke:** Das **Inventar** ist ein **Verzeichnis**, das alle Vermögensgegenstände und Schulden nach Art, Menge und Wert ausweist.

In das **Inventar** sind grundsätzlich **alle Vermögensgegenstände und Schulden** aufzunehmen.

Eine **Ausnahme** gilt lediglich für **bestimmte Wirtschaftsgüter des Anlagevermögens**, die bestimmte Betragsgrenzen nicht überschreiten oder besonders aufgezeichnet werden.

Geringwertige Anlagegüter im Sinne des § 6 Abs. 2 EStG, die im Jahr der Anschaffung oder Herstellung in voller Höhe abgeschrieben worden sind, **brauchen nicht inventarisiert zu werden**, wenn

> - ihre Anschaffungs- oder Herstellungskosten **nicht mehr als 60 Euro** betragen haben **oder**
>
> - sie **mehr als 60 Euro, aber nicht mehr als 410 Euro** gekostet haben und
>   - beim Zugang auf einem **besonderen Konto** gebucht **oder**
>   - in einem **besonderen Verzeichnis** erfasst worden sind
>   (R 5.4 Abs. 3 EStR 2005).

Die **Werte** aller Vermögensgegenstände und Schulden sind zu **addieren**. Der **Unterschiedsbetrag** zwischen der Summe des Vermögens und der Summe der Schulden ist das **Reinvermögen** (= Eigenkapital).

> | | I. Vermögen |
> |----|-------------|
> | − | II. Schulden |
> | = | III. Reinvermögen |

Für das Inventar gibt es keine Gliederungsvorschriften. Gliederungsgrundsätze und Gliederungsvorschriften gibt es jedoch für die Bilanz.

Im Hinblick darauf, dass das **inventarisierte Vermögen** und die **inventarisierten Schulden** in die **Bilanz** übernommen werden, haben sich in der Praxis für die **Gliederung des Inventars** bestimmte **Regeln** gebildet.

Das **Vermögen** wird nach seiner "**Flüssigkeit**" (**Liquidität**) geordnet, d.h. nach dem Grad, wie es in Geld umgesetzt werden kann. Die **weniger flüssigen** Vermögensgegenstände (z.B. Grundstücke) werden im Inventar **zuerst** und die **flüssigsten** Vermögensgegenstände (z.B. Kassenbestand) **zuletzt** aufgeführt.

Das **Vermögen** wird nach der **Flüssigkeit** unterteilt in

1. **Anlagevermögen** und
2. **Umlaufvermögen**.

Zum **Anlagevermögen** gehören alle Gegenstände, die am Bilanzstichtag dazu bestimmt sind, dem Geschäftsbetrieb **dauernd** (länger als ein Jahr) zu dienen, z.B. Grundstücke, Bauten, Maschinen, Betriebs- und Geschäftsausstattung (§ 247 Abs. 2 HGB).

Bebaute Grundstücke (Grund und Boden **und** Gebäude) stellen nach dem **BGB eine Einheit** dar.

Nach dem **HGB** liegen **zwei Gegenstände** vor, und zwar der **nicht abnutzbare Grund und Boden** (auch **Grundstücke** genannt) **und** das **abnutzbare Gebäude** (auch **Bauten genannt).**

BGB	HGB
Grundstücke	**Grundstücke** (Grund und Boden)
	Bauten (Gebäude)

Zum **Umlaufvermögen** gehören alle Gegenstände, die am Bilanzstichtag dazu bestimmt sind, dem Geschäftsbetrieb **nur vorübergehend** zu dienen, z.B. Waren, Roh-, Hilfs- und Betriebsstoffe, Forderungen aus Lieferungen und Leistungen, Kassenbestand (R 6.1 Abs. 2 EStR 2005).

Die **Schulden** werden nach ihrer **Fälligkeit** unterteilt in

1. **langfristige Schulden** und
2. **kurzfristige Schulden**.

Zu den **langfristigen Schulden** gehören z.B. Schulden gegenüber Banken und Sparkassen (= Kreditinstituten).

Zu den **kurzfristigen Schulden** (in der Regel solche, die innerhalb von 90 Tagen fällig werden) gehören z.B. Schulden aus Lieferungen und Leistungen.

Die **langfristigen** Schulden werden im Inventar **zuerst** und die **kurzfristigen** Schulden **zuletzt** aufgeführt.

Folgende **Gleichungen** lassen sich aus dem **Inventar** ableiten:

Reinvermögen	=	Vermögen	−	Schulden

Vermögen	=	Reinvermögen	+	Schulden

Enthält das **Inventar** in formeller oder materieller Hinsicht nicht nur unwesentliche **Mängel** (z.B. ein erheblicher Teil des Warenbestandes ist im Inventar nicht ausgewiesen), so ist die **Buchführung nicht** als **ordnungsmäßig** anzusehen (R 5.3 Abs. 4 EStR 2005).

Seit dem 1.1.1977 ist es **nicht mehr erforderlich, dass** der **Kaufmann** das **Inventar unterzeichnet**.

Das **Inventar** muss jedoch nach wie vor **zehn Jahre** lang **aufbewahrt** werden (§ 257 **Abs. 1** in Verbindung mit § 257 **Abs. 4** HGB).

Auf der nächsten Seite (Seite 28) folgt ein **Beispiel** für ein **Inventar**.

3.1.3 Zusammenfassung und Erfolgskontrolle

3.1.3.1 Zusammenfassung

In der Übersicht auf der Seite 29 werden die Merkmale der **Inventurpflicht** noch einmal zusammengefasst.

Inventar

der Getränkehandlung Karl Müller, Koblenz, zum 31.12.2007

	EUR	EUR
I. Vermögen		
1. Anlagevermögen		
1.1 Grundstücke und Bauten		
Grundstücke: Koblenz, Löhrstr. 1-3	50.000	
Geschäftsbauten: Koblenz, Löhrstr. 1-3	300.000	350.000
1.2 Betriebs- und Geschäftsausstattung		
1 Lkw	12.000	
1 Pkw	4.000	
Sonstige Betriebs- und Geschäftsausstattung		
lt. besonderem Verzeichnis	3.500	19.500
2. Umlaufvermögen		
2.1 Vorräte		
Waren		
200 Kästen Pils zu je 7,50 €	1.500	
100 Kästen Export zu je 5 €	500	
40 Kästen Limo zu je 5 €	200	2.200
2.2 Forderungen		
Forderungen aus Lieferungen und Leistungen		
lt. besonderem Verzeichnis		3.200
2.3 Kassenbestand, Guthaben bei Kreditinstituten		
Kassenbestand	500	
Deutsche Bank Koblenz	8.000	8.500
Summe des Vermögens		**383.400**
II. Schulden		
1. Langfristige Schulden		
1.1 Schulden gegenüber Kreditinstituten		
Darlehen Sparkasse Koblenz		140.000
2. Kurzfristige Schulden		
2.1 Schulden aus Lieferungen und Leistungen		
Königsbacher Brauerei, Koblenz	3.000	
Rhenser Brunnen, Rhens	2.000	5.000
Summe der Schulden		**145.000**
III. Ermittlung des Reinvermögens		
Summe des Vermögens		383.400
– Summe der Schulden		145.000
= Reinvermögen (Eigenkapital)		**238.400**
Koblenz, 08.01.2008		

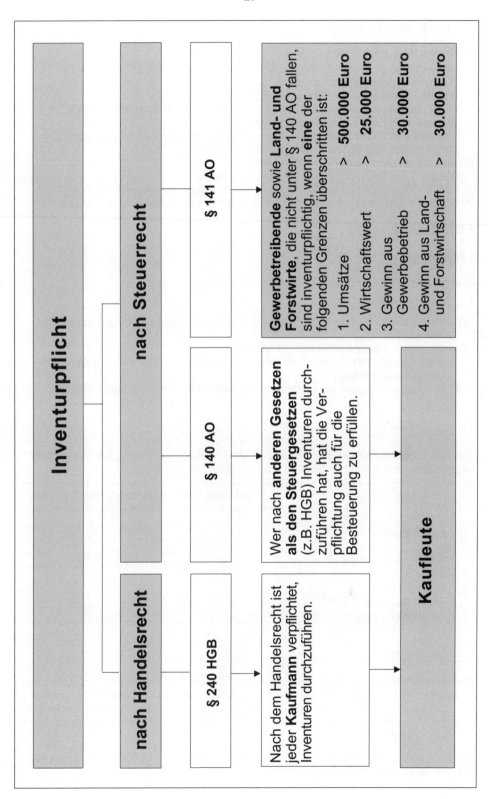

Inventurpflicht

nach Handelsrecht

§ 240 HGB

Nach dem Handelsrecht ist jeder **Kaufmann** verpflichtet, Inventuren durchzuführen.

Kaufleute

nach Steuerrecht

§ 140 AO

Wer nach **anderen Gesetzen als den Steuergesetzen** (z.B. HGB) Inventuren durchzuführen hat, hat die Verpflichtung auch für die Besteuerung zu erfüllen.

§ 141 AO

Gewerbetreibende sowie **Land- und Forstwirte**, die nicht unter § 140 AO fallen, sind inventurpflichtig, wenn **eine** der folgenden Grenzen überschritten ist:

1. Umsätze	>	**500.000 Euro**
2. Wirtschaftswert	>	**25.000 Euro**
3. Gewinn aus Gewerbebetrieb	>	**30.000 Euro**
4. Gewinn aus Land- und Forstwirtschaft	>	**30.000 Euro**

3.1.3.2 Erfolgskontrolle

WIEDERHOLUNGSFRAGEN

1. Was versteht man unter einer Inventur?
2. Wer ist verpflichtet, Inventuren durchzuführen?
3. Wann sind Inventuren nach § 240 Abs. 1 und Abs. 2 HGB durchzuführen?
4. Was soll durch die Inventur erfasst werden?
5. Unter welchen Voraussetzungen kann auf eine jährliche körperliche Bestands-
   aufnahme der beweglichen Anlagegüter verzichtet werden?
6. Was versteht man unter einem Inventar?
7. Wie wird das Reinvermögen rechnerisch ermittelt?
8. Welche Vermögensgegenstände werden dem Anlagevermögen zugeordnet?
9. Welche Vermögensgegenstände werden dem Umlaufvermögen zugeordnet?

ÜBUNGSAUFGABEN

Übungsaufgabe 1:

Welche Aussage ist richtig? Kreuzen Sie die richtige Lösung an.

Die Stichtaginventur

(a) muss innerhalb eines Monats vor oder nach dem Bilanzstichtag durchgeführt
    werden.
(b) ist jeweils genau am Bilanzstichtag durchzuführen.
(c) kann irgendwann im Geschäftsjahr erfolgen; die Bestände müssen dann fort-
    geschrieben werden.
(d) muss innerhalb von 10 Tagen vor oder nach dem Bilanzstichtag erfolgen.

Übungsaufgabe 2:

Der Gewerbetreibende Müller (Spielzeugfabrik) hat die nachstehenden Vermögens-
gegenstände und Schulden durch Inventur erfasst. Ordnen Sie zu:

Vermögensgegenstände/Schulden	Anlagevermögen	Umlaufvermögen	Schulden
1. Unbebautes Grundstück			
2. Bankdarlehen			
3. Lkw			
4. Produktionsmaschine			
5. Bankguthaben			
6. Kassenbestand			
7. Schreibtisch für das Büro			
8. Warenbestand			

Übungsaufgabe 3:

Der Autohändler Meier, Heilbronn, erwarb im Oktober 2007 einen Pkw vom Hersteller
Mercedes Benz, Stuttgart. Der Pkw wird als Vorführwagen genutzt und steht potentiellen
Käufern für Probefahrten zur Verfügung. Üblicherweise veräußert Meier solche Pkw
innerhalb von 6 bis 9 Monaten nach dem Kauf mit einem deutlich niedrigeren Preis
als dem Listenpreis.

Gehört der Pkw, der im Oktober 2007 angeschafft wurde, am 31.12.2007 (Bilanzstichtag)
zum Anlage- oder Umlaufvermögen?

Übungsaufgabe 4:

Ein Inventar ist ordnungsgemäß erstellt. Welche Gleichungen sind richtig?

1. Anlagevermögen + Umlaufvermögen + Schulden = Reinvermögen
2. Vermögen – Schulden = Reinvermögen
3. Reinvermögen – Schulden = Vermögen
4. Reinvermögen + Schulden = Anlagevermögen + Umlaufvermögen

Übungsaufgabe 5:

Die Unternehmerin Inge Neis, Münster, hat durch Inventur zum 31.12.2007 folgende Bestände ermittelt:

Guthaben bei der Sparkasse Münster	23.900,00 €
Schulden aus Warenlieferungen lt. besonderem Verzeichnis	18.500,00 €
Grundstück Münster, Hauptstraße 5	10.000,00 €
Geschäftsbauten Münster, Hauptstraße 5	52.200,00 €
Darlehnsschuld bei der Commerzbank, Münster	35.000,00 €
Kassenbestand	7.600,00 €
Lkw Mercedes	16.400,00 €
Pkw Audi	16.400,00 €
sonstige Betriebs- und Geschäftsausstattung lt. besonderem Verzeichnis	10.800,00 €
Forderungen aus Warenlieferung lt. besonderem Verzeichnis	21.100,00 €
Warenbestand lt. besonderer Liste	35.700,00 €

Erstellen Sie das Inventar zum 31.12.2007.

Übungsaufgabe 6:

Wie lange muss das Inventar aufbewahrt werden? Kreuzen Sie die richtige Lösung an.

(a) 6 Jahre
(b) 2 Jahre
(c) 10 Jahre
(d) 30 Jahre

Übungsaufgabe 7:

Die Textilgroßhändlerin Sabine Arenz, Bielefeld, hat folgende (verkürzte) Inventare erstellt:

	31.12.2006	31.12.2007
Vermögen	200.000,00 €	210.000,00 €
– Schulden	– 40.000,00 €	– 20.000,00 €
= Reinvermögen	160.000,00 €	190.000,00 €

Interpretieren Sie die Veränderung des Reinvermögens unter der Voraussetzung, dass Frau Arenz weder Privatentnahmen noch Privateinlagen getätigt hat.

3.2 Bilanz

Jeder **Kaufmann** ist **verpflichtet,**

> 1. zu **Beginn** seines Handelsgewerbes eine **Gründungsbilanz** und
>
> 2. für den **Schluss** eines **jeden** Geschäftsjahres eine **Schlussbilanz**

aufzustellen (**§ 242 Abs. 1 HGB**).

Für **Gewerbetreibende** sowie **Land- und Forstwirte**, die nach **§ 141 AO buch-
führungspflichtig** sind, gilt **§ 242 Abs. 1 HGB sinngemäß**, d.h., auch diese
Steuerpflichtigen haben eine **Gründungsbilanz** und **Schlussbilanzen** aufzustellen.

Das **Inventar** ist **Grundlage** für die Aufstellung der **Bilanz**.

3.2.1 Form und Inhalt der Bilanz

Im **Inventar** werden alle Vermögensgegenstände und Schulden einzeln
untereinander in Listenform aufgeführt. Am Schluss des Inventars wird das
Reinvermögen (Eigenkapital) ermittelt.

Die **Bilanz** ist eine kurz gefasste Gegenüberstellung von Vermögen und Kapital; in ihr
werden das **Vermögen** auf der **linken Seite** und das **Eigenkapital sowie** die **Schulden**
auf der **rechten** Seite erfasst. Das Eigenkapital steht vor den Schulden.

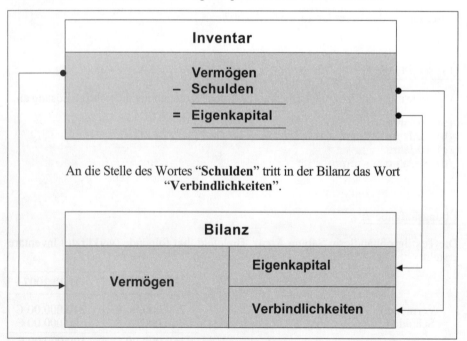

Aus der Bilanz lässt sich auch die **Gleichung** ableiten:

> **Vermögen = Eigenkapital + Verbindlichkeiten**

Die **linke Seite** der Bilanz heißt **Aktiva**. Auf der **Aktivseite** wird das **Vermögen** in seinen **unterschiedlichen Formen** ausgewiesen. Die **Aktivseite** der Bilanz gibt Auskunft darüber, welche **Vermögensformen** in einem Unternehmen stecken.

Aktiva	=	Vermögensseite

Die **rechte Seite** der Bilanz heißt **Passiva**. Auf der **Passivseite** stehen das **Eigenkapital und** die **Verbindlichkeiten**. Die **Passivseite** gibt Auskunft darüber, **wer** das **Kapital** (= die Mittel zur Finanzierung des Vermögens) **aufgebracht hat**.

Passiva	=	Kapitalseite

Das **Kapital**, das der Unternehmer aus **eigenen Mitteln** zur Finanzierung des Vermögens aufgebracht hat, wird als **Eigenkapital** bezeichnet.

Beispiel:

Die Gesellschafter J & M haben Anfang 2007 eine Möbelfabrik in Koblenz in der Rechtsform einer GmbH gegründet. J & M haben aus **eigenen Mitteln** folgende Gründungseinlagen geleistet:

ein **Grundstück** im Wert von	**10.000,00 EUR,**
ein **Fabrikgebäude** im Wert von	**100.000,00 EUR** und
Bargeld von	**20.000,00 EUR.**

Die **130.000,00 EUR** stellen **Eigenkapital** dar, weil die Gesellschafter die Wirtschaftsgüter aus eigenen Mitteln aufgebracht haben.

Die GmbH ist verpflichtet, zu **Beginn** ihres Handelsgewerbes eine **Gründungsbilanz** aufzustellen (§ 242 Abs. 1 HGB).

Die **Gründungsbilanz** der J & M Möbelfabrik GmbH sieht wie folgt aus:

Aktiva	Bilanz der **J & M Möbelfabrik GmbH** zum 31.01.2007		Passiva

A. Anlagevermögen:
  I. Sachanlagen:
    1. Grundstücke und
      Bauten
	110.000,00	**A. Eigenkapital:**
		  I. Gezeichnetes Kapital
			130.000,00

B. Umlaufvermögen: I. Kassenbestand	20.000,00		
	130.000,00		130.000,00
13.02.2007 J & M			

Haben **Fremde** die Mittel zur Anschaffung von Vermögensgegenständen zur Verfügung gestellt, werden diese Mittel als **Fremdkapital** bezeichnet.

Allgemein gilt für alle **Bilanzen**, dass das **Vermögen** gleich dem **Kapital** sein muss:

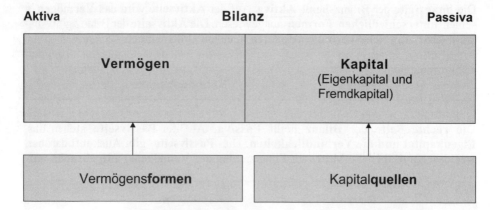

Aktiva | Bilanz | Passiva

Vermögen / **Kapital** (Eigenkapital und Fremdkapital)

Vermögen**formen** / Kapital**quellen**

Bilanz und **Inventar unterscheiden sich** nicht nur in ihrer **Form**, sondern auch in ihrem **Umfang**.

Im **Inventar** werden alle Vermögensgegenstände und Schulden mit ihrer Bezeichnung und ihrem Wert **einzeln** ausgewiesen.

In der **Bilanz** werden gleichartige Vermögensgegenstände und Verbindlichkeiten **gebündelt** und ihre Werte **postenweise** zusammengefasst. Durch diese Zusammenfassung ist die **Bilanz übersichtlicher** als das Inventar, das meistens viele Seiten umfasst. Die **Bilanz** zeigt das **Vermögen**, das **Eigenkapital** und das **Fremdkapital** "**auf einen Blick**".

Das **HGB** enthält zur **Form** und zum **Inhalt** der **Bilanz** eine Reihe von Vorschriften, die sinngemäß auch für die nach § 141 AO Bilanzierungspflichtigen gelten (§ 141 Abs. 1 Satz 2 AO):

Die Bilanz ist nach den **G**rundsätzen **o**rdnungsmäßiger **B**uchführung (**GoB**) aufzustellen.	§ 243 Abs. 1 HGB
Die Bilanz ist innerhalb einer **angemessenen Frist** nach dem Stichtag aufzustellen.	§ 243 Abs. 3 HGB
Die Bilanz ist in **deutscher Sprache** und in **Euro** aufzustellen.	§ 244 HGB
Die Bilanz muss **klar** und **übersichtlich** sein.	§ 243 Abs. 2 HGB
In der Bilanz sind das Vermögen, das Eigenkapital und die Verbindlichkeiten gesondert auszuweisen und **hinreichend aufzugliedern**.	§ 247 Abs. 1 HGB
Die Bilanz ist vom Kaufmann unter Angabe des **Datums** zu **unterzeichnen**.	§ 245 HGB

 Einzelheiten zu den Grundsätzen ordnungsmäßiger Buchführung (GoB) erfolgen im Abschnitt 3.1.3 der **Buchführung 2**, 18. Auflage, Seite 22 ff.

3.2.2 Gliederung der Bilanz

Die **Gliederung der Bilanz** ist **abhängig** von der **Rechtsform** einer Unternehmung. Für die **Bilanzgliederung** ist deshalb zwischen **zwei Gruppen** von Bilanzierenden zu unterscheiden:

1. **Kapitalgesellschaften** (z.B. AG, GmbH) und Personenhandelsgesell-schaften, die **wie Kapitalgesellschaften** behandelt werden (z.B. GmbH & Co. KG),

2. **Nicht-Kapitalgesellschaften**

   2.1 Einzelkaufleute,
   2.2 Personenhandelsgesellschaften **mit** einer natürlichen Person als Vollhafter (z.B. OHG, KG),
   2.3 Personen, die nach § 141 AO buchführungspflichtig sind.

3.2.2.1 Bilanzgliederung der Kapitalgesellschaften

Kapitalgesellschaften sind verpflichtet, die Bilanz aufzustellen, die der **Gliederung** des **§ 266 HGB** entspricht.
Seit dem 1.1.2000 haben Personenhandelsgesellschaften **ohne** eine natürliche Person als Vollhafter (z.B. **GmbH & Co. KG**) nach § 264a HGB **wie Kapitalgesellschaften** Rechnung zu legen.

Große und mittelgroße Kapitalgesellschaften und diesen gleichgestellte Gesell-schaften haben die im Gliederungsschema des § 266 Abs. 2 und 3 HGB genannten **Posten** der Aktivseite und der Passivseite **gesondert und in der vorgeschriebenen Reihenfolge** auszuweisen (§ 266 Abs. 1 **Satz 2** HGB).

Die **Bilanzgliederung** für **große** und **mittelgroße Kapitalgesellschaften** und diesen gleichgestellte Gesellschaften wird auf der Seite 36 dargestellt.

Kleine Kapitalgesellschaften können die Bilanz in **verkürzter Form** aufstellen, in die **nur** die mit **Buchstaben und römischen Zahlen** bezeichneten **Posten** des Gliederungsschemas (von Seite 36) gesondert und in der vorgeschriebenen Reihenfolge aufgenommen werden (§ 266 Abs. 1 **Satz 3** HGB).

3.2.2.2 Bilanzgliederung der Nicht-Kapitalgesellschaften

Für **Nicht-Kapitalgesellschaften** schreiben das HGB und die AO **keine bestimmte Bilanzgliederung** vor.

Nicht-Kapitalgesellschaften haben die **Bilanz** nach den **Grundsätzen ordnungs-mäßiger Buchführung (GoB)** aufzustellen (§ 243 Abs. 1 HGB).

In der Bilanz sind das **Anlage- und Umlaufvermögen**, das **Eigenkapital** und die **Verbindlichkeiten gesondert auszuweisen und hinreichend zu gliedern** (§ 247 Abs. 1 HGB).

Beim gesonderten Ausweis und der Gliederung ist der **Grundsatz der Klarheit und Übersichtlichkeit** zu beachten (§ 243 Abs. 2 HGB).

Nicht-Kapitalgesellschaften erfüllen diese Voraussetzungen, wenn sie die Gliederung ihrer Bilanz dem Gliederungsschema der **Kapitalgesellschaften** anpassen.

Auf der Seite 37 wird die **Bilanz** einer **Nicht-Kapitalgesellschaft** abge-druckt, die diesen Anforderungen entspricht.

A   **Bilanzgliederung** für große und mittelgroße **Kapitalgesellschaften**   P

A. Anlagevermögen:

  I. Immaterielle Vermögensgegenstände:

    1. Konzessionen, gewerbliche Schutz-
      rechte und ähnliche Rechte und Werte
      sowie Lizenzen an solchen Rechten
      und Werten;

    2. Geschäfts- oder Firmenwert;

    3. geleistete Anzahlungen;

  II. Sachanlagen:

    1. Grundstücke, grundstücksgleiche
      Rechte und Bauten einschließlich
      der Bauten auf fremden Grund-
      stücken;

    2. technische Anlagen und Maschinen;

    3. andere Anlagen, Betriebs- und
      Geschäftsausstattung;

    4. geleistete Anzahlungen und
      Anlagen im Bau;

  III. Finanzanlagen:

    1. Anteile an verbundenen Unternehmen;

    2. Ausleihungen an verb. Unternehmen;

    3. Beteiligungen;

    4. Ausleihungen an Unternehmen, mit
      denen ein Beteiligungsverh. besteht;

    5. Wertpapiere des Anlagevermögens;

    6. sonstige Ausleihungen.

B. Umlaufvermögen:

  I. Vorräte:

    1. Roh-, Hilfs- und Betriebsstoffe;

    2. unfertige Erzeugnisse, unfertige
      Leistungen;

    3. fertige Erzeugnisse und Waren;

    4. geleistete Anzahlungen;

  II. Forderungen u. sonst. Vermögensg.

    1. Forderungen aus Lieferungen und
      Leistungen;

    2. Forderungen gegen
      verbundene Unternehmen;

    3. Forderungen gegen Unternehmen,
      mit denen ein Beteiligungs-
      verhältnis besteht;

    4. sonstige Vermögensgegenstände;

  III. Wertpapiere:

    1. Anteile an verbundenen Unternehmen;

    2. eigene Anteile;

    3. sonstige Wertpapiere;

  IV. Kassenbestand, Bundesbankguthaben,
    Guthaben bei Kreditinstituten und
    Schecks.

C. Rechnungsabgrenzungsposten.

A. Eigenkapital:

  I. Gezeichnetes Kapital;

  II. Kapitalrücklage;

  III. Gewinnrücklagen:

    1. gesetzliche Rücklage;

    2. Rücklage für eigene Anteile;

    3. satzungsmäßige Rücklagen;

    4. andere Gewinnrücklagen;

  IV. Gewinnvortrag/Verlustvortrag;

  V. Jahresüberschuss/Jahresfehlbetrag.

B. Rückstellungen:

    1. Rückstellungen für Pensionen
      und ähnliche Verpflichtungen;

    2. Steuerrückstellungen;

    3. sonstige Rückstellungen.

C. Verbindlichkeiten:

    1. Anleihen, davon konvertibel;

    2. Verbindlichkeiten gegenüber
      Kreditinstituten;

    3. erhaltene Anzahlungen auf
      Bestellungen;

    4. Verbindlichkeiten aus Lieferungen
      und Leistungen;

    5. Verbindlichkeiten aus der Annahme
      gezogener Wechsel und der
      Ausstellung eigener Wechsel;

    6. Verbindlichkeiten gegenüber
      verbundenen Unternehmen;

    7. Verbindlichkeiten gegenüber
      Unternehmen, mit denen ein
      Beteiligungsverhältnis besteht;

    8. sonstige Verbindlichkeiten,
      davon aus Steuern,
      davon im Rahmen der sozialen
      Sicherheit.

D. Rechnungsabgrenzungsposten.

Bilanz-Gliederung einer Nicht-Kapitalgesellschaft

Aktiva	Passiva

A. Anlagevermögen:
I. Immaterielle Vermögensgegenstände:
  1. Software;
  2. Geschäfts- und Firmenwert;
II. Sachanlagen:
  1. Grundstücke und Bauten;
  2. technische Anlagen und Maschinen;
  3. Betriebs- und Geschäftsausstattung;
III. Finanzanlagen:
  1. Beteiligungen;
  2. Wertpapiere des Anlagevermögens.
	A. Eigenkapital.
	(bei Personenhandelsgesellschaften mit einer natürlichen Person als Vollhafter gegliedert nach Vollhaftern und Teilhaftern)

B. Umlaufvermögen:
I. Vorräte:
  1. Roh-, Hilfs- und Betriebsstoffe;
  2. fertige Erzeugnisse und Waren;
II. Forderungen und sonstige Vermögensgegenstände:
  1. Forderungen aus Lieferungen und Leistungen;
  2. sonstige Vermögensgegenstände;
III. Wertpapiere:
  1. sonstige Wertpapiere;
IV. Kassenbestand, Bundesbankguthaben, Guthaben bei Kreditinstituten und Schecks.
	B. Rückstellungen:
	  1. Rückstellungen für Pensionen;
	  2. Steuerrückstellungen;
	  3. sonstige Rückstellungen.
	
	C. Verbindlichkeiten:
	  1. Verbindlichkeiten gegenüber Kreditinstituten;
	  2. Verbindlichkeiten aus Lieferungen und Leistungen;
	  3. Verbindlichkeiten aus der Annahme gezogener Wechsel und der Ausstellung eigener Wechsel;
	  4. sonstige Verbindlichkeiten.
	
	D. Rechnungsabgrenzungsposten.

C. Rechnungsabgrenzungsposten.	

Auf der folgenden Seite 38 befindet sich eine **Bilanz**, die auf der Grundlage des **Inventars** von Seite 28 dieses Buches erstellt worden ist.

Inventar

der Getränkehandlung Karl Müller, Koblenz, zum 31.12.2007

	EUR	EUR
I. Vermögen		
1. Anlagevermögen		
1.1 Grundstücke und Bauten		
Grundstücke: Koblenz, Löhrstr. 1-3	50.000	
Geschäftsbauten: Koblenz, Löhrstr. 1-3	300.000	350.000
1.2 Betriebs- und Geschäftsausstattung		
1 Lkw	12.000	
1 Pkw	4.000	
Sonstige Betriebs- und Geschäftsausstattung		
lt. besonderem Verzeichnis	3.500	19.500
2. Umlaufvermögen		
2.1 Vorräte		
Waren		
200 Kästen Pils zu je 7,50 €	1.500	
100 Kästen Export zu je 5 €	500	
40 Kästen Limo zu je 5 €	200	2.200
2.2 Forderungen		
Forderungen aus Lieferungen und Leistungen		
lt. besonderem Verzeichnis		3.200
2.3 Kassenbestand, Guthaben bei Kreditinstituten		
Kassenbestand	500	
Deutsche Bank Koblenz	8.000	8.500
Summe des Vermögens		**383.400**
II. Schulden		
1. Langfristige Schulden		
1.1 Schulden gegenüber Kreditinstituten		
Darlehen Sparkasse Koblenz		140.000
2. Kurzfristige Schulden		
2.1 Schulden aus Lieferungen und Leistungen		
Königsbacher Brauerei, Koblenz	3.000	
Rhenser Brunnen, Rhens	2.000	5.000
Summe der Schulden		**145.000**
III. Ermittlung des Reinvermögens		
Summe des Vermögens		383.400
Summe der Schulden		145.000
= Reinvermögen (Eigenkapital)		**238.400**

Koblenz, 08.01.2008

Aktiva	**Bilanz zum 31.12.2007**	Passiva

	EUR		EUR
A. Anlagevermögen		**A. Eigenkapital**	238.400
I. Sachanlagen			
1. Grundstücke			
und Bauten	350.000		
2. Betriebs- und			
Geschäftsausstattung	19.500		
B. Umlaufvermögen		**B. Verbindlichkeiten**	
I. Vorräte		I. Verbindlichkeiten	
1. Waren	2.200	gegenüber	
II. Forderungen		Kreditinstituten	140.000
1. Forderungen aLuL	3.200	II. Verbindlichkeiten	
III. Kassenbestand und		aLuL	5.000
Guthaben bei			
Kreditinstituten	8.500		
	383.400		**383.400**

10.04.2008   *Karl Müller*

3.2.3 Zusammenfassung und Erfolgskontrolle

3.2.3.1 Zusammenfassung

- Die **Bilanz** wird auf der **Grundlage des Inventars** erstellt.

- Die **Bilanz** ist eine kurz gefasste Gegenüberstellung des Vermögens und des Kapitals eines Unternehmens.

- Auf der **linken Seite** der Bilanz (**Aktiva**) werden die **Vermögensgegenstände**, unterteilt in Anlage- und Umlaufvermögen, auf der **rechten Seite** der Bilanz (**Passiva**) das **Kapital**, unterteilt in Eigenkapital und Verbindlichkeiten, dargestellt.

- Für **Kapitalgesellschaften** und diesen gleichgestellte Gesellschaften ist die Bilanzgliederung **gesetzlich vorgeschrieben**.

- **Nicht-Kapitalgesellschaften** orientieren sich an der Bilanzgliederung der Kapitalgesellschaften.

3.2.3.2 Erfolgskontrolle

WIEDERHOLUNGSFRAGEN

1. Wer ist verpflichtet, Bilanzen zu erstellen?
2. Was versteht man unter einer Bilanz?
3. Was wird auf der Aktivseite der Bilanz ausgewiesen?
4. Was wird auf der Passivseite der Bilanz ausgewiesen?
5. Wodurch unterscheiden sich Inventar und Bilanz voneinander?
6. Welche zwei Gruppen von Bilanzierenden sind hinsichtlich der Gliederung der Bilanz zu unterscheiden?

ÜBUNGSAUFGABEN

Übungsaufgabe 1:

Welche Aussage ist richtig?

1. Die Bilanz ist eine Stichtagsbetrachtung.
2. Die Bilanz ist eine Zeitraumbetrachtung.
3. Die Bilanz ist ein Teil des handelsrechtlichen Jahresabschlusses.
4. Die linke Seite der Bilanz heißt Passiva.
5. Die linke Seite der Bilanz ist die Investitionsseite.

Übungsaufgabe 2:

Welche Aussage ist richtig?

Aktiva abzüglich Passiva sind

1. immer negativ.
2. das Anlagevermögen.
3. das Reinvermögen.
4. immer Null.
5. das Umlaufvermögen.

Übungsaufgabe 3:

Ergänzen Sie die nachstehende (vereinfachte) Bilanz:

A	Bilanz zum 31.12.2007		P
Anlagevermögen	600.000,00 €	Eigenkapital	?
Umlaufvermögen	500.000,00 €	Verbindlichkeiten	800.000,00 €
	?		1.100.000,00 €

Übungsaufgabe 4:

Erstellen Sie aus der Lösung der Übungsaufgabe 5 (Abschnitt 3.1.3.2, Seite 31) die entsprechende Bilanz.

Übungsaufgabe 5:

Stellen Sie fest, welche der nachstehenden Kaufleute im Sinne des HGB die Bilanzgliederung des § 266 HGB beachten müssen. Kreuzen Sie die richtige Lösung an.

(a) Eduard Müller e.K.
(b) Eduard Müller KG
(c) Eduard Müller OHG
(d) Eduard Müller GmbH

Übungsaufgabe 6:

Eduard Müller e.K., Heilbronn, erstellt am 25.06.2007 seine Bilanz zum 31.12.2005.

Beurteilen Sie diesen Sachverhalt im Hinblick auf die Bilanzvorschriften des HGB.

Übungsaufgabe 7:

Sachverhalt wie in Übungsaufgabe 6 mit dem Unterschied, dass es sich um die "mittelgroße" Eduard Müller GmbH handelt.

Beurteilen Sie diesen Sachverhalt im Hinblick auf die Bilanzvorschriften des HGB.

3.3 Bestandsveränderungen

Die **Bilanz** wird für einen bestimmten **Zeitpunkt** aufgestellt. Unmittelbar **nach** diesem **Zeitpunkt ändern sich** die **Bestände** des Vermögens und/oder des Kapitals durch **Geschäftsvorfälle**.

Das **Bilanzgleichgewicht**, d.h. die summenmäßige Übereinstimmung von Aktiva und Passiva, **bleibt auch nach den Änderungen erhalten**, da jede Änderung eines Bestandes durch eine entsprechende Änderung eines anderen Bestandes ausgeglichen wird.

Es gibt **Bestandsveränderungen**, die das **Eigenkapital berühren** und solche, die das **Eigenkapital nicht berühren**.

In diesem Kapitel werden nur **Bestandsveränderungen** dargestellt und erläutert, die das **Eigenkapital nicht berühren**.

Folgende **vier Arten** der **Bestandsveränderungen** sind zu unterscheiden:

> **1. Aktiv - Tausch,**
>
> **2. Aktiv - Passiv - Mehrung,**
>
> **3. Passiv - Tausch,**
>
> **4. Aktiv - Passiv - Minderung.**

Diese **vier Arten** der **Bestandsveränderungen** werden anhand der **Gründungsbilanz** der **J & M Möbelfabrik GmbH**, Koblenz, erläutert.

Die **Gründungsbilanz** (Eröffnungsbilanz) der J & M Möbelfabrik GmbH, Koblenz, sieht wie folgt aus (siehe Seite 33):

Aktiva	Bilanz der J & M Möbelfabrik GmbH zum 31.01.2007		Passiva
A. Anlagevermögen:		**A. Eigenkapital:**	
I. Sachanlagen:		I. Gezeichnetes Kapital	130.000,00
1. Grundstücke und			
Bauten	110.000,00		
B. Umlaufvermögen:			
I. Kassenbestand	20.000,00		
	130.000,00		130.000,00
13.02.2007 J & M			

3.3.1 Aktiv-Tausch

Beim **Aktiv-Tausch** ändern sich **zwei Aktivposten** der **Bilanz**. Ein Aktivposten wird **vermehrt**, ein anderer Aktivposten um den gleichen Betrag **vermindert**. Die **Bilanzsumme** ändert sich **nicht**.

1. Geschäftsvorfall:
Die J & M Möbelfabrik GmbH **kauft** eine **Fertigungsmaschine** für **10.000,00 €**, die sie **bar bezahlt.**

Aktiva	Bilanz *vor* dem 1. Geschäftsvorfall		Passiva
A. Anlagevermögen:		**A. Eigenkapital:**	
I. Sachanlagen:		I. Gezeichnetes Kapital	130.000,00
1. Grundstücke und			
Bauten	110.000,00		
B. Umlaufvermögen:			
I. Kassenbestand	20.000,00		
	130.000,00		130.000,00
13.02.2007 J & M			

Aktiva	Bilanz *nach* dem 1. Geschäftsvorfall		Passiva
A. Anlagevermögen:		**A. Eigenkapital:**	
I. Sachanlagen:		I. Gezeichnetes Kapital	130.000,00
1. Grundstücke und			
Bauten	110.000,00		
2. Maschinen	**10.000,00**		
B. Umlaufvermögen:			
I. Kassenbestand	**10.000,00**		
	130.000,00		130.000,00
14.02.2007 J & M			

Es hat ein **Tausch zwischen zwei Aktivposten** stattgefunden. Durch den Geschäftsvorfall **vermehrt** sich der Bilanzposten **Maschinen** um 10.000 EUR und der **Kassenbestand vermindert** sich um 10.000 EUR.

3.3.2 Aktiv-Passiv-Mehrung

Bei der **Aktiv-Passiv-Mehrung** ändern sich **ein Aktivposten** und **ein Passivposten**. Sowohl ein Aktivposten als auch ein Passivposten der Bilanz werden **vermehrt**. Die Bilanzsumme nimmt um den gleichen Betrag zu ("**Bilanzverlängerung**").

2. Geschäftsvorfall:
Die J & M Möbelfabrik GmbH kauft **Holz** für **5.000,00 €** **auf Ziel** (= Kredit).

Aktiva	Bilanz *vor* dem 2. Geschäftsvorfall		Passiva
A. Anlagevermögen:		**A. Eigenkapital:**	
I. Sachanlagen:		I. Gezeichnetes Kapital	130.000,00
1. Grundstücke und Bauten	110.000,00		
2. Maschinen	10.000,00		
B. Umlaufvermögen:			
I. Kassenbestand	10.000,00		
	130.000,00		130.000,00

14.02.2007   J & M

Aktiva	Bilanz *nach* dem 2. Geschäftsvorfall		Passiva
A. Anlagevermögen:		**A. Eigenkapital:**	
I. Sachanlagen:		I. Gezeichnetes Kapital	130.000,00
1. Grundstücke und Bauten	110.000,00		
2. Maschinen	10.000,00	**B. Verbindlichkeiten:**	
B. Umlaufvermögen:		**1. Verbindlichkeiten aus Lieferungen und**	
I. Vorräte			
1. Rohstoffe	**5.000,00**	**Leistungen**	**5.000,00**
II. Kassenbestand	10.000,00		
	135.000,00		**135.000,00**

15.02.2007   J & M

Durch diesen Geschäftsvorfall vermehren sich die Rohstoffe und die Verbindlichkeiten aus Lieferungen und Leistungen um **5.000 EUR**.

Verbindlichkeiten aLuL sind Verpflichtungen bzw. Schulden aus Kaufverträgen, Werkverträgen, Dienstleistungsverträgen, Miet- und Pachtverträgen, bei denen die **Zahlung** vom Bilanzierenden **noch zu erbringen** ist.

3.3.3 Passiv-Tausch

Beim **Passiv-Tausch** ändern sich **zwei Passivposten** der **Bilanz**. Ein Passivposten wird **vermehrt**, ein anderer Passivposten wird **vermindert**. Die **Bilanzsumme** ändert sich **nicht**.

3. Geschäftsvorfall:
Die **Verbindlichkeit aLuL** in Höhe von **5.000,00 €** wird mit einem aufgenommenen **Bankkredit** bezahlt.

Aktiva	Bilanz *vor* dem 3. Geschäftsvorfall		Passiva
A. Anlagevermögen:		**A. Eigenkapital:**	
I. Sachanlagen:		I. Gezeichnetes Kapital	130.000,00
1. Grundstücke und			
Bauten	110.000,00		
2. Maschinen	10.000,00	**B. Verbindlichkeiten:**	
B. Umlaufvermögen:		1. Verbindlichkeiten aus	
I. Vorräte		Lieferungen und	
1. Rohstoffe	5.000,00	Leistungen	5.000,00
II. Kassenbestand	10.000,00		
	135.000,00		135.000,00

15.02.2007   J & M

Aktiva	Bilanz *nach* dem 3. Geschäftsvorfall		Passiva
A. Anlagevermögen:		**A. Eigenkapital:**	
I. Sachanlagen:		I. Gezeichnetes Kapital	130.000,00
1. Grundstücke und			
Bauten	110.000,00		
2. Maschinen	10.000,00	**B. Verbindlichkeiten:**	
B. Umlaufvermögen:		**1. Verbindlichkeiten**	
I. Vorräte		**gegenüber Kredit-**	
1. Rohstoffe	5.000,00	**instituten**	**5.000,00**
		2. Verbindlichkeiten aus	
II. Kassenbestand	10.000,00	**Lieferungen und**	
		Leistungen	**0,00**
	135.000,00		135.000,00

16.02.2007   J & M

Es hat ein **Tausch** zwischen **zwei Passivposten** stattgefunden. Durch den Geschäftsvorfall **vermehrt** sich der Bilanzposten **Verbindlichkeiten gegenüber Kreditinstituten** um 5.000 EUR, während sich die **Verbindlichkeiten aLuL** um 5.000 EUR **vermindern**.

3.3.4 Aktiv-Passiv-Minderung

Bei der **Aktiv-Passiv-Minderung** ändern sich **ein Aktivposten** und **ein Passivposten**. Sowohl ein Aktivposten als auch ein Passivposten der Bilanz werden **vermindert**. Die **Bilanzsumme** nimmt um den gleichen Betrag ab ("**Bilanzverkürzung**").

4. Geschäftsvorfall:
Das **Bankdarlehen** in Höhe von **5.000,00 €** wird durch **Barzahlung** getilgt.

Aktiva	Bilanz *vor* dem 4. Geschäftsvorfall		Passiva
A. Anlagevermögen:		**A. Eigenkapital:**	
I. Sachanlagen:		I. Gezeichnetes Kapital	130.000,00
1. Grundstücke und			
Bauten	110.000,00		
2. Maschinen	10.000,00	**B. Verbindlichkeiten:**	
B. Umlaufvermögen:		1. Verbindlichkeiten	
I. Vorräte		gegenüber Kredit-	
1. Rohstoffe	5.000,00	institüten	5.000,00
		2. Verbindlichkeiten aus	
II. Kassenbestand	10.000,00	Lieferungen und	
		Leistungen	0,00
	135.000,00		135.000,00
16.02.2007 J & M			

Aktiva	Bilanz *nach* dem 4. Geschäftsvorfall		Passiva
A. Anlagevermögen:		**A. Eigenkapital:**	
I. Sachanlagen:		I. Gezeichnetes Kapital	130.000,00
1. Grundstücke und			
Bauten	110.000,00		
2. Maschinen	10.000,00	**B. Verbindlichkeiten:**	
B. Umlaufvermögen:		**1. Verbindlichkeiten**	
I. Vorräte		**gegenüber Kredit-**	
1. Rohstoffe	5.000,00	**institüten**	**0,00**
		2. Verbindlichkeiten aus	
II. Kassenbestand	**5.000,00**	Lieferungen und	
		Leistungen	0,00
	130.000,00		**130.000,00**
17.02.2007 J & M			

Durch diesen Geschäftsvorfall **vermindern** sich der **Kassenbestand und** die **Verbindlichkeiten gegenüber Kreditinstituten** um 5.000 EUR.

3.3.5 Zusammenfassung und Erfolgskontrolle

3.3.5.1 Zusammenfassung

■ **Geschäftsvorfälle ändern** die **Werte der Bilanzposten.**

■ Man unterscheidet **vier Arten** dieser Änderungen:
   Aktiv-Tausch   = Änderung von zwei Aktivposten,
   Passiv-Tausch   = Änderung von zwei Passivposten,
   Aktiv-Passiv-Mehrung   = Zunahme eines Aktiv- und eines Passivpostens,
   Aktiv-Passiv-Minderung = Abnahme eines Aktiv- und eines Passivpostens.

■ Das **Bilanzgleichgewicht** bleibt nach diesen Änderungen **erhalten**.

3.3.5.2 Erfolgskontrolle

WIEDERHOLUNGSFRAGEN

1. Wann liegt ein Aktiv-Tausch vor?
2. Wann liegt ein Passiv-Tausch vor?
3. Wann liegt eine Aktiv-Passiv-Mehrung ("Bilanzverlängerung") vor?
4. Wann liegt eine Aktiv-Passiv-Minderung ("Bilanzverkürzung") vor?

ÜBUNGSAUFGABEN

Übungsaufgabe 1:

Der Unternehmer Fritz Arnoldi, Hannover, hat zum 31.12.2007 folgende vereinfachte Bilanz (ohne Posten-Überschriften) erstellt:

Aktiva	(vereinfachte) Bilanz zum 31.12.2007		Passiva
Waren	50.000,00	Eigenkapital	60.000,00
Forderungen aLuL	5.000,00	Verbindlichkeiten aLuL	10.000,00
Kassenbestand und Guthaben bei Kreditinstituten	15.000,00		
	70.000,00		70.000,00

Geschäftsvorfälle:

1. Arnoldi kauft eine gebrauchte Fertigungsmaschine für 5.000 EUR, die er bar bezahlt.
2. Arnoldi begleicht eine Verbindlichkeit aLuL von 1.000 EUR durch eine Darlehns-aufnahme bei einer Bank.
3. Arnoldi kauft einen Lkw für 15.000 EUR auf Liefererkredit.
4. Arnoldi bezahlt eine Verbindlichkeit aLuL in Höhe von 5.000 EUR durch Bankscheck aus einem Bankguthaben.

Stellen Sie nach jedem Geschäftsvorfall eine (vereinfachte) Bilanz auf.

Übungsaufgabe 2:

Um welche Art Bestandsveränderung handelt es sich in folgenden Fällen:

Nr.	Geschäftsvorfall	Aktiv-Tausch	Passiv-Tausch	Aktiv-Passiv-Mehrung	Aktiv-Passiv-Minderung
1.	Unser Kunde begleicht eine Forderung aLuL bar.				
2.	Pkw-Kauf auf Ziel				
3.	Begleichung einer Verbindlichkeit aLuL durch Bankscheck Das Bankkonto weist ein Guthaben aus.				
4.	Kauf von Grund und Boden gegen Barzahlung				
5.	Postbanküberweisung zur Begleichung einer Verbindlich. aLuL. Das Postbankkonto weist ein Guthaben aus.				
6.	Eine Verb. aLuL wird durch Banküberweisung beglichen. Das Bankkonto weist eine Verbindlichkeit aus.				
7.	Rückzahlung einer Darlehnsverbindlichkeit durch Banküberweisung Das Bankkonto weist ein Guthaben aus.				

Übungsaufgabe 3:

Der Unternehmer Bernd Bieger, Stuttgart, hat zum 31.12.2007 folgende vereinfachte Bilanz (ohne Posten-Überschriften) erstellt:

Aktiva	(vereinfachte) Bilanz zum 31.12.2007		Passiva
Waren	30.000,00	Eigenkapital	40.000,00
Forderungen aLuL	10.000,00	Verbindlichkeiten aLuL	10.000,00
Kassenbestand und Guthaben bei Kreditinstituten	10.000,00		
	50.000,00		50.000,00

Geschäftsvorfälle

1. Ein Kunde überweist zur Begleichung einer Forderung aLuL auf das Bankkonto von Bieger 8.000 EUR. Das Bankkonto weist ein Guthaben aus.
2. Bieger begleicht eine Verbindlichkeit aLuL in Höhe von 5.000 EUR durch Banküberweisung. Das Bankkonto weist ein Guthaben aus.
3. Bieger hebt 1.000 EUR vom Bankkonto ab und legt das Geld in die Geschäftskasse.
4. Bieger begleicht eine Verbindlichkeit aLuL von 500 EUR bar.

Erstellen Sie nach diesen vier Geschäftsvorfällen eine neue (vereinfachte) Bilanz.

3.4 Bestandskonten

Um nicht **nach** jedem Geschäftvorfall eine **neue Bilanz** erstellen zu müssen, werden in der Praxis die **Bestandsveränderungen** auf **Konten** erfasst.

Die <u>Konten</u> sind Einzelabrechnungen der verschiedenen Bilanzposten.

Aus methodischen Gründen werden im Folgenden **Konten** geführt, die die Form eines **großen T's** haben; sie werden deshalb <u>**T-Konten**</u> genannt.

Wie die Bilanz hat auch das **Konto zwei Seiten**. Die **linke Seite** des Kontos heißt **Soll (S)** und die **rechte** Seite des Kontos heißt **Haben (H)**:

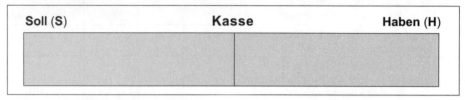

Soll (S)	Kasse	Haben (H)

Konten, die die Bestände der **Bilanz** aufnehmen, heißen <u>**Bestandskonten**</u>.

Konten, die die Bestände der **Aktivseite** der Bilanz aufnehmen, heißen <u>**Aktivkonten**</u>.
Konten, die die Bestände der **Passivseite** der Bilanz aufnehmen, heißen <u>**Passivkonten**</u>.

Für jeden **Posten der Bilanz** wird **mindestens ein Konto** geführt.

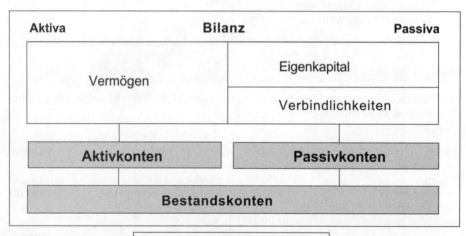

Übung: Übungsaufgabe 1 (Seite 60)

3.4.1 Eröffnung der Bestandskonten

Zu Beginn des Geschäftsjahres werden die **Bestände der Bilanz** auf einzelne **Konten** übertragen (= <u>**Eröffnung der Konten**</u>).
Bei der **Eröffnung der Bestandskonten** bleibt das **Bilanzgleichgewicht** (Aktiva = Passiva) **erhalten**. Das bedeutet, dass jeder Geschäftsvorfall mindestens doppelt (zweimal) gebucht werden muss. Dabei ist der Betrag auf der **Sollseite gleich** dem Betrag auf der **Habenseite**.

3.4.1.1 Eröffnung der Aktivkonten

Die Bestände des Vermögens stehen in der **Bilanz** auf der **linken Seite** (Aktiva). Die **Anfangsbestände des Vermögens** werden deshalb auf den entsprechenden **Konten** auch auf der **linken Seite** (Soll) vorgetragen ("eröffnet").

Die **Gegenbuchung** erfolgt auf der **rechten Seite** (Haben) des Kontos

"9000 (9000) Saldenvorträge" (SV).

Beispiel:

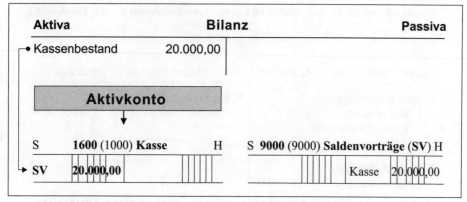

Bei jeder Eintragung auf einem **Konto** ist das **Gegenkonto** anzugeben, damit die Buchung später besser nachvollzogen werden kann.

Einzelheiten über die **Kontennummern** erfolgen im Abschnitt "3.6 Kontenrahmen und Kontenplan", Seite 78 ff.

3.4.1.2 Eröffnung der Passivkonten

Die **Bestände** der **Verbindlichkeiten** und des **Eigenkapitals** stehen in der Bilanz auf der **rechten Seite** (Passiva). Die **Anfangsbestände** dieser Posten werden deshalb auch auf der **rechten Seite** (Haben) der entsprechenden Konten vorgetragen.

Die **Gegenbuchung** erfolgt auf dem Konto **Saldenvorträge** (SV) im **Soll**.

Beispiel:

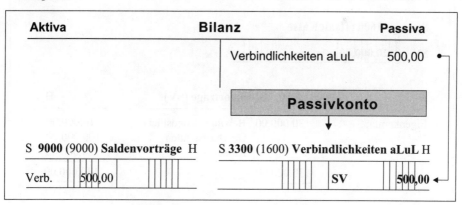

3.4.1.3 Eröffnung der Aktiv- und Passivkonten

Zu Beginn des Geschäftsjahres sind **alle Bestände der Bilanz** auf die **Aktiv-und Passivkonten** zu buchen.

Alle **Gegenbuchungen** erfolgen auf dem Konto **"Saldenvorträge" (SV)**.

<u>Beispiel:</u>
Die **Bestände** der J & M Möbelfabrik GmbH, Koblenz, (Gründungsbilanz von Seite 33) werden auf den **Konten** wie folgt eröffnet.
Der Bilanzposten **"Grundstücke und Bauten"** mit **110.000 EUR** wird auf die Konten **"Bebaute Grundstücke"** mit **10.000,00 €** und **"Geschäftsbauten"** mit **100.000,00 €** aufgelöst.

Aktiva **Bilanz** der J & M Möbelfabrik GmbH vom 31.01.2007 **Passiva**

A. Anlagevermögen:		A. Eigenkapital:	
I. Sachanlagen:		I. Gezeichnetes Kapital	130.000,00
1. Grundstücke und Bauten	110.000,00		
B. Umlaufvermögen:			
I. Kassenbestand	20.000,00		
	130.000,00		130.000,00

13.02.2007   J & M

Aktivkonten	**Passivkonto**

S **0235** (0085) **Bebaute Grundstücke** H   S   **2000** (0800) **Eigenkapital**   H

SV   10.000,00   SV   130.000,00

S   0240 (0090) **Geschäftsbauten**   H

SV   100.000,00

S   **1600** (1000) **Kasse**   H

SV   20.000,00

S   9000 (9000) **Saldenvorträge (SV)**   H

Eigenkapital	130.000,00	Bebaute Grundstücke	10.000,00
		Geschäftsbauten	100.000,00
		Kasse	20.000,00
	130.000,00		130.000,00

3.4.2 Buchen auf Bestandskonten

Sind die **Konten eröffnet**, können die **laufenden Geschäftsvorfälle** gebucht werden.

Auch bei der **Buchung** der **laufenden Geschäftsvorfälle** bleibt das **Bilanz-gleichgewicht** (Aktiva = Passiva) **erhalten**, so dass der **Betrag** auf der **Sollseite gleich dem Betrag** auf der **Habenseite** ist.

Die **Sollbuchung** wird auch als <u>**Lastschrift**</u> und die **Habenbuchung** als <u>**Gutschrift**</u> bezeichnet.

3.4.2.1 Buchen auf Aktivkonten

Alle **Erhöhungen** des Bestandes eines **Aktivkontos** werden auf der **Sollseite** gebucht, weil durch sie das **Vermögen** vergrößert wird.

Alle **Minderungen** des Bestandes eines **Aktivkontos** werden auf der **Habenseite** gebucht, weil durch sie das **Vermögen verringert** wird.

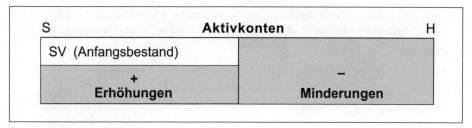

Beispiel 1:
Die J & M Möbelfabrik GmbH **kauft** einen gebrauchten **Pkw** für 10.000,00 €, den sie **bar bezahlt.**

Durch den Kauf des Pkw **erhöht** sich das **Aktivkonto "Pkw"** um 10.000,00 €, und das **Aktivkonto "Kasse" vermindert** sich um 10.000,00 € (**Aktiv-Tausch**).

Buchung:

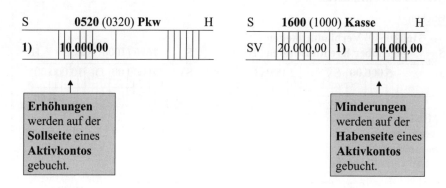

3.4.2.2 Buchen auf Passivkonten

Alle **Erhöhungen** des Bestandes eines **Passivkontos** werden auf der **Habenseite** gebucht, weil durch sie das **Kapital vergrößert** wird.

Alle **Minderungen** des Bestandes eines **Passivkontos** werden auf der **Sollseite** gebucht, weil durch sie das **Kapital verringert** wird.

Für **Passivkonten** gelten damit genau die **entgegengesetzten Grundsätze wie für Aktivkonten**.

S	Passivkonten	H
	SV (Anfangsbestand)	
– Minderungen	+ Erhöhungen	

Beispiel 2:
Die **J & M Möbelfabrik GmbH** kauft einen **Pkw** für 15.000,00 € **auf Ziel**.

Durch den Kauf des Pkw **erhöhen** sich das **Aktivkonto "Pkw"** und das **Passivkonto "Verbindlichkeiten aLuL"** um 15.000,00 € **(Aktiv-Passiv-Mehrung)**.

Buchung:

S	0520 (0320) Pkw	H		S 3300 (1600) Verbindlichk. aLuL H	
2)	15.000,00			2)	15.000,00

Erhöhungen werden auf der **Habenseite** eines **Passivkontos** gebucht.

Beispiel 3:
Die **J & M Möbelfabrik GmbH** tilgt das **Bankdarlehen** in Höhe von 5.000,00 € durch **Barzahlung**.

Durch die Barzahlung **vermindern** sich das **Passivkonto "Verbindlichkeiten gegenüber Kreditinstituten "** und das **Aktivkonto "Kasse"** um 5.000,00 € **(Aktiv-Passiv-Minderung)**.

Buchung:

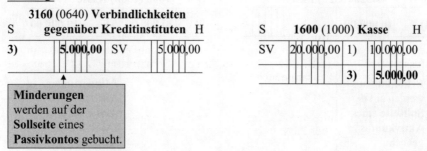

S	3160 (0640) Verbindlichkeiten gegenüber Kreditinstituten	H		S 1600 (1000) Kasse		H
3)	5.000,00	SV 5.000,00		SV 20.000,00	1) 10.000,00	
					3) 5.000,00	

Minderungen werden auf der **Sollseite** eines **Passivkontos** gebucht.

> **Übung:** 1. Wiederholungsfragen 1 bis 4 (Seite 60),
> 2. Übungsaufgaben 2 und 3 (Seite 60)

3.4.3 Abschluss der Bestandskonten

Zum Schluss des Geschäftsjahres werden die **Bestandskonten** abgeschlossen.

Der **Abschluss** vollzieht sich in **drei Schritten**:

---

1. die **wertmäßig größere** Konto**seite** wird **addiert**,

2. die **Summe** dieser Seite wird auf die **andere** Seite **übertragen**,

3. die **Differenz** auf der wertmäßig kleinerenSeite wird errechnet.
Diese Differenz nennt man **Saldo**. Der Saldo stellt den Bestand
des Abschlussstichtages (**Schlussbestand**) dar.
Alle Schlussbestände werden auf dem Schlussbilanzkonto (**SBK**)
gegengebucht.

Beispiel:

Soll		1600 (1000) **Kasse**		Haben
SV (Anfangsbestand)	20.000,00	Ausgabe		7.000,00
Einnahme	1.000,00	Ausgabe		6.000,00
Einnahme	5.000,00	Ausgabe		42.000,00
Einnahme	8.000,00	SBK	**3.**	2.000,00
Einnahme	23.000,00			
	1. 57.000,00		**2.**	57.000,00

Soll	9998 (9998) **Schlussbilanzkonto (SBK)**	Haben
Kasse	2.000,00	

Das Schlussbilanz**konto** ist ein **Abschlusskonto**. Dieses Konto ist Bestandteil der Buchführung und fasst alle Schlussbestände zusammen.

Anhand dieses Kontos wird die **Bilanz** entwickelt, die nach einem bestimmten Schema gegliedert ist. Dabei werden in der Regel **mehrere Schlussbestände** des Schlussbilanzkontos (z.B. Lkw, Pkw) zu **einem Bilanzposten** (z.B. Betriebs- und Geschäftsausstattung) zusammengefasst.

Da die Summe der Schlussbestände aller Aktivkonten genau so groß ist wie die Summe der Schlussbestände aller Passivkonten, ist das Schlussbilanzkonto ausgeglichen.

Übung: 1. Wiederholungsfrage 5 (Seite 60),
2. Übungsaufgaben 4 und 5 (Seite 61)

Zusammenfassendes Beispiel:

A. Eröffnungsbuchungen

B. Laufende Buchungen:

1. Wir begleichen eine Lieferrechnung über 500,00 € durch Banküberweisung.
2. Ein Kunde begleicht eine Rechnung über 1.000,00 € durch Banküberweisung.
3. Eine Verbindlichkeit aLuL über 4.000,00 € wird in ein Bankdarlehen mit einer Laufzeit von fünf Jahren umgewandelt.

C. Abschluss der Konten

Aktiva	(vereinfachte) **Bilanz**		Passiva
Waren	19.000,00	Eigenkapital	19.500,00
Forderungen aLuL	5.000,00	Verbindlichkeiten aLuL	10.500,00
Kassenbestand und Guthaben			
bei Kreditinstituten	6.000,00		
	30.000,00		30.000,00

Soll	**9000** (9000) **Saldenvorträge (SV)**		Haben
Eigenkapital	19.500,00	Waren	19.000,00
Verbindlichkeiten aLuL	10.500,00	Forderungen aLuL	5.000,00
		Kasse	1.000,00
		Bank	5.000,00
	30.000,00		30.000,00

S	**1140** (3980) **Bestand Waren**	H	S	**2000** (0800) **Eigenkapital**	H
SV	19.000,00	SBK 19.000,00	SBK	19.500,00	SV 19.500,00

S	**1200** (1400) **Forderungen aLuL**	H	S	**3300** (1600) **Verbindlichkeiten aLuL**	H
SV	5.000,00	2) 1.000,00	1)	500,00	SV 10.500,00
		SBK 4.000,00	3)	4.000,00	
	5.000,00	5.000,00	SBK	6.000,00	
				10.500,00	10.500,00

S	**1600** (1000) **Kasse**	H	S	**3160** (0640) **Verb. g. Kreditinstituten**	H
SV	1.000,00	SBK 1.000,00	SBK	4.000,00	3) 4.000,00

S	**1800** (1200) **Bank**	H
SV	5.000,00	1) 500,00
2)	1.000,00	SBK 5.500,00
	6.000,00	6.000,00

Soll	**9998** (9998) **Schlussbilanzkonto (SBK)**		Haben
Waren	19.000,00	Eigenkapital	19.500,00
Forderungen aLuL	4.000,00	Verbindlichkeiten aLuL	6.000,00
Kasse	1.000,00	Verbindlichkeiten gegen-	
Bank	5.500,00	über Kreditinstituten	4.000,00
	29.500,00		29.500,00

Übung: Übungsaufgaben 6 bis 8 (Seite 61 f.)

Zusammenfassung zu Abschnitt 3.4.1 bis 3.4.3:

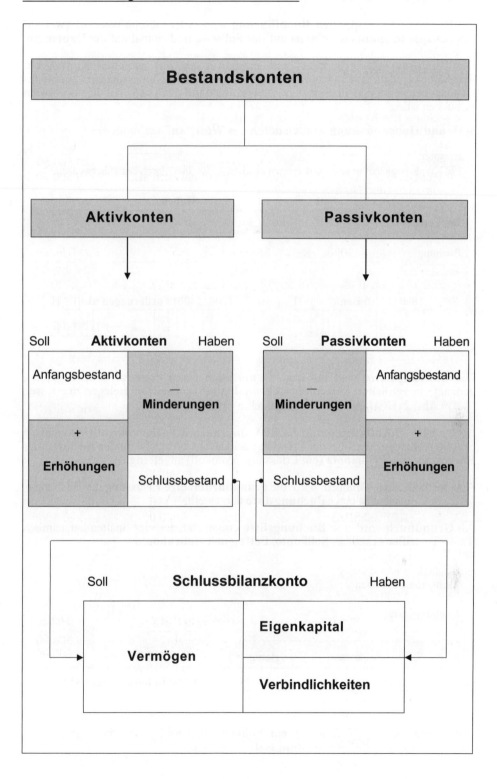

3.4.4 Buchungssatz

Im Rahmen der **doppelten Buchführung** wird jeder Geschäftsvorfall **zweimal** (doppelt) gebucht, nämlich einmal auf der **Sollseite und** einmal auf der **Habenseite** eines Kontos.

Der **Buchungssatz** gibt kurz und eindeutig an, auf welchen Konten ein Geschäftsvorfall im Soll und im Haben zu buchen ist. Im Buchungssatz wird **zuerst** das Konto genannt, auf dem im **Soll** zu buchen ist und **dann** das Konto, auf dem im **Haben** zu buchen ist.

Soll- und Habenbuchung werden durch das Wort **"an"** verbunden.

Beispiel:
Ein Kunde begleicht unsere Forderungen aLuL über 500,00 € durch Banküberweisung.

	Soll		Haben	
Buchungssatz:	Bank	**an**	Forderungen aLuL	500,00 €

Buchung:

S	1800 (1200) **Bank**	H		S	1200 (1400) **Forderungen aLuL**	H
	500,00					500,00

Die **Buchungssätze** sind im sog. **Grundbuch** (auch **Journal** bzw. Tagebuch genannt) in **zeitlicher** Reihenfolge (**chronologisch**) anhand von Belegen zu erfassen [§ 239 Abs. 2 HGB und H 5.2 (Zeitgerechte Erfassung) EStH].

Bei der **EDV-Buchführung** wird das **EDV-Journal** (mit Fehlerprotokoll) automatisch erstellt. Außerdem wird bei der Erfassung der Geschäftsvorfälle für den Nachweis der Buchungen eine **Primanota** (ein Erfassungsprotokoll) angefertigt.

Aus methodischen Gründen wird die **grundbuchmäßige Erfassung** der Buchungssätze im Folgenden in einer **Buchungsliste** dargestellt.

Als **Grundbuch** wird eine **Buchungsliste** eingesetzt, die vier Spalten hat, nämlich **Tz.** (= Textziffer/Textzahl), **Sollkonto**, **Betrag** und **Habenkonto**.

Beispiel:
Sachverhalt wie oben

Buchungssatz:

Tz.	Sollkonto	Betrag (€)	Habenkonto
1.	**1800** (1200) **Bank**	500,00	**1200** (1400) **Forderungen aLuL**

Ein Buchungssatz, bei dem nur **ein** Sollkonto und **ein** Habenkonto angesprochen werden, wird als **einfacher Buchungssatz** bezeichnet.

Ein **zusammengesetzter Buchungssatz** liegt vor, wenn bei einem Buchungssatz **mehrere** Soll- bzw. Habenkonten angesprochen werden.

Beispiel:
Ein Kunde begleicht unsere Forderungen aLuL in Höhe von **1.000,00 €** durch

Banküberweisung	**700,00 €**
und **Postbanküberweisung**	**300,00 €**.

Buchungssatz:

Tz.	Sollkonto	Betrag (€)	Habenkonto
1.	**1800** (1200) **Bank**	700,00	
	1700 (1100) **Postbank**	300,00	
		1.000,00	**1200** (1400) **Forderungen aLuL**

Buchung:

S	**1800** (1200) **Bank**	H
1)	**700,00**	

S	**1200** (1400) **Forderungen aLuL**	H
SV	1.000,00	1) **1.000,00**

S	**1700** (1100) **Postbank**	H
1)	**300,00**	

Im Rahmen der **EDV-Buchführung** muss **direkt kontiert** werden: **Zusammengesetzte Buchungssätze** werden **in mehrere** EDV-gerechte **einfache Buchungssätze aufgelöst**.

Beispiel:
Sachverhalt wie oben

Buchungssatz:

Tz.	Sollkonto	Betrag (€)	Habenkonto
1 a	**1800** (1200) **Bank**	700,00	**1200** (1400) **Forderungen aLuL**
1 b	**1700** (1100) **Postbank**	300,00	**1200** (1400) **Forderungen aLuL**

Buchung:

S	**1800** (1200) **Bank**	H
1 a)	**700,00**	

S	**1200** (1400) **Forderungen aLuL**	H
SV	1.000,00	1 a) **700,00**
		1 b) **300,00**
	1.000,00	1.000,00

S	**1700** (1100) **Postbank**	H
1 b)	**300,00**	

Übung: Übungsaufgabe 9 (Seite 63)

Bei EDV-Buchungen im **DATEV-System** (und dazu kompatiblen Systemen) werden in einer Kontierungszeile **zwei Kontennummern** angegeben. Eine Kontonummer in der Spalte "**Konto**" und die andere Kontonummer in der Spalte " **Gegenkonto**".

Die Eintragungen in der Soll- oder Habenspalte (**Betragsspalte**) beziehen sich stets auf die Spalte "**Konto**" (**nicht** auf die Spalte "**Gegenkonto**").

Beispiel:

Barkauf eines Pkw für 10.000,00 € von einem deutschen Privatmann.

Soll	Haben	USt BK	Gegen- konto Nr.	Beleg Nr.	Beleg- Datum	Konto Nr.
10.000,00			1600 (1000)			0520 (0320)

Da der **Betrag** in der **Soll-Spalte** angegeben ist, wird er im Soll des **Kontos** (Pkw) gebucht. Da jeder Betrag doppelt zu buchen ist, wird er automatisch auf dem **Gegenkonto** (Kasse) im **Haben** gebucht.

Buchung:

S   **0520** (0320) **Pkw**   H   S   **1600** (1000) **Kasse**   H

     10.000,00   10.000,00

Das **gleiche Ergebnis** wird erreicht, wenn **Konto und Gegenkonto vertauscht** werden **und** der **Betrag** in der **Haben-Spalte** angegeben wird.

Beispiel:

Sachverhalt wie oben

Soll	Haben	USt BK	Gegen- konto Nr.	Beleg Nr.	Beleg- Datum	Konto Nr.
	10.000,00		0520 (0320)			1600 (1000)

Da der Betrag in der **Haben-Spalte** angegeben ist, wird er im **Haben** des **Kontos** (Kasse) und automatisch auf dem **Gegenkonto** (Pkw) im **Soll** gebucht.

Buchung:

S   **0520** (0320) **Pkw**   H   S   **1600** (1000) **Kasse**   H

     10.000,00   10.000,00

Bei der **Bildung der Buchungssätze** ist streng darauf zu achten, ob **manuell** oder **EDV-gemäß** kontiert werden soll.

Beispiel für **manuelle** Kontierung:

Kauf eines Pkw von einer Privatperson auf Ziel für 10.000,00 €

Buchungssatz:

Sollkonto	Betrag (€)	Habenkonto
0520 (0320) Pkw	10.000,00	**3300** (1600) Verbindlichk. aLuL

Buchung:

S   **0520** (0320) Pkw   H   S   **3300** (1600) Verbindlichk. aLuL   H

      10.000,00 | 10.000,00

Beispiel für **EDV-gemäße** Kontierung:

Kauf eines Pkw von einer Privatperson auf Ziel für 10.000,00 €

Zusätzliche Daten:

     Kreditoren-Nr.   71601
     Rechnungs-Nr.   506
     Rechnungs-Datum   20.10.

Buchungssatz:

Soll	Haben	USt B t	K	Gegen-konto Nr.	Beleg Nr.	Beleg-Datum	Konto Nr.
10.000,00			7	**1601**	506	20 10	**0520** (0320)

Buchung:

S   **0520** (0320) Pkw   H   S   **71601** Kreditor (Lieferer)   H

      10.000,00 | 10.000,00

Übung: Übungsaufgabe 10 (Seite 63)

3.4.5 Erfolgskontrolle

WIEDERHOLUNGSFRAGEN

1. Welche Arten von Bestandskonten sind zu unterscheiden?
2. Auf welcher Seite steht der Anfangsbestand bei den Passivkonten?
3. Auf welcher Seite wird eine Minderung des Anfangsbestands bei Aktivkonten gebucht?
4. Auf welcher Seite wird eine Erhöhung des Anfangsbestands bei Passivkonten gebucht?
5. Über welches Konto werden die Bestandskonten abgeschlossen?

ÜBUNGSAUFGABEN

Übungsaufgabe 1:

Ordnen Sie die nachstehenden Konten zu. Kreuzen Sie die richtigen Lösungen in den letzten beiden Spalten an.

Konto	Aktivkonto	Passivkonto
Kasse		
Verbindlichkeiten aLuL		
Verbindlichkeiten gegenüber Kreditinstituten		
Lkw		
Warenvorräte		
Eigenkapital		
Geschäftsbauten		
Bankguthaben		
Forderungen aLuL		

Übungsaufgabe 2:

Führen Sie ein Kassenkonto. Tragen Sie den Anfangsbestand auf dem Kassenkonto vor und buchen Sie – ohne Gegenbuchung – die folgenden Geschäftsvorfälle:

1. Saldovortrag (Anfangsbestand)   1.800,00 €
2. Barzahlung eines Kunden   200,00 €
3. Barzahlung an einen Lieferer   400,00 €
4. Barzahlung für Porto   50,00 €
5. Barzahlung für Telefongebühren   600,00 €
6. Lohnzahlung an Arbeiter bar   500,00 €
7. Barabhebung von der Bank   1.000,00 €
8. Gehaltszahlung an Angestellte bar   800,00 €
9. Mieteinnahme für die Überlassung einer Werkswohnung   300,00 €

Übungsaufgabe 3:

Führen Sie das Konto "Verbindlichkeiten aLuL". Tragen Sie den Anfangsbestand auf diesem Konto vor und buchen Sie – ohne Gegenbuchung – die folgenden Geschäftsvorfälle:

1. Saldovortrag (Anfangsbestand)   15.000,00 €
2. Kauf eines Computers auf Ziel   10.000,00 €
3. Postbanküberweisung an Lieferer   4.000,00 €
4. Kauf eines Pkw auf Ziel   35.000,00 €
5. Banküberweisung an Lieferer   6.000,00 €

Übungsaufgabe 4:

Welche Aussagen über Bestandskonten sind richtig?

1. Der Anfangsbestand der Bestandskonten steht immer im Haben.
2. Der Endbestand der Passivkonten steht in der Regel im Soll.
3. Der Endbestand der Aktivkonten steht in der Regel im Soll.
4. Die Endbestände der Bestandskonten werden in das Schlussbilanzkonto übertragen.
5. Bei Aktivkonten werden die Zugänge im Haben, bei Passivkonten im Soll gebucht.

Übungsaufgabe 5:

Die Schlussbilanz eines Einzelhändlers weist folgende Bestände aus

Warenbestand	20.000,00 €
Kassenbestand	30.000,00 €
Forderungen aLuL	40.000,00 €
Verbindlichkeiten aLuL	40.000,00 €
Eigenkapital	?

Geschäftsvorfälle des neuen Geschäftsjahres

1. Kauf von Waren auf Ziel (ER 001)	10.000,00 €
2. Ein Kunde zahlt seine Rechnung (AR 001) bar	5.000,00 €

Aufgaben

1. Bilden Sie die Buchungssätze für die Geschäftsvorfälle.
2. Eröffnen Sie die Konten (T-Konten) im neuen Geschäftsjahr durch Buchen der Saldenvorträge.
3. Buchen Sie die Geschäftsvorfälle auf den T-Konten.
4. Schließen Sie die Bestandskonten über das Schlussbilanzkonto ab.

Übungsaufgabe 6:

Der Einzelunternehmer Kurt Stein, Wiesbaden, hat durch Inventur folgende Anfangsbestände ermittelt:

0690 (0490) Sonstige Betriebs- und Geschäftsausstattung	110.000,00 €
1140 (3980) Bestand Waren	75.000,00 €
1800 (1200) Bankguthaben	30.000,00 €
1600 (1000) Kasse	5.000,00 €
2000 (0800) Eigenkapital	?
3160 (0640) Verbindlichkeiten gegenüber Kreditinstituten	110.000,00 €
3300 (1600) Verbindlichkeiten aLuL	60.000,00 €

Geschäftsvorfälle

1. Barabhebung vom Bankkonto	8.000,00 €
2. Begleichung einer Verbindlichkeit aLuL durch Bankscheck	6.000,00 €
3. Kauf einer Schreibmaschine auf Ziel	1.000,00 €
4. Tilgung eines Bankdarlehens durch Banküberweisung	5.000,00 €
5. Umwandlung einer Verbindlichkeit aLuL in ein Bankdarlehen	20.000,00 €
Das Darlehen hat eine Laufzeit von drei Jahren.	

Aufgaben

1. Richten Sie die entsprechenden Konten ein und nehmen Sie die entsprechenden Eröffnungsbuchungen vor. Die Bestandskonten ergeben sich aus den obigen Beständen.
2. Bilden Sie die Buchungssätze für die Geschäftsvorfälle.
3. Buchen Sie die Geschäftsvorfälle auf den T-Konten.
4. Schließen Sie die Konten über das Schlussbilanzkonto ab.

Übungsaufgabe 7:

Der Einzelunternehmer Peter Jung, Stuttgart, hat durch Inventur folgende Anfangs-bestände ermittelt:

0520 (0320)	Pkw	150.000,00 €
0690 (0490)	Sonstige Betriebs- und Geschäftsausstattung	125.000,00 €
1140 (3980)	Bestand Waren	175.000,00 €
1200 (1400)	Forderungen aLuL	34.000,00 €
1600 (1000)	Kasse	15.000,00 €
1800 (1200)	Bankguthaben	37.000,00 €
2000 (0800)	Eigenkapital	?
3160 (0640)	Verbindlichkeiten gegenüber Kreditinstituten	100.000,00 €
3300 (1600)	Verbindlichkeiten aLuL	160.000,00 €

Geschäftsvorfälle

1. Bareinzahlung auf Bankkonto	10.000,00 €
2. Ein Kunde begleicht eine Forderung aLuL durch Banküberweisung	14.000,00 €
3. Kauf eines Pkw auf Ziel	20.000,00 €
4. Aufnahme eines Bankdarlehens mit einer Laufzeit von fünf Jahren (Der Betrag wird dem Bankkonto gutgeschrieben.)	35.000,00 €
5. Begleichung einer Verbindlichkeit aLuL durch Banküberweisung	10.000,00 €

Aufgaben

1. Richten Sie die entsprechenden Konten ein und nehmen Sie die entsprechenden Eröffnungsbuchungen vor.
2. Bilden Sie die Buchungssätze für die Geschäftsvorfälle.
3. Buchen Sie die Geschäftsvorfälle auf den T-Konten.
4. Schließen Sie die Konten über das Schlussbilanzkonto ab.

Übungsaufgabe 8:

Welche Geschäftsvorfälle liegen den folgenden Buchungssätzen zugrunde?

Tz.	Buchungssätze	Geschäftsvorfälle
1.	Betriebsausstattung an Bank 8.000 €	
2.	Verb. aLuL an Ford. aLuL 7.000 €	

Tz.	Buchungssätze	Geschäftsvorfälle
3.	Grund und Boden unbebaut an Bank 50.000 €	
4.	Bank an Postbank 10.000 €	
5.	Postbank an Kasse 5.000 €	
6.	Verbindlichkeiten aLuL an Verb. g. Kreditinst. 10.000 €	
7.	Verbindlichkeiten aLuL an Bank 8.000 €	

Übungsaufgabe 9:

a) Welche Geschäftsvorfälle liegen den folgenden Buchungssätzen zugrunde?
b) Um welche Art von Bestandsveränderungen handelt es sich jeweils
   (Aktiv-Tausch; Passiv-Tausch; Aktiv-Passiv-Mehrung; Aktiv-Passiv-Minderung)?

1. Pkw an Kasse	10.000,00 €
2. Geschäftsausstattung an Bank	5.000,00 €
3. Pkw an Verbindlichkeiten aLuL	20.000,00 €
4. Kasse an Bank	10.000,00 €
5. Lkw an Postbank	30.000,00 €
6. Verbindlichkeiten aLuL an Verbindlichkeiten gegenüber Kreditinstituten	40.000,00 €
7. Bank an Verbindlichkeiten gegenüber Kreditinstituten	80.000,00 €

Übungsaufgabe 10:

Kontieren Sie folgende Geschäftsvorfälle nach zwei Möglichkeiten (EDV-Kontierung).

1. Kauf eines unbebauten Grundstücks gegen Bankscheck	50.000,00 €
2. Kauf einer Rechenmaschine von einem Privatmann durch Banküberweisung	2.000,00 €
3. Kauf eines Pkw von einem Privatmann durch Postbanküberweisung	11.000,00 €

Weitere Aufgaben mit Lösungen finden Sie im **Lösungsbuch** der Buchführung 1.

3.5 Erfolgskonten

Die **bisher** gebuchten Geschäftsvorfälle haben **nur** das **Vermögen** und/oder die **Verbindlichkeiten** verändert, **nicht** jedoch das **Eigenkapital**.

In **diesem Kapitel** werden die **betrieblich** verursachten **Eigenkapitaländerungen** dargestellt und erläutert.

3.5.1 Betrieblich verursachte Eigenkapitaländerungen

Rechnerisch ist das **Eigenkapital** der **Unterschiedsbetrag** zwischen der Summe des **Vermögens** und der Summe der **Verbindlichkeiten**:

> Summe des Vermögens
>
> – Summe der Verbindlichkeiten
> _____
> = **Eigenkapital**
> _____

Bei den **betrieblich** verursachten **Eigenkapitaländerungen** wird unterschieden zwischen Eigenkapital**minderungen** und Eigenkapital**mehrungen**.

3.5.1.1 Betrieblich verursachte Eigenkapitalminderungen

Es gibt **betrieblich** verursachte **Ausgaben**, die **weder** zu einem **Aktiv-Tausch noch** zu einer **Verminderung der Verbindlichkeiten** führen.

Beispiel:
Die J & M Möbelfabrik GmbH hat einen Lagerplatz gemietet, für den sie monatlich **500 Euro Miete** durch **Banküberweisung** zahlt.

Durch die Banküberweisung der Miete vermindert sich das Bankguthaben um 500 €. Da der Verminderung des Bankguthabens weder eine Vermehrung eines anderen Vermögenswertes noch eine Verminderung von Verbindlichkeiten gegenübersteht, **vermindert** sich das **Eigenkapital** – wie die folgende Rechnung zeigt – um **500 €**.

	vor der Mietausgabe	**nach** der Mietausgabe
Summe des Vermögens – Summe der Verbindlichkeiten	100.000,00 EUR – 30.000,00 EUR	**99.500,00 EUR** – 30.000,00 EUR
= **Eigenkapital**	70.000,00 EUR	**69.500,00 EUR**

a) Kontostände **vor** der Mietausgabe

S	Bank	H		S	Eigenkapital	H
SV	100.000,00					SV	70.000,00

				S	Verbindlichkeiten	H
						SV	30.000,00

b) Kontostände **nach** der Mietausgabe

S	Bank	H		S	Eigenkapital	H
SV	100.000,00	1)	500,00	1) Minderung 500,00	SV	70.000,00

				S	Verbindlichkeiten	H
						SV	30.000,00

Eine **betrieblich** verursachte **Minderung** des **Eigenkapitals** bezeichnet man als <u>**Aufwand**</u>.

<u>Merke:</u> Aufwendungen mindern das Eigenkapital.

3.5.1.2 Betrieblich verursachte Eigenkapitalmehrungen

Es gibt **betrieblich** verursachte **Einnahmen**, die **weder** zu einem **Aktiv-Tausch noch** zu einer **Vermehrung der Verbindlichkeiten** führen.

<u>Beispiel:</u>
Die J & M Möbelfabrik GmbH erhält von ihrer Bank eine **Zinsgutschrift** von **200 EUR**.

Durch diese Zinseinnahme erhöht sich das Bankguthaben um 200 EUR. Da der Vermehrung des Bankguthabens weder eine Verminderung eines anderen Vermögenswertes noch eine Vermehrung von Verbindlichkeiten gegenübersteht, **vermehrt** sich das **Eigenkapital** – wie die folgende Rechnung zeigt – um **200 EUR**.

	vor der Zinseinnahme	**nach** der Zinseinnahme
Summe des Vermögens	99.500,00 EUR	**99.700,00 EUR**
– Summe der Verbindlichkeiten	– 30.000,00 EUR	– 30.000,00 EUR
= **Eigenkapital**	69.500,00 EUR	**69.700,00 EUR**

a) Kontostände **vor** der Zinseinnahme

S	Bank	H	S	Eigenkapital	H
SV 99.500,00				SV 69.500,00	

S	Verbindlichkeiten	H
	SV 30.000,00	

b) Kontostände **nach** der Zinseinnahme

S	Bank	H	S	Eigenkapital	H
SV 99.500,00				SV 69.500,00	
1) 200,00				1) Mehrung 200,00	

S	Verbindlichkeiten	H
	SV 30.000,00	

Eine **betrieblich** verursachte **Mehrung** des **Eigenkapitals** bezeichnet man als <u>Ertrag</u>.

> **Merke:** **Erträge mehren** das **Eigenkapital**.

In der **Änderung des Eigenkapitals** spiegelt sich der **Erfolg** des Unternehmens wider.
Der **Erfolg** kann dabei **positiv (Gewinn)** oder **negativ (Verlust)** sein.
Geschäftsvorfälle, die zu einer **betrieblich** verursachten Eigenkapital**mehrung** oder
Eigenkapital**minderung** führen, werden als <u>Erfolgsvorgänge</u> bezeichnet.
Die **Konten** auf denen Erfolgsvorgänge erfasst werden, bezeichnet man als **Erfolgs-konten**. Sie sind **Unterkonten** des **Eigenkapitalkontos**.

3.5.2 Buchen auf Erfolgskonten

Innerhalb der Erfolgskonten unterscheidet man zwischen **Aufwandskonten**, auf denen
betrieblich verursachte Eigenkapital**minderungen** erfasst werden, und **Ertragskonten**,
auf denen betrieblich verursachte Eigenkapital**mehrungen** gebucht werden.

Erfolgskonten	
Aufwandskonten (Eigenkapital**minderungen**)	**Ertragskonten** (Eigenkapital**mehrungen**)
Löhne Gehälter Miete Fahrzeugkosten Porto Telefon(kosten) Bürobedarf Zinsaufwendungen	Erlöse Provisionsumsätze Zinserträge

Für **Buchungen auf den Erfolgskonten** gelten die **gleichen Buchungsregeln wie** für die entsprechenden Buchungen auf dem **Eigenkapitalkonto**:

- **Aufwendungen** stehen auf den **Aufwandskonten im Soll**, da sie das Eigenkapital **verkleinern** (Eigenkapital**minderungen**) und
- **Erträge** stehen auf den **Ertragskonten im Haben**, da sie das Eigenkapital **vergrößern** (Eigenkapital**mehrungen**).

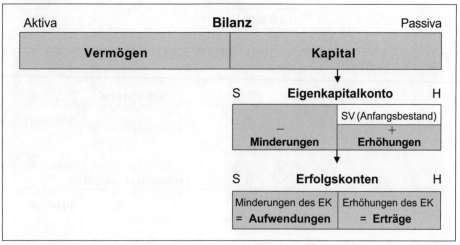

Beispiel:

Karl Meyer, Köln, hat folgende (vereinfachte) **Eröffnungsbilanz** aufgestellt:

Aktiva	(vereinfachte) **Eröffnungsbilanz**		Passiva
Waren	50.000,00	Eigenkapital	60.000,00
Forderungen aLuL	40.000,00	Verbindlichkeiten aLuL	40.000,00
Kassenbestand und			
Guthaben bei			
Kreditinstituten	10.000,00		
	100.000,00		100.000,00

Geschäftsvorfälle:

1. Meyer erhält eine Provision durch Banküberweisung	2.000,00	EUR
2. Meyer erhält eine Zinsgutschrift der Bank	50,00	EUR
3. Meyer zahlt Löhne bar	1.000,00	EUR
4. Meyer zahlt Miete für seine Geschäftsräume bar	600,00	EUR

Buchungssätze:

Tz.	Sollkonto	Betrag (€)	Habenkonto
1.	Bank	2.000,00	Provisionsumsätze
2.	Bank	50,00	Zinserträge
3.	Löhne	1.000,00	Kasse
4.	Miete	600,00	Kasse

Buchung:

Soll		Saldenvorträge (SV)		Haben
Eigenkapital	60.000,00	Bestand Waren		50.000,00
Verbindlichkeiten aLuL	40.000,00	Forderungen aLuL		40.000,00
		Kasse		5.000,00
		Bank		5.000,00
	100.000,00			100.000,00

Bestandskonten:

S	Bestand Waren	H		S	Eigenkapital	H
SV	50.000,00				SV	60.000,00

S	Forderungen aLuL	H		S	Verbindlichkeiten aLuL	H
SV	40.000,00				SV	40.000,00

S	Bank	H
SV	5.000,00	
1)	2.000,00	
2)	50,00	

S	Kasse	H	
SV	5.000,00	3)	1.000,—
		4)	600,—

Erfolgskonten:

S	Löhne	H		S	Provisionsumsätze	H
3)	1.000,00				1)	2.000,00

S	Miete	H		S	Zinserträge	H
4)	600,00				2)	50,00

Übung: 1. Wiederholungsfragen 1 bis 7 (Seite 75),
2. Übungsaufgabe 1 (Seite 75)

3.5.3 Abschluss der Erfolgskonten

Die **Erfolgskonten** sind als **Unterkonten des Eigenkapitalkontos** über das **Eigenkapitalkonto** abzuschließen.

Der **Abschluss** der **Erfolgskonten** erfolgt allerdings **nicht direkt**, sondern **indirekt**.

Zunächst werden alle Erfolgskonten über ein eigens dafür eingerichtetes **Sammelkonto**, das

Gewinn- und Verlustkonto (GuVK),

abgeschlossen.

Die **Buchungssätze** für den Abschluss der **Aufwandskonten** lauten:

GuVK an Aufwandskonten

und für den Abschluss der **Ertragskonten**:

Ertragskonten an GuVK.

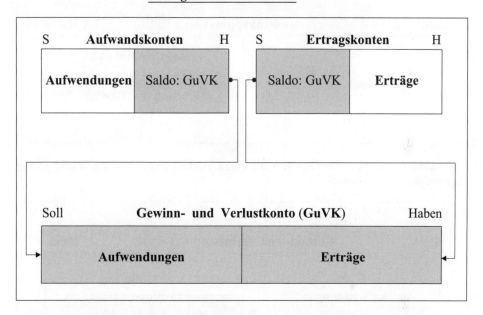

Der **Unterschiedsbetrag** zwischen der Summe der **Erträge** und der Summe der **Aufwendungen** ist der **Gewinn** oder der **Verlust**.

Summe der **Erträge**
− Summe der **Aufwendungen**

= **Gewinn** oder **Verlust**

Der **Saldo** des **Gewinn- und Verlustkontos** weist den **Gewinn oder Verlust** eines Unternehmens aus.

Das **Gewinn- und Verlustkonto** wird über das **Eigenkapitalkonto** abgeschlossen. Dabei wird durch den **Gewinn** das **Eigenkapital vermehrt** und durch den **Verlust** das **Eigenkapital vermindert**.

Ein **Saldo** im **Soll** des **GuVK** stellt einen **Gewinn** (Erträge sind größer als Aufwendungen) dar:

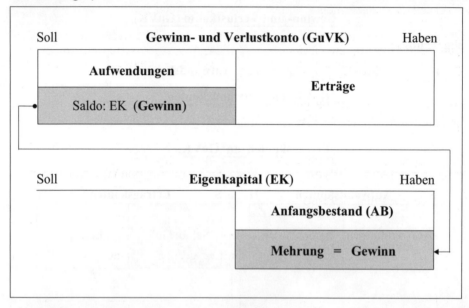

Ein **Saldo** im **Haben** des **GuVK** stellt einen **Verlust** (Aufwendungen sind größer als Erträge) dar:

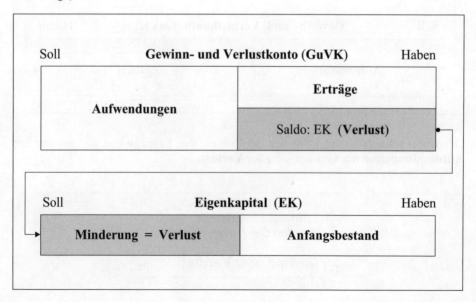

Anhand des Gewinn- und Verlust**kontos** wird die Gewinn- und Verlust**rechnung** erstellt bzw. im Rahmen der EDV-Buchführung abgerufen.

Nach § 242 Abs. 2 HGB hat jeder Kaufmann für den Schluss eines jeden Geschäftsjahres eine Gewinn- und Verlust**rechnung** aufzustellen.

> Einzelheiten zur Aufstellung der Gewinn- und Verlustrechnung erfolgen im Abschnitt 1.1.3 der **Buchführung 2**, 18. Auflage, Seite 270 ff.

Sind die Erfolgskonten abgeschlossen, kann der **Erfolg** auch durch **Eigenkapitalvergleich** (Betriebsvermögensvergleich) ermittelt werden.

Gewinn ist – sieht man von den Privatentnahmen und Privateinlagen ab – der **Unterschiedsbetrag** zwischen dem Eigenkapital (Betriebsvermögen) am Schluss des Wirtschaftsjahrs und dem Eigenkapital (Betriebsvermögen) am Schluss des vorangegangenen Wirtschaftsjahrs (§ 4 Abs. 1 Satz 1 EStG).

Für die **Erfolgsermittlung** gilt somit folgendes (vorläufiges) **Schema**, das später noch um die Privatentnahmen und Privateinlagen sowie die nicht abzugsfähigen Betriebsausgaben erweitert wird:

> **Eigenkapital (BV) am Schluss des Wirtschaftsjahrs**
> – **Eigenkapital (BV) am Schluss des vorangegangenen Wirtschaftsjahrs**
>
> = **Unterschiedsbetrag (= Gewinn / Verlust)**

Überträgt man das **Schema der Erfolgsermittlung** auf das vorangegangene Beispiel (siehe Seite 67 f.), bedeutet das:

> Eigenkapital (BV) 2007   60.450,00 EUR
> – Eigenkapital (BV) 2006   – 60.000,00 EUR
>
> = **Unterschiedsbetrag (Gewinn 2007)**   **450,00 EUR**

Die Erfolgsauswirkung lässt sich auch aus dem **Eigenkapitalkonto** erkennen (siehe Seite 72):

S	**Eigenkapital**		H
		Anfangsbestand	60.000,00
		Mehrung = **Gewinn**	**450,00**

> **Übung:** 1. Wiederholungsfragen 8 und 9 (Seite 75),
> 2. Übungsaufgaben 2 bis 5 (Seite 76 f.)

3.5.4 Zusammenfassung und Erfolgskontrolle

3.5.4.1 Zusammenfassung

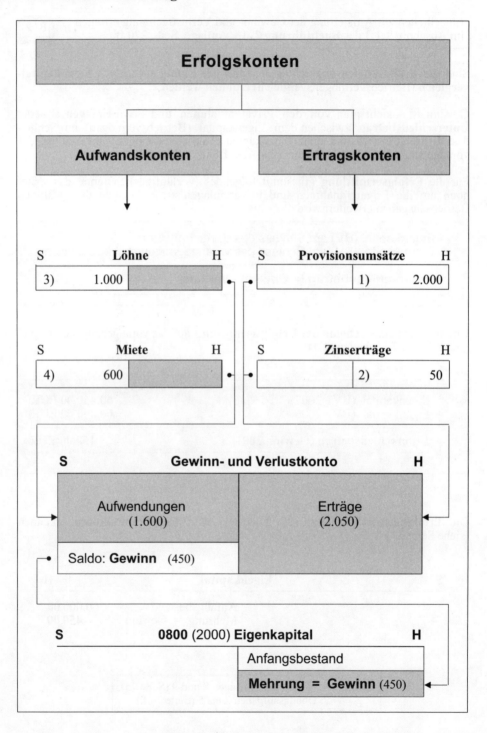

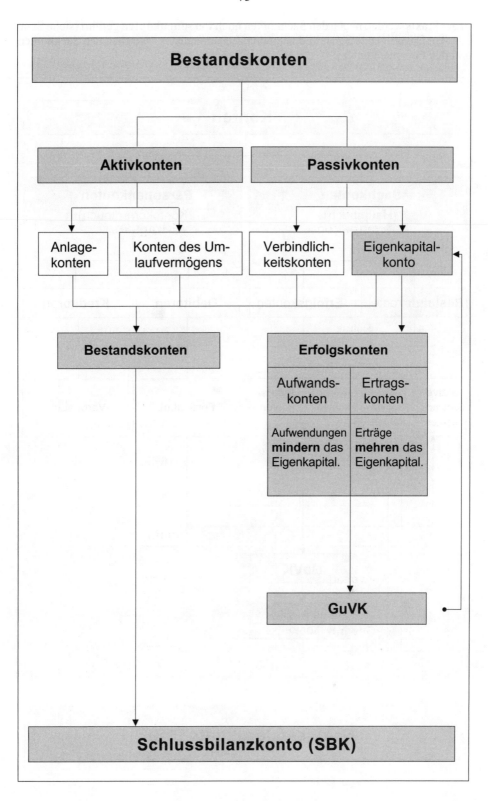

In der Praxis werden neben den Sachkonten noch **Personenkonten** geführt (siehe Seite 293 ff.). Das folgende Schaubild zeigt den Zusammenhang zwischen den Sachkonten und den Personenkonten.

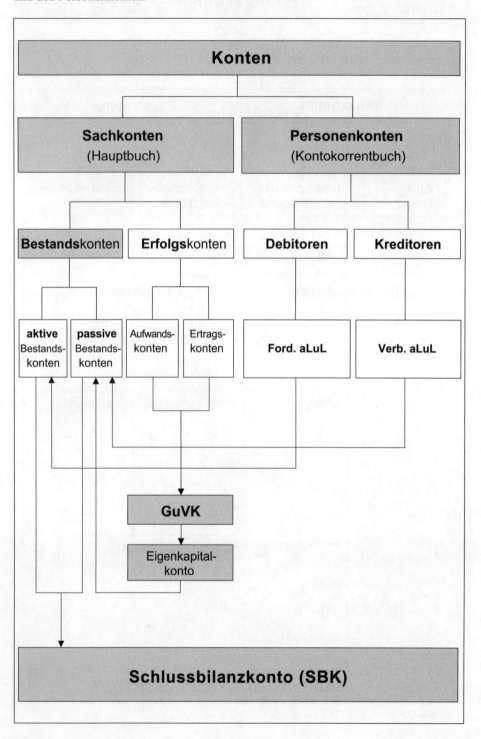

3.5.4.2 Erfolgskontrolle

WIEDERHOLUNGSFRAGEN

1. Wie wird das Eigenkapital rechnerisch ermittelt?
2. Wie wird eine betrieblich verursachte Eigenkapitalminderung bezeichnet?
3. Wie wird eine betrieblich verursachte Eigenkapitalmehrung bezeichnet?
4. Welche Aufwandskonten kennen Sie?
5. Welche Ertragskonten kennen Sie?
6. Auf welcher Kontoseite werden Aufwendungen gebucht?
7. Auf welcher Kontoseite werden Erträge gebucht?
8. Über welches Konto werden die Erfolgskonten abgeschlossen?
9. Über welches Konto wird das Gewinn- und Verlustkonto abgeschlossen?

ÜBUNGSAUFGABEN

Übungsaufgabe 1:

Es sind folgende Erfolgskonten zu führen:

Heizung, Gehälter, Löhne, Zinsaufwendungen für kurzfristige Verbindlichkeiten, Zinsaufwendungen für langfristige Verbindlichkeiten, Grundstückserträge, Zinserträge, Miete, Kfz-Reparaturen, Porto, Telefon.

Bilden Sie die Buchungssätze für folgende Geschäftsvorfälle:

	EUR
1. Wir zahlen Heizung für die Geschäftsräume durch Banküberweisung	200,00
2. Wir zahlen Gehälter durch Banküberweisung	500,00
3. Wir zahlen Löhne bar	1.000,00
4. Wir erhalten eine Zinslastschrift für kurzfr. Bankkredit	130,00
5. Wir erhalten Miete für die Überlassung einer Werkswohnung bar	200,00
6. Wir erhalten eine Zinsgutschrift der Bank	70,00
7. Wir zahlen Miete für Geschäftsräume bar	600,00
8. Barzahlung für Reparatur des betrieblichen Pkw	200,00
9. Wir zahlen Darlehnszinsen durch Bankscheck	120,00
10. Wir zahlen für Porto bar	400,00
11. Banküberweisung für Telefongebühren	250,00

Übungsaufgabe 2:

Der Unternehmer Hans Schäfer, Aachen, hat durch Inventur folgende Anfangs-
bestände ermittelt:

	EUR
Geschäftsausstattung	20.000,00
Bestand Waren	40.000,00
Forderungen aLuL	30.000,00
Bankguthaben	20.000,00
Kasse	10.000,00
Eigenkapital	100.000,00
Verbindlichkeiten aLuL	20.000,00

Außer den Bestandskonten, die sich aus den obigen Beständen ergeben, sind folgende
Erfolgskonten zu führen:

Zinserträge, Miete, Gehälter, Porto, Telefon, Löhne, Reinigung, Reparaturen und
Instandhaltung von Betriebs- und Geschäftsausstattung.

Geschäftsvorfälle

	EUR
1. Zinsgutschrift der Bank	100,00
2. Barzahlung Miete für Lagerplatz	500,00
3. Gehaltszahlung bar	800,00
4. Banküberweisung der Miete für Geschäftsräume	3.500,00
5. Barzahlung für Porto	50,00
6. Banküberweisung für Telefongebühren	120,00
7. Barzahlung für Löhne	1.020,00
8. Barzahlung für Büroreinigung	160,00
9. Banküberweisung für Reparatur der Geschäftsausstattung	320,00

Aufgaben

1. Tragen Sie die Anfangsbestände auf den T-Konten vor.
2. Bilden Sie die Buchungssätze für die Geschäftsvorfälle.
3. Buchen Sie die Geschäftsvorfälle auf den T-Konten.
4. Schließen Sie die Konten über das Schlussbilanzkonto ab.
5. Ermitteln Sie den Erfolg auch durch Eigenkapitalvergleich.

Übungsaufgabe 3:

Das Konto Zinserträge zeigt folgendes Bild:

S		Zinserträge		H
Bank	100,00	Bank		800,00
		Forderungen aLuL		400,00
		Postbank		500,00

Mit welcher der folgenden Buchungen wird das Konto abgeschlossen? Kreuzen Sie die richtige Lösung an.

Tz.	Soll	Betrag	Haben
1.	SBK	1.600,00	Zinserträge
2.	GuV	1.600,00	Zinserträge
3.	Zinserträge	1.600,00	GuV
4.	Zinserträge	1.600,00	SBK
5.	EK	1.600,00	Zinserträge
6.	Zinserträge	1.600,00	Bank

Übungsaufgabe 4:

Stellen Sie fest, ob die nachstehenden Geschäftsvorfälle den Gewinn erhöhen (+) oder mindern (–).

Tz.	Soll	Betrag	Haben	(+)	(–)
1.	Löhne	3.000,00	Bank		
2.	Sonstige BuG	5.000,00	Verbindlichkeiten aLuL		
3.	Bank	4.000,00	Zinserträge		
4.	Miete	2.000,00	Kasse		
5.	Bank	3.500,00	Kasse		
6.	Forderungen aLuL	9.000,00	Grundstückserträge		

Übungsaufgabe 5:

Das GuV-Konto zeigt folgendes Bild:

S		GuV-Konto		H
Gehälter	1.000,00	Provisionsumsätze		20.000,00
Reparaturen BuG	3.000,00	Grundstückserträge		400,00
Kfz-Reparaturen	500,00	Zinserträge		500,00
Zinsaufwendungen	4.000,00			

Mit welcher der folgenden Buchungen wird das Konto abgeschlossen? Kreuzen Sie die richtige Lösung an.

Tz.	Soll	Betrag	Haben
1.	SBK	12.400,00	GuV
2.	Bank	12.400,00	GuV
3.	EK	12.400,00	GuV
4.	GuV	12.400,00	EK
5.	EK	20.900,00	GuV
6.	Zinserträge	20.900,00	GuV

3.6 Kontenrahmen und Kontenplan

In den Unternehmen werden zur Bewältigung des Buchungsstoffes in der Regel **zahlreiche Konten** geführt.

Konten**rahmen** und Konten**plan** dienen dazu, die **Konten systematisch zu ordnen**.

Der **Kontenrahmen** ist ein Ordnungsinstrument für Konten der Buchhaltung. Er ist branchenspezifisch und beinhaltet die Obermenge aller für die einzelnen Branchen möglichen Konten.

Der **Kontenplan** ist ein Ordnungsinstrument der Buchhaltung **eines bestimmten Unternehmens**. Im Kontenplan sind die individuell für das Unternehmen relevanten Konten zusammengefasst.

3.6.1 Zweck der Kontenrahmen

Die **systematische Ordnung** der Konten wird durch ihre **einheitliche Gliederung und Bezeichnung** erreicht.

Die **systematische Ordnung ermöglicht** z.B.

- einen **genauen Überblick über** die in einem Unternehmen geführten **Konten**,
- einen **Vergleich** der einzelnen Aufwendungen und Erträge **desselben** Unternehmens in verschiedenen Zeiträumen (**innerer Betriebsvergleich**),
- einen **Vergleich** der einzelnen Aufwendungen und Erträge eines Unternehmens mit denen **anderer** Unternehmen desselben Wirtschaftszweiges (**äußerer Betriebsvergleich**),
- die **Vereinheitlichung und Vereinfachung des Buchungstextes** durch die Verwendung von Kontennummern.

Datenverarbeitungsorganisationen (z.B. die **DATEV** eG) haben so genannte **Spezialkontenrahmen (SKR)** entwickelt, die so aufgebaut sind, dass sie den unterschiedlichen Anforderungen der von der Organisation betreuten Unternehmen gerecht werden.

Im Folgenden werden die **DATEV-Kontenrahmen SKR 04 und SKR 03** (gültig ab **2007**) zugrunde gelegt, die im **Anhang** abgedruckt sind.

3.6.2 Aufbau der Kontenrahmen SKR 04 und SKR 03

Die DATEV-Kontenrahmen **SKR 04 und SKR 03** sind – wie alle übrigen Kontenrahmen – nach dem **Zehnersystem** (dekadischen System) aufgebaut.

Sie sind in Konten**klassen**, Konten**gruppen** und **Einzelkonten** gegliedert.

Die **Kontenrahmen** enthalten **zehn** Konten**klassen**, die mit den **Ziffern 0 bis 9** nummeriert sind.

Der Aufbau der **Spezialkontenrahmen SKR 04** und **SKR 03** sieht folgende Reihenfolge der **Kontenklassen** vor:

	SKR 04	SKR 03
Kontenklasse 0	Anlagevermögen	Anlagevermögen, Eigenkapital, Langfristige Verbindlichkeiten, Rechnungsabgrenzungsposten
Kontenklasse 1	Umlaufvermögen	Umlaufvermögen, Verbindlichkeiten aus Lieferungen und Leistungen, sonst. Verbindlichkeiten
Kontenklasse 2	Eigenkapital	Finanzergebnis, a. o. Ergebnis, sonstige betriebliche Aufwendungen, sonstige betriebl. Erträge
Kontenklasse 3	Rückstellungen, Verbindlichkeiten	Wareneingang und Warenbestand
Kontenklasse 4	Umsatzerlöse, Bestandsveränderungen, sonstige betriebliche Erträge	betriebliche Aufwendungen
Kontenklasse 5	Materialaufwand	frei
Kontenklasse 6	Personalaufwand, sonstige betriebliche Aufwendungen	frei
Kontenklasse 7	Finanzergebnis, a.o. Ergebnis, Steuern, Gewinnverwendung	Bestand an Fertigerzeugnissen, Bestand an halbfertigen Erzeugnissen
Kontenklasse 8	frei	Umsatzerlös, Bestandsveränderungen
Kontenklasse 9	Vortragskonten, statistische Konten	Vortragskonten, statistische Konten
Konten 10000-69999	Debitoren	Debitoren
Konten 70000-99999	Kreditoren	Kreditoren

Die **Reihenfolge der Kontenklassen** des **SKR 04** richtet sich nach den handels-
rechtlichen Gliederungsvorschriften für den **Jahresabschluss** (Bilanz und Gewinn-
und Verlustrechnung) einer großen Kapitalgesellschaft. Das erleichtert die Abschluss-
arbeiten und die Aufstellung des Jahresabschlusses.

Da sich die Reihenfolge der **Kontenklassen des SKR 04** an der gesetzlich vorge-
schriebenen Gliederung der Bilanz (§ 266 HGB) und der Gewinn- und Verlustrech-
nung (§ 275 HGB) orientiert, spricht man vom **Abschlussgliederungsprinzip**.

Im Folgenden wird der **Bilanzabschluss** einer **kleinen Kapitalgesellschaft** nach dem
Abschlussgliederungsprinzip des SKR 04 schematisch dargestellt.

Kontenklasse			
0	1	2	3
Anlagevermögen	Umlaufvermögen	Passiva	Passiva

A. Anlagevermögen
  I. Immaterielle Vermögens-
    gegenstände
  II. Sachanlagen
  III. Finanzanlagen

A. Eigenkapital
  I. Gezeichnetes Kapital
  II. Kapitalrücklage
  III. Gewinnrücklagen
  IV. Gewinnvortrag/Verlust-
    vortrag
  V. Jahresüberschuss/
    Jahresfehlbetrag

**B. Sonderposten mit
   Rücklageanteil**

B. Umlaufvermögen
  I. Vorräte
  II. Forderungen und sonstige
    Vermögensgegenstände
  III. Wertpapiere
  IV. Kassenbestand,
    Bundesbankguthaben,
    Guthaben bei Kredit-
    instituten und Schecks

C. Rückstellungen

D. Verbindlichkeiten

**C. Rechnungsabgrenzungs-
   posten**

**E. Rechnungsabgrenzungs-
   posten**

Beim **Prozessgliederungsprinzip des SKR 03** wird die **Reihenfolge der Kontenklassen**
(0 bis 9) nach den **Betriebsabläufen** bestimmt.

Die **Kontenklassen** des **SKR 03** spiegeln den **Prozess** von der betrieblichen Leistungs-
erstellung (0 bis 4) bis zur Leistungs**verwertung** (7 und 8) wider.

Der **SKR 04** und der **SKR 03** haben gemeinsam, dass sie zu gleichen **Jahres-abschlussgliederungen** führen.

Jede Konten**klasse** kann in zehn Konten**gruppen** und jede Konten**gruppe** in zehn – bei Bedarf auch mehr – Konten **untergliedert** werden.

Jedes Konto des **SKR 04** bzw. **SKR 03** hat – aus Gründen der EDV-Kontierung – eine **vierstellige Kontonummer**.

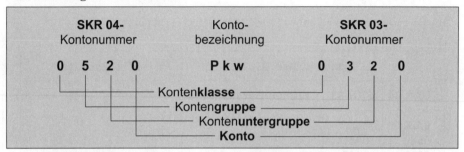

Beim **Buchungssatz genügt** es, dass an Stelle der Konten**bezeichnung** nur die Konto**nummer** angegeben wird.

Im Folgenden werden die Konten**nummern** des **SKR 04 fettgedruckt** und die Konten-nummern des **SKR 03 in Klammern** genannt.

Beispiel:
Ein Unternehmer kauft einen gebrauchten Pkw von einem Privatmann für 10.000 EUR auf Ziel

Buchungssatz:

Sollkonto	Betrag (€)	Habenkonto
0520 (0320) **Pkw**	10.000,00	**3300** (1600) **Verbindl. aLuL**

Buchung:

S **0520** (0320) **Pkw** H   S **3300** (1600) **Verbindl. aLuL** H

    10.000,00 | | 10.000,00

Die **vierstelligen Kontennummern dienen** nicht nur der systematischen Ordnung der Konten, sondern im Rahmen der EDV-Buchführung **auch der Steuerung des Buchungsvorgangs**. Zu diesem Zweck werden den vierstelligen Kontennummern weitere Ziffern hinzugefügt.

Die **zusätzlichen Ziffern** haben bestimmte **Funktionen** innerhalb der Daten-verarbeitung. Die Symbole der **Zusatzfunktionen (V, M** und **KU)** sind in den **DATEV**-Kontenrahmen **am Anfang** der Kontenklassen angegeben (siehe **Anhang**). Da sie bereits **im Programm berücksichtigt** sind, werden sie bei der **Kontierung nicht** mit angegeben.
Vor den einzelnen Konten**nummern** stehen vielfach **Buchstaben** (z.B. **AV, AM)**, deren **Funktion** am Ende der **Kontenrahmen** erläutert wird (siehe **Anhang**).

Neben den Konten und ihren Funktionen werden im **SKR 04 und SKR 03** noch die entsprechenden **Bilanz-Posten** (§ 266 HGB) angegeben, denen die Konten zugeordnet werden.

Beispiel:
Die folgenden Konten werden im **SKR 04** bzw. **SKR 03** dem **Bilanz-Posten** "**Betriebs- und Geschäftsausstattung**" zugeordnet:

Kontenklasse 0			Bilanzposten
SKR 04	**SKR 03**	**Konten-Bezeichnung**	
0520	0320	Pkw	
0540	0350	· Lkw	
0620	0440	Werkzeuge	
0640	0430	Ladeneinrichtung	**Betriebs- und Geschäfts-**
0650	0420	Büroeinrichtung	**ausstattung**
0670	0480	GWG bis 410 Euro	
0690	0490	Sonstige Betriebs- und Geschäftsausstattung	

Im **SKR 04 und SKR 03** werden nicht nur die Bilanz-Posten, sondern auch die **Posten der Gewinn- und Verlustrechnung kurz: - GuV -** (§ 275 HGB) angegeben.

Beispiel:
Die folgenden Konten werden im **SKR 04** bzw. **SKR 03** dem **GuV-Posten** "**Löhne und Gehälter**" zugeordnet:

Kontenklasse 4 und 6			GuV - Posten
SKR 04	**SKR 03**	**Konten-Bezeichnung**	
6000	4100	Löhne und Gehälter	
6010	4110	Löhne	
6020	4120	Gehälter	
6030	4190	Aushilfslöhne	**Löhne und Gehälter**
6050	4125	Ehegattengehalt	
6080	4170	Vermögenswirksame Leistungen	

3.6.3 Zusammenfassung und Erfolgskontrolle

3.6.3.1 Zusammenfassung

- Der **Kontenrahmen** ist ein System zur einheitlichen Bezeichnung und Gliederung von Konten **einer Gruppe von Unternehmen**.
- Der **Kontenrahmen** ist in Konten**klassen**, Konten**gruppen** und **Konten** nach dem Zehnersystem (dekadischen System) gegliedert.
- Die **einheitliche** Konten**bezeichnung** und Konten**gliederung** ermöglicht den **inneren und äußeren Betriebsvergleich**.
- Die **Kontennummern** der **EDV-Kontenrahmen SKR 04 und SKR 03** dienen neben der systematischen Einordnung auch der Steuerung von Rechenvorgängen und Buchungsvorgängen.
- Der **Kontenplan** ist eine systematische Übersicht über die **in einem bestimmten Unternehmen** geführten Konten.

3.6.3.2 Erfolgskontrolle

WIEDERHOLUNGSFRAGEN

1. Was versteht man unter einem Kontenrahmen?
2. Was ist ein Kontenplan?
3. Wodurch unterscheiden sich Kontenrahmen und Kontenplan?
4. Was ermöglicht der Kontenrahmen?
5. Nach welchem Prinzip ist der DATEV-Kontenrahmen SKR 04 aufgebaut?
6. Nach welchem Prinzip ist der DATEV-Kontenrahmen SKR 03 aufgebaut?

ÜBUNGSAUFGABE

Kontieren Sie manuell die belegmäßig nachgewiesenen Geschäftsvorfälle nach dem **SKR 04** (SKR 03) anhand der folgenden Buchungsliste:

Tz.	Sollkonto	Betrag (€)	Habenkonto
1.			
2.			
usw.			

	EUR
1. Kauf eines Fabrikgebäudes zum Kaufpreis von Von dem Kaufpreis entfallen auf Grund und Boden Der Kaufpreis wird durch Banküberweisung beglichen.	600.000,00 100.000,00
2. Kauf eines unbebauten Grundstücks auf Ziel	150.000,00
3. Wir begleichen eine Verbindlichkeit aLuL in Höhe von durch Banküberweisung.	150.000,00
4. Ein Kunde überweist auf unser Bankkonto zum Ausgleich einer Forderung aLuL.	13.560,00
5. Ein Kunde begleicht unsere Forderung aLuL in Höhe von durch Banküberweisung und durch Postbanküberweisung	1.500,00 1.000,00 500,00
6. Barabhebung vom Bankkonto	7.000,00
7. Aufnahme eines Bankdarlehens in Höhe von mit einer Laufzeit von fünf Jahren Der Betrag wird einem Bankkonto gutgeschrieben.	50.000,00
8. Tilgung des Bankdarlehens (von Tz. 7.) durch Banküberweisung	2.000,00
9. Barzahlung eines Kunden zum Ausgleich unserer Forderung aLuL	10.000,00
10. Zahlung der Miete für Geschäftsräume durch Banküberweisung	1.000,00
11. Zinsgutschrift der Bank	600,00
12. Lohnzahlung bar	1.200,00
13. Barzahlung für Porto	500,00
14. Banküberweisung für Telefongebühren	400,00
15. Provisionsumsätze für die Vermittlung von Aufträgen durch Banküberweisung	5.000,00
16. Banküberweisung für Büroreinigung	300,00
17. Gehaltszahlung bar	2.300,00
18. Barzahlung für Wartung der Registrierkasse	100,00
19. Zinslastschrift für kurzfristigen Bankkredit	180,00
20. Barkauf einer Ladentheke	2.800,00
21. Kauf einer Registrierkasse gegen Bankscheck	8.000,00

Zusammenfassende Erfolgskontrolle

Die Unternehmerin Georgis Bantes, Bonn, hat durch Inventur folgende Anfangs-
bestände ermittelt:

	EUR
0235 (0085) Bebaute Grundstücke	110.000,00
0240 (0090) Geschäftsbauten	260.000,00
0640 (0430) Ladeneinrichtung	10.000,00
0650 (0420) Büroeinrichtung	20.000,00
1140 (3980) Bestand Waren	65.000,00
1200 (1400) Forderungen aLuL	80.000,00
1800 (1200) Bankguthaben	15.000,00
1700 (1100) Postbankguthaben	2.000,00
1600 (1000) Kasse	3.000,00
2000 (0800) Eigenkapital	?
3160 (0640) Verbindlichkeiten gegenüber Kreditinstituten	180.000,00
3300 (1600) Verbindlichkeiten aLuL	35.000,00

Außer den Bestandskonten, die sich aus den obigen Beständen ergeben, sind folgende
Erfolgskonten zu führen:

6310 (4210) Miete, **6010** (4110) Löhne, **7320** (2120) Zinsaufwendungen, **6805** (4920)
Telefon, **6800** (4910) Porto, **7100** (2650) Zinserträge.

Geschäftsvorfälle des Jahres 2007	EUR
1. Kauf eines Fotokopiergerätes auf Ziel	5.000,00
2. Mietzahlung durch Banküberweisung	500,00
3. Darlehnstilgung durch Banküberweisung	6.000,00
4. Lohnzahlung bar	1.100,00
5. Postbanküberweisung an Lieferer wegen Verbindlichkeit aLuL	1.000,00
6. Banklastschrift für Darlehnszinsen	250,00
7. Banküberweisung für Telefongebühren	600,00
8. Barzahlung für Briefmarken	100,00
9. Banküberweisung eines Kunden zum Ausgleich unserer Forderung aLuL	4.000,00
10. Zinsgutschrift der Bank	300,00

Aufgaben

1. Bilden Sie die Buchungssätze der Geschäftsvorfälle des Jahres 2007.
2. Tragen Sie die Anfangsbestände auf den Konten vor.
3. Buchen Sie die Geschäftsvorfälle.
4. Schließen Sie die Konten ab.
5. Ermitteln Sie den Erfolg auch durch Eigenkapitalvergleich.
6. Stellen Sie die Bilanz zum 31.12.2007 auf.
   Beachten Sie dabei das handelsrechtliche Gliederungsschema.

3.7 Abschreibung abnutzbarer Anlagegüter

3.7.1 Ursachen der Abschreibung

Bei **abnutzbaren Anlagegütern**, deren **Verwendung oder Nutzung** sich erfahrungsgemäß auf einen Zeitraum von **mehr als einem Jahr** erstreckt, sind die **Anschaffungskosten (AK)** oder die **Herstellungskosten (HK)** auf die **betriebsgewöhnliche Nutzungsdauer (ND) zu verteilen** (§ 7 Abs. 1 EStG).

Zu den **Wirtschaftsgütern des abnutzbaren Anlagevermögens** gehören z.B.:

- **entgeltlich** erworbener **Geschäfts- oder Firmenwert**,
- **Gebäude**,
- **maschinelle Anlagen**,
- **Betriebsausstattung** (z.B. Pkw, Lkw, Werkzeuge, Gabelstapler),
- **Geschäftsausstattung** (z.B. Büromöbel, Büromaschinen).

Anschaffungskosten sind Aufwendungen, die geleistet werden, um einen Vermögensgegenstand zu erwerben und ihn in einen betriebsbereiten Zustand zu versetzen, soweit die Aufwendungen dem Vermögensgegenstand einzeln zugeordnet werden können (§ 255 Abs. 1 Satz 1 HGB).

Herstellungskosten sind Aufwendungen, die durch den Verbrauch von (Sach-) Gütern und die Inanspruchnahme von Diensten für die Herstellung eines Vermögensgegenstandes, seine Erweiterung oder über seinen ursprünglichen Zustand hinausgehende wesentliche Verbesserung entstehen (§ 255 Abs. 2 Satz 1 HGB).

Die nach § 15 UStG **abziehbare Vorsteuer** gehört **weder** zu den **Anschaffungskosten noch** zu den **Herstellungskosten** eines Vermögensgegenstandes (§ 9b Abs. 1 EStG).

 Einzelheiten zu den **Anschaffungs- und Herstellungskosten** erfolgen im Kapitel "**7 Anlagenwirtschaft**", Seite 339 ff.

Der **Teil** der **Anschaffungs- oder Herstellungskosten**, der auf ein Wirtschaftsjahr entfällt, wird **handelsrechtlich** als **Abschreibung** und **steuerrechtlich** als Absetzung für Abnutzung (**AfA**) bezeichnet.

Abschreibungsursachen können sein:

1. technische Ursachen
- Gebrauchsverschleiß
- Ruheverschleiß (z.B. Verrosten)
- Katastrophenverschleiß (z.B. Feuer, Unfall, Explosion)

2. wirtschaftliche Ursachen
- Entwertung durch technischen Fortschritt
- Entwertung durch Bedarfsverschiebung
- Entwertung durch Preisverfall

3.7.2 Berechnen der Abschreibung

Die **Abschreibung** kann nach **mehreren Methoden** berechnet werden. Im Rahmen der **Buchführung 1** wird **nur** die **lineare Abschreibung** auf bewegliche Anlagegüter **erläutert**.

> Die **anderen Methoden** der Abschreibung werden im Kapitel 7, Seite 91 ff., der **Buchführung 2**, 18. Auflage, dargestellt und erläutert.

Bei der **linearen** Abschreibung auf **bewegliche** Anlagegüter werden die **AK/HK gleichmäßig** auf die Zeit der betriebsgewöhnlichen Nutzungsdauer **verteilt**.

Der jährliche Abschreibungs**betrag** ergibt sich, indem man die **AK/HK** durch die Anzahl der **Jahre** der betriebsgewöhnlichen **Nutzungsdauer dividiert**:

$$\text{linearer Abschreibungsbetrag} = \frac{\text{AK/HK}}{\text{Nutzungsdauer}}$$

Beispiel:
Die **Anschaffungskosten** einer Maschine betragen **50.000 Euro**. Die betriebsgewöhnliche **Nutzungsdauer** beträgt **10 Jahre**:

$$\text{jährlicher Abschreibungsbetrag} = \frac{50.000 \text{ EUR}}{10} = \mathbf{5.000 \text{ €}}$$

Der Abschreibungs**satz** ergibt sich, indem man **100** durch die Anzahl der **Jahre** der betriebsgewöhnlichen **Nutzungsdauer dividiert**:

$$\text{linearer Abschreibungssatz} = \frac{100}{\text{Nutzungsdauer}}$$

Beispiel:
Sachverhalt wie zuvor

$$\text{Abschreibungssatz} = \frac{100}{10} = \mathbf{10 \text{ \%}}$$

Die **Abschreibung** ist somit von den **AK/HK und** der betriebsgewöhnlichen **Nutzungsdauer** des Anlageguts **abhängig**.

Werden Anlagegüter **im Laufe** eines Wirtschaftsjahres (z.B. 1.7.) angeschafft oder hergestellt, ist die lineare AfA in diesem Wirtschaftsjahr **seit 2004** zwingend **monatsgenau (pro-rata-temporis)** zu berechnen (6/12) (R 7.4. Abs. 2 Satz 1 EStR 2005).
Die zeitanteilige AfA wird entsprechend beim **Ausscheiden** eines Anlageguts im Laufe eines Wirtschaftsjahres berechnet (R 7.4 Abs. 8 EStR 2005).
Wird ein Anlagegut **im Laufe** eines **Monats** (z.B. 15.2.) angeschafft oder hergestellt, so wird im Allgemeinen eine **Aufrundung auf volle Monate** (z.B. 11/12) nicht zu beanstanden sein. Beim **Ausscheiden** (z.B. 15.2.) eines Anlageguts erfolgt dann logischerweise im Allgemeinen eine **Abrundung auf volle Monate** (z.B. 1/12).

Die **betriebsgewöhnliche Nutzungsdauer** ist zu Beginn der Nutzung vorsichtig **zu schätzen**. **Anhaltspunkte** für die Schätzung können die **betriebseigenen Erfahrungen** und die vom Bundesminister der Finanzen (BdF) im Einvernehmen mit den obersten Finanzbehörden der Länder aufgrund von **Erfahrungen der steuerlichen Außenprüfung** herausgegebenen **AfA-Tabellen** sein.

Auszug aus der **AfA-Tabelle** für allgemein verwendbare Anlagegüter (BMF-Schreiben vom 15.12.2000, BStBl 2000 I Seite 1532 ff.):

Lfd. Nr.	Anlagegüter	Nutzungs- dauer bis 2000	Nutzungs- dauer ab **2001**
1	2	3	4
6	**BETRIEBS- UND GESCHÄFTSAUSSTATTUNG**		
6.1	Wirtschaftsgüter der Werkstätten-, Labor- und Lagereinrichtungen	10	14
6.2	Wirtschaftsgüter der Ladeneinrichtungen	8	8
6.3	Messestände		6
6.4	Kühleinrichtungen	5	8
6.5	Klimageräte (mobil)	8	11
6.6	Be- und Entlüftungsgeräte (mobil)	5	10
6.7	Fettabscheider	5	5
6.8	Magnetabscheider	6	6
6.9	Nassabscheider	5	5
6.10	Heiß-/Kaltluftgebläse (mobil)	8	11
6.11	Raumheizgeräte (mobil)	5	9
6.12	Arbeitszelte	6	6
6.13	Telekommunikationsanlagen		
6.13.1	Fernsprechnebenstellenanlagen	8	10
6.13.2	Kommunikationsendgeräte		
6.13.2.1	Allgemein	6	8
6.13.2.2	Mobilfunkendgeräte	4	5
6.13.3	Textendeinrichtungen (Faxgeräte u.ä.)	5	6
6.13.4	Betriebsfunkanlagen	8	11
6.13.5	Antennenmasten	10	10
6.14	Büromaschinen und Organisationsmittel		
6.14.1	Adressier-, Kuvertier- und Frankiermaschinen	5	8
6.14.2	Paginiermaschinen	8	8
6.14.3	Datenverarbeitungsanlagen		
6.14.3.1	Großrechner	5	7
6.14.3.2	Workstations, Personalcomputer, Notebooks und deren Peripheriegeräte (Drucker, Scanner, Bildschirme u.ä.)	4	3

Die **neue AfA-Tabelle** gilt für alle Anlagegüter, die **nach dem 31.12.2000** angeschafft oder hergestellt worden sind.

Die in dieser Tabelle für die einzelnen Anlagegüter angegebene betriebsgewöhnliche Nutzungsdauer (ND) beruht auf Erfahrungen der steuerlichen Betriebsprüfung. Die Fachverbände der Wirtschaft wurden **vor** Aufstellung der AfA-Tabelle angehört. Die in der AfA-Tabelle angegebene **Nutzungsdauer** dient als **Anhaltspunkt für** die Beurteilung der **Angemessenheit der steuerlichen AfA**. Sie **berücksichtigt** die **technische Abnutzung** eines unter **üblichen** Bedingungen arbeitenden Betriebs.

Übung: 1. Wiederholungsfragen 1 bis 7 (Seite 93),
2. Übungsaufgaben 1 bis 3 (Seite 93 f.)

3.7.3 Buchen der Abschreibung

Die Wirtschaftsgüter des **abnutzbaren** Anlagevermögens verlieren durch ihre Nutzung ständig an Wert.

Diese **Wertminderung** des Vermögens ist betrieblicher **Aufwand**, der auf den **Aufwandskonten**

6220 (4830) **Abschreibungen auf Sachanlagen (ohne AfA auf Kfz und Gebäude)**
6221 (4831) **Abschreibungen auf Gebäude**
6222 (4832) **Abschreibungen auf Kfz**

im **Soll** und auf einem **Bestandskonto** (z.B. Maschinen) im **Haben** erfasst wird.

Beispiel:

Der Unternehmer U, der zum Vorsteuerabzug berechtigt ist, hat am 20.10.2007 eine Maschine für **20.000,00 €** + 3.800,00 € USt = 23.800,00 € gegen Bankscheck angeschafft. Die betriebsgewöhnliche **Nutzungsdauer** beträgt **10 Jahre.**

1) Buchungssatz bei der Anschaffung zum 22.10.2007:

Tz.	Sollkonto	Betrag (€)	Habenkonto
1.	**0440** (0210) Maschinen **1406** (1576) Vorsteuer 19 % *)	20.000,00 3.800,00 23.800,00	 **1800** (1200) Bank

*) Einzelheiten zum Buchen der Vorsteuer erfolgen im Abschnitt 3.9.2.1, Seite 115 ff.

Buchung bei der Anschaffung zum 22.10.2007:

S	**0440** (0210) **Maschinen**	H	S	**1800** (1200) **Bank**	H
1)	20.000,00			1)	23.800,00

S	**1406** (1576) **Vorsteuer 19 %**	H
1)	3.800,00	

2) Buchungssatz der Abschreibung zum 31.12.2007:

Tz.	Sollkonto	Betrag (€)	Habenkonto
2.	**6220** (4830) Abschreibungen	**500,00** *)	**0440** (0210) Maschinen

*) 20.000 € :10 = 2.000 € x 3/12 = 500 € oder 20.000 € x 10 % = 2.000 € x 3/12 = 500 €

Buchung zum 31.12.2007:

S	**6220** (4830) **Abschreibungen**	H	S	**0440** (0210) **Maschinen**	H
2)	**500,00**		1)	20.000,00	2)	**500,00**

3.7.4 Abschluss des Anlagekontos und des Abschreibungskontos

Die Buchung der **Abschreibung** hat **Auswirkungen auf** das buchmäßige **Vermögen** des Unternehmers.

Nach Buchung der Abschreibung weist das **Anlagekonto** den um die Abschreibung verminderten **Buchwert (Restwert)** aus.

Da das **Anlagekonto** ein **Aktivkonto** ist, wird der **Restwert** zum Schluss des Wirtschaftsjahres in das **Schlussbilanzkonto** übernommen.

Beispiel:
Sachverhalt wie zuvor.

Buchungssatz:

Sollkonto	Betrag (€)	Habenkonto
9998 (9998) SBK	19.500,00	**0440** (0210) Maschinen

Buchung:

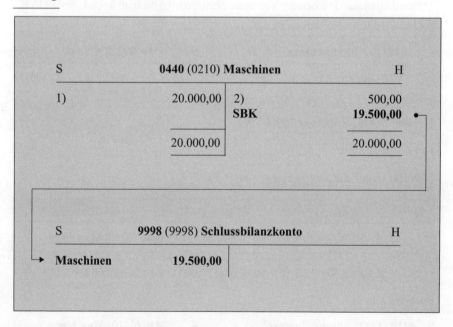

Die **Buchung der Abschreibung** hat **nicht nur Auswirkungen auf** das buchmäßige **Vermögen** des Unternehmers, **sondern auch** auf den **Erfolg**.

Da das **Abschreibungskonto** ein **Aufwandskonto** ist, wird es zum Schluss des Wirtschaftsjahres über das **Gewinn- und Verlustkonto** abgeschlossen.

Beispiel:
Sachverhalt wie zuvor

Buchungssatz:

Sollkonto	Betrag (€)	Habenkonto
9999 (9999) GuVK	500,00	**6220** (4830) Abschreibungen

Buchung:

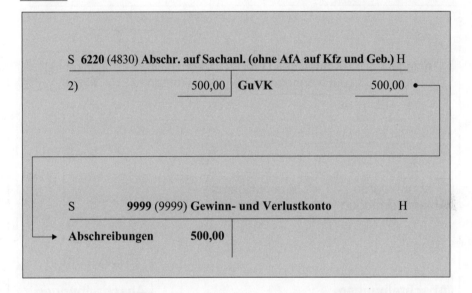

S **6220** (4830) **Abschr. auf Sachanl. (ohne AfA auf Kfz und Geb.)** H

| 2) | 500,00 | **GuVK** | 500,00 |

S **9999** (9999) **Gewinn- und Verlustkonto** H

| **Abschreibungen** | 500,00 | |

Übung: 1. Wiederholungsfragen 8 bis 11 (Seite 93),
2. Übungsaufgabe 4 bis 7 (Seite 94 f.)

3.7.5 Zusammenfassung und Erfolgskontrolle

3.7.5.1 Zusammenfassung

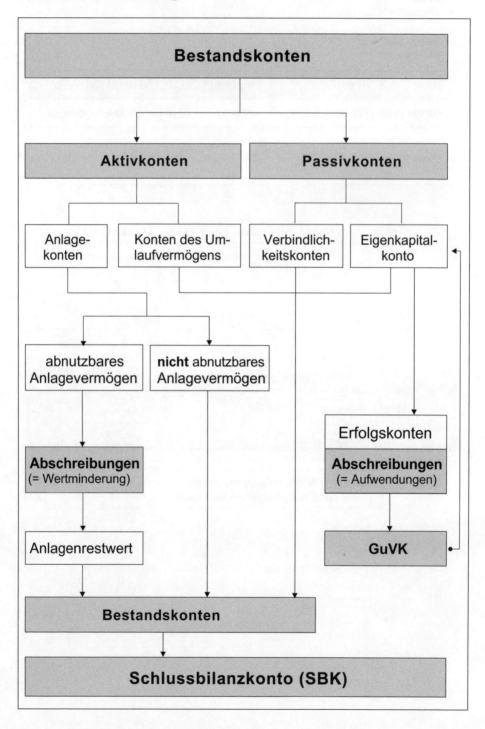

3.7.5.2 Erfolgskontrolle

WIEDERHOLUNGSFRAGEN

1. Welche Vermögensgegenstände gehören im Einzelnen zu den abnutzbaren Anlagegütern?
2. Welche Abschreibungsursachen gibt es?
3. Wie nennt man die Abschreibung, bei der jährlich ein gleich hoher Betrag abgeschrieben wird?
4. Wie wird der jährliche Abschreibungsbetrag bei dieser Abschreibung auf bewegliche Anlagegüter berechnet?
5. Wie berechnet man den Abschreibungssatz bei dieser Abschreibung?
6. Wie wird die betriebsgewöhnliche Nutzungsdauer zu Beginn der Nutzung ermittelt?
7. Wie muss ein Wirtschaftsgut des abnutzbaren Anlagevermögens abgeschrieben werden, wenn es im Laufe des Jahres angeschafft wird?
8. Wie wird die Wertminderung des betrieblichen Vermögens buchmäßig erfasst?
9. Wie wirkt sich die Abschreibung auf das betriebliche Vermögen aus?
10. Wie wirkt sich die Abschreibung auf den Erfolg und damit auf das Eigenkapital des Unternehmers aus?
11. Über welches Konto wird das Abschreibungskonto abgeschlossen?

ÜBUNGSAUFGABEN

Übungsaufgabe 1:

Berechnen Sie den jährlichen Abschreibungsbetrag bei der linearen Abschreibung für folgende Anlagegüter:

Anlagegut	AK	Nutzungsdauer	Abschreibungsbetrag
1	20.000 EUR	5 Jahre	
2	10.000 EUR	4 Jahre	
3	25.000 EUR	5 Jahre	
4	8.000 EUR	8 Jahre	

Übungsaufgabe 2:

Berechnen Sie den Abschreibungssatz bei der linearen Abschreibung für folgende Anlagegüter:

Anlagegut	Nutzungsdauer	Abschreibungssatz
1	3 Jahre	
2	4 Jahre	
3	5 Jahre	
4	6 Jahre	

Übungsaufgabe 3:

Der Unternehmer U, Düsseldorf, der zum Vorsteuerabzug berechtigt ist, kauft am 09.08.2007 einen Pkw, der nur betrieblich genutzt wird, für 30.000,00 € + 19 % USt auf Ziel.
Die betriebsgewöhnliche Nutzungsdauer des Pkw beträgt 6 Jahre.

Wie hoch ist der Abschreibungsbetrag bei linearer Abschreibung für das Anschaffungsjahr?

Übungsaufgabe 4:

Der Unternehmer Weingart, Heidelberg, der zum Vorsteuerabzug berechtigt ist, weist in seiner Steuerbilanz zum 31.12.2007 eine Maschine mit einem Buchwert von 98.000,00 € aus. Die Maschine wurde bisher bei einer Nutzungsdauer von 10 Jahren mit einem Betrag von 14.000,00 € jährlich planmäßig linear abgeschrieben.

1. Ermitteln Sie die historischen (ursprünglichen) Anschaffungskosten der Maschine.
2. In welchem Jahr wurde die Maschine angeschafft?

Übungsaufgabe 5:

Der selbständige Facharzt Rüdiger Winter erwarb am 01.03.2007 einen neuen Pkw für 40.000,00 € + 19 % USt. Der Pkw gehört zu seinem Betriebsvermögen und wird in vollem Umfang betrieblich genutzt. Die betriebsgewöhnliche Nutzungsdauer des Pkw beträgt 6 Jahre.

Berechnen Sie die lineare Abschreibung des Pkw für 2007, 2008 und 2013 (Hinweis: § 9b EStG i.V.m § 4 Nr. 14 UStG).

Übungsaufgabe 6:

Welche der nachstehenden Wirtschaftsgüter des Betriebsvermögens können nicht planmäßig abgeschrieben werden?

1. Produktionsmaschine
2. Gebäude
3. Warenvorräte
4. Büroausstattung
5. Grund und Boden

Übungsaufgabe 7:

Folgende Situation ist gegeben:

S	**0650** (0420) Büroeinrichtung	H		S	**2000** (0800) Eigenkapital	H
AB	48.000,00				AB	32.000,00

S	**0520** (0320) Pkw	H		S	**0940** (0550) Darlehen	H
AB	30.000,00				AB	36.000,00

S **6220** (4830) Abschreibungen H	S **1800** (1200) Bank H
	40.000,00

S **6222** (4832) Abschreibungen Kfz H	S **4830** (2700) Sonstige Erträge H
	250.000,00

S **6300** (2300) Sonst. Aufwendungen H
200.000,00

S **9999** (9999) GuV H	S **9998** (9998) SBK H

Abschlussangaben

1. Abschreibung auf Büroeinrichtung   12.000,00 €
2. Abschreibung auf Pkw   10.000,00 €

Aufgaben

1. Buchen Sie die Abschreibungsbeträge.
2. Schließen Sie die Konten ab.

Zusammenfassende Erfolgskontrolle

Der Unternehmer Karl Heinz Kilzer, Köln, hat durch Inventur folgende Anfangs-
bestände ermittelt:

	EUR
0520 (0320) Pkw	72.000,00
0640 (0430) Ladeneinrichtung	15.000,00
1700 (1100) Postbank	20.000,00
1600 (1000) Kasse	1.500,00
2000 (0800) Eigenkapital	62.000,00
3151 (0631) Verbindlichkeiten gegenüber Kreditinstituten	28.700,00
3300 (1600) Verbindlichkeiten aLuL	17.800,00

Außer den Bestandskonten, die sich aus den obigen Beständen ergeben, sind folgende
Erfolgskonten zu führen:

4560 (8510) Provisionsumsätze, **6020** (4120) Gehälter, **6220** (4830) Abschreibungen
auf Sachanlagen, **6222** (4832) Abschreibungen auf Kfz, **7100** (2650) Zinserträge,
7310 (2110) Zinsaufwendungen.

Geschäftsvorfälle des Jahres 2007

	EUR
1. Kauf einer Registrierkasse gegen Bankscheck	18.000,00
2. Provisionsgutschrift auf unser Postbankkonto	10.500,00
3. Zinslastschrift für kurzfristigen Bankkredit	280,00
4. Gehaltszahlung durch Postbankkonto	2.000,00
5. Ein Kunde überweist Verzugszinsen auf unser Postbankkonto	110,00
6. Kauf eines Pkw durch Postbanküberweisung	14.000,00

Abschlussangaben

	EUR
7. Abschreibung auf Pkw	5.000,00
8. Abschreibung auf Ladeneinrichtung	2.000,00

Aufgaben

1. Bilden Sie die Buchungssätze der Geschäftsvorfälle des Jahres 2007.
2. Tragen Sie die Anfangsbestände auf den Konten vor.
3. Buchen Sie die Geschäftsvorfälle auf den T-Konten.
4. Schließen Sie die Konten ab.
5. Ermitteln Sie den Erfolg auch durch Eigenkapitalvergleich.
6. Stellen Sie die Bilanz zum 31.12.2007 auf. Beachten Sie dabei das handelsrechtliche
   Gliederungsschema.

3.8 Warenkonten

Die **Warenkonten** sind bedeutende Konten der **Groß- und Einzelhandelsbetriebe**, weil die meisten Geschäftsvorfälle dieser Betriebe den Waren**eingang** und den Waren**ausgang** betreffen.

Auch **Industriebetriebe** verkaufen vielfach Fertigprodukte von anderen Unternehmen, so dass sie ebenfalls ein Warenkonto (**Handelswaren**) führen können.

3.8.1 Wareneinkauf, Warenverkauf und Abschluss der Waren-konten

In der **Praxis** ist es üblich, den Warenverkehr auf **getrennten Warenkonten** zu buchen.

Dabei werden mindestens **drei Warenkonten** geführt:

> 1. das Aufwandskonto **"Wareneingang"**,
>
> 2. das Ertragskonto **"Erlöse"** und
>
> 3. das Bestandskonto **"Bestand Waren"**.

3.8.1.1 Wareneingang

Die **Wareneinkäufe** werden auf dem **Aufwandskonto**

5200 (3200) Wareneingang

im **Soll** zu **Einkaufspreisen** gebucht.

Der **Wareneingang** wird **nicht** auf ein Bestandskonto gebucht, sondern auf einem **Aufwandskonto** erfasst, weil **unterstellt** wird, dass die **eingekaufte** Ware **sofort verkauft** wird (**Just-in-time-Verfahren**).

Beispiel 1:
Getränkehändler Karl Müller, Koblenz, kaufte im Laufe des Geschäftsjahres **10.000** Kästen Pils zum **Einkaufspreis** von je **7,50 EUR = 75.000,00 EUR** auf Ziel.

Buchungssatz:

Tz.	Sollkonto	Betrag (€)	Habenkonto
1.	**5200** (3200) Wareneingang	75.000,00	**3300** (1600) Verbindlichkeiten aLuL

Buchung:

S **5200** (3200) **Wareneingang** H	S **3300** (1600) **Verbindlichkeiten aLuL** H
1) 75.000,00	1) 75.000,00

Das Konto **Wareneingang** wird als **Aufwandskonto** am Ende des Geschäftsjahres über das **Gewinn- und Verlustkonto (GuVK)** abgeschlossen. Der Saldo des Wareneingangskontos wird als **Wareneinsatz** bezeichnet.

3.8.1.2 Erlöse

Die **Warenverkäufe** werden auf dem **Ertragskonto**

4200 (8200) **Erlöse**

im **Haben** zu **Verkaufspreisen** gebucht.

Beispiel 2:

Getränkehändler Karl Müller, Koblenz, **verkaufte** im Laufe des Geschäftsjahres bar **9.800** Kästen Pils zum **Verkaufs**preis von je **10,00 EUR = 98.000,00 EUR**.

Buchungssatz:

Tz.	Sollkonto	Betrag (€)	Habenkonto
2.	**1600** (1000) Kasse	98.000,00	**4200** (8200) Erlöse

Buchung :

S	**1600** (1000) **Kasse**	H		S	**4200** (8200) **Erlöse**	H
2)	98.000,00				2)	98.000,00

Das Konto **Erlöse** ist ein **Ertragskonto**, das am Ende des Geschäftsjahres über das Gewinn- und Verlustkonto (**GuVK**) abgeschlossen wird. Der Saldo des Erlöskontos wird als **Warenumsatz** bezeichnet.

Die **Differenz** aller **Wareneinkäufe** und **Warenverkäufe** einer Rechnungsperiode bezeichnet man als **Rohgewinn** bzw. **Rohverlust**.

Zusammenfassung zu Abschnitt 3.8.1.1 und 3.8.1.2:

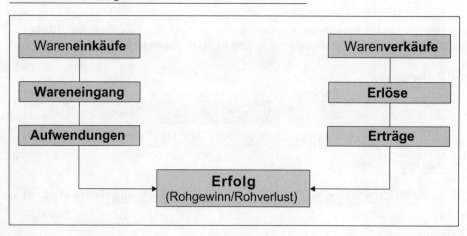

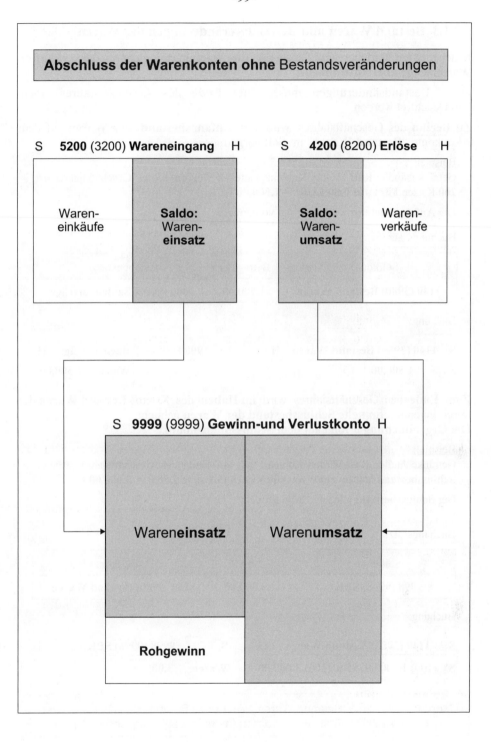

Übung: 1. Wiederholungsfragen 1 bis 3 (Seite 108),
2. Übungsaufgabe 1 (Seite 108 f.)

3.8.1.3 Bestand Waren und Bestandsveränderungen der Waren

In den meisten Betrieben wird die **eingekaufte** Warenmenge **nicht** mit der **verkauften** Warenmenge **übereinstimmen**.

Diese Bestandsänderungen müssen am **Ende** des Geschäftsjahres noch berücksichtigt werden.

Zu **Beginn** des Geschäftsjahres wird der **Anfangsbestand der Waren** auf dem Aktivkonto "**Bestand Waren**" im **Soll** vorgetragen.

Beispiel:
Getränkehändler Karl Müller, Koblenz, hatte zu **Beginn** seines Geschäftsjahres u.a. **200** Kästen Pils zu je **7,50 EUR = 1.500,00 EUR**.

Der **Anfangsbestand** wird wie folgt vorgetragen:

Buchungssatz:

Sollkonto	Betrag (€)	Habenkonto
1140 (3980) **Bestand Waren**	1.500,00	**9000** (9000) **Saldenvorträge**

Buchung:

S 1140 (3980) **Bestand Waren** H	S 9000 (9000) **Saldenvorträge** H
SV **1.500,00**	Waren 1.500,00

Zum **Ende** des Geschäftsjahres wird im **Haben** des Kontos **Bestand Waren** der durch Inventur ermittelte **Schlussbestand der Waren** gebucht.
Die **Gegenbuchung** erfolgt auf dem **Schlussbilanzkonto**.

Beispiel:
Getränkehändler Karl Müller, Koblenz, hat am **Ende** des Geschäftsjahres einen **Schlussbestand** laut Inventur von **400** Kästen Pils zu je **7,50 € = 3.000,00 €**.

Der **Schlussbestand** wird wie folgt gebucht:

Buchungssatz:

Sollkonto	Betrag (€)	Habenkonto
9998 (9998) **SBK**	3.000,00	**1140** (3980) **Bestand Waren**

Buchung:

S 1140 (3980) **Bestand Waren** H	S 9998 (9998) **SBK** H
SV (100) 1.500,00 | SBK (200) **3.000,00** —	**Waren** **3.000,00**

> **Merke:** Das Konto "**Bestand Waren**" wird **nur** zu **Beginn** und zum **Ende** des Geschäftsjahres angesprochen (**nicht** im Laufe des Geschäftsjahres).

Der **Saldo** des Kontos "**Bestand Waren**" ergibt die **Bestandsveränderung** (Bestands**mehrung** oder Bestands**minderung**).

Bestandsmehrung

Eine Bestandsmehrung liegt vor, wenn der **Schlussbestand größer** ist als der **Anfangsbestand**:

S   **1140 (3980) Bestand Waren**   H

Anfangsbestand	Schlussbestand
Bestandsmehrung	

Die Bestandsmehrung wird rechnerisch wie folgt ermittelt (siehe Beispiel unten):

Warenschlussbestand	3.000,00 €
− Warenanfangsbestand	− 1.500,00 €
= Bestandsmehrung	**1.500,00 €**

Eine Bestandsmehrung bedeutet, dass in einer Rechnungsperiode (einem Geschäftsjahr) **mehr Waren eingekauft als verkauft** worden sind.
Der auf dem Konto **Wareneingang** gebuchte **Aufwand** ist daher **zu hoch**.
Um den **periodengerechten Aufwand** eines Geschäftsjahres zu erhalten, muss der **Aufwand** auf dem Konto **Wareneingang** um die Bestandsmehrung **gemindert** werden.
Buchmäßig wird die Bestandsmehrung im **Haben** des Kontos **Wareneingang** erfasst. Dadurch ergibt sich auf dem Konto Wareneingang als Saldo der **Wareneinsatz** (der **Einkaufswert** der **verkauften** Waren).

Beispiel:
Getränkehändler Karl Müller, Koblenz, hat am **Ende** des Geschäftsjahres eine Bestandsmehrung von **1.500,00 EUR** (200 Kästen Pils zu je 7,50 EUR).

Buchungssatz:

Sollkonto	Betrag (€)	Habenkonto
1140 (3980) Bestand Waren	1.500,00	**5200 (3200) Wareneingang**

Buchung:

S	1140 (3980) Bestand Waren		H
SV (200 Kästen)	1.500,00	SBK (400 Kästen)	3.000,00
• **WE (200 Kästen)**	**1.500,00**		
	3.000,00		3.000,00

S	5200 (3200) Wareneingang		H
1) (10.000 Kästen)	75.000,00	Mehrung (200 Kästen)	**1.500,00**

Wareneingang (10.000 Kästen)	75.000,00 EUR
− Bestandsmehrung (200 Kästen)	1.500,00 EUR
= **Wareneinsatz** (9.800 Kästen)	**73.500,00 EUR**

Der **Wareneinsatz** ist der **Einkaufs**wert der **verkauften** Waren (von 9.800 Kästen Pils), der eingesetzt worden ist, um den **Erlös** (von 9.800 Kästen Pils) zu erzielen (siehe Beispiele 1 und 2, Seite 97 f.).

Schematische Übersicht über die **Reihenfolge** des Abschlusses der Konten "Bestand Waren" und "Wareneingang" bei Bestands**mehrung**:

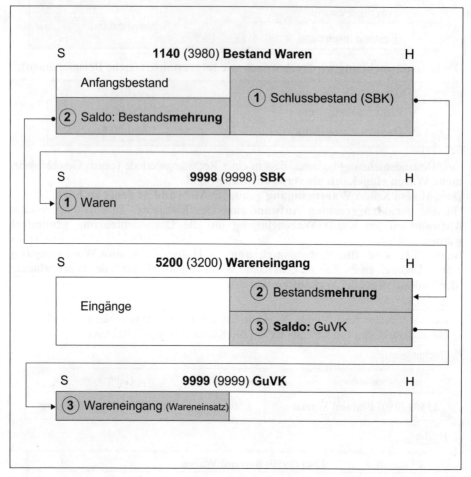

Die **Bestandsveränderung der Waren** kann auch auf dem **Erfolgskonto**

5880 (3960) **Bestandsveränderungen Waren**

erfasst werden.

Bei DATEV wird das Konto "Bestandsveränderungen Waren" mit dem Konto "Wareneingang" durch das Programm **saldiert**. Der **Saldo** wird als GuV-Posten "Aufwendungen für Waren" in der Gewinn- und Verlustrechnung nach § 275 HGB ausgewiesen (siehe Spalte GuV-Posten der Kontenrahmen SKR 04 und SKR 03).
Im Folgenden werden die **Bestandsveränderungen** auf das Konto **"Wareneingang"** gebucht, d.h. **nicht** auf das Konto "Bestandsveränderungen Waren".

Zusammenfassung zu Abschnitt 3.8.1.3:

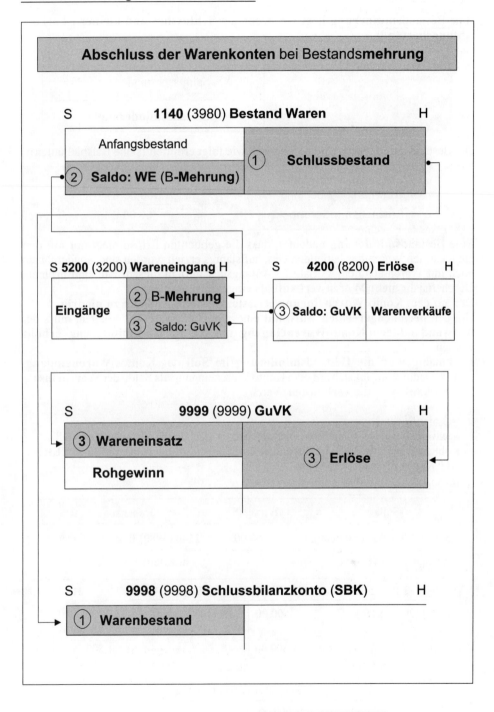

Übung: 1. Wiederholungsfragen 4 bis 6 (Seite 108),
2. Übungsaufgabe 2 (Seite 109)

Bestandsminderung

Eine Bestands**minderung** liegt vor, wenn der **Schlussbestand kleiner** ist als der **Anfangsbestand**:

S   **1140** (3980) **Bestand Waren**   H

| Anfangsbestand | Schlussbestand |
| | Bestands**minderung** |

Die Bestands**minderung** wird rechnerisch wie folgt ermittelt (siehe Beispiel unten):

Warenschlussbestand	750,00 €
− Warenanfangsbestand	1.500,00 €
= Bestands**minderung**	**750,00 €**

Eine Bestands**minderung** bedeutet, dass die gebuchten Erlöse nicht nur mit den eingekauften Waren des laufenden Geschäftsjahres erzielt worden sind, sondern auch noch mit Waren aus dem Vorjahr (= Anfangsbestand). In diesem Fall sind in einem Geschäftsjahr **mehr Waren verkauft als eingekauft** worden.

Der auf dem Konto **Wareneingang** erfasste **Aufwand** ist daher **zu niedrig**.

Um den **periodengerechten Aufwand** eines Geschäftsjahres zu erhalten, muss der **Aufwand** auf dem Konto **Wareneingang** um die Bestands**minderung erhöht** werden.

Buchmäßig wird die Bestands**minderung** im **Soll** des Kontos **Wareneingang** erfasst. Dadurch ergibt sich auf dem Konto Wareneingang als Saldo der **Wareneinsatz** (der **Einkaufswert** der **verkauften** Waren).

Beispiel:
Sachverhalt wie zuvor mit dem Unterschied, dass der Getränkehändler Karl Müller, Koblenz, am **Ende** des Geschäftsjahres eine Bestands**minderung** von **750,00 EUR** (100 Kästen Pils zu je 7,50 €) hat.

Buchungssatz:

Sollkonto	Betrag (€)	Habenkonto
5200 (3200) **Wareneingang**	750,00	**1140** (3980) **Bestand Waren**

Buchung:

S   **1140** (3980) **Bestand Waren**   H

AB (200 Kästen)	1.500,00	SBK (100 Kästen)	750,00
		WE (100 Kästen)	**750,00**
	1.500,00		1.500,00

S   **5200** (3200) **Wareneingang**   H

| 1)   (10.000 Kästen) 75.000,00 | |
| **Minderung** (100 Kästen)   **750,00** | |

Wareneingang	(10.000 Kästen)	75.000,00 EUR
+ Bestands**minderung** (	100 Kästen)	750,00 EUR
= **Wareneinsatz**	(10.100 Kästen)	**75.750,00 EUR**

Der **Wareneinsatz** ist der **Einkaufswert** der **verkauften** Waren (von 10.100 Kästen Pils), der eingesetzt worden ist, um den **Erlös** (von 10.100 Kästen Pils) zu erzielen.

Schematische Übersicht über die **Reihenfolge** des Abschlusses der Konten "**Bestand Waren**" und "**Wareneingang**" bei Bestands**minderung**:

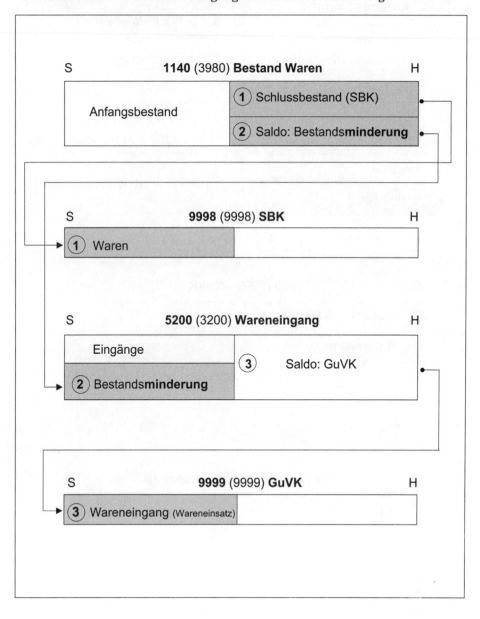

Zusammenfassung zu Abschnitt 3.8.1.3:

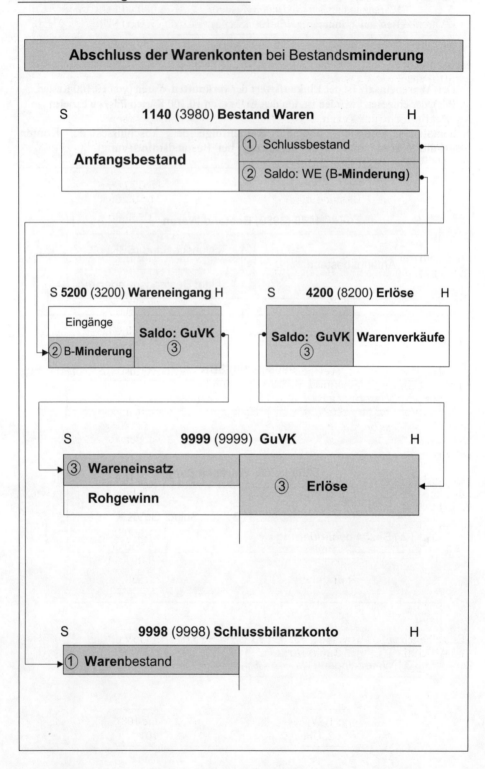

3.8.2 Ausweis der Warenkonten

Die Warenkonten sind nach dem **Bruttoverfahren** abzuschließen (§ 246 Abs. 2 HGB).

Das **Bruttoverfahren** wird so genannt, weil auf dem **Gewinn- und Verlustkonto** die **Aufwendungen** (der Wareneinsatz) und die **Erträge** (die Umsatzerlöse) **unsaldiert (brutto)** ausgewiesen werden .

Nach § 275 Abs. 2 HGB sind die **Umsatzerlöse** (Posten Nr. 1) und die **Aufwendungen für Waren** (Posten **Nr. 5a**) gesondert auszuweisen.

Nach dem Beispiel von Seite 101 ergibt sich für den Getränkehändler Müller folgender **Wareneinsatz** (Aufwendungen für Waren):

Wareneingang	75.000,00 €
– Bestandsmehrung	– 1.500,00 €
= **Wareneinsatz**	**73.500,00 €**

Nach dem Beispiel von Seite 98 und dem obigen Ergebnis ergibt sich für den Getränkehändler Müller folgender **Rohgewinn**:

Erlöse	98.000,00 €
– Wareneinsatz	– 73.500,00 €
= **Rohgewinn**	**24.500,00 €**

Der **Rohgewinn** zeigt, welchen **Erfolg** (Rohgewinn/Rohverlust) das Unternehmen durch den **Ein- und Verkauf von Waren** erzielt hat.
Der **Rohgewinn** ist ein **Zwischen-Saldo** des Gewinn- und Verlust**kontos**, der in der Gewinn- und Verlust**rechnung** nach § 275 Abs. 2 HGB **nicht ausgewiesen** wird.

Der **endgültige Saldo** des Gewinn- und Verlust**kontos** ist der **Reingewinn** (bzw. der **Reinverlust**).

Der Getränkehändler Müller hat noch sonstige Aufwendungen in Höhe von 15.000,00 € und sonstige Erträge in Höhe von 18.000,00 €, so dass er folgenden **Reingewinn** erzielt:

Rohgewinn	24.500,00 €
– sonstige Aufwendungen	– 15.000,00 €
+ sonstige Erträge	+ 18.000,00 €
= **Reingewinn**	**27.500,00 €**

Einzelheiten zum Ausweis der Konten als GuV-Posten in der GuV erfolgen im Abschnitt 1.1.3 der **Buchführung 2**, 18. Auflage, Seite 270 ff.

Übung: 1. Wiederholungsfragen 7 bis 12 (Seite 108),
2. Übungsaufgaben 3 und 4 (Seite 110)

3.8.3 Erfolgskontrolle

WIEDERHOLUNGSFRAGEN

1. Welche Warenkonten werden in der Praxis üblicherweise geführt?
2. Was wird auf dem Konto Wareneingang gebucht?
3. Was wird auf dem Konto Erlöse gebucht?
4. Was wird auf dem Konto Bestand Waren gebucht?
5. Wann liegt eine Bestandsmehrung vor?
6. Wie wird die Bestandsmehrung buchmäßig erfasst?
7. In welchem Fall liegt eine Bestandsminderung vor?
8. Wie wird die Bestandsminderung buchmäßig erfasst?
9. Wie werden die Warenkonten abgeschlossen?
10. Was versteht man unter dem Wareneinsatz?
11. Wie wird der Rohgewinn rechnerisch ermittelt?
12. Wie wird der Reingewinn rechnerisch ermittelt?

ÜBUNGSAUFGABEN

Übungsaufgabe 1:

Der Unternehmer A, Essen, hat durch Inventur folgende Anfangsbestände ermittelt:

	EUR
0640 (0430) Ladeneinrichtung	25.000,00
1140 (3980) Bestand Waren	80.000,00
1600 (1000) Kasse	6.000,00
1800 (1200) Bankguthaben	89.000,00
1200 (1400) Forderungen aLuL	150.000,00
3300 (1600) Verbindlichkeiten aLuL	135.000,00
2000 (0800) Eigenkapital	?

Geschäftsvorfälle des Jahres 2007

	EUR
1. Wareneinkäufe bar	5.000,00
2. Wareneinkäufe auf Ziel	130.000,00
3. Warenverkäufe bar	8.000,00
4. Warenverkäufe auf Ziel	180.000,00
5. Banküberweisung an Lieferer	50.000,00
6. Banküberweisung von Kunden	60.000,00

Abschlussangaben

	EUR
7. Warenschlussbestand lt. Inventur	80.000,00
8. Abschreibung auf Ladeneinrichtung	5.000,00

Es sind folgende Warenkonten zu führen:

1140 (3980) Bestand Waren, **5200** (3200) Wareneingang, **4200** (8200) Erlöse.

Aufgaben

1. Bilden Sie die Buchungssätze der Geschäftsvorfälle des Jahres 2007.
2. Tragen Sie die Anfangsbestände auf den Konten vor.
3. Buchen Sie die Geschäftsvorfälle.
4. Schließen Sie die Konten ab. Es liegt keine Bestandsveränderung vor.
   Der Warenschlussbestand ist identisch mit dem Warenanfangsbestand.

Übungsaufgabe 2:

Der Unternehmer B, Mainz, hat durch Inventur folgende Anfangsbestände ermittelt:

	EUR
0640 (0430) Ladeneinrichtung	25.000,00
1140 (3980) Bestand Waren	8.000,00
1200 (1400) Forderungen aLuL	10.000,00
1600 (1000) Kasse	15.000,00
1800 (1200) Bankguthaben	13.000,00
3300 (1600) Verbindlichkeiten aLuL	45.000,00
2000 (0800) Eigenkapital	26.000,00

Geschäftsvorfälle des Jahres 2007

	EUR
1. Wareneinkäufe auf Ziel	80.000,00
2. Wareneinkäufe bar	10.000,00
3. Warenverkäufe auf Ziel	10.000,00
4. Warenverkäufe bar	150.000,00
5. Barzahlung an Lieferer zum Ausgleich einer Verbindlichkeit aLuL	50.000,00
6. Banküberweisung von Kunden zum Ausgleich einer Forderung aLuL	5.000,00

Abschlussangaben

	EUR
7. Warenschlussbestand lt. Inventur	10.000,00
8. Abschreibung auf Ladeneinrichtung	5.000,00

Es sind folgende Warenkonten zu führen:

1140 (3980) Bestand Waren, **5200** (3200) Wareneingang, **4200** (8200) Erlöse.

Aufgaben

1. Bilden Sie die Buchungssätze der Geschäftsvorfälle des Jahres 2007.
2. Tragen Sie die Anfangsbestände auf den Konten vor.
3. Buchen Sie die Geschäftsvorfälle.
4. Schließen Sie die Konten ab. Es liegt eine Bestandsveränderung vor.

Übungsaufgabe 3:

Beim Unternehmer C ist folgende Situation gegeben:

S   **1140** (3980 Bestand Waren   H
AB   20.000,00

S   **5200** (3200) Wareneingang   H   S   **4200** (8200) Erlöse   H
    200.000,00   440.000,00

S   **9999** (9999) GuVK   H   S   **9998** (9998) SBK   H
Aufw.   150.000,00   Erträge 10.000,00

Der Warenschlussbestand beträgt lt. Inventur   25.000,00 €

Aufgaben

1. Schließen Sie die Warenkonten ab.
2. Ermitteln Sie den Wareneinsatz.
3. Ermitteln Sie den Rohgewinn.
4. Ermitteln Sie den Reingewinn.

Übungsaufgabe 4:

Beim Unternehmer D ist folgende Situation gegeben:

S   **1140** (3980 Bestand Waren   H
AB   20.000,00

S   **5200** (3200) Wareneingang   H   S   **4200** (8200) Erlöse   H
    200.000,00   340.000,00

S   **9999** (9999) GuVK   H   S   **9998** (9998) SBK   H
Aufw.   180.000,00   Erträge 10.000,00

Der Warenschlussbestand beträgt lt. Inventur   10.000,00 €

Aufgaben

1. Schließen Sie die Warenkonten ab.
2. Ermitteln Sie den Wareneinsatz.
3. Ermitteln Sie den Rohgewinn.
4. Ermitteln Sie den Reingewinn.

Zusammenfassende Erfolgskontrolle

Der Unternehmer Günter Seemann, Hamburg, hat durch Inventur folgende Anfangs-
bestände ermittelt:

	EUR
0640 (0430) Ladeneinrichtung	20.000,00
1140 (3980) Bestand Waren	80.000,00
1600 (1000) Kasse	23.000,00
1800 (1200) Bankguthaben	9.000,00
1200 (1400) Forderungen aLuL	60.000,00
3300 (1600) Verbindlichkeiten aLuL	50.000,00
2000 (0800) Eigenkapital	142.000,00

Geschäftsvorfälle des Jahres 2007

	EUR
1. Wareneinkäufe bar	2.000,00
2. Wareneinkäufe auf Ziel	120.000,00
3. Banküberweisung an Lieferer	20.000,00
4. Warenverkäufe bar	3.000,00
5. Warenverkäufe auf Ziel	160.000,00
6. Banküberweisung von Kunden	30.000,00

Abschlussangaben

	EUR
7. Warenschlussbestand lt. Inventur	60.000,00
8. Abschreibung auf Ladeneinrichtung	5.000,00

Es sind folgende Warenkonten zu führen:

1140 (3980) Bestand Waren, **5200** (3200) Wareneingang, **4200** (8200) Erlöse.

Aufgaben

1. Bilden Sie die Buchungssätze der Geschäftsvorfälle des Jahres 2007.
2. Tragen Sie die Anfangsbestände auf den Konten vor.
3. Buchen Sie die Geschäftsvorfälle.
4. Schließen Sie die Konten ab.
5. Erstellen Sie anhand des SBK die Bilanz zum 31.12.2007. Beachten Sie das
   handelsrechtliche Gliederungsschema.

3.9 Umsatzsteuerkonten

Die **bisherigen** Geschäftsvorfälle wurden aus methodischen Gründen **ohne Umsatzsteuer (USt)** gebucht.

Im **folgenden Kapitel** wird die buchmäßige Behandlung der **Umsatzsteuer** dargestellt und erläutert.

3.9.1 System der Umsatzsteuer

Fast alle **Einkäufe** und **Verkäufe** eines **Unternehmens** sind mit **Umsatzsteuer** belastet.

Bis die Waren dem Endverbraucher zum Verkauf angeboten werden können, müssen die **Produkte** in der Regel **mehrere Unternehmensstufen** durchlaufen.

Beispiel:

Der Getränkehändler Karl Müller, Koblenz, **kauft** von der Königsbacher Brauerei AG, Koblenz, 100 Kästen Pils, die Müller seinen Kunden **verkauft**.

Bis der Kunde (der Endverbraucher) das Bier kaufen kann, hat das Produkt mindestens folgende **Stufen** durchlaufen:

        A. Urerzeuger   (landwirtschaftlicher Betrieb),
        B. Weiterverarbeiter (Königsbacher Brauerei AG),
        C. Händler   (Getränkehändler Karl Müller).

Die **Kosten und** der **Gewinn** (= **Mehrwert**) auf jeder Unternehmensstufe **erhöhen** den **Preis und** damit die **Umsatzsteuer** des Produktes.

Der **einzelne** Unternehmer führt jedoch nur die **Umsatzsteuer** an das Finanzamt ab, die auf den von ihm geschaffenen **Mehrwert** entfällt. Deshalb wird die **Umsatzsteuer** auch als **Mehrwertsteuer** bezeichnet.

Bis 31.12.2006 betrug die **Umsatzsteuer** für jeden steuerpflichtigen Umsatz 16 % der Bemessungsgrundlage (**allgemeiner Steuersatz**). **Seit 1.1.2007** ist der allgemeine Steuersatz auf **19 %** erhöht worden (§ 12 **Abs. 1** UStG).

Für bestimmte in § 12 **Abs. 2** UStG genannte Umsätze (z.B. Lebensmittel, Bücher) ermäßigt sich der Steuersatz auf **7 %** (**ermäßigter Steuersatz**). Der ermäßigte Steuersatz wurde **nicht** erhöht.

Die **Umsatzsteuer**, die beim **Einkauf** anfällt, bezeichnet man als **Vorsteuer** (**Eingangs**umsatzsteuer). Sie stellt für den Unternehmer eine **Forderung gegenüber** dem **Finanzamt** dar.

Die **Umsatzsteuer**, die beim **Verkauf** entsteht, bezeichnet man als **Umsatzsteuer** (**Ausgangs**umsatzsteuer). Sie stellt für den Unternehmer eine **Verbindlichkeit gegenüber** dem **Finanzamt** dar.

Die **Umsatzsteuer**, die an das **Finanzamt zu zahlen** ist, bezeichnet man als **Umsatzsteuerschuld** (Zahllast). Sie ergibt sich durch **Abzug** der **Vorsteuer** von der **Umsatzsteuer**.

	Umsatzsteuer (**Ausgangs**umsatzsteuer)
−	**Vorsteuer** (**Eingangs**umsatzsteuer)
=	**Umsatzsteuerschuld (Zahllast)**

Das **Umsatzsteuersystem** soll mit folgendem Beispiel noch einmal erläutert werden:

Beispiel:

Der **Urerzeuger A** (landwirtschaftlicher Betrieb) liefert Rohstoffe an den Weiterverarbeiter B für 100 € + 19 % USt. A hat keinen Vorlieferanten und damit keine Vorsteuer.
B (Königsbacher Brauerei AG) verarbeitet die Rohstoffe und liefert das Fertigerzeugnis an den Großhändler C für 250 € + 19 % USt.
Der **Großhändler C** liefert das Produkt an den Einzelhändler D für 320 € + 19 % USt.
Der **Einzelhändler D** liefert die Ware an den Endverbraucher E für 400 € + 19 % USt.

Die **Umsatzsteuerschuld (Zahllast)** der einzelnen Stufen wird wie folgt berechnet:

Wirt-schafts-stufe bzw. Phase	Rechnungsbetrag		USt (Traglast)	Vorsteuer-abzug	Umsatz-steuer-schuld (Zahl-last)	Mehrwert = Wert-schöpung
		EUR	EUR	EUR	EUR	EUR
A Ur-er-zeuger	Nettopreis + 19 % USt = Verkaufspreis	100,00 19,00 119,00	19,00	—	**19,00**	100,00
B Weiter-ver-arbeiter	Nettopreis + 19 % USt = Verkaufspreis	250,00 47,50 297,50	47,50	19,00	**28,50**	150,00
C Groß-händler	Nettopreis + 19 % USt = Verkaufspreis	320,00 60,80 380,80	60,80	47,50	**13,30**	70,00
D Einzel-händler	Nettopreis + 19 % USt = Verkaufspreis	400,00 **76,00** 476,00	76,00	60,80	**15,20**	80,00
	Die Summe der Umsatzsteuerschulden aller Wirtschaftsstufen beträgt Sie stimmt mit der USt überein, die im Verkaufs-preis der letzten Stufe enthalten ist.				**76,00**	

Einzelheiten zum **Umsatzsteuersystem** erfolgen im Abschnitt 1.4 der **Steuerlehre 1**, 28. Auflage 2007, Seite 119 ff.

Im vorangegangenen Beispiel wird das Erzeugnis auf allen **vier Wirtschaftsstufen versteuert**.

Bemessungsgrundlage der Umsatzsteuer ist auf jeder Wirtschaftsstufe der **Nettopreis**. Der **Vorsteuerabzug bewirkt** jedoch, dass auf **jeder** Stufe nur der **Netto-Umsatz** (die Wertschöpfung, der Mehrwert) **besteuert** wird.

Die **Umsatzsteuerschuld** (Zahllast), die im vorangegangenen Beispiel insgesamt 76 € beträgt, soll nach dem Willen des Gesetzgebers vom **Endverbraucher** (im Beispiel D) **getragen** werden.

> **Übung**: 1. Wiederholungsfragen 1 und 2 (Seite 133),
> 2. Übungsaufgabe 1 (Seite 133)

3.9.2 Buchen auf Umsatzsteuerkonten

Beim Unternehmer entsteht einerseits <u>Umsatzsteuer</u> (**Ausgangs**umsatzsteuer) für

1. die steuerpflichtigen **entgeltlichen Leistungen**, die er **ausführt**,
2. die steuerpflichtigen **unentgeltlichen Leistungen**,
3. den steuerpflichtigen **innergemeinschaftlichen Erwerb**,
4. die Leistungen, die der **Leistungsempfänger** nach **§ 13b Abs. 2 UStG** schuldet.

Andererseits fällt beim Unternehmer <u>Vorsteuer</u> (**Eingangs**umsatzsteuer) an für

1. die steuerpflichtigen **Lieferungen und sonstigen Leistungen**, die **andere** Unternehmer **an ihn ausführen**,
2. die steuerpflichtige **Einfuhr** (EUSt),
3. den steuerpflichtigen **innergemeinschaftlichen Erwerb**,
4. die **Leistungen i.S.d. § 13b Abs. 1 UStG**, die für sein Unternehmen ausgeführt worden sind.

Ist die entstandene **Umsatzsteuer größer als** die angefallene **Vorsteuer**, hat der Unternehmer den Unterschiedsbetrag, der als **Umsatzsteuerschuld** (Zahllast) bezeichnet wird, an das Finanzamt zu zahlen.

Im **umgekehrten Falle** erstattet das Finanzamt das **Vorsteuer-Guthaben**.

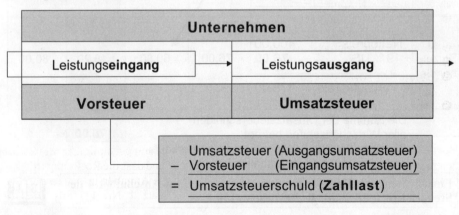

3.9.2.1 Buchen der Vorsteuer

Der Unternehmer ist verpflichtet, beim Leistungs**eingang** die **Entgelte** (Nettobeträge) für empfangene Leistungen **und** die auf diese Entgelte entfallende Steuer (**Vorsteuer**) **getrennt aufzuzeichnen** (§ 22 Abs. 2 Nr. 5 UStG).

Die **Vorsteuer** (Eingangsumsatzsteuer) wird beim **allgemeinen** Steuersatz auf das Konto

<u>**1406** (1576) **Abziehbare Vorsteuer 19 %** (kurz: **Vorsteuer 19 %**)</u>

und beim **ermäßigten** Steuersatz auf das Konto

<u>**1401** (1571) **Abziehbare Vorsteuer 7 %** (kurz: **Vorsteuer 7 %**)</u>

gebucht.

Die **abziehbare Vorsteuer** ist für den Unternehmer eine **Forderung gegenüber dem Finanzamt**. Deshalb ist das **Vorsteuerkonto** ein **Forderungskonto** (**Aktivkonto**). Der Unternehmer kann die **Vorsteuer** von seiner **Umsatzsteuer abziehen, wenn** die **Voraussetzungen** des § 15 Abs. 1 UStG **erfüllt** sind.

> Einzelheiten zum Vorsteuerabzug erfolgen im Abschnitt "13.1 Voraussetzungen für den Vorsteuerabzug" der **Steuerlehre 1**, 28. Auflage 2007, Seite 348 ff.

Die Ausübung des **Vorsteuerabzugs** setzt voraus, dass der Unternehmer eine nach den §§ 14, 14a UStG ordnungsgemäß ausgestellte **Rechnung** besitzt (§ 15 Satz 1 Nr. 1 Satz 2 UStG).

Rechnung ist jedes Dokument, mit dem über eine Lieferung oder sonstige Leistung abgerechnet wird, gleichgültig, wie dieses Dokument im Geschäftsverkehr bezeichnet wird (§ 14 Abs. 1 **Satz 1** UStG).

Rechnungen sind auf **Papier** oder vorbehaltlich der Zustimmung des Empfängers auf **elektronischem Weg** zu übermitteln (§ 14 Abs. 1 **Satz 2** UStG).

Nach § 14 Satz 1 Abs. 4 Nr. 1 bis 9 UStG muss eine Rechnung folgende Angaben enthalten:

> ❶ Name und Anschrift des leistenden Unternehmers und des Leistungs- empfängers,
> ❷ Steuernummer oder Umsatzsteuer-Identifikationsnummer des leistenden Unternehmers,
> ❸ Ausstellungsdatum,
> ❹ fortlaufende Nummer (Rechnungsnummer),
> ❺ Menge und Art (handelsübliche Bezeichnung) der gelieferten Gegenstände oder Umfang und Art der sonstigen Leistung,
> ❻ Zeitpunkt der Leistung,
> ❼ Entgelt und im Voraus vereinbarte Entgeltsminderung,
> ❽ Steuersatz sowie den auf das Entgelt entfallenden Steuerbetrag oder Hinweis auf eine Steuerbefreiung,
> ❾ Hinweis auf die Aufbewahrungspflicht des Leistungsempfängers in den Fällen des § 14b Abs. 1 Satz 5 UStG.

Voraussetzung für den **Vorsteuerabzug** ist, dass der Leistungsempfänger im Besitz einer nach den §§ 14 und 14a ausgestellten Rechnung ist und dass die Rechnung **alle** in den §§ 14 und 14a geforderten **Angaben** enthält, d.h. die Angaben in der Rechnung vollständig und richtig sind (Abschn. 202 Abs. 1 Satz 1 Nr. 1 UStR 2005).

Beispiel:
Der Getränkehändler Karl Müller, Koblenz, erhält folgende **Eingangsrechnung (ER)**:

Absender

❶ **königsbacher** Brauerei AG

Neustadt 5

56068 Koblenz

Empfänger

❶ Getränkehandlung

Karl Müller
Blumenstraße 18

56070   Koblenz

Ihre Bestellung
23.08.2007

Bank

Sparkasse Koblenz

BLZ   570 501 20
Kto-Nr. 101 465 051

Lieferdatum
❻   24.08.2007

Ort / Datum
❸ Koblenz, 24.08.2007

❹ **Rechnung** Nr. 54309

				EUR	Ct
❺ 200	Kästen Pils (je 7,50 €)		❼	1.500,	00
❽	+ 19 % USt			285,	00
				1.785,	00

❷ Steuernummer: 22/220/1042/8

Die **Eingangsrechnung** (ER) erfüllt alle **acht** Voraussetzungen für eine Rechnung und die Voraussetzungen für den Vorsteuerabzug. Die **neunte** Voraussetzung ist **nicht** erforderlich, weil kein Fall des §14b Abs. 1 Satz 5 UStG vorliegt.

Buchungssatz:

Sollkonto	Betrag (€)	Habenkonto
5200 (3200) Wareneingang	1.500,00	
1406 (1576) Vorsteuer 19 %	285,00	
	1.785,00	**3300** (1600) Verbindlichkeiten aLuL

Buchung:

S **5200** (3200) **Wareneingang** H	S **3300** (1600) **Verbindlichkeiten aLuL** H
1.500,00	1.785,00

S **1406** (1576) **Vorsteuer 19 %** H
285,00

In Rechnungen, deren **Gesamtbetrag 150 EUR** (Entgelt und Umsatzsteuer) **nicht** ▌
übersteigt (**Kleinbetragsrechnungen**), brauchen – wie sonst notwendig – **Entgelt und**
Umsatzsteuer nicht getrennt ausgewiesen zu werden. Es genügt, wenn zum
Gesamtbetrag der **Steuersatz** angegeben wird. Der Unternehmer kann in diesem Falle
die **Vorsteuer** selbst berechnen (§ 33 UStDV).

> Einzelheiten zur Kleinbetragsrechnung erfolgen im Abschnitt 12.5 der
> **Steuerlehre 1**, 28. Auflage 2007, Seite 340.

Beispiel:

Der Steuerberater Thorsten Reifferscheid, Koblenz, **kauft** von der Buchhandlung
Reuffel, Koblenz, das Fachbuch "**Steuerlehre 1**" und erhält folgende **Kleinbetrags-**
rechnung:

Absender   USt-IdNr. DE 148 768 111

BUCHHANDLUNG

reuffel

INHABER EBERHARD DUCHSTEIN
LÖHRSTRAßE 92, KOBLENZ

Rechnung   Datum 25.08.2007

		EUR	Ct
1	Fachbuch Bornhofen, **Steuerlehre 1**	19,	90
	Rechnungs-Endbetrag enthält **7** % USt	19,	90

Gelieferte Ware bleibt bis zur vollständigen Bezahlung Eigentum des Lieferanten.

Die **Kleinbetragsrechnung** erfüllt alle Voraussetzungen für eine Rechnung und
die Voraussetzungen für den Vorsteuerabzug. Das **Entgelt** beträgt **18,60 EUR**
(19,90 € : 1,07 = 18,60 €). Die **Vorsteuer** beträgt **1,30 €** (18,60 € x 7 %).

Buchungssatz:

Sollkonto	Betrag (€)	Habenkonto
6820 (4940) Zeitschriften, Bücher	18,60	
1401 (1571) Vorsteuer 7 %	1,30	
	19,90	**3300** (1600) Verbindlichkeiten aLuL

Buchung:

S **6820** (4940) **Zeitschriften, Bücher** H   S **3300** (1600) **Verbindlichkeiten aLuL** H

     18,60 | | 19,90

S   **1401** (1571) **Vorsteuer 7 %**   H

     1,30 |

Vorsteuerbeträge fallen nicht nur beim **Wareneingang** und bei **Aufwendungen** (z.B. Bücher, Büromaterial, Instandhaltungen) an, sondern auch beim Kauf von **Anlagegütern** (z.B. Maschinen, Betriebs- und Geschäftsausstattung).

Beispiel:
Der Unternehmer Florian Faßbender, Koblenz, kauft von der Firma H. Alex + Hutter, Koblenz, einen **Computer** und erhält folgende Rechnung:

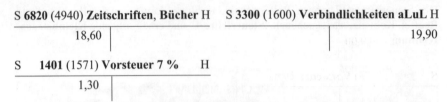

Friedrich-Mohr-Str. 1
56070 Koblenz-Lützel

Steuernummer: 22/220/1042/9

Herrn
Florian Faßbender
Erlenweg 7

Rechnung Nr. 25007

56075 Koblenz   30.08.2007

Sie erhielten am 25.08.2007

Menge	Artikelbezeichnung	Entgelt
1	ASI Computer P 700 PCI	1.549,00 €
	+ 19 % USt	294,31 €
		1.843,31 €

Buchungssatz:

Sollkonto	Betrag (€)	Habenkonto
0690 (0410) Geschäftsausstattung	1.549,00	
1406 (1576) Vorsteuer 19 %	294,31	
	1.843,31	**3300** (1600) Verbindl. aLuL

Buchung:

S **0690** (0410) **Geschäftsausstattung** H   S **3300** (1600) **Verbindlichk. aLuL** H

1.549,00   1.843,31

S   **1406** (1576) **Vorsteuer 19 %**   H

294,31

Beim Buchen ist darauf zu achten, dass bei **Eingangsrechnungen** (ER) auf dem **Warenkonto** bzw. dem **Aufwandskonto** bzw. dem **Anlagekonto** grundsätzlich nur die **Nettobeträge** (Beträge **ohne** Vorsteuer) erfasst werden.
Ist die Vorsteuer **nicht abziehbar** (z.B. weil die Rechnung nicht ordnungsgemäß erstellt worden ist), sind die nicht abziehbaren Vorsteuerbeträge auf dem Konto zu erfassen, auf dem die **Nettobeträge** gebucht werden (= **Erhöhung der Anschaffungskosten**).

> **Übung**: 1. Wiederholungsfragen 3 und 4 (Seite 133),
> 2. Übungsaufgabe 2 (Seite 133)

3.9.2.1.1 Geleistete Anzahlungen

Ein Unternehmer darf Vorsteuerbeträge grundsätzlich nur für solche **Leistungen** abziehen, **die** bereits an ihn **ausgeführt** sind.
Der Grundsatz, dass die Vorsteuer erst **nach Ausführung** der Leistung abgezogen werden darf, wird durch § 15 Abs. 1 Nr. 1 Satz 3 UStG durchbrochen.
Nach § 15 Abs. 1 Nr. 1 **Satz 3** UStG ist der **Vorsteuerabzug** bereits **vor** Ausführung einer Leistung möglich, wenn

1. eine **Anzahlungsrechnung** mit **gesondertem USt-Ausweis** vorliegt
   und
2. die **Anzahlung geleistet** ist.

Wird eine **Anzahlung vor** Ausführung der Leistung erbracht, so ist diese Vorauszahlung eine **Forderung**, die auf dem Konto

"Geleistete Anzahlungen"

gebucht wird.

Für **geleistete** Anzahlungen sind auf der **Aktivseite** der Bilanz **drei Bilanzposten** vorgesehen: Geleistete Anzahlungen auf **immaterielle Vermögensgegenstände, Sachanlagen und Vorräte**.

Der Bilanzposten "**geleistete Anzahlungen**" wurde bereits im Abschnitt "3.2.2 Gliederung der Bilanz", Seite 36, dargestellt.

Beispiel:
1. A leistet am 09.07.2007 eine **Anzahlung** für die Bestellung eines größeren Warenpostens in Höhe von 23.800 EUR an den Lieferer U per Bank. Über diesen Betrag erhält A eine Anzahlungsrechnung mit gesondertem USt-Ausweis (20.000 EUR + 3.800 EUR USt).
2. U erbringt am 10.09.2007 die **Leistung** und A erhält folgende **Endrechnung** (Auszug):

gesamte Leistung		40.000,00 EUR
+ 19 % USt		7.600,00 EUR
		47.600,00 EUR
– Anzahlung vom 9.7.2007	20.000,00 EUR	
+19 % USt	3.800,00 EUR	– 23.800,00 EUR
noch zu zahlen		23.800,00 EUR

3. Das Konto "Geleistete Anzahlungen" ist **aufzulösen**.
4. A überweist am 18.09.2007 den **Restbetrag** von 23.800,00 EUR per Bank.

Buchungssatz:

Tz.	Sollkonto	Betrag (€)	Habenkonto
1.	**1186** (1518) Geleistete Anzahlungen	20.000,00	**1800** (1200) Bank
	1406 (1576) Vorsteuer	3.800,00	**1800** (1200) Bank
2.	**5200** (3200) Wareneingang	40.000,00	**3300** (1600) Verbindl. aLuL
	1406 (1576) Vorsteuer	7.600,00	**3300** (1600) Verbindl. aLuL
3.	**3300** (1600) Verbindl. aLuL	20.000,00	**1186** (1518) Gel. Anzahlungen
	3300 (1600) Verbindl. aLuL	3.800,00	**1406** (1576) Vorsteuer
4.	**3300** (1600) Verbindl. aLuL	23.800,00	**1800** (1200) Bank

Buchung:

S **1186** (1518) **Geleistete Anzahlungen** H

1)	20.000,00	3)	20.000,00

S **1800** (1200) **Bank** H

		1)	20.000,00
		1)	3.800,00
		4)	23.800,00

S **1406** (1576) **Vorsteuer** H

1)	3.800,00	3)	3.800,00
2)	7.600,00		

S **5200** (3200) **Wareneingang** H

2)	40.000,00	

S **3300** (1600) **Verbindl. aLuL** H

3)	20.000,00	2)	40.000,00
3)	3.800,00	2)	7.600,00
4)	23.800,00		
	47.600,00		47.600,00

Übung: 1. Wiederholungsfragen 5 und 6 (Seite 133), 2. Übungsaufgabe 3 (Seite 134)

3.9.2.1.2 Gemischt genutzte Fahrzeuge

Ein angeschafftes, eingeführtes oder innergemeinschaftlich erworbenes Fahrzeug, das von dem Unternehmer sowohl unternehmerisch als auch für nichtunternehmerische (private) Zwecke genutzt wird, ist ein sog. **gemischt genutztes Fahrzeug**.

Ordnet der Unternehmer das gemischt genutzte Fahrzeug **seinem Unternehmen voll zu**, kann er die **Vorsteuer** in voller Höhe (**zu 100 %**) abziehen.
Die nichtunternehmerische (**private**) **Nutzung** ist als unentgeltliche sonstige Leistung (**unentgeltliche Wertabgabe**) nach **§ 3 Abs. 9a Nr. 1** der **Umsatzsteuer** zu unterwerfen (Abschn. 192 Abs. 21 Nr. 2c UStR 2005).

Wird das Fahrzeug zu **weniger als 10 %** für das Unternehmen genutzt, kann der Unternehmer **keine Vorsteuer** abziehen (BMF-Schreiben vom 27.8.2004, BStBl I, Seite 864 ff.).

In den letzten Jahren haben sich der Vorsteuerabzug und die Besteuerung der Privatnutzung bei gemischt genutzten Fahrzeugen mehrfach geändert. Auf die umfangreichen Änderungen wird im Folgenden nicht eingegangen. Zu den Einzelheiten dieser Änderungen siehe BMF-Schreiben vom 27.8.2004, BStBl I Seite 864 ff.

Im Folgenden werden lediglich sog. **Neufahrzeuge** dargestellt und erläutert.

Ein **Neufahrzeug** ist ein Fahrzeug, das **nach dem 31.12.2003** für das Unternehmen angeschafft, hergestellt, eingeführt oder innergemeinschaftlich erworben wurde **und** von dem Unternehmer **sowohl unternehmerisch als auch für** nichtunternehmerische (**private**) **Zwecke genutzt wird**.

Bei **Neufahrzeugen** ist die **Vorsteuer** in **voller Höhe abziehbar** (Wegfall des § 15 Abs. 1b UStG). Im Gegenzug ist die **private Nutzung** als unentgeltliche sonstige Leistung (unentgeltliche Wertabgabe) nach § 3 Abs. 9a Nr. 1 UStG der **Umsatzsteuer** zu unterwerfen.

Als **Bemessungsgrundlage** sind dabei nach § 10 Abs. 4 Satz 1 Nr. 2 die **Ausgaben** anzusetzen, soweit sie zum vollen oder teilweisen Vorsteuerabzug berechtigt haben.
Zur **Ermittlung der Ausgaben**, die auf die private Nutzung eines dem Unternehmen zugeordneten Fahrzeugs entfallen, hat der Unternehmer die Wahl zwischen drei Methoden: **Fahrtenbuchregelung**, **1 %-Regelung** oder **Schätzung**.
Seit 1.1.2006 ist die **1 %-Regelung** nur noch anwendbar, wenn das Kraftfahrzeug zu **mehr als 50 %** betrieblich genutzt wird (§ 6 Abs. 1 Nr. 4 Satz 2 EStG).

Anschaffungskosten

Beispiel:
Zum Unternehmensvermögen des Unternehmers U, Hamburg, gehört ein Pkw, der auch für private Zwecke genutzt wird. Die unternehmerische Nutzung beträgt mehr als 50 %.
U hat den Pkw am **02.01.2007** für 59.500 EUR (50.000 € + 9.5000 € USt) gekauft.

Es handelt sich um ein **Neufahrzeug**. U kann den Vorsteuerabzug in voller Höhe von 9.500 Euro in Anspruch nehmen und aus den laufenden Kosten den vollen Vorsteuerabzug geltend machen (Wegfall des § 15 Abs. 1b UStG).
Im Gegenzug ist der private Nutzungsanteil als unentgeltliche sonstige Leistung (unentgeltliche Wertabgabe) nach § 3 Abs. 9a Nr. 1 UStG der Umsatzsteuer zu unterwerfen.

Buchungssatz:

Sollkonto	Betrag (€)	Habenkonto
0520 (0320) Pkw	50.000,00	**3300** (1600) Verbindlichkeiten aLuL
1406 (1576) Vorsteuer	9.500,00	**3300** (1600) Verbindlichkeiten aLuL

Buchung:

S **0520** (0320) **Pkw** H   S **3300** (1600) **Verbindlichkeiten aLuL** H

50.000,00 | | | 50.000,00
| | | 9.500,00

S **1406** (1576) **Vorsteuer** H

9.500,00 |

 Einzelheiten zur **Besteuerung** der **privaten Nutzung** als unentgeltliche Wertabgabe nach § 3 Abs. 9a Nr. 1 UStG erfolgen im Abschnitt 3.10.1.2, Seite 142 ff.

Laufende Kfz-Kosten

Bei **Neufahrzeugen ist der Vorsteuerabzug** nicht nur aus den Anschaffungskosten, sondern auch aus den **laufenden Kosten** möglich.

Beispiel:

Der Unternehmer U, Hamburg, (Beispiel zuvor) hat im Monat Mai 2007 **Benzinkosten** in Höhe von **500 € + 95 € USt = 595,00 €** für sein **Neufahrzeug** aufgewendet. Er hat den Betrag von 595,00 € bar bezahlt.

U darf aus den laufenden Kosten die **Vorsteuer** in Höhe von **95,00 €** geltend machen.

Buchungssatz:

Sollkonto	Betrag (€)	Habenkonto
6530 (4530) Laufende Kfz-Betriebskosten	500,00	**1600** (1000) Kasse
1406 (1576) Vorsteuer	95,00	**1600** (1000) Kasse

Buchung:

S **6530** (4530) **Laufende Kfz-Betriebskosten** H   S **1600** (1000) **Kasse** H

500,00 | | | 500,00
| | | 95,00

S **1406** (1576) **Vorsteuer** H

95,00 |

 Die umsatzsteuerliche Behandlung der **Einfuhr**, des innergemeinschaftlichen **Erwerbs** und der Leistungen i.S.d. § 13b UStG erfolgen im Abschnitt 8.2, S.373 ff.

3.9.2.2 Buchen der Umsatzsteuer

Der **Betrag**, den der **Unternehmer** seinen Abnehmern und Auftraggebern für seine steuerpflichtigen Leistungen **berechnet**, setzt sich – umsatzsteuerlich gesehen – aus dem **Entgelt** (Nettoerlös) **und** der **Umsatzsteuer** (**Ausgangs**umsatzsteuer) zusammen:

> Entgelt (Nettoerlös)
> + **Umsatzsteuer** (Ausgangsumsatzsteuer)
> = **Bruttoerlös**

Die entstandene **Umsatzsteuer** (**Ausgangs**umsatzsteuer) ist für den Unternehmer zunächst eine **Verbindlichkeit gegenüber dem Finanzamt**.
Sie wird bei **Sollbesteuerung** (= Besteuerung nach **vereinbarten** Entgelten) und beim **allgemeinen** Steuersatz auf das Konto

3806 (1776) **Umsatzsteuer 19 %**

und beim **ermäßigten** Steuersatz auf das Konto

3801 (1771) **Umsatzsteuer 7 %**

gebucht.

Das **Umsatzsteuerkonto** ist ein **Verbindlichkeitskonto (Passivkonto)**.

Beispiel:
Der Unternehmer U, Köln, liefert Waren für **netto** 1.000 € (= **Entgelt**) + 190 € USt = 1.190,00 € auf Ziel.

Buchungssatz:

Sollkonto	Betrag (€)	Habenkonto
1200 (1400) Forderungen aLuL	1.190,00	
	1.000,00	**4200** (8200) Erlöse **(Entgelt)**
	190,00	**3806** (1776) Umsatzsteuer 19 %

Buchung:

```
S  1200 (1400) Forderungen aLuL  H        S    4200 (8200) Erlöse (Entgelt)   H
      1.190,00 |                                              |  1.000,00


                                          S  3806 (1776) Umsatzsteuer 19 %  H
                                                            |     190,00
```

Bei **Ist-Besteuerung** (= Besteuerung nach **vereinnahmten** Entgelten) erfolgt die Buchung auf dem Konto "**3816** (1766) **Umsatzsteuer nicht fällig 19 %**".

Mit dieser Form der Buchung erfüllt der Unternehmer auch die **Aufzeichnungspflichten** des Umsatzsteuergesetzes. Nach § 22 Abs. 2 UStG hat er die **Entgelte** in seiner Buchführung ersichtlich zu machen.

Das Verfahren, bei dem **direkt Entgelt und Umsatzsteuer getrennt gebucht** werden, wird als **Nettoverfahren** bezeichnet.

Aus **Vereinfachungsgründen** kann es z.B. im Einzelhandel zweckmäßig sein, **zunächst Entgelt und USt** (= Bruttoerlös) **in einer Summe** zu buchen **und** die **Trennung** in **Entgelt und USt erst am Schluss** eines Monats bzw. Vierteljahres vorzunehmen. Die Umsatzsteuer-Durchführungsverordnung (UStDV) lässt dies zu (§ 63 Abs. 3 UStDV).

Das Verfahren, bei dem **zunächst Entgelt und USt in einer Summe** gebucht werden und die Trennung erst später vorgenommen wird, wird als **Bruttoverfahren** bezeichnet.

Beispiel 1:
Der Einzelhändler U, Wiesbaden, der seine Umsätze mit 19 % versteuert, hat im **August 2007** aus **Warenverkäufen brutto** insgesamt **119.000,00 Euro** vereinnahmt.

Summe aller täglichen Buchungssätze:

Tz.	Sollkonto	Betrag (€)	Habenkonto
1.	**1600** (1000) Kasse	119.000,00	**4200** (8200) Erlöse

Summe aller täglichen Buchungen:

S	**1600** (1000) **Kasse**	H	S	**4200** (8200) **Erlöse**	H
1)	119.000,00			1)	119.000,00

Beispiel 2:
Am **Schluss** des Monats **August 2007** trennt der Einzelhändler U die Bruttoerlöse in **Entgelt** und **Umsatzsteuer**.

Buchungssatz:

Tz.	Sollkonto	Betrag (€)	Habenkonto
2.	**4200** (8200) Erlöse	19.000,00	**3806** (1776) Umsatzsteuer 19 %

Buchung:

S	**1600** (1000) **Kasse**	H	S	**3806** (1776) **Umsatzsteuer 19 %**	H
1)	119.000,00			2)	**19.000,00**

S	**4200** (8200) **Erlöse**	H
2)	**19.000,00**	1) 119.000,00

Der **Saldo** des Erlöskontos (**100.000 EUR**) stellt die steuerpflichtigen **Entgelte** dar.

Der Unternehmer hat in seinen Aufzeichnungen (seiner Buchführung) ersichtlich zu machen, wie sich die **Entgelte** auf die steuerpflichtigen Umsätze, **getrennt nach Steuersätzen**, **und** auf die **steuerfreien Umsätze** verteilen (§ 22 Abs. 2 UStG).

Aus Kontrollgründen ist es **zweckmäßig**, nicht nur die Bemessungsgrundlagen, sondern **auch** die entsprechenden **Umsatzsteuerbeträge** auf **getrennten Konten** zu buchen.

Beispiel:
Der Lebensmittelgroßhändler Maier, Hannover, hat im August 2007

    1. für **2.000,00 € netto** Waren, die dem Steuersatz von **19 %** unterliegen,
    und

    2. für **6.000,00 € netto** Waren, die dem Steuersatz von **7 %** unterliegen,

auf Ziel geliefert.

Buchungssatz:

Tz.	Sollkonto	Betrag (€)	Habenkonto
1.	**1200** (1400) Forderungen aLuL	2.380,00	
		2.000,00	**4200** (8200) Erlöse 19 %
		380,00	**3806** (1776) USt 19 %
2.	**1200** (1400) Forderungen aLuL	6.420,00	
		6.000,00	**4300** (8300) Erlöse 7 %
		420,00	**3801** (1771) USt 7 %

Buchung:

S **1200** (1400) **Forderungen aLuL** H   S **4200** (8200) **Erlöse 19 %** H

| 1) | 2.380,00 | | | 1) | 2.000,00 |
| 2) | 6.420,00 | | | | |

S **3806** (1776) **USt 19 %** H

| | | 1) | 380,00 |

S **4300** (8300) **Erlöse 7 %** H

| | | 2) | 6.000,00 |

S **3801** (1771) **USt 7 %** H

| | | 2) | 420,00 |

Übung: Wiederholungsfrage 7 (Seite 133)

3.9.2.2.1 Erhaltene Anzahlungen

Nach § 13 Abs. 1 Nr. 1a Satz 4 UStG sind **vereinnahmte** Anzahlungen bereits **vor** Ausführung der Leistung der **Umsatzsteuer** zu unterwerfen.

 Einzelheiten zur umsatzsteuerlichen Behandlung von **vereinnahmten Entgelten** werden im Abschnitt 11.1.2 der **Steuerlehre 1**, Seite 322 f., dargestellt.

Die **erhaltene** Anzahlung ist noch **kein** betrieblicher **Erfolg**, weil die Leistung noch nicht erbracht worden ist.

Die **erhaltene** Anzahlung muss deshalb auf ein **passives Bestandskonto**, ein **Verbindlichkeitskonto**,

3272 (1718) Erhaltene, versteuerte Anzahlungen 19 % USt

gebucht werden.

Für erhaltene Anzahlungen ist auf der **Passivseite** der Bilanz unter **C. Verbindlichkeiten** ein **Bilanzposten** vorgesehen.

 Der Bilanzposten "**erhaltene Anzahlungen auf Bestellungen**" wurde bereits im Abschnitt "3.2.2 Gliederung der Bilanz", Seite 36, dargestellt.

Beispiel:
1. Unternehmer U erhält von seinem Kunden A am 12.07.2007 eine **Anzahlung** in Höhe von **23.800,00 EUR** auf die Bestellung eines größeren Warenpostens per Bank. Die Leistungen des U unterliegen dem allgemeinen Steuersatz.

2. U erbringt am 23.08.2007 die **Leistung** und erteilt A folgende Endrechnung (Auszug):

gesamte Leistung		40.000,00 EUR
+ 19 % USt		7.600,00 EUR
		47.600,00 EUR
– Anzahlung vom 12.7.2007	20.000,00 EUR	
+ 19 % USt	3.800,00 EUR	– 23.800,00 EUR
noch zu zahlen		23.800,00 EUR

3. Das Konto "Erhaltene Anzahlungen" ist **aufzulösen**.

4. Der Kunde A überweist am 30.08.2007 den **Restbetrag** von 23.800,00 € per Bank.

Buchungssatz:

Tz.	Sollkonto	Betrag (€)	Habenkonto
1.	**1800** (1200) Bank	20.000,00	**3272** (1718) Erhaltene Anzahlungen
	1800 (1200) Bank	3.800,00	**3806** (1776) Umsatzsteuer 19 %
2.	**1200** (1400) Ford. aLuL	40.000,00	**4200** (8200) Erlöse
	1200 (1400) Ford. aLuL	7.600,00	**3806** (1776) Umsatzsteuer 19 %
3.	**3280** (1719) Erhaltene Anz.	20.000,00	**1200** (1400) Forderungen aLuL
	3806 (1776) USt 19 %	3.800,00	**1200** (1400) Forderungen aLuL
4.	**1800** (1200) Bank	23.800,00	**1200** (1400) Forderungen aLuL

Buchung:

S	**1800** (1200) **Bank**	H
1)	20.000,00	
1)	3.800,00	
4)	23.800,00	

S	**3272** (1718) **Erhaltene, versteuerte Anzahlungen 19 % USt**	H
3)	20.000,00	1) 20.000,00

S	**1200** (1400) **Forderungen aLuL**	H
2)	40.000,00	3) 20.000,00
2)	7.600,00	3) 3.800,00
		4) 23.800,00
	47.600,00	47.600,00

S	**3806** (1776) **Umsatzsteuer 19 %**	H
3)	3.800,00	1) 3.800,00
		2) 7.600,00

S	**4200** (8200) **Erlöse**	H
		2) 40.000,00

Übung: Wiederholungsfrage 8 (Seite 133)

3.9.2.3 Buchen der Umsatzsteuer-Vorauszahlungen

3.9.2.3.1 Monatliche bzw. vierteljährliche Vorauszahlungen

Der Unternehmer hat auf die **Umsatzsteuerschuld (Zahllast)** des Kalenderjahres **Vorauszahlungen** zu leisten (§ 18 UStG).
Er hat **bis zum 10. Tag nach Ablauf des Voranmeldungszeitraums** eine **Voranmeldung** nach amtlich vorgeschriebenem Vordruck elektronisch zu übermitteln, in der er die **Zahllast (Vorauszahlung) selbst zu berechnen** hat (§ 18 Abs. 1 Satz 1 UStG).

Die **Vorauszahlung** ist am **10. Tag** nach Ablauf des Voranmeldungszeitraums (**Kalendermonat** oder Kalender**vierteljahr**) **fällig**.
Regel-Voranmeldungszeitraum ist seit 1.1.1996 das Kalender**vierteljahr** (§ 18 Abs. 2 Satz 1 UStG). Beträgt die **Umsatzsteuer-Schuld** für das **vorangegangene** Kalender**jahr mehr als 6.136 EUR**, ist der Kalender**monat** Voranmeldungszeitraum (§ 18 Abs. 2 Satz 2 UStG). Die **Vorauszahlungen** sind in diesem Fall **monatlich** zu leisten.

Beispiel:
Der Unternehmer U hat den **Voranmeldungszeitraum** in seiner Umsatzsteuer-Voranmeldung **anzukreuzen** (z.B. **Monatszahler** für den Monat August 2007):

<table>
<tr><td colspan="6" align="center">**Umsatzsteuer-Voranmeldung 2007**
Voranmeldungszeitraum</td></tr>
<tr><td colspan="4">bei **monatlicher** Abgabe bitte ankreuzen</td><td colspan="2">bei **vierteljährlicher** Abgabe bitte ankreuzen</td></tr>
<tr><td>07 01</td><td>Jan.</td><td>07 07</td><td>Juli</td><td>07 41</td><td>I. Kalender-
vierteljahr</td></tr>
<tr><td>07 02</td><td>Feb.</td><td>07 08</td><td>Aug. ⊠</td><td rowspan="2">07 42</td><td rowspan="2">II. Kalender-
vierteljahr</td></tr>
<tr><td>07 03</td><td>März</td><td>07 09</td><td>Sept.</td></tr>
<tr><td>07 04</td><td>April</td><td>07 10</td><td>Okt.</td><td>07 43</td><td>III. Kalender-
vierteljahr</td></tr>
<tr><td>07 05</td><td>Mai</td><td>07 11</td><td>Nov.</td><td rowspan="2">07 44</td><td rowspan="2">IV. Kalender-
vierteljahr</td></tr>
<tr><td>07 06</td><td>Juni</td><td>07 12</td><td>Dez.</td></tr>
</table>

Beträgt die **Umsatzsteuer-Schuld** für das **vorangegangene** Kalender**jahr nicht mehr als 512 EUR**, so kann das Finanzamt den Unternehmer von der Verpflichtung zur Abgabe der Voranmeldung und Entrichtung der Vorauszahlungen **befreien** (§ 18 Abs. 2 Satz 3 UStG).

Wird die **Umsatzsteuer-Schuld nicht** bis Ablauf des **Fälligkeitstags gezahlt**, so hat der Unternehmer einen **Säumniszuschlag** zu entrichten.
Ein **Säumniszuschlag** wird jedoch bei einer Säumnis bis zu **drei Tagen (Zahlungs-Schonfrist) nicht erhoben** (§ 240 Abs. 3 **Satz 1** AO).

Seit 01.01.1994 fällt die Schonfrist in den Fällen weg, in denen die Steuerzahlung durch **Scheck** oder in **bar** bei der Finanzkasse erfolgt (§ 240 Abs. 3 **Satz 2** AO).
Wird die angemeldete Steuer durch Hingabe eines **Schecks** beglichen, fallen Säumniszuschläge an, wenn dieser nicht **drei Tage vor** dem Fälligkeitstag bei der Finanzkasse vorliegt (§ 240 Abs. 3 i.V.m. § 124 Abs. 2 Nr. 1 AO).
Wird die Umsatzsteuer-Schuld auf ein Konto des Finanzamtes **überwiesen**, bleibt die Schonfrist von drei Tagen erhalten.
Seit dem 1.1.2004 ist die Schonfrist für die Abgabe der Umsatzsteuer-Voranmeldung (**Abgabe-Schonfrist**) **entfallen**.

Beispiel:

Der Unternehmer U, Kiel, **Monatszahler**, hat für den Monat **September 2007** eine **Vorauszahlung** zu leisten, die wie folgt berechnet wird:

Umsatzsteuer	5.800,00 EUR
– Vorsteuer	– 3.000,00 EUR
= Umsatzsteuerschuld (Zahllast) = Vorauszahlung	**2.800,00 EUR**

U überweist diese **Vorauszahlung** am **11. Oktober 2007** durch die Bank.

Der Unternehmer hat **zwei Möglichkeiten** die **Vorauszahlung zu buchen**:

> 1. Er bucht sie auf das **Umsatzsteuerkonto**
>   **oder**
> 2. er bucht sie auf ein zusätzlich eingerichtetes
>   **Umsatzsteuer-Vorauszahlungs-Konto**.

Beispiel:
Sachverhalt wie zuvor

1. Möglichkeit

Buchungssatz:

Sollkonto	Betrag (€)	Habenkonto
3806 (1776) Umsatzsteuer 19 %	2.800,00	**1800** (1200) Bank

Buchung:

```
S    3806 (1776) Umsatzsteuer 19 %  H        S           1800 (1200) Bank          H
            3.000,00 |    5.800,00                                   |  1)    2.800,00
1)          2.800,00 |
```

2. Möglichkeit

Buchungssatz:

Sollkonto	Betrag (€)	Habenkonto
3820 (1780) USt-Vorauszahlungen	2.800,00	**1800** (1200) Bank

Buchung:

```
S     1406 (1576) Vorsteuer 19 %   H     S  3806 (1776) Umsatzsteuer 19 %   H
           3.000,00 |                                          |    5.800,00

S  3820 (1780) USt-Vorauszahlungen H     S           1800 (1200) Bank          H
2)         2.800,00 |                                          |  2)    2.800,00
```

Übung: Wiederholungsfragen 9 und 10 (Seite 133)

3.9.2.3.2 Sondervorauszahlung

Hat der Unternehmer **Schwierigkeiten**, die **gesetzlichen Fristen** für die Übermittlung der Voranmeldungen und für die Entrichtung der Vorauszahlungen **einzuhalten**, besteht die **Möglichkeit der Fristverlängerung**.

Der Unternehmer kann beim Finanzamt einen **Antrag auf Dauerfristverlängerung** stellen, um die Fristen für die Abgabe der Voranmeldungen und für die Entrichtung der Vorauszahlungen um **einen Monat zu verlängern** (§§ 46 bis 48 UStDV).

Die **Fristverlängerung** wird bei **Monatszahlern**, **nicht** bei **Vierteljahreszahlern**, unter der **Auflage** gewährt, dass der Unternehmer **bis zum 10. Februar** (zuzüglich Schonfrist) eine **Sondervorauszahlung** anmeldet und entrichtet.

Die **Sondervorauszahlung** beträgt **ein Elftel der Summe der Vorauszahlungen** – **ohne** Anrechnung der Sondervorauszahlung – für das **vorangegangene** Kalenderjahr.

Beispiel:
Der Koblenzer Unternehmer U, **Monatszahler**, beantragt erstmals für **2007** eine Dauerfristverlängerung. Die **Umsatzsteuer-Vorauszahlungen** für das Kalenderjahr **2006** haben **30.107,20 EUR** betragen.

U hat in den **Antrag auf Dauerfristverlängerung** und die Anmeldung der **Sondervorauszahlung** in Zeile 26 und 27 einzutragen:

25		volle EUR	Ct
26	1. Summe der verbleibenden Umsatzsteuer-Vorauszahlungen zuzüglic angerechneten Sondervorauszahlungen für das Kalenderjahr 2006 .	30.107	—
27	2. Davon 1/11 = **Sondervorauszahlung 2007** 38	2.737	—

U zahlt den Betrag von **2.737 EUR** am **08.2.2007** an die Finanzkasse Montabaur-Diez (zuständig für den Koblenzer Unternehmer) durch Banküberweisung.

Buchungssatz **2007**:

Sollkonto	Betrag (€)	Habenkonto
3830 (1781) USt-Vorauszahlung 1/11	2.737,00	**1800** (1200) Bank

Buchung **2007**:

S **3830** (1781) **USt-Vorauszahlung 1/11** H	S **1800** (1200) **Bank** H
2.737,00	2.737,00

Die **Sondervorauszahlung** ist grundsätzlich **bei der** Berechnung der Umsatzsteuer-**Vorauszahlung** für den Monat **Dezember anzurechnen** (§ 48 Abs. 4 UStDV).

Beispiel:
Der Koblenzer Unternehmer U, **Monatszahler**, hat im Februar 2007 die **Sonder-vorauszahlung** in Höhe von **2.737,00 €** geleistet (Beispiel Seite 130), die er bei der Vorauszahlung für den Monat Dezember 2007 anrechnet.
Die **Umsatzsteuer-Vorauszahlung** beträgt für den Monat **Dezember 2007 3.900,00 €**.

U hat in seiner **Umsatzsteuer-Voranmeldung 2007** für den Monat Dezember 2007 in Zeile 65, 66 und 67 einzutragen:

Zeile		Steuer	
44		EUR	Ct
65	Umsatzsteuer-Vorauszahlung	3.900	00
66	Anrechnung (Abzug) der festgesetzten **Sondervorauszahlung** für Dauerfristverlängerung **39**	2.737	00
67	Verbleibende Umsatzsteuer-Vorauszahlung **83**	1.163	00

Unternehmer U zahlt den Betrag von **1.163,00 €** am **08.2.2007** an die Finanzkasse Montabaur-Diez durch Banküberweisung.
Das Konto "**3830** (1781) **Umsatzsteuer-Vorauszahlung 1/11**" wird zum **31.12.2007** mit dem Konto "**3806** (1776) **Umsatzsteuer 19 %**" **verrechnet** (saldiert).
Der **Saldo** in Höhe von **1.163,00 €** wird zu Beginn des Jahres **2008** auf dem Konto "**3806** (1776) **Umsatzsteuer 19 %**" vorgetragen. Im Rahmen der EDV-Buchführung wird dieser Betrag auch auf das Konto "**3841** (1790) **Umsatzsteuer-Vorjahre**" gebucht.

Buchungssätze **2007**:

Tz.	Sollkonto	Betrag (€)	Habenkonto
1.	**9000** (9000) Saldenvorträge	1.163,00	**3805** (1775) Umsatzsteuer 16 %
2.	**3805** (1775) Umsatzsteuer 16 %	1.163,00	**1800** (1200) Bank

Buchungen **2007**:

S **9000** (9000) **Saldenvorträge (SV)** H

1) USt   1.163,00

S **3805** (1775) **Umsatzsteuer 16 %** H   S   **1800** (1200) **Bank**   H

2)   **1.163,00** | 1) SV   1.163,00 | 2)   **1.163,00**

Übung: 1. Wiederholungsfragen 11 und 12 (Seite 133),
2. Übungsaufgabe 4 (Seite 134)

-132-

3.9.3 Abschluss der Umsatzsteuerkonten

Das **Umsatzsteuerkonto** ist ein **passives Bestandskonto** und das **Vorsteuerkonto** ist ein **aktives Bestandskonto**.
Die **USt-Vorauszahlungs-Konten** sind keine Bestandskonten. Sie werden zur besseren Übersicht geführt und können als "**Übergangskonten**" bezeichnet werden.
Zum **Schluss** des Geschäftsjahres werden die Salden aller Umsatzsteuerkonten zusammengefasst und das Ergebnis dieser Zusammenfassung in das **Schlussbilanzkonto** übernommen.
Die **Zusammenfassung** kann auf einem **USt-Verrechnungs-Konto** erfolgen.
Die **Zusammenfassung** der Salden aller Umsatzsteuerkonten kann aber auch **ohne** Einschaltung eines **Verrechnungskontos** auf dem **Umsatzsteuerkonto** erfolgen oder auf dem **Vorsteuerkonto**, wenn am Schluss des Jahres ein Vorsteuerguthaben besteht.

Beispiel:
Der Unternehmer U, Frankfurt, hat in einem Geschäftsjahr gebucht:

auf dem **Vorsteuerkonto**	30.000,00 €
auf dem **Umsatzsteuerkonto** im **Haben**	44.000,00 €
auf dem **Umsatzsteuerkonto** im **Soll** (Vorauszahlungen)	10.000,00 €

Er schließt die Umsatzsteuerkonten wie folgt ab:

Buchungssatz:

Tz.	Sollkonto	Betrag (€)	Habenkonto
1.	**3806** (1776) Umsatzsteuer 19 %	30.000,00	**1406** (1576) Vorsteuer 19 %
2.	**3806** (1776) Umsatzsteuer 19 %	4.000,00	**9998** (9998) Schlussbilanzkonto

Buchung:

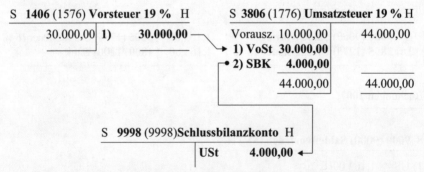

Der **Abschluss** der Umsatzsteuerkonten erfolgt in der Praxis **programmgesteuert**, d.h. die Konten werden mit ihren Salden unter der Bilanzposition "Sonstige Verbindlichkeiten" (bei einer Umsatzsteuer**schuld**) oder "Sonstige Vermögensgegenstände" (bei einem Vorsteuer**guthaben**) ausgewiesen. Dadurch bleiben die Salden der einzelnen Vorgänge zur Erstellung der USt-Jahreserklärung erhalten.

> **Übung**: 1. Wiederholungsfrage 13 (Seite133),
> 2. Übungsaufgabe 5 und 6 (Seite135)

3.9.4 Erfolgskontrolle

WIEDERHOLUNGSFRAGEN

1. Was versteht man unter dem Mehrwert?
2. Wie wird rechnerisch die Umsatzsteuerschuld (Zahllast) ermittelt?
3. Welche Umsatzsteuerkonten können geführt werden?
4. Welche Umsatzsteuer wird auf dem Vorsteuerkonto gebucht?
5. Unter welchen Voraussetzungen ist der Vorsteuerabzug bereits vor Ausführung einer Leistung möglich?
6. Wie werden die geleisteten Anzahlungen buchmäßig behandelt?
7. Welche Umsatzsteuer wird auf dem Umsatzsteuerkonto gebucht?
8. Wie werden erhaltene Anzahlungen buchmäßig behandelt?
9. In welchem Fall ist der Kalendermonat Voranmeldungszeitraum?
10. Auf welchem Konto werden die USt-Vorauszahlungen gebucht?
11. In welcher Höhe ist eine Sondervorauszahlung zu leisten, damit eine Dauerfristverlängerung gewährt wird?
12. Auf welchem Konto wird die Sondervorauszahlung gebucht?
13. Wie kann der Abschluss der Umsatzsteuerkonten erfolgen?

ÜBUNGSAUFGABEN

Übungsaufgabe 1:

Urerzeuger A liefert Rohstoffe an das Industrieunternehmen B für 5.000 EUR + 19 % USt. A hat keine Vorlieferanten und deshalb keine Vorsteuer.
Das Industrieunternehmen B erstellt aus den Rohstoffen Fertigerzeugnisse und liefert sie an den Großhändler C für 8.500 EUR + 19 % USt.
Der Großhändler C liefert die Fertigerzeugnisse an den Einzelhändler D für 10.000 EUR + 19 % USt.
Der Einzelhändler D liefert die Waren dem Endverbraucher E für 12.500 € + 19 % USt.

Ermitteln Sie die **Umsatzsteuer**, den **Vorsteuerabzug**, die **Umsatzsteuerschuld** (Zahllast) und den **Mehrwert** (die Wertschöpfung).

Wirt-schafts-stufe bzw. Phase	Rechnungsbetrag	USt (Traglast)	Vorsteuer-abzug	Umsatz-steuer-schuld (Zahl-last)	Mehrwert = Wert-schöpfung
	EUR	EUR	EUR	EUR	EUR
A					
B					
Übertrag:					

Übertrag:				
C				
D				

Übungsaufgabe 2:

Bilden Sie die Buchungssätze für folgende Geschäftsvorfälle:

1. Kauf von Waren auf Ziel, netto 1.000,00
+ USt 190,00 1.190,00 €

2. Kauf eines nur betrieblich genutzten Pkw auf Ziel, netto 30.000,00
+ USt 5.700,00 35.700,00 €

3. Kauf von Büromaterial bar, netto 400,00
+ USt 76,00 476,00 €

Übungsaufgabe 3:

Der Unternehmer Müller, Freiburg, kauft in einem Schreibwarengeschäft in Karlsruhe Büromaterial für insgesamt 357,00 € für seinen Betrieb. An der Kasse erhält er einen Bon mit dem Vermerk "einschließlich 19 % USt". Müller zahlt bar.

Bilden Sie den Buchungssatz für den Geschäftsvorfall (Hinweis: §§ 14 und 15 UStG).

Übungsaufgabe 4:

Der Kölner Unternehmer U, Monatszahler, nimmt seit 1994 die Dauerfristverlängerung in Anspruch.
Auch für 2007 möchte er die Fristverlängerung in Anspruch nehmen.
U hat die folgenden Umsatzsteuer-Vorauszahlungen für das Kalenderjahr 2006 (lt. Zeile 67 der Umsatzsteuer-Voranmeldungen) geleistet:

Januar	420,00 EUR
Februar	2.220,00 EUR
März	1.705,00 EUR
April	2.315,00 EUR
Mai	5.150,00 EUR
Juni	2.750,00 EUR
Juli	2.090,00 EUR
August	1.190,00 EUR
September	2.541,00 EUR
Oktober	2.346,00 EUR
November	3.480,00 EUR
Dezember (3.826,00 € – 2.710,00 € Sondervorauszahlung)	1.116,00 EUR

1. Berechnen Sie die Sondervorauszahlung für 2007.
2. U überweist am 08.2.2007 die Sondervorauszahlung 2007 durch die Bank.
   Bilden Sie den Buchungssatz für die Überweisung der Sondervorauszahlung.

Übungsaufgabe 5:

Folgende Situation ist gegeben:

S	1406 (1576) Vorsteuer	H	S	3806 (1776) Umsatzsteuer	H
120.000,00					200.000,00

S	9998 (9998) Schlussbilanzkonto	H

Aufgabe

Schließen Sie die Umsatzsteuerkonten ab.

Übungsaufgabe 6:

Karl Rad, Mannheim, betreibt einen Einzelhandel mit Bürogeräten (USt-Satz 19 %).

Geschäftsvorfälle des Voranmeldungszeitraums August 2007:

1. Rad verkauft einen Personalcomputer an den Lehrer Walter, Ludwigshafen, für 2.023,00 € (brutto). Walter zahlt bei Lieferung bar.

2. Der Hersteller Roll, Speyer, beliefert Rad mit neuer Ware. Die Eingangsrechnung lautet über 5.000,00 € + 19 % USt.

3. Rad verkauft 30 LCD-Monitore an das Finanzamt Mannheim-Stadt für 200 € pro Stück netto.

4. Rad verkauft an den Schüler Müller, Mannheim, ein Notebook für 800 € + 152,00 € USt.

5. Das Finanzamt Mannheim-Stadt überweist den Rechnungsbetrag für die LCD-Monitore auf das Bankkonto von Karl Rad.

Aufgaben

1. Bilden Sie die Buchungssätze der Geschäftsvorfälle des Monats August 2007.
2. Ermitteln Sie die Umsatzsteuerschuld (Zahllast) für den Voranmeldungszeitraum August 2007.

Zusammenfassende Erfolgskontrolle

Der Unternehmer Kurt Menning, Mainz, hat durch Inventur folgende Anfangs-
bestände ermittelt:

	EUR
	EUR
0520 (0320) Pkw	10.000,00
0640 (0430) Ladeneinrichtung	10.000,00
1140 (3980) Bestand Waren	50.000,00
1200 (1400) Forderungen aLuL	20.000,00
1406 (1576) Vorsteuer 19 %	0,00
1800 (1200) Bankguthaben	15.000,00
1600 (1000) Kasse	5.000,00
3300 (1600) Verbindlichkeiten aLuL	15.000,00
3806 (1776) USt 19 %	5.000,00
2000 (0800) Eigenkapital	90.000,00

Außer den Bestandskonten, die sich aus den obigen Beständen ergeben, sind
folgende Erfolgskonten zu führen:

5200 (3200) Wareneingang, **6220** (4830) Abschreibungen auf Sachanlagen, **6222**
(4832) Abschreibungen auf Kfz, **6470** (4805) Reparaturen, **6815** (4930) Bürobedarf,
6500 (4500) Fahrzeugkosten, **4200** (8200) **Erlöse.**

Geschäftsvorfälle des Jahres 2007		EUR
1. Wareneinkauf auf Ziel, netto	10.000,00	
+ USt	1.900,00	11.900,00
2. Banküberweisung der Umsatzsteuerschuld (Zahllast)		5.000,00
3. Warenverkauf auf Ziel, netto	5.000,00	
+ USt	950,00	5.950,00
4. Reparaturrechnung für Schreibmaschine, brutto einschließlich 19 % USt, noch nicht bezahlt		78,54
5. Banküberweisung vom Kunden zum Ausgleich einer Forderung aLuL		13.560,00
6. Barkauf von Büromaterial, brutto einschließlich 19 % USt		104,72
7. Banküberweisung an Lieferer zum Ausgleich einer Verbindlichkeit aLuL		11.500,00
8. Kauf eines nur betrieblich genutzten Pkw auf Ziel, netto	23.000,00	
+ USt	4.370,00	27.370,00
9. Barkauf von Benzin für Pkw, brutto einschließlich 19 % USt		59,50
10. Warenverkauf auf Ziel, netto	45.000,00	
+ USt	8.550,00	53.550,00
Abschlussangaben		
11. Warenschlussbestand lt. Inventur		55.000,00
12. Abschreibung auf Pkw		5.000,00
13. Abschreibung auf Ladeneinrichtung		5.000,00

Aufgaben

1. Bilden Sie die Buchungssätze der Geschäftsvorfälle des Jahres 2007.
2. Tragen Sie die Anfangsbestände auf den Konten vor.
3. Buchen Sie die Geschäftsvorfälle.
4. Schließen Sie die Konten ab.
5. Stellen Sie die Bilanz zum 31.12.2007 nach dem handelsrechtlichen Gliederungsschema auf.

Weitere Aufgaben mit Lösungen finden Sie im **Lösungsbuch** der Buchführung 1.	

3.10 Privatkonten

Das **Eigenkapital ändert sich** nicht nur durch Aufwendungen und Erträge, sondern **auch** durch Privat**entnahmen** und Privat**einlagen**.

3.10.1 Privatentnahmen

Entnimmt ein Unternehmer dem Betrieb **Wirtschaftsgüter** (Geld, Waren, Erzeugnisse, Nutzungen oder Leistungen) für **sich**, für seinen **Haushalt** oder für **andere betriebsfremde Zwecke**, so liegen **Entnahmen** (**Privatentnahmen**) vor (§ 4 Abs. 1 Satz 2 EStG).
Privatentnahmen mindern das betriebliche **Vermögen und** das **Eigenkapital**.

Da die **privat** verursachten Eigenkapital**minderungen** (Entnahmen) – im Gegensatz zu den **betrieblich** verursachten Eigenkapitalminderungen (Aufwendungen) – den **Gewinn oder Verlust** des Unternehmens **nicht** beeinflussen dürfen, ist bei der **Gewinnermittlung durch Betriebsvermögensvergleich** der **Unterschiedsbetrag** zwischen dem Eigenkapital am Schluss des Wirtschaftsjahres und dem Eigenkapital am Schluss des vorangegangenen Wirtschaftsjahres um den Wert der **Entnahmen** zu **erhöhen** (§ 4 Abs. 1 Satz 1 EStG).

Eigenkapital am Schluss des Wirtschaftsjahres
– Eigenkapital am Schluss des vorangegangenen Wirtschaftsjahres
= Unterschiedsbetrag
+ **Entnahmen**

Der einkommensteuerliche Entnahme-Begriff deckt sich **nicht** mit dem **umsatzsteuerlichen Begriff der unentgeltlichen Leistungen** (unentgeltlichen Wertabgabe). **Der Umsatzsteuer** unterliegen grundsätzlich nur **bestimmte Entnahmearten**.

Entnahmen (§ 4 Abs. 1 Satz 2 EStG)			
Geldentnahme	**Sach**entnahme (Waren/Erzeugnisse)	**Nutzungs**entnahme	**Leistungs**entnahme
	Entnahme von Gegenständen (§ 1 Abs. 1 Nr. 1 i.V.m. § 3 Abs.1b Satz 1 Nr. 1 UStG)	**Private Nutzung betrieblicher Gegenstände** (§ 1 Abs. 1 Nr. 1 i.V.m. § 3 Abs.9a Nr. 1 UStG)	**Andere unentgeltliche sonstige Leistungen** (§ 1 Abs. 1 Nr. 1 i.V.m. § 3 Abs.9a Nr. 2 UStG)
	unentgeltliche Leistungen (§ 3 Abs. 1b Satz 1 Nr. 1 und Abs. 9a Nr. 1 und Nr. 2 **UStG**)		

Beispiele:

1. Der Gewerbetreibende A, Bonn, entnimmt im August 2007 aus seiner Geschäftskasse 3.000 EUR für eine Urlaubsreise.

   Es liegt eine **Geldentnahme**, aber **keine** steuerpflichtige **unentgeltliche Leistung** vor.

2. Der Koblenzer Metzgermeister U entnimmt im August 2007 seinem Geschäft Fleisch für seinen Privathaushalt.

   Es liegt eine **Sachentnahme** vor, die gleichzeitig eine **unentgeltliche Leistung** ist.

3. Der zum Vorsteuerabzug berechtigte Unternehmer U, München, verwendet seinen betrieblichen Pkw lt. Fahrtenbuch zu 30 % für private Zwecke.

   Es liegt eine **Nutzungsentnahme** vor, die gleichzeitig eine **unentgeltliche Leistung** ist.

4. Der Steuerberater U, Mainz, lässt durch seinen Auszubildenden Mathias Meister im Mai 2007 während der Geschäftszeit seinen Jagdhund ausführen.

   Es liegt eine **Leistungsentnahme** vor, die gleichzeitig eine **unentgeltliche Leistung** ist.

> **Übung:** 1. Wiederholungsfragen 1 bis 3 (Seite 158),
> 2. Übungsaufgabe 1 (Seite 158)

3.10.1.1 Entnahme von Gegenständen

Die **Entnahme eines Gegenstandes** ist nach § 1 Abs. 1 **Nr. 1** i.V.m. § 3 **Abs. 1b** Satz 1 **Nr. 1** UStG **steuerbar**, wenn folgende **Tatbestandsmerkmale** vorliegen:

> 1. **Entnahme eines Gegenstandes**,
> 2. durch einen **Unternehmer**,
> 3. aus seinem **Unternehmen**,
> 4. im **Inland**,
> 5. für **Zwecke außerhalb seines Unternehmens**,
> 6. wenn der Gegenstand oder seine Bestandteile **zum** vollen oder teilweisen **Vorsteuerabzug berechtigt** haben.

Fehlt eines dieser **Tatbestandsmerkmale**, so liegt **keine** steuerbare unentgeltliche Lieferung i.S.d. § 1 Abs. 1 **Nr. 1** i.V.m. § 3 **Abs. 1b** Satz 1 **Nr. 1** UStG vor.

Die **Entnahme eines Gegenstandes** aus dem Unternehmen im Sinne des § 3 Abs. 1b Satz 1 **Nr. 1** liegt nur dann vor, wenn der Vorgang bei entsprechender Ausführung an einen Dritten als **Lieferung** – einschließlich Werk**lieferung** – anzusehen wäre (Abschn. 24b Abs. 3 Satz 1 UStR 2005).
Eine **unentgeltliche** Lieferung (unentgeltliche Wertabgabe) wird nach § 3 Abs. 1b Satz 1 Nr. 1 UStG nur dann einer **entgeltlichen** Lieferung **gleichgestellt**, wenn der entnommene Gegenstand oder seine Bestandteile zum vollen oder teilweisen **Vorsteuerabzug** berechtigt haben (Abschn. 24b Abs. 2 Satz 1 UStR 2005).

Die Entnahme eines Gegenstandes, bei dem **Vorsteuer abgezogen** worden ist, wird bemessen nach (§ 10 Abs. 4 **Nr. 1** UStG):

1. dem **Nettoeinkaufspreis** zuzüglich der Nebenkosten für den Gegenstand oder für einen gleichartigen Gegenstand **zum Zeitpunkt des Umsatzes oder**

2. nach den **Selbstkosten** des Gegenstandes **zum Zeitpunkt des Umsatzes**.

Die **Umsatzsteuer** gehört **nicht** zur **Bemessungsgrundlage** (§ 10 Abs. 4 Satz 2 UStG).

Welcher Wert anzusetzen ist, richtet sich danach, ob der betreffende Gegenstand **angeschafft** oder **hergestellt** worden ist.

Zu 1. Nettoeinkaufspreis

Der **Nettoeinkaufspreis** zuzüglich der Nebenkosten für den Gegenstand oder einen gleichartigen Gegenstand zum Zeitpunkt des Umsatzes **entspricht** regelmäßig den

Wiederbeschaffungskosten.

Wiederbeschaffungskosten sind Kosten, die für die Beschaffung des Gegenstandes zum Zeitpunkt des Umsatzes aufzuwenden wären.

Beispiel:
Der Koblenzer Einzelhändler U entnimmt im August 2007 seinem Unternehmen eine Kühltruhe, die er **vor wenigen Tagen** für **250 €** + 47,50 € USt = 297,50 € erworben hat, für private Zwecke.

Die **Bemessungsgrundlage** für die Berechnung der USt beträgt **250 €**. In diesem Fall entsprechen die **Wiederbeschaffungskosten** den **Anschaffungskosten**, weil der Gegenstand **unmittelbar nach der Beschaffung** entnommen worden ist.

Wird der Gegenstand **nicht unmittelbar nach der Beschaffung** entnommen, sind die zwischenzeitlichen **Preisänderungen** zu berücksichtigen.

Beispiel:
Ein Großhändler entnimmt im **Oktober 2007** Waren für **595 €** incl. 19 % USt. Der Großhändler hat die Waren im **Mai 2007** für 500 € + 95 € USt = 595 € gekauft. Durch zwischenzeitliche **Preisänderungen** betragen die **Wiederbeschaffungskosten** der Waren im **Oktober 2007 600 €** netto.

Die **Bemessungsgrundlage** für die Berechnung der Umsatzsteuer beträgt **600 €**.

Zu 2. Selbstkosten

Kann der **Nettoeinkaufspreis nicht** ermittelt werden, so sind als Bemessungsgrundlage die **Selbstkosten** anzusetzen (§ 10 Abs. 4 Nr. 1 UStG).

Die **Selbstkosten** umfassen alle durch den betrieblichen Leistungsprozess bis zum Zeitpunkt der Entnahme entstandenen Kosten (Abschn. 155 Abs. 1 Satz 4 UStR 2005).

Aus **Vereinfachungsgründen** wird die **Bemessungsgrundlage** für die Entnahme von Gegenständen bei Unternehmen **bestimmter Gewerbezweige** anhand von amtlich festgelegten **Pauschbeträgen** ermittelt.

Diese Regelung dient der **Vereinfachung** und lässt keine Zu- und Abschläge wegen individueller persönlicher Ess- oder Trinkgewohnheiten zu. Auch Krankheit oder Urlaub rechtfertigen **keine Änderung der Pauschbeträge**.

Diese **Pauschbeträge** sind für das **Kalenderjahr 2007** für **unentgeltliche Wertabgaben (Sachentnahmen)** im BMF-Schreiben vom 04.01.2007 (BStBl 2007 I Seite 67) aufgeführt. Die Pauschbeträge sind **Jahreswerte** für **eine Person**. Für Kinder bis zum vollendeten 2. Lebensjahr entfällt der Ansatz eines Pauschbetrages. Bis zum vollendeten **12. Lebensjahr** ist die **Hälfte** des jeweiligen Wertes anzusetzen. Bei **gemischten Betrieben** (Metzgerei oder Bäckerei mit Lebensmittelangebot oder Gastwirtschaft) ist nur der jeweils **höhere Pauschbetrag** der entsprechenden Gewerbeklasse anzusetzen.

Gewerbezweig	Jahreswert für eine Person ohne Umsatzsteuer in €		
	zu 7 %	zu 19 %	insgesamt
Bäckerei	776	394	1.170
Fleischerei	616	923	1.539
Gast- und Speisewirtschaften			
a) mit Abgabe von kalten Speisen	739	1.108	1.847
b) mit Abgabe von kalten und warmen Speisen	1.022	1.822	2.844
Getränkeeinzelhandel	0	332	332
Café und Konditorei	788	677	1.465
Milch, Milcherzeugnisse, Fettwaren und Eier (Eh.)	468	62	530
Nahrungs- und Genussmittel (Eh.)	1.071	517	1.588
Obst, Gemüse, Südfrüchte und Kartoffeln (Eh.)	246	185	431

Beispiel:
Die Eheleute U betreiben in **Bonn** ein **Café**. Sie haben einen **10-jährigen Sohn**. Die Steuerpflichtigen bewerten ihre Sachentnahmen mit den **Pauschbeträgen**.

Die **Bemessungsgrundlage** beträgt für 2007:

	steuerpflichtige Umsätze		
	zu 7 % €	zu 19 % €	insgesamt €
Ehemann	788	677	1.465,00
Ehefrau	788	677	1.465,00
Kind (50 %)	394	338,50	732,50
Bemessungsgrundlage für 2007	**1.970**	**1.692,50**	**3.662,50**

Will der Steuerpflichtige **niedrigere Beträge** als die Pauschbeträge geltend machen, muss er entsprechende **Nachweise** führen.

> **Übung:** 1. Wiederholungsfragen 4 und 5 (Seite 158),
> 2. Übungsaufgaben 2 und 3 (Seite 158 f.)

3.10.1.2 Private Nutzung betrieblicher Gegenstände

Die **private Nutzung betrieblicher Gegenstände** ist nach § 1 Abs. 1 **Nr. 1** i.V.m. § 3 Abs. 9a Nr.1 UStG **steuerbar**, wenn folgende **Tatbestandsmerkmale** vorliegen:

1. Verwendung eines **dem Unternehmen zugeordneten Gegenstandes**,
2. der zum **Vorsteuerabzug berechtigt** hat,
3. durch einen **Unternehmer oder** sein **Personal**, sofern **keine Aufmerksamkeiten** vorliegen,
4. im **Inland**,
5. für **Zwecke außerhalb des Unternehmens.**

Als **nicht dem Unternehmen zugeordnete Gegenstände** gelten solche, die im Rahmen einer Lieferung, Einfuhr oder eines innergemeinschaftlichen Erwerbs für das Unternehmen angeschafft wurden, aber zu **weniger als 10 % unternehmerisch genutzt** werden. Die Lieferung, Einfuhr oder der innergemeinschaftliche Erwerb dieser Gegenstände gilt als nicht für das Unternehmen ausgeführt (§ 15 Abs. 1 Satz 2 UStG). Es handelt sich bei diesen Gegenständen **nicht um Unternehmensvermögen** mit der **Folge**, dass ein **Vorsteuerabzug** aus dem Erwerb dieser Gegenstände **nicht möglich** ist.

Die private Nutzung betrieblicher Gegenstände durch das **Personal** fällt nicht unter die Privatentnahmen.

Für die private Nutzung betrieblicher Gegenstände durch den **Unternehmer** sind in der Praxis vor allem die folgenden Fälle bedeutsam:

1. private Nutzung betrieblicher **Fahrzeuge** durch den **Unternehmer**,
2. private Nutzung betrieblicher **Telekommunikationsgeräte** durch den **Unternehmer**.

Zu 1. Private Nutzung betrieblicher Fahrzeuge durch den Unternehmer

In den letzten Jahren haben sich der Vorsteuerabzug und die Besteuerung der Privatnutzung bei gemischt genutzten Fahrzeugen mehrfach geändert. Auf die umfangreichen Änderungen wird im Folgenden nicht eingegangen. Zu den Einzelheiten dieser Änderungen siehe BMF-Schreiben vom 27.8.2004, BStBl I Seite 864 ff.

Im Folgenden werden lediglich sog. **Neufahrzeuge** dargestellt und erläutert.

Ein **Neufahrzeug** ist ein Fahrzeug, das **nach dem 31.12.2003** für das Unternehmen angeschafft, hergestellt, eingeführt oder innergemeinschaftlich erworben wurde **und** von dem Unternehmer **sowohl unternehmerisch als auch für** nichtunternehmerische **(private) Zwecke** genutzt wird (**gemischt genutztes Fahrzeug**).

Ordnet der Unternehmer das gemischt genutzte Fahrzeug **seinem Unternehmen voll zu**, kann er die **Vorsteuer** in voller Höhe (**zu 100 %**) abziehen.
Die nichtunternehmerische **(private) Nutzung** ist als unentgeltliche sonstige Leistung (**unentgeltliche Wertabgabe**) nach **§ 3 Abs. 9a Nr. 1** der **Umsatzsteuer** zu unterwerfen (Abschn. 192 Abs. 21 Nr. 2c UStR 2005).

Wird das Fahrzeug zu **weniger als 10 %** für das Unternehmen genutzt, kann der Unternehmer **keine Vorsteuer** abziehen (BMF-Schreiben vom 27.8.2004, BStBl I, Seite 864 ff.).

Als **Bemessungsgrundlage** sind dabei nach § 10 Abs. 4 Satz 1 Nr. 2 die **Ausgaben** anzusetzen, soweit sie zum vollen oder teilweisen Vorsteuerabzug berechtigt haben. Zur **Ermittlung der Ausgaben**, die auf die private Nutzung eines dem Unternehmen zugeordneten Fahrzeugs entfallen, hat der Unternehmer die Wahl zwischen drei Möglichkeiten:

> - **Fahrtenbuchregelung,**
> - **1 %-Regelung** oder
> - **Schätzung.**

Die **1 %-Regelung** ist nur möglich, wenn das Fahrzeug zu **mehr als 50 %** für das Unternehmen genutzt wird (§ 6 Abs. 1 Nr. 4 Satz 2 EStG).

Beispiel:
Zum Unternehmensvermögen des Unternehmers U, Hamburg, gehört ein Pkw, der auch für private Zwecke genutzt wird. Die unternehmerische Nutzung beträgt mehr als 50 %.
U hat den Pkw am **02.01.2007** für 59.500 EUR (50.000 € + 9.5000 € USt) gekauft.

Es handelt sich um ein **Neufahrzeug**. U kann den **Vorsteuerabzug** in voller Höhe von 9.500 Euro in Anspruch nehmen und aus den laufenden Kosten den vollen Vorsteuerabzug geltend machen (Wegfall des § 15 Abs. 1b UStG).
Im Gegenzug ist der **private Nutzungsanteil** als unentgeltliche sonstige Leistung (unentgeltliche Wertabgabe) nach § 3 Abs. 9a Nr. 1 UStG der **Umsatzsteuer** zu unterwerfen.

Fahrtenbuchregelung

Setzt der Unternehmer für **Ertragsteuerzwecke** die private Nutzung mit den auf die Privatfahrten entfallenden Aufwendungen an, indem er die für das Fahrzeug insgesamt entstehenden Aufwendungen durch Belege und das Verhältnis der privaten zu den übrigen Fahrten durch ein ordnungsgemäßes **Fahrtenbuch** nachweist (§ 6 Abs. 1 Nr. 4 Satz 3 EStG), ist von diesem Wert auch bei der Bemessungsgrundlage für die private Nutzung eines sog. Neufahrzeugs auszugehen.

Aus den Gesamtaufwendungen sind für umsatzsteuerliche Zwecke die **nicht mit Vorsteuer belasteten Kosten** in der belegmäßig nachgewiesenen Höhe **auszuscheiden** (BMF-Schreiben vom 27.8.2004, BStBl 2004 I Seite 864 ff.).

Beispiel:
Sachverhalt wie im Bespiel zuvor. U nutzt den betrieblichen Pkw lt. ordnungsgemäß geführtem Fahrtenbuch zu **30 %** für private Zwecke. Im Monat Oktober 2007 sind für den Pkw folgende Kosten angefallen:

1. Kosten, die **nicht** mit Vorsteuern belastet sind		
Kfz-Versicherungen und Kfz-Steuer		**100,00 €**
2. Kosten, die zum **Vorsteuerabzug** berechtigt haben		
Benzin	200,00 €	
Reparaturen	2.050,00 €	
Absetzung für Abnutzung (AfA)	250,00 €	**2.500,00 €**
Kosten insgesamt		2.600,00 €

Die **Bemessungsgrundlage** für die steuerpflichtige **unentgeltliche sonstige Leistung** beträgt im Oktober 2007 **750 €** (30 % von **2.500 €**).

Die **Entnahme der sonstigen Leistung**, die **nicht** der **Umsatzsteuer** unterliegt, beträgt im Oktober 2007 **30 €** (30 % von **100 €**).

Wird ein Pkw z.B. von einem **Nichtunternehmer** und damit **ohne Berechtigung zum Vorsteuerabzug** erworben, gehört die **anteilige AfA nicht zur Bemessungsgrundlage**.

1 %-Regelung

Ermittelt der Unternehmer für **Ertragsteuerzwecke** den Wert der Nutzungsentnahme nach der sog. **1 %-Regelung** des § 6 Abs. 1 Nr. 4 Satz 2 EStG, so kann er von diesem Wert aus Vereinfachungsgründen bei der Bemessungsgrundlage für die private Nutzung ausgehen, wenn das Kraftfahrzeug zu **mehr als 50 %** betrieblich genutzt wird.

Für die **nicht mit Vorsteuer belasteten Kosten** kann er einen **pauschalen Abschlag von 20 %** vornehmen.

Der so ermittelte Betrag ist ein sog. **Nettowert**, auf den die USt mit dem allgemeinen Steuersatz aufzuschlagen ist (BMF-Schreiben vom 27.8.2004, BStBl 2004 I Seite 864 ff.).

Der **Brutto-Listenpreis** ist auf **volle 100 Euro** abzurunden (R 31 Abs. 9 Nr. 1 Satz 6 LStR).

Beispiel:
Der Unternehmer U, Hamburg, hat am 02.01.2007 einen gemischt genutzten Pkw für 59.500,00 € (brutto) gekauft (Beispiel Seite 143).
Der **Brutto-Listenpreis** des Kraftfahrzeugs hat im Zeitpunkt der **Erstzulassung 63.850,00 EUR** betragen.

Die Bemessungsgrundlage für die private Nutzung des Pkw wird nach der **1 %-Regelung** für den Monat Oktober 2007 wie folgt ermittelt:

Brutto-Listenpreis des Pkw im Zeitpunkt der Erstzulassung	63.850,00 €
abgerundet auf volle 100 EUR	63.800,00 €
davon **1 %** =	638,00 €
– 20 % Abschlag für nicht mit Vorsteuer belastete Kosten	– 127,60 €
= Bemessungsgrundlage für Oktober 2007	**510,40 €**

Zu 2.: Private Nutzung betrieblicher Telekommunikationsgeräte durch den Unternehmer

Kauft ein Unternehmer Telekommunikationsgeräte (z.B. Telefonanlagen nebst Zubehör, Faxgeräte, Mobilfunkeinrichtungen) für sein Unternehmen, kann er die hierauf entfallende **Vorsteuer** in **voller Höhe** nach § 15 UStG **absetzen** (Abschn. 24c Abs. 4 **Satz 1** UStR 2005).

Wird ein solches Gerät **für Zwecke außerhalb des Unternehmens** verwendet, liegt seit dem 1.4.1999 eine **unentgeltliche sonstige Leistung** i.S.d. § 3 **Abs. 9a Nr. 1** UStG vor (Abschn. 24c Abs. 4 **Satz 2** UStR 2005).

Beispiel:
Der Kölner Unternehmer U hat im Mai 2007 für sein Unternehmen eine neue Telefonanlage für 1.000 € + 190 € USt = 1.190 € **gekauft**. Die ihm in Rechnung gestellte Umsatzsteuer von 190 € hat er als Vorsteuer abgezogen. Er nutzt das betriebliche Telefon zu 20 % für private Zwecke. Die Nutzungs-

dauer des Geräts beträgt 5 Jahre.

Die **Bemessungsgrundlage** für die Berechnung der Umsatzsteuer beträgt 2007 **40 €** (1.000 € : 5 Jahre Nutzungsdauer = 200 € x 20 % = 40 €).

Keine unentgeltlichen sonstigen Leistungen liegen bei **laufenden Telefonkosten** (z.B. Miete, Grund- und Gesprächsgebühren) vor (Abschn. 24c Abs. 4 **Satz 4** UStR 2005).

Beispiel:
Der Kölner Unternehmer U nutzt sein **gemietetes** Geschäftstelefon zu **20 %** für private Zwecke. Die gesamten Telefonkosten (Miete, Grund- und Gesprächsgebühren) haben 2007 **4.500 €** betragen.

Die anteiligen **privaten Telefonkosten** von **900 €** (20 % von 4.500 €) sind **keine unentgeltlichen sonstigen Leistungen**, d.h. sie stellen keinen umsatzsteuerbaren Vorgang dar.

Die auf die anteiligen **privaten Telefonkosten** entfallenden **Vorsteuerbeträge** sind **nicht abziehbar**.

> **Übung:** 1. Wiederholungsfragen 6 und 7 (Seite 158),
> 2. Übungsaufgaben 4 und 5 (Seite 159)

3.10.1.3 Andere unentgeltliche sonstige Leistungen

Die Erbringung einer **anderen unentgeltlichen sonstigen Leistung** ist nach § 1 Abs. 1 **Nr. 1** i.V.m. § 3 **Abs. 9a** Nr. 2 UStG **steuerbar**, wenn folgende **Tatbestandsmerkmale** vorliegen:

> 1. **unentgeltliche Erbringung einer sonstigen Leistung**,
> 2. durch den **Unternehmer oder** sein **Personal**,
> 3. im **Inland**,
> 4. für **Zwecke außerhalb des Unternehmens**.

Fehlt eines dieser **Tatbestandsmerkmale**, so liegt **keine** steuerbare unentgeltliche sonstige Leistung i.S.d. § 1 Abs. 1 **Nr. 1** i.V.m. § 3 **Abs. 9a** Nr. 2 UStG vor.

Zu den **unentgeltlichen sonstigen Leistungen** i.S.d. § 3 **Abs. 9a Nr. 2** UStG gehören insbesondere unentgeltliche Dienstleistungen durch den **Einsatz von Betriebspersonal** für nicht unternehmerische (private) Zwecke zu Lasten des Unternehmers (Abschn. 24c Abs. 5 UStR 2005).

Die **anderen sonstigen Leistungen** im Sinn des § 3 Abs. 9a **Nr. 2** UStG werden für Privatzwecke des **Unternehmers** nach den bei der Ausführung dieser Umsätze **entstandenen Ausgaben** bemessen (§ 10 Abs. 4 **Nr. 3** UStG).
Im Gegensatz zu den unentgeltlichen sonstigen Leistungen nach § 3 Abs. 9a **Nr. 1** UStG gehören bei den **anderen sonstigen Leistungen** i.S.d. § 3 Abs. 9a **Nr. 2** UStG **sämtliche Ausgaben** zur Bemessungsgrundlage, **auch Ausgaben**, für die der **Vorsteuerabzug nicht möglich war**.

Beispiel:
Der selbständige Installateur U baut ein Eigenheim in Mainz und verwendet dabei Material von seinem Lager für netto **5.000 €**.
Auf den Einsatz seiner Gesellen an dieser Baustelle entfallen Arbeitslöhne und Lohnnebenkosten in Höhe von **7.500 €**.

Die **Bemessungsgrundlage** beträgt **12.500 €** (5.000 € + 7.500 €).

> **Übung:** 1. Wiederholungsfragen 8 und 9 (Seite 158),
> 2. Übungsaufgabe 6 (Seite 159)

3.10.2 Buchen der Privatentnahmen

Weil **Entnahmen** das Eigenkapital verändern, **könnten** sie **direkt** auf dem **Eigenkapitalkonto** gebucht werden.

Zur besseren Übersicht werden sie jedoch **nicht direkt** auf dem Eigenkapitalkonto, sondern auf **Unterkonten des Eigenkapitalkontos**, den **Privatkonten**, gebucht.

In der Praxis werden häufig **mehrere** Privatentnahme-Konten eingerichtet, um die verschiedenen Arten der Privatentnahmen, z.B. Privatsteuern, Sonderausgaben, Zuwendungen (Spenden), unentgeltliche Wertabgaben getrennt zu erfassen.

Im Folgenden wird aus Vereinfachungsgründen nur **ein Privatentnahme-Konto** für die **Sollbuchung** geführt, und zwar das Konto

<u>2100 (1800) Privatentnahmen</u>

3.10.2.1 Buchen der Entnahme von Gegenständen

Die **Geldentnahmen** und die **Sachentnahmen** werden auf der **Sollseite** des Kontos

<u>2100 (1800) Privatentnahmen</u>

erfasst.

> Beispiel:
> Der Einzelhändler U, Koblenz, **entnimmt** im August 2007 der Geschäftskasse für private Zwecke **1.000,00 €**.
>
> Es liegt eine **Entnahme von Geld** vor. Die Entnahme ist jedoch **keine unentgeltliche Leistung**, die der Umsatzsteuer unterliegt.

Buchungssatz:

Sollkonto	Betrag (€)	Habenkonto
2100 (1800) Privatentnahmen	1.000,00	**1600** (1000) Kasse

Buchung:

S 2100 (1800) **Privatentnahmen** H	S 1600 (1000) **Kasse** H
1.000,00	1.000,00

Liegt bei einer **Entnahme von Gegenständen** gleichzeitig eine **steuerpflichtige unentgeltliche Leistung** vor, **erfolgt die Gegenbuchung** auf dem Ertragskonto

<u>4620 (8910) Entnahme durch den Unternehmer für Zwecke außerhalb des Unternehmens (Waren) 19 % USt.</u>

Beispiel:

Der Einzelhändler U, Koblenz, **entnimmt** im August 2007 aus seinem Geschäft **Waren** für den Privathaushalt. Der **Nettoeinkaufspreis** der Waren, die dem allgemeinen Steuersatz unterliegen, beträgt im Zeitpunkt der Entnahme **500,00 €**.

Es liegt eine **Entnahme** vor, die **gleichzeitig** eine steuerpflichtige **unentgeltliche Leistung** ist.
Es entsteht **Umsatzsteuer** in Höhe von **95,00 €** (19 % von 500 €).

Buchungssatz:

Sollkonto	Betrag (€)	Habenkonto
2100 (1800) Privatentnahmen	500,00	**4620** (8910) Entnahme durch den U
2100 (1800) Privatentnahmen	95,00	**3806** (1776) Umsatzsteuer 19 %

Buchung:

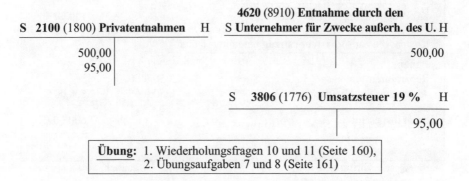

```
                                    4620 (8910) Entnahme durch den
S  2100 (1800) Privatentnahmen   H  S Unternehmer für Zwecke außerh. des U. H
           500,00                                               500,00
            95,00


                                    S   3806 (1776) Umsatzsteuer 19 %   H
                                                                95,00
```

> **Übung:** 1. Wiederholungsfragen 10 und 11 (Seite 160),
> 2. Übungsaufgaben 7 und 8 (Seite 161)

3.10.2.2 Buchen der privaten Nutzung betrieblicher Gegenstände

Nutzungsentnahmen werden auf der **Sollseite** des Kontos

2100 (1800) **Privatentnahmen**

erfasst.
Die **Gegenbuchungen** erfolgen auf den Ertragskonten

4645 (8921) **Verwendung von Gegenständen für Zwecke außerhalb des Unternehmens 19 % USt (Kfz-Nutzung)**

4646 (8922) **Verwendung von Gegenständen für Zwecke außerhalb des Unternehmens 19 % USt (Telefon-Nutzung)**

und/oder

4638 (8918) **Verwendung von Gegenständen für Zwecke außerhalb des Unternehmens ohne USt (Telefon-Nutzung)**

4639 (8924) **Verwendung von Gegenständen für Zwecke außerhalb des Unternehmens ohne USt (Kfz-Nutzung)**.

Private Nutzung betrieblicher Fahrzeuge durch den Unternehmer

Die **Buchungen** der privaten Nutzung betrieblicher Fahrzeuge durch den Unternehmer werden entsprechend den Beispielen zur Ermittlung der Bemessungsgrundlage (Seite 143 f.) durchgeführt.

Fahrtenbuchregelung

Beispiel:
Der Unternehmer U, Hamburg, nutzt seinen betrieblichen Pkw, den er in 2007 von einem **Unternehmer** und damit mit Berechtigung zum Vorsteuerabzug erworben hat, lt. ordnungsgemäß geführtem **Fahrtenbuch** zu **30 % für private Zwecke**.
Im Monat **Oktober 2007** sind für den Pkw folgende Kosten angefallen (siehe Beispiel Seite 143):

1. Kosten, die **nicht** mit Vorsteuern belastet sind		
Kfz-Versicherungen und Kfz-Steuer		**100,00 €**
2. Kosten, die zum **Vorsteuerabzug** berechtigt haben		
Benzin	200,00 €	
Reparaturen	2.050,00 €	
Absetzung für Abnutzung (AfA)	250,00 €	**2.500,00 €**
Kosten insgesamt		2.600,00 €

Die **Bemessungsgrundlage** für die steuerpflichtige **unentgeltliche sonstige Leistung** beträgt im Oktober 2007 **750,00 €** (30 % von 2.500,00 €).

Die **Umsatzsteuer** für die steuerpflichtige **unentgeltliche sonstige Leistung** beträgt im Oktober 2007 **142,50 €** (19 % von 750,00 €).

Die **Entnahme der sonstigen Leistung**, die **nicht** der **Umsatzsteuer** unterliegt, beträgt im Oktober 2007 **30,00 €** (30 % von 100,00 €).

Buchungssatz:

Sollkonto	Betrag (€)	Habenkonto
2100 (1800) Privatentnahmen	750,00	**4645** (8921) Verwendung von Gegenst.
2100 (1800) Privatentnahmen	142,50	**3806** (1776) Umsatzsteuer 19 %
2100 (1800) Privatentnahmen	30,00	**4639** (8924) Verw. v. Gegenst. ohne USt

Buchung:

S 2100 (1800) Privatentnahmen H	4645 (8921) Verwendung von Gegenständen für Zwecke außerhalb des Unternehmens S 19 % USt (Kfz-Nutzung) H
750,00 142,50 30,00	750,00

	3806 (1776) Umsatzsteuer 19 %
S	H
	142,50

	4639 (8924) Verwendung von Gegenständen für Zwecke außerhalb des Unternehmens
S	ohne USt (Kfz-Nutzung) H
	30,00

1 %-Regelung

Beispiel:
Der Unternehmer U, Hamburg, verwendet seinen betrieblichen Pkw, den er von einem **Unternehmer** erworben hat, auch für private Zwecke.
Der **Brutto-Listenpreis** des Kraftfahrzeugs hat im Zeitpunkt der Erstzulassung **63.850,00 EUR** betragen.

Der private Nutzungsanteil für den Monat Oktober 2007 wird nach der **1 %-Regelung** wie folgt ermittelt (siehe Beispiel Seite 144):

Brutto-Listenpreis des Pkw im Zeitpunkt der Erstzulassung	63.850,00 €
abgerundet auf volle 100 EUR	63.800,00 €
davon **1 %** =	638,00 €
– 20 % Abschlag für nicht mit Vorsteuer belastete Kosten	– 127,60 €
= Bemessungsgrundlage	510,40 €
+ 19 % USt (19 % von 510,40 €)	96,98 €
= Privatanteil brutto für Oktober 2007	**607,38 €**

Buchungssatz:

Sollkonto	Betrag (€)	Habenkonto
2100 (1800) Privatentnahmen	510,40	**4645** (8921) Verwendung von Gegenst.
2100 (1800) Privatentnahmen	96,98	**3806** (1776) Umsatzsteuer 19 %
2100 (1800) Privatentnahmen	127,60	**4639** (8924) Verw. v. Gegenst. ohne USt

Buchung:

	4645 (8921) Verwendung von Gegenständen
	für Zwecke außerhalb des Unternehmens
S 2100 (1800) Privatentnahmen H	S 19 % USt (Kfz-Nutzung) H

S 2100 (1800) Privatentnahmen	H	S 19 % USt (Kfz-Nutzung)	H
510,40			510,40
96,98			
127,60			

S	3806 (1776) Umsatzsteuer 19 %	H
		96,98

	4639 (8924) Verwendung von Gegenständen
	für Zwecke außerhalb des Unternehmens
S	ohne USt (Kfz-Nutzung) H
	127,60

Übung: 1. Wiederholungsfragen 12 und 13 (Seite 158),
2. Übungsaufgaben 9 und 10 (Seite 160)

Private Nutzung betrieblicher Telekommunikationsgeräte durch den Unternehmer

Die **private Telefonnutzung** des Unternehmers, die **nicht** der Umsatzsteuer unterliegt, wird auf der **Sollseite** des Kontos

2100 (1800) **Privatentnahmen**

und auf der **Habenseite** des Kontos

4638 (8918) **Verwendung von Gegenständen für Zwecke außerhalb
des Unternehmens ohne USt (Telefon-Nutzung)**

gebucht.

Beispiel:
Der Kölner Unternehmer U nutzt sein gemietetes **Geschäftstelefon** zu **20 %** für private Zwecke. Die gesamten **Telefonkosten** (Miete, Grund- und Gesprächsgebühren) haben im August 2007 **800 €** betragen und sind vom Bankkonto zuzüglich der **Umsatzsteuer** in Höhe von **152 €** abgebucht worden.

Die **anteiligen Telefonkosten** von **160 €** (20 % von 800 €) sind **keine unentgeltliche Leistung**. Der Vorgang ist **nicht steuerbar** und unterliegt **nicht der USt**. Die **Vorsteuer** in Höhe von **30,40 €** (20 % von 152 €) ist beim Eingang der Rechnungen zu **kürzen** (Abschn. 24c Abs. 4 Satz 5 UStR 2005).

Buchungssatz:

Sollkonto	Betrag (€)	Habenkonto
6805 (4920) Telefon	800,00	**1800** (1200) Bank
1406 (1576) Vorsteuer 19 %	121,60 *)	**1800** (1200) Bank
2100 (1800) Privatentnahmen	30,40	**1800** (1200) Bank
2100 (1800) Privatentnahmen	160,00	**4638** (8918) Verw. v. Gegenst.ohne USt

*) 152 € Vorsteuer – 30,40 € Vorsteuer (20 % von 152 €) = 121,60 € Vorsteuer

Buchung:

S	**6805** (4920) **Telefon**	H	S	**1800** (1200) **Bank**	H
	800,00				800,00
					121,60
					30,40

S	**1406** (1576) **Vorsteuer 19 %**	H
	121,60	

4638 (8918) **Verwendung von Gegenständen
für Zwecke außerhalb des Unternehmens**

S **2100** (1800) **Privatentnahmen** H	S	**ohne USt (Telefon-Nutzung)**	H
30,40			160,00
160,00			

Kauft ein Unternehmer eine **Telefonanlage** für sein Unternehmen, die er auch **privat nutzt**, kann er die hierauf entfallende Vorsteuer in voller Höhe absetzen.

Die **Privatnutzung** ist seit dem 1.4.1999 eine **steuerpflichtige unentgeltliche sonstige Leistung** nach § 1 Abs.1 Nr.1 i.V.m. § 3 Abs. 9a Nr. 1 und § 3f UStG.

Die **private Telefonnutzung** des Unternehmers, die der **Umsatzsteuer** unterliegt, wird auf der **Sollseite** des Kontos

<u>**2100** (1800) **Privatentnahmen**</u>

und auf der **Habenseite** des Kontos

<u>**4646** (8922) **Verwendung von Gegenständen für Zwecke außerhalb des Unternehmens 19 % USt (Telefon-Nutzung)**</u>

gebucht.

Beispiel:

Der Kölner Unternehmer U hat im **Mai 2007** für sein Unternehmen eine neue Telefonanlage, die zum Vorsteuerabzug berechtigte, für **1.000 € + 190 € USt = 1.190 €** gegen Bankscheck **gekauft**. Er nutzt das betriebliche Telefon zu 20 % für private Zwecke. Die Nutzungsdauer der Anlage beträgt 5 Jahre.

Die Eingangsrechnung hat U ordnungsgemäß gebucht. Die **Privatnutzung** der Telefonanlage ist eine steuerpflichtige **unentgeltliche sonstige Leistung**. Die **Bemessungsgrundlage** der unentgeltlichen sonstigen Leistung entspricht der **anteiligen Abschreibung** in Höhe von **40,00 €** (1.000 € : 5 Jahre Nutzungsdauer = 200 € x 20 % = 40 €).

Buchungssatz:

Sollkonto	Betrag (€)	Habenkonto
2100 (1800) Privatentnahmen	40,00	**4646** (8922) Verwendung von Gegenst.
2100 (1800) Privatentnahmen	7,60 *)	**3806** (1776) Umsatzsteuer 19 %

*) 19 % von 40 € = 7,60 € Umsatzsteuer

Buchung:

S **2100** (1800) **Privatentnahmen** H	**4646** (8922) **Verwendung von Gegenständen für Zwecke außerhalb des Unternehmens** S **19 % USt (Telefon-Nutzung)** H
40,00 7,60	40,00

	S **3806** (1776) **Umsatzsteuer 19 %** H
	7,60

3.10.2.3 Buchen der anderen unentgeltlichen sonstigen Leistungen

Die **Leistungsentnahmen** werden auf der **Sollseite** des Kontos

2100 (1800) **Privatentnahmen**

erfasst.

Die **Gegenbuchung** erfolgt bei einem Steuersatz von 19 % auf dem Konto

4660 (8925) **Unentgeltliche Erbringung einer sonstigen Leistung 19 % USt.** ▌

Beispiel:
Der selbständige Installateur U baut ein Eigenheim in Mainz und verwendet dabei
Material von seinem Lager für netto **5.000,00 €**.
Auf den Einsatz seiner Gesellen an dieser Baustelle entfallen Arbeitslöhne und Lohn-
nebenkosten in Höhe von **7.500,00 €**.

Die **Bemessungsgrundlage** für die unentgeltliche sonstige Leistung (Werkleistung)
beträgt **12.500,00 €**. Die **Umsatzsteuer** beträgt **2.375,00 €** (19 % von 12.500 €).

Buchungssatz:

Sollkonto	Betrag (€)	Habenkonto
2100 (1800) Privatentnahmen	12.500,00	**4660** (8925) Unentg. Erbringung s.L.
2100 (1800) Privatentnahmen	2.375,00	**3806** (1776) Umsatzsteuer 19 %

Buchung:

		4660 (8925) **Unentgeltliche Erbringung** **einer sonstigen Leistung**	
S **2100** (1800) **Privatentnahmen** H	S	**19 % USt**	H
12.500,00			12.500,00
2.375,00			

	S **3806** (1776) **Umsatzsteuer 19 %** H
	2.375,00

Übung: 1. Wiederholungsfragen 14 und 15 (Seite 158),
2. Übungsaufgabe 11 (Seite 160)

3.10.3 Privateinlagen

Führt ein Unternehmer dem Betrieb **Wirtschaftsgüter** (Bargeld und sonstige Wirtschaftsgüter) **zu**, so liegen **Einlagen (Privateinlagen)** vor (§ 4 Abs. 1 EStG).

Privateinlagen vermehren sowohl das betriebliche **Vermögen** als auch das **Eigenkapital**.

Da die **privat** verursachten Eigenkapital**mehrungen** (Einlagen) – im Gegensatz zu den **betrieblich** verursachten Eigenkapitalmehrungen (Erträge) – den **Gewinn oder Verlust** des Unternehmens **nicht** beeinflussen dürfen, ist bei der Gewinnermittlung durch Betriebsvermögensvergleich der Unterschiedsbetrag zwischen dem Eigenkapital am Schluss des Wirtschaftsjahres und dem Eigenkapital am Schluss des vorangegangenen Wirtschaftsjahres um den Wert der **Einlagen zu kürzen**.

	Eigenkapital am Schluss des Wirtschaftsjahres
−	Eigenkapital am Schluss des vorangegangenen Wirtschaftsjahres
=	Unterschiedsbetrag
+	Entnahmen
−	**Einlagen**
=	Gewinn oder Verlust

Einlagen unterliegen **nicht** der **Umsatzsteuer** (USt).

Einlagen sind grundsätzlich mit dem

Teilwert

für den Zeitpunkt der Zuführung anzusetzen (§ 6 Abs. 1 Nr. 5 EStG).

Teilwert ist der nicht mit USt belastete Betrag (**Nettowert**), den ein Erwerber des ganzen Betriebs im Rahmen des Gesamtkaufpreises für das einzelne Wirtschaftsgut ansetzen würde, dabei ist davon auszugehen, dass der Erwerber den Betrieb fortführt (§ 6 Abs. 1 Nr. 1 Satz 3 EStG).

Ist das Wirtschaftsgut innerhalb der **letzten drei Jahre** vor dem Zeitpunkt der Zuführung **privat angeschafft** oder **hergestellt** worden, ist die **Einlage**

höchstens mit den **Anschaffungskosten oder Herstellungskosten**

zu bewerten (§ 6 Abs. 1 Nr. 5 Buchstabe a EStG).

Beispiel:
Ein Unternehmer hat **2006** Wertpapiere mit Anschaffungskosten von **10.000 €** **privat** erworben. Der Unternehmer führt die Wertpapiere **2007** dem Betriebsvermögen zu. Der **Teilwert** (Kurswert zuzüglich anteiliger Nebenkosten) beträgt im Zeitpunkt der Zuführung **15.000 €**.

Da die Wertpapiere innerhalb der **letzten drei Jahre** vor ihrer Einlage privat angeschafft worden sind, dürfen **höchstens** die **AK** von **10.000 €** angesetzt werden.

Übung: Wiederholungsfragen 16 bis 18 (Seite 158)

3.10.4 Buchen der Privateinlagen

Weil **Einlagen** das Eigenkapital verändern, **könnten** sie **direkt** auf dem **Eigenkapitalkonto** gebucht werden.

Zur besseren Übersicht werden sie jedoch **nicht direkt** auf dem Eigenkapitalkonto, sondern auf dem **Unterkonto des Eigenkapitalkontos**, dem Konto

2180 (1890) **Privateinlagen**,
gebucht.

Beispiel:
Der Einzelhändler U, Koblenz, **legt** im Kalenderjahr 2007 einen Lottogewinn in Höhe von **5.000,00 €** in die **Geschäftskasse**.

Buchungssatz:

Sollkonto	Betrag (€)	Habenkonto
1600 (1000) **Kasse**	5.000,00	**2180** (1890) **Privateinlagen**

Buchung:

S	**1600** (1000) **Kasse**	H		S	**2180** (1890) **Privateinlagen**	H
5.000,00						5.000,00

Übung: Wiederholungsfrage 19 (Seite 158)

3.10.5 Abschluss der Privatkonten

Da die **Privatkonten Unterkonten** des **Eigenkapitalkontos** sind, werden sie zum Ende des Wirtschaftsjahres über das **Eigenkapitalkonto abgeschlossen**.

Beispiel:
Sachverhalte wie zuvor

Buchungssatz:

Sollkonto	Betrag (€)	Habenkonto
2000 (0800) **Eigenkapital**	18.365,48	**2100** (1800) **Privatentnahmen**
2180 (1890) **Privateinlagen**	5.000,00	**2000** (0800) **Eigenkapital**

Buchung:

S 2100 (1800) Privatentnahmen H		S 2180 (1890) Privateinlagen H	
1.000,00	EK 18.365,48 •	•EK 5.000,00	5.000,00
500,00			
95,00			
750,00			
142,50			
30,00			
510,40			
96,98			
127,60			
30,40			
160,00			
40,00			
7,60			
12.500,00			
2.375,00			
18.365,48	18.365,48		

S	2000 (0800) Eigenkapital		H
→ Entnahmen	18.365,48	AB	60.000,00
		Einlagen	5.000,00 ◄

Durch den **Vergleich des Eigenkapitals** am Ende des Wirtschaftsjahres mit dem Eigenkapital am Anfang des Wirtschaftsjahres ergibt sich unter Berücksichtigung der **Privatentnahmen und Privateinlagen** der **Gewinn** oder der **Verlust**.

Gewinn ist der Unterschiedsbetrag zwischen dem Betriebsvermögen (Eigenkapital) am Schluss des Wirtschaftsjahres und dem Betriebsvermögen (Eigenkapital) am Schluss des vorangegangenen Wirtschaftsjahres, **vermehrt** um den Wert der **Entnahmen** und **vermindert** um den Wert der **Einlagen** (§ 4 Abs. 1 Satz 1 EStG).

Für die **Erfolgsermittlung** gilt somit folgendes Schema:

Eigenkapital am Schluss des Wirtschaftsjahres
– Eigenkapital am Schluss des vorangegangenen Wirtschaftsjahres
= Unterschiedsbetrag
+ **Entnahmen**
– **Einlagen**
= **Gewinn oder Verlust**

Übung: 1. Wiederholungsfrage 20 (Seite 158),
2. Übungsaufgabe 12 (Seite 160)

3.10.6 Zusammenfassung und Erfolgskontrolle

3.10.6.1 Zusammenfassung

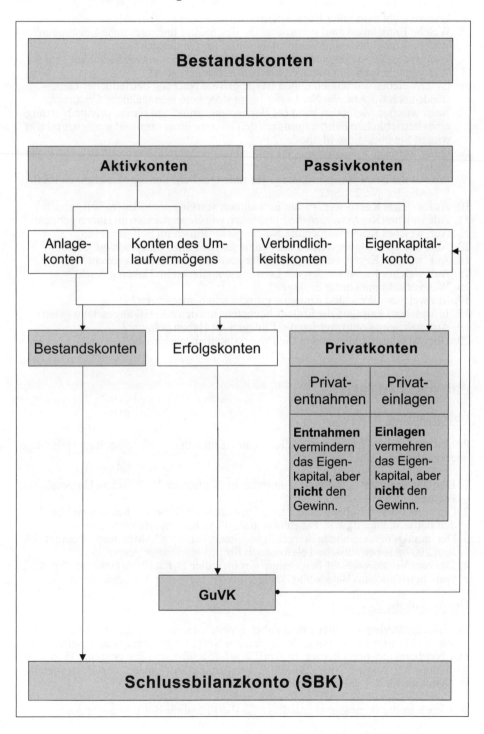

3.10.6.2 Erfolgskontrolle

WIEDERHOLUNGSFRAGEN

1. Was versteht man unter Entnahmen?
2. Welche Entnahmen sind grundsätzlich gleichzeitig unentgeltliche Leistungen?
3. Welche Entnahmen sind keine unentgeltlichen Leistungen?
4. Was ist die Bemessungsgrundlage für die Entnahme von Gegenständen?
5. Was versteht man unter den Wiederbeschaffungskosten?
6. Unter welchen Voraussetzungen ist die private Nutzung betrieblicher Gegenstände nach § 3 Abs. 9a Nr. 1 UStG eine steuerbare unentgeltliche Leistung?
7. Nach welchen Methoden kann die Bemessungsgrundlage für die private Nutzung eines betrieblichen Fahrzeugs durch den Unternehmer ermittelt werden, und was wissen Sie über diese Methoden?
8. Unter welchen Voraussetzungen sind andere unentgeltliche sonstige Leistungen nach § 3 Abs. 9a Nr. 2 UStG steuerbare unentgeltliche Leistungen?
9. Was ist die Bemessungsgrundlage für unentgeltliche sonstige Leistungen i.S.d. § 3 Abs. 9a Nr. 2 UStG?
10. Auf welches Konto werden die Entnahmen von Gegenständen im Soll gebucht?
11. Auf welches Konto werden die Entnahmen von Gegenständen im Haben gebucht?
12. Auf welches Konto werden die Nutzungsentnahmen im Soll gebucht?
13. Auf welchen Konten werden die Nutzungsentnahmen im Haben gebucht?
14. Auf welches Konto werden die Leistungsentnahmen im Soll gebucht?
15. Auf welches Konto werden die Leistungsentnahmen im Haben gebucht?
16. Was versteht man unter Einlagen?
17. Mit welchem Wert sind Einlagen grundsätzlich anzusetzen?
18. In welchem Fall darf die Einlage höchstens mit den AK/HK angesetzt werden?
19. Auf welchem Konto werden die Einlagen im Haben gebucht?
20. Über welches Konto werden die Privatkonten abgeschlossen?

ÜBUNGSAUFGABEN

Übungsaufgabe 1:

Prüfen Sie, ob in folgenden Fällen eine Entnahme und eine steuerpflichtige unentgeltliche Leistung vorliegt.

1. Der Unternehmer A, Koblenz, entnimmt im September 2007 seinem Unternehmen Waren für private Zwecke.
2. Der zum Vorsteuerabzug berechtigte Unternehmer B, Bonn, benutzt im Mai 2007 den betrieblichen Pkw lt. Fahrtenbuch zu 30 % für Privatfahrten.
3. Der zum Vorsteuerabzug berechtigte Steuerberater C, München, benutzt im Juni 2007 das betriebliche Telefon auch für private Telefongespräche.
4. Der zum Vorsteuerabzug berechtigte Großhändler D, Kiel, überweist am 7.9.2007 vom betrieblichen Bankkonto seine Einkommensteuer-Vorauszahlung.

Übungsaufgabe 2:

Der Bürogeräteeinzelhändler Franz Fabel, Essen, hat seinem Geschäft im August 2007 einen PC-Monitor entnommen, den er seinem Neffen zum Geburtstag geschenkt hat. Der Nettoeinkaufspreis betrug im April 2007 150,00 € und der geplante Bruttoverkaufspreis im August 2007 290,00 €. Im August 2007 bietet der Hersteller den PC-Monitor für 120,00 € (netto) an.

Wie hoch ist die Bemessungsgrundlage für die Entnahme des Gegenstandes?

Übungsaufgabe 3:

Die Eheleute Schmidt betreiben in Köln eine Gastwirtschaft, in der kalte und warme Speisen angeboten werden. Zum Haushalt der Eheleute gehören eine 3-jährige Tochter und ein 15-jähriger Sohn. Die Steuerpflichtigen bewerten ihre Sachentnahmen mit den Pauschbeträgen.

Wie hoch ist die Bemessungsgrundlage für 2007?

Übungsaufgabe 4:

Malermeister Unger, Berlin, der zum Vorsteuerabzug berechtigt ist, benutzt den betrieblichen Pkw, den er im Jahre 2006 mit vollem Vorsteuerabzug erworben hat, auch für Privatfahrten. Im Jahr 2007 sind folgende Kosten für den Pkw angefallen:

Benzin	5.000,00 EUR
Kfz-Steuer und Kfz-Versicherung	4.000,00 EUR
Absetzung für Abnutzung (AfA)	7.000,00 EUR
	16.000,00 EUR

Insgesamt wurden mit dem Pkw 40.000 km gefahren, davon entfallen lt. ordnungs-gemäß geführtem Fahrtenbuch 4.000 km auf die Privatfahrten.

Wie hoch ist die Bemessungsgrundlage für die private Nutzung des Fahrzeugs?

Übungsaufgabe 5:

Der Unternehmer Kurz, Moers, der zum Vorsteuerabzug berechtigt ist, verwendet einen Pkw, den er von einem Privatmann erworben hat, lt. ordnungsgemäß geführ-tem Fahrtenbuch zu 30 % für private Zwecke. Im Jahre 2007 sind folgende Kosten für den dem Unternehmensvermögen in vollem Umfang zugeordneten Pkw entstanden:

Absetzung für Abnutzung (AfA)	5.000,00 EUR
Kfz-Versicherung (Haftpflicht)	1.000,00 EUR
Kfz-Versicherung (Vollkasko)	1.600,00 EUR
Kfz-Steuer	500,00 EUR
Benzin und Öl	3.000,00 EUR
Reparatur	1.400,00 EUR

Wie hoch ist die Bemessungsgrundlage für die private Nutzung des Fahrzeugs?

Übungsaufgabe 6:

Der selbständige Malermeister Hoffmann, Wiesbaden, der zum Vorsteuerabzug berechtigt ist, lässt von seinen Mitarbeitern sämtliche Malerarbeiten in seinem neuen selbstgenutzten Einfamilienhaus ausführen.
Die Personalkosten dafür betragen 5.000,00 € und das Material, das er seinem Lager entnommen hat, 2.000,00 €.

Wie hoch ist die Bemessungsgrundlage für die unentgeltliche sonstige Leistung?

Übungsaufgabe 7:

Bilden Sie aus der Übungsaufgabe 2 von Seite 158 den entsprechenden Buchungssatz.

Übungsaufgabe 8:

Bilden Sie aus der Übungsaufgabe 3 von Seite 159 den entsprechenden Buchungssatz.

Übungsaufgabe 9:

Bilden Sie aus der Übungsaufgabe 4 von Seite 159 den entsprechenden Buchungssatz.

Übungsaufgabe 10:

Bilden Sie aus der Übungsaufgabe 5 von Seite 159 den entsprechenden Buchungssatz.

Übungsaufgabe 11:

Bilden Sie aus der Übungsaufgabe 6 von Seite 159 den entsprechenden Buchungssatz.

Übungsaufgabe 12:

S	**1800** (1200) Bank	H		S	**2000** (0800) Eigenkapital	H
78.000,00						50.000,00

S	Aufwendungen	H		S	Erträge	H
200.000,00						250.000,00

S	**1406** (1576) Vorsteuer	H		S	**3806** (1776) Umsatzsteuer	H
32.000,00						40.000,00

S	**2100** (1800) Privatentnahmen	H		S	**2180** (1890) Privateinlagen	H
40.000,00						10.000,00

S	**9999** (9999) GuVK	H		S	**9998** (9998) SBK	H

Aufgabe

Schließen Sie die Konten ab.

Zusammenfassende Erfolgskontrolle

Der Einzelhändler Kurt Stein, Bonn, hat durch Inventur folgende Anfangsbestände ermittelt:

	EUR
0215 (0065) Unbebaute Grundstücke	00,00
0520 (0320) Pkw	20.000,00
0640 (0430) Ladeneinrichtung	25.000,00
1140 (3980) Bestand Waren	150.000,00
1200 (1400) Forderungen aLuL	10.000,00
1406 (1576) Vorsteuer 19 %	00,00
1800 (1200) Bankguthaben	20.000,00
1600 (1000) Kasse	5.000,00
3300 (1600) Verbindlichkeiten aLuL	15.000,00
3806 (1776) Umsatzsteuer 19 %	00,00
2000 (0800) Eigenkapital	?

Außer den Bestandskonten und den Konten **2100** (1800) Privatentnahmen und **2180** (1890) Privateinlagen sind folgende Erfolgskonten zu führen:

5200 (3200) Wareneingang, **6310** (4210) Miete, **6805** (4920) Telefon, **6010** (4110) Löhne, **4200** (8200) Erlöse, **7100** (2650) Zinserträge, **4620** (8910) Entnahme durch den Unternehmer für Zwecke außerhalb des Unternehmens (Waren) 19 % USt, **4645** (8921) Verwendung von Gegenständen für Zwecke außerhalb des Unternehmens 19 % USt (Kfz-Nutzung), **4638** (8918) Verwendung von Gegenständen für Zwecke außerhalb des Unternehmens ohne USt (Telefon-Nutzung), **4639** (8924) Verwendung von Gegenständen für Zwecke außerhalb des Unternehmens ohne USt (Kfz-Nutzung), **6220** (4830) Abschreibungen auf Sachanlagen, **6222** (4832) Abschreibungen auf Kfz.

Geschäftsvorfälle des Jahres 2007

	EUR
1. Zahlung der Geschäftsmiete durch Banküberweisung	300,00
2. Stein hebt von seinem privaten Bankkonto ab und bezahlt damit Lieferantenrechnungen.	5.000,00
3. Barzahlung für Reparatur des privaten Pkw	350,00
4. Stein zahlt privaten Krankenversicherungsbeitrag durch Banküberweisung	1.000,00
5. Banküberweisung für private Telefongebühren	250,00
6. Stein legt ein unbebautes Grundstück, das er vor fünf Jahren privat angeschafft hat, in das Betriebsvermögen ein	10.000,00
7. Banklastschrift für betriebliche Telefongebühren, netto 850,00 + USt <u>161,50</u>	1.011,50
Der private Nutzungsanteil beträgt 10 % (vgl. Tz. 17).	
8. Zinsgutschrift der Bank	1.500,00

	EUR
9. Barzahlung Löhne	2.000,00
10. Stein entnimmt der Geschäftskasse für eine Urlaubsreise	750,00
11. Kauf von Waren auf Ziel, netto 320.000,00 + USt 60.800,00	380.800,00
12. Verkauf von Waren gegen bar, netto 440.000,00 + USt 83.600,00	523.600,00
13. Bareinzahlung auf Bankkonto	490.000,00
14. Banküberweisung an Lieferer	366.800,00
15. Warenentnahme für den Privathaushalt, netto 4.800,00 + USt 912,00	5.712,00
16. Stein benutzt den betrieblichen Pkw im Dezember 2007 lt. ordnungsgemäß geführtem Fahrtenbuch zu 30 % für Privatfahrten. a) Gesamtkosten, bei denen der Vorsteuerabzug möglich war b) Gesamtkosten, bei denen der Vorsteuerabzug nicht möglich war	1.333,33 500,00
17. Private Nutzung des gemieteten Geschäftstelefons, anteilige (private) Kosten (10 % von 850 €)	85,00

Abschlussangaben

	EUR
18. Warenbestand lt. Inventur	135.000,00
19. Abschreibung auf Pkw	5.000,00
20. Abschreibung auf Ladeneinrichtung	5.000,00

Aufgaben

1. Bilden Sie die Buchungssätze der Geschäftsvorfälle des Jahres 2007.
2. Tragen Sie die Anfangsbestände auf den Konten vor.
3. Buchen Sie die Geschäftsvorfälle.
4. Schließen Sie die Konten ab.
5. Ermitteln Sie den Erfolg auch durch Eigenkapitalvergleich.
6. Stellen Sie die Bilanz zum 31.12.2007 nach dem handelsrechtlichen Gliederungs-
   schema auf.

 Weitere Aufgaben mit Lösungen finden Sie im **Lösungsbuch** der
Buchführung 1.

3.11 Hauptabschlussübersicht

Die **Hauptabschlussübersicht (HAÜ)**, auch **Betriebsübersicht** genannt, ist eine Tabelle, in der alle Sachkonten (Bestandskonten, Erfolgskonten, Privatkonten) mit ihrem Buchführungsergebnis zusammengestellt werden.

Mit der **Hauptabschlussübersicht** kann ein **Probeabschluss** durchgeführt werden, **ohne** gleichzeitig die **einzelnen Konten abschließen** zu müssen.

Buchungsfehler können so schon **vor** dem Abschluss der Konten **entdeckt und berichtigt** werden.

Die **Hauptabschlussübersicht** kann somit als **Kontrollinstrument und Abschlusshilfe** bezeichnet werden.

Seit dem VZ 1996 kann nach § 60 Abs. 1 EStDV von Steuerpflichtigen, die ihren Gewinn durch Betriebsvermögensvergleich ermitteln (§ 4 Abs. 1 oder § 5 EStG), **nicht mehr verlangt werden**, dass neben Bilanz und GuV auch eine **Hauptabschlussübersicht** den Steuererklärungen beigefügt wird.

"Der Verpflichtung, auf Verlangen des Finanzamtes der Steuererklärung eine Hauptabschlussübersicht beizufügen, kommt **in der Praxis keine Bedeutung mehr** zu. Eine Hauptabschlussübersicht wird bei DV-gestützten Buchführungssystemen in der Regel nicht mehr erstellt; an ihre Stelle treten als Buchungsbelege die Umbuchungslisten (Begründung zu § 60 EStDV, BT-Drucksache 13/1558)."

3.11.1 Aufbau und Inhalt der Hauptabschlussübersicht

Es gibt **verschiedene Formen** der **Hauptabschlussübersicht**. Sie **unterscheiden sich** durch die **Anzahl ihrer Spalten**.

Die **ungekürzte Hauptabschlussübersicht** setzt sich aus **zwei Vorspalten** und **acht Bilanzspalten** zusammen:

Vorspalten

1. **Kontennummer**,
2. **Kontenbezeichnung**;

Bilanzspalten

1. Eröffnungsbilanz,
2. Umsatzbilanz,
3. **Summenbilanz** (Probebilanz),
4. **Saldenbilanz I** (vorläufige Saldenbilanz),
5. **Umbuchungsbilanz** (Umbuchungen),
6. **Saldenbilanz II** (endgültige Saldenbilanz),
7. **Schlussbilanz**,
8. **Erfolgsbilanz** (GuV-Rechnung).

1. Eröffnungsbilanz

In der **Eröffnungsbilanz** werden die **Schlussbestände des Vorjahres** erfasst.

2. Umsatzbilanz

In der **Umsatzbilanz** werden alle Beträge eingetragen, die sich durch die **Buchungen der laufenden Geschäftsvorfälle** des Wirtschaftsjahres ergeben haben.

In einer **gekürzten Hauptabschlussübersicht** wird auf die **Eröffnungsbilanz und Umsatzbilanz verzichtet** und mit der **Summenbilanz** begonnen:

Nr.	Konten-Bezeich-nung	Summen-bilanz		vorläufige Salden-bilanz		Umbuchungen		endgültige Salden-bilanz		Schluss-bilanz		GuV-Rech-nung	
		S	H	S	H	S	H	S	H	A	P	A	E

3. **Summenbilanz** (Probebilanz)

In der **Summenbilanz** werden die **Beträge der Sollseite und die Beträge der Habenseite jedes einzelnen Kontos** eingetragen, so wie sie sich **nach** der Buchung der Anfangsbestände und der Buchung der laufenden Geschäftsvorfälle ergeben. Die **Summenbilanz** entspricht damit den Zahlen der **Eröffnungsbilanz und der Umsatzbilanz**:

	1. Eröffnungsbilanz
+	2. Umsatzbilanz
=	3. **Summenbilanz**

Die Summen der **Soll- und Habenspalte** der Summenbilanz müssen **übereinstimmen**. Stimmen die Summen **nicht** überein, müssen die Fehler gesucht und berichtigt werden.

4. **Saldenbilanz I** (vorläufige Saldenbilanz)

Aus der Summenbilanz wird die **Saldenbilanz I** entwickelt. Da die Umbuchungen noch nicht vorgenommen sind, wird sie auch als **vorläufige Saldenbilanz** bezeichnet. Die Bezeichnung Saldenbilanz ist ungenau. Besser wäre die Bezeichnung "**Überschussbilanz**", weil der Kontenüberschuss auf der Überschuss-Seite (**größeren Seite**) eingetragen wird.

Beispiel:

Konten-Nr.	Bezeichnung	Summenbilanz		Saldenbilanz I	
		S	H	S	H
1600 (1000)	**Kasse**	35.000,00	30.000,00	**5.000,00**	

Die Summen der **Soll- und Habenspalte** der Saldenbilanz müssen **übereinstimmen**.

5. Umbuchungsbilanz (Umbuchungen)

In der **Umbuchungsbilanz** werden die **abschlussvorbereitenden Buchungen** erfasst. Darüber hinaus können in den Umbuchungsspalten Buchungsfehler berichtigt werden. In der **Umbuchungsbilanz** wird nach **denselben Grundsätzen gebucht** wie bei den Buchungen **auf den Konten**.
Die Addition der Sollspalte muss mit der Addition der Habenspalte **übereinstimmen**.

6. Saldenbilanz II (endgültige Saldenbilanz)

In der **Saldenbilanz II** werden die sich **nach den Umbuchungen** ergebenden **neuen Salden** eingetragen. Soweit sich **keine Umbuchungen** ergeben, werden die **unverändert gebliebenen Salden** der Saldenbilanz I in die Saldenbilanz II übertragen. Danach werden keine Änderungen mehr vorgenommen, deshalb bezeichnet man die **Saldenbilanz II** auch als **endgültige Saldenbilanz.**

7. Schlussbilanz

In der **Schlussbilanz** werden die **endgültigen Salden der Bestandskonten** erfasst. Bei der Addition von Aktiva und Passiva besteht **keine Summengleichheit**, weil das Eigenkapitalkonto noch nicht den Gewinn oder Verlust des entsprechenden Wirtschaftsjahres enthält.

8. Erfolgsbilanz (GuV-Rechnung)

In der **Erfolgsbilanz** werden die **endgültigen Salden der Erfolgskonten** erfasst. Bei der Addition der Aufwendungen und Erträge ergibt sich ebenfalls **keine Summengleichheit**. Der **Unterschiedsbetrag** zwischen den **Aufwendungen und Erträgen** der Erfolgsbilanz muss **genau so groß** sein **wie der Unterschiedsbetrag** zwischen den **Aktiva und Passiva** der Schlussbilanz. Der **Unterschiedsbetrag** stellt den **Gewinn oder Verlust** der Rechnungsperiode dar.

> Beispiel:
> Der Einzelkaufmann Karl Lotter, Kastellaun (Hunsrück), hat zum 31.12.2007 folgende **Summen- und Saldenbilanz** erstellt (siehe folgende Seite 166).

Abschlussangaben

Abschreibung Pkw	6.000,00 EUR
Warenbestand laut Inventur	2.900,00 EUR

abschlussvorbereitende Buchungen (Spalte "**Umbuchungen**")

1. Abschreibung **an** Pkw	6.000,00 EUR
2. Bestand Waren **an** Wareneingang (2.900 € – 1.500 €)	1.400,00 EUR
3. Eigenkapital **an** Privat	800,00 EUR
4. USt **an** Vorsteuer	6.900,00 EUR

Nr.	Konten-Bezeichnung	Summenbilanz S	H	Saldenbilanz I S	H	Umbuchungen S	H	Saldenbilanz II S	H	Schlussbilanz A	P	GuV-Rechnung A	E
0215	Unb. Grundstücke	70.000		70.000				70.000		70.000			
0520	Pkw	30.000		30.000			1) 6.000	24.000		24.000			
5200	Wareneingang	10.000	600	9.400			2) 1.400	8.000				8.000	
1140	Bestand Waren	1.500		1.500		2) 1.400		2.900		2.900			
1200	Forderungen	40.000	10.000	30.000				30.000		30.000			
1406	Vorsteuer	7.000	100	6.900			4) 6.900						
1800	Bank	87.700	27.200	60.500				60.500		60.500			
1600	Kasse	10.500	3.000	7.500				7.500		7.500			
2000	Eigenkapital		30.000		30.000	3) 800			29.200		29.200		
2100	Privat	800		800			3) 800						
3300	Verbindlichkeiten	300	93.300		93.000				93.000		93.000		
3806	USt	15.000	34.300		19.300	4) 6.900			12.400		12.400		
4200	Erlöse		81.500		81.500				81.500				81.500
6010	Löhne	2.000		2.000				2.000				2.000	
6020	Gehälter	1.000		1.000				1.000				1.000	
6310	Miete	200		200				200				200	
6320	Heizung	2.000		2.000				2.000				2.000	
6500	Fahrzeugkosten	2.000		2.000				2.000				2.000	
6222	Abschreibungen			0		1) 6.000		6.000				6.000	
		280.000	280.000	223.800	223.800	15.100	15.100	216.100	216.100	194.900	134.600	21.200	81.500
											60.300	60.300	
							Gewinn			194.900	194.900	81.500	81.500

3.11.2 Zusammenfassung und Erfolgskontrolle

3.11.2.1 Zusammenfassung

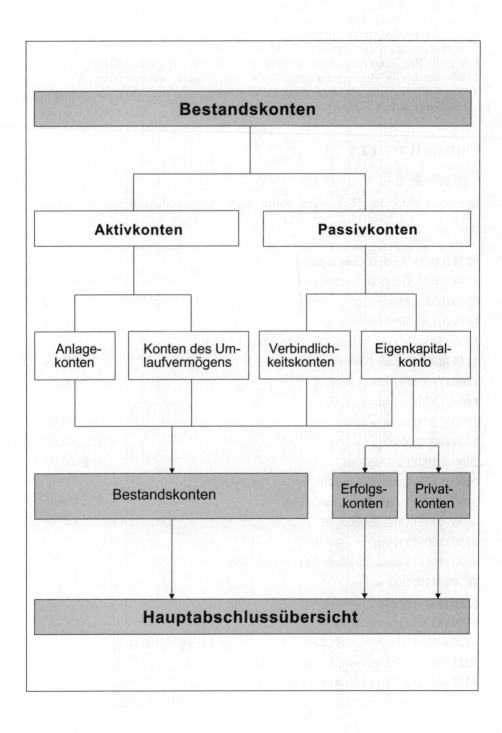

3.11.2.2 Erfolgskontrolle

WIEDERHOLUNGSFRAGEN

1. Was ist eine Hauptabschlussübersicht?
2. Welchem Zweck dient die Hauptabschlussübersicht?
3. Wie ist eine Hauptabschlussübersicht aufgebaut?
4. Welche Beträge werden in die Summenbilanz eingetragen?
5. Woher stammen die Beträge der vorläufigen Saldenbilanz?
6. Welche Buchungsvorgänge werden in der Umbuchungsspalte erfasst?
7. Wie werden die Beträge der endgültigen Saldenbilanz "weiterverarbeitet"?
8. Wie wird die Bestandsveränderung (Unterschied zwischen dem Warenanfangsbestand und dem Warenendbestand) berücksichtigt?

ÜBUNGSAUFGABEN

Übungsaufgabe 1:

Der Großhändler Rolf Schneider, Berlin, hat folgende Anfangsbestände ermittelt:

	EUR
0235 (0085) Bebaute Grundstücke	25.000,00
0240 (0090) Geschäftsbauten	175.000,00
0520 (0320) Pkw	50.000,00
0650 (0420) Büroeinrichtung	42.000,00
5200 (3200) Wareneingang	
1140 (3980) Bestand Waren	20.000,00
1200 (1400) Forderungen aLuL	27.400,00
1406 (1576) Vorsteuer 19 %	
1800 (1200) Bankguthaben	87.700,00
1600 (1000) Kasse	5.240,00
2000 (0800) Eigenkapital	388.900,00
2100 (1800) Privatentnahmen	
3300 (1600) Verbindlichkeiten aLuL	34.800,00
3806 (1776) Umsatzsteuer 19 %	8.640,00
4200 (8200) Erlöse	
4620 (8910) Entnahme durch den Unternehmer	
6010 (4110) Löhne	
6310 (4210) Miete	
6500 (4500) Fahrzeugkosten	
6220 (4830) Abschr. auf Sachanl. (ohne AfA auf Kfz und Gebäude)	
6221 (4831) Abschreibungen auf Gebäude	
6222 (4832) Abschreibungen auf Kfz	

Geschäftsvorfälle des Jahres 2007

		EUR
1. Wareneinkauf auf Ziel, netto + USt	100.000,00 19.000,00	 119.000,00
2. Warenverkauf auf Ziel, netto + USt	200.000,00 38.000,00	 238.000,00
3. Banküberweisung der Umsatzsteuerschuld (Zahllast)		8.640,00
4. Verkauf von Waren gegen bar, netto + USt	30.000,00 5.700,00	 35.700,00
5. Barzahlung Löhne		15.000,00
6. Warenentnahme für Privathaushalt, netto + USt	 5.000,00 950,00	 5.950,00
7. Banküberweisung an Lieferer		34.800,00
8. Barkauf von Benzin für den nur betrieblich genutzten Pkw, brutto einschließlich 19 % USt		238,00
9. Zahlung der Miete durch Banküberweisung		1.200,00
10. Schneider entnimmt der Geschäftskasse für eine Urlaubsreise.		1.000,00

Abschlussangaben

	EUR
11. Warenendbestand laut Inventur	25.000,00
12. Abschreibung auf Geschäftsbauten	15.000,00
13. Abschreibung auf Pkw	10.000,00
14. Abschreibung auf Büroeinrichtung	4.000,00

Aufgaben

1. Bilden Sie die Buchungssätze der Geschäftsvorfälle des Jahres 2007.
2. Tragen Sie die Anfangsbestände auf den Konten vor.
3. Buchen Sie die Geschäftsvorfälle (ohne Abschlussangaben).
4. Legen Sie sich eine Hauptabschlussübersicht nach dem Muster von Seite 166 an.
5. Tragen Sie die Summe der Soll- und Habenseite jedes einzelnen Kontos in die Summenbilanz ein. Addieren Sie die Soll- und Habenspalte der Summenbilanz.
6. Ermitteln Sie die Salden und tragen Sie sie in die Saldenbilanz I ein. Addieren Sie die Soll- und Habenspalte der Saldenbilanz I.
7. Nehmen Sie die abschlussvorbereitenden Buchungen in der Spalte Umbuchungen vor. Addieren Sie die Soll- und Habenspalte der Umbuchungen.
8. Ermitteln Sie die neuen Salden und tragen Sie sie in die Saldenbilanz II ein. Addieren Sie die Soll- und Habenspalte der Saldenbilanz II.
9. Tragen Sie die Salden der Bestandskonten in die Schlussbilanz und die Salden der Erfolgskonten in die Gewinn- und Verlustrechnung ein und ermitteln Sie den Erfolg.

Übungsaufgabe 2:

Der Einzelunternehmer Friedel Eckert, Bonn, hat zum 31.12.2007 folgende Summen-
bilanz erstellt:

	Summenbilanz	
	S EUR	H EUR
0215 (0065) Unbebaute Grundstücke	180.000,00	
0520 (0320) Pkw	30.000,00	
5200 (3200) Wareneingang	20.000,00	600,00
1140 (3980) Bestand Waren (Anfangsbestand)		
1200 (1400) Forderungen aLuL	50.000,00	20.000,00
1406 (1576) Vorsteuer 19 %	17.000,00	10.100,00
1800 (1200) Bank	87.700,00	27.200,00
1600 (1000) Kasse	10.500,00	5.000,00
2000 (0800) Eigenkapital		130.000,00
2100 (1800) Privat	800,00	
3300 (1600) Verbindlichkeiten aLuL	10.300,00	113.300,00
3806 (1776) Umsatzsteuer 19 %	15.000,00	39.300,00
4200 (8200) Erlöse		100.000,00
6010 (4110) Löhne	14.000,00	
6020 (4120) Gehälter	2.000,00	
6305 (4200) Raumkosten	1.200,00	
6500 (4500) Fahrzeugkosten	7.000,00	
6222 (4832) Abschreibungen auf Kfz		

Abschlussangaben

1. Warenendbestand lt. Inventur   10.000,00 EUR
2. Abschreibung auf Pkw   8.000,00 EUR
3. Die übrigen Bestände stimmen mit den Salden der
   Konten überein.

Aufgabe

Erstellen Sie die Hauptabschlussübersicht für Friedel Eckert.

4 Beschaffung und Absatz

4.1 Warenbezugskosten

Bisher wurde der **Wareneingang ohne** die anfallenden **Warenbezugskosten gebucht**.

Beispiel:
Einzelhändler Müller bezieht im Juni 2007 Waren für 1.000 € + 190 € USt = 1.190,00 € auf Ziel.

Buchungssatz:

Sollkonto	Betrag (€)	Habenkonto
5200 (3200) Wareneingang	1.000,00	**3300** (1600) Verbindlichk. aLuL
1406 (1576) Vorsteuer 19 %	190,00	**3300** (1600) Verbindlichk. aLuL

Buchung:

S **5200** (3200) **Wareneingang** H

1.000,00	

S **3300** (1600) **Verbindlichkeiten aLuL** H

	1.000,00
	190,00

S **1406** (1576) **Vorsteuer 19 %** H

190,00	

In diesem Kapitel wird erläutert, wie die **Warenbezugskosten** zu buchen sind.

4.1.1 Überblick über die Bezugskosten

Beim **Warenbezug** können **neben** dem **Kaufpreis** folgende **Kosten** anfallen, die deshalb auch als Anschaffungs**nebenkosten** bezeichnet werden:

> **Transportkosten**
> - Eingangsfrachten,
> - Rollgelder (Vergütung für Rollfuhrdienst),
> - Postgebühren,
> - Anfuhr- und Abladekosten,
> - Transportversicherungsbeiträge,
> - Kosten der Transportverpackung,
>
> **Zölle**
> **Vermittlungsgebühren**
> - Einkaufsprovisionen,
> - Einkaufskommissionen.

4.1.2 Steuerliche Bedeutung der Bezugskosten

Einkommensteuerrechtlich gehören die Anschaffungs**nebenkosten** mit dem **Kaufpreis** einer Ware zu den **Anschaffungskosten**:

	Kaufpreis, netto
+	Anschaffungs**nebenkosten**, netto
=	**Anschaffungskosten**

Nebenkosten gehören zu den **Anschaffungskosten**, soweit sie dem Wirtschaftsgut einzeln zugeordnet werden können [H 6.2 (Nebenkosten) EStH].

Beispiel:
Einzelhändler Müller bezieht Waren für 1.000 € + 190 € USt = 1.190,00 € auf Ziel. Die **Transportkosten** gehen zu Lasten des Käufers. Der Transportunternehmer, der die Waren zum Einzelhändler befördert, berechnet für den Transport der Waren 100 € + 19 € USt = 119,00 €.

Die <u>Anschaffungskosten</u> der Waren betragen

	Kaufpreis, netto	1.000,00 €
+	Anschaffungs**nebenkosten**, netto	**100,00 €**
=	**Anschaffungskosten**	**1.100,00 €**

Die **in Rechnung gestellte Umsatzsteuer** ist beim Leistungsempfänger **Vorsteuer**, die dieser von seiner Umsatzsteuer abziehen kann, wenn die Voraussetzungen des § 15 UStG erfüllt sind.

Die im Zusammenhang mit Bezugskosten anfallende **abziehbare Vorsteuer** gehört nicht zu den Anschaffungs**nebenkosten und** damit auch <u>**nicht**</u> zu den **Anschaffungskosten** der Waren (§ 9b Abs. 1 Satz 1 EStG).

Beispiel:
Der Unternehmer A, Bonn, der **zum Vorsteuerabzug berechtigt** ist, bezieht von dem Unternehmer U Waren für 5.000 € + 950 € USt = 5.950,00 €. U befördert die Waren nach Bonn und berechnet dafür 200 € + 38 € USt = 238,00 €.

Die **Anschaffungskosten** der Waren betragen **5.200 €** (5.000 € Kaufpreis + 200 € Anschaffungsnebenkosten). Die **abziehbare Vorsteuer** in Höhe von insgesamt 988 € (950 € + 38 €) gehört **nicht** zu den **Anschaffungskosten**.

Die <u>**nicht abziehbare Vorsteuer** gehört</u> hingegen **zu den** <u>Anschaffungskosten</u>.

Beispiel:
Sachverhalt wie zuvor mit dem Unterschied, dass A **nicht zum Vorsteuerabzug berechtigt** ist.

Die Anschaffungskosten betragen **6.188,00 €** (5.950 € + 238 €).

4.1.3 Buchen der Bezugskosten

Weil die **Warenbezugskosten** als Anschaffungs**nebenkosten** zu den Anschaffungskosten der bezogenen Waren gehören, **könnten** sie **direkt** auf dem **Wareneingangskonto** gebucht werden.

Die **direkte** Buchung der Warenbezugskosten auf dem Wareneingangskonto hätte den **Nachteil**, dass die **Höhe der Bezugskosten** nachträglich **nicht** mehr ohne Weiteres festgestellt werden könnte.

Benötigt der Unternehmer die **Höhe der Warenbezugskosten** (z.B. für seine **Kalkulation**), ist es zweckmäßig, sie auf ein **eigenes Konto** zu buchen, das nach den DATEV-Kontenrahmen **SKR 04** bzw. **SKR 03**

<u>**5800** (3800) **Bezugsnebenkosten**</u>

heißt.

Das **Bezugsnebenkostenkonto** ist ein **Unterkonto des Wareneingangskontos**.

Beispiel:
Einzelhändler Müller, Köln, bezieht Waren auf Ziel vom Großhändler Schmitz, Dortmund, und erhält folgende Rechnung (Auszug):

Warenwert	930,00 €
+ **Transportkosten**	**70,00 €**
	1.000,00 €
+ 19 % USt	190,00 €
	1.190,00 €

Buchungssatz:

Sollkonto	Betrag (€)	Habenkonto
5200 (3200) Wareneingang	930,00	
5800 (3800) BNK	70,00	
1406 (1576) Vorsteuer 19 %	190,00	
	1.190,00	**3300** (1600) Verbindlichk. aLuL

Buchung:

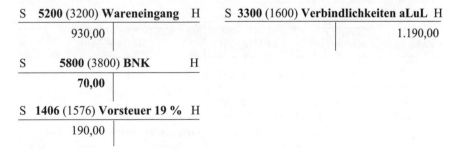

Werden wegen der besseren Übersicht oder für Zwecke der **Kalkulation** in einem Unternehmen **mehrere Warenkonten** geführt (z.B. in einem Kaufhaus Konten für Textilwaren, Lebensmittel, Haushaltswaren), so ist es **zweckmäßig**, **auch** die **Anschaffungsnebenkosten** den einzelnen Warengruppen entsprechend auf **getrennten Konten** zu erfassen.

Eine **weitere Möglichkeit** besteht darin, die Anschaffungs**nebenkosten** nicht auf einem oder mehreren Sammelkonten zu buchen, sondern sie **artenmäßig zu trennen**, d.h. für jede Anschaffungsnebenkosten**art** (z.B. Frachten, Zölle) getrennte Anschaffungsnebenkostenkonten einzurichten. Diese **artenmäßige** Aufgliederung und Buchung der Anschaffungsnebenkosten verursacht zwar **Mehrarbeit**, kann aber im Interesse einer **genauen Kalkulation** erforderlich sein.

Oft kann der Käufer die ihm berechnete **Transportverpackung** (z.B. Kisten, Fässer, Flaschen) dem Verkäufer gegen Kostenerstattung **zurückgeben**.

Die **Gutschrift** für die **zurückgegebene** Verpackung wird dann auf dem **Bezugsnebenkostenkonto im Haben** gebucht. Es empfiehlt sich, in diesen Fällen die **berechnete und zurückgegebene Verpackung** auf einem **eigenen Bezugsnebenkostenkonto** zu buchen, das nach dem **SKR 04** bzw. SKR 03

5820 (3830) **Leergut**

heißt.

Beispiel 1:
Einzelhändler Müller bezieht Waren auf Ziel und erhält folgende Rechnung (Auszug):

Warenwert	800,00 €
+ Transportkosten	100,00 €
+ **Verpackungskosten (12 Fässer)**	**300,00 €**
	1.200,00 €
+ 19 % USt	228,00 €
	1.428,00 €

Bei der Rücksendung werden **2/3 der Verpackungskosten** gutgeschrieben.

1) Buchungssatz beim Wareneingang:

Tz.	Sollkonto	Betrag (€)	Habenkonto
1.	**5200** (3200) Wareneingang	800,00	
	5800 (3800) BNK	100,00	
	5820 (3830) **Leergut**	**300,00**	
	1406 (1576) Vorsteuer 19 %	228,00	
		1.428,00	**3300** (1600) Verbindlichk. aLuL

Buchung:

S 5200 (3200) Wareneingang H	S 3300 (1600) Verbindlichkeiten aLuL H
1) 800,00	1) 1.428,00

S 5800 (3800) BNK H
1) 100,00

S 5820 (3830) Leergut H
1) 300,00

S 1406 (1576) Vorsteuer 19 % H
1) 228,00

Beispiel 2:

Die 12 Fässer werden an den Lieferer zurückgesandt. Müller erhält folgende Gutschrift:

2/3 von 300 EUR	=	200,00 €
+ 19 % USt	=	38,00 €
		238,00 €

2) Buchungssatz beim Eingang der Gutschrift:

Tz.	Sollkonto	Betrag (€)	Habenkonto
2.	3300 (1600) Verbindlichk. aLuL	238,00 **200,00** 38,00	**5820 (3830) Leergut** 1406 (1576) Vorsteuer 19 %

Buchung:

S 3300 (1600) Verbindlichkeiten aLuL H	S 5820 (3830) Leergut H
2) 238,00 | 1) 1.428,00	1) 300,00 | **2) 200,00**

S 1406 (1576) Vorsteuer 19 % H
1) 228,00 | **2) 38,00**

Übung: 1. Wiederholungsfragen 1 bis 4 (Seite 178),
2. Übungsaufgaben 1 und 2 (Seite 178 f.)

Einfuhr

Fallen beim Wareneinkauf neben dem Kaufpreis **Zölle** an, könnten sie auf dem Konto "**5800** (3800) **Bezugsnebenkosten**" erfasst werden, weil sie als Bezugsnebenkosten mit zu den Anschaffungskosten gehören.

Zur besseren Übersicht werden sie im Folgenden auf dem speziellen Bezugs-nebenkostenkonto

5840 (3850) **Zölle und Einfuhrabgaben**

gebucht.

Die bei der **Einfuhr** entrichtete **Einfuhrumsatzsteuer (EUSt)** ist für den Unternehmer **als Vorsteuer abziehbar** (§ 15 Abs. 1 Nr. 2 UStG).

Sie wird auf dem speziellen Konto

1433 (1588) **Bezahlte Einfuhrumsatzsteuer**

erfasst, weil sie in der Umsatzsteuer-Voranmeldung (2007) gesondert (Zeile 57) angegeben werden muss.

Beispiel:
1. Unternehmer A, München, kauft im August 2007 vom Lieferer U, Bern (Schweiz), Waren für 10.000,00 Euro auf Ziel. Im Kaufvertrag vereinbaren sie die Liefer-kondition "unverzollt und unversteuert", d.h. der Leistungsempfänger (A) schuldet Zoll und Einfuhrumsatzsteuer.
2. Lieferer U zahlt für A **200,00 €** **Zoll** und **1.938,00 €** **EUSt** (19 % von 10.200 €). U übergibt vereinbarungsgemäß den quittierten Zollbescheid an A und erhält dafür einen Bankscheck in Höhe von 2.138,00 €.

Buchungssatz:

Tz.	Sollkonto	Betrag (€)	Habenkonto
1.	**5200** (3200) Wareneingang	10.000,00	**3300** (1600) Verbindlichk. aLuL
2.	**5840** (3850) **Zölle**	**200,00**	**1800** (1200) Bank
	1433 (1588) **Bezahlte EUSt**	**1.938,00**	**1800** (1200) Bank

Buchung:

S	**5200** (3200) **Wareneingang**	H	S	**3300** (1600) **Verbindlichk. aLuL**	H
1)	10.000,00			1)	10.000,00

S	**5840** (3850) **Zölle u. Einfuhrabgaben**	H	S	**1800** (1200) **Bank**	H
2)	**200,00**			2)	200,00
				2)	1.938,00

S	**1433** (1588) **Bezahlte EUSt**	H
2)	**1.938,00**	

4.1.4 Abschluss der Bezugsnebenkostenkonten

Die **Bezugsnebenkostenkonten** sind **Unterkonten des Wareneingangskontos**. Sie werden deshalb **über** das Konto **Wareneingang abgeschlossen.**

<u>Beispiel:</u>
Die **Bezugsnebenkostenkonten** des Einzelhändlers Müller (siehe Beispiele Seite 174 ff.) werden wie folgt abgeschlossen:

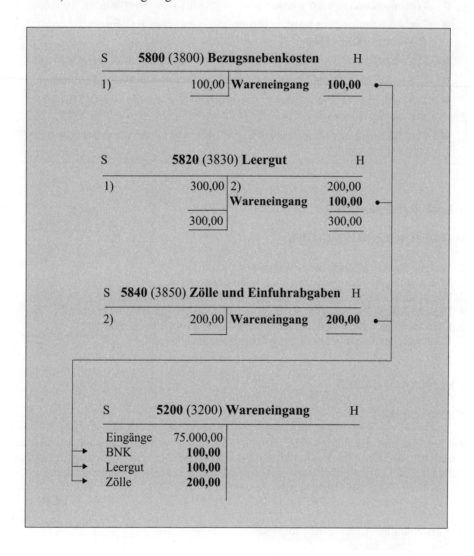

Übung: 1. Wiederholungsfragen 5 und 6 (Seite 178),
2. Übungsaufgaben 3 bis 5 (Seite 180)

4.1.5 Zusammenfassung und Erfolgskontrolle

4.1.5.1 Zusammenfassung

> - **Warenbezugskosten** sind alle Kosten, die bei der Anschaffung der Waren neben dem Kaufpreis anfallen.
>
> - **Warenbezugskosten** werden auch Anschaffungs**nebenkosten** genannt.
>
> - Die Anschaffungs**nebenkosten** gehören mit dem **Kaufpreis** zu den **Anschaffungskosten**.
>
> - Die **abziehbare** Vorsteuer gehört **nicht zu den Anschaffungskosten**.
>
> - Die **nicht abziehbare** Vorsteuer gehört zu den **Anschaffungskosten**.
>
> - Die Anschaffungs**nebenkosten** werden auf **Unterkonten** beim **SKR 04** in der **Kontenklasse 5** und beim SKR 03 in der Kontenklasse 3 gebucht.
>
> - Das **Bezugsnebenkostenkonto** wird **über** das Konto **Wareneingang abgeschlossen**.

4.1.5.2 Erfolgskontrolle

WIEDERHOLUNGSFRAGEN

1. Welche Kosten können beim Warenbezug anfallen?
2. Wie werden die Bezugskosten auch noch genannt?
3. Wie sind Warenbezugskosten einkommensteuerlich zu behandeln?
4. Welche Möglichkeiten gibt es, die Anschaffungsnebenkosten zu buchen?
5. Über welches Konto ist das Bezugsnebenkostenkonto abzuschließen?
6. Über welches Konto ist das Leergutkonto abzuschließen?

ÜBUNGSAUFGABEN

Übungsaufgabe 1:

Bilden Sie die Buchungssätze für die folgenden belegmäßig nachgewiesenen Geschäftsvorfälle. Alle Vorsteuerbeträge sind abziehbar. Die Warenbezugskosten sollen auf den Unterkonten Bezugsnebenkosten und Leergut gebucht werden.

		EUR
1. Einzelhändler Adams erhält folgende Eingangsrechnung:		
Warenwert	3.000,00 €	
+ Transportkosten	15,00 €	
+ Verpackungskosten (kein Leergut)	85,00 €	
	3.100,00 €	
+ 19 % USt	589,00 €	3.689,00

	EUR

2. Großhändler Beck erhält folgende
   Eingangsrechnung:

Warenwert	2.000,00 €	
+ Transportkosten	200,00 €	
+ 12 Leihfässer	900,00 €	
	3.100,00 €	
+ 19 % USt	589,00 €	3.689,00

Bei Rücksendung der Fässer werden 2/3 der
Verpackungskosten gutgeschrieben.

3. Die 12 Leihfässer werden an den Lieferer zurückgesandt.
   Beck erhält folgende Gutschrift:

2/3 von 900 € =	600,00 €	
+ 19 % USt	114,00 €	714,00

4. Wareneinkauf gegen Bankscheck, netto

	1.000,00 €	
+ USt	190,00 €	1.190,00

5. Eingangsfracht für Wareneinkauf von
   Nr. 4 bar, netto

	100,00 €	
+ USt	19,00 €	119,00

6. Bahnfracht für bezogene Waren wird
   einschließlich 19 % USt durch Bank überwiesen — 202,30

7. Rollgeld für bezogene Waren wird
   einschließlich 19 % USt bar gezahlt — 47,60

8. Prämie für Transportversicherung
   bezogener Waren wird durch Postbank beglichen — 75,00

Übungsaufgabe 2:

Der Bürogerätehändler Franz Luftig e.K., Heilbronn, erwarb am 02.03.2007 10 Personal-
computer vom Hersteller Reimens, Nürnberg.
Zwei der Personalcomputer werden im Büro des Franz Luftig aufgestellt und dienen
den Mitarbeitern als Arbeitsmittel, acht der Computer sind für den Weiterverkauf
bestimmt. Die ordnungsgemäße Eingangsrechnung lautet (Auszug):

10 PC XP je 600,00 €	6.000,00 €
+ Fracht und Versicherung	200,00 €
	6.200,00 €
+ 19 % USt	1.178,00 €
	7.378,00 €

Franz Luftig buchte die Eingangsrechnung wie folgt:

Sollkonto	Betrag (€)	Habenkonto
5200 (3200) Wareneingang	6.000,00	**3300** (1600) Verbindlichkeiten aLuL
5800 (3800) BNK	200,00	**3300** (1600) Verbindlichkeiten aLuL
1406 (1576) Vorsteuer	1.178,00	**3300** (1600) Verbindlichkeiten aLuL

Überprüfen Sie die Buchung und führen Sie eine eventuelle Korrekturbuchung durch.

Übungsaufgabe 3:

Die Einzelhändlerin Frieda Kuch, Karlsruhe, hat von dem schweizerischen Unternehmer Bürli, Bern, Handelswaren bezogen; die Eingangsrechnung lautet über 30.000,00 €. Die Lieferung erfolgte "unverzollt und unversteuert" und deshalb hat Frieda Kuch die Waren beim Zollamt verzollt und versteuert; sie zahlte bar 400,00 € Zoll und 5.776,00 € Einfuhrumsatzsteuer.

Frieda Kuch buchte wie folgt:

a) die Eingangsrechnung "Bürli":

Sollkonto	Betrag (€)	Habenkonto
5200 (3200) Wareneingang	30.000,00	**3300** (1600) Verbindlichkeiten aLuL

b) die Zahlung beim Zollamt:

Sollkonto	Betrag (€)	Habenkonto
7675 (4350) Verbrauchsteuer	6.176,00	**1600** (1000) Kasse

Überprüfen Sie die Buchung und führen Sie eine eventuelle Korrekturbuchung durch.

Übungsaufgabe 4:

Welche Aussage ist richtig? Kreuzen Sie die richtige Antwort an.

  (a) Warenbezugsnebenkosten mindern die Anschaffungskosten der Waren.
  (b) Warenbezugsnebenkosten erhöhen den Wareneinsatz.
  (c) Warenbezugsnebenkosten werden erfolgsneutral gebucht.
  (d) Vorsteuerbeträge, die abziehbar sind, gehören zu den Anschaffungskosten.

Übungsaufgabe 5:

Kontieren Sie EDV-gemäß folgende Geschäftsvorfälle. Verwenden Sie – soweit dies möglich ist – automatische Konten.

		EUR
1. Wareneinkauf auf Ziel: Warenwert	3.000,00 €	
Transportkosten	100,00 €	
	3.100,00 €	
+ 19 % USt	589,00 €	3.689,00
Lieferant: 7 1601		
Rechnungs-Nr. 708		
Rechnungs-Datum 10.11.		
2. Rollgeld für bezogene Waren wird einschließlich 19 % USt bar gezahlt		47,60
Rechnungs-Nr. 809		
Rechnungs Datum 10.11.		
3. Prämie für Transportversicherung bezogener Waren wird durch Postbank gezahlt		75,00
Rechnungs-Nr. 507		
Rechnungs-Datum 12.11.		

Zusammenfassende Erfolgskontrolle

Der Unternehmer Christian Bäumler, Bonn, der zum Vorsteuerabzug berechtigt ist, hat durch Inventur folgende Anfangsbestände ermittelt:

	EUR
0640 (0430) Ladeneinrichtung	25.000,00
1140 (3980) Bestand Waren	150.000,00
1200 (1400) Forderungen aLuL	56.500,00
1406 (1576) Vorsteuer 19 %	0,00
1800 (1200) Bankguthaben	15.500,00
1600 (1000) Kasse	10.000,00
3300 (1600) Verbindlichkeiten aLuL	27.000,00
3806 (1776) Umsatzsteuer 19 %	10.000,00
2000 (0800) Eigenkapital	220.000,00

Geschäftsvorfälle des Jahres 2007

		EUR
1. a) Wareneinkauf auf Ziel, netto	5.500,00 €	
+ USt	1.045,00 €	6.545,00
b) Barzahlung für Fracht und Rollgeld, netto	80,00 €	
+ USt	15,20 €	95,20
2. Die USt-Zahllast in Höhe von wird an das Finanzamt durch Bank überwiesen.		10.000,00
3. Banküberweisung von Kunden zum Ausgleich einer Forderung aLuL		16.950,00
4. Wareneinkauf auf Ziel:		
Warenwert	5.000,00 €	
+ Fracht	200,00 €	
+ Rollgeld	80,00 €	
+ 15 Leihfässer	600,00 €	
	5.880,00 €	
+ 19 % USt	1.117,20 €	6.997,20
Bei Rücksendung der Fässer werden 2/3 der Verpackungskosten gutgeschrieben.		
5. Die 15 Leihfässer werden an den Lieferer zurückgeschickt. Bäumler erhält eine entsprechende Gutschrift.		?
6. Banküberweisung an Lieferer zum Ausgleich einer Verbindlichkeit aLuL		7.910,00
7. Zielverkauf von Waren, netto	50.000,00 €	
+ USt	9.500,00 €	59.500,00

Abschlussangaben

	EUR
8. Abschreibung auf Ladeneinrichtung	5.000,00
9. Warenendbestand lt. Inventur	130.000,00

Aufgaben

1. Bilden Sie die Buchungssätze der Geschäftsvorfälle des Jahres 2007. Die Warenbezugskosten sollen auf den Unterkonten Bezugsnebenkosten und Leergut gebucht werden.
2. Tragen Sie die Anfangsbestände auf den Konten vor.
3. Buchen Sie die Geschäftsvorfälle.
4. Schließen Sie die Konten ab und ermitteln Sie den Gewinn.
5. Erstellen Sie die Schlussbilanz zum 31.12.2007 nach dem handelsrechtlichen Gliederungsschema.

 Weitere Aufgaben mit Lösungen finden Sie im **Lösungsbuch** der Buchführung 1.

4.2 Warenvertriebskosten

Wie beim Wareneingang so fallen auch beim Warenausgang (Vertrieb, Absatz)
bestimmte Kosten an, die als Warenvertriebskosten bezeichnet werden.

4.2.1 Überblick über die Vertriebskosten

Beim Warenvertrieb können folgende Kosten anfallen:

Transportkosten
- Ausgangsfrachten,
- Postgebühren,
- Abfuhrkosten,
- Transportversicherungsbeiträge,
- Kosten der Versandverpackung,

Zölle

Vermittlungsgebühren
- Verkaufsprovisionen,
- Verkaufskommissionen.

4.2.2 Steuerliche Bedeutung der Vertriebskosten

Die **Warenvertriebskosten** gehören einkommensteuerrechtlich zu den **sofort
abzugsfähigen Betriebsausgaben**, d.h. sie wirken sich in dem Jahr, in dem sie
anfielen, in voller Höhe auf den Erfolg (Gewinn oder Verlust) aus.

Die dem Unternehmer zusammen mit den Vertriebskosten **berechnete Umsatzsteuer**
ist für diesen **Vorsteuer**, die er von seiner Umsatzsteuer abziehen kann, wenn die
Voraussetzungen des § 15 UStG erfüllt sind.

Beispiel:
Der Unternehmer U, Köln, der zum Vorsteuerabzug berechtigt ist, liefert per Bahn
Waren an den Einzelhändler A, Hannover. Nach den vertraglichen Vereinbarungen
liefert U **"frei Haus"**, d.h. die Bahnfracht Köln-Hannover geht zu Lasten des U.
Die Bahn berechnet U

Fracht	500,00 €
+ 19 % USt	95,00 €
	595,00 €

U zahlt die Bahnfracht durch Bankscheck.

Die **Nettofracht** ist für U **sofort abzugsfähige Betriebsausgabe**; die **Umsatzsteuer**
ist für U **abziehbare Vorsteuer**.

4.2.3 Buchen der Vertriebskosten

In der Praxis ist es üblich, die **Vertriebskosten artenmäßig getrennt** auf **eigenen Vertriebskostenkonten** zu buchen.

Der **SKR 04** bzw. der SKR 03 sehen für die Buchung der Vertriebskosten (Kosten der Warenabgabe) folgende **Vertriebskostenkonten** vor:

> **6710** (4710) **Verpackungsmaterial,**
>
> **6740** (4730) **Ausgangsfrachten,**
>
> **6760** (4750) **Transportversicherungen,**
>
> **6770** (4760) **Verkaufsprovisionen,**
>
> **6780** (4780) **Fremdarbeiten (Vertrieb).**

Beispiel:
Sachverhalt wie im Beispiel zuvor (Seite 183)

Buchungssatz:

Sollkonto	Betrag (€)	Habenkonto
6740 (4730) Ausgangsfrachten	**500,00**	
1406 (1576) Vorsteuer 19 %	95,00	
	595,00	**1800** (1200) Bank

Buchung:

S **6740** (4730) **Ausgangsfrachten** H	S **1800** (1200) **Bank** H
500,00	595,00

S   **1406** (1576) **Vorsteuer 19 %**   H
95,00

Werden die **Vertriebskosten** dem Kunden **weiterberechnet**, so handelt es sich um ein **zusätzliches Entgelt**, das über **Erlöse** zu buchen ist.
Die **Vertriebskostenkonten** dürfen **nicht entlastet** werden (Verrechnungsverbot; § 246 Abs. 2 HGB).

Beispiel:
Der Unternehmer U, Koblenz, liefert per Bahn Waren an den Einzelhändler A, Bonn. Nach den vertraglichen Vereinbarungen liefert U **"ab Lager"**, d.h. die Bahnfracht Koblenz-Bonn geht zu Lasten des A. U berechnet folgende Kosten, die er vorgelegt hat, dem Einzelhändler A weiter:

Fracht	200,00 €
+ 19 % USt	38,00 €
	238,00 €

Buchungssatz:

Sollkonto	Betrag (€)	Habenkonto
1200 (1400) Forderungen aLuL	238,00 200,00 38,00	**4200** (8200) Erlöse **3806** (1776) USt 19 %

Buchung:

S   **1200** (1400) **Forderungen aLuL** H   S   **4200** (8200) **Erlöse**   H

      238,00 | | 200,00

                                   S   **3806** (1776) **USt 19 %**   H

                                        | 38,00

4.2.4 Abschluss der Vertriebskostenkonten

Die **Warenvertriebskostenkonten** sind **Aufwandskonten**, die **über** das **Gewinn- und Verlustkonto (GuVK)** abgeschlossen werden.

4.2.5 Zusammenfassung und Erfolgskontrolle

4.2.5.1 Zusammenfassung

- **Warenvertriebskosten** sind alle Kosten, die unmittelbar im Zusammenhang mit dem Vertrieb von Waren anfallen.
- **Vertriebskosten** sind grundsätzlich **sofort abzugsfähige Betriebsausgaben**.
- **Vertriebskosten** werden beim **SKR 04** auf Konten der **Klasse 6** und beim SKR 03 auf Konten der Klasse 4 gebucht.
- Die Vertriebskosten**konten** werden **über** das **Gewinn- und Verlustkonto** **abgeschlossen**.

4.2.5.2 Erfolgskontrolle

WIEDERHOLUNGSFRAGEN

1. Welche Kosten können beim Warenvertrieb anfallen?
2. Wie sind diese Kosten einkommensteuerlich zu behandeln?
3. Wie wird die mit den Vertriebskosten berechnete Umsatzsteuer beim Unternehmer behandelt?
4. Welche Vertriebskostenkonten kennen Sie?
5. Über welches Konto werden die Vertriebskostenkonten abgeschlossen?
6. Auf welches Konto werden die weiterberechneten Vertriebskosten gebucht?

ÜBUNGSAUFGABEN

Übungsaufgabe 1:

Bilden Sie die Buchungssätze für die folgenden belegmäßig nachgewiesenen Geschäftsvorfälle:

		EUR
1. Kauf von 100 Versandkartons auf Ziel,		
netto	200,00	
+ USt	38,00	238,00
2. Rechnung eines Transportunternehmers für den Transport von Waren zu einem Kunden		
Warentransport	500,00	
+ 19 % USt	95,00	595,00
3. Barkauf von Verpackungsmaterial für den Warenvertrieb, netto	300,00	
+ USt	57,00	357,00
4. Zahlung für Vertreterprovision (Verkaufsprovision) durch Bankscheck, netto	600,00	
+ USt	114,00	714,00
5. Barzahlung einer Beitragsrechnung der Securitas-Versicherungs AG für die Transportversicherung einer Warensendung an einen Kunden		150,00
6. Ausgangsrechnung an einen Kunden:		
Warenwert	5.000,00	
+ Versandverpackung	300,00	
+ Fracht	200,00	
	5.500,00	
+ 19 % USt	1.045,00	6.545,00
7. Barzahlung der Ausgangsfracht, brutto einschließlich 19 % USt		113,05

Übungsaufgabe 2:

Der Maschinenbauer Rüdiger Wenzel e.K., Köln, lieferte an die Wörns GmbH, Kiel, eine Spezialmaschine. Gemäß den Kaufvertragsvereinbarungen musste Wenzel die Kosten des Transports tragen.
Der damit beauftragte Fuhrunternehmer Fritz Eilig erteilt Wenzel folgende Rechnung (Auszug):

Gütertransport Köln - Kiel	1.000,00 €
+ 19 % USt	190,00 €
	1.190,00 €

Rüdiger Wenzel buchte die Eingangsrechnung wie folgt:

Sollkonto	Betrag (€)	Habenkonto
5800 (3800) Bezugsnebenkosten	1.000,00	**3300** (1600) Verbindlichkeiten aLuL
1406 (1576) Vorsteuer	190,00	**3300** (1600) Verbindlichkeiten aLuL

Überprüfen Sie die Buchung und führen Sie eine eventuelle Korrekturbuchung durch.

Übungsaufgabe 3:

Die Großhändlerin Susanne Meier, München, hat aufgrund der Vermittlung des selbständigen Handelsmaklers Willi Kurz einen neuen Kunden gewinnen können und dadurch einen Umsatz in Höhe von 200.000,00 € + 19 % USt erzielt.
Vereinbarungsgemäß erhält Willi Kurz von Susanne Meier eine Provision in Höhe von 1,5 % des Nettoumsatzes.

1. Erstellen Sie die Provisionsabrechnung des Willi Kurz.
2. Kontieren Sie die Ausgangsrechnung für Willi Kurz.
3. Kontieren Sie die Eingangsrechnung für Susanne Meier.

Übungsaufgabe 4:

Die Friedhelm Schulz KG, Würzburg, hat am 01.03.2007 an die Welsch AG, Freiburg, eine Spezialmaschine geliefert und dafür dem Frachtführer Fritz Mützig, Würzburg, 595,00 € (einschließlich USt) bezahlt; eine ordnungsgemäße Eingangsrechnung vom 06.03.2007 liegt vor.
Vereinbarungsgemäß berechnet die Schulz KG die Transportkosten an die Welsch AG weiter. Die entsprechende Ausgangsrechnung wird am 09.03.2007 zugestellt.

Kontieren Sie für die Schulz KG
1. die Eingangsrechnung des Frachtführers und
2. die Ausgangsrechnung an die Welsch AG.

Übungsaufgabe 5:

Welche Aussage ist richtig? Kreuzen Sie die richtige Antwort an.

(a) Das Konto "Ausgangsfrachten" wird über das Wareneinkaufskonto abgeschlossen.
(b) Das Konto "Ausgangsfrachten" wird über das Schlussbilanzkonto abgeschlossen.
(c) Das Konto "Ausgangsfrachten" wird über das GuV-Konto abgeschlossen.
(d) Das Konto "Ausgangsfrachten" wird über das Konto Erlöse abgeschlossen.

Übungsaufgabe 6:

Kontieren Sie EDV-gemäß die folgenden belegmäßig nachgewiesenen Geschäfts-vorfälle:

		EUR
1. Zahlung für Verpackungsmaterial durch		
Bankscheck, netto	500,00 €	
+ 19 % USt	95,00 €	595,00
2. Barzahlung der Ausgangsfracht,		
brutto einschließlich 19 % USt		166,60

Zusammenfassende Erfolgskontrolle

Der Unternehmer Bauer, Nürnberg, der zum Vorsteuerabzug berechtigt ist, hat durch Inventur folgende Anfangsbestände ermittelt:

	EUR
0640 (0430) Ladeneinrichtung	26.000,00
1140 (3980) Bestand Waren	151.000,00
1200 (1400) Forderungen aLuL	57.500,00
1406 (1576) Vorsteuer 19 %	0,00
1800 (1200) Bankguthaben	16.500,00
1600 (1000) Kasse	11.000,00
3300 (1600) Verbindlichkeiten aLuL	28.000,00
3806 (1776) Umsatzsteuer 19 %	11.000,00
2000 (0800) Eigenkapital	223.000,00

Geschäftsvorfälle des Jahres 2007

		EUR
1. Wareneinkauf auf Ziel, netto	5.000,00 €	
+ USt	950,00 €	5.950,00
2. Warenverkauf auf Ziel, netto	8.000,00 €	
+ USt	1.520,00 €	9.520,00
3. Ausgangsfrachten hierauf bar, netto	500,00 €	
+ USt	95,00 €	595,00
4. Barkauf von Versandverpackung, netto	600,00 €	
+ USt	114,00 €	714,00
5. Banküberweisung eines Kunden		22.600,00
6. Banküberweisung der Umsatzsteuerschuld (Zahllast)		11.000,00
7. Barverkauf von Waren, brutto (19 % USt)		116,62
8. Warenverkauf auf Ziel, netto	3.000,00 €	
+ USt	570,00 €	3.570,00
9. Ausgangsfracht hierauf bar, netto	400,00 €	
+ USt	76,00 €	476,00

Abschlussangaben	EUR
10. Abschreibung auf Ladeneinrichtung	2.000,00
11. Warenendbestand laut Inventur	150.000,00

Aufgaben

1. Bilden Sie die Buchungssätze der Geschäftsvorfälle des Jahres 2007.
2. Tragen Sie die Anfangsbestände auf T-Konten vor.
3. Buchen Sie die Geschäftsvorfälle.
4. Schließen Sie die Konten ab und ermitteln Sie den Gewinn.
5. Stellen Sie die Bilanz zum 31.12.2007 nach dem handelsrechtlichen Gliederungs-schema auf.

Weitere Aufgaben mit Lösungen finden Sie im **Lösungsbuch** der Buchführung 1.

4.3 Warenrücksendungen und Gutschriften

Waren werden **zurückgesandt** oder **im Preis ermäßigt**, wenn der Verkäufer den Kaufvertrag nicht ordnungsgemäß erfüllt, wenn er z.B. **falsche oder mangelhafte Waren** liefert.

Für die Rücksendung bzw. den festgestellten Mangel der Waren erteilt der Verkäufer dem Käufer eine entsprechende **Gutschrift**.

Rücksendungen und Gutschriften ergeben sich sowohl auf der **Einkaufsseite** als auch auf der **Verkaufsseite**.

4.3.1 Buchen der Rücksendungen und Gutschriften auf der Einkaufsseite

Gutschriften auf der Einkaufsseite für Rücksendungen und Sachmängel **mindern** die Anschaffungskosten des Wareneingangs.

Sie werden deshalb auf der **Habenseite** des **Wareneingangskontos** gebucht.

Die beim Wareneingang anfallende **Vorsteuer mindert sich entsprechend**, weil sich auf der anderen Seite auch die Umsatzsteuer des Lieferers vermindert.

Diese **Minderung** ist **als Vorsteuerberichtigung** auf der **Habenseite des Vorsteuerkontos** zu buchen.

Der Minderung der Anschaffungskosten des Wareneingangs und der Vorsteuerberichtigung steht eine entsprechende **Reduzierung der Verbindlichkeiten** gegenüber, die auf der **Sollseite** des Kontos **Verbindlichkeiten aLuL** gebucht wird.

In der Praxis werden Anschaffungskostenminderung, Vorsteuerberichtigung und Reduzierung der Verbindlichkeit in der Regel erst beim Vorliegen der **Gutschrift** des Lieferers gebucht.

Beispiele:
a) Wir haben von einem Lieferer Waren für 10.000 € + 1.900 € USt = 11.900,00 € auf Ziel gekauft. Beim Auspacken der Waren stellen wir fest, dass ein Teil stark beschädigt und für den Verkauf ungeeignet ist. Wir senden den mangelhaften Teil der Waren an den Lieferer zurück. Für die Rücksendung erhalten wir vom Lieferer eine **Gutschrift** über 1.000 € + 190 € USt = 1.190,00 €.

1) Buchungssatz beim **Wareneingang** (lt. Eingangsrechnung):

Tz.	Sollkonto	Betrag (€)	Habenkonto
1.	**5200** (3200) Wareneingang **1406** (1576) Vorsteuer 19 %	10.000,00 1.900,00 11.900,00	**3300** (1600) Verbindlichk. aLuL

Buchung:

S **5200** (3200) **Wareneingang** H	S **3300** (1600) **Verbindlichkeiten aLuL** H
1) 10.000,00	1) 11.900,00

S **1406** (1576) **Vorsteuer 19 %** H
1)   1.900,00

2) Buchungssatz bei der **Rücksendung** (lt. Gutschrift):

Tz.	Sollkonto	Betrag (€)	Habenkonto
2.	**3300** (1600) Verbindlichk. aLuL	1.190,00 1.000,00 190,00	 **5200** (3200) Wareneingang **1406** (1576) Vorsteuer 19 %

Buchung:

S **3300** (1600) **Verbindlichk. aLuL** H	S **5200** (3200) **Wareneingang** H
2) **1.190,00** | 1) 11.900,00	1) 10.000,00 | **2)** **1.000,00**
	S **1406** (1576) **Vorsteuer 19 %** H
	1) 1.900,00 | **2)** **190,00**

b) Aufgrund einer Mängelrüge schreibt uns der Lieferer 300 € + 57 € USt = 357,00 € gut. Die eingegangene **Ware** haben wir **nicht zurückgeschickt**, weil sie – unter Berücksichtigung einer Preisermäßigung – für den Verkauf noch geeignet ist.

Buchungssatz:

Sollkonto	Betrag (€)	Habenkonto
3300 (1600) Verbindlichk. aLuL	300,00	**5200** (3200) Wareneingang
3300 (1600) Verbindlichk. aLuL	57,00	**1406** (1576) Vorsteuer 19 %

Buchung:

S **3300** (1600) **Verbindlichkeiten aLuL** H	S **5200** (3200) **Wareneingang** H
357,00	300,00
	S **1406** (1576) **Vorsteuer 19 %** H
	57,00

4.3.2 Buchen der Rücksendungen und Gutschriften auf der Verkaufsseite

Gutschriften auf der Verkaufsseite für Rücksendungen und Sachmängel **schmälern** die **Verkaufserlöse**.

Sie werden deshalb auf der **Sollseite** des **Erlöskontos** gebucht.

Umsatzsteuerlich handelt es sich bei der **Erlösschmälerung** um eine **Berichtigung des Entgelts** (§ 17 UStG), die eine **Berichtigung der Umsatzsteuer** zur Folge hat.

Die **USt-Berichtigung** wird auf der **Sollseite** des **Umsatzsteuerkontos** gebucht.

Der Erlösschmälerung und der USt-Berichtigung steht eine entsprechende **Minderung** der **Forderung** gegenüber, die auf der **Habenseite** des Kontos **Forderungen aLuL** gebucht wird.

Beispiel:
Wir haben an einen Kunden Waren für 20.000 € + 3.800 € USt = 23.800,00 € auf Ziel geliefert. Von unserem Kunden nehmen wir falsch gelieferte Ware im Wert von 1.000 € + 190 € USt = 1.190,00 € zurück und erteilen ihm darüber eine Gutschrift.

1) Buchungssatz beim **Warenausgang** (lt. Ausgangsrechnung):

Tz.	Sollkonto	Betrag (€)	Habenkonto
1.	**1200** (1400) Forderungen aLuL	23.800,00 20.000,00 3.800,00	**4200** (8200) Erlöse **3806** (1776) USt 19 %

Buchung:

S	**1200** (1400) **Forderungen aLuL**	H
1)	23.800,00	

S	**4200** (8200) **Erlöse**	H
		1) 20.000,00

S	**3806** (1776) **USt 19 %**	H
		1) 3.800,00

2) Buchungssatz bei der **Rücksendung** (lt. Gutschrift):

Tz.	Sollkonto	Betrag (€)	Habenkonto
2.	**4200** (8200) Erlöse **3806** (1776) USt 19 %	1.000,00 190,00 1.190,00	**1200** (1400) Forderungen aLuL

Buchung:

S **4200** (8200) **Erlöse** H   S **1200** (1400) **Forderungen aLuL** H

2)   **1.000,00** | 1)   20.000,00   1)   23.800,00 | 2)   **1.190,00**

S **3806** (1776) **USt 19 %** H

2)   **190,00** | 1)   3.800,00

Gutschriften für Rücksendungen und **Sachmängel** können auch auf das **Unterkonto**

4700 (8700) **Erlösschmälerungen**

gebucht werden.

Das **Unterkonto Erlösschmälerungen** wird zum Ende des Wirtschaftsjahres **über** das **Erlöskonto abgeschlossen**.

Merke: **Rücksendungen und Gutschriften mindern**

- auf der **Einkaufseite** den **Wareneingang**, die **Vorsteuer** und die **Verbindlichkeiten**

  und

- auf der **Verkaufseite** die **Erlöse**, die **Umsatzsteuer** und die **Forderungen**.

4.3.3 Zusammenfassung und Erfolgskontrolle

4.3.3.1 Zusammenfassung

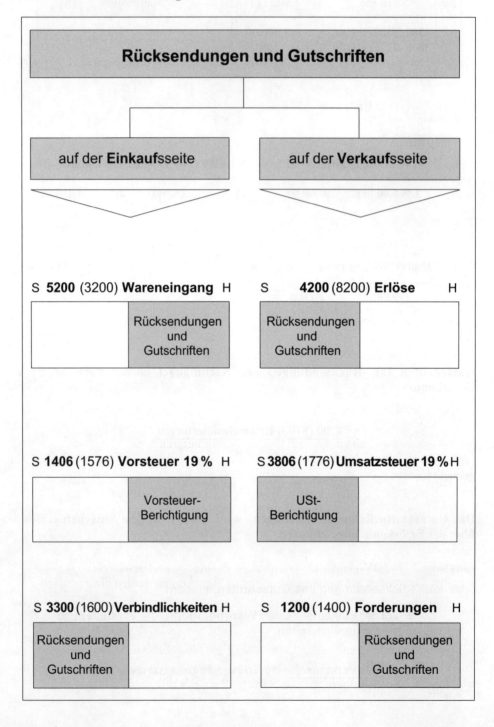

4.3.3.2 Erfolgskontrolle

WIEDERHOLUNGSFRAGEN

1. In welchen Fällen werden Waren zurückgesandt?
2. In welchem Fall werden Waren im Preis ermäßigt?
3. Wie wirken sich Rücksendungen und Gutschriften auf der Einkaufsseite buchmäßig aus?
4. Wie wirken sich Rücksendungen und Gutschriften auf der Verkaufsseite buchmäßig aus?

ÜBUNGSAUFGABEN

Übungsaufgabe 1:

Bilden Sie die Buchungssätze für die folgenden belegmäßig nachgewiesenen Geschäftsvorfälle:

		EUR
1. Wareneinkauf auf Ziel, netto	5.000.00 €	
+ USt	950,00 €	5.950,00
2. Warenverkauf auf Ziel, netto	10.000,00 €	
+ USt	1.900,00 €	11.900,00
3. Warenrücksendung vom Kunden, netto	400,00 €	
+ USt	76,00 €	476,00
4. Warenrücksendung an Lieferer, netto	500,00 €	
+ USt	95,00 €	595,00
5. Warenrücksendung vom Kunden, brutto einschließlich 19 % USt		59,50
6. Warenrücksendung an Lieferer, brutto einschließlich 19 % USt		104,72
7. Aufgrund einer Mängelrüge erhält ein Kunde eine Gutschrift, netto	300,00 €	
+ USt	57,00 €	357,00
8. Wir erhalten von einem Lieferer eine Gutschrift aufgrund einer Mängelrüge, brutto einschließlich 7 % USt		160,50
9. Banküberweisung von Kunden		13.560,00
10. Banküberweisung an Lieferer		9.040,00

Übungsaufgabe 2:

Kontieren Sie EDV-gemäß die folgenden belegmäßig nachgewiesenen Geschäftsvorfälle. Verwenden Sie automatische Konten. Unterkonten werden nicht geführt.

	EUR
1. Warenrücksendung an Lieferer, netto 1.000 € + 190 € USt = Lieferant: 71500	1.190,00
2. Warenrücksendung vom Kunden, netto 500 € + 95 € USt = Kunde: 11405	595,00

Zusammenfassende Erfolgskontrolle

Der Unternehmer Hans Thomas, Köln, hat durch Inventur folgende Anfangs-
bestände ermittelt:

	EUR
0540 (0350) Lkw	20.000,00
0640 (0430) Ladeneinrichtung	25.000,00
1140 (3980) Bestand Waren	150.000,00
1200 (1400) Forderungen aLuL	20.000,00
1800 (1200) Bankguthaben	20.000,00
1600 (1000) Kasse	5.000,00
3300 (1600) Verbindlichkeiten aLuL	15.000,00
2000 (0800) Eigenkapital	225.000,00

Geschäftsvorfälle des Jahres 2007

		EUR
1. Kauf von Waren auf Ziel, netto	5.000,00 €	
+ USt	950,00 €	5.950,00
2. Warenrücksendung an Lieferer, netto	1.000,00 €	
+ USt	190,00 €	1.190,00
3. Warenverkauf auf Ziel, netto	8.000,00 €	
+ USt	1.520,00 €	9.520,00
4. Ausgangsfracht hierauf bar, netto	500,00 €	
+ USt	95,00 €	595,00
5. Warenrücksendung vom Kunden, netto	700,00 €	
+ USt	133,00 €	833,00
6. Warenrücksendung an Lieferer, netto	630,00 €	
+ USt	109,70 €	749,70
7. Warenrücksendung vom Kunden, netto	410,00 €	
+ USt	77,90 €	487,90
8. Banküberweisung von Kunden		11.300,00
9. Barkauf von Verpackungsmaterial, netto	300,00 €	
+ USt	57,00 €	357,00
10. Banküberweisung an Lieferer		3.000,00

Abschlussangaben

11. Warenendbestand lt. Inventur	150.000,00
12. Abschreibung auf Lkw	3.000,00
13. Abschreibung auf Ladeneinrichtung	2.000,00

Aufgaben

1. Bilden Sie die Buchungssätze der Geschäftsvorfälle des Jahres 2007.
2. Tragen Sie die Anfangsbestände auf den Konten vor.
3. Buchen Sie die belegmäßig nachgewiesenen Geschäftsvorfälle.
4. Schließen Sie die Konten ab.

4.4 Preisnachlässe und Preisabzüge

Die **Lieferer** gewähren häufig ihren Kunden **Nachlässe** und **Abzüge** auf ihre Listenpreise.

Diese **Nachlässe** und **Abzüge** werden als **Rabatte**, **Skonti** und **Boni** bezeichnet.

4.4.1 Begriff und steuerliche Bedeutung der Rabatte, Skonti und Boni

Rabatte sind Preisnachlässe, die der Lieferer aus unterschiedlichen Gründen gewährt, z.B. als

■ **Mengenrabatt**	=	bei der Abnahme größerer Mengen,
■ **Treuerabatt**	=	bei länger dauernder Geschäftsbeziehung,
■ **Wiederverkäuferrabatt**	=	bei Verkäufen an Händler,
■ **Personalrabatt**	=	bei Verkäufen an Mitarbeiter,
■ **Sonderrabatt**	=	bei Sonderverkäufen (z.B. Saisonverkäufen).

Rabatte werden in der Regel sofort beim Ausstellen der Rechnung preismindernd berücksichtigt. Sie werden deshalb auch als **Sofort-Rabatte** bezeichnet.

Bei **Sofort-Rabatten** berechnet der Lieferer die **Umsatzsteuer** schon vom **verminderten Rechnungsbetrag**, so dass die **Rabatte nicht** zu den **Anschaffungskosten** gehören **und** für die **Umsatzsteuer keine Bedeutung** haben.

Skonto ist ein **Abzug** des Kunden vom Rechnungsbetrag bei Zahlung innerhalb einer vereinbarten kurzen Frist (Preis**abzug**).

Die **Möglichkeit des Skontoabzugs** soll den **Kunden veranlassen**, den Kaufpreis **kurzfristig** nach Wareneingang **zu zahlen** und somit keinen Liefererkredit in Anspruch zu nehmen.

Umsatzsteuerlich bewirkt der **Skontoabzug beim Lieferer** eine **Entgeltsminderung und** damit eine **Minderung der Umsatzsteuer**, während sich **beim Kunden** die **Vorsteuer verringert**.

Einkommensteuerlich verringert der **Skontoabzug beim Lieferer** den **Ertrag** aus dem Warenverkauf **und beim Käufer** die **Anschaffungskosten** des Wareneingangs.

Bonus ist ein nachträglich entweder viertel-, halb- oder jährlich vom Lieferer gewährter **Nachlass**, den dieser meistens nach der Höhe des Umsatzes staffelt, den der Kunde bei ihm erreicht hat (**nachträglich gewährter Rabatt**).

Der Nachlass wird deshalb auch als **Umsatzbonus** bezeichnet.

Mit der **Bonusgewährung** will der Lieferer seine **Kunden veranlassen**, einen möglichst **hohen Anteil ihres Bedarfs** bei ihm zu **decken**.

Steuerlich werden **Boni** genauso behandelt **wie Skonti**: **Boni mindern** die Umsatzsteuer bzw. die **Vorsteuer** und **verringern** den **Ertrag** bzw. die **Anschaffungskosten**.

Übung: Wiederholungsfragen 1 bis 8 (Seite 209)

4.4.2 Buchen der Preisnachlässe und Preisabzüge auf der Einkaufsseite

Rabatte, Skonti und Boni, die der Buchführende von seinem Lieferer erhält, werden auch als **Liefererrabatte, Liefererskonti und Liefererboni** bezeichnet.

4.4.2.1 Erhaltene Rabatte

Erhaltene Rabatte (Liefererrabatte), die schon in der Rechnung des Lieferers preismindernd berücksichtigt sind (**Sofort-Rabatte**), werden in der Regel **buchmäßig nicht erfasst**.

Erhaltene Rabatte gehören **nicht** zu den **Anschaffungskosten** und haben auch **keine Bedeutung für die Vorsteuer**.

Beispiel:
Wir erhalten für eine Warenlieferung von einem Lieferer folgende **Rechnung** (Auszug):

Listenpreis der Ware	1.000,00 €
– 10 % Rabatt	**– 100,00 €**
Nettobetrag	900,00 €
+ 19 % USt	171,00 €
Bruttorechnungsbetrag	1.071,00 €

Buchungssatz:

Sollkonto	Betrag (€)	Habenkonto
5200 (3200) Wareneingang	900,00	
1406 (1576) Vorsteuer 19 %	171,00	
	1.071,00	**3300** (1600) Verbindlichk. aLuL

Buchung:

S **5200** (3200) **Wareneingang** H	S **3300** (1600) **Verbindlichkeiten aLuL** H
900,00	1.071,00

S **1406** (1576) **Vorsteuer 19 %** H
171,00

Werden Rabatte ausnahmsweise nachträglich gewährt oder will man die beim Einkauf erhaltenen Sofort-Rabatte **gesondert** erfassen, können diese auf dem Konto

5790 (3790) **Erhaltene Rabatte 19 % Vorsteuer**

gebucht werden. Dieses Konto ist ein **Unterkonto des Wareneingangkontos**. Es wird deshalb zum Ende des Jahres **über** das **Wareneingangskonto abgeschlossen**.

4.4.2.2 Erhaltene Skonti

Erhaltene Skonti (Liefererskonti) stellen einkommensteuerlich eine nachträgliche **Minderung der Anschaffungskosten** des Wareneingangs dar. Sie **könnten** deshalb **direkt** auf der Habenseite des **Wareneingangskontos** gebucht werden.

Zur besseren Übersicht und für Zwecke der Kalkulation und Verprobung ist es jedoch üblich, sie auf einem **eigenen Konto**

5736 (3736) **Erhaltene Skonti 19 % Vorsteuer**

zu buchen.

Beispiel:
Wir haben von einem Lieferer Waren für 10.000 € + 1.900 € USt = 11.900,00 € auf Ziel gekauft. Zehn Tage nach der Lieferung begleichen wir die Rechnung unter Abzug von **3 % Skonto** durch Banküberweisung.

Warenwert	10.000,00 €
+ 19 % USt	1.900,00 €
Bruttorechnungsbetrag	11.900,00 €
− **3 % Skonto** (3 % von 11.900 €)	− **357,00 €**
Überweisungsbetrag	11.543,00 €

1) Buchungssatz beim **Wareneingang**:

Tz.	Sollkonto	Betrag (€)	Habenkonto
1.	**5200** (3200) Wareneingang **1406** (1576) Vorsteuer 19 %	10.000,00 1.900,00 11.900,00	**3300** (1600) Verbindlichk. aLuL

Buchung:

S   **5200** (3200) **Wareneingang**   H   S **3300** (1600) **Verbindlichkeiten aLuL** H

1)   **10.000,00**   1)   **11.900,00**

S **1406** (1576) **Vorsteuer 19 %**   H

1)   **1.900,00**

Der bei der Zahlung abgezogene **Skontobetrag von 357 €** ist **zu zerlegen** in den Teil, der auf den **Warenwert** entfällt (357 € : 1,19 = **300 €**) und den Teil, der auf die **Umsatzsteuer** entfällt (357 € − 300 € = **57 €**). Steuerlich handelt es sich bei dem Teil, der auf den **Warenwert** entfällt, um eine **Anschaffungskosten-minderung** und bei dem Teil, der auf die **Umsatzsteuer** entfällt, um eine **Minderung** der **Vorsteuer**.

2) Buchungssatz bei der **Zahlung**:

Tz.	Sollkonto	Betrag (€)	Habenkonto
2.	**3300** (1600) Verbindlichk. aLuL	11.900,00 11.543,00 300,00 57,00	 **1800** (1200) Bank **5736** (3736) **Erhaltene Skonti** **1406** (1576) Vorsteuer 19 %

Buchung:

S **3300** (1600) **Verbindlichk. aLuL** H   S   **1800** (1200) **Bank**   H

2)   **11.900,00** | 1)   11.900,00   2)   **11.543,00**

S **5736** (3736) **Erhaltene Skonti** H

2)   **300,00**

S **1406** (1576) **Vorsteuer 19 %**   H

2)   **57,00**

Das Konto "**Erhaltene Skonti**" ist ein **Unterkonto** des Kontos "**Wareneingang**" und wird deshalb über dieses Konto **abgeschlossen**.

Beispiel:
Das Konto "**5736** (3736) **Erhaltene Skonti 19 % Vorsteuer**" aus dem Beispiel zuvor (Seite 199 f.) wird wie folgt **abgeschlossen**:

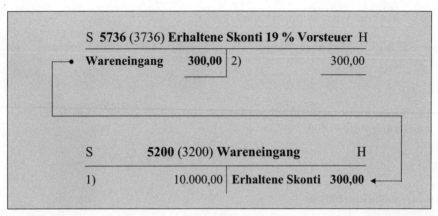

Der **Abschluss** zeigt, dass **erhaltene Skonti** eine **Minderung der Anschaffungskosten** des Wareneingangs darstellen.

Wird die **Vorsteuer** – wie im vorangegangenen Beispiel – **sofort** bei der Buchung der Zahlung **berichtigt**, bezeichnet man das Buchungsverfahren als **Nettoverfahren**.

Werden alle Skonti **zunächst brutto** (d.h. einschließlich der Umsatzsteuer) gebucht und die Berichtigung erst später vorgenommen, bezeichnet man das Verfahren als **Bruttoverfahren**.

Beispiel:
Sachverhalt wie im Beispiel zuvor (Seite 199 f.)

2) Buchungssatz bei der Zahlung nach dem **Bruttoverfahren**:

Sollkonto	Betrag (€)	Habenkonto
3300 (1600) Verbindlichk. aLuL	11.900,00 11.543,00 357,00	 **1800** (1200) Bank **5736** (3736) **Erhaltene Skonti**

Buchung:

S **3300** (1600) **Verbindlichkeiten aLuL** H

2)	**11.900,00**	1)	11.900,00

S **1800** (1200) **Bank** H

	2)	**11.543,00**

S **5736** (3736) **Erhaltene Skonti** H

	2)	**357,00**

Die **Berichtigung der Vorsteuer** erfolgt beim **Bruttoverfahren** für alle Skontibeträge eines bestimmten Zeitraums (meistens des USt-Voranmeldungszeitraums) in einer Summe.

Beispiel:
Sachverhalt wie im Beispiel zuvor

3) Buchung der Vorsteuerberichtigung:

S	5736 (3736) **Erhaltene Skonti**	H		S	1406 (1576) **Vorsteuer**	H
3)	57,00	1)	357,00		3)	57,00

Der **Saldo** des Kontos "**Erhaltene Skonti**" entspricht der Anschaffungskosten-**minderung** von **300,00 €**.

4.4.2.3 Erhaltene Boni

Erhaltene Boni (Liefererboni) stellen einkommensteuerlich – wie erhaltene Skonti – eine **Minderung der Anschaffungskosten** des Wareneingangs dar.

Zur besseren Übersicht und zur Abgrenzung gegenüber den Rücksendungen werden jedoch auch die Boni auf einem **eigenen Konto**,

5760 (3760) Erhaltene Boni 19 % Vorsteuer,

gebucht.

Beispiel:
Der Lieferer aus dem Beispiel zuvor (Seite 199) gewährt uns zum Ende des Jahres einen **Bonus** von **1.000 € + 190 € USt = 1.190,00 €**.

Buchungssatz:

Sollkonto	Betrag (€)	Habenkonto
3300 (1600) Verbindlichk. aLuL	1.190,00	
	1.000,00	**5760** (3760) **Erhaltene Boni**
	190,00	**1406** (1576) Vorsteuer 19 %

Buchung:

S	3300 (1600) **Verbindlichkeiten aLuL**	H		S	5760 (3760) **Erhaltene Boni**	H
	1.190,00					1.000,00

			S	1406 (1576) **Vorsteuer 19 %**	H
					190,00

Das Konto "**Erhaltene Boni**" ist ein **Unterkonto** des **Kontos "Wareneingang"** und wird deshalb über dieses Konto abgeschlossen.

<u>Beispiel:</u>
Das Konto "**5760** (3760) **Erhaltene Boni 19 % Vorsteuer**" aus dem Beispiel zuvor wird wie folgt **abgeschlossen**:

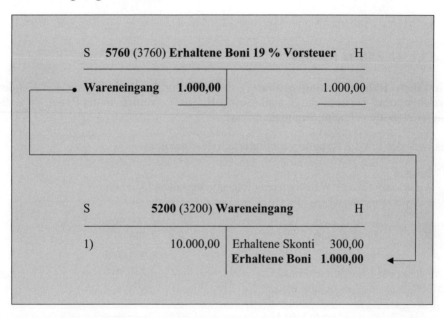

Der **Abschluss zeigt**, dass **erhaltene Boni** – wie erhaltene Skonti – eine **Minderung** der **Anschaffungskosten** des Wareneingangs darstellen.

Bei der Verwendung **automatischer Konten** wird unterstellt, dass der Berichtigungs-schlüssel 4 eingeben wird. Der Berichtigungsschlüssel 4 bewirkt, dass die Umsatzsteuer bei den automatischen Konten nicht errechnet und gebucht wird.

> **Übung**: 1. Wiederholungsfragen 9 bis 14 (Seite 209),
> 2. Übungsaufgaben 1 und 2 (Seite 209 f.)

4.4.3 Buchen der Preisnachlässe und Preisabzüge auf der Verkaufsseite

Rabatte, Skonti und Boni, die der Buchführende seinem **Kunden gewährt**, werden auch als **Kundenrabatte, Kundenskonti und Kundenboni** bezeichnet.

4.4.3.1 Gewährte Rabatte

Gewährte Rabatte (Kundenrabatte), die schon in der Rechnung an den Kunden preismindernd berücksichtigt sind (Sofort-Rabatte), werden in der Regel – wie die Liefererrabatte – buchmäßig nicht erfasst.

Es wird der um die Rabatte verminderte Erlös gebucht.

Beispiel:
Wir erteilen für eine Warenlieferung folgende Rechnung (Auszug):

Listenpreis der Waren	10.000,00 €
– **20 % Rabatt**	– **2.000,00 €**
Nettobetrag	8.000,00 €
+ 19 % USt	1.520,00 €
Bruttorechnungsbetrag	9.520,00 €

Buchungssatz:

Sollkonto	Betrag (€)	Habenkonto
1200 (1400) Forderungen aLuL	9.520,00	
	8.000,00	**4200** (8200) Erlöse
	1.520,00	**3806** (1776) USt 19 %

Buchung:

S **1200** (1400) **Forderungen aLuL** H	S **4200** (8200) **Erlöse** H
9.520,00	8.000,00

S   **3806** (1776) **USt 19 %**   H
1.520,00

Auch auf der **Verkaufsseite** können die **Rabatte** gesondert auf einem **eigenen Konto**, dem Konto "**4790 (8790) Gewährte Rabatte 19 % USt**", erfasst werden. Das Konto **Gewährte Rabatte** ist ein **Unterkonto des Erlöskontos**. Es wird zum Ende des Jahres **über** das **Erlöskonto abgeschlossen**.

4.4.3.2 Gewährte Skonti

Gewährte Skonti (Kundenskonti) mindern nachträglich die **Erlöse**.

Sie werden jedoch – entsprechend der buchmäßigen Behandlung der Liefererskonti – auf einem **eigenen Konto**,

4736 (8736) **Gewährte Skonti 19 % USt**,

erfasst.

Beispiel:
Wir haben Waren für 20.000 € + 3.800 € USt = 23.800,00 € auf Ziel verkauft.
Der Kunde zahlt vereinbarungsgemäß den Rechnungsbetrag durch Banküberweisung
unter Abzug von **2 % Skonto**.

Warenwert	20.000,00 €
+ 19 % USt	3.800,00 €
Bruttorechnungsbetrag	23.800,00 €
– **2 % Skonto**	– 476,00 €
Überweisungsbetrag	23.324,00 €

Der bei der Zahlung abgezogene **Skontobetrag (476,00 €)** ist in den **Erlösanteil (400,00 €)** und den **USt-Anteil (76,00 €)** zu zerlegen. Die USt ist zu berichtigen.

2) Buchungssatz beim Zahlungseingang:

Tz.	Sollkonto	Betrag (€)	Habenkonto
2.	**1800** (1200) **Bank**	23.324,00	
	4736 (8736) **Gewährte Skonti**	400,00	
	3806 (1776) USt 19 %	76,00	
		23.800,00	**1200** (1400) Forderungen aLuL

Buchung:

S	**1800** (1200) **Bank**	H		S	**1200** (1400) **Forderungen aLuL**	H
2)	23.324,00			1)	23.800,00	2) 23.800,00

S	**4736** (8736) **Gewährte Skonti**	H		S	**4200** (8200) **Erlöse**	H
2)	400,00					1) 20.000,00

S	**3806** (1776) **USt 19 %**	H
2)	76,00	1) 3.800,00

Die **Kundenskonti** können – wie die Liefererskonti – nach dem **Nettoverfahren** (= sofortige USt-Berichtigung) **oder** nach dem **Bruttoverfahren** (= spätere USt-Berichtigung) gebucht werden.

Das Konto "**Gewährte Skonti**" wird über das Konto "**4200** (8200) **Erlöse**" **abgeschlossen**.

Beispiel:
Das Konto "**4736** (8736) **Gewährte Skonti 19 % USt**" aus dem Beispiel zuvor wird wie folgt **abgeschlossen**:

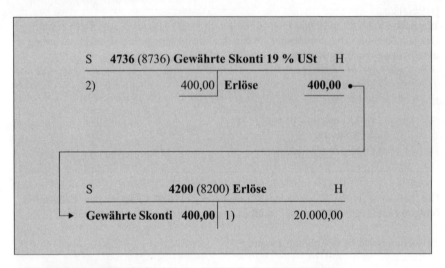

Der **Abschluss zeigt**, dass **gewährte Skonti** die **Erlöse mindern**.

4.4.3.3 Gewährte Boni

Gewährte Boni (**Kundenboni**) **mindern** die **Erlöse**. Sie werden buchmäßig **wie Kundenskonti** behandelt.

Die Erlösminderungen werden zur besseren Übersicht und zur Abgrenzung gegenüber den Warenrücksendungen der Kunden auf einem **Unterkonto des Erlöskontos** erfasst.

Das Unterkonto

4760 (8760) **Gewährte Boni 19 % USt**

wird am Ende des Jahres über das **Erlöskonto abgeschlossen**.

Bei der Verwendung **automatischer Konten** wird unterstellt, dass der Berichtigungs-schlüssel 4 eingeben wird. Der Berichtigungsschlüssel 4 bewirkt, dass die Umsatzsteuer bei den automatischen Konten nicht errechnet und gebucht wird.

Beispiel:
Wir gewähren dem Kunden aus dem Beispiel zuvor (Seite 205) zum Ende des Jahres
einen **Bonus** von 500,00 € + 95,00 € USt = 595,00 €.

Buchungssatz:

Sollkonto	Betrag (€)	Habenkonto
4760 (8760) **Gewährte Boni** **3806** (1776) **USt 19 %**	500,00 95,00 595,00	 **1200** (1400) **Forderungen aLuL**

Buchung:

S **4760** (8760) **Gewährte Boni** H   S **1200** (1400) **Forderungen aLuL** H

    500,00 | | **595,00**

S   **3806** (1776) **USt 19 %**   H

  95,00 |

Beispiel:
Das Konto "**4760** (8760) **Gewährte Boni 19 % USt**" aus dem Beispiel zuvor wird
wie folgt **abgeschlossen**:

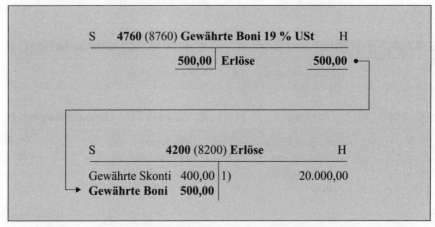

Der **Abschluss** zeigt, dass **gewährte Boni** – wie gewährte Skonti – die **Erlöse
mindern**.

> **Übung:** 1. Wiederholungsfragen 15 bis 19 (Seite 209),
>   2. Übungsaufgaben 3 und 4 (Seite 210 f.)

4.4.4 Zusammenfassung und Erfolgskontrolle

4.4.4.1 Zusammenfassung

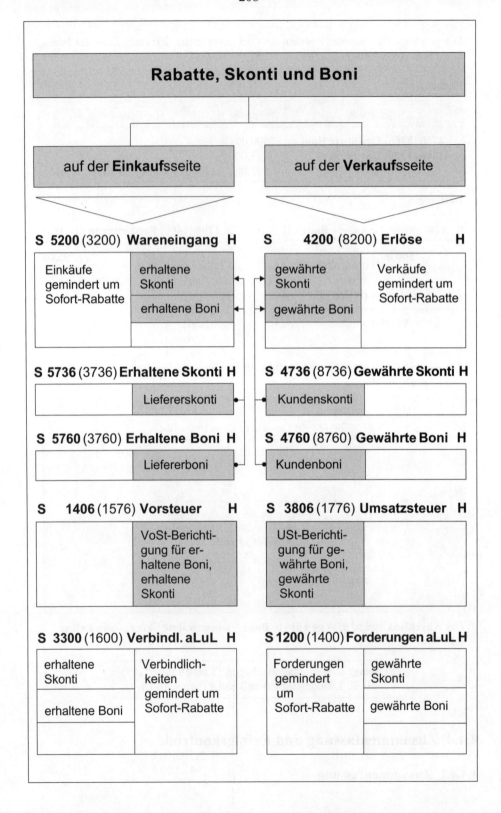

4.4.4.2 Erfolgskontrolle

WIEDERHOLUNGSFRAGEN

1. Was sind Rabatte?
2. Was ist Skonto?
3. Was bezweckt der Lieferer mit der Skontogewährung?
4. Welche umsatzsteuerliche Auswirkung hat der Skontoabzug?
5. Welche einkommensteuerliche Wirkung hat der Skontoabzug?
6. Was versteht man unter Bonus?
7. Was bezweckt der Lieferer mit der Bonusgewährung?
8. Wie werden Boni steuerlich behandelt?
9. Wie werden Liefererrabatte buchmäßig behandelt?
10. Auf welchem Konto werden Liefererskonti gebucht?
11. Über welches Konto wird dieses Konto abgeschlossen?
12. Was versteht man bei der Skontibuchung
    a) unter Nettoverfahren und
    b) unter Bruttoverfahren?
13. Auf welchem Konto werden Liefererboni gebucht?
14. Über welches Konto wird dieses Konto abgeschlossen?
15. Wie werden Kundenrabatte buchmäßig behandelt?
16. Auf welchem Konto werden Kundenskonti gebucht?
17. Über welches Konto wird dieses Konto abgeschlossen?
18. Auf welchem Konto werden Kundenboni gebucht?
19. Über welches Konto wird dieses Konto abgeschlossen?

ÜBUNGSAUFGABEN

Übungsaufgabe 1:

Bilden Sie die Buchungssätze für die folgenden belegmäßig nachgewiesenen Geschäftsvorfälle:

	EUR
1. Wir erhalten für eine Warenlieferung folgende Rechnung (Auszug):	

Listenpreis der Ware	1.200,00 €	
– 10 % Rabatt	– 120,00 €	
	1.080,00 €	
+ 19 % USt	205,20 €	1.285,20

2. Wir begleichen diese Liefererrechnung über   1.285,20
   unter Abzug von 2 % Skonto durch Banküberweisung.

3. Unser Lieferer sendet uns für das 1. Halbjahr eine Umsatzbonus-Gutschrift über netto	2.500,00 €	
+ USt	475,00 €	2.975,00

Übungsaufgabe 2:

Bilden Sie die Buchungssätze für die folgenden belegmäßig nachgewiesenen Geschäftsvorfälle:

		EUR
1. Wir kaufen Waren auf Ziel, netto	4.500,00 €	
+ USt	855,00 €	5.355,00
2. Barzahlung für Eingangsfracht hierauf, netto	100,00 €	
+ USt	19,00 €	119,00
3. Wir senden beschädigte Waren der obigen Sendung zurück. Der Lieferer erteilt uns eine Gutschrift über netto	500,00 €	
+ USt	95,00 €	595,00
4. Wir begleichen den Rest der Rechnung zur Tz. 1 unter Abzug von 2 % Skonto durch Banküberweisung.		?
5. Wir verkaufen Waren auf Ziel, netto	4.700,00 €	
+ USt	893,00 €	5.593,00
6. Barzahlung für Ausgangsfracht hierauf, netto	200,00 €	
+ USt	38,00 €	238,00
7. Wir erteilen dem Kunden (Tz. 5) eine Gutschrift für eine Mängelrüge, netto	300,00 €	
+ USt	57,00 €	357,00

Übungsaufgabe 3:

Bilden Sie die Buchungssätze für die folgenden belegmäßig nachgewiesenen Geschäftsvorfälle:

		EUR
1. Kauf von Waren auf Ziel, netto	5.000,00 €	
+ USt	950,00 €	5.950,00
2. Lieferer gewährt uns einen Bonus, netto	300,00 €	
+ USt	57,00 €	357,00
3. Kauf von Waren auf Ziel, netto	4.000,00 €	
− 10 % Rabatt	− 400,00 €	
	3.600,00 €	
+ USt	684,00 €	4.284,00
4. Banküberweisung an Lieferer für Rechnung (Tz. 3) abzüglich 3 % Skonto	4.284,00 € − 128,52 €	4.155,48
5. Warenverkauf auf Ziel, netto	8.000,00 €	
+ USt	1.520,00 €	9.520,00
6. Wir gewähren einem Kunden einen Bonus, netto	600,00 €	
+ USt	114,00 €	714,00

	EUR

7. Warenverkauf auf Ziel, netto   10.000,00 €
               – Rabatt   – 2.000,00 €
                            8.000,00 €
           + USt   1.520,00 €
	9.520,00

8. Banküberweisung vom Kunden
    für Rechnung (Tz. 7)   9.520,00 €
    abzüglich 2 % Skonto   – 190,40 €
	9.329,60

9. Gutschrift der Bank über
    für Ausgangsrechnung über 7.735 €
    (einschl. 19 % USt) abzüglich 2 % Skonto
	7.580,30

10. Lastschrift der Bank über
     für Eingangsrechnung über 8.687 €
     (einschl. 19 % USt) abzüglich 3 % Skonto
	8.426,29

Übungsaufgabe 4:

Kontieren Sie EDV-gemäß die folgenden belegmäßig nachgewiesenen Geschäfts-vorfälle. Verwenden Sie – soweit möglich – automatische Konten.

	EUR

1. Der Kunde Dahlhoff (Debitoren-Nr. 10 112)
    zahlt vereinbarungsgemäß den Rechnungsbetrag
    über 10.000 € + 1.900 € USt = 11.900 €
    abzüglich 2 % Skonto   =   238,00 €
    durch Postbanküberweisung.
	11.662,00

2. Banküberweisung an Lieferer Liesenfeld
    (Kreditoren-Nr. 70 017) für Rechnung
    über 3.600 € + 684 € USt = 4.284,00 €
    abzüglich 3 % Skonto   =   128,52 €
	4.155,48

3. Der Lieferer Bach (Kreditoren-Nr. 70 103)
    gewährt uns in Form einer Gutschrift
    einen Bonus von 1.000 € + 190 € USt =
	1.190,00

4. Wir gewähren dem Kunden Caesar (Debitoren-
    Nr. 10 107) in Form einer Gutschrift
    einen Bonus von 500 € + 95 € USt   =
	595,00

Zusammenfassende Erfolgskontrolle

Der Unternehmer Eduard Jäger, Bonn, hat durch Inventur folgende Anfangs-bestände ermittelt:

	EUR
0640 (0430) Ladeneinrichtung	35.000,00
1140 (3980) Bestand Waren	130.000,00
1200 (1400) Forderungen aLuL	25.000,00
1406 (1576) Vorsteuer 19 %	0,00
1800 (1200) Bankguthaben	9.000,00
1600 (1000) Kasse	1.000,00
3300 (1600) Verbindlichkeiten aLuL	10.000,00
3806 (1776) Umsatzsteuer 19 %	10.000,00
2000 (0800) Eigenkapital	180.000,00

Geschäftsvorfälle des Jahres 2007

		EUR
1. Kauf von Waren auf Ziel, netto	5.000,00 €	
+ USt	950,00 €	5.950,00
2. Banküberweisung an Lieferer für Rechnung (Tz. 1)	5.950,00 €	
abzüglich 2 % Skonto	119,00 €	5.831,00
3. Kauf von Waren auf Ziel, netto	2.000,00 €	
– Rabatt	– 200,00 €	
	1.800,00 €	
+ USt	342,00 €	2.142,00
4. Verkauf von Waren auf Ziel, netto	20.000,00 €	
– Rabatt	– 4.000,00 €	
	16.000,00 €	
+ USt	3.040,00 €	19.040,00
5. Banküberweisung vom Kunden für Rechnung über	11.900,00 €	
abzüglich 2 % Skonto	238,00 €	11.662,00
6. Banküberweisung der Umsatzsteuerschuld (Zahllast)		10.000,00
7. Lieferer gewährt Jäger einen Bonus, netto	500,00 €	
+ USt	95,00 €	595,00
8. Jäger gewährt einem Kunden einen Bonus, netto	300,00 €	
+ USt	57,00 €	357,00

Abschlussangaben

	EUR
9. Warenendbestand lt. Inventur	135.000,00
10. Abschreibung auf Ladeneinrichtung	5.000,00

Aufgaben

1. Bilden Sie die Buchungssätze der Geschäftsvorfälle 2007. Konten für Rabatte werden nicht geführt.
2. Tragen Sie die Anfangsbestände auf T-Konten vor.
3. Buchen Sie die Geschäftsvorfälle.
4. Schließen Sie die Konten ab.

4.5 Handelskalkulation

Kalkulation heißt Preise berechnen. **Handelskalkulation** ist die Preisberechnung der Handelsbetriebe.

Die Unternehmensleitung der Handelsbetriebe will vor allem wissen, zu welchem **Einkaufspreis** (Bezugspreis) die Ware bezogen wird, und zu welchem **Verkaufspreis** die Ware abgesetzt werden kann.

Der Betriebskreislauf eines Handelsbetriebes lässt erkennen, dass die Handelskalkulation von der **Einkaufsrechnung** ausgeht und zur **Verkaufsrechnung** führt:

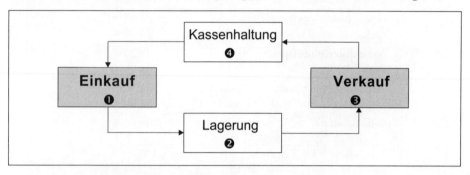

4.5.1 Kalkulationsschema

Auf der Grundlage der auf den einzelnen Stufen ermittelten **Kosten** lassen sich die **Angebotspreise** kalkulieren.

Handelswaren verursachen Kosten im **Beschaffungsbereich**, **Verwaltungsbereich und Vertriebsbereich** (**nicht** aber – wie im Industriebetrieb – auch **im Fertigungsbereich**).

Handlungskosten sind Kosten, die neben den Bezugskosten anfallen, wie z.B. Personalkosten, Miete, Abschreibungen usw.

Die **Umsatzsteuer** wird bei der Preisberechnung grundsätzlich **nicht** berücksichtigt, d.h. alle Preise sind **Nettopreise**.

	Netto-Listeneinkaufspreis	
–	Liefererrabatt (erhaltener Rabatt)	v.H.
	Netto-Zieleinkaufspreis	
–	Liefererskonto (erhaltener Skonto)	v.H.
	Netto-Bareinkaufspreis	
+	Bezugskosten (z.B. Fracht, Rollgeld,Transportversicherung) absolut bzw. v.H.	
	Netto-Einstandspreis (Bezugspreis)	
+	Handlungskosten (Geschäftskosten)	v.H.
	Selbstkosten	
+	Gewinn	v.H.
	Netto-Barverkaufspreis	
+	Kundenskonto (gewährter Skonto)	i.H.
	Netto-Zielverkaufspreis	
+	Kundenrabatt (gewährter Rabatt)	i.H.
	Netto-Listenverkaufspreis	

Beispiel:

Die J & M GmbH kauft einen Tisch zum Netto-Listenpreis von 480 € ein. Sie erhält vom Lieferer 25 % Rabatt und 3 % Skonto. J & M kalkulieren mit 34,80 € Bezugskosten, 16 2/3 % Handlungskosten, 5 % Gewinn, 2 % Kundenskonto und 20 % Kundenrabatt.

Der Netto-Listen**verkaufspreis** des Tischs wird wie folgt berechnet:

Netto-Listeneinkaufspreis	480,00 €
− Lieferrabatt (25 % von 480 €)	120,00 €
Netto-Zieleinkaufspreis	360,00 €
− Liefererskonto (3 % von 360 €)	10,80 €
Netto-Bareinkaufspreis	349,20 €
+ Bezugskosten	34,80 €
Netto-Einstandspreis (Bezugspreis)	384,00 €
+ Handlungskosten (16 2/3 % von 384 €)	64,00 €
Selbstkosten	448,00 €
+ Gewinn (5 % von 448 €)	22,40 €
Netto-Barverkaufspreis	470,40 €
+ Kundenskonto (2 % von 480 €)	9,60 €
Netto-Zielverkaufspreis	480,00 €
+ Kundenrabatt (20 % von 600 €)	120,00 €
Netto-Listenverkaufspreis	**600,00 €**

In der Praxis der Handelsbetriebe werden häufig **vereinfachte** Kalkulationsverfahren angewandt. Diese Verfahren sind sinnvoll, wenn die Bedingungen über längere Zeit **konstant** bleiben.

4.5.2 Kalkulationszuschlag

Aus Vereinfachungsgründen werden vielfach die **einzelnen** Prozentsätze zwischen dem Netto-Einstandspreis (Bezugspreis) und dem Netto-Listenverkaufspreis zu **einem** Prozentsatz zusammengefasst.

Der Unterschied zwischen dem Verkaufspreis und dem Bezugspreis, ausgedrückt in Prozenten des **Bezugspreises**, wird als **Kalkulationszuschlag** bezeichnet:

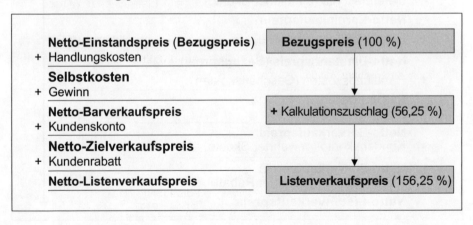

Beispiel:
Sachverhalt wie im Beispiel zuvor (Seite 214). Der **Kalkulationszuschlag** und der Netto-Listenverkaufspreis werden wie folgt berechnet:

Bezugspreis	= 384 €	– 100 %
Unterschiedsbetrag zwischen Listenverkaufspreis und Bezugspreis (600 € – 384 €)	= 216 €	– x %

$$x = \frac{100\ \% \ \times \ 216\ €}{384\ €}$$

$$x = \mathbf{56,25\ \%}$$
(Kalkulationszuschlag)

Kalkulationsvereinfachung:

Bezugspreis (100 %)	384,00 €
+ **Kalkulationszuschlag (56,25 %** von 384 €)	216,00 €
Listenverkaufspreis (156,25 %)	**600,00 €**

4.5.3 Kalkulationsfaktor

An Stelle des Kalkulations**zuschlags** kann der Händler auch mit dem Kalkulations**faktor** rechnen.

Der **Kalkulationsfaktor** ist die Zahl, mit der man den Bezugspreis multiplizieren muss, um den Verkaufspreis zu erhalten.

Bezugspreis   x   Kalkulationsfaktor   =   Listenverkaufspreis

Beispiel:
Sachverhalt wie im Beispiel zuvor. Der **Kalkulationsfaktor** beträgt bei einem Kalkulations**zuschlag** von **56,25 %** = **1,5625.**

Kalkulationsvereinfachung:

384 € x **1,5625** =	**600,00 €**

Übung: 1. Wiederholungsfragen 1 bis 3 (Seite 217),   2. Übungsaufgaben 1 bis 4 (Seite 217)

4.5.4 Handelsspanne

In vielen Wirtschaftsbereichen wird der **Verkaufspreis** empfohlen. In diesem Falle wird der Händler eine **Rückwärtskalkulation** (retrograde Kalkulation) durchführen, um den **Bezugspreis** zu erhalten.

Der Unterschied zwischen dem Verkaufspreis und dem Bezugspreis, ausgedrückt in Prozenten des **Verkaufspreises**, wird als <u>**Handelsspanne**</u> bezeichnet:

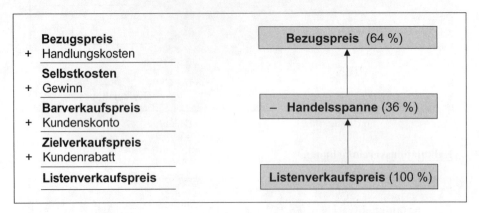

Beispiel:
Sachverhalt wie im Beispiel zuvor (Seite 214). Die Handelsspanne und der Bezugspreis werden wie folgt berechnet:

Listenverkaufspreis		=	600 €	– 100 %
Unterschiedsbetrag zwischen Listenverkaufspreis und Bezugspreis (600 € – 384 €)		=	216 €	– x %
	x	=	$\dfrac{100\,\% \ \times \ 216\,\text{€}}{600\,\text{€}}$	
	x	=	**36 %** (Handelsspanne)	

Kalkulationsvereinfachung:

Listenverkaufspreis (100 %)	600,00 €
– **Handelsspanne (36 % von 600 €)**	– 216,00 €
Bezugspreis (64 %)	**384,00 €**

Übung: 1. Wiederholungsfrage 4 (Seite 217),
2. Übungsaufgabe 5 und 6 (Seite 217 f.)

4.5.5 Erfolgskontrolle

WIEDERHOLUNGSFRAGEN

1. Wie wird der Netto-Listenverkaufspreis eines Handelsbetriebs ermittelt?
   (Nennen Sie das Kalkulationsschema.)
2. Wie wird der Kalkulationszuschlag ermittelt?
3. Was versteht man unter dem Kalkulationsfaktor?
4. Wie wird die Handelsspanne ermittelt?

ÜBUNGSAUFGABEN

Übungsaufgabe 1:

1. Ermitteln Sie den Bezugspreis, wenn Ihnen folgende Zahlen zur Verfügung stehen:
   Selbstkosten 399,00 EUR und Handlungskosten 45 %.
2. Ermitteln Sie die Selbstkosten, wenn Ihnen folgende Zahlen zur Verfügung stehen:
   Bezugspreis 120,00 EUR und Handlungskosten 35 %.
3. Ermitteln Sie den Zielverkaufspreis, wenn der Barverkaufspreis 544,00 EUR beträgt
   und 2 % Kundenskonto gewährt werden.
4. Ermitteln Sie den Zieleinkaufspreis bei einem Listeneinkaufspreis von 1.120,00 EUR
   und einem Liefererrabatt von 5 %.
5. Ermitteln Sie die Selbstkosten bei einem Barverkaufspreis von 845,00 EUR und einem
   Gewinn von 18 %.

Übungsaufgabe 2:

Zu welchem Netto-Listenverkaufspreis kann ein Artikel angeboten werden, der mit
10 % Kundenrabatt, 2 % Kundenskonto und 20 % Gewinn verkauft werden soll und
dessen Selbstkosten 270,00 EUR betragen?

Übungsaufgabe 3:

Für einen Warenposten stehen dem Baustoffgroßhändler Bieser folgende Zahlen zur
Verfügung:

Netto-Zieleinkaufspreis	600,00 EUR
Netto-Einstandspreis (Bezugspreis)	650,00 EUR
Selbstkosten	800,00 EUR
Netto-Barverkaufspreis	1.000,00 EUR
Netto-Listenverkaufspreis	1.300,00 EUR

1. Wie hoch ist der Kalkulationszuschlag?
2. Wie hoch ist der Kalkulationsfaktor?

Übungsaufgabe 4:

Zu welchem Netto-Listenverkaufspreis kann ein Artikel angeboten werden, der mit
25 % Kundenrabatt und 2 % Kundenskonto verkauft werden soll und dessen
Netto-Barverkaufspreis 447,65 EUR beträgt?

Übungsaufgabe 5:

Wie hoch ist die Handelsspanne der Übungsaufgabe 3 (Seite 217)?

Übungsaufgabe 6:

Die J & M Möbelfabrik GmbH, Koblenz, kauft im Rahmen ihres Handelsbetriebs Rokoko-Stühle ein, die ohne Be- und Verarbeitung weiterverkauft werden sollen. Die J & M GmbH erhält folgende Eingangsrechnung (ER):

FR. MEERBOTHE GMBH fm

Fr. Meerbothe GmbH, Mariahilfstraße 20, 56070 Koblenz-Lützel

J & M Möbelfabrik GmbH
Kammertsweg 64

56070 Koblenz

Bankverbindung:
Koblenzer Volksbank eG
Konto 2734566
BLZ 570 603 54
Steuernummer 22 220 1042 4
Lieferdatum 02.07.2007

RECHNUNG   Nr. 970711   Datum 05.07.2007   W/S

Anzahl	Gegenstand	Listenpreis	Rabatt	Gesamtpreis
25	Rokoko-Stühle	875 €	10 %	19.687,50 €
	Transport-versicherung 1 %			196,88 €
	Fracht			906,13 €
				20.790,51 €
	19 % USt			3.950,20 €
	Rechnungsbetrag			**24.740,71 €**

Zahlbar innerhalb 10 Tagen abzüglich 2 % Skonto vom Warenwert
oder 30 Tage netto.

Ermitteln Sie anhand der obigen Eingangsrechnung der Firma Meerbothe

1. den Zieleinkaufspreis je Stuhl,
2. den Bareinkaufspreis je Stuhl,
3. den Bezugspreis je Stuhl,
4. die Handelsspanne, wenn die J & M GmbH einen Stuhl zum Netto-Listenpreis von 1.175,00 € anbietet (zwei Dezimalstellen).

4.6 Besonderheiten der Industriebuchführung

Industriebetriebe stellen **Erzeugnisse** her mit dem Ziel, diese mit einem möglichst hohen Gewinn abzusetzen. Dabei entstehen auf den einzelnen Stufen des Betriebskreislaufs Kosten.

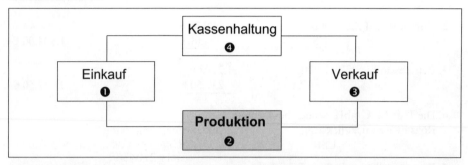

Unter **Kosten** versteht man den bewerteten Verbrauch von Wirtschaftsgütern zum Zwecke des Absatzes der betrieblichen Erzeugnisse. Neben dem Verbrauch von Wirtschaftsgütern zählen **auch Betriebssteuern** zu den Kosten.

Ein **Zweck** der Buchführung eines Industriebetriebs ist es, die **Kosten zu erfassen**. Nach ihrer Erfassung und Zurechenbarkeit **zum** einzelnen Erzeugnis unterscheidet man Einzelkosten und Gemeinkosten.

Einzelkosten sind Kosten, die jedem Erzeugnis **unmittelbar** zugerechnet werden können. Dazu gehören die Rohstoffkosten (z.B. Kosten für den Verbrauch von Holz, Stahl, Glas, Textilien).

Gemeinkosten sind Kosten, die den Erzeugnissen nur **mittelbar** mithilfe von Zuschlagsätzen zugerechnet werden können. Dazu gehören die Hilfsstoffkosten (z.B. Kosten für den Verbrauch von Nägeln, Schrauben, Farben) und die Betriebsstoffkosten (z.B. Kosten für den Verbrauch von Brennstoffen, Treibstoffen).

Bei Industriebetrieben kommt den **Herstellungskosten** besondere Bedeutung zu. Ein wesentlicher Bestandteil der Herstellungskosten sind die **Materialkosten**, die ebenfalls in Material**einzel**- und Material**gemeinkosten** unterteilt werden.

Weiterhin unterscheidet man innerhalb der Materialkosten zwischen Kosten für **Roh-, Hilfs-** und **Betriebsstoffe**. **Rohstoffe** sind Hauptbestandteile und **Hilfsstoffe** Nebenbestandteile, die stofflich in das Fertigerzeugnis eingehen. **Betriebsstoffe** gehen dagegen stofflich nicht in das Fertigerzeugnis ein. Sie sind jedoch zur Herstellung der Erzeugnisse erforderlich (z.B. Strom).

4.6.1 Kauf von Roh-, Hilfs- und Betriebsstoffen

Der **Kauf von Roh-, Hilfs- und Betriebsstoffen** wird – **wie der Kauf von Waren** (siehe Seite 97 f.) – **auf Aufwandskonten erfasst**, weil unterstellt wird, dass die eingekauften Stoffe sofort bei der Produktion verbraucht werden.

Die DATEV-Kontenrahmen sehen hierfür folgende Konten vor:

> **5010** (3010) **Aufwendungen für Rohstoffe,**
>
> **5020** (3020) **Aufwendungen für Hilfsstoffe,**
>
> **5030** (3030) **Aufwendungen für Betriebsstoffe.**

Beispiel:
Die J & M Möbelfabrik GmbH kauft folgende Stoffe ein:

1. Rohstoffe auf Ziel, netto   5.100,00 €
                         + USt   969,00 €   6.069,00 €

2. Hilfsstoffe auf Ziel, netto   1.600,00 €
                         + USt   304,00 €   1.904,00 €

3. Betriebsstoffe auf Ziel, netto   1.250,00 €
                         + USt   237,50 €   1.487,50 €

4. Die J & M GmbH sendet beschädigte
   Rohstoffe zurück, netto   300,00 €
                         + USt   57,00 €   357,00 €

5. Für mangelhaft gelieferte Betriebs-
   stoffe erhält die J & M GmbH eine
   Gutschrift, netto   150,00 €
                         + USt   28,50 €   178,50 €

Buchungssatz:

Tz.	Sollkonto	Betrag (€)	Habenkonto
1.	**5010** (3010) Aufw. für Rohstoffe **1406** (1576) Vorsteuer 19 %	5.100,00 969,00 6.069,00	 **3300** (1600) Verbindl. aLuL
2.	**5020** (3020) Aufw. für Hilfsstoffe **1406** (1576) Vorsteuer 19 %	1.600,00 304,00 1.904,00	 **3300** (1600) Verbindl. aLuL
3.	**5030** (3030) Aufw. für Betriebsst. **1406** (1576) Vorsteuer 19 %	1. 250,00 237,50 1.487,50	 **3300** (1600) Verbindl. aLuL
4.	**3300** (1600) Verbindl. aLuL	357,00 300,00 57,00	 **5010** (3010) Aufw. für Rohstoffe **1406** (1576) Vorsteuer 19 %
5.	**3300** (1600) Verbindl. aLuL	178,50 150,00 28,50	 **5030** (3030) Aufw. für Betriebsst. **1406** (1576) Vorsteuer 19 %

Buchung:

S	5010 (3010) Aufw. für Rohstoffe		H
1)	5.100,00	4)	300,00

S	1406 (1576) Vorsteuer 19 %		H
1)	969,00	4)	57,00
2)	304,00	5)	28,50
3)	237,50		

S	5020 (3020) Aufw. für Hilfsstoffe		H
2)	1.600,00		

S	3300 (1600) Verbindlichk. aLuL		H
4)	357,00	1)	6.069,00
5)	178,50	2)	1.904,00
		3)	1.487,50

S	5030 (3030) Aufw. für Betriebsst.		H
3)	1.250,00	5)	150,00

Fallen beim **Eingang** von Roh-, Hilfs- und Betriebsstoffen **Anschaffungsnebenkosten (ANK)** an, so können diese zur besseren Übersicht auf entsprechende Bezugsnebenkosten-Konten gebucht werden:

> **5801** (3801) **Bezugsnebenkosten Rohstoffe**,
> **5802** (3802) **Bezugsnebenkosten Hilfsstoffe**,
> **5803** (3803) **Bezugsnebenkosten Betriebsstoffe**.

Beispiel:
Beim Eingang von Roh-, Hilfs- und Betriebsstoffen sind folgende **Anschaffungsnebenkosten** angefallen:

1. Bahnfracht für Rohstoffe, netto	100,00 €	
+ USt	19,00 €	119,00 €
Der Betrag wurde nicht sofort gezahlt.		
2. Postgebühren für Hilfsstoffe, bar		50,00 €
3. Transportkosten für Betriebsstoffe gegen Bankscheck, netto	200,00 €	
+ USt	38,00 €	238,00 €

Buchungssatz:

Tz.	Sollkonto	Betrag (€)	Habenkonto
1.	**5801** (3801) BNK Rohstoffe **1406** (1576) Vorsteuer 19 %	100,00 19,00 119,00	**3300** (1600) Verbindl. aLuL
2.	**5802** (3802) BNK Hilfsstoffe	50,00	**1600** (1000) Kasse
3.	**5803** (3803) BNK Betriebsstoffe **1406** (1576) Vorsteuer 19 %	200,00 38,00 238,00	**1800** (1200) Bank

Buchung:

S   **5801** (3801) **BNK Rohstoffe**   H   S   **1600** (1000) **Kasse**   H

1)   100,00 | | 2)   50,00

S   **5802** (3802) **BNK Hilfsstoffe**   H   S   **1800** (1200) **Bank**   H

2)   50,00 | | 3)   238,00

S **5803** (3803) **BNK Betriebsstoffe** H   S **3300** (1600) **Verbindl. aLuL** H

3)   200,00 | | 1)   119,00

S   **1406** (1576) **Vorsteuer 19 %**   H

1)   19,00 |
3)   38,00 |

Die **Bezugsnebenkosten-Konten** werden **über** die entsprechenden **Aufwandskonten 5010** (3010), **5020** (3020) und **5030** (3030) **abgeschlossen.**

Übung: 1. Wiederholungsfragen 1 und 2 (Seite 227),
2. Übungsaufgaben 1 und 2 (Seite 227 f.)

4.6.2 Bestand Stoffe und Bestandsveränderungen der Stoffe

In den meisten Industriebetrieben wird die **eingekaufte** Menge an Roh-, Hilfs- und Betriebsstoffen in einem Rechnungszeitraum **nicht** mit der **verbrauchten** Stoffmenge im gleichen Zeitraum **übereinstimmen**.

Diese **Bestandsveränderungen** der Stoffe müssen am **Ende** des Geschäftsjahres berücksichtigt werden.

Zu **Beginn** des Geschäftsjahres werden **im Soll** auf den folgenden **Bestandskonten** die **Anfangsbestände vorgetragen**:

> **1010** (3971) **Bestand Rohstoffe,**
>
> **1020** (3972) **Bestand Hilfsstoffe,**
>
> **1030** (3973) **Bestand Betriebsstoffe.**

Zum **Ende** des Geschäftsjahres werden **im Haben** der Bestandskonten die durch Inventur ermittelten **Schlussbestände gebucht**.
Die **Gegenbuchung** erfolgt auf dem **Schlussbilanzkonto**.

Die **Bestandsveränderungen** (Bestands**mehrungen** bzw. Bestands**minderungen**) der Stoffe werden über die folgenden Konten gebucht:

> **5881** (3961) **Bestandsveränderungen Rohstoffe,**
>
> **5882** (3962) **Bestandsveränderungen Hilfsstoffe,**
>
> **5883** (3963) **Bestandsveränderungen Betriebsstoffe.**

Beispiel:
Die J & M Möbelfabrik GmbH hat folgende **Stoffbestände** ermittelt:

Anfangsbestände zum 1.1.2007:

Rohstoffe	**70.180,00 €**
Hilfsstoffe	**22.360,00 €**
Betriebsstoffe	**16.150,00 €**

Endbestände zum 31.12.2007:

Rohstoffe	**58.610,00 €**
Hilfsstoffe	**32.750,00 €**
Betriebsstoffe	**13.910,00 €**

Die Buchungen zum 31.12.2007 werden wie folgt vorgenommen:

Buchungssätze der **Schlussbestände** und **Bestandsveränderungen**:

Tz.	Sollkonto	Betrag (€)	Habenkonto
	9998 (9998) SBK	58.610,00	**1010** (3971) Bestand Rohstoffe
	9998 (9998) SBK	32.750,00	**1020** (3972) Bestand Hilfsstoffe
	9998 (9998) SBK	13.910,00	**1030** (3973) Bestand Betriebsstoffe
1.	**5881** (3961) BV Rohstoffe	11.570,00	**1010** (3971) Bestand Rohstoffe
2.	**1020** (3972) Bestand Hilfsstoffe	10.390,00	**5882** (3962) BV Hilfsstoffe
3.	**5883** (3963) BV Betriebsstoffe	2.240,00	**1030** (3973) Bestand Betriebsst.

Buchung:

S   1010 (3971) **Bestand Rohstoffe**   H

AB	70.180,00	SBK	**58.610,00**
		1)	11.570,00
	70.180,00		70.180,00

S   5881 (3961) **BV Rohstoffe**   H

1)	11.570,00	

S   1020 (3972) **Bestand Hilfsstoffe**   H

AB	22.360,00	SBK	**32.750,00**
2)	10.390,00		
	32.750,00		32.750,00

S   5882 (3962) **BV Hilfsstoffe**   H

		2)	10.390,00

S   1030 (3973) **Bestand Betriebsst.**   H

AB	16.150,00	SBK	**13.910,00**
		3)	2.240,00
	16.150,00		16.150,00

S   5883 (3963) **BV Betriebsstoffe**   H

3)	2.240,00	

S   9998 (9998) **SBK**   H

Bestand Rohstoffe	**58.610,00**	
Bestand Hilfsstoffe	**32.750,00**	
Bestand Betriebsstoffe	**13.910,00**	

Die **Bestandsveränderungskonten** für **Roh-, Hilfs- und Betriebsstoffe** werden **über** die Aufwandskonten **5010** (3010) Aufwendungen für Rohstoffe, **5020** (3020) Aufwendungen für Hilfsstoffe und **5030** (3030) Aufwendungen für Betriebsstoffe **abgeschlossen**.

Übung: 1. Wiederholungsfragen 3 und 4 (Seite 227),
2. Übungsaufgabe 3 (Seite 228)

4.6.3 Bestandsveränderungen der unfertigen und fertigen Erzeugnisse

Am Bilanzstichtag sind in der Regel nicht alle **Erzeugnisse** eines Industriebetriebes **fertiggestellt** und nicht alle fertiggestellten Erzeugnisse **abgesetzt**.

Der **Bestand** an unfertigen und fertigen Erzeugnissen wird zum Bilanzstichtag durch **Inventur** ermittelt.

Die unfertigen und fertigen **Erzeugnisse** werden mit den bis zum Bilanzstichtag angefallenen **Herstellungskosten** bewertet.

> Einzelheiten zu den **Herstellungskosten** erfolgen im Abschnitt 6.2.1.2 der **Buchführung 2**, 18. Auflage, Seite 77 ff.

Die **Bestände** an **unfertigen und fertigen Erzeugnissen** werden auf eigens dafür eingerichteten Konten aktiviert. Die DATEV-Kontenrahmen **SKR 04** und SKR 03 sehen hierfür folgende Konten vor:

> **1050** (7050) **Bestand unfertige Erzeugnisse,**
>
> **1100** (7110) **Bestand fertige Erzeugnisse.**

Auf diesen Konten werden jeweils **nur der Anfangsbestand**, der **Schlussbestand** und die **Bestandsveränderungen** zwischen Anfangs- und Schlussbestand erfasst.

Beispiel:
Die J & M Möbelfabrik GmbH hat durch Inventur die folgenden **Bestände** ermittelt:

	Unfertige Erzeugnisse	Fertige Erzeugnisse
01.01.2007 (Anfangsbestände)	35.670,00 €	80.280,00 €
31.12.2007 (Schlussbestände)	28.450,00 €	100.150,00 €

S	**1050** (7050) **Bestand unfertige Erzeugnisse** (2007)		H
AB	35.670,00	SBK	28.450,00
		Bestandsveränderung	7.220,00
	35.670,00		35.670,00

S	**1100** (7110) **Bestand fertige Erzeugnisse** (2007)		H
AB	80.280,00	SBK	100.150,00
Bestandsveränderung	19.870,00		
	100.150,00		100.150,00

Die **Anfangsbestände** werden auf dem Konto "**9000 Saldenvorträge**" **gegengebucht**.

Die **Gegenbuchung** der **Schlussbestände** erfolgt auf dem **SBK**.

Die **Bestandsveränderungen** werden auf den Konten

> **4810** (8960) **Bestandsveränderungen unfertige Erzeugnisse** bzw.
>
> **4800** (8980) **Bestandsveränderungen fertige Erzeugnisse**

gegengebucht.

Beispiel:
Sachverhalt wie zuvor. Die Konten **4810** (8960) und **4800** (8980) zeigen nach den
Buchungen der Bestandsveränderungen folgendes Bild:

S	**4810** (8960) **Bestandsveränderungen unfertige Erzeugnisse**		H
unfertige Erzeugnisse	**7.220,00**		

S	**4800** (8980) **Bestandsveränderungen fertige Erzeugnisse**		H
		fertige Erzeugnisse	**19.870,00**

Die Konten "**Bestandsveränderungen**" sind – wie sich aus den Konten-Nrn. ergibt –
Erfolgskonten. Sie werden über das **GuVK** abgeschlossen.

In einer nach dem **Gesamtkostenverfahren** gegliederten GuV werden die
Bestandsveränderungen unter **Posten 2** "Erhöhung oder Verminderung des Bestands
an **fertigen und unfertigen Erzeugnissen**" ausgewiesen.

Bei einer **betriebswirtschaftlichen** Auswertung dieser GuV ist hinsichtlich des
Postens "Bestandsveränderungen" Folgendes zu beachten:

In der GuV werden unter den Aufwendungen die **gesamten Kosten** der im Geschäftsjahr
hergestellten Erzeugnisse artenmäßig ausgewiesen, gleichgültig, ob diese Erzeugnisse
in diesem Geschäftsjahr auch abgesetzt wurden oder nicht.

Auf der anderen Seite werden unter den **Umsatzerlösen** die Erlöse aller Erzeugnisse
ausgewiesen, die in diesem Geschäftsjahr **abgesetzt** wurden, gleichgültig, ob sie in
dem betreffenden oder einem früheren Jahr hergestellt wurden.

Will man die **Gesamtaufwendungen** der im betreffenden Geschäftsjahr **umgesetzten**
Erzeugnisse ermitteln, dann ist der **Posten 2** mit den **Aufwendungen zusammen-
zufassen**.

Will man hingegen die **Gesamtleistung** ermitteln, die den Gesamtaufwendungen
der **hergestellten Erzeugnisse** entspricht, dann ist der **Posten 2** mit den **übrigen
Leistungen zusammenzufassen**.

> **Übung**: 1. Wiederholungsfragen 5 und 6 (Seite 227),
> 2. Übungsaufgabe 4 (Seite 229)

4.6.4 Erfolgskontrolle

WIEDERHOLUNGSFRAGEN

1. Wie wird der Kauf von Roh-, Hilfs- und Betriebsstoffen buchmäßig erfasst?
2. Welche Bezugsnebenkosten-Konten werden beim Eingang von Roh-, Hilfs- und Betriebsstoffen üblicherweise geführt?
3. Was wird auf den Bestandskonten Stoffe gebucht?
4. Wie werden die Bestandsveränderungen der Stoffe buchmäßig behandelt?
5. Wie werden die Bestände an fertigen und unfertigen Erzeugnissen zum Bilanzstichtag ermittelt?
6. Mit welchem Wert werden die fertigen und unfertigen Erzeugnisse bilanziert?

ÜBUNGSAUFGABEN

Übungsaufgabe 1:

Bilden Sie die Buchungssätze für folgende Geschäftsvorfälle:

		EUR
1. Kauf von Rohstoffen auf Ziel, netto	12.000,00 €	
+ USt	2.280,00 €	14.280,00
2. Rücksendung beschädigter Rohstoffe, netto	1.000,00 €	
+ USt	190,00 €	1.190,00
3. Barzahlung von Fracht für Rohstoffe, netto	250,00 €	
+ USt	47,50 €	297,50
4. Banküberweisung für auf Ziel gekaufte Rohstoffe		
Rechnungsbetrag	13.090,00 €	
– 2 % Skonto	– 261,80 €	12.828,20
5. Kauf von Hilfsstoffen gegen Bankscheck, netto	700,00 €	
+ USt	133,00 €	833,00
6. Transportkosten für Hilfsstoffe bar, netto	60,00 €	
+ USt	11,40 €	71,40
7. Kauf von Betriebsstoffen auf Ziel, netto	5.500,00 €	
+ USt	1.045,00 €	6.545,00
8. Gutschrift für mangelhaft gelieferte Betriebsstoffe, netto	150,00 €	
+ USt	28,50 €	178,50
9. Postbanküberweisung für auf Ziel gekaufte Betriebsstoffe, nach Abzug von 3 % Skonto		6.233,22
10. Transportkosten für Betriebsstoffe bar, netto	120,00 €	
+ USt	22,80 €	142,80

Übungsaufgabe 2:

Bilden Sie die Buchungssätze für die folgenden Geschäftsvorfälle der Schulmöbel-
fabrik Steglich:

		EUR
1. Zielkauf von Eichenholz für Tische, netto	12.000,00 €	
+ USt	2.280,00 €	14.280,00
2. Zielkauf von Stahlrohren für Stühle, netto	2.700,00 €	
+ USt	513,00 €	3.213,00
3. Zielkauf von Sperrholz für Stühle, netto	3.100,00 €	
+ USt	589,00 €	3.689,00
4. Zielkauf von Schrauben für Tische und Stühle, netto	450,00 €	
+ USt	85,50 €	535,50
5. Zielkauf von Farben für Tische und Stühle, netto	750,00 €	
+ USt	142,50 €	892,50
6. Zielkauf von Leim für Tische und Stühle, netto	850,00 €	
+ USt	161,50 €	1.011,50
7. Kauf von Schmieröl für die Fertigungsmaschinen gegen Bankscheck, netto	400,00 €	
+ USt	76,00 €	476,00
8. Zielkauf von Treibstoffen für die Fertigungsmaschinen, netto	3.600,00 €	
+ USt	684,00 €	4.284,00
9. Zielkauf von Sperrholz als Einlegebretter für Tische, netto	2.800,00 €	
+ USt	532,00 €	3.332,00
10. Kauf von Lacken für Tische und Stühle gegen Bank-scheck, netto	1.900,00 €	
+ USt	361,00 €	2.261,00

Übungsaufgabe 3:

Der Unternehmer Hipleh hat folgende Bestände ermittelt:

	Anfangsbestände	Schlussbestände
Rohstoffe	70.280,00 EUR	65.320,00 EUR
Hilfsstoffe	50.350,00 EUR	52.190,00 EUR
Betriebsstoffe	30.480,00 EUR	27.170,00 EUR

Bilden Sie die Buchungssätze für die Schlussbestände und die Bestandsveränderungen
der Stoffe.

Übungsaufgabe 4:

Ein Industriebetrieb hat durch Inventur folgende Bestände ermittelt:

	Unfertige Erzeugnisse	Fertige Erzeugnisse
01.01.2007 (Anfangsbestände)	17.860,00 EUR	85.730,00 EUR
31.12.2007 (Schlussbestände)	19.350,00 EUR	92.140,00 EUR

1. Ermitteln Sie die Bestandsveränderungen.
2. Bilden Sie die Buchungssätze für die Bestandsveränderungen.
3. Richten Sie die entsprechenden Konten ein und buchen Sie die Bestandsveränderungen auf Konten.
4. Schließen Sie alle eingerichteten Konten ab.

Zusammenfasssende Erfolgskontrolle

Ein Industriebetrieb hat durch Inventur folgende Anfangsbestände ermittelt:

	EUR
0440 (0210) Maschinen	200.000,00
1010 (3971) Bestand Rohstoffe	100.000,00
1020 (3972) Bestand Hilfsstoffe	25.000,00
1030 (3973) Bestand Betriebsstoffe	14.300,00
1050 (7050) Bestand unfertige Erzeugnisse	101.300,00
1100 (7110) Bestand fertige Erzeugnisse	95.400,00
1200 (1400) Forderungen aLuL	115.000,00
1406 (1576) Vorsteuer 19 %	0,00
1600 (1000) Kasse	16.400,00
1800 (1200) Bankguthaben	86.400,00
2000 (0800) Eigenkapital	?
3300 (1600) Verbindlichkeiten aLuL	167.808,00
3806 (1776) Umsatzsteuer 19 %	5.670,00

Folgende Konten sind noch einzurichten:

5010 (3010) Aufwendungen für Rohstoffe, **5020** (3020) Aufwendungen für Hilfsstoffe, **5030** (3030) Aufwendungen für Betriebsstoffe, **4200** (8200) Erlöse, **5881** (3961) Bestandsveränderungen Rohstoffe, **5882** (3962) Bestandsveränderungen Hilfsstoffe, **5883** (3963) Bestandsveränderungen Betriebsstoffe, **4810** (8960) Bestandsveränderungen unfertige Erzeugnisse, **4800** (8980) Bestandsveränderungen fertige Erzeugnisse, **6000** (4100) Löhne und Gehälter, **6220** (4830) Abschreibungen auf Sachanlagen, **6310** (4210) Miete, **6460** (4800) Reparaturen von Maschinen, **9999** (9999) GuVK, **9998** (9998) SBK.

Geschäftsvorfälle des Jahres 2007

	EUR
1. Kauf von Rohstoffen auf Ziel, netto 30.000,00 € + USt 5.700,00 €	35.700,00
2. Kauf von Hilfsstoffen auf Ziel, netto 10.000,00 € + USt 1.900,00 €	11.900,00
3. Kauf von Betriebsstoffen auf Ziel, netto 15.000,00 € + USt 2.850,00 €	17.850,00
4. Banküberweisung von Kunden	23.000,00
5. Verkauf von Erzeugnissen auf Ziel, netto 160.000,00 € + USt 30.400,00 €	190.400,00
6. Banküberweisung für Geschäftsmiete	15.000,00
7. Banküberweisung an Lieferer	34.500,00
8. Verkauf von Erzeugnissen gegen Banküberweisung, netto 110.000,00 € + USt 20.900,00 €	130.900,00
9. Banküberweisung der Umsatzsteuerschuld (Zahllast)	5.670,00
10. Banküberweisung der Löhne und Gehälter	36.000,00
11. Banküberweisung für Maschinenreparatur, netto 2.000,00 € + USt 380,00 €	2.380,00

Abschlussangaben

	EUR
12. Abschreibung auf Maschinen	20.000,00
13. Endbestand Rohstoffe	40.000,00
14. Endbestand Hilfsstoffe	15.000,00
15. Endbestand Betriebsstoffe	11.100,00
16. Endbestand unfertige Erzeugnisse	76.000,00
17. Endbestand fertige Erzeugnisse	140.000,00

Aufgaben

1. Bilden Sie die Buchungssätze der Geschäftsvorfälle des Jahres 2007.
2. Tragen Sie die Anfangsbestände auf den Konten vor.
3. Buchen Sie die belegmäßig nachgewiesenen Geschäftsvorfälle.
4. Schließen Sie die Konten ab.

 Weitere Aufgaben mit Lösungen finden Sie im **Lösungsbuch** der Buchführung 1.

5 Personalwirtschaft

Die Inanspruchnahme des Produktionsfaktors **Arbeit** verursacht Kosten, die unter dem Begriff **Personalkosten** zusammengefasst werden.

5.1 Überblick über die Personalkosten

Zu den **Personalkosten** gehören alle Aufwendungen, die durch die Beschäftigung von Arbeitnehmern verursacht werden.

Arbeitnehmer werden in die Gruppe der **Arbeiter** und die der **Angestellten** untergliedert. Die Abgrenzung zwischen Arbeiter und Angestellten erfolgt anhand der **Art der ausgeübten Beschäftigung** und ist im Einzelfall zu entscheiden. Kennzeichnend für die Tätigkeit als Arbeiter ist, dass vor allem die **körperliche** Arbeitskraft dem Arbeitgeber zur Verfügung gestellt wird.
Die Vergütungen für Arbeiter werden als **Löhne**, die Vergütungen für Angestellte als **Gehälter** bezeichnet.

Die **Arbeitnehmer** erhalten grundsätzlich nicht das vertraglich vereinbarte Arbeitsentgelt (**Bruttolohn** bzw. **-gehalt**) ausgezahlt. In der Regel behält der Arbeitgeber bestimmte **Abzüge** ein und zahlt dem Arbeitnehmer einen Nettobetrag (**Nettolohn** bzw. **-gehalt**) aus. Diese vom Arbeitgeber einbehaltenen Abzüge umfassen **Steuern** (Lohnsteuer, Solidaritätszuschlag und ggf. Kirchensteuer) sowie die **Arbeitnehmeranteile zur Sozialversicherung**.

Für den **Arbeitgeber** stellt das vertraglich vereinbarte Arbeitsentgelt **nicht** die Personalkosten dar. Zusätzlich zum Bruttolohn bzw. -gehalt hat er den **Arbeitgeberanteil zur Sozialversicherung** sowie die gesetzlichen Beiträge zur **Unfallversicherung** (Berufsgenossenschaft) zu tragen. Daneben können **freiwillige soziale Aufwendungen** des Arbeitgebers Bestandteile der Personalkosten sein.
Die Personalkosten des **Arbeitgebers** lassen sich wie folgt einteilen:

---

1. Löhne und Gehälter

Dazu gehören alle **Löhne** für Arbeiter und alle **Gehälter** für Angestellte, gleich, für welche Arbeit, in welcher Form und unter welcher Bezeichnung sie gezahlt werden (z.B. auch Urlaubsgelder, Weihnachtsgelder, Überstundenvergütungen, vermögenswirksame Leistungen, Sachbezüge).

2. Gesetzliche soziale Aufwendungen

Dazu gehören die Arbeit**geber**anteile zur gesetzlichen Kranken-, Pflege-, Renten- und Arbeitslosenversicherung, die Beiträge zur gesetzlichen Unfallversicherung (Berufsgenossenschaft).

3. Freiwillige soziale Aufwendungen

Dazu gehören z.B. freiwillige Fahrtkostenzuschüsse, freiwillige Zuschüsse zu Kantinen, Erholungs- und Sportanlagen, Betriebsbüchereien, Unterstützungen im Krankheits- und Todesfall.

Für das Jahr **2007** ergibt sich folgende Verteilung der Beitragslast im Rahmen der Sozialversicherung:

Sozialversicherungs-träger	monatliche Beitragsbemessungsgrenzen 2007	Beitragssätze 2007	Arbeit-nehmer-anteil	Arbeit-geber-anteil
Renten-versicherung (RV)	alte Bundesländer 5.250 € neue Bundesländer 4.550 €	**19,9** %	9,95 %	9,95 %
Kranken-versicherung (KV)	Bundesgebiet 3.562,50 €	14,4 % (BEK)	8,1 % (7,2 + 0,9)	7,2 %
Pflege-versicherung (PV)	Bundesgebiet 3.562,50 €	1,7 %	0,85 % 1,1 % für Kinder-lose	0,85 %
Arbeitslosen-versicherung (AV)	alte Bundesländer 5.250 € neue Bundesländer 4.550 €	**4,2** %	2,1 %	2,1 %
insgesamt			21 %	20,1 %
insgesamt für Kinderlose			21,25 %	20,1 %

Seit 1.1.2006 fällt für **alle** Arbeitnehmer ein zusätzlicher KV-Beitragssatz von **0,9 %** an. Seit 1.1.2005 wird bei **Kinderlosen** zwischen 23 und 65 Jahren ein **Zuschlag von 0,25 % zur Pflegeversicherung** erhoben.

5.2 Buchungsmethoden für Personalkosten

Die Personalkosten können nach **drei Methoden** gebucht werden:

> 1. nach der **Bruttomethode**,
> 2. nach der **Nettomethode** oder
> 3. nach der **Verrechnungsmethode**.

Zu 1. Bruttomethode

Bei der **Bruttomethode** wird der Bruttolohn bzw. das Bruttogehalt zum Zeitpunkt der wirtschaftlichen Verursachung **in einem Betrag** (brutto) gebucht.
Der **Bruttolohn** bzw. das **Bruttogehalt** stellen für das Unternehmen **Aufwand** dar, der auf die Aufwandskonten

6010 (4110) **Löhne**   oder   **6020** (4120) **Gehälter**

gebucht wird.

Einbehaltene, aber **noch nicht abgeführte Abzüge** stellen im Zeitpunkt der Gehalts- bzw. Lohnauszahlung **Verbindlichkeiten** dar, die auf folgenden Konten erfasst werden:

3730 (1741) **Verbindlichkeiten aus Lohn- und Kirchensteuer,**

3740 (1742) **Verbindlichkeiten im Rahmen der sozialen Sicherheit.**

Der **Nettoarbeitslohn** (Nettolohn bzw. Nettogehalt) wird in der Regel vom Arbeitgeber durch die **Bank** überwiesen. **Bis** zur Banküberweisung ist der **Nettolohn** ebenfalls eine **Verbindlichkeit**, die auf dem folgenden Konto erfasst wird:

3720 (1740) **Verbindlichkeiten aus Lohn und Gehalt**.

Beispiel 1:

Die **Gehaltsabrechnung** der **ledigen, kinderlosen** Angestellten Andrea Dötsch, 25 Jahre alt, Koblenz, für den Monat **Juli 2007** sieht wie folgt aus:

			AG-Anteil	AN-Anteil		
	Bruttogehalt					**2.000,00 €**
Steuern	– LSt		–	257,50 €		
	– SolZ		–	14,16 €		
	– KiSt		–	23,17 €		
			–	294,83 €		**– 294,83 €**
Beiträge	– KV (8,1 %)		–	162,00 €		
	– KV (7,2 %)		144,00 €			
	– PV (1,1 %)		–	22,00 €		
	– PV (0,85 %		17,00 €			
	– RV (9,95 %)		199,00 €	199,00 €		
	– AV (2,1 %)		42,00 €	42,00 €		
			402,00 €	**425,00 €**		**– 425,00 €**
	= Nettogehalt					**1.280,17 €**

Buchungssatz:

Sollkonto	Betrag (€)	Habenkonto
6020 (4120) Gehälter	2.000,00	
	294,83	**3730** (1741) Verb. aus LSt und KiSt
	425,00	**3740** (1742) Verb. im Rahmen d.s.S.
	1.280,17	**3720** (1740) Verb. aus Lohn/Gehalt

Buchung:

S	**6020** (4120) **Gehälter**	H
1)	2.000,00	

S	**3730** (1741) **Verb. aus LSt und KiSt**	H
	1)	294,83

S	**3740** (1742) **Verb. im Rahmen d.s.S.**	H
	1)	425,00

S	**3720** (1740) **Verb. aus Lohn und Gehalt**	H
	1)	1.280,17

Zusätzlich zum Bruttoarbeitslohn stellt der Arbeit**geberanteil an den Sozialversiche-rungsbeiträgen** ebenfalls **Aufwand** des Unternehmens dar, der auf das Konto

6110 (4130) **Gesetzliche soziale Aufwendungen**

gebucht wird.

Beispiel 2:
Sachverhalt wie im Beispiel 1. Der Arbeit**geberanteil** von **402,00 €** (20,1 % von 2.000 €) ist noch nicht abgeführt.

Der Arbeit**geberanteil** ist **Aufwand** und – solange er noch nicht abgeführt ist – eine **"Verbindlichkeit im Rahmen der sozialen Sicherheit"**.

Buchungssatz:

Sollkonto	Betrag (€)	Habenkonto
6110 (4130) Gesetzl. soz. Aufw.	402,00	**3740** (1742) Verbindl. i.R. d.s.S.

Buchung:

S **6110** (4130) **Gesetzl. soz. Aufw.** H	S **3740** (1742) **Verbindl. i.R. d.s.S.** H
2) 402,00	1) 425,00 2) **402,00**

Die **Verbindlichkeit** aus **Lohn und Gehalt** wird (z.B. am Monatsende) in der Regel durch **Bank** überwiesen.

Beispiel 3:
Sachverhalt wie im Beispiel 1. Das **Nettogehalt** wird durch Bank überwiesen.

Buchungssatz:

Sollkonto	Betrag (€)	Habenkonto
3720 (1740) Verb. aus Lohn/Gehalt	1.280,17	**1800** (1200) Bank

Buchung:

S **3720** (1740) **Verb. aus Lohn/Gehalt** H	S **1800** (1200) **Bank** H
3) 1.280,17 1) 1.280,17	3) 1.280,17

Die **Verbindlichkeiten aus Lohn- und Kirchensteuer (LSt, SolZ, KiSt)** sind so zu überweisen, dass sie am **10. des folgenden Monats** beim zuständigen **Finanzamt** eingegangen sind. Die Fälligkeit der **Verbindlichkeiten im Rahmen der sozialen Sicherheit (RV, KV, PV, AV)** ist seit 1.1.2006 neu geregelt worden. Der **drittletzte Bankarbeitstag** des **aktuellen Monats** ist nun der gesetzliche Termin.

Beispiel 4:
Die **Steuern und Beiträge** (aus Beispiel 1 und 2) werden durch Bank überwiesen.
Buchungssatz:

Sollkonto	Betrag (€)	Habenkonto
3730 (1741) Verbindl. aus LSt/KiSt	294,83	**1800** (1200) Bank
3740 (1742) Verb. im Rahmen d.s.S.	827,00	**1800** (1200) Bank

Buchung:

S **3730** (1741) **Verb. aus LSt/KiSt** H	S **1800** (1200) **Bank** H
4) 294,83 1) 294,83	4) 294,83 4) 827,00

S **3740** (1742) **Verb. im Rahmen d.s.S.** H
4)   827,00   1)   425,00   2)   402,00

Zu 2. Nettomethode

Bei der **Nettomethode** werden der **Nettoarbeitslohn**, die **Abzüge** und der **Arbeitgeber-anteil** im Zeitpunkt der Zahlung **einzeln** (netto) gebucht.

Beispiel:
Sachverhalt wie im Beispiel 1 bis 4 (Seite 233 f.).

Nach der **Nettomethode** werden der **Nettolohn** bei Zahlung zum Monatsende und die **Abzüge** und der **AG-Anteil** bei Zahlung zum gesetzlich festgelegten Termin gebucht.

Buchungssatz:

Tz.	Sollkonto	Betrag (€)	Habenkonto
1.	**6020** (4120) Gehälter	1.280,17	**1800** (1200) Bank
2.	**6020** (4120) Gehälter	294,83	**1800** (1200) Bank
3.	**6020** (4120) Gehälter	425,00	**1800** (1200) Bank
4.	**6110** (4130) Ges. soz. Aufw.	402,00	**1800** (1200) Bank

Buchung:

S	**6020** (4120) **Gehälter**	H		S	**1800** (1200) **Bank**	H
1)	1.280,17			1)	1.280,17	
2)	294,83			2)	294,83	
3)	425,00			3)	425,00	
				4)	402,00	

S	**6110** (4130) **Ges. soz. Aufw.**	H
4)	402,00	

Auf dem Konto "Gehälter" werden – wie bei der Bruttomethode – im Soll 2.000,00 € (1.280,17 € + 294,83 € + 425,00 €) erfasst.

Seit dem 1.1.2006 sind Sozialversicherungsbeiträge am **drittletzten Bankarbeitstag** des **laufenden** Monats fällig; ein verbleibender Restbetrag wird zum drittletzten Bank-arbeitstag des Folgemonats fällig.
Mit dieser Neuregelung gewinnt die **Nettomethode** für kleine und mittlere Unternehmen an Bedeutung.

Wer nicht im Zeitpunkt der Zahlung einzeln bucht, kann die Sozialversicherungsbeiträge auf das neue Konto "**3759** (1759) **Voraussichtliche Beitragsschuld gegenüber den Sozialversicherungsträgern**" buchen (siehe Seite 237).

Zu 3. Verrechnungsmethode

Bei der **Verrechnungsmethode** werden die Personalkosten – wie bei der Bruttomethode – zum Zeitpunkt der wirtschaftlichen Verursachung in einem Betrag (brutto) erfasst. Der Unterschied zur Bruttomethode besteht darin, dass ein **Verrechnungskonto**, das Konto "**3790** (1755) **Lohn- und Gehaltsverrechnung**", zwischengeschaltet wird.

Beispiel:
Die Gehaltsabrechnung der ledigen, kinderlosen Angestellten Andrea Dötsch, 25 Jahre alt, Koblenz, für den Monat Juli 2007 sieht wie folgt aus (Beispiel 1, S. 233):

Bruttogehalt	2.000,00 €
– LSt/KiSt/SolZ	– 294,83 €
– SV-Beiträge (AN-Anteil = 21,25 % von 2.000 €)	– 425,00 €
= Nettogehalt	1.280,17 €

Buchungssatz:

Tz.	Sollkonto	Betrag (€)	Habenkonto
1.	**6020** (4120) Gehälter	2.000,00	**3790** (1755) Lohn- u. Gehaltsv.
	3790 (1755) Lohn- u. Gehaltsv.	294,83	**3730** (1741) Verb. LSt/KiSt
	3790 (1755) Lohn- u. Gehaltsv.	425,00	**3740** (1742) Verb. im Rahmen d.s.S.
	3790 (1755) Lohn- u. Gehaltsv.	1.280,17	**3720** (1740) Verb. aus Lohn/Gehalt
2.	**6110** (4130) Ges. soz. Aufw.	402,00	**3740** (1742) Verb. im Rahmen d.s.S.

Buchung:

```
S      6020 (4120) Gehälter      H        S      3790 (1755) Lohn- und Gehalts-      H
                                                         verrechnung

1)         2.000,00 |                      1)         294,83 | 1)        2.000,00
                                           1)         425,00 |
                                           1)       1.280,17 |
                                                   ─────────   ─────────
                                                   2.000,00    2.000,00


S   6110 (4130) Ges. soz. Aufw.  H        S   3730 (1741) Verb. aus LSt/KiSt   H

2)          402,00 |                                      | 1)          294,83
```

```
                                          S 3740 (1742) Verb. im Rahmen d.s.S.H

                                                         | 1)          425,00
                                                         | 2)          402,00
```

```
                                          S 3720 (1740) Verb. aus Lohn/Gehalt  H

                                                         | 1)        1.280,17
```

Übung: 1. Wiederholungsfragen 1 bis 6 (Seite 268 f.),
2. Übungsaufgabe 1 bis 6 (Seite 269 ff.)

Seit dem 1.1.2006 ist die Fälligkeit der Sozialversicherungsbeiträge neu geregelt worden. Zum **Fälligkeitstag** der Sozialversicherungsbeiträge (Fälligkeit am drittletzten Bankarbeitstag des **laufenden** Monats) wird der **Prognosebeitrag** zur Sozialversicherung auf dem Konto

3759 (1759) Voraussichtliche Beitragsschuld gegenüber den Sozialversicherungsträgern

im **Soll** gebucht.

Am **Monatsende** werden der **tatsächliche** Arbeitgeberanteil und Arbeitnehmeranteil zur Sozialversicherung gemeinsam im **Haben** auf dem Konto **3759** (1759) erfasst. Der sich dabei auf dem Konto ergebende **Saldo** ist der verbleibende **Restbetrag** oder **Erstattungsanspruch** für den Folgemonat.

Beispiel 1:
Die J & M GmbH, Koblenz, hat für den Monat Januar 2007 einen Prognosebeitrag zur Sozialversicherung von insgesamt **41.000,00 €** (AN-Anteil + AG-Anteil) ermittelt.

Buchungssatz zum 29.01.2007:

Tz.	Sollkonto	Betrag (€)	Habenkonto
1	**3759** (1759) Voraussichtliche Beitragsschuld	41.000,00	**1800** (1200) Bank

Beispiel 2:
Am **Monatsende** (31.01.2007) ergibt sich folgendes **tatsächliche** Bild:

Bruttogehalt	100.000,00 €	
– LSt/KiSt/SolZ	– 15.100,00 €	
– Sozialversicherungsbeiträge (AN-Anteil)	– 21.200,00 €	
= Nettogehalt	63.700,00 €	

Der **AG-Anteil** zur Sozialversicherung beträgt **20.100,00 €**.

Buchungssatz zum Monatsende (31.01.2007)

Tz.	Sollkonto	Betrag (€)	Habenkonto
2	**6020** (4120) Gehälter	100.000,00	
		15.100,00	**3730** (1741) Verb. LSt/KiSt
		21.200,00	**3759** (1759) Voraussichtl. Beitragss.
		63.700,00	**3720** (1740) Verb. aus Lohn/Gehalt
	6110 (4130) Ges. soz. Aufw.	20.100,00	**3759** (1759) Voraussichtl. Beitragss.

Buchung der Beispiele 1 und 2:

S **3759** (1759) **Voraussichtl. Beitragsschuld** H   S   **1800** (1200) **Bank**   H

1)	41.000,00	2)	21.200,00		1)	42.000,00
		2)	20.100,00			

S   **6020** (4120) **Gehälter**   H   S   **3730** (1741) **Verb. LSt/KiSt**   H

2)	100.000,00		2)	15.000,00

S   **6110** (4130) **Gesetzliche soziale Aufw.**   H   S **3720** (1740) **Verb. aus Lohn/Gehalt** H

2)	20.100,00		2)	63.700,00

Auf dem Konto **3759** (1759) bleibt ein **Restbetrag** von **300 €** offen. Dieser Restbetrag wird am 26.02.2007 fällig und mit der Vorausleistung für den Monat Februar überwiesen.

5.3 Gesetzliche Unfallversicherung

Neben den Arbeitgeberanteilen an den Sozialversicherungsbeiträgen gehören auch die Beiträge zur gesetzlichen Unfallversicherung zu den **gesetzlichen sozialen Aufwendungen.**

Die Beiträge zur gesetzlichen Unfallversicherung (Berufsgenossenschaft) stellen für den Arbeitgeber einen **Teil der Personalkosten** dar.

Im Gegensatz zu den Beiträgen zur Sozialversicherung trägt der **Arbeitgeber** die Beiträge zur gesetzlichen Unfallversicherung **allein.**

Die Beiträge werden als **Aufwand** des Unternehmens auf dem Konto

6120 (4138) **Beiträge zur Berufsgenossenschaft**

erfasst.

Beispiel:
Unternehmer U überweist Beiträge an die Verwaltungs-Berufsgenossenschaft, Hamburg, durch Bank in Höhe von 500,00 Euro.

Buchungssatz:

Sollkonto	Betrag (€)	Habenkonto
6120 (4138) Beiträge zur Berufs-genossenschaft	500,00	**1800** (1200) Bank

Buchung:

6120 (4138) **Beiträge zur Berufs-**			
S genossenschaft H		S **1800** (1200) **Bank** H
500,00			500,00

Übung: 1. Wiederholungsfrage 7 (Seite 269),
2. Übungsaufgabe 7 (Seite 271)

5.4 Geringverdiener (Auszubildende)

Die **Sozialversicherungsbeiträge** sind **grundsätzlich** vom Arbeit**nehmer und** Arbeit**geber** je zur **Hälfte** zu tragen. Eine **Ausnahme** besteht für versicherungspflichtige Arbeitnehmer, deren monatliches Arbeitsentgelt **325 Euro** in den alten und den neuen Bundesländern (**Geringverdienergrenze**) **nicht** übersteigt. Für diese versicherungs- pflichtigen Arbeitnehmer trägt der Arbeit**geber** den Beitrag zur Kranken-, Pflege-, Renten- und Arbeitslosenversicherung **allein**.
Seit 1.4.1999 gilt die Geringverdienergrenze **nur noch für Auszubildende**.

Beispiel:
Die Auszubildende Brigitte Krautkrämer, 19 Jahre alt, Köln, hat im Monat **Juni 2007** eine Ausbildungsvergütung von **325,00 Euro** erhalten.

Ihre "Gehaltsabrechnung" sieht wie folgt aus

Ausbildungsvergütung	325,00 €
− Lohnsteuer/Kirchensteuer/Solidaritätszuschlag	0,00 €
− Sozialversicherungsbeiträge (AN-Anteil)	0,00 €
= Auszahlungsbetrag (Banküberweisung)	**325,00 €**

Der **Arbeitgeber-Anteil** zur Sozialversicherung beträgt:

Rentenversicherung:	19,9 % von 325,00 €	=	64,68 €
Krankenversicherung:	14,4 % von 325,00 €	=	46,80 €
Pflegeversicherung:	1,7 % von 325,00 €	=	5,53 €
Arbeitslosenversicherung:	4,2 % von 325,00 €	=	13,65 €
			130,66 €

Buchungssatz (Nettomethode):

Tz.	Sollkonto	Betrag (€)	Habenkonto
1.	**6020** (4120) Gehälter	325,00	**1800** (1200) Bank
2.	**6110** (4130) Ges. soz. Aufw.	130,66	**1800** (1200) Bank

Buchung (Nettomethode):

S	**6020** (4120) **Gehälter**	H		S	**1800** (1200) **Bank**	H
1)	325,00			1)	325,00	
				2)	130,66	

S	**6110** (4130) **Ges. soz. Aufw.**	H
2)	130,66	

> **Übung:** 1. Wiederholungsfrage 8 (Seite 269),
> 2. Übungsaufgabe 8 (Seite 271)

5.5 Vorschüsse

Löhne und Gehälter sind an einem bestimmten Tag fällig. Werden dem Arbeitnehmer **vor** dem Fälligkeitstag **Vorschüsse** auf – bereits erbrachte oder noch zu erbringende – Arbeitsleistungen gezahlt, handelt es sich **nicht** um Aufwendungen, sondern um **Forderungen** des Arbeitgebers gegenüber dem Arbeitnehmer. Zu unterscheiden ist zwischen **kurz- und langfristigen Vorschüssen**.

Die **kurzfristigen Vorschüsse**, die auf den Arbeitslohn des **laufenden Jahres** gewährt werden,sind bei der Auszahlung auf das Konto

1340 (1530) **Forderungen gegen Personal** und

die **langfristigen** Vorschüsse (Restlaufzeit größer 1 Jahr) auf das Konto

1345 (1537) **Forderungen gegen Personal – Restlaufzeit größer 1 Jahr**

zu buchen.

Beispiel 1:
Die ledige, kinderlose Angestellte Andrea Dötsch, 25 Jahre alt, erhält am 13. August 2007 einen **kurzfristigen** Vorschuss von **500,00 EUR** bar. Diesen Vorschuss fordert der Arbeitgeber Ende August 2007 vereinbarungsgemäß zurück.

Buchungssatz:

Tz.	Sollkonto	Betrag (€)	Habenkonto
1.	**1340** (1530) **Forderungen gegen Personal**	500,00	**1600** (1000) **Kasse**

Buchung:

S **1340** (1530) **Ford. gegen Personal** H	S **1600** (1000) **Kasse** H
1) 500,00	1) 500,00

Beispiel 2:
Die Gehaltsabrechnung der ledigen, kinderlosen Angestellten Andrea Dötsch sieht für den Monat August 2007 wie folgt aus:

Bruttogehalt	2.000,00 €
– Lohnsteuer/Kirchensteuer/Solidaritätszuschlag	– 294,83 €
– Sozialversicherungsbeiträge (21,25 % v. 2.000 €)	– 425,00 €
Nettogehalt	1.280,17 €
– **Verrechnung Vorschuss**	– **500,00 €**
= Auszahlungsbetrag	780,17 €

Mit der **Verrechnung des Vorschusses** ist die Forderung gegen die Angestellte Dötsch ausgeglichen.

Buchungssatz:

Tz.	Sollkonto	Betrag (€)	Habenkonto
2.	**6020** (4120) Gehälter	2.000,00	
		294,83	**3730** (1741) Verb. aus LSt/KiSt
		425,00	**3740** (1742) Verb. im Rahmen d.s.S.
		500,00	**1340** (1530) **Ford. g. Personal**
		780,17	**3720** (1740) Verb. aus Lohn/Gehalt

Buchung:

S 6020 (4120) Gehälter H	S 3730 (1741) Verb. aus LSt/KiSt H
2) 2.000,00	2) 294,83

S 3740 (1742) Verb. im Rahmen d.s.S. H

	2) 425,00

S 1340 (1530) Ford. gegen Personal H

1) 500,00	2) **500,00**

S 3720 (1740) Verb. aus Lohn/Gehalt H

	2) 780,17

Gewährt der Arbeitgeber dem Arbeitnehmer **unverzinsliche oder zinsverbilligte Darlehen** (Arbeitgeberdarlehen), so ist seit 1.1.2000 nach R 31 Abs. 11 LStR nach folgenden Grundsätzen zu verfahren.

Die **Zinsvorteile** sind als **Sachbezüge** zu versteuern, **wenn** die Summe der noch nicht getilgten Darlehen am Ende des Lohnzahlungszeitraums **2.600 Euro übersteigt**. **Zinsvorteile** sind anzunehmen, soweit der **Effektivzins** (**nicht** der Nominalzins) für ein Darlehen **5 % unterschreitet** (R 31 Abs. 11 Sätze 2 und 3 LStR).

Einzelheiten zu den **Sachbezügen** erfolgen im Abschnitt "5.9 Sach-zuwendungen an Arbeitnehmer", Seite 258 ff.

Beispiel 1:
Die ledige, kinderlose, katholische Angestellte Heike Cornely mit einem monatlichen Bruttogehalt von 2.300,00 € erhält zum 1.7.2007 ein **zinsloses Darlehen** von 25.000,00 €. Den Darlehnsbetrag hat der Arbeitgeber auf das Bankkonto der Angestellten überwiesen. Cornely tilgt das Darlehen jeweils zum 30.6., beginnend ab 30.6.2008.

Buchungssatz:

Tz.	Sollkonto	Betrag (€)	Habenkonto
1.	**1345** (1537) Ford. g. Personal	25.000,00	**1800** (1200) Bank

Buchung:

S 1345 (1537) Forderungen g. Personal H	S 1800 (1200) Bank H
1) 25.000,00	1) 25.000,00

Beispiel 2:
Für das Kalenderjahr **2007** hat Heike Cornely eine **Zinsersparnis** von **625,00 €** (5 % von 25.000 € = 1.250 € für 6 Monate = 625,00 €).
Bei monatlicher Zinsfälligkeit handelt es sich um **laufenden** Arbeitslohn. Es sind somit **monatlich 104,17 €** (625 € : 6 Monate) lohnsteuer- und sozialversicherungspflichtig.

Die Gehaltsabrechnung für den Monat Juli 2007 sieht wie folgt aus:

Bruttogehalt	2.300,00 €
+ Sachbezug für Zinsersparnis	**104,17 €**
= steuer- und sozialversicherungspflichtiges Gehalt	2.404,17 €
− Lohnsteuer/Kirchensteuer/Solidaritätszuschlag	− 420,60 €
− Sozialversicherungsbeiträge (21,25 % v. 2.404,17 €)	− 510,89 €
Nettogehalt	1.472,68 €
− **Sachbezug** (wird abgezogen, weil er nur für die Berechnung der Abzüge notwendig ist)	− 104,17 €
= Auszahlungsbetrag	**1.368,51 €**

Buchungssatz:

Tz.	Sollkonto	Betrag (€)	Habenkonto
2.	**6020** (4120) Gehälter	2.404,17	
		420,60	**3730** (1741) Verbindl. aus LSt/KiSt
		510,89	**3740** (1742) Verb. im Rahmen d.s.S.
		104,17	**4949** (8614) Verr. sonst. Sachb.ohne USt
		1.368,51	**3720** (1740) Verb. aus Lohn/Gehalt

Buchung:

S **6020** (4120) **Gehälter** H	S **3730** (1741) **Verb. aus LSt/KiSt** H
2) 2.404,17	2) 420,60

	S **3740** (1742) **Verb. im Rahmen d.s.S.** H
	2) 510,89

Verrechnete sonstige
S   **4949** (8614) **Sachbezüge ohne USt** H

2)   **104,17**

S **3720** (1740) **Verb. Aus Lohn/Gehalt** H

2)   1.368,51

Übung: 1. Wiederholungsfragen 9 und 10 (Seite 269),
2. Übungsaufgaben 9 und 10 (Seite 272)

5.6 Vermögenswirksame Leistungen

Vermögenswirksame Leistungen (vwL) sind Geldleistungen, die der Arbeitgeber für den Arbeitnehmer in einer im Vermögensbildungsgesetz (VermBG) genannten Anlageform anlegt.

Das 3. Vermögensbeteiligungsgesetz vom 7.9.1998 verbessert die Anlageformen vermögenswirksamer Leistungen nach dem **5. Vermögensbildungsgesetz.**
Es erweitert den Katalog der geförderten Anlagearten um neue Formen der Produktivkapitalbeteiligung.

Überdies hat es die für die Sparzulage maßgebliche **Einkommensgrenzen** von **17.900 Euro** oder bei Zusammenveranlagung von Ehegatten nach § 26b EStG **35.800 Euro** angehoben.

Die **staatliche Förderung** der Vermögensbildung besteht in einer steuer- und sozialversicherungsfreien **Arbeitnehmer-Sparzulage**, die für bestimmte, gesetzlich abschließend geregelte Anlageformen vermögenswirksamer Leistungen vom **Finanzamt** gewährt wird.

Anstelle der bisher gemeinsam für Bausparen und Beteiligungen geltenden Begrenzung der Arbeitnehmer-Sparzulage von 10 % auf Anlagen bis 936 DM werden seit 1.1.1999 **zwei Förderarten** angeboten, die **nebeneinander** in Anspruch genommen werden können. Dabei sind seit 2004 die folgenden Einschränkungen zu beachten:

> - **Förderart 1** gilt für Bausparen bis **470 Euro** mit **9 %** Zulage
>   (Sparzulage: 9 % von 470 = 42,30 €),
>
> - **Förderart 2** gilt für Beteiligungen am Betriebsvermögen bis **400 Euro**
>   mit **18 %** Zulage bei westdeutschen Arbeitnehmern und **22 %**
>   Zulage bei ostdeutschen Arbeitnehmern.

Damit können bei Arbeitnehmern, die **beide** Förderarten in Anspruch nehmen, bis **870 Euro** (470 € + 400 €) gefördert werden.

Nutzt ein Arbeitnehmer **beide** Förderarten und unterschreitet er die Einkommensgrenzen, so erhält er als **Arbeitnehmer-Sparzulage** in den **alten** Bundesländern nunmehr **114,30 Euro** (42,30 € + 72 €) und in den **neuen** Bundesländern **130,30 Euro** (42,30 € + 88 €).

Die vermögenswirksamen Leistungen sind **steuerpflichtige Einnahmen** im Sinne des EStG und **Entgelt** im Sinne der **Sozialversicherung.** Sie sind arbeitsrechtlich **Bestandteil des Lohns oder Gehalts** (§ 2 Abs. 6 und 7 des 5. VermBG).

Getragen werden die vermögenswirksamen Leistungen entweder vom

> 1. **Arbeitnehmer,**
>
> 2. **Arbeitgeber** oder
>
> 3. **Arbeitnehmer und Arbeitgeber.**

Zu 1. VwL wird vom Arbeitnehmer allein getragen

Trägt der Arbeitnehmer die vwL allein, wird sie bei der Lohnabrechnung **abgezogen** und **unmittelbar** vom Arbeit**geber** an das Unternehmen bzw. Institut **überwiesen**, bei dem die vwL angelegt werden soll.

Beispiel:
Die ledige Angestellte Andrea Dötsch (Beispiel von Seite 233) spart monatlich **39,17 €** (470 € : 12) bei einer Bausparkasse nach dem 5. VermBG (nur Förderart 1).

Ihre **Gehaltsabrechnung** sieht wie folgt aus:

Bruttogehalt	2.000,00 €
- Lohnsteuer/Kirchensteuer/Solidaritätszuschlag	– 294,83 €
- Sozialversicherungsbeiträge (21,25 % von 2.000 €)	– 425,00 €
Nettogehalt	1.280,17 €
- abzuführende **vwL**	– **39,17 €**
= Auszahlungsbetrag	1.241,00 €

Buchungssatz:

Tz.	Sollkonto	Betrag (€)	Habenkonto
1.	6020 (4120) Gehälter	2.000,00	
		294,83	3730 (1741) Verbindl. aus LSt/KiSt
		425,00	3740 (1742) Verb. im Rahmen d.s.S.
		39,17	3770 (1750) Verb. aus Vermögensbild.
		1.241,00	3720 (1740) Verb. aus Lohn/Gehalt
2.	6110 (4130) Ges. soz. Aufw.	402,00*)	3740 (1742) Verb. im Rahmen d.s.S.

*) 20,1 % von 2.000 € = 402,00 €

Buchung:

S	6020 (4120) **Gehälter**	H
1)	2.000,00	

S 3730 (1741) **Verbindl. LSt/KiSt** H
1) 294,83

S	6110 (4130) **Gesetzl. soz. Aufw.**	H
2)	402,00	

S 3740 (1742) **Verb. im Rahmen d.s.S.** H
1) 425,00
2) 402,00

S 3770 (1750) **Verb. aus Vermögensb.** H
1) **39,17**

S 3720 (1740) **Verb. aus Lohn/Gehalt** H
1) 1.241,00

> **Übung**: 1. Wiederholungsfrage 11 (Seite 269),
> 2. Übungsaufgabe 11 (Seite 272)

Zu 2. VwL wird vom Arbeitgeber allein getragen

Trägt der **Arbeitgeber** die **vermögenswirksame Leistung allein**, erhöht sich der Arbeitslohn um die **vermögenswirksame Leistung**.
Die vom Arbeitgeber getragene vermögenswirksame Leistung wird auf dem Konto

6080 (4170) Vermögenswirksame Leistungen

erfasst.

Beispiel:
Die ledige Angestellte Andrea Dötsch (Beispiel von Seite 233) spart monatlich **39,17 Euro** bei einer Bausparkasse nach dem 5. VermBG, die der Arbeit**geber** zusätzlich **trägt**.Dadurch erhöht sich der steuer- und sozialversicherungspflichtige Bruttoarbeitslohn um 39,17 Euro.

Ihre **Gehaltsabrechnung** sieht wie folgt aus:

Bruttogehalt	2.000,00 €
+ **vwL** (vom Arbeit**geber** getragen)	**39,17 €**
= steuer- und sozialversicherungspflichtiges Gehalt	2.039,17 €
− Lohnsteuer/Kirchensteuer/Solidaritätszuschlag	− 306,94 €
− Sozialversicherungsbeiträge (21,25 % v. 2.039,17 €)	− 433,32 €
Nettogehalt	1.298,91 €
− abzuführende **vwL**	− **39,17 €**
= Auszahlungsbetrag	**1.259,74 €**

Buchungssatz:

Tz.	Sollkonto	Betrag (€)	Habenkonto
1.	**6020** (4120) Gehälter	2.000,00	
	6080 (4170) **VwL**	**39,17**	
		306,94	**3730** (1741) Verbindl. aus LSt/KiSt
		433,32	**3740** (1742) Verb. im Rahmen d.s.S.
		39,17	**3770** (1750) **Verb. aus Vermögensb.**
		1.259,74	**3720** (1740) Verb. aus Lohn/Gehalt
2.	**6110** (4130) Ges. soz. Aufw.	409,87	**3740** (1742) Verb. im Rahmen d.s.S.

Buchung:

S	**6020** (4120) **Gehälter**	H		S **3730** (1741) **Verbindl. aus LSt/KiSt** H
1)	2.000,00			1) 306,94

S	**6080** (4170) **VwL**	H		S **3740** (1742) **Verb. im Rahmen d.s.S.** H
1)	39,17			1) 433,32
				2) 409,87

S	**6110** (4130) **Gesetzl. soz. Aufw.**	H		S **3770** (1750) **Verb. aus Vermögensb.** H
2)	409,87			1) **39,17**

				S **3720** (1740) **Verb. aus Lohn/Gehalt** H
				1) 1.259,74

Zu 3. VwL wird vom Arbeitnehmer und Arbeitgeber getragen

Werden die **vermögenswirksamen Leistungen** vom Arbeit**nehmer** und Arbeit**geber** **gemeinsam** getragen, erhöht sich der Arbeitslohn lediglich um die vom Arbeit**geber** getragene **vermögenswirksame Leistung**. Die Buchung erfolgt wie zu 2.

Beispiel:
Die ledige Angestellte Andrea Dötsch (Beispiel von Seite 233) spart monatlich **39,17 Euro** bei einer Bausparkasse nach dem 5. VermBG. Der Arbeit**geber trägt** 50 % der vermögenswirksamen Leistung (50 % von 39,17 € = **19,59 €**). Die andere Hälfte der vwL **trägt** die **Angestellte**. Dadurch erhöht sich der steuer- und sozialversicherungs-pflichtige Bruttoarbeitslohn um 19,59 Euro.

Ihre **Gehaltsabrechnung** sieht wie folgt aus:

Bruttogehalt	2.000,00 €
+ vwL (vom Arbeit**geber** getragen)	**19,59 €**
= steuer- und sozialversicherungspflichtiges Gehalt	2.019,59 €
– Lohnsteuer/Kirchensteuer/Solidaritätszuschlag	– 300,84 €
– Sozialversicherungsbeiträge (21,25 % v. 2.019,59 €)	– 429,16 €
Nettogehalt	1.289,59 €
– abzuführende **vwL**	– **39,17 €**
= Auszahlungsbetrag	1.250,42 €

Buchungssatz:

Tz.	Sollkonto	Betrag (€)	Habenkonto
1.	6020 (4120) Gehälter	2.000,00	
	6080 (4170) **VwL**	**19,59**	
		300,84	3730 (1741) Verbindl. aus LSt/KiSt
		429,16	3740 (1742) Verb. im Rahmen d.s.S.
		39,17	3770 (1750) **Verb. aus Vermögensb.**
		1.250,42	3720 (1740) Verb. aus Lohn/Gehalt
2.	6110 (4130) Ges. soz. Aufw.	405,94	3740 (1742) Verb. im Rahmen d.s.S.

Buchung:

S	6020 (4120) **Gehälter**	H		S 3730 (1741) **Verbindl. aus LSt/KiSt** H
1)	2.000,00		1)	300,84

S	6080 (4170) **VwL**	H		S 3740 (1742) **Verb. im Rahmen d.s.S.** H
1)	19,59		1)	429,16
			2)	405,94

S	6110 (4130) **Gesetzl. soz. Aufw.**	H		S 3770 (1750) **Verb. aus Vermögensb.** H
2)	405,94		1)	39,17

			S 3720 (1740) **Verb. aus Lohn/Gehalt** H
		1)	1.250,42

> **Übung:** 1. Wiederholungsfragen 12 und 13 (Seite 269),
> 2. Übungsaufgaben 12 bis 15 (Seite 273 f.)

5.7 Geringfügige Beschäftigungen

Die geringfügigen Beschäftigungen sind mit Wirkung vom 1.4.2003 steuer- und sozialversicherungsrechtlich neu geregelt worden.

Eine **geringfügige Beschäftigung** kann nach § 8 Abs. 1 SGB IV

> 1. eine **geringfügig entlohnte Beschäftigung**
> oder
> 2. eine **kurzfristige Beschäftigung**

sein. Nur bei den **geringfügig entlohnten Beschäftigten** (nicht bei den kurzfristig Beschäftigten) darf das Arbeitsentgelt im Monat **400 Euro nicht** übersteigen.
Personen in **Berufsausbildung** gelten **nicht** als geringfügig Beschäftigte.
Bei den **geringfügig entlohnten Beschäftigten** ist zu unterscheiden, ob die Tätigkeiten in **Unternehmen** oder in **Privathaushalten** ausgeübt werden.

5.7.1 Geringfügig entlohnte Beschäftigung

5.7.1.1 Geringfügig entlohnte Beschäftigung in Unternehmen

Eine geringfügig entlohnte Beschäftigung in einem **Unternehmen** liegt vor, wenn das Arbeitsentgelt aus dieser Tätigkeit regelmäßig **im Monat 400 Euro nicht** übersteigt. Die wöchentliche **Arbeitszeit** ist dabei **unerheblich**.

Der Arbeitgeber hat an die **Einzugsstelle**, die **Minijob-Zentrale, 45115 Essen,** (www.minijob-zentrale.de), für die geringfügig entlohnten Beschäftigungen in Unternehmen **Pauschalabgaben** zu entrichten. Die Pauschalabgaben betragen seit **1.7.2006**

> **30 % des Arbeitsentgelts**.

Davon entfallen **15 %** auf die **Rentenversicherung, 13 %** auf die **Krankenversicherung** und **2 %** auf eine einheitliche **Pauschsteuer. Steuerrechtlich** sind mit der einheitlichen **Pauschsteuer** von **2 %** des Arbeitsentgelts die **Lohnsteuer**, der **Solidaritätszuschlag** und die **Kirchensteuer** abgegolten (§ 40a Abs. 2 EStG).

Seit 1.7.2006 ist der pauschale Abgabesatz von 25 % auf **30 %** erhöht worden.

Der Pauschalbeitrag zur **Krankenversicherung** fällt nur an, wenn der geringfügig Beschäftigte in der gesetzlichen Krankenversicherung versichert ist (z.B. **familienversichert**). Für geringfügig Beschäftigte, die **privat** oder **gar nicht** krankenversichert sind, fällt **kein** Pauschalbeitrag zur Krankenversicherung an.

Neben der Pauschale von **30 %** haben Arbeitgeber mit **weniger als 30 Beschäftigten** seit 1.1.2005 nur noch eine **Umlage** für die Krankheitsaufwendungen (U 1) nach dem Aufwendungsausgleichsgesetz (AAG) zu berücksichtigen.

Die **Umlage 1** (U 1) für den Ausgleich der Arbeitgeberaufwendungen bei Krankheit oder Kur **beträgt** bei der Minijob-Zentrale seit dem 1.1.2006 **0,1 % des Brutto**arbeitsentgelts aller im Betrieb beschäftigten **Arbeitnehmer.**

Der **Arbeitgeber** hat die **Pauschalbeiträge** zur Renten- und Krankenversicherung, die **Pauschsteuer** sowie die **Umlage** (U 1) **allein zu tragen** und bis zum **drittletzten Arbeitstag** des Monats, in dem die Beschäftigung ausgeübt wird, an die Minijob-Zentrale, 45115 Essen, zu entrichten.

Für den **Arbeitnehmer** ist das Arbeitsentgelt aus dieser Beschäftigung **steuer- und sozialversicherungsfrei**.

Beispiel:

Der Arbeitgeber Heinz Fischer, Koblenz, Betriebsnummer 52199473, Steuernummer 22/220/1020/2, beschäftigt seit 1.1.2007 in seinem Unternehmen eine familienversicherte **Angestellte**, die Büroarbeiten erledigt, für monatlich **400 Euro**. Sein Betrieb hat **weniger als 30 Beschäftigte**. Die Zahlungen an die geringfügig entlohnte Beschäftigte erfolgen jeweils am Monatsende bar. Die Minijob-Zentrale wurde ermächtigt, die Pauschalabgaben bei Fälligkeit zu Lasten des Bankkontos von Heinz Fischer per Lastschrift einzuziehen.

Fischer hat monatlich **120,00 EUR** (30 % von 400 € = 120 €) **Pauschalabgaben** zuzüglich **0,40 EUR U 1** (0,1 % von 400 €) an die Minijob-Zentrale zu entrichten.

Für die Arbeitnehmerin sind die 400 Euro steuer- und sozialversicherungsfrei.

Fischer hat in seinem **Dauer-Beitragsnachweis** folgende Angaben einzutragen:

Arbeitgeber	Betriebsnummer des Arbeitgebers	Steuernummer des Arbeitgebers *)
Heinz Fischer	*52 199 473*	*22/220/1020/2*

	Zeitraum:	Tag	Monat	Jahr
	von	*0 1*	*0 1*	*2 0 0 7*
		Tag	Monat	Jahr
	bis	*3 1*	*1 2*	*2 0 0 7*

Bundesknappschaft

45115 Essen

Rechtskreis **)   Ost: ☐   West: ☒

Fälligkeit am 25. des lfd. Monats **) ☐

Dauer-Beitragsnachweis **) ☐

bisheriger Dauer-Beitragsnachweis
gilt erneut ab nächsten Monat **) ☐

Beitragsnachweis für geringfügig Beschäftigte (einschließlich einheitlicher Pauschsteuer)	Beitrags-gruppe	Euro	Cent
Beiträge zur Krankenversicherung für geringfügig Beschäftigte	6000		0
Beiträge zur Rentenversicherung der Arbeiter - voller Beitrag bei Verzicht auf die Rentenversicherungsfreiheit - *13% von 400 EUR*	0100	*52*	*00*
Beiträge zur Rentenversicherung der Angestellten - voller Beitrag bei Verzicht auf die Rentenversicherungsfreiheit -	0200		
Beiträge zur Rentenversicherung der Arbeiter für geringfügig Beschäftigte *15% von 400 EUR*	0500	*60*	*00*
Beiträge zur Rentenversicherung der Angestellten für geringfügig Beschäftigte	0600		
Umlage nach dem Lohnfortzahlungsgesetz (LFZG) für Krankheitsaufwendungen *0,1% von 400 EUR*	U1	*0*	*40*
Umlage nach dem Lohnfortzahlungsgesetz (LFZG) für Mutterschaftsaufwendungen	U2		
einheitliche Pauschsteuer *2% von 400 EUR*	St	*8*	*00*
Gesamtsumme		*120*	*40*

Es wird bestätigt, dass die Angaben mit denen der Lohn- und Gehaltsunterlagen übereinstimmen und in diesen sämtliche Entgelte enthalten sind.	abzüglich Erstattung gemäß § 10 LFZG		00
27.12.07 *Heinz Fischer*	zu zahlender Betrag/Guthaben	*120*	40
Datum, Unterschrift			

*) Die Steuernummer ist nur anzugeben, sofern die einheitliche Pauschsteuer an die Bundesknappschaft abgeführt wird.
**) Zutreffendes ankreuzen

⬤ **KNAPPSCHAFT**
SICHER BESSER LEBEN

Buchungssatz (monatlich):

Sollkonto	Betrag (€)	Habenkonto
6030 (4190) Aushilfslöhne	400,00	**1600** (1000) Kasse
6030 (4190) Aushilfslöhne	112,40	**1800** (1200) Bank
6040 (4199) Pauschale Steuer für Aushilfen	8,00	**1800** (1200) Bank

Buchung (Nettobuchung):

S	**6030** (4190) **Aushilfslöhne**	H		S	**1600** (1000) **Kasse**	H
	400,00					400,00
	112,40					

S	**6040** (4199) **Pauschale Steuer für Aushilfen**	H		S	**1800** (1200) **Bank**	H
	8,00					112,40
						8,00

Der Arbeitgeber hat die **Möglichkeit,** auf die Pauschalierung des Arbeitslohns zu verzichten und den Arbeitslohn nach den Merkmalen der vom Arbeitnehmer vorgelegten **Lohnsteuerkarte** zu erheben (Wahlrecht).

> **Übung:** 1. Wiederholungsfragen 14 bis 18 (Seite 269),
> 2. Übungsaufgabe 16 (Seite 274)

5.7.1.2 Geringfügig entlohnte Beschäftigung in Privathaushalten

Eine geringfügig entlohnte Beschäftigung in einem **Privathaushalt** liegt vor, wenn sie durch einen privaten Haushalt begründet worden ist und die Tätigkeit sonst gewöhnlich durch Mitglieder des privaten Haushalts erledigt wird, z.B. Reinigung der Wohnung, Waschen, Bügeln, Zubereitung von Mahlzeiten, Gartenpflege.

Auch bei einer geringfügig entlohnten Beschäftigung in einem Privathaushalt darf das Arbeitsentgelt aus dieser Beschäftigung regelmäßig **400 Euro monatlich nicht** übersteigen.

Der Arbeitgeber hat seit 1.4.2003 an die **Einzugsstelle, die Minijob-Zentrale, 45115 Essen,** (www.minijob-zentrale.de), für die geringfügig entlohnten Beschäftigungen in Privathaushalten **Pauschalabgaben** zu entrichten. Die **Pauschalabgaben** betragen grundsätzlich

12 % des Arbeitsentgelts.

Davon entfallen **5 %** auf die Rentenversicherung, **5 %** auf die Krankenversicherung und **2 %** auf die einheitliche Pauschsteuer. **Neben** der Pauschale von **12 %** hat der Arbeitgeber mit **weniger als 30 Beschäftigten** die **Umlage 1 (U 1) von 0,1 %** zu entrichten (Regelfall). Der **Arbeitgeber** hat die **Pauschalabgaben allein zu tragen.**

Beispiel:

Der Arbeitgeber U, Köln, beschäftigt seit 1.1.2007 in seinem Privathaushalt eine familienversicherte **Arbeiterin** (Putzhilfe) für 400 Euro monatlich. Sein Betrieb hat **weniger als 30 Beschäftigte**.

Die Zahlung an die Putzhilfe erfolgt jeweils am Monatsende bar aus der Geschäfts-kasse und die Pauschalabgaben an die Minijob-Zentrale werden durch Überweisung vom betrieblichen Bankkonto gezahlt.

U hat monatlich **48,40 EUR** (12 % von 400 EUR = 48 EUR zuzüglich 0,1 % von 400 EUR = 0,40 EUR) **Pauschalabgaben** an die Minijob-Zentrale zu entrichten. Für die Arbeitnehmerin sind die 400 Euro steuer- und sozialversicherungsfrei.

Buchungssatz (monatlich):

Sollkonto	Betrag (EUR)	Habenkonto
2100 (1800) Privatentnahmen	400,00	**1600** (1000) Kasse
2100 (1800) Privatentnahmen	48,40	**1800** (1200) Bank

Buchung (monatlich):

S	**2100** (1800) **Privatentnahmen**	H		S	**1600** (1000) **Kasse**	H
	400,00					400,00
	48,40					

S	**1800** (1200) **Bank**	H
		48,40

> **Übung:** 1. Wiederholungsfragen 18 und 19 (Seite 269),
> 2. Übungsaufgabe 17 (Seite 274)

5.7.1.3 Mehrere geringfügig entlohnte Beschäftigungen bei einem Arbeitgeber

Wird eine geringfügig entlohnte Beschäftigung **sowohl** im **Unternehmen als auch** im **Privathaushalt** bei **einem** Arbeitgeber ausgeübt, sind grundsätzlich insgesamt **30 %** des Arbeitsentgelts als Pauschalabgaben zu entrichten. Eine Aufteilung in den unter-nehmerischen und den privaten Tätigkeitsbereich ist nicht vorgesehen.Die verringerten Pauschalabgaben von 12 % des Arbeitsentgelts gelten nur, wenn die geringfügig entlohnte Beschäftigung **ausschließlich** in Privathaushalten ausgeübt wird.

Beispiel:

Der Arbeitgeber U, Augsburg, beschäftigt seit dem 1.1.2007 eine familienversicherte **Arbeiterin** (Raumpflegerin) für monatlich 400 Euro. Die Tätigkeit der Raumpflegerin bezieht sich **sowohl** auf die Reinigung der **Büroräume als auch** auf die des **Privathaus-halts** des U. Der Betrieb des U hat weniger als 30 Beschäftigte. Die Zahlungen an die geringfügig entlohnte Beschäftigte erfolgen jeweils am Monatsende bar. Die Minijob-Zentrale wurde ermächtigt, die Pauschalabgaben zu Lasten des Bankkontos von U per Lastschrift einzuziehen.

U hat monatlich **120,40 EUR** (30 % von 400 EUR = 120 EUR zuzüglich 0,1 % von 400 EUR = 0,40 EUR) Pauschalabgaben an die Minijob-Zentrale zu entrichten. Die Pauschalabgabe von 12 % des Arbeitsentgelt ist ausgeschlossen, weil die Tätig-keit nicht ausschließlich im Privathaushalt ausgeübt wird.

Buchungssatz (monatlich):

Sollkonto	Betrag (€)	Habenkonto
6030 (4190) Aushilfslöhne	400,00	**1600** (1000) Kasse
6030 (4190) Aushilfslöhne	112,40	**1800** (1200) Bank
6040 (4199) Pauschale Steuer für Aushilfen	8,00	**1800** (1200) Bank

Buchung (Nettobuchung):

S	**6030** (4190) **Aushilfslöhne**	H	S	**1600** (1000) **Kasse**	H
400,00					400,00
112,40					

S	**6040** (4199) **Pauschale Steuer für Aushilfen**	H	S	**1800** (1200) **Bank**	H
8,00					112,40
					8,00

> **Übung:** 1. Wiederholungsfrage 20 (Seite 269),
> 2. Übungsaufgabe 18 (Seite 274)

5.7.1.4 Mehrere geringfügig entlohnte Beschäftigungen bei verschiedenen Arbeitgebern

Werden **mehrere** geringfügig entlohnte Beschäftigungen bei **verschiedenen** Arbeitgebern nebeneinander ausgeübt, sind zur Beantwortung der Frage, ob eine geringfügig entlohnte Beschäftigung vorliegt, die **einzelnen Arbeitsentgelte zusammenzurechnen**.
Dies gilt unabhängig davon, ob die Tätigkeiten in Unternehmen oder in Privathaushalten ausgeübt werden.

Beispiel:
Der Gastwirt U 1 beschäftigt seit 1.1.2007 in seiner Gaststätte eine familienversicherte **Arbeiterin** (Kellnerin) für monatlich **230 EUR**. Die Arbeitnehmerin übt neben dieser Beschäftigung noch eine weitere Tätigkeit als Kellnerin bei dem Gastwirt U 2 für monatlich **170 EUR** aus. Beide Gastwirte haben weniger als 30 Beschäftigte.

Bei der Zusammenrechnung beider Beschäftigungen ist die Geringfügigkeitsgrenze von 400 Euro nicht überschritten. Die Arbeitgeber haben insgesamt Pauschalabgaben von **120,40 EUR** (30 % + 0,1 % Umlage von 400 EUR) monatlich an die Minijob-Zentrale zu entrichten. Davon trägt der Arbeitgeber U 1 **69,23 EUR** (30,1 % von 230 EUR) und der Arbeitgeber U 2 **51,17 EUR** (30,1 % von 170 EUR). Für die Kellnerin sind beide Beschäftigungen steuer- und sozialversicherungsfrei.

Bei einem **Überschreiten** der Geringfügigkeitsgrenze von 400 Euro monatlich führt dies zur **vollen Sozialversicherungspflicht**, wobei u.U. die neue Gleitzone (400,01 € bis 800,00 €) zu beachten ist.
Steuerrechtlich haben die Arbeitgeber unter Verzicht auf die Vorlage einer Lohnsteuerkarte die Möglichkeit, den Arbeitslohn pauschal mit **20 %** zu versteuern, wenn das monatliche Arbeitsentgelt beim einzelnen Arbeitgeber **nicht mehr als 400 Euro** beträgt (§ 40a Abs. 2a EStG). Hinzu kommen der Solidaritätszuschlag (5,5 % der Lohnsteuer) und die pauschale Kirchensteuer nach dem jeweiligen Landesrecht.

5.7.1.5 Geringfügig entlohnte Beschäftigung neben einer versicherungs-pflichtigen Hauptbeschäftigung

Seit dem 1.4.2003 kann eine geringfügig entlohnte Beschäftigung **neben** einer versicherungspflichtigen **Hauptbeschäftigung** erfolgen.

Dabei wird das Arbeitsentgelt der geringfügig entlohnten Beschäftigung **nicht** mit dem der Hauptbeschäftigung **zusammengerechnet**.

Der **Arbeitgeber trägt** für die geringfügig entlohnte Beschäftigung die **Pauschalabgaben allein**, während für den **Arbeitnehmer** das Arbeitsentgelt aus dieser Beschäftigung **steuer- und sozialversicherungsfrei** ist.

Beispiel:
Der Arbeitnehmer A, München, übt als kaufmännischer Angestellter eine sozial-versicherungspflichtige Hauptbeschäftigung aus.
Von Mai bis September 2007 übt er zusätzlich bei dem Arbeitgeber U als **Arbeiter** (Kellner) eine Beschäftigung aus. Sein monatliches Arbeitsentgelt beträgt **400 Euro**. Außerdem erhält er regelmäßig **Trinkgeld** von **ca. 150 Euro** im Monat. Weiteren Beschäftigungen geht A nicht nach. Die Betriebe des U haben **mehr als 30 Beschäftigte**. Die Zahlung an den Kellner erfolgt jeweils am Monatsende bar und die Pauschalabgaben an die Minijob-Zentrale werden durch die Bank gezahlt.

Die geringfügig entlohnte Beschäftigung wird **nicht** mit der Hauptbeschäftigung zusammengerechnet. U hat für die geringfügig entlohnte Beschäftigung **120 Euro** (30 % von 400 EUR) monatlich an die Minijob-Zentrale zu entrichten. Die Umlage entfällt, weil der Betrieb des U mehr als 30 Beschäftigte hat.
Das **Trinkgeld** ist **steuer- und sozialversicherungsfrei** und führt nicht zu einer Überschreitung der Geringfügigkeitsgrenze von 400 Euro (§ 3 Nr. 51 EStG).
Die Abzüge für die Hauptbeschäftigung sind an das Finanzamt und die Kranken-kasse zu zahlen.

Buchungssatz für die geringfügig entlohnte Beschäftigung (monatlich):

Sollkonto	Betrag (€)	Habenkonto
6030 (4190) Aushilfslöhne	400,00	**1600** (1000) Kasse
6030 (4190) Aushilfslöhne	112,00	**1800** (1200) Bank
6040 (4199) Pauschale Steuer für Aushilfen	8,00	**1800** (1200) Bank

Buchung (Nettobuchung):

S	**6030** (4190) **Aushilfslöhne**	H	S	**1600** (1000) **Kasse**	H
	400,00				400,00
	112,00				

S	**6040** (4199) **Pauschale Steuer für Aushilfen**	H	S	**1800** (1200) **Bank**	H
	8,00				112,00
					8,00

> **Übung:** 1. Wiederholungsfragen 21 und 22 (Seite 269),
> 2. Übungsaufgaben 19 und 20 (Seite 275)

5.7.2 Kurzfristige Beschäftigung

Eine **kurzfristige Beschäftigung** im **lohnsteuerlichen** Sinne liegt vor, wenn

1. der Arbeitnehmer bei dem Arbeitgeber **nur gelegentlich**, nicht regelmäßig beschäftigt wird,
2. die Dauer der Beschäftigung **18 zusammenhängende Arbeitstage nicht übersteigt,**
3. der Arbeitslohn während der Beschäftigungsdauer **62 Euro** durchschnittlich **je Arbeitstag nicht übersteigt** **oder** die Beschäftigung zu einem unvorhersehbaren Zeitpunkt **sofort** erforderlich wird und
4. der durchschnittliche **Stundenlohn** während der Beschäftigungsdauer **12,00 Euro nicht übersteigt** (§ 40a Abs. 4 EStG).

Werden Arbeitnehmer **kurzfristig** beschäftigt (sog. **Aushilfskräfte**), kann die Lohnsteuer mit einem **Pauschsteuersatz** von

25 % des Arbeitslohns

zuzüglich Solidaritätszuschlag und Kirchensteuer erhoben werden (§ 40a **Abs. 1** EStG).

Eine kurzfristige Beschäftigung ist **sozialversicherungsfrei**, wenn die Beschäftigung für eine Zeitdauer ausgeübt wird, die im Laufe eines **Kalenderjahres** auf **nicht mehr als zwei Monate** oder insgesamt **50 Arbeitstage** nach ihrer **Eigenart** begrenzt zu sein pflegt oder im Voraus vertraglich begrenzt ist. Eine kurzfristige Beschäftigung liegt **nicht** mehr vor, wenn die Beschäftigung **berufsmäßig** ausgeübt wird.

Beispiel:
Der Arbeitgeber U, **Bonn**, beschäftigt wegen Krankheit eines Arbeitnehmers in 2007 für 15 Tage eine **Aushilfe**. Für jeden der 15 Arbeitstage erhält die Aushilfe 75 Euro. Die Zahlung in Höhe von **1.125 €** (15 x 75 €) erfolgt in bar. Die Arbeitszeit beträgt 10 Stunden am Tag.

Der Arbeitgeber kann die Lohnsteuer **pauschalieren**, weil alle Voraussetzungen für eine kurzfristige Beschäftigung erfüllt sind. Wegen der unvorhersehbaren, sofortigen Beschäftigung darf der Tageslohn 62 Euro übersteigen. Sofern die Aushilfstätigkeit nicht berufsmäßig ausgeübt wird, ist sie sozialversicherungsfrei.

Die **Abrechnung** für die Aushilfe sieht für 2007 wie folgt aus:

Lohn (15 x 75 €)		1.125,00 €
+ pauschalierte LSt (**25 %** von 1.125 €)	281,25 €	
+ Solidaritätszuschlag (5,5 % von 281,25 €)	15,46 €	
+ pauschalierte KiSt (7 % von 281,25 €)	19,68 €	316,39 €
= Kosten des Arbeitgebers		1.441,39 €

Buchungssatz:

Sollkonto	Betrag (€)	Habenkonto
6030 (4190) Aushilfslöhne	1.125,00	**1600** (1000) Kasse
6040 (4199) Pauschale Steuer	316,39	**3730** (1741) Verb. aus LSt und KiSt

Buchung:

S	6030 (4190) Aushilfslöhne	H	S	1600 (1000) Kasse	H
	1.125,00				1.125,00

S 6040 (4199) Pauschale Steuern für Aushilfen H		S 3730 (1741) Verb. aus LSt/KiSt H	
316,39			316,39

Zusammenfassung zu Abschnitt 5.7:

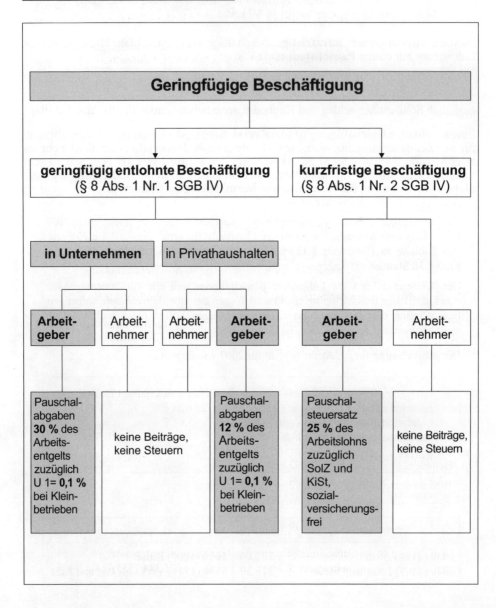

		Geringfügige Beschäftigung			
geringfügig entlohnte Beschäftigung (§ 8 Abs. 1 Nr. 1 SGB IV)			kurzfristige Beschäftigung (§ 8 Abs. 1 Nr. 2 SGB IV)		
in Unternehmen		in Privathaushalten			
Arbeit-geber	Arbeit-nehmer	Arbeit-nehmer	Arbeit-geber	Arbeit-geber	Arbeit-nehmer
Pauschal-abgaben **30 %** des Arbeits-entgelts zuzüglich U 1= **0,1 %** bei Klein-betrieben	keine Beiträge, keine Steuern		Pauschal-abgaben **12 %** des Arbeits-entgelts zuzüglich U 1= **0,1 %** bei Klein-betrieben	Pauschal-steuersatz **25 %** des Arbeitslohns zuzüglich SolZ und KiSt, sozial-versicherungs-frei	keine Beiträge, keine Steuern

5.8 Gleitzone bei Arbeitsentgelten zwischen 400,01 € und 800,00 €

Seit dem 1.4.2003 wird für Arbeitsentgelte, die zwischen **400,01 Euro und 800,00 Euro** liegen, **sozialversicherungsrechtlich** eine **Gleitzone** eingeführt (§ 20 Abs. 2 SGB IV). Diese Gleitzone gilt **nicht** für **Ausbildungsverhältnisse**.
Steuerrechtlich ergeben sich im Rahmen der Gleitzone keine Besonderheiten, d.h. der Arbeitnehmer muss eine **Lohnsteuerkarte** vorlegen.

Die Beiträge zur **Sozialversicherung** werden bei Arbeitsentgelten zwischen 400,01 € und 800,00 € vom Arbeitgeber und Arbeitnehmer **nicht je zur Hälfte** getragen. Der **Arbeitgeber** hat innerhalb der Gleitzone den **vollen** Beitragsanteil zu tragen, während der Beitragsanteil des **Arbeitnehmers** gleitend bis zum vollen Arbeitnehmeranteil bei 800,00 € **ansteigt**.

Die Berechnung der einzelnen Beitragsanteile innerhalb der Gleitzone erfolgt in **drei Schritten**:

1. Berechnung des **Gesamtbeitrags** (Arbeitgeberanteil + Arbeitnehmeranteil),
2. Berechnung des **Arbeitgeberanteils**,
3. Berechnung des **Arbeitnehmeranteils**.

Zu 1. Gesamtbeitrag

Um den Gesamtbeitrag zu berechnen, ist es erforderlich, zunächst die **Bemessungsgrundlage** für den Gesamtbeitrag zu ermitteln. Auf diese Bemessungsgrundlage wird dann der **Gesamtbeitragssatz** angewendet.

Gesamtbeitrag = Bemessungsgrundlage x Gesamtbeitragssatz

Die **Bemessungsgrundlage** für die Ermittlung des Gesamtbeitrags zur Sozialversicherung wird für das Jahr **2007** nach folgender **Formel** berechnet:

Bemessungsgrundlage = 306,92 + 1,2327 x (Arbeitsentgelt – 400)

Für das Jahr **2007** beträgt der durchschnittliche **Gesamtbeitragssatz** für **nicht Kinderlose 40 %** (19,9 % + 13,3 % + 0,9 + 1,7 % + 4,2 %) und für **Kinderlose 40,25 %** (19,9 % + 13,3 % + 0,9 % + 1,7 % + 0,25 % + 4,2 %).

Beispiel:
Das Arbeitsentgelt der **nicht kinderlosen** Arbeitnehmerin A beträgt für den Monat Juni 2007 **600 Euro**.

Die **Bemessungsgrundlage** wird wie folgt ermittelt:

Bemessungsgrundlage = 306,92 + 1,2327 x (600 – 400)

Bemessungsgrundlage = 306,92 + 1,2327 x 200

Bemessungsgrundlage = 306,92 + 246,54

Bemessungsgrundlage = **553,46 EUR**

Multipliziert man die Bemessungsgrundlage mit dem Gesamtbeitragssatz von 40 %, ergibt sich der **Gesamtbeitrag** zur Sozialversicherung von **221,38 €** (553,46 € x 40 %).

Zu 2. Arbeitgeberanteil

Der **Arbeitgeber** hat von dem Gesamtbeitragsatz von 40 % für nicht kinderlose Arbeitnehmer lediglich **19,55 %** (9,95 % + 6,65 % + 0,85 % + 2,1 %) zu tragen.

Beispiel:
Sachverhalt wie im Beispiel zuvor

Der **Arbeitgeber** hat **117,30 EUR** (600 EUR x 19,55 %) **zu tragen**.

Zu 3. Arbeitnehmeranteil

Für die Ermittlung des Arbeitnehmeranteils an den Sozialversicherungsbeiträgen wird der Arbeitgeberanteil vom Gesamtbeitrag abgezogen:

Gesamtbeitrag
– Arbeitgeberanteil
= **Arbeitnehmeranteil**

Beispiel:
Sachverhalt wie im Beispiel zuvor

Der **Arbeitnehmeranteil** an den Sozialversicherungsbeiträgen beträgt **104,08 EUR**:

Gesamtbeitrag	221,38 EUR
– Arbeitgeberanteil	– 117,30 EUR
= **Arbeitnehmeranteil**	**104,08 EUR**

Die **Lohnabrechnung** der Arbeitnehmerin A sieht für den Monat Juni 2007 wie folgt aus:

Lohn			600,00 EUR
– Lohnsteuer (I/0)	0,00 €		
– Solidaritätszuschlag	0,00 €		
– Kirchensteuer	0,00 €	–	0,00 EUR
– **Sozialversicherungsbeiträge (Arbeitnehmeranteil)**		–	**104,08 EUR**
= Nettolohn			495,92 EUR

Der **Arbeitgeberanteil** zu Sozialversicherung beträgt 117,30 EUR

Buchungssatz (monatlich):

Sollkonto	Betrag (€)	Habenkonto
6010 (4110) Löhne	600,00	
	104,08	**3740** (1742) Verb. im Rahmen d.s.S.
	495,92	**3720** (1740) Verb. aus Lohn/Gehalt
6110 (4130) Ges. soz. Aufw.	117,30	**3740** (1742) Verb. im Rahmen d.s.S.

Buchung (Bruttomethode):

S	6010 (4110) Löhne	H
600,00		

S 3740 (1742) Verb. im Rahmen d.s.S.	H
	104,08
	117,30

S 6110 (4130) Ges. soz. Aufw.	H
117,30	

S 3720 (1740) Verb. aus Lohn/Gehalt	H
	495,92

Beispiel:
Sachverhalt wie im Beispiel auf Seite 255 mit dem Unterschied, dass die Arbeitnehmerin **kinderlos** ist.

Der **Arbeitnehmeranteil** an den Sozialversicherungsbeiträgen beträgt:

Gesamtbeitrag	222,77 EUR	(553,46 € x 40,25 %)
− Arbeitgeberanteil	− 117,30 EUR	
= Arbeitnehmeranteil	**105,47 EUR**	

Übung: 1. Wiederholungsfragen 23 bis 25 (Seite 269),
2. Übungsaufgabe 21 (Seite 275)

5.9 Sachzuwendungen an Arbeitnehmer

Fließt dem Arbeitnehmer **Arbeitslohn** in Form von **Sachbezügen** zu, so sind diese ebenso wie Barlohnzahlungen dem **laufenden Arbeitslohn** oder den **sonstigen Bezügen** zuzuordnen (R 31 Abs. 1 Satz 1 LStR).

Sachbezüge bleiben **außer Ansatz**, wenn sie insgesamt **44 Euro** im Kalender**monat** (**Freigrenze**) **nicht übersteigen** (§ 8 Abs. 2 EStG). Eine Übertragung von nicht ausgeschöpften Beträgen in andere Kalendermonate ist **nicht** möglich (vgl. OFD Erfurt, Vfg. vom 30.1.1996 - S 2334 A- 37- St 332 (T)).

Die Sachbezüge werden, abhängig davon, ob in ihnen Umsatzsteuer enthalten ist oder nicht, auf folgende Konten gebucht:

4947 (8611) **Verrechnete sonstige Sachbezüge 19 % USt (z.B. Kfz-Gestellung)**

oder

4949 (8614) **Verrechnete sonstige Sachbezüge ohne USt**

Im Folgenden werden die in der Praxis **wichtigsten Sachbezüge** beispielhaft dargestellt.

5.9.1 Wohnung und Unterkunft

Wird einem Arbeit**nehmer** die Möglichkeit gegeben, eine **Wohnung oder Unterkunft** des Arbeit**gebers kostenlos oder verbilligt** zu nutzen, so handelt es sich um einen **geldwerten Vorteil**, der als **Arbeitslohn** steuerbar ist.

Für die **Höhe** des **geldwerten Vorteils** ist zunächst zu unterscheiden, ob es sich um eine **Wohnung** oder um eine **Unterkunft** handelt.

Eine **Wohnung** ist eine in sich geschlossene Einheit von Räumen, in denen ein selbständiger Haushalt geführt werden kann. Wesentlich ist, dass eine **Wasserversorgung und -entsorgung**, zumindest eine einer Küche vergleichbare **Kochgelegenheit** sowie eine **Toilette** vorhanden sind. Danach stellt z.B. ein Einzimmerappartement mit Küchenzeile und WC als Nebenraum eine Wohnung dar (R 31 Abs. 6 LStR).

Soweit diese **Voraussetzungen nicht** vorhanden sind, handelt es sich um eine **Unterkunft**. Danach stellt z.B. ein Einzimmerappartement bei Mitbenutzung von Bad, Toilette und Küche eine Unterkunft dar (R 31 Abs. 6 LStR).

Die Gewährung der kostenlosen oder verbilligten **Wohnung oder Unterkunft** ist **umsatzsteuerfrei** (§ 4 Nr. 12a UStG).

Wohnung (Werkswohnung)

Wird einem Arbeitnehmer eine **Wohnung** des Arbeitgebers **kostenlos** zur Verfügung gestellt, so ist als **geldwerter Vorteil** die **ortsübliche Miete** anzusetzen. Für Energie, Wasser und sonstige **Nebenkosten** ist der **übliche Preis am Abgabeort** anzusetzen.

> Beispiel 1:
> Der ledige, kinderlose Arbeitnehmer A, Bochum, der ein Bruttogehalt von **2.500 €** bezieht, hat 2007 von seinem Arbeitgeber eine Wohnung **kostenlos** zur Verfügung gestellt bekommen. Der **ortsübliche Mietpreis** einschl. Nebenkosten beträgt monatlich **500,00 €**.
>
> Der **steuerpflichtige Arbeitslohn** des A wird für einen Monat wie folgt ermittelt:

Bruttogehalt	2.500,00 €
+ **geldwerter Vorteil (ortsübliche Miete)**	**500,00 €**
= **steuerpflichtiger Arbeitslohn**	3.000,00 €

Die **Gehaltsabrechnung** des A sieht für den Monat Mai 2007 wie folgt aus:

Bruttogehalt	2.500,00 €
+ Sachbezug (**ortsübliche Miete**)	**500,00 €**
= steuer- und sozialversicherungspflichtiges Gehalt	3.000,00 €
− Lohnsteuer/Kirchensteuer/Solidaritätszuschlag	− 632,78 €
− Sozialversicherungsbeiträge (21,25 % von 3.000 €)	− 637,50 €
Nettogehalt	1.729,72 €
− Sachbezug	− **500,00 €**
= Auszahlungsbetrag	1.229,72 €

Der **Arbeitgeberanteil** zur Sozialversicherung beträgt (20,1 % v. 3.000 €) **603,00 €.**

Buchungssatz (Bruttomethode):

Tz.	Sollkonto	Betrag (€)	Habenkonto
1.	**6020** (4120) Gehälter	3.000,00	
		632,78	**3730** (1741) Verbindl. aus LSt/KiSt
		637,50	**3740** (1742) Verb. im Rahmen d.s.S.
		500,00	**4949** (8614) **Verr.sonst.Sachb.o.USt**
		1.229,72	**3720** (1740) Verb. aus Lohn/Gehalt
	6110 (4130) Ges.soz.Aufw.	603,00	**3740** (1742) Verb. im Rahmen d.s.S.

Buchung (Bruttomethode):

S **6020** (4120) **Gehälter** H	S **3730** (1741) **Verbindl. aus LSt/KiSt** H
1) 3.000,00	1) 632,78

S **6110** (4130) **Gesetzl. soz. Aufw.** H	S **3740** (1742) **Verb. im Rahmen d.s.S.** H
1) 603,00	1) 637,50
	1) 603,00

	S **4949** (8614) **Verr.sonst.Sachb. ohne USt** H
	1) **500,00**

	S **3720** (1740) **Verb. aus Lohn/Gehalt** H
	1) 1.229,72

Bei **verbilligter** Überlassung einer **Wohnung** ist als **geldwerter Vorteil** der **Unterschiedsbetrag** zwischen dem **vereinbarten Preis** und der **ortsüblichen Miete** einschließlich Nebenkosten anzusetzen.

Beispiel 2:

Sachverhalt wie im Beispiel 1 mit dem **Unterschied**, dass A monatlich **375,00 €** an **Miete zahlt**, die mit seinem Gehalt verrechnet wird.

Die **Gehaltsabrechnung** des A sieht für den Monat Mai 2007 wie folgt aus:

Bruttogehalt		2.500,00 €
gezahlte Miete der Wohnung	375,00 €	
ortsüblicher Mietpreis einschl. Nebenkosten	500,00 €	
+ Sachbezug (**verbilligte Wohnung**)		**125,00 €**
= steuer- und sozialversicherungspflichtiger Arbeitslohn		2.625,00 €
– Lohnsteuer/Kirchensteuer/Solidaritätszuschlag		– 499,11 €
– Sozialversicherungsbeiträge (21,25 % von 2.625 €)		– 557,81 €
– Nettogehalt		1.568,08 €
– Sachbezug		– **125,00 €**
– Miete		– 375,00 €
= Auszahlungsbetrag		1.068,08 €

Der **Arbeitgeberbeitrag** zur Sozialversicherung beträgt (20,1 % v. 2.625 €) **527,63 €**.

Buchungssatz (Bruttomethode):

Tz.	Sollkonto	Betrag (€)	Habenkonto
2.	**6020** (4120) Gehälter	2.625,00	
		499,11	**3730** (1741) Verbindl. aus LSt/KiSt
		557,81	**3740** (1742) Verb. im Rahmen d.s.S.
		125,00	**4949** (8614) Verr.sonst.Sachb.ohne USt
		375,00	**4860** (2750) Grundstückserträge
		1.068,08	**3720** (1740) Verb. aus Lohn/Gehalt
	6110 (4130) Ges.soz.Aufw.	527,63	**3740** (1742) Verb. im Rahmen d.s.S.

Buchung (Bruttomethode):

S	**6020** (4120) **Gehälter**	H		S	**3730** (1741) **Verbindl. aus LSt/KiSt**	H
2)	2.625,00				2)	499,11

S	**6110** (4130) **Gesetzl. soz. Aufw.**	H		S	**3740** (1742) **Verb. im Rahmen d.s.S.**	H
2)	527,63				2)	577,81
					2)	527,63

S	**4949** (8614) **Verr. sonst. Sachb. ohne USt**	H
	2)	125,00

S	**4860** (2750) **Grundstückserträge**	H
	2)	375,00

S	**3720** (1740) **Verb. aus Lohn/Gehalt**	H
	2)	1.068,08

Unterkunft

Wird einem Arbeitnehmer eine **Unterkunft** des Arbeitgebers **kostenlos oder verbilligt** zur Verfügung gestellt, wird der **geldwerte Vorteil** nach **amtlichen Sachbezugswerten festgelegt.**

Für **2007** gelten nach der Sozialversicherungsentgeltverordnung folgende Sachbezugswerte:

Art des Sachbezugs	alte Bundesländer	neue Bundesländer
Unterkunft	**198,00 €**	**192,06 €**

Ein Abschlag bei nicht vorhandener Heizung ist seit 2002 nicht mehr vorgesehen.

Für **Jugendliche** unter 18 Jahren und **Auszubildende** vermindert sich der Wert um **15 %**. **Ebenso** wird für **diejenigen Beschäftigten** ein Abschlag von 15 % auf den Wert der kostenlosen Unterkunft vorgenommen, **die in den Haushalt des Arbeitgebers oder** in einer **Gemeinschaftsunterkunft aufgenommen** worden sind.

Beispiel 3:
Die ledige, nicht kinderlose Helga Sabel ist Haushälterin bei Familie Schmitz in Köln. Neben ihrem monatlichen Bruttolohn von **700 Euro** bewohnt sie **kostenlos** ein **möbliertes Zimmer mit Heizung** (ohne Bad und WC) **im Hause** der Familie Schmitz.

Ihre **Lohnabrechnung** sieht für den Monat Juni 2007 wie folgt aus:

Bruttolohn	700,00 €
+ Sachbezug **(Unterkunft)** (198,00 € − 29,70 €)	**168,30 €**
= steuer- und sozialversicherungspflichtiger Arbeitslohn	868,30 €
− Lohnsteuer/Kirchensteuer/Solidaritätszuschlag	− 0,00 €
− Sozialversicherungsbeiträge (21 % von 868,30 €)	− 182,34 €
Nettolohn	685,96 €
− Sachbezug	**− 168,30 €**
= Auszahlungsbetrag	517,66 €

Der **Arbeitgeberanteil** zur Sozialversicherung beträgt (20,1 % v. 868,30 €) **174,53 €.**

Buchungssatz (Bruttomethode):

Tz.	Sollkonto	Betrag (€)	Habenkonto
3.	**6010** (4110) Löhne	868,30	
		182,34	**3740** (1742) Verb. im Rahmen d.s.S.
		168,30	**4949** (8614) Verr.sonst.Sachb.ohne USt
		517,66	**3720** (1740) Verb. aus Lohn/Gehalt
	6110 (4130) Ges.soz.Aufw.	174,53	**3740** (1742) Verb. im Rahmen d.s.S.

Buchung (Bruttomethode):

S	**6010** (4110) **Löhne**	H
3)	867,02	

S	**3740** (1742) **Verb. im Rahmen d.s.S.**	H
	3)	182,34
	3)	174,53

S	**6110** (4130) **Ges. soz. Aufw.**	H
3)	174,53	

S	**4949** (8614) **Verrechnete sonstige Sachbezüge ohne USt**	H
	3)	168,30

S 3720 (1740) **Verb. aus Lohn/Gehalt** H	
3)	517,66

Übung: 1. Wiederholungsfragen 26 und 27 (Seite 269),
2. Übungsaufgaben 22 und 23 (Seite 275)

5.9.2 Verpflegung

Ebenso wie für die Unterkunft wird der **geldwerte Vorteil** auch für **Verpflegung** nach **amtlichen Sachbezugswerten** festgelegt.

Nach der **Sozialversicherungsentgeltverordnung** beträgt der **Sachbezugswert** von unentgeltlichen oder verbilligten Mahlzeiten **für alle Länder 2007:**

Art des Sachbezugs	Sachbezugswert	
	monatlich	täglich
Frühstück	**45,00 €**	**1,50 €**
Mittagessen	**80,00 €**	**2,67 €**
Abendessen	**80,00 €**	**2,67 €**
gesamt	**205,00 €**	**6,84 €**

Die Ermäßigung für Jugendliche unter 18 Jahren und Auszubildende ist seit 1999 entfallen.

Beispiel:
Die Auszubildende A, Leipzig, isst arbeitstäglich in einer Gaststätte zu Mittag. Der Preis der Mahlzeit beträgt **3,50 €**. A zahlt für das Mittagessen nur **1,50 €**. Der Unterschiedsbetrag wird von ihrem Arbeitgeber beglichen.

Der **geldwerte Vorteil** für A wird für **einen Tag 2007** wie folgt ermittelt:

Sachbezugswert der Mahlzeit	2,67 €
– Zahlung der Arbeitnehmerin	– 1,50 €
= **geldwerter Vorteil**	**1,17 €**

Der **geldwerte Vorteil** ergibt sich aus dem **Unterschiedsbetrag** zwischen dem **Sachbezugswert** der Mahlzeit **und** der **Zahlung** der Arbeitnehmerin.
Hieraus ergibt sich, dass die steuerliche Erfassung der Mahlzeiten entfällt, wenn gewährleistet ist, dass der Arbeitnehmer für jede Mahlzeit mindestens einen Preis in Höhe des amtlichen Sachbezugswerts zahlt (R 31 Abs. 7 LStR).
Der amtliche Sachbezugswert enthält **19 % Umsatzsteuer**, die vom Arbeit**geber** anzumelden und abzuführen ist. Entrichtet der Arbeit**nehmer** ein **höheres** Entgelt als der Sachbezugswert, so ist die **Umsatzsteuer daraus zu errechnen.**

In den amtlichen **Sachbezugswerten für Verpflegung** ist – im Gegensatz zu den Werten für die Unterkunft – die **Umsatzsteuer** mit **19 %** enthalten.

Beispiel:

Die 23-jährige Auszubildende A, Bonn, erhält im Juni 2007 neben ihrer Ausbildungs-vergütung von **600,00 €** freie Verpflegung im Wert von insgesamt **205,00 €** (45,00 € + 80,00 € + 80,00 €). Da die Auszubildende für die Verpflegung nichts zahlt, ist der volle Wert nach der Sozialversicherungsentgeltverordnung anzusetzen.

Die "**Gehaltsabrechnung**" der Auszubildenden A sieht im Juni 2007 wie folgt aus:

Bruttogehalt			600,00 €
+ Sachbezug (**Verpflegung**), netto	172,27 €		
	+ 19 % USt	32,73 €	**205,00 €**
= steuer- und sozialversicherungspflichtiges Gehalt			805,00 €
– Lohnsteuer/Kirchensteuer/Solidaritätszuschlag			– 0,00 €
– Sozialversicherungsbeiträge (21,25 % von 805 €)			– 171,06 €
Nettogehalt			633,94 €
– Sachbezug			– **205,00 €**
= Auszahlungsbetrag			428,94 €

Der **Arbeitgeberanteil** zur Sozialversicherung beträgt (20,1 % von 805 €) **161,81 €**.

Buchungssatz (Bruttomethode):

Sollkonto	Betrag (€)	Habenkonto
6020 (4120) Gehälter	805,00	
	171,06	**3740** (1742) Verb. im Rahmen d.s.S.
	172,27	**4947** (8611) Verr. Sachb. 19 % USt ***)**
	32,73	**3806** (1776) Umsatzsteuer 19 %
	428,94	**3720** (1740) Verb. aus Lohn/Gehalt
6110 (4130) Ges.soz.Aufw.	161,81	**3740** (1742) Verb. im Rahmen d.s.S.

*) Durch die Eingabe des Berichtigungsschlüssels 4 unterbleibt die Errechnung der USt. Die Gewährung von freier Verpflegung ist eine **sonstige Leistung** i.S.d. UStG.

Buchung (Bruttomethode):

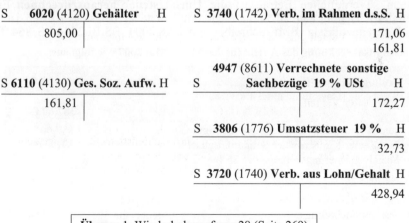

```
S     6020 (4120) Gehälter     H        S 3740 (1742) Verb. im Rahmen d.s.S. H
     805,00 |                                                      |  171,06
            |                                                      |  161,81

                                              4947 (8611) Verrechnete sonstige
S 6110 (4130) Ges. Soz. Aufw. H        S        Sachbezüge 19 % USt        H
     161,81 |                                                      |  172,27

                                        S   3806 (1776) Umsatzsteuer 19 %   H
                                                                   |  32,73

                                        S 3720 (1740) Verb. aus Lohn/Gehalt H
                                                                   |  428,94
```

Übung: 1. Wiederholungsfrage 28 (Seite 269),
2. Übungsaufgabe 24 (Seite 276)

5.9.3 Gestellung von Kraftfahrzeugen

Überlässt ein Arbeitgeber seinem Arbeitnehmer ein **Kraftfahrzeug** für eine **gewisse Dauer** (mehr als fünf Tage im Monat) zur privaten Nutzung, so ist der **geldwerte Vorteil** entweder nach der **1 %-Regelung**, mithilfe eines **Fahrtenbuches** oder durch **Schätzung** zu ermitteln. Dabei bleibt die monatliche Geringfügigkeitsgrenze von **44 Euro** nach § 8 Abs. 2 Satz 9 EStG **außer Betracht**.

1 %-Regelung

Der Arbeitgeber hat den **privaten Nutzungsanteil** mit monatlich **1 % des Bruttolisten-preises** (zuzüglich der Kosten für Sonderausstattungen, z.B. Navigationsgeräte, Diebstahlsicherungssysteme) anzusetzen, der im **Zeitpunkt der Erstzulassung** für das Kraftfahrzeug festgelegt ist. Dies gilt **auch** bei **gebraucht erworbenen** oder **geleasten** Fahrzeugen. Der **Bruttolistenpreis** ist **auf volle 100 Euro abzurunden** (R 31 Abs. 9 Nr. 1 Satz 6 LStR)

Dieser **prozentuale Ansatz** des privaten Nutzungsanteils umfasst die eigentlichen **Privatfahrten** (Freizeitfahrten).

Kann das Kraftfahrzeug **auch** zu **Fahrten zwischen Wohnung und Arbeitsstätte** genutzt werden, **erhöht sich der Wert um jeden Kilometer der Entfernung** zwischen Wohnung und Arbeitsstätte **um 0,03 % des Bruttolistenpreises** (§ 8 Abs. 2 EStG; R 31 Abs. 9 Nr. 1 LStR).

> Beispiel:
>
> Der ledige, kinderlose Angestellte A, Bonn, erhält neben seinem Bruttogehalt von **2.500 €** ab 2007 einen gebraucht angeschafften Firmenwagen auch zur Privatnutzung. Der **Bruttolistenpreis** im Zeitpunkt der Erstzulassung hat 2006 **20.477,24 €** betragen. Die **Entfernung zwischen Wohnung und Arbeitsstätte** beträgt **30 km**.
>
> Der **geldwerte Vorteil** für A wird für **einen Monat** wie folgt ermittelt:

Geldwerte Vorteile für Privatfahrten (1 % von 20.400 €)	204,00 €
+ Zuschlag für Fahrten zwischen Wohnung und Arbeitsstätte (0,03 % von 20.400 € x 30 km)	183,60 €
= geldwerter Vorteil insgesamt	**387,60 €**

Aus dem so ermittelten Betrag ist die **Umsatzsteuer herauszurechnen**. Ein **pauschaler Abschlag von 20 %** für nicht mit Vorsteuer belastete Kosten ist in diesen Fällen **unzulässig** (BMF-Schreiben vom 27.8.2004, BStBl 2004 I S. 864 ff.).

Die **Gehaltsabrechnung** des A sieht für den Monat **Mai 2007** wie folgt aus:

Bruttogehalt		2.500,00 €
+ Sachbezug (**Gestellung eines Pkw**), netto	325,71 €	
+ 19 % USt	61,89 €	**387,60 €**
= steuer- und sozialversicherungspflichtiges Gehalt		2.887,60 €
− Lohnsteuer/Kirchensteuer/Solidaritätszuschlag		− 591,86 €
− Sozialversicherungsbeiträge (21,25 % v. 2.887,60 €)		− 613,62 €
Nettogehalt		1.682,12 €
− Sachbezug		− **387,60 €**
= Auszahlungsbetrag		1.294,52 €

Der **Arbeitgeberanteil** zur Sozialversicherung beträgt (20,1 % v. 2.887,60 €) **580,41 €**.

Buchungssatz (Bruttomethode):

Sollkonto	Betrag (€)	Habenkonto
6020 (4120) Gehälter	2.887,60	
	591,86	**3730** (1741) Verbindl. aus LSt/KiSt
	613,62	**3740** (1742) Verb. im Rahmen d.s.S.
	325,71	**4947** (8611) Verr. Sachb. 19 % USt *)
	61,89	**3806** (1776) Umsatzsteuer 19 %
	1.294,52	**3720** (1740) Verb. aus Lohn/Gehalt
6110 (4130) Ges.soz.Aufw.	580,41	**3740** (1742) Verb. im Rahmen d.s.S.

*) Durch die Eingabe des Berichtigungsschlüssels 4 unterbleibt die automatische Errechnung der Umsatzsteuer.

Buchung (Bruttomethode):

S	**6020** (4120) **Gehälter**	H
2.887,60		

S	**3730** (1741) **Verbindl. aus LSt/KiSt**	H
		591,86

S	**6110** (4130) **Ges.soz.Aufw.**	H
580,41		

S	**3740** (1742) **Verb. im Rahmen d.s.S.**	H
		613,62
		580,41

| | **4947** (8611) **Verrechnete sonstige** | |
S	**Sachbezüge 19 % USt (z.B. Kfz-Gest.)**	H
		325,71

S	**3806** (1776) **Umsatzsteuer 19 %**	H
		61,89

S	**3720** (1740) **Verb. aus Lohn/Gehalt**	H
		1.294,52

Die Kfz-Gestellung an Arbeitnehmer ist von der Beschränkung der Entfernungspauschale ab 2007 **nicht** betroffen (§ 8 Abs. 2 EStG).

Fahrtenbuchmethode

Der **geldwerte Vorteil** für die private Nutzung des betrieblichen Kraftfahrzeugs kann auch mit den **tatsächlichen Aufwendungen** für das Kraftfahrzeug angesetzt werden, **wenn** die für das Kraftfahrzeug insgesamt entstehenden Aufwendungen durch Belege und das Verhältnis der privaten zu den übrigen Fahrten durch ein ordnungsgemäßes **Fahrtenbuch** nachgewiesen werden (R 31 Abs. 9 Nr. 2 LStR).

Wird bei einer **entgeltlichen** Fahrzeugüberlassung der private Nutzungswert mithilfe eines ordnungsgemäßen **Fahrtenbuchs** anhand der durch Belege nachgewiesenen Gesamtkosten ermittelt (R 31 Abs. 9 Nr. 2 LStR), ist das aufgrund des Fahrtenbuchs ermittelte Nutzungsverhältnis **auch bei der Umsatzsteuer** zugrunde zu legen.

Die **Fahrten zwischen Wohnung und Arbeitsstätte** sowie die **Familienheimfahrten** aus Anlass einer doppelten Haushaltsführung werden **umsatzsteuerlich** den **Privatfahrten** des Arbeitnehmers **zugerechnet**.

Aus den Gesamtkosten dürfen **keine Kosten ausgeschieden** werden, bei denen ein **Vorsteuerabzug nicht möglich** ist (BMF-Schreiben vom 27.8.2004, BStBl 2004 I Seite 864 ff.).

Die **Buchung erfolgt analog** zur **1 %- Regelung**.

 Die **umsatzsteuerrechtliche** Behandlung beider Methoden erfolgt im Abschnitt 8.1.3 der **Steuerlehre 1**, 28. Auflage, Seite 275 ff.

> **Übung:** 1. Wiederholungsfrage 29 (Seite 269),
> 2. Übungsaufgabe 25 (Seite 276)

5.9.4 Bezug von Waren

Der steuerlichen Bewertung der Sachbezüge, die die Voraussetzungen der R 32 **Abs. 1** LStR erfüllen, sind die **Endpreise** (einschließlich der USt) zugrunde zu legen, zu denen der Arbeitgeber die Waren fremden Letztverbrauchern im allgemeinen Geschäftsverkehr anbietet (R 32 **Abs. 2** Satz 1 LStR).

Der um **4 %** geminderte Endpreis ist der **Geldwert** des Sachbezugs; als **Arbeitslohn** ist der **Unterschiedsbetrag** zwischen diesem **Geldwert und** dem vom Arbeitnehmer **gezahlten Entgelt** anzusetzen (R 32 Abs. 2 Satz 9 LStR).

Arbeitslöhne dieser Art aus demselben Dienstverhältnis bleiben **steuerfrei**, soweit sie insgesamt den **Rabatt-Freibetrag** von **1.080 Euro im** Kalenderjahr nicht übersteigen (R 32 Abs. 2 Satz 10 LStR).

Beispiel:
Ein Automobilunternehmen überlässt einem Arbeit**nehmer** ein Kraftfahrzeug zu einem Vorzugspreis von **10.000,00 Euro** brutto gegen Bankscheck. Der **Endpreis** dieses Kraftfahrzeugs für fremde Letztverbraucher beträgt **12.500,00 Euro**. Der Arbeitnehmer erhielt in diesem Jahr noch keinen Personalrabatt.

Der **geldwerte Vorteil** wird wie folgt berechnet:

Pkw-Endpreis	12.500,00 €
− **4 %** vom Endpreis (4 % von 12.500 €)	− 500,00 €
geminderter Endpreis	12.000,00 €
− bezahlter Preis des Arbeitnehmers	− 10.000,00 €
Arbeitslohn	2.000,00 €
− **Rabatt-Freibetrag** (§ 8 Abs. 3 EStG)	− 1.080,00 €
= **geldwerter Vorteil**	**920,00 €**

Als **geldwerter Vorteil** ist dem Arbeitnehmer somit der Betrag von **920 Euro** anzusetzen und entsprechend zu buchen.

Daneben hat der Arbeitgeber den **Verkauf des Pkw** an seinen Arbeitnehmer zu buchen.

Dabei ist der vom Arbeitnehmer bezahlte Betrag von **10.000 Euro** ein **Bruttowert**, der einem **Nettobetrag** von **8.403,36 €** (10.000 € : 1,19) entspricht. Die **Umsatzsteuer** beträgt **1.596,64 €** (19 % von 8.403,36 €).

Buchungssatz:

Sollkonto	Betrag (€)	Habenkonto
1800 (1200) Bank	10.000,00	
	8.403,36	**4200** (8200) Erlöse
	1.596,64	**3806** (1776) Umsatzsteuer 19 %

Buchung:

S	**1800** (1200) **Bank**	H		S	**4200** (8200) **Erlöse**	H
10.000,00						8.403,36

S	**3806** (1776) **Umsatzsteuer 19 %**	H
		1.596,64

Nicht zum Arbeitslohn gehören Sachleistungen (**Aufmerksamkeiten**), die auch im gesellschaftlichen Verkehr üblicherweise ausgetauscht werden und zu keiner ins Gewicht fallenden Bereicherung des Arbeitnehmers führen. Aufmerksamkeiten sind Sachzuwendungen bis zu einem Wert von **40 Euro** (Freigrenze), z.B. Blumen, Genussmittel, ein Buch oder ein Tonträger, die dem Arbeitnehmer aus Anlass eines besonderen **persönlichen** Ereignisses (z.B. Geburtstag) zugewendet werden (R 73 Satz 3 LStR).

Übung: 1. Wiederholungsfragen 30 und 31 (Seite 269), 2. Übungsaufgabe 26 (Seite 276)

5.10 Zusammenfassung und Erfolgskontrolle

5.10.1 Zusammenfassung

- Zu den **Personalkosten** gehören alle Aufwendungen, die durch die Beschäftigung von Mitarbeitern des Unternehmens verursacht werden.

- **Bruttoarbeitslohn** (Lohn, Gehalt) ist der Betrag **vor** Abzug der Steuern und Beiträge.

- **Nettoarbeitslohn** ist der Betrag **nach** Abzug der Steuern und Beiträge.

- Unter dem **Arbeitgeberanteil** versteht man den Teil des Gesamtbeitrags zur gesetzlichen Kranken-, Pflege-, Renten- und Arbeitslosenversicherung, den der Arbeit**geber** zu tragen hat.

- Bei **Geringverdienern** (Arbeitsentgelt nicht mehr als 325 EUR) trägt der Arbeitgeber die **Sozialversicherungsbeiträge allein**. Geringverdiener können nur noch **Auszubildende** sein.

- **Vorschüsse** auf den später fällig werdenden Arbeitslohn stellen Forderungen dar.

- **Vermögenswirksame Leistungen** (**vwL**) werden vom Arbeitnehmer oder Arbeitgeber allein oder von beiden zusammen getragen. Der Teil, den der Arbeitgeber trägt, ist für ihn Aufwand.

- Die **geringfügigen Beschäftigungen** sind seit 1.4.2003 neu geregelt. Aus den 325 EUR-Jobs sind **400 EUR-Jobs** geworden. Für geringfügig entlohnte Beschäftigung in **Unternehmen** beträgt die Pauschalabgabe **30 %** des Arbeitsentgelts und für geringfügig entlohnte Beschäftigung in **Privat-haushalten 12 %** des Arbeitsentgelts. **Kleinbetriebe** mit bis zu 30 Arbeit-nehmern haben zusätzlich eine **Umlage** zu entrichten.
  Liegt das Arbeitsentgelt **über 400 EUR** erfolgt die **Besteuerung** nach der **Lohnsteuerkarte**.
  Sozialversicherungsrechtlich ist seit 1.4.2003 für Arbeitsentgelte zwischen **400,01 EUR und 800,00 EUR** eine **Gleitzone** eingeführt worden.

- **Sachbezüge** (z.B. Wohnung, Unterkunft, Verpflegung, Gestellung von Kraft-fahrzeugen, Bezug von Waren) sind ebenso wie Barlohnzahlungen dem **Arbeitslohn** zuzuordnen.

5.10.2 Erfolgskontrolle

WIEDERHOLUNGSFRAGEN

1. Auf welchen Konten wird der Bruttoarbeitslohn gebucht?
2. Auf welchen Konten werden die einbehaltenen, aber noch nicht abgeführten Steuern und Beiträge gebucht?
3. Wie hoch sind z.Z. die Sozialversicherungsbeiträge?
4. Wer trägt grundsätzlich die Sozialversicherungsbeiträge?
5. Welcher Unterschied besteht bei der Lohnbuchung zwischen der Netto- und Bruttomethode?

6. Was versteht man bei der Lohnbuchung unter der Verrechnungsmethode?
7. Welchen Beitrag zur gesetzlichen Sozialversicherung trägt der Arbeitgeber allein?
8. In welchem Fall trägt der Arbeitgeber die Sozialversicherungsbeiträge allein?
9. Wie werden Vorschüsse buchmäßig behandelt?
10. Wie werden verrechnete Vorschüsse buchmäßig behandelt?
11. Wie wird die vwL, die der Arbeitnehmer allein trägt, buchmäßig behandelt?
12. Wie wird die vwL, die der Arbeitgeber allein trägt, buchmäßig behandelt?
13. Wie wird die vwL, die vom Arbeitgeber und Arbeitnehmer gemeinsam getragen wird, buchmäßig behandelt?
14. Was versteht man unter einer geringfügig entlohnten Beschäftigung in einem Unternehmen?
15. Wie hoch ist der Pauschalabgabensatz bei einer geringfügig entlohnten Beschäftigung in einem Unternehmen?
16. Wie setzt sich dieser Pauschalabgabensatz zusammen?
17. Wie wird eine geringfügig entlohnte Beschäftigung in Unternehmen buchmäßig behandelt?
18. Wie hoch ist der Pauschalabgabensatz bei einer geringfügig entlohnten Beschäftigung in einem Privathaushalt?
19. Wie setzt sich dieser Pauschalabgabensatz zusammen?
20. Wie wird eine geringfügig entlohnte Beschäftigung behandelt, die sowohl im Unternehmen als auch im Privathaushalt eines Arbeitgebers ausgeübt wird?
21. Werden mehrere geringfügig entlohnte Beschäftigungen bei verschiedenen Arbeitgebern zusammengerechnet?
22. Wird eine geringfügig entlohnte Beschäftigung neben einer versicherungspflichtigen Hauptbeschäftigung mit dieser zusammengerechnet?
23. In welchem Fall liegt eine kurzfristige Beschäftigung im lohnsteuerlichen Sinne vor?
24. Wie hoch ist der Pauschsteuersatz für eine kurzfristige Beschäftigung nach § 40a Abs. 1 EStG?
25. Wie werden die Sozialversicherungsbeiträge im Rahmen der Gleitzone bei Arbeitsentgelten zwischen 400,01 EUR und 800,00 EUR von Arbeitgeber und Arbeitnehmer getragen?
26. Wie wird der geldwerte Vorteil einer Wohnung lohnsteuerrechtlich behandelt?
27. Wie wird der geldwerte Vorteil einer Unterkunft lohnsteuerrechtlich behandelt?
28. Wie wird der geldwerte Vorteil für Verpflegung lohnsteuerrechtlich behandelt?
29. Wie wird der geldwerte Vorteil für die Gestellung von Kraftfahrzeugen lohnsteuerrechtlich behandelt?
30. Wie wird der Bezug von Waren lohnsteuerrechtlich und sozialversicherungsrechtlich behandelt?
31. Wie wird der Bezug von Waren umsatzsteuerrechtlich behandelt?

ÜBUNGSAUFGABEN

Übungsaufgabe 1:

Bilden Sie die Buchungssätze nach der Bruttomethode.

	EUR
1. Bruttogehalt	3.000,00
– Lohnsteuer, III/1	– 270,16
– Solidaritätszuschlag	– 0,00
– Kirchensteuer	– 13,66
– Sozialversicherungsbeiträge (AN-Anteil)	– 637,50
= Nettogehalt	2.078,68

	EUR
Das Nettogehalt wird am 28. des laufenden Monats durch Bank überwiesen.	
2. Arbeitgeberanteil zur Sozialversicherung, noch nicht abgeführt (20,1 % von 3.000 €)	603,00
3. Banküberweisung der Steuern zum 10. des folgenden Monats an das Finanzamt	283,82
4. Banküberweisung der Beiträge zum gesetzlich festgelegten Termin an die Krankenkasse	1.240,50

Bei den Lohnbuchungen wird unterstellt, dass die **Prognosebeiträge** zur Sozialversicherung **identisch** sind mit den **tatsächlichen** Gesamtsozialversicherungsbeiträgen. Das neue Konto **3759** (1759) wird **nicht** angesprochen (siehe Seite 237).

Übungsaufgabe 2:

Bilden Sie die Buchungssätze nach der Bruttomethode.

1. Sammelbeleg über gezahlte Gehälter durch Banküberweisung:

Brutto - gehalt	Abzüge		Auszahlung	AG-Anteil
	LSt/KiSt/SolZ	RV/KV/PV/AV		
€	€	€	€	€
22.000,00	2.395,00	4.675,00	14.930,00	4.422,00

2. Banküberweisung der Steuern und Beiträge.

Übungsaufgabe 3:

Der ledige, kinderlose Angestellte A, Bonn, erhält für den Monat Juni 2007 ein Gehalt von 3.000,00 €. Die Lohnsteuer beträgt 552,66 €, der Solidaritätszuschlag 30,39 € und die Kirchensteuer 49,73 €. Das Nettogehalt wird durch Bank überwiesen.

1. Wie hoch sind die gesamten Beiträge zur gesetzlichen RV?
2. Wie hoch sind die gesamten Beiträge zur gesetzlichen KV(BEK)?
3. Wie hoch sind die gesamten Beiträge zur gesetzlichen PV?
4. Wie hoch sind die gesamten Beiträge zur gesetzlichen AV?
5. Wie hoch ist der Arbeitnehmeranteil zur gesetzlichen Sozialversicherung?
6. Wie hoch ist der Arbeitgeberanteil zur gesetzlichen Sozialversicherung?
7. Wie hoch ist der Auszahlungsbetrag?
8. Bilden Sie die erforderlichen Buchungssätze nach der Bruttomethode einschließlich der Banküberweisung der Steuern und Beiträge.

Übungsaufgabe 4:

Der ledige, kinderlose Angestellte B, Köln, der freiwillig bei der BEK versichert ist, erhält für den Monat Juni 2007 ein Gehalt von 6.000,00 Euro. Die Lohnsteuer beträgt 1.713,00 €, der Solidaritätszuschlag 94,21 € und die Kirchensteuer 154,17 €. Das Nettogehalt wird durch Bank überwiesen.

1. Wie hoch sind die gesamten Beiträge zur gesetzlichen RV?
2. Wie hoch sind die gesamten Beiträge zur gesetzlichen KV?
3. Wie hoch sind die gesamten Beiträge zur gesetzlichen PV?
4. Wie hoch sind die gesamten Beiträge zur gesetzlichen AV?
5. Wie hoch ist der Arbeitnehmeranteil zur gesetzlichen Sozialversicherung?
6. Wie hoch ist der Arbeitgeberanteil zur gesetzlichen Sozialversicherung?
7. Wie hoch ist der Auszahlungsbetrag?
8. Bilden Sie die erforderlichen Buchungssätze nach der Bruttomethode einschließlich der Banküberweisung der Steuern und Beiträge an das Finanzamt und die Krankenkasse.

Übungsaufgabe 5:

Bilden Sie die Buchungssätze nach der Nettomethode für folgende Gehaltsliste einschließlich der Banküberweisungen für Steuern und Beiträge an das Finanzamt und die Krankenkasse. Die Nettogehälter werden ebenfalls durch Bank überwiesen.

	EUR
Bruttogehälter	15.800,00
– Lohnsteuer/Kirchensteuer/Solidaritätszuschlag	– 4.500,00
– Sozialversicherungsbeiträge (AN-Anteil)	– 3.357,50
= Nettogehälter	7.942,50
Sozialversicherungsbeiträge (AG-Anteil)	3.175,80

Übungsaufgabe 6:

Sachverhalt wie in Übungsaufgabe 5 mit dem Unterschied, dass die Buchungssätze nach der Verrechnungsmethode zu bilden sind.

Übungsaufgabe 7:

Bilden Sie den Buchungssatz für eine Postbanküberweisung des Beitrags zur gesetzlichen Unfallversicherung über 1.000,00 €.

Übungsaufgabe 8:

Der 19-jährige Auszubildende C, Mainz, erhält für den Monat Juni 2007 eine Ausbildungsvergütung von 320,00 Euro durch Banküberweisung. Lohnsteuer, Solidaritätszuschlag und Kirchensteuer fallen nicht an.

1. Wie hoch sind die gesamten Beiträge zur gesetzlichen RV?
2. Wie hoch sind die gesamten Beiträge zur gesetzlichen KV (BEK)?
3. Wie hoch sind die gesamten Beiträge zur gesetzlichen PV?
4. Wie hoch sind die gesamten Beiträge zur gesetzlichen AV?
5. Wie hoch ist der Arbeitnehmeranteil zur gesetzlichen Sozialversicherung?
6. Wie hoch ist der Arbeitgeberanteil zur gesetzlichen Sozialversicherung?
7. Wie hoch ist der Auszahlungsbetrag?
8. Bilden Sie die erforderlichen Buchungssätze einschließlich der Banküberweisung der Steuern und Beiträge.

Übungsaufgabe 9:

Bilden Sie die Buchungssätze nach der Bruttomethode. Die Nettogehälter werden durch Bank überwiesen.

	EUR
1. Gehaltsvorschüsse bar	6.000,00
2. Bruttogehälter	20.000,00
– Lohnsteuer/Kirchensteuer/Solidaritätszuschlag	– 3.270,00
– Sozialversicherungsbeiträge (AN-Anteil)	– 4.220,00
Nettogehälter	12.510,00
– Verrechnung Vorschüsse	– 6.000,00
= Auszahlung	6.510,00
3. Arbeitgeberanteil zur Sozialversicherung, noch nicht abgeführt (20,1 % von 20.000 €)	4.020,00
4. Banküberweisung der Steuern und Beiträge	11.510,00

Übungsaufgabe 10:

Bilden Sie die Buchungssätze nach der Bruttomethode. Die Nettogehälter werden durch Bank überwiesen.

	EUR
1. Gehaltsvorschüsse bar	4.000,00
2. Bruttogehälter	22.000,00
– Lohnsteuer/Kirchensteuer/Solidaritätszuschlag	– 3.270,00
– Sozialversicherungsbeitrag (AN-Anteil)	– 4.675,00
Nettogehälter	14.055,00
– Verrechnung Vorschüsse	– 4.000,00
= Auszahlung	?
3. Arbeitgeberanteil zur Sozialversicherung, noch nicht abgeführt (20,1 % von 22.000 €)	4.422,00
4. Banküberweisung der Steuern und Beiträge	?

Übungsaufgabe 11:

Bilden Sie die Buchungssätze nach der Bruttomethode. Alle Zahlungen erfolgen durch Banküberweisung.

	EUR
1. Bruttogehalt	1.100,00
– Lohnsteuer/Kirchensteuer/Solidaritätszuschlag	– 32,03
– Sozialversicherungsbeiträge (AN-Anteil)	– 233,75
Nettogehalt	834,22
– abzuführende vwL	– 39,17
= Auszahlungsbetrag	795,05
2. Arbeitgeberanteil zur Sozialversicherung, noch nicht abgeführt (20,1 % von 1.100 €)	221,10
3. Banküberweisung der Steuern, Beiträge und vwL	?

Übungsaufgabe 12:

Bilden Sie die Buchungssätze nach der Bruttomethode. Alle Zahlungen erfolgen durch Banküberweisung.

	EUR
1. Bruttogehalt	1.060,00
+ vwL (vom Arbeitgeber getragen)	39,17
	1.099,17
− Lohnsteuer/Kirchensteuer/Solidaritätszuschlag	− 31,94
− Sozialversicherungsbeiträge (AN-Anteil)	− 233,57
Nettogehalt	833,66
− abzuführende vwL	− 39,17
= Auszahlungsbetrag	794,49
2. Arbeitgeberanteil zur Sozialversicherung, noch nicht abgeführt (20,1 % von 1.099,17 €)	220,93
3. Banküberweisung der Steuern, Beiträge und vwL	?

Übungsaufgabe 13:

Bilden Sie die Buchungssätze nach der Bruttomethode. Alle Zahlungen erfolgen durch Banküberweisung.

	EUR
1. Bruttogehälter	18.000,00
+ vwL (50 % v. 546 € = 273 € vom AG getragen)	273,00
	18.273,00
− Lohnsteuer/Kirchensteuer/Solidaritätszuschlag	− 2.220,00
− Sozialversicherungsbeiträge (AN-Anteil)	− 3.850,00
Nettogehälter	12.203,00
− abzuführende vwL	− 546,00
= Auszahlung	11.657,00
2. Arbeitgeberanteil zur Sozialversicherung, noch nicht abgeführt (20,1 % von 18.273 €)	3.672,87
3. Banküberweisung der Steuern, Beiträge und vwL	?

Übungsaufgabe 14:

Sabine Roll hat eine 3-jährige Tochter Luice, die bisher von ihrer Großmutter betreut wurde. Seit dem 01.01.2007 besucht Luice den Kindergarten und der Arbeitgeber von Frau Roll zahlt den Kindergartenbeitrag in Höhe von 80,00 € zusätzlich zum laufenden Gehalt bar an Sabine Roll aus.

Bilden Sie den Buchungssatz für die Auszahlung des Kindergartenbeitrags.

Übungsaufgabe 15:

Der 19-jährige Auszubildende Christoph Klein erhielt bis Mai 2007 eine Ausbildungs-vergütung von 320 €. Seit Juni 2007 erhält er neben den 320 € eine vom Arbeitgeber getragene vwL in Höhe von 39,17 €, die mit 9 % gefördert wird.
Klein hat vorher nicht vermögenswirksam gespart. Lohn- und Kirchensteuer fallen nicht an.

1. Wie hoch ist das verfügbare Einkommen vor der "Lohnerhöhung"?
2. Wie hoch ist das verfügbare Einkommen nach der "Lohnerhöhung"?

Übungsaufgabe 16:

Der Arbeitgeber U, München, beschäftigt in 2007 in seinem Unternehmen für 350 EUR monatlich eine geringfügig entlohnte Arbeiterin. Sein Betrieb hat weniger als 30 Beschäftigte. Die Zahlungen an die Arbeiterin erfolgen jeweils am Monats-ende bar. Die Abgaben (die Beiträge, die Umlage und die einheitliche Pauschsteuer nach § 40a Abs. 2 EStG) werden von U pauschal an die Minijob-Zentrale durch Bank abgeführt.

1. Wie hoch ist die monatliche Pauschalabgabe, die an die Minijob-Zentrale zu entrichten ist?
2. Bilden Sie den monatlich erforderlichen Buchungssatz nach der Nettomethode.

Übungsaufgabe 17:

Der Arbeitgeber U, Nürnberg, beschäftigt in 2007 in seinem Privathaushalt eine Arbeiterin (Raumpflegerin) für 380 EUR monatlich. Sein Betrieb hat weniger als 30 Beschäftigte. Die Zahlungen an die Raumpflegerin erfolgen jeweils am Monatsende bar aus der Geschäftskasse.
Die Abgaben (die Beiträge, die Umlage und die einheitliche Pauschsteuer nach § 40a Abs. 2 EStG) werden von U pauschal an die Minijob-Zentrale durch die (betriebliche) Bank überwiesen.

1. Wie hoch ist die monatliche Pauschalabgabe, die an die Minijob-Zentrale zu entrichten ist?
2. Bilden Sie den monatlich erforderlichen Buchungssatz nach der Nettomethode.

Übungsaufgabe 18:

Der Arbeitgeber U, Mainz, beschäftigt in 2007 eine familienversicherte Arbeiterin (Raumpflegerin) für 380 Euro monatlich. Die Tätigkeit der Raumpflegerin bezieht sich sowohl auf die Reinigung der Büroräume als auch auf die des Privathaushalts des U. Der Betrieb des U hat weniger als 30 Beschäftigte.
Die Zahlung an die Raumpflegerin erfolgt jeweils am Monatsende bar aus der Geschäfts-kasse und die Pauschalabgaben an die Minijob-Zentrale werden durch Überweisung vom betrieblichen Bankkonto gezahlt.

1. Wie hoch ist die monatliche Pauschalabgabe, die an die Minijob-Zentrale zu entrichten ist?
2. Bilden Sie den monatlich erforderlichen Buchungssatz nach der Nettomethode.

Übungsaufgabe 19:

Die Arbeiterin (Raumpflegerin) A, Stuttgart, hat zwei geringfügig entlohnte Beschäftigungen bei verschiedenen gewerblichen Arbeitgebern.
Das Arbeitsentgelt beträgt beim ersten Arbeitgeber 400 EUR monatlich und beim zweiten Arbeitgeber 300 EUR monatlich.

Welche Folgen ergeben sich sozialversicherungs- und steuerrechtlich bei den Arbeitgebern?

Übungsaufgabe 20:

Die Arbeitnehmerin A, Koblenz, ist in 2007 halbtags als Steuerfachangestellte für monatlich 1.200 EUR beschäftigt.
Daneben erledigt sie – mit Zustimmung ihres Arbeitgebers – in 2007 Büroarbeiten bei einem kleinen Handwerksbetrieb und erhält hierfür monatlich 300 EUR. Der Handwerksbetrieb hat weniger als 30 Beschäftigte.
Der Handwerksbetrieb zahlt A ihr Arbeitsentgelt jeweils am Monatsende bar. Die Pauschalabgaben an die Minijob-Zentrale werden durch die Bank überwiesen.

1. Wie hoch ist die monatliche Pauschalabgabe, die für die geringfügig entlohnte Beschäftigung an die Minijob-Zentrale zu entrichten ist?
2. Bilden Sie den monatlich erforderlichen Buchungssatz des Handwerksbetriebs nach der Nettomethode.

Übungsaufgabe 21:

Wie hoch sind in 2007 der Arbeitgeberanteil und der Arbeitnehmeranteil zur Sozialversicherung bei einem Arbeitsentgelt von 700 EUR? Der Krankenkassenbeitragssatz beträgt 13,3 %. Der Beschäftigte ist nicht kinderlos.

Übungsaufgabe 22:

Der ledige Angestellte A, 25 Jahre alt, (Steuerklasse I; rk), Bonn, der ein Bruttogehalt von 1.040,00 € bezieht, hat in 2007 von seinem Arbeitgeber eine Wohnung kostenlos zur Verfügung gestellt bekommen. Der ortsübliche Mietpreis einschließlich Nebenkosten beträgt monatlich 475,00 €. A ist bei der BEK versichert.

1. Wie hoch ist der monatliche Auszahlungsbetrag, der durch die Bank überwiesen wird?
2. Bilden Sie die erforderlichen Buchungssätze einschließlich der Banküberweisung der Steuern und Beiträge.

Übungsaufgabe 23:

Sachverhalt wie in Übungsaufgabe 22 mit dem Unterschied, dass A monatlich 10 Euro an Miete zahlt, die mit seinem Gehalt verrechnet wird.

1. Wie hoch ist der monatliche Auszahlungsbetrag, der durch die Bank überwiesen wird?
2. Bilden Sie die erforderlichen Buchungssätze einschließlich der Banküberweisung der Steuern und Beiträge.

Übungsaufgabe 24:

Peter Ohlig arbeitet als Angestellter bei der Frischmilch AG; er ist ledig, hat keine Kinder und ist konfessionslos. Ohlig erhält einen Bruttomonatslohn von 3.000,00 €. Peter Ohlig kann in der Kantine seines Arbeitgebers unentgeltlich Mahlzeiten einnehmen; im Juni 2007 hat er 20 Mittagessen zu sich genommen.
Die Lohnsteuer beträgt 569,83 €, der Solidaritätszuschlag 31,34 €, der Arbeitgeberanteil zur Sozialversicherung beträgt 613,72 € und der Arbeitnehmeranteil 648,84 €.

1. Erstellen Sie die Gehaltsabrechnung für den Monat Juni 2007.
2. Bilden Sie den Buchungssatz für die Gehaltsabrechnung.

Übungsaufgabe 25:

Der ledige Angestellte Dieter Knopp, 24 Jahre alt, (Steuerklasse I; rk), Ulm, der ein Bruttogehalt von 1.013 Euro bezieht, erhält in 2007 einen Firmenwagen auch zur Privatnutzung. Der Bruttolistenpreis im Zeitpunkt der Erstzulassung des Pkw hat 30.677,51 EUR betragen.
Die Entfernung zwischen Wohnung und Arbeitsstätte beträgt 20 km. Dieter Knopp führt kein Fahrtenbuch. Er ist bei der BEK versichert.

1. Wie hoch ist der geldwerte Vorteil des Steuerpflichtigen Dieter Knopp für einen Monat?
2. Wie hoch ist der monatliche Auszahlungsbetrag, der durch die Bank überwiesen wird?
3. Bilden Sie die erforderlichen Buchungssätze einschließlich der Banküberweisung der Steuern und Beiträge.

Übungsaufgabe 26:

Peter Flöck ist Arbeitnehmer (Monatsgehalt 5.300,00 €, Steuerklasse III, zwei Kinder, die steuerlich nicht mehr zu berücksichtigen sind, ohne Konfession) der Luxor AG, Automobilhersteller in Worms. Im Juni 2007 kaufte er von seiner Arbeitgeberin einen Pkw. Er erhielt einen Personalrabatt und hatte dadurch einen steuerpflichtigen geldwerten Vorteil in Höhe von 3.600,00 €. Der Verkauf ist ordnungsgemäß gebucht.
Es gelten für die Steuerklasse III folgende Zahlen:

Jahreslohnsteuer bei einem Jahreslohn von   63.600,00 €   11.040,00 €
Jahreslohnsteuer bei einem Jahreslohn von   67.200,00 €   12.120,00 €
Monatslohnsteuer bei einem Monatslohn von   5.300,00 €   ?
Monatslohnsteuer bei einem Monatslohn von   8.900,00 €   1.100,00 €

Die Bemessungsgrenzen betragen im Jahr 2007:

Rentenversicherung/Arbeitslosenversicherung   5.250,00 €/Monat
Krankenversicherung/Pflegeversicherung   3.562,50 €/Monat

Die Beitragsätze betragen:

RV	AV	KV	PV	Zuschlag KV
19,9 %	4,2 %	14,4 %	1,7 %	0,9 %

1. Ermitteln Sie die Lohnsteuer für den Monat Juni 2007.
2. Ermitteln Sie jeweils den Arbeitgeber- und Arbeitnehmerbeitrag zur Sozialversicherung.
3. Erstellen Sie die Gehaltsabrechnung für Peter Flöck.
4. Bilden Sie den Buchungssatz für die Gehaltsabrechnung.

Zusammenfassende Erfolgskontrolle

Der Unternehmer Siegfried Bieser, Köln, hat durch Inventur folgende Anfangsbestände ermittelt:

	EUR
0235 (0085) Bebaute Grundstücke	40.000,00
0240 (0090) Geschäftsbauten	80.000,00
0520 (0320) Pkw	20.000,00
0640 (0430) Ladeneinrichtung	24.000,00
1140 (3980) Bestand Waren	65.300,00
1200 (1400) Forderungen aLuL	60.000,00
1340 (1530) Forderung gegen Personal	1.000,00
1406 (1576) Vorsteuer 19 %	0,00
1800 (1200) Bankguthaben	18.600,00
1600 (1000) Kasse	4.600,00
3300 (1600) Verbindlichkeiten aLuL	50.550,00
3720 (1740) Verbindlichkeiten aus Lohn und Gehalt	0,00
3730 (1741) Verbindlichkeiten aus LSt/KiSt	1.981,00
3740 (1742) Verbindlichkeiten im Rahmen der sozialen Sicherheit	6.369,00
3790 (1755) Lohn- und Gehaltsverrechnung	0,00
3806 (1776) Umsatzsteuer 19 %	15.000,00
2000 (0800) Eigenkapital	?

Außer den Bestandskonten und dem Konto **2100** (1800) Privatentnahmen sind folgende Erfolgskonten zu führen:
5200 (3200), **4200** (8200), **4730** (8730), **6020** (4120), **6110** (4130), **4645** (8921), **4639** (8924), **6220** (4830), **6222** (4832).

Geschäftsvorfälle des Jahres 2007

		EUR
1. Banküberweisung der USt-Schuld		15.000,00
2. Wareneinkauf auf Ziel, netto	100.000,00	
+ USt	19.000,00	119.000,00
3. Warenverkauf auf Ziel, netto	200.000,00	
+ USt	38.000,00	238.000,00
4. Banküberweisung eines Kunden nach Abzug von 2 % Skonto		34.986,00
5. Gehaltsvorschüsse bar		4.000,00
6. Bruttogehälter		22.000,00
– Lohnsteuer/Kirchensteuer/Solidaritätszuschlag		– 3.270,00
– Sozialversicherungsbeiträge (AN-Anteil)		– 4.675,00
Nettogehälter		14.055,00
– Verrechnung Vorschüsse		– 4.000,00
= Auszahlung		?
Die Nettogehälter werden durch Bank überwiesen.		
7. Arbeitgeberanteil zur Sozialversicherung, noch nicht abgeführt (20,1 % von 22.000 €)		4.422,00

	EUR

8. Warenrücksendung an Lieferer, netto   540,00

                       + USt   <u>102,60</u>   642,60

9. Banküberweisung der Lohn- und Kirchensteuer   1.981,00

10. Banküberweisung der Sozialversicherungsbeiträge   6.369,00

11. Bieser benutzt das Neufahrzeug
   lt. Fahrtenbuch zu 30 % für Privatfahrten. Die gesamten
   Kfz-Kosten einschließlich der AfA betrugen 2007   2.500,00
   davon Kfz-Steuer   232,00
   davon Kfz-Versicherung   268,00

<u>Abschlussangaben</u>

12. Warenbestand lt. Inventur   60.000,00

13. Abschreibung auf Geschäftsbauten   4.000,00

14. Abschreibung auf Pkw   5.000,00

15. Abschreibung auf Ladeneinrichtung   3.500,00

<u>Aufgaben</u>

1. Bilden Sie die Buchungssätze der Geschäftsvorfälle des Jahres 2007. Tz. 6 ist
   nach der Verrechnungsmethode zu kontieren.
2. Tragen Sie die Anfangsbestände auf den Konten vor.
3. Buchen Sie die Geschäftsvorfälle.
4. Schließen Sie die Konten ab.
5. Ermitteln Sie den Erfolg.

 Weitere Aufgaben mit Lösungen finden Sie im **Lösungsbuch** der Buchführung 1.

6 Finanzwirtschaft

6.1 Kaufmännische Zinsrechnung

6.1.1 Zinsberechnung

__Zinsen__ sind der Preis für die Überlassung von Kapital für eine bestimmte Zeit.

Zinsen werden mithilfe der **Zinsrechnung**, die eine **angewandte Form der Prozentrechnung** ist, berechnet.
Die Zinsrechnung **unterscheidet** sich von der Prozentrechnung dadurch, dass eine weitere Größe, die **Zeit**, in die Berechnung einbezogen wird.
Der Prozentsatz, bezogen auf eine bestimmte Zeit, heißt **Zinssatz bzw. Zinsfuß**.
Wird der Zinssatz **ohne Zeitangabe** angegeben, bezieht er sich immer auf **ein Jahr**.

6.1.1.1 Berechnung von Jahreszinsen

Die Formel für die Berechnung der Zinsen für **ein Jahr** ist identisch mit der Formel für die Errechnung des **Prozentwertes** bei der Prozentrechnung.

Sollen **Zinsen (Z)** berechnet werden, müssen das **Kapital (K)**, der **Zinssatz (p)** und die **Zeit (t)** gegeben sein.

Bei der Berechnung der **Jahreszinsen** wendet man üblicherweise folgende Formel an:

$$Z = \frac{K \times p \times t}{100}$$

t = Jahre

Beispiel:
Ein Sparer besitzt am **1.1.2007** ein Sparguthaben von **5.000,00 €**, das von der Sparkasse mit **2 %** verzinst wird.

Die **Zinsen**, die zum Ende des Jahres (**31.12.2007**) gutgeschrieben werden, sind nach der obigen Formel wie folgt zu berechnen:

$$\text{Zinsen} = \frac{5.000,00 \text{ €} \times 2 \times 1}{100} = 100,00 \text{ €}$$

Übung: 1. Wiederholungsfragen 1 bis 3 (Seite 284),
2. Übungsaufgabe 1 bis 3 (Seite 284)

6.1.1.2 Berechnung der Tageszinsen

Da bei der Berechnung der Tageszinsen die Zeit (t) in Tagen ausgedrückt werden soll, muss der **Jahreszins** durch den **Divisor 360** auf einen **Tageszins** zurückgeführt werden.

Die **Formel** für die Berechnung der **Tageszinsen** lautet demnach:

$$Z = \frac{K \times p \times t}{100 \times 360}$$

t = Tage

Beispiel:
Der Kunde Säumig überzieht für **10 Tage** sein Bankkonto um **10.000,00 Euro**.
Die Bank berechnet ihm **12 %** Sollzinsen (Überziehungszinsen).

Die **Tageszinsen** werden nach obiger Formel wie folgt berechnet:

$$\text{Zinsen} = \frac{10.000,00 \, € \times 12 \times 10}{100 \times 360} = 33,33 \text{ EUR}$$

Die **kaufmännische** Formel für die Berechnung der **Tageszinsen** lautet:

$$Z = \frac{\text{Zinszahl (\#)}}{\text{Zinsteiler}} = \frac{1 \% \text{ des Kapitals} \times \text{Tage}}{\dfrac{360}{\text{Zinssatz}}}$$

Beispiel:
Sachverhalt wie zuvor

Die **Tageszinsen** werden nach der **kaufmännischen** Formel wie folgt berechnet:

$$\text{Zinsen} = \frac{100,00 \, € \times 10}{\dfrac{360}{12}} = \frac{1.000,00 \, €}{30} = 33,33 \text{ EUR}$$

Übung: 1. Wiederholungsfragen 4 und 5 (Seite 284),
2. Übungsaufgabe 4 (Seite 285)

6.1.1.3 Berechnung der Zinstage

In der **bürgerlichen** Zinsrechnung zählt man in Deutschland das **Jahr** mit **365** (366) **Tagen** und jeden **Monat genau**.

In der **kaufmännischen** Zinsrechnung rechnet man in Deutschland das **Jahr** mit **360 Tagen** und jeden **Monat** mit **30 Tagen**. **Ausnahme**: Läuft der Zinszeitraum "**Ende Februar**" ab, so wird dieser Monat **taggenau** berechnet, also mit 28 oder 29 Tagen. Ist der Monat Februar **in** einem Zinsberechnungszeitraum enthalten (z.B. 1.1. bis 31.3.), wird der Februar mit **30 Tagen** gerechnet.

Zu beachten ist, dass bei der Berechnung der Zinstage der **erste Tag nicht mitgerechnet** wird.

Beispiel:
Ein Kapital von 5.000,00 € ist für den Zeitraum vom **5.4.2007 bis 29.5.2007** ausgeliehen.

Die **Tage** betragen:

$$
\begin{array}{lll}
& 29. & 05. & 2007 \\
- & 05. & 04. & 2007 \\
\hline
\end{array}
$$

24 Tage + 1 Monat (= 30 Tage)
= **54 Tage**

Übung: 1. Wiederholungsfragen 6 bis 8 (Seite 284),
2. Übungsaufgabe 5 (Seite 285)

6.1.2 Berechnung von Kapital, Zinssatz und Zeit

6.1.2.1 Berechnung des Kapitals

Die Formel zur Berechnung des Kapitals wird aus der Tageszinsformel abgeleitet und lautet:

$$
\textbf{Kapital} = \frac{\textbf{Zinsen x 100 x 360}}{\textbf{Zinssatz x Tage}}
$$

Beispiel:
Welches Kapital bringt vom 12.1. bis 20.4.2007 bei 3 % 24,50 € Zinsen?

Lösung:

$$
\text{Kapital} = \frac{24{,}50 \text{ € x } 100 \text{ x } 360}{3 \text{ x } 98} = \textbf{3.000,00 €}
$$

6.1.2.2 Berechnung des Zinssatzes

Die Formel zur Ermittlung des Zinssatzes wird aus der Tageszinsformel abgeleitet und lautet:

$$\text{Zinssatz} = \frac{\text{Zinsen} \times 100 \times 360}{\text{Kapital} \times \text{Tage}}$$

Beispiel:
Zu welchem **Zinssatz** wurden **3.000,00 €** am **12.1.2007** ausgeliehen, wenn am **20.4.2007 3.024,50 €** zurückgezahlt worden sind?

Lösung:

$$\text{Zinssatz} = \frac{24{,}50 \ € \times 100 \times 360}{3.000{,}00 \ € \times 98} = \underline{3 \ \%}$$

6.1.2.3 Berechnung der Zeit

Die Formel zur Ermittlung der Zeit wird aus der Tageszinsformel abgeleitet und lautet:

$$\text{Zeit (Tage)} = \frac{\text{Zinsen} \times 100 \times 360}{\text{Kapital} \times \text{Zinssatz}}$$

Beispiel:
In wie vielen **Tagen** bringen **3.000,00 €** zu **3 % 24,50 €** Zinsen?

Lösung:

$$\text{Tage} = \frac{24{,}50 \ € \times 100 \times 360}{3.000{,}00 \ € \times 3} = \underline{\textbf{98 Tage}}$$

Übung: 1. Wiederholungsfragen 9 bis 11 (Seite 284),
2. Übungsaufgaben 6 bis 8 (Seite 285)

6.1.3 Summarische Zinsrechnung

Werden **mehrere Kapitalien** mit verschiedenen Laufzeiten und gleichem Zinssatz verzinst, können die Zinsen in einer Rechnung (summarisch) ermittelt werden.

Bei der **summarischen Zinsrechnung** gilt die Formel:

$$\text{Zinsen} = \frac{\text{Summe der Zinszahlen}}{\text{Zinsteiler}}$$

Beispiel:
Ein Schuldner will zum **30.06.2007** vier Rechnungen einschließlich **6 %** Verzugszinsen überweisen:

1. Rechnung über 3.100,00 €, fällig am 28.12.2006;
2. Rechnung über   550,00 €, fällig am 03.02.2007;
3. Rechnung über 2.155,50 €, fällig am 17.03.2007;
4. Rechnung über 1.570,00 €, fällig am 01.06.2007.

Auf welchen Betrag muss seine Überweisung ausgestellt sein?

Lösung:

Rechnung €	fällig am	Tage (bis 30.6.)	Zinszahl (#)
3.100,00	28.12.	182	5.642
550,00	03.02.	147	809
2.155,50	17.03.	103	2.220
1.570,00	01.06.	29	455

7.375,50   9.126 :   60 (Zinsteiler) = **152,10 €**

+ **152,10** Verzugszinsen

7.527,60 Überweisungsbetrag

Übung: 1. Wiederholungsfrage 12 (Seite 284),
2. Übungsaufgaben 9 bis 11 (Seite 286)

6.1.4 Erfolgskontrolle

WIEDERHOLUNGSFRAGEN

1. Was versteht man unter Zinsen?
2. Wodurch unterscheidet sich die Zinsrechnung von der Prozentrechnung?
3. Wie lautet die Formel für die Berechnung der Jahreszinsen?
4. Wie lautet die Formel für die Berechnung der Tageszinsen?
5. Wie lautet die kaufmännische Formel für die Berechnung der Tageszinsen?
6. Mit wie vielen Tagen im Jahr rechnet man im Rahmen der kaufmännischen Zinsrechnung?
7. Mit wie viel Tagen im Monat rechnet man im Rahmen der kaufmännischen Zinsrechnung?
8. Wie wird der Monat Februar bei der Berechnung der Zinstage berücksichtigt?
9. Wie lautet die Formel für die Berechnung des Kapitals?
10. Wie lautet die Formel für die Berechnung des Zinssatzes?
11. Wie lautet die Formel für die Berechnung der Zeit?
12. Was wissen Sie über die summarische Zinsrechnung?

ÜBUNGSAUFGABEN

Übungsaufgabe 1:

Die Angestellte Tina Reifferscheid legt ihr erstes Gehalt in Höhe von 950,00 € für ein Jahr bei einer Bank an.

Wie viele Euro erhält sie nach dieser Zeit zurück, wenn ein Zinssatz von 4 % vereinbart wurde?

Übungsaufgabe 2:

Berechnen Sie die Jahreszinsen für

Tz.	Kapital	Zinssatz
1.	4.350 €	4 %
2.	4.300 €	4,5 %
3.	5.600 €	3 %
4.	7.500 €	3,5 %

Übungsaufgabe 3:

Berechnen Sie die Zinsen für

Tz.	Kapital	Zinssatz	Zeit
1.	2.500 €	4 %	3 Jahre
2.	3.000 €	3,5 %	2 Jahre
3.	4.300 €	3 %	3 Jahre
4.	7.500 €	4,5 %	4 Jahre

Übungsaufgabe 4:

Berechnen Sie die Zinsen für folgende Kapitalien

Tz.	Kapital	Zinssatz	Zeit
1.	2.500 €	3 %	14.04. bis 18.08.
2.	3.000 €	3,5 %	15.05. bis 20.09.
3.	4.500 €	4 %	03.06. bis 30.06.
4.	5.000 €	4,5 %	18.07. bis 01.10.

Übungsaufgabe 5:

Berechnen Sie die Zinstage für

Tz.	Zeit
1.	02.01. bis 16.06.
2.	09.05. bis 20.07.
3.	12.07. bis 05.11.
4.	23.11. bis 31.12.

Übungsaufgabe 6:

Berechnen Sie das Kapital für

Tz.	Zinsen	Zinssatz	Zeit
1.	659,13 €	12 %	127 Tage
2.	7.200,00 €	9 %	85 Tage
3.	228,00 €	6 %	190 Tage
4.	32,20 €	7 %	45 Tage

Übungsaufgabe 7:

Berechnen Sie den Zinssatz für

Tz.	Zinsen	Kapital	Zeit
1.	29,00 €	1.740,00 €	75 Tage
2.	3,47 €	650,00 €	48 Tage
3.	40,80 €	2.400,00 €	72 Tage
4.	13,89 €	800,00 €	100 Tage

Übungsaufgabe 8:

Berechnen Sie die Tage

Tz.	Zinsen	Kapital	Zinssatz
1.	172,92 €	6.194,00 €	5 %
2.	1,21 €	831,00 €	3,5 %
3.	4,95 €	108,00 €	6 %
4.	120,17 €	3.987,00 €	7 %

Übungsaufgabe 9:

Unternehmer U, Bonn, nimmt bei einer Bank 2007 einen Überbrückungskredit von **50.000,00 Euro** auf, über den er folgendermaßen verfügt:

> 10.000,00 € am 21.07.2007,
> 20.000,00 € am 16.10.2007 und
> 20.000,00 € am 11.12.2007.

Die Bank belastet ihn mit 9 % Zinsen.

Wie hoch ist die Bankschuld am 31.12.2007?

Übungsaufgabe 10:

Für einen Bankkunden sind am 31.12.2007 folgende Festgeldbeträge zu 4,5 % zu verzinsen:

Betrag	Anlagedatum
33.600,00 €	24.03.2007
27.100,00 €	12.06.2007
15.500,00 €	27.10.2007
64.950,00 €	06.11.2007

Wie hoch ist das Bankguthaben am 31.12.2007?

Übungsaufgabe 11:

Ein Sparer zahlt 2007 folgende Beträge auf sein Konto ein:

Betrag	Datum
1.560,00 €	10.02.2007
870,00 €	19.06.2007
1.840,00 €	12.10.2007

Wie hoch ist das Bankguthaben am 31.12.2007, wenn die Beträge mit 3 % verzinst werden?

6.2 Zahlungsverkehr

6.2.1 Geldverrechnungskonten

Im Rahmen der **EDV-Buchführung** erfolgt die Dateneingabe in der Praxis ausschließlich nach **Buchungskreisen**.

Buchungskreise stellen z.B. sämtliche **Kassenbuchungen** dar. Ein anderer Buchungskreis sind die **Bankbuchungen** für eine bestimmte Bank.
Weitere Buchungskreise sind: Postbank, Eingangsrechnungen, Ausgangsrechnungen, sonstige Belege.

Beispiel:
Unternehmer U, Bonn, entnimmt 1.000,00 € aus der betrieblichen Kasse und zahlt sie auf das betriebliche Bankkonto ein.

Dieser Geschäftsvorfall berührt **zwei Buchungskreise**, die **Kasse** und die **Bank**.
Was geschieht, wenn bei Kasse und Bank wie folgt vorgegangen wird?

Buchungskreis Kasse:

Tz.	Betrag		Gegenkonto Nr.	Konto Nr.
	Soll	Haben		
1.		1.000,00	**1800** (1200)	**1600** (1000)

Buchungskreis Bank:

Tz.	Betrag		Gegenkonto Nr.	Konto Nr.
	Soll	Haben		
2.	1.000,00		**1600** (1000)	**1800** (1200)

Buchung:

S	**1800** (1200) **Bank**	H	S	**1600** (1000) **Kasse**	H
1)	1.000,00		1)	1.000,00	
2)	1.000,00		2)	1.000,00	

Wie das Beispiel zeigt, wurde der Geschäftsvorfall **zweimal gebucht**. Um solche Buchungen zu vermeiden, wird in der Praxis ein **Zwischenkonto**, das Konto

1460 (1360) **Geldtransit**,

eingeführt.

Beispiel:

Sachverhalt wie zuvor mit dem **Unterschied**, dass das **Geldtransitkonto** angesprochen wird.

Buchungskreis Kasse:

Tz.	Betrag		Gegenkonto	Konto
	Soll	Haben	Nr.	Nr.
1.		1.000,00	**1460** (1360)	**1600** (1000)

Buchungskreis Bank:

Tz.	Betrag		Gegenkonto	Konto
	Soll	Haben	Nr.	Nr.
2.	1.000,00		**1460** (1360)	**1800** (1200)

Buchung:

S	**1800** (1200) **Bank**	H		S	**1600** (1000) **Kasse**	H
2)	1.000,00				1)	1.000,00

S	**1460** (1360) **Geldtransit**	H
1)	1.000,00	2) 1.000,00

Durch das Einschalten des Zwischenkontos **Geldtransit** wird erreicht:

1. Kasse und Bank werden nur einmal angesprochen.
2. Das Geldtransitkonto gleicht sich aus.
3. Leichtere Abstimmung von Buchungen zwischen den Buchungskreisen.
4. Bei der Erfassung stimmt die vom System gebildete Summe mit dem Vergleichswert (lt. Kassenbuch, Bankauszug) überein.

6.2.2 Personenkonten

Aus praktischen Gründen werden neben Sachkonten **Personenkonten** geführt.

Personen- oder Kontokorrentkonten sind Konten der Kunden (**Debitoren**) und Lieferanten (**Kreditoren**).

Die **Personenkonten** sind **Nebenbücher**. Sie haben die **Aufgabe**, die **Konten des Hauptbuches** (Forderungen aLuL und Verbindlichkeiten aLuL) **näher zu erläutern**.

Bei der doppelten Buchführung ist für Kreditgeschäfte in der Regel ein **Kontokorrent-konto**, unterteilt nach **Schuldnern** und **Gläubigern**, zu führen (R 5.2 Abs. 1 Satz 2 EStR 2005).

Das folgende Schaubild zeigt nochmals den Zusammenhang zwischen Haupt- und Nebenbuch.

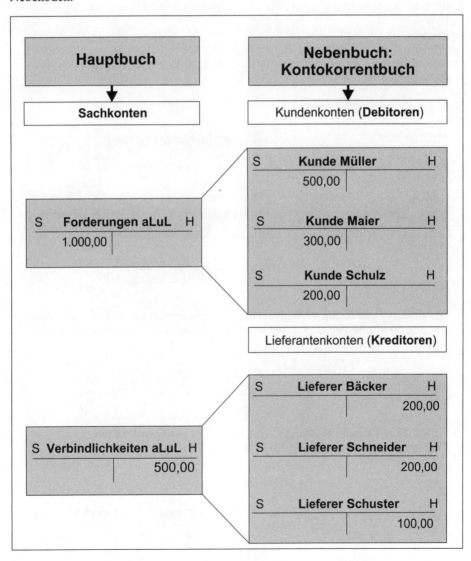

6.2.2.1 Buchen mit Debitoren

Der Unternehmer kann anhand des Sachkontos "**Forderungen aLuL**" zwar den **Gesamtbestand** seiner Forderungen feststellen, aber **nicht wer** und **wie viel** Geld der einzelne Kunde dem Unternehmer schuldet.

Dieser Nachteil lässt sich dadurch beheben, dass das Forderungskonto in **Kundenkonten (Debitoren)** aufgeteilt wird.

Jeder Kunde erhält ein eigenes, persönliches Konto, auf dem seine gesamten Umsätze gebucht werden (**Personenkonten**).

Bei DATEV oder bei DATEV-kompatiblen Kontenrahmen wird für die **Debitorenkonten** der **Kontonummernbereich** von **10 000 bis 69 999** reserviert.

> Beispiel:
> Wir verkaufen im September 2007 Waren für 2.000 € + 380 € USt = 2.380,00 € auf Ziel (an den Kunden Müller, zahlbar innerhalb 30 Tagen). Der Kunde Müller hat die **Debitoren-Nr. 10 116**.

Buchungssatz:

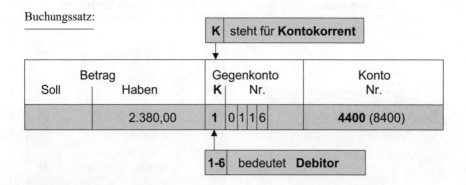

Das **automatische Konto 4400** (8400) hat eine Programmfunktion, die bewirkt, dass aus dem **Bruttobetrag** von **2.380,00 €** die **Umsatzsteuer** in Höhe von **380,00 €** errechnet und gebucht wird.

Buchung:

S	**KU 10 116 Kunde Müller**	H		S	**AM 4400** (8400) **Erlöse 19 %**	H
2.380,00						2.000,00

S	**KU 3806** (1776) **USt 19 %**	H
		380,00

Erfolgt die Zahlung durch **Scheck**, ist es üblich, den Scheck bei der Bank einzureichen und aufgrund des Bankbelegs (Bankauszugs) zu buchen.

Beispiel:
Der Kunde Müller zahlt nach 30 Tagen seine Rechnung in Höhe von 2.380,00 € mit einem Bankscheck. Der Kunde Müller hat die **Debitoren-Nr. 10 116**. Siehe Beispiel zuvor.

Buchungssatz:

Betrag		Gegenkonto		Konto
Soll	Haben	**K**	Nr.	Nr.
2.380,00		**1** 0 1 1 6		**1800** (1200)

Buchung:

S	**1800** (1200) **Bank**	H		S	**10 116 Kunde Müller**	H
2.380,00				2.380,00		2.380,00

Kundenschecks, die der Bank nicht sofort zum Einzug eingereicht werden, können auf dem Konto

1550 (1330) Schecks

gebucht werden.

Wird ein Scheck zum Ausgleich einer Verbindlichkeit aLuL an einen Lieferer weitergegeben, so vermindert sich der Bestand auf dem Scheckkonto.

Am Bilanzstichtag **vorhandene** Kundenschecks sind als **Aktivposten** in der Bilanz auszuweisen.

Der Bilanzposten "**Schecks**" wurde bereits im Abschnitt "3.2.2 Gliederung der Bilanz", Seite 36, dargestellt.	

Übung: 1. Wiederholungsfragen 1 bis 6 (Seite 294),
2. Übungsaufgaben 1 und 2 (Seite 294)

6.2.2.2 Buchen mit Kreditoren

Wie jeder Kunde, so erhält auch jeder **Lieferer** in der Praxis ein eigenes, persönliches Konto, auf dem seine gesamten Umsätze gebucht werden **(Personenkonten)**.

Bei DATEV oder DATEV-kompatiblen Kontenrahmen wird für die **Kreditorenkonten** der **Kontonummernbereich** von **70 000 bis 99 999** reserviert.

> Beispiel:
> Wir kaufen im August 2007 Waren für 1.000 € + 190 € USt = 1.190,00 € auf Ziel (vom Lieferer Bäcker, zahlbar innerhalb 30 Tagen). Der Lieferer Bäcker hat die **Kreditoren-Nr. 70 001**.

Buchungssatz:

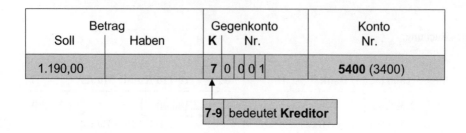

Das **automatische Konto 5400** (3400) hat eine Programmfunktion, die bewirkt, dass aus dem **Bruttobetrag** von **1.190,00 €** die **Vorsteuer** in Höhe von **190,00 €** errechnet und auf das Konto "KU **1406** (1576) **Vorsteuer 19 %**" gebucht wird.

Buchung:

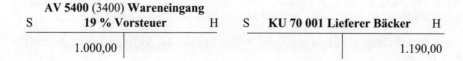

AV 5400 (3400) **Wareneingang**				
S	**19 % Vorsteuer**	H	S	**KU 70 001 Lieferer Bäcker** H
1.000,00				1.190,00

S **KU 1406** (1576) **Vorsteuer 19 %** H

190,00

Nachdem wir das Zahlungsziel voll ausgeschöpft haben, begleichen wir die Rechnung des Lieferanten.

Beispiel:
Wir zahlen nach 30 Tagen die Rechnung in Höhe von 1.190,00 € durch Bankscheck. Der Lieferer Bäcker hat die **Kreditoren-Nr. 70 001**. Siehe Beispiel zuvor.

Buchungssatz:

Betrag		Gegenkonto		Konto
Soll	Haben	**K**	Nr.	Nr.
	1.190,00	**7** 0 0 1		**1800** (1200)

Buchung:

S KU 70 001 Lieferer Bäcker H	S 1800 (1200) Bank H
1.190,00 | 1.190,00	**1.190,00**

6.2.2.3 Abschluss der Personenkonten

Im Rahmen der **EDV-Buchführung** erfolgen die laufenden Buchungen während des Jahres **zunächst** auf **Personenkonten**(Debitoren und Kreditoren).

Beim **Abschluss** der Personenkonten werden die **Summen** der Debitoren und Kreditoren durch das Programm **automatisch**, und zwar aufgrund der **Kontokorrentziffern** (1 bis 6 für Debitoren und 7 bis 9 für Kreditoren), auf die Sachkonten **Forderungen aus Lieferungen und Leistungen** und **Verbindlichkeiten aus Lieferungen und Leistungen** übertragen.

Der Zusammenhang zwischen den Personenkonten und Sachkonten wurde bereit auf Seite 74 dargestellt.	

Übung: 1. Wiederholungsfrage 7 (Seite 294),
2. Übungsaufgabe 3 (Seite 294)

6.2.3 Erfolgskontrolle

WIEDERHOLUNGSFRAGEN

1. Was versteht man im Rahmen der EDV-Buchführung unter "Buchungskreisen"?
2. Welchen Zweck erfüllt das Geldtransitkonto?
3. Was sind Personen- oder Kontokorrentkonten?
4. Was versteht man unter Debitoren?
5. Was versteht man unter Kreditoren?
6. Welcher Kontonummernbereich ist für die Debitorenkonten reserviert?
7. Welcher Kontonummernbereich ist für die Kreditorenkonten reserviert?

ÜBUNGSAUFGABEN

Übungsaufgabe 1:

Bilden Sie die Buchungssätze für die folgenden Geschäftsvorfälle. Kontieren Sie EDV-gemäß.

	EUR
1. Wir heben vom betrieblichen Bankkonto ab und legen den Betrag in die betriebliche Kasse.	1.000,00
2. Wir entnehmen der betrieblichen Kasse und zahlen den Betrag auf das betriebliche Bankkonto ein.	500,00

Übungsaufgabe 2:

Bilden Sie die Buchungssätze für die folgenden Geschäftsvorfälle. Kontieren Sie EDV-gemäß. Das Personenkonto soll das Gegenkonto sein.

	EUR
1. Banküberweisung des Kunden Schulz Der Kunde Schulz hat die Debitoren-Nr. 10 150.	1.190,00
2. Postbanküberweisung des Kunden Müller Der Kunde Müller hat die Debitoren-Nr. 10 116.	2.380,00

Übungsaufgabe 3:

Bilden Sie die Buchungssätze für die folgenden Geschäftsvorfälle. Kontieren Sie EDV-gemäß.

	EUR
1. Banküberweisung an den Lieferer Schuster Der Lieferer Schuster hat die Kreditoren-Nr. 70 115.	4.640,00
2. Postbanküberweisung an den Lieferer Bäcker Der Lieferer Bäcker hat die Kreditoren-Nr. 70 001.	714,00

6.3 Darlehen

Darlehen bzw. Kredite werden von **Lieferern**, **Banken** und **Privatpersonen** mit unterschiedlicher Laufzeit gewährt.

Im Folgenden wird die **Aufnahme und Rückzahlung von Bankdarlehen** erläutert.

> Die **Bewertung** der Bankdarlehen erfolgt im Kapitel "9 Bilanzierung der Verbindlichkeiten" der **Buchführung 2**, 18. Auflage, Seite 196 ff.

Der **Bankkredit** ist im Unterschied zum Lieferantenkredit grundsätzlich ein **Geldkredit**. Der Kreditbetrag wird dem Kreditnehmer lt. Kreditvertrag auf dem Girokonto bereitgestellt, sodass bei der Aufnahme und Rückzahlung eines Bankdarlehens immer zwei Bankkonten beteiligt sind:

> 1. das **Kreditkonto** für die Gewährung eines Bankkredits
>   " 3150 (0630) **Verbindlichkeiten gegenüber Kreditinstituten**" und
>
> 2. das **Girokonto** "**1800** (1200) **Bank**" zur Abwicklung der damit verbundenen Zahlungen.

6.3.1 Darlehensaufnahme

Bei der Aufnahme eines Darlehens ist zu unterscheiden, ob es sich um einen

> - **kurzfristigen** Kredit **bis 1 Jahr**,
> - **mittelfristigen** Kredit **1 bis 5 Jahre** oder
> - **langfristigen** Kredit **über 5 Jahre**

handelt.

Entsprechend sind folgende **Verbindlichkeitskonten** zu verwenden:

3151 (0631) **Verbindlichkeiten gegenüber Kreditinstituten** - Restlaufzeit **bis 1 Jahr**,

3160 (0640) **Verbindlichkeiten gegenüber Kreditinstituten** - Restlaufzeit **1 bis 5 Jahre**,

3170 (0650) **Verbindlichkeiten gegenüber Kreditinstituten** - Restlaufzeit **größer 5 Jahre**.

In der Praxis kommt es häufig vor, dass der **Ausgabebetrag** eines Darlehens **nicht** übereinstimmt mit dem **Rückzahlungsbetrag**.

Ist der **Ausgabebetrag niedriger** als der **Rückzahlungsbetrag**, bezeichnet man den **Unterschiedsbetrag** als Darlehnsabgeld (auch als Disagio, Damnum, Abschluss-, Verwaltungs- und Buchungsgebühren).

Beispiel:
Unternehmer U nimmt zum **1.7.2007** bei seiner Bank ein Darlehen über **100.000,00 €** auf, das eine **Laufzeit** von **10 Jahren** hat. Der Zinssatz beträgt 5 %.
Die Bank behält bei der Auszahlung ein **Damnum** von **2 %** ein und schreibt U **98.000,00 €** auf dessen Girokonto gut.

Buchungssatz bei der Darlehensaufnahme zum 1.7.2007:

Sollkonto	Betrag (€)	Habenkonto
1800 (1200) Bank	98.000,00	
1940 (0986) Damnum	2.000,00	
	100.000,00	**3170** (0650) Verbindl. g. Kreditinst.

Buchung bei der Darlehensaufnahme zum 1.7.2007:

				3170 (0650) **Verbindlichkeiten gegenüber**	
S	**1800** (1200) **Bank**	H	S	**Kreditinstituten - Restlaufzeit größer 5 Jahre** H	
98.000,00					100.000,00

	1940 (0986) **Damnum/**	
S	**Disagio**	H
2.000,00		

Der **Unterschiedsbetrag** zwischen **Rückzahlungsbetrag** und **Auszahlungsbetrag**, der auf dem Konto "**1940** (0986) **Damnum / Disagio**" erfasst wird, ist als **Rechnungsabgrenzungsposten** (siehe **erste** Spalte des DATEV-Kontenrahmens neben dem Konto Damnum / Disagio) auf die Laufzeit des Darlehens zu verteilen [H 6.10 (Damnum) EStH]. Die Verteilung des Damnums erfolgt im Jahr der Darlehensaufnahme zeitanteilig (taggenau).

Beispiel:
Sachverhalt wie zuvor

Der **jährliche** Aufwandsbetrag beträgt **200,00 Euro** (2.000 € : 10).
Für 2007 beträgt der Aufwand für ein **halbes Jahr 100,00 Euro** (200 € : 2).

Buchungssatz zum 31.12.2007:

Sollkonto	Betrag (€)	Habenkonto
7320 (2120) Zinsaufwendungen	100,00	**1940** (0986) Damnum/Disagio

Buchung zum 31.12.2007:

S	**7320** (2120) **Zinsaufwendungen**	H	S	**1940** (0986) **Damnum/Disagio**	H
100,00				2.000,00	100,00

 Einzelheiten zur Berechnung des Zinsaufwands erfolgen im Abschnitt 9.2.2 der **Buchführung 2**, 18. Auflage, Seite 200 ff.

6.3.2 Darlehensrückzahlung

Nach der **Tilgung** eines Darlehens werden folgende **Darlehensarten** unterschieden:

> 1. **Fälligkeitsdarlehen**,
> 2. **Ratendarlehen** und
> 3. **Annuitätendarlehen**.

Bei den verschiedenen Darlehensarten fallen unterschiedliche Belastungen an.

Zinsen und andere **Darlehenskosten** sind **nicht** auf die **Verbindlichkeitskonten** zu buchen, sondern sind gesondert auf den dafür vorgesehenen Konten (z.B. Zinsaufwendungen, Damnum/Disagio) zu erfassen.

Zu 1. Fälligkeitsdarlehen

Unter einem **Fälligkeitsdarlehen** versteht man ein Darlehen, das nach Ablauf der vereinbarten Laufzeit **in einer Summe** zurückzuzahlen ist.

Beispiel:
Das zum 1.7.2007 aufgenommene Bankdarlehen in Höhe von 100.000,00 € wird nach 10 Jahren am **30.6.2017** in einer Summe per Bank zurückgezahlt.

Buchungssatz zum 30.6.2017:

Sollkonto	Betrag (€)	Habenkonto
3170 (0650) Verbindl. g. Kreditinst.	100.000,00	**1800** (1200) Bank

Buchung zum 30.6.2017:

3170 (0650) **Verbindlichkeiten gegenüber**				
S **Kreditinstituten - Restlaufzeit größer 5 Jahre** H		S **1800** (1200) **Bank** H	
100.000,00	SV (AB) 100.000,00		100.000,00

Die **Rückzahlung** des Darlehens ist **umgekehrt** zu buchen wie die **Aufnahme** des Darlehens.

Zu 2. Ratendarlehen

Unter einem **Ratendarlehen** versteht man ein Darlehen, das in **jährlich gleich-bleibenden Raten** getilgt wird.

Beispiel:
Das zum 1.7.2007 aufgenommene Bankdarlehen in Höhe von 100.000,00 €
wird in **jährlich gleichbleibenden Raten** von **10.000,00 €**, beginnend am
1.7.2008 getilgt. Der Zinssatz beträgt 5 %.

Buchungssatz im Jahre 2008 (nur Tilgung):

Sollkonto	Betrag (€)	Habenkonto
3170 (0650) Verbindl. g. Kreditinst.	10.000,00	**1800** (1200) Bank

Buchung im Jahre 2008 (nur Tilgung):

3170 (0650) **Verbindlichkeiten gegenüber**
S **Kreditinstituten - Restlaufzeit größer 5 Jahre** H   S   **1800** (1200) **Bank**   H

| 10.000,00 | SV (AB) 100.000,00 | | 10.000,00 |

Der Zinsaufwand ist auf das Konto "**7320** (2120) **Zinsaufwendungen**" zu buchen.

Zu 3. Annuitätendarlehen

Unter einem **Annuitätendarlehen** versteht man ein Darlehen, bei dem die jährliche
Summe aus **Tilgung und Zinsen** (= **Annuität**) **gleich groß** ist.
Da sich die Schuldsumme durch die Tilgung ständig verringert, werden die jährlichen
Zinsbeträge immer kleiner und die Tilgungsbeträge entsprechend größer.

Beispiel:
Das zum **1.1.2007** aufgenommene Bankdarlehen in Höhe von 100.000 € ist
mit 5 % zu verzinsen und in 10 Jahren in jährlichen Raten, beginnend am
1.1.2008, zu tilgen.
Die **jährliche Annuität** beträgt **13.000 €** (100.000,00 € x 0,130). Der Faktor
0,130 ist einer sog. **Annuitätentabelle** entnommen. Hat man den Betrag
der **Annuität**, lassen sich **Tilgung** und **Zinsen** leicht bestimmen. Die
Zinsen betragen für ein Jahr **5.000,00 €**, folglich beträgt die Tilgung **8.000,00 €**
(13.000 € − 5.000 €).
Buchungssatz zum 1.1.2008 (nur Tilgung):

Sollkonto	Betrag (€)	Habenkonto
3170 (0650) Verbindl. g. Kreditinst.	8.000,00	**1800** (1200) Bank

Buchung zum 1.1.2008 (nur Tilgung):

3170 (0650) **Verbindlichkeiten gegenüber**			S **1800** (1200) **Bank** H
S **Kreditinstituten - Restlaufzeit größer 5 Jahre** H			
8.000,00	SV (AB)	100.000,00	**8.000,00**

Der **Zinsaufwand** ist durch die unterschiedliche Tilgungshöhe **jedes Jahr neu zu berechnen** und auf das Konto "**7320** (2120) **Zinsaufwendungen**" zu buchen.

Einzelheiten zur Berechnung des Zinsaufwands erfolgen im Abschnitt 9.2.2 der **Buchführung 2**, 18. Auflage, Seite 200 ff.

6.3.3 Erfolgskontrolle

WIEDERHOLUNGSFRAGEN

1. Welche zwei Bankkonten sind bei der Aufnahme und Rückzahlung eines Bankdarlehens immer beteiligt?
2. Was versteht man unter einem kurzfristigen Kredit?
3. Was versteht man unter einem mittelfristigen Kredit?
4. Was versteht man unter einem langfristigen Kredit?
5. Was versteht man unter dem Darlehnsabgeld?
6. Wie wird die Aufnahme eines Bankdarlehens buchmäßig behandelt?
7. Wie wird das Damnum/Disagio buchmäßig behandelt?
8. Was versteht man unter einem Fälligkeitsdarlehen?
9. Was versteht man unter einem Ratendarlehen?
10. Was versteht man unter einem Annuitätendarlehen?

ÜBUNGSAUFGABEN

Übungsaufgabe 1:

Der buchführende Gewerbetreibende A hat zum 1.10.2007 ein Bankdarlehen über 50.000,00 € aufgenommen (Fälligkeitsdarlehen).
Das Darlehen, das mit 7 % zu verzinsen ist, hat eine Laufzeit von acht Jahren und ist am 30.9.2015 in einer Summe zurückzuzahlen. Die Bank hat unter Einbehaltung eines Damnums von 3 % den entsprechenden Betrag dem laufenden Bankkonto des A gutgeschrieben.

1. Bilden Sie den Buchungssatz für die Darlehensaufnahme zum 1.10.2007.
2. Bilden Sie den Buchungssatz für die Zinsaufwendungen zum 31.12.2007.
3. Bilden Sie den Buchungssatz für die Verteilung des Damnums zum 31.12.2007.

Übungsaufgabe 2:

Der buchführende Gewerbetreibende B hat zum 1.1.2007 ein Darlehen mit einem Rückzahlungsbetrag von 150.000,00 € bei seiner Bank aufgenommen.
Die Tilgung erfolgt in zehn gleichen Raten, zahlbar jeweils am 1.1.
98 % des Rückzahlungsbetrags wurden B auf seinem Bankkonto gutgeschrieben, 2 % als Damnum einbehalten. Die Zinszahlung (Zinssatz 6 %) erfolgt jährlich nachträglich.

1. Bilden Sie den Buchungssatz für die Darlehensaufnahme zum 1.1.2007.
2. Bilden Sie den Buchungssatz für die Zinsaufwendungen zum 31.12.2007.
3. Bilden Sie den Buchungssatz für die Verteilung des Damnums zum 31.12.2007.
4. Bilden Sie den Buchungssatz für die Tilgung zum 1.1.2008.

Übungsaufgabe 3:

Der buchführende Gewerbetreibende C hat zum 1.1.2007 bei seiner Bank ein Ratendarlehen aufgenommen. Nennbetrag des Darlehens 100.000,00 €, Laufzeit: 1.1.2007 bis 31.12.2012, Auszahlung 95 %. Die Zinszahlung (Zinssatz 6 %) erfolgt jährlich nachträglich. Die Tilgung erfolgt jährlich, beginnend am 1.1.2008.

1. Bilden Sie den Buchungssatz für die Darlehensaufnahme zum 1.1.2007.
2. Bilden Sie den Buchungssatz für die Zinsaufwendungen zum 31.12.2007.
3. Bilden Sie den Buchungssatz für die Verteilung des Damnums zum 31.12.2007.
4. Bilden Sie den Buchungssatz für die Tilgung zum 1.1.2008.

Übungsaufgabe 4:

Der buchführende Gewerbetreibende D hat zum 1.1.2007 ein Annuitätendarlehen über 150.000,00 € bei seiner Bank aufgenommen. Es ist mit 6 % zu verzinsen und in 15 Jahren, beginnend ab 1.1.2008, in jährlichen Raten zu tilgen.
Der Annuitätenfaktor beträgt 0,103. Die Bank hat ein Damnum von 4.500,00 € einbehalten und 145.500,00 € dem laufenden Konto des D gutgeschrieben.

1. Bilden Sie den Buchungssatz für die Darlehensaufnahme zum 1.1.2007.
2. Bilden Sie den Buchungssatz für die Zinsaufwendungen zum 31.12.2007.
3. Bilden Sie den Buchungssatz für die Verteilung des Damnums zum 31.12.2007.
4. Bilden Sie den Buchungssatz für die Tilgung zum 1.1.2008.

6.4 Leasing

6.4.1 Begriff des Leasings

Unter **Leasing** versteht man eine mietähnliche, vertraglich besonders ausgestaltete Gebrauchsüberlassung von Wirtschaftsgütern gegen Entgelt.

Man unterscheidet in der Regel folgende **Arten des Leasings**:

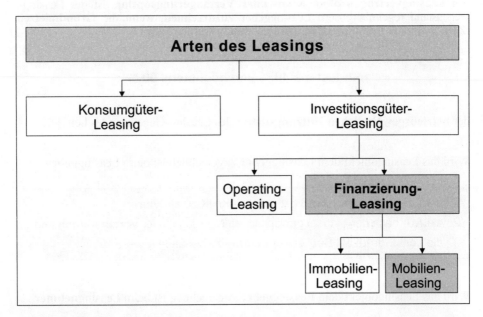

Konsumgüter-Leasing ist die Vermietung von Konsumgütern (z.B. Fernsehgeräte, Videorecorder) an Endverbraucher.

Investitionsgüter-Leasing ist die Vermietung von Investionsgütern (z.B. Industrieanlagen, Ausrüstungen) an Betriebe.

Operating-Leasing ist ein **kurzfristiges** in der Regel jederzeit kündbares Leasingverhältnis, bei dem der Leasinggeber die Risiken des Leasing-Gegenstandes trägt.

Finanzierungs-Leasing ist ein **langfristiger** Leasingvertrag über unbewegliche Gegenstände (**Immobilien-Leasing**) oder bewegliche Gegenstände (**Mobilien-Leasing**) mit unkündbarer Grundmietzeit. Während der Grundmietzeit werden über die Leasingraten die Anschaffungs- oder Herstellungskosten, die Verzinsung und Gewinnanteile des Leasinggebers voll abgedeckt (Vollamortisationsvertrag).
Der Leasingnehmer trägt hierbei die Risiken der technischen und wirtschaftlichen Entwertung des Leasing-Gegenstandes.

Im Rahmen der Buchführung ist die **Frage** zu beantworten, **wem** die Leasing-Gegenstände **zuzurechnen** sind, d.h. **wer** die Leasing-Objekte aktivieren und abschreiben darf.

Einzelheiten zur ertragsteuerlichen Behandlung von Leasingverträgen enthalten die verschiedenen BMF-Schreiben, die im **Anhang 21** des ESt-Handbuchs (**EStH**) **abgedruckt sind.**

6.4.2 Zurechnung des Leasing-Gegenstandes beim Leasinggeber

Die **Zurechnung** des Leasing-Gegenstandes ist von der von den Parteien gewählten **Vertragsgestaltung** und deren **tatsächlicher Durchführung** abhängig.

Im Folgenden wird nur der Leasingvertrag **ohne** Kauf- oder Verlängerungsoption erläutert. Die anderen Vertragsformen sind im BMF-Schreiben vom 19.4.1971 (vgl. **Anhang 21** EStH) dargestellt.

Bei **Leasingverträgen ohne Kauf- oder Verlängerungsoption** ist der Leasing-Gegenstand regelmäßig dem Leasinggeber **zuzurechnen**, **wenn** die **Grundmietzeit** (Zeit, in der der Leasingvertrag nicht gekündigt werden kann)

> **mindestens 40 % und höchstens 90 %**

der **betriebsgewöhnlichen Nutzungsdauer** des Leasing-Gegenstandes beträgt.

Wird das Leasingobjekt dem Leasing**geber** zugerechnet, ist beim Leasing**geber**

> 1. der **Leasing-Gegenstand** mit seinen AK/HK zu **aktivieren**,
> 2. die **AfA** nach der betriebsgewöhnlichen Nutzungsdauer **vorzunehmen** und
> 3. die **Leasingrate** als **Betriebseinnahme** zu behandeln.

Wird das Leasingobjekt dem Leasing**geber** zugerechnet, ist beim Leasing**nehmer**

> die **Leasingrate** als **Betriebsausgabe** zu behandeln.

Beispiel:
Der **Unternehmer A**, Duisburg, hat eine **Maschine** zum 1.1.2007 **geleast**.
Die **Grundmietzeit** beträgt **3 Jahre**. Eine **Kündigung** ist während der Grundmietzeit **nicht** möglich. Nach Ablauf der Grundmietzeit steht A **weder** eine **Kauf- noch eine Verlängerungsoption** zu.
Die Anschaffungskosten **(AK)** der Maschine haben **250.000 Euro** betragen.
Die betriebsgewöhnliche Nutzungsdauer **(ND)** der Maschine beträgt **4 Jahre**.
Der Leasinggeber übernimmt alle Kosten für Kundendienst und Verschleiß von Ersatzteilen.
Der Leasing**nehmer** hat 2007 eine Leasingrate von **jährlich 60.000 Euro +
11.400 Euro USt = 71.400 Euro** zu zahlen.
Der Betrag wird auf das Bankkonto des Leasinggebers überwiesen.

Es liegt ein **Finanzierungs-Leasing** in Form eines **Mobilien-Leasings** vor.
Die **Grundmietzeit** beträgt **3 Jahre**, d.h. 3/4 = **75 %** der betriebsgewöhnlichen Nutzungsdauer der Maschine (4 Jahre).
Die Maschine ist folglich dem **Leasinggeber zuzurechnen**.

Buchungssatz der Leasingrate beim Leasing**geber**:

Sollkonto	Betrag (€)	Habenkonto
1800 (1200) Bank	71.400,00	
	60.000,00	**4000** (8000) Erlöse aus Leasinggeschäften
	11.400,00	**3806** (1776) Umsatzsteuer 19 %

Buchung der Leasingrate beim Leasing**geber**:

S   **1800** (1200) **Bank**   H   S **4000** (8000) **Erlöse aus Leasinggeschäften** H

   71.400,00 | | 60.000,00

S   **3806** (1776) **Umsatzsteuer 19 %**   H

            | 11.400,00

Buchungssatz der Leasingrate beim Leasing**nehmer**:

Sollkonto	Betrag (€)	Habenkonto
6840 (4810) Mietleasing	60.000,00	
1406 (1576) Vorsteuer 19 %	11.400,00	
	71.400,00	**1800** (1200) Bank

Buchung der Leasingrate beim Leasing**nehmer**:

S   **6840** (4810) **Mietleasing**   H   S   **1800** (1200) **Bank**   H

   60.000,00 | | 71.400,00

S   **1406** (1576) **Vorsteuer 19 %**   H

   11.400,00 |

6.4.3 Zurechnung des Leasing-Gegenstandes beim Leasingnehmer

Bei **Leasingverträgen ohne Kauf- oder Verlängerungsoption** ist der Leasing-Gegenstand regelmäßig dem Leasing**nehmer zuzurechnen, wenn** die **Grund-mietzeit** (Zeit, in der der Leasingvertrag nicht gekündigt werden kann)

> **weniger als 40 % oder mehr als 90 %**

der **betriebsgewöhnlichen Nutzungsdauer** des Leasing-Gegenstandes beträgt.

Der Leasing**nehmer** hat

> 1. den **Leasing-Gegenstand** mit den AK/HK zu **aktivieren,**
>
> 2. die **AfA** nach der betriebsgewöhnlichen Nutzungsdauer **vorzunehmen,**
>
> 3. eine **Verbindlichkeit** gegenüber dem Leasinggeber in Höhe der aktivierten AK/HK zu **passivieren,**
>
> 4. die **Leasingraten** in einen **Zins- und Kostenanteil** sowie einen **Tilgungsanteil aufzuteilen.**
> Der **Zins- und Kostenanteil** stellt eine sofort abzugsfähige **Betriebsausgabe** dar, während der **andere Teil** der Leasingrate als Tilgung der Kaufpreisschuld **erfolgsneutral** zu behandeln ist.

Der Leasing**geber** hat

> 1. eine **Forderung** an den Leasingnehmer in Höhe der aktivierten AK/HK zu **aktivieren.** Dieser Betrag ist grundsätzlich mit der vom Leasingnehmer ausgewiesenen Verbindlichkeit identisch.
>
> 2. die **Leasingraten** in einen **Zins- und Kostenanteil** sowie in einen **Anteil Tilgung** der Kaufpreisforderung **aufzuteilen.**

Der **Zins- und Kostenanteil** kann nach der **Barwertvergleichsmethode** oder nach der **Zinsstaffelmethode** ermittelt werden.

Nach der **Zinsstaffelmethode** wird der **Zins- und Kostenanteil** wie folgt ermittelt:

> $$\frac{\text{Summe der Zins- und Kostenanteile aller Leasingraten}}{\text{Summe der Zahlenreihe aller Raten}} \times \text{Anzahl der restlichen Raten} + 1$$

Beispiel:

Der Fuhrunternehmer Karl Walter, Mannheim, hat von der Leasing GmbH, Frankfurt, ab 01.01.2007 einen Lkw geleast. Die beidseitig unkündbare Grundmietzeit beträgt 5 Jahre. Die Leasing GmbH hat den Lkw für 240.000,00 € angeschafft und die jährliche Leasingrate für Karl Walter beträgt 71.400,00 € jeweils fällig am 31.12. Die gesamte Umsatzsteuer in Höhe von 57.000,00 € ist nur im Leasingvertrag ausgewiesen. Der Lkw hat eine betriebsgewöhnliche Nutzungsdauer von 5 Jahren.

Der Lkw ist dem Leasingnehmer zuzurechnen, weil er wirtschaftlicher Eigentümer ist.

Die Buchungssätze für die Übergabe des Lkw, die Überweisung der ersten Leasingrate am 31.12.2007 und die Jahresabschlussarbeiten zum 31.12.2007 lauten:

Tz.	Sollkonto	Betrag (€)	Habenkonto
1.	**0540** (0350) Lkw	240.000,00	
	1900 (0980) Aktive RAP	60.000,00	
	1406 (1576) Vorsteuer	57.000,00	
		357.000,00	**3337** (1626) Verb. 1 bis 5 Jahre
2.	**3337** (1626) Verb. 1 - 5 Jahre	71.400,00	**1800** (1200) Bank
3.	**6222** (4832) Abschr. Kfz	48.000,00	**0540** (0350) Lkw
	6250 (4815) Kaufleasing	20.000,00	**1900** (0980) Aktive RAP

Erläuterungen:

Zu 1.

> Zur Vorsteuer siehe Abschn. 25 Abs. 4 Satz 2 UStR 2005.
>
> | Summe der Leasingraten: 5 x 60.000 € | 300.000,00 € |
> |---|---|
> | − AK des Lkw | − 240.000,00 € |
> | = Zins- und Kostenanteil für 5 Jahre | 60.000,00 € |
>
> Verbindlichkeiten: 5 x 71.400 € (60.000 € + 11.400 € USt)   357.000,00 €

Zu 2.

> 357.000 € : 5   71.400,00 €

Zu 3.

> Abschreibung des Lkw: 240.000 € : 5   48.000,00 €
> Auflösung der aktiven RAP nach der Zinsstaffelmethode im 1. Jahr:
>
> $$\frac{60.000\ €}{15\ *)} = 4.000\ € \times (4 + 1) = \qquad 20.000,00\ €$$
>
> *) 1 + 2 + 3 + 4 + 5 = 15

6.4.4 Erfolgskontrolle

WIEDERHOLUNGSFRAGEN

1. Was versteht man unter Leasing?
2. Unter welcher Voraussetzung wird der Leasing-Gegenstand dem Leasinggeber bei Leasingverträgen ohne Kauf- oder Verlängerungsoption zugerechnet?
3. Wie wird der Leasing-Gegenstand buchmäßig beim Leasinggeber behandelt, wenn ihm der Leasing-Gegenstand zugerechnet wird?
4. Wie wird der Leasing-Gegenstand buchmäßig beim Leasingnehmer behandelt, wenn der Leasing-Gegenstand dem Leasinggeber zugerechnet wird?
5. Wie wird der Leasing-Gegenstand buchmäßig beim Leasingnehmer behandelt, wenn ihm der Leasing-Gegenstand zugerechnet wird?
6. Wie wird der Leasing-Gegenstand buchmäßig beim Leasinggeber behandelt, wenn der Leasing-Gegenstand dem Leasingnehmer zugerechnet wird?

ÜBUNGSAUFGABEN

Übungsaufgabe 1:

Der Unternehmer Horst Schulz, Köln, hat eine Maschine zum 1.1.2007 geleast. Die Grundmietzeit beträgt 48 Monate. Eine Kündigung ist während der Grundmietzeit nicht möglich. Nach Ablauf der Grundmietzeit steht Schulz weder eine Kauf- noch eine Verlängerungsoption zu.
Die Anschaffungskosten der Maschine haben 160.000,00 € betragen. Die betriebsgewöhnliche Nutzungsdauer der Maschine beträgt 5 Jahre. Der Leasinggeber trägt das Investitionsrisiko.
Der Leasingnehmer hat eine Leasingrate von monatlich 4.250 € + USt zu zahlen. Der Betrag wird jeweils auf das Bankkonto des Leasinggebers überwiesen.

1. Welche Art des Leasings liegt vor?
2. Wem ist der Leasing-Gegenstand zuzurechnen? Begründen Sie Ihre Antwort.
3. Bilden Sie den Buchungssatz für die Überweisung der ersten Leasingrate beim Leasinggeber.
4. Bilden Sie den Buchungssatz für die Überweisung der ersten Leasingrate beim Leasingnehmer.

Übungsaufgabe 2:

Der Gewerbetreibende Walter Schneider, Mannheim, hat am 01.07.2007 eine Maschine für eine Grundmiete von 4 Jahren geleast (Finanzierungs-Leasing); die Maschine ist ihm zuzurechnen. Den Zins- und Kostenanteil in Höhe von 120.000,00 € hat er in den Rechnungsabgrenzungsposten ausgewiesen.
Am 31.12.2007 bucht Walter Schneider wie folgt:

Sollkonto	Betrag(€)	Habenkonto
7300 (2100) Zinsaufwendungen	30.000,00	**1900** (0980) Aktive RAP

Überprüfen Sie, ob die Buchung richtig ist und bilden Sie ggf. die Korrekturbuchung.

6.5 Wechselverkehr

Der **Wechsel** ist eine Urkunde, in der der Gläubiger (Aussteller) den Schuldner (Bezogenen) auffordert, eine bestimmte Geldsumme an eine bestimmte Person (Wechselnehmer) oder deren Order zu bezahlen.

Beim Wechselverkehr ist zwischen **Besitzwechseln** und **Schuldwechseln** zu unterscheiden.

Besitzwechsel sind Wechsel, die der Verkäufer zum Ausgleich einer Forderung vom Käufer erhält.

Schuldwechsel sind Wechsel, die der Käufer als Bezogener zum Ausgleich einer Verbindlichkeit dem Verkäufer aushändigt.

6.5.1 Buchen der Besitzwechsel

Der Inhaber eines **Besitzwechsels** kann diesen wie folgt **verwenden:**

1. bis zur Fälligkeit **aufbewahren** und dann dem Bezogenen zur Einlösung vorlegen oder
2. vor Fälligkeit als Zahlungsmittel an einen Gläubiger **weitergeben** oder
3. vor Fälligkeit bei einer Bank **diskontieren** lassen.

Im Folgenden wird dargestellt, wie die einzelnen **Verwendungsmöglichkeiten** des Besitzwechsels gebucht werden.

Vor diesen Buchungen ist noch der Besitzwechsel**eingang** buchmäßig zu erfassen.

6.5.1.1 Besitzwechseleingang

Der Verkäufer hat aufgrund seiner Warenlieferung an den Käufer zunächst eine **Warenforderung**, die auf dem Konto "**1200** (1400) Forderungen aus Lieferungen und Leistungen" gebucht wird.

Erhält der Verkäufer zum Ausgleich dieser Forderung einen **Besitzwechsel**, so tritt an die Stelle der Warenforderung eine **Wechselforderung**. Die Wechselforderung ist in der Buchführung **gesondert** von der Warenforderung **zu erfassen**.

Besitzwechsel werden auf dem Konto

1230 (1300) **Wechsel aus Lieferungen und Leistungen**

gebucht.

Beispiel:

1. Wir liefern an B Waren für 5.000 € + 950 € USt = 5.950,00 € auf Ziel.
2. B sendet uns vereinbarungsgemäß zum Ausgleich unserer Forderung aLuL einen **Wechsel** über 5.950,00 €.

Buchungssatz:

Tz.	Sollkonto	Betrag (€)	Habenkonto
1.	**1200** (1400) Forderungen aLuL	5.950,00 5.000,00 950,00	 **4200** (8200) Erlöse **3806** (1776) USt 19 %
2.	**1230** (1300) Wechsel aLuL	5.950,00	**1200** (1400) Ford. aLuL

Buchung:

S   **1200** (1400) **Forderungen aLuL**   H   S   **4200** (8200) **Erlöse**   H

1)   5.950,00 | 2)   **59500,00**   1)   5.000,00

S   **1230** (1300) **Wechsel aLuL**   H   S   **3806** (1776) **USt 19 %**   H

2)   **5.950,00**   1)   950,00

6.5.1.2 Besitzwechseleinzug

Der Wechselinhaber legt den Wechsel in der Regel dem Schuldner **nicht selbst** vor, sondern beauftragt seine **Bank** mit dem **Einzug (Inkasso)**.Die Bank berechnet für den Einzug eine **Inkassoprovision**.

Die Bank schreibt dem Wechseleinreicher den Wechselbetrag **abzüglich der Inkassoprovision** gut.

Beispiel:
Wir lassen den Besitzwechsel über 5.950,00 € durch unsere Bank **einziehen**. Die Bank erteilt uns folgende Abrechnung:

Wechselbetrag	5.950,00 €
− **Inkassoprovision**	− **12,00 €**
= Gutschrift	5.938,00 €

Buchungssatz:

Sollkonto	Betrag (€)	Habenkonto
1800 (1200) Bank	5.938,00	
6855 (4970) Nebenkosten d. Geldverkehrs	12,00	
	5.950,00	**1230** (1300) Wechsel aLuL

Buchung:

S	**1800** (1200) **Bank**	H		S **1230** (1300) **Wechsel aLuL** H
	5.938,00			5.950,00

S **6855** (4970) **Nebenkosten d. Geldverkehrs** H
12,00

Dadurch, dass der Käufer mit einem Wechsel zahlt, entsteht dem Verkäufer in der Regel ein **Zinsverlust**, weil die **Fälligkeit der Warenforderung** grundsätzlich **nicht** mit der **Fälligkeit der Wechselforderung** übereinstimmt.

In diesen Fällen wird der Verkäufer dem Käufer wegen verspäteter Zahlung **Verzugszinsen** berechnen. Die berechneten **Zinsen unterliegen nicht der Umsatzsteuer** (Abschn. 3 Abs. 3 UStR 2005).

Beispiel:
Wir senden unserem Kunden folgende Rechnung (Auszug):

8 % Zinsen auf 5.950,00 € für 45 Tage =	**59,50 €**

Buchungssatz:

Sollkonto	Betrag (€)	Habenkonto
1200 (1400) Forderungen aLuL	59,50	**7100** (2650) Zinserträge

Buchung:

S **1200** (1400) **Forderungen aLuL** H		S **7100** (2650) **Zinserträge** H
59,50		59,50

Übung: 1. Wiederholungsfragen 1 bis 3 (Seite 316),
2. Übungsaufgabe 1 und 2 (Seite 316)

6.5.1.3 Besitzwechselweitergabe

Der Inhaber eines Besitzwechsels kann den Wechsel **vor** Fälligkeit als **Zahlungsmittel** an einen Gläubiger **weitergeben**. Er begleicht damit seine Verbindlichkeit.

Beispiel:
Wir geben den Besitzwechsel über 5.950,00 Euro weiter an unseren Lieferer zum Ausgleich einer Verbindlichkeit.

Buchungssatz:

Sollkonto	Betrag (€)	Habenkonto
3300 (1600) Verbindlichkeiten aLuL	5.950,00	**1230** (1300) Wechsel aLuL

Buchung:

S **3300** (1600) **Verbindlichkeiten aLuL** H	S **1230** (1300) **Wechsel aLuL** H
5.950,00	5.950,00

Wenn die **Fälligkeit der Verbindlichkeit** und die **Fälligkeit des Wechsels** nicht übereinstimmen, kann der Lieferer wegen verspäteter Zahlung **Zinsen** berechnen.

Beispiel:
Wir erhalten von unserem Lieferer folgende Rechnung (Auszug):

8 % Zinsen auf 5.950,00 Euro für 45 Tage   =   **59,50 €**

Buchungssatz:

Sollkonto	Betrag (€)	Habenkonto
7310 (2110) Zinsaufwendungen für kurzfristige Verbindl.	59,50	**3300** (1600) Verbindl. aLuL

Buchung:

S **7310** (2110) **Zinsaufwendungen für kurzfristige Verbindl.** H	S **3300** (1600) **Verbindl. aLuL** H
59,50	59,50

Übung: Übungsaufgabe 3 (Seite 316)

6.5.1.4 Besitzwechseldiskontierung

Der Inhaber eines Besitzwechsels kann den Wechsel **vor** Fälligkeit an eine Bank **verkaufen**, d.h. ihn bei seiner Bank **diskontieren** lassen.

Die Bank gewährt dann vom Tag der Diskontierung bis zur Fälligkeit des Wechsels dem Einreicher einen **Diskontkredit**.

Die für diesen Kredit zu zahlenden **Wechselvorzinsen** (Wechsel**diskont**) werden von der Bank im Voraus belastet und mit der Gutschrift für den Wechselbetrag verrechnet.

Die Banken berechnen neben dem **Diskont** oft noch **Spesen**.

Beispiel:
Wir senden den Besitzwechsel über 5.950,00 € unserer Bank zum **Diskont**. Die Bank erteilt uns folgende Rechnung:

	Wechselbetrag		5.950,00 €
–	**8 % Diskont für 90 Tage**	–	**119,00 €** *)
–	**Spesen**	–	**10,00 €**
=	Gutschrift		5.821,00 €

*) Berechnung des Diskonts nach der **Tageszinsformel** (siehe Seite 280):

$$\text{Zinsen (Diskont)} = \frac{K \times p \times t}{100 \times 360} = \frac{5.950\,€ \times 8 \times 90}{100 \times 360} = \underline{119,00\ €}$$

Buchungssatz:

Sollkonto	Betrag (€)	Habenkonto
1800 (1200) Bank	5.821,00	
7340 (2130) Diskontaufwendungen	119,00	
6855 (4970) Nebenkosten d. Geldverkehrs	10,00	
	5.950,00	**1230** (1300) Wechsel aLuL

Buchung:

S	**1800** (1200) **Bank**	H	S	**1230** (1300) **Wechsel aLuL** H
5.821,00				5.950,00

S	**7340** (2130) **Diskontaufwendungen**	H
119,00		

S	**6855** (4970) **Nebenkosten d. Geldverkehrs**	H
10,00		

Gewährt der Unternehmer im Zusammenhang mit einer Lieferung einen **Diskont-kredit**, der als **gesonderte Leistung** anzusehen ist, so **mindern** die berechneten **Wechselvorzinsen** (Wechsel**diskont) nicht** das **Entgelt** für die Lieferung (Abschn. 151 Abs. 4 Satz 5 UStR 2005).

Dies hat zur **Folge**, dass die **Diskontbeträge nicht der USt** unterliegen, weil sie als gesonderte Leistung nach § 4 Nr. 8a UStG **steuerfrei** sind.

Für eine **gesonderte Leistung** ist erforderlich (Abschn. 29a Abs. 2 UStR 2005):

1. Die Lieferung oder sonstige Leistung **und** die Kreditgewährung (Diskontkredit) müssen **gesondert vereinbart** worden sein.

2. In der Vereinbarung über die Kreditgewährung muss auch der **Jahreszins** angegeben werden.

3. Die Entgelte für die beiden Leistungen müssen **getrennt abgerechnet** werden.

Berechnet der Unternehmer den ihm von der Bank berechneten **Diskont** und die **Spesen** dem Kunden **weiter (Regelfall)**, so unterliegen **nur die Spesen der USt**, wenn – was in der Praxis heute üblich ist – beim **Diskontkredit** die Voraussetzungen einer **gesonderten Leistung** erfüllt sind.

Die in Rechnung gestellten Spesen werden aus **umsatzsteuerlichen** Gründen auf dem **besonderen** Konto

<u>**7110 (8650) Erlöse aus Diskontspesen**</u>

erfasst.

Beispiel:
Diskont und Spesen werden von uns dem Kunden als **gesonderte Leistung** wie folgt in Rechnung (Auszug) gestellt:

Diskont (8 % auf 5.950 € für 90 Tage)		**119,00 €**
Spesen	10,00 €	
+ 19 % USt	1,90 €	11,90 €
		130,90 €

Buchungssatz:

Sollkonto	Betrag (€)	Habenkonto
1200 (1400) Forderungen aLuL	130,90	
	119,00	**7130** (2670) Diskonterträge
	10,00	**7110** (8650) **Erlöse aus Diskont-spesen**
	1,90	**3806** (1776) USt 19 %

Buchung:

S **1200** (1400) **Forderungen aLuL** H	S **7130** (2670) **Diskonterträge** H
130,90	119,00

	S **7110** (8650) Erlöse aus Diskont**spesen** H
	10,00

	S **3806** (1776) **Umsatzsteuer 19 %** H
	1,90

> **Übung**: 1. Wiederholungsfragen 4 bis 6 (Seite 316),
> 2. Übungsaufgabe 4 (Seite 317)

6.5.2 Buchen der Schuldwechsel

Beim Buchen der **Schuldwechsel** ist zwischen Schuldwechsel**ausgang** und Schuldwechsel**einlösung** zu unterscheiden.

6.5.2.1 Schuldwechselausgang

Der Käufer hat aufgrund der von ihm bezogenen Waren eine **Warenverbindlichkeit**, die auf dem Konto "**3300** (1600) Verbindlichkeiten aus Lieferungen und Leistungen" gebucht wird.

Zieht der Verkäufer über diese Verbindlichkeit einen Wechsel auf den Käufer und gibt der Käufer diesen Wechsel akzeptiert an den Lieferer zurück, so tritt an die Stelle einer **Warenverbindlichkeit** eine **Wechselverbindlichkeit** (= **Schuldwechsel**).

Die **Wechselverbindlichkeit** ist in der Buchführung **gesondert** von der Warenverbindlichkeit zu erfassen.

Wechselverbindlichkeiten werden auf das Konto

3350 (1660) **Schuldwechsel**

gebucht.

Beispiel:
1. Wir haben Waren für 10.000 € + 1.900 € USt = 11.900,00 € bezogen.
2. Wir geben dem Lieferer vereinbarungsgemäß einen akzeptierten **Schuldwechsel** über 11.900,00 €.

Buchungssatz:

Tz.	Sollkonto	Betrag (€)	Habenkonto
1.	**5200** (3200) Wareneingang **1406** (1576) Vorsteuer 19 %	10.000,00 1.900,00 11.900,00	 **3300** (1600) Verbindl. aLuL
2.	**3300** (1600) Verbindl. aLuL	11.900,00	**3350** (1660) **Schuldwechsel**

Buchung:

S	**5200** (3200) **Wareneingang**	H	S	**3300** (1600) **Verbindl. aLuL**	H
1)	10.000,00		2)	**11.900,00**	1) 11.900,00

S	**1406** (1576) **Vorsteuer 19 %**	H	S	**3350** (1660) **Schuldwechsel**	H
1)	1.900,00			2)	**11.900,00**

6.5.2.2 Schuldwechseleinlösung

Bei Fälligkeit legt der **letzte Wechselinhaber** den Wechsel dem **Bezogenen** zur Einlösung vor.

Erfüllungsort für die Wechseleinlösung sind die **Geschäftsräume des Bezogenen** ("**Wechselschulden sind Holschulden**").

Zur Vereinfachung des Einzugsverfahrens gibt der Bezogene in der Regel bereits auf dem Wechsel seine **Bank als Zahlstelle** an.

Die Bank löst dann den Wechsel zu Lasten des Kontos des Bezogenen ein und berechnet dafür eine **Domizilprovision.**

Beispiel:
Unser Schuldwechsel über 11.900,00 € wird am Fälligkeitstag bei unserer Bank vorgelegt und eingelöst. Die Bank berechnet 10,00 € **Domizilprovision**.

Buchungssatz:

Sollkonto	Betrag (€)	Habenkonto
3350 (1660) Schuldwechsel **6855** (4970) Nebenkosten des Geldverkehrs	11.900,00 10,00 11.910,00	**1800** (1200) Bank

Buchung:

S	**3350** (1660) **Schuldwechsel**	H		S	**1800** (1200) **Bank**	H
	11.900,00					11.910,00

S **6855** (4970) **Nebenkosten des Geldverkehrs** H

10,00

Übung: 1. Wiederholungsfrage 7 (Seite 316),
2. Übungsaufgabe 5 (Seite 317)

6.5.3 Erfolgskontrolle

WIEDERHOLUNGSFRAGEN

1. Welche Verwendungsmöglichkeiten gibt es für einen Besitzwechsel?
2. Auf welchem Konto wird der eingehende Besitzwechsel gebucht?
3. In welchem Fall berechnen die Banken Inkassoprovision?
4. Was versteht man unter Wechseldiskontierung?
5. Was versteht man unter Diskont?
6. Wie wird die Weiterbelastung des von der Bank berechneten Diskonts und der Spesen an den Kunden umsatzsteuerlich behandelt?
7. Was heißt: "Wechselschulden sind Holschulden"?

ÜBUNGSAUFGABEN

Übungsaufgabe 1:

Bilden Sie die Buchungssätze für folgende Vorgänge:

1. Wir verkaufen am 2.7.2007 Waren auf Ziel für netto 4.000,00 € + 760,00 € USt = 4.760,00 €.
2. Der Käufer sendet uns am 9.7.2007 einen akzeptierten Wechsel über den Rechnungsbetrag.
3. Wir stellen dem Käufer am 12.7.2007 200,00 € Zinsen in Rechnung.
4. Der Käufer überweist diesen Betrag am 19.7.2007 auf unser Bankkonto.
5. Den Besitzwechsel lassen wir durch unsere Bank einziehen. Die Bank berechnet uns 10,00 € Inkassoprovision.

Übungsaufgabe 2:

Bilden Sie die Buchungssätze für folgende Vorgänge:

1. Wir haben eine Warenforderung an einen Kunden in Höhe von 11.000,00 €. Der Kunde überweist die Hälfte unserer Forderung durch die Bank. Für die andere Hälfte sendet er uns einen akzeptierten Wechsel.
2. Diesen Wechsel legen wir ihm bei Fälligkeit über unsere Bank zur Einlösung vor. Unsere Bank berechnet 2 Promille Inkassoprovision.

Übungsaufgabe 3:

Bilden Sie die Buchungssätze für folgende Vorgänge:

1. Ein Kunde sendet uns zum Ausgleich unserer Forderung aLuL einen Wechsel über 8.000,00 €.
2. Wir geben diesen Wechsel an einen Lieferer als Zahlungsmittel weiter.
3. Der Lieferer berechnet uns 100,00 € Zinsen.

Übungsaufgabe 4:

1. Wir geben unserer Bank am 17.7.2007 einen Besitzwechsel über 20.000,00 €
   zum Diskont.
   Die Bank berechnet uns 8 % Diskont für 90 Tage und 30,00 € Spesen.
2. Die Kosten der Diskontierung, die uns die Bank berechnet hat, berechnen wir
   unserem Kunden vereinbarungsgemäß als gesonderte Leistung weiter.

a) Erstellen Sie die Diskontabrechnung der Bank und die Rechnung für unseren
   Kunden.
b) Bilden Sie die Buchungssätze.

Übungsaufgabe 5:

Bilden Sie die Buchungssätze für folgende Vorgänge:

1. Wir beziehen Waren auf Ziel für netto 12.000,00 € + 2.280,00 € USt =
   14.280,00 €.
2. Über den Rechnungsbetrag akzeptieren wir einen Wechsel.
3. Der Wechsel wird bei Fälligkeit über unsere Bank eingelöst. Die Bank berechnet
   20,00 € Domizilprovision.

6.6 Wertpapiere

In diesem Kapitel wird erläutert, wie Wertpapier**käufe**, Wertpapier**verkäufe** und Wertpapier**erträge** zu buchen sind.

 Die **Bilanzierung** der Wertpapiere wird im Abschnitt " 8.4 Bilanzierung der Wertpapiere" der **Buchführung 2**, 18. Auflage, Seite 189 ff. dargestellt.

6.6.1 Buchmäßige Einteilung der Wertpapiere

<u>Wertpapiere</u> im weitesten Sinne sind Urkunden, in denen ein Vermögensrecht brieflich zugesichert wird.

Man unterscheidet folgende Wertpapier**arten**:

1. **Waren**wertpapiere (z.B. Lagerschein im Sinne des HGB),
2. **Kapital**wertpapiere (z.B. Aktie, Hypothekenbrief),
3. **Geld**wertpapiere   (z.B. Scheck, Wechsel).

Gegenstand dieses Kapitels ist das Buchen von **Effekten**, die den **Kapital**wertpapieren zugeordnet werden.

<u>**Effekten**</u> sind Wertpapiere, die an der Börse gehandelt werden.

Die **Effekten** werden hinsichtlich ihres laufenden **Ertrags** unterteilt in

1. **Dividendenpapiere** (Wertpapiere mit **schwankendem** Ertrag), z.B. Aktien,

2. **festverzinsliche Wertpapiere** (Wertpapiere mit **konstantem** Ertrag), z.B. Obligationen, Pfandbriefe, Anleihen.

Buch- und bilanzmäßig werden die Wertpapiere des Betriebsvermögens eingeteilt in

1. Wertpapiere des **Anlagevermögens**

   und

2. Wertpapiere des **Umlaufvermögens**.

6.6.1.1 Wertpapiere des Anlagevermögens

Wertpapiere des Anlagevermögens sind Wertpapiere, die am Bilanzstichtag dazu bestimmt sind, dem Betrieb dauernd zu dienen.

Bei den **Wertpapieren des Anlagevermögens** wird allgemein unterschieden zwischen

1. **Beteiligungen** und
2. Wertpapieren des Anlagevermögens, die **keine** Beteiligungen sind.

Die bilanzmäßige Behandlung von Wertpapieren als **Beteiligungen** setzt außer der Tatsache, dass sie dazu bestimmt sind, dem Betrieb dauernd zu dienen, voraus, dass der Wertpapierinhaber eine Beteiligungs**absicht** hat.

Eine **Beteiligungsabsicht** liegt immer dann vor, wenn der Inhaber der Wertpapiere bestrebt und in der Lage ist, mithilfe der ihm zustehenden Anteilsrechte **aktiv** einen **Einfluss** auf das Beteiligungsunternehmen auszuüben, in den Wertpapieren also **nicht nur** eine **Kapitalanlage gegen angemessene Verzinsung** sieht.

Auf die Höhe der Beteiligung kommt es nicht unbedingt an, doch gilt im Zweifel ein Anteilsbesitz von **20 % und mehr** als **Beteiligung** (§ 271 Abs. 1 Satz 3 HGB).

Für **Beteiligungen** und **Wertpapiere des Anlagevermögens** sehen die DATEV-Kontenrahmen u.a. folgende Konten vor:

0820 (0510) **Beteiligungen**,

0910 (0530) **Wertpapiere mit Gewinnbeteiligungsansprüchen,**

0920 (0535) **Festverzinsliche Wertpapiere**.

6.6.1.2 Wertpapiere des Umlaufvermögens

Wertpapiere des Umlaufvermögens sind alle Wertpapiere, die **nicht** zum Anlagevermögen gehören.

Im Allgemeinen wird erwartet, dass Wertpapiere des Umlaufvermögens jederzeit veräußerbar sind.

Die **Wertpapiere des Umlaufvermögens,** die im Folgenden besprochen werden, sind auf das Konto

1510 (1348) **Sonstige Wertpapiere**

zu buchen.

> **Übung:** Wiederholungsfragen 1 bis 4 (Seite 335)

6.6.2 Buchen beim Kauf von Wertpapieren

In Anlehnung an die Einteilung der Wertpapiere nach ihrem **Ertrag** werden im Folgenden zunächst die Buchungen beim **Kauf** von **Dividendenpapieren** und dann die Buchungen beim **Kauf** von **festverzinslichen Wertpapieren** dargestellt.

6.6.2.1 Kauf von Dividendenpapieren

Beim **Kauf von Dividendenpapieren** sind die **Anschaffungskosten als Zugang** auf dem Konto

1510 (1348) **Sonstige Wertpapiere**

zu buchen.

Das **Wertpapierkonto** ist ein **Aktivkonto**. Die **Anschaffungskosten** setzen sich aus dem **Kaufpreis** (Kurswert) des Wertpapiers und den in der Regel anfallenden **Bezugsnebenkosten** (Bankprovision und Maklergebühr) zusammen.

Beispiel:
Wir kaufen über unsere Bank 10 Stück X-Aktien zu einem Kurs von 120 € . Die Wertpapiere sind nicht dazu bestimmt, unserem Betrieb dauernd zu dienen. Sie gehören demnach zum Umlaufvermögen.
Unsere Bank erteilt uns folgende Abrechnung:

Kurswert (120 € x 10)		1.200,00 €
+ Bankprovision (1 % von 1.200 €)	12,00 €	
+ Maklergebühr (0,08 % von 1.200 €)	0,96 €	12,96 €
= Lastschrift der Bank = **Anschaffungskosten**		**1.212,90 €**

Buchungssatz:

Sollkonto	Betrag (€)	Habenkonto
1510 (1348) **Sonstige Wertpapiere**	1.212,90	**1800** (1200) Bank

Buchung:

S	1510 (1348) Sonstige Wertpapiere	H	S	1800 (1200) Bank	H
1.212,90					1.212,90

> **Übung**: 1. Wiederholungsfrage 5 (Seite 335),
> 2. Übungsaufgaben 1 und 2 (Seite 335)

6.6.2.2 Kauf von festverzinslichen Wertpapieren

Der Kauf von **festverzinslichen Wertpapieren** wird ebenfalls mit den **Anschaffungskosten** auf dem Konto "**1510 (1348) Sonstige Wertpapiere**" gebucht.

Die **Anschaffungskosten** setzen sich wie beim Kauf von Dividendenpapieren aus dem **Kaufpreis (Kurswert) und** den **Anschaffungsnebenkosten** (Bankprovision und Maklergebühr) zusammen.

Die **Zinsen** festverzinslicher Wertpapiere werden dem Wertpapierinhaber gegen Vorlage des **Zinsscheins** nachträglich für ein halbes oder ein ganzes Jahr (Zinszahlungszeitraum) vergütet.

Der **Zinsschein** ist rechtlich eine **selbstständige Urkunde (Wirtschaftsgut)**, die den Inhaber zum Einzug der Zinsen berechtigt. Beim Kauf von Wertpapieren mit laufendem Zinsschein (m.Z.) sind deshalb die Anschaffungskosten des Zinsscheins **zu aktivieren**.

Werden festverzinsliche Wertpapiere im Laufe eines Zinszahlungszeitraums **mit dem laufenden Zinsschein (m.Z.)** erworben (**Regelfall**), so hat der Erwerber dem Veräußerer den Zinsbetrag zu vergüten, der auf die Zeit seit Beginn des laufenden Zinszahlungszeitraums bis zum Erwerb (**letzter Zinstermin bis Handelstag (Kauftag) + 2 Börsentage – 1 Kalendertag**) entfällt.
Diese **Zinsen** heißen **Stückzinsen** und **entsprechen** den **Anschaffungskosten** des **Zinsscheins**.

Die entgeltlich erworbenen **Zinsscheine** können auf dem Konto

1511 (1349) Zinsscheine

erfasst werden.

Beispiel:
Einzelhändler Müller kauft am 30.08.2007 über seine Bank 6 % Anleihen zum Kurs von 98 % **mit** laufendem **Zinsschein**. Der Nennwert der Anleihe beträgt **5.000,00 €**, Kaufspesen 0,575 % des Nennwerts, Zinsfälligkeit jeweils am 1. Mai (M) und 1. November (N) eines Jahres für das abgelaufene Halbjahr. Die Wertpapiere gehören zum Umlaufvermögen. Der **Verkäufer** hat auf die ihm zustehenden Stückzinsen (100 €) 30 % Kapitalertragsteuer und 5,5 % Solidaritätszuschlag gezahlt.

Die Bank erteilt dem **Käufer** Müller folgende Abrechnung:

Kurswert (5.000 € x 98 %)	4.900,00 €
+ Bankprovision, Maklergebühr (0,575 % von 5.000 €)	28,75 €
= **Anschaffungskosten** der Wertpapiere	4.928,75 €
+ **Stückzinsen** (6 % von 5.000 € für 4 Monate)	
= **Anschaffungskosten** des Zinsscheins	**100,00 €**
= Lastschrift der Bank	5.028,75 €

Buchungssatz:

Sollkonto	Betrag (€)	Habenkonto
1510 (1348) Sonstige Wertpapiere	4.928,75	
1511 (1349) **Zinsscheine**	100,00	
	5.028,75	**1800** (1200) Bank

Buchung:

S   **1510** (1348) **Wertpapieranlagen**   H   S   **1800** (1200) **Bank**   H

4.928,75   5.028,75

S   **1511** (1349) **Zinsscheine**   H

100,00

Werden die **Zinsscheine** noch im Laufe des Anschaffungsjahrs **eingelöst**, dann werden die **Anschaffungskosten des Zinsscheins ausgebucht**.

 Die **Ausbuchung des Zinsscheins** erfolgt im Abschnitt "6.6.3.1 Zinserträge", Seite 324 ff.

Wird beim Erwerb festverzinslicher Wertpapiere der laufende **Zinsschein nicht (o.Z.)** mit erworben (**Ausnahmefall**), hat der Veräußerer dem Erwerber den Zinsbetrag zu vergüten, der auf die Zeit vom Tag des Erwerbs bis zum Ende des laufenden Zinszahlungszeitraums entfällt.

Diese **Stückzinsen** werden dann mit dem Kurswert (Kaufpreis) verrechnet und auf das Konto

7100 (2650) **Zinserträge**

gebucht.

Vereinnahmte Stückzinsen (§ 20 Abs. 2 Nr. 3 EStG) unterliegen seit 01.01.1994 der **Kapitalertragsteuer** (§ 43 Abs. 1 Nr. 8 EStG). Die buchmäßige Behandlung der Stückzinsen wird in Kapitel 6.6.4.2 (Seite 332) näher erläutert, dabei wird unterstellt, dass **keine** gezahlten Stückzinsen zur **Gegenrechnung** vorhanden sind.

Beispiel:

Einzelhändler Müller kauft am 25.10.2007 über seine Bank 7 % Anleihen zum Kurs von 98 %, **ohne** laufenden **Zinsschein**. Der Nennwert der Anleihe beträgt 5.000 €, Kauf-Spesen 0,575 % vom Nennwert, Zinsfälligkeit jeweils am 1. November für das abgelaufene Jahr. Die Wertpapiere gehören zum Umlaufvermögen.

Seine Bank erteilt ihm folgende (End-) Abrechnung:

Kurswert (5.000 € x 98 %)	4.900,00 €
+ Bankprovision, Maklergebühr (0,575 % von 5.000 €)	28,75 €
= **Anschaffungskosten** der Wertpapiere	4.928,75 €
− **Stückzinsen** (7 % von 5.000 € für vier Tage)	− 3,89 €
+ Kapitalertragsteuer (30 % von 3,89 €)	1,17 €
+ Solidaritätszuschlag (5,5 % von 1,17 €)	0,06 €
= Lastschrift der Bank	4.926,09 €

Buchungssatz:

Sollkonto	Betrag (€)	Habenkonto
1510 (1348) Sonstige Wertpapiere	4.928,75	
2150 (1810) **Privatsteuern**	1,23 *)	
	4.926,09	**1800** (1200) Bank
	3,89	**7100** (2650) Zinserträge

*) 1,17 € + 0,06 € = 1,23 €

Buchung:

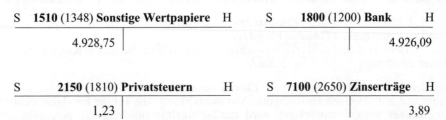

S   **1510** (1348) **Sonstige Wertpapiere**   H   S   **1800** (1200) **Bank**   H

         4.928,75 | | 4.926,09

S   **2150** (1810) **Privatsteuern**   H   S   **7100** (2650) **Zinserträge**   H

         1,23 | | 3,89

Zusammenfassung zu Abschnitt 6.6.2.1 und 6.6.2.2:

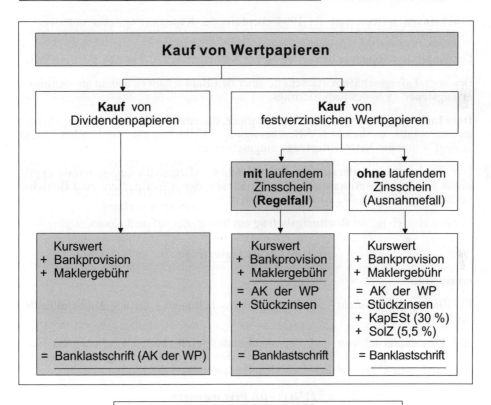

Kauf von Wertpapieren

Kauf von Dividendenpapieren

Kauf von festverzinslichen Wertpapieren

mit laufendem Zinsschein (**Regelfall**)

ohne laufendem Zinsschein (Ausnahmefall)

Kurswert
+ Bankprovision
+ Maklergebühr

= Banklastschrift (AK der WP)

Kurswert
+ Bankprovision
+ Maklergebühr

= AK der WP
+ Stückzinsen

= Banklastschrift

Kurswert
+ Bankprovision
+ Maklergebühr

= AK der WP
− Stückzinsen
+ KapESt (30 %)
+ SolZ (5,5 %)

= Banklastschrift

Übung: 1. Wiederholungsfragen 6 bis 10 (Seite 335),
2. Übungsaufgabe 3 (Seite 336)

6.6.3 Buchen von Zins- und Dividendenerträgen

Dem Inhaber von Wertpapieren fließen laufend **Erträge** aus Wertpapieren zu, die bei **festverzinslichen Papieren** in ihrer Höhe **gleich** bleiben und bei **Dividendenpapieren** je nach der Ertragslage des Dividendenschuldners in ihrer Höhe **schwanken**.

6.6.3.1 Zinserträge

In der Regel bewahrt der Wertpapierinhaber seine Effekten nicht selber auf, sondern gibt sie seiner **Bank** in Verwahrung.

Die **Bank** übernimmt für ihn den **Einzug der Zinsen** und schreibt sie seinem Konto gut.

Seit 1. 1.1993 unterliegen **Zinserträge** aus festverzinslichen Wertpapieren der **Kapitalertragsteuer (Zinsabschlagsteuer)**.
Seit 1.1.1998 wird ein **Solidaritätszuschlag** (SolZ) von **5,5 %** auf die **Kapitalertragsteuer** erhoben (§ 3 Abs. 1 Nr. 5 SolZG).

Bei der **Kapitalertragsteuer** auf **Zinsen** handelt es sich – wie bei der Kapitalertragsteuer auf Dividenden – um eine **Vorauszahlung**, die auf die ESt-Jahresschuld angerechnet wird. Entsprechend wird der **Solidaritätszuschlag** als eigenständige Zuschlagsteuer auf die endgültige SolZ-Jahresschuld angerechnet.
Der Anleger erhält von der Bank eine **Steuer- und Zinsbescheinigung**, die beim Finanzamt zusammen mit der Einkommensteuererklärung eingereicht wird.

Stückzinsen werden seit 1.1.1994 ebenfalls der Kapitalertragsteuer unterworfen (§ 43 Abs. 2 Nr. 8 EStG).

Die **Kapitalertragsteuer** beträgt **30 %** des Kapitalertrags (§ 43a Abs. 1 Nr. 3 EStG).

Bei sog. **Tafelgeschäften** (Geschäfte über den Bankschalter) beträgt die **Kapitalertragsteuer** 35 % des Kapitalertrags.

Dem Inhaber festverzinslicher Wertpapiere, die zum Betriebsvermögen gehören, werden – falls er keine NV-Bescheinigung (Nicht-Veranlagungsbescheinigung) vorlegt – nur die **Nettozinserträge** gutgeschrieben.

Der **Freistellungsauftrag** von **801 €/1.602 €** (Alleinstehende/Verheiratete) gilt **nicht** für **Betriebseinnahmen**, d.h. für Zinsen, deren Wertpapiere zum Betriebsvermögen gehören (§ 44a Abs. 1 Nr. 1 EStG).

Für den Betrieb ist der **Bruttozinsbetrag** ein Ertrag, der auf dem Konto

7100 (2650) Zinserträge

erfasst wird.

Für **Zinserträge** gilt **nicht** – wie für Gewinnausschüttungen – das sog. **Halbeinkünfteverfahren**.

Bei **Einzelunternehmen** und **Personenhandelsgesellschaften** mit einer natürlichen Person als Vollhafter (z.B. OHG, KG) werden die **Kapitalertragsteuer und** der **Solidaritätszuschlag** auf dem speziellen Privatkonto

2150 (1810) **Privatsteuern**

gebucht.

Beispiel:

Die Bank zieht für den Einzelhändler Müller am 05.04.2007 die **Zinsen** für eine ganzjährig abzurechnende 5,75 %-Postanleihe, die zu seinem Betriebsvermögen gehört, im Nennwert von 150.000,00 € ein und berechnet die **Kapitalertragsteuer** und den **Solidaritätszuschlag**:

Bruttozinsen	(5,75 % von 150.000,00 €)	8.625,00 €
− **Kapitalertragsteuer**	(30 % von 8.625,00 €)	− 2.587,50 €
− **Solidaritätszuschlag**	(5,5 % von 2.587,50 €)	− 142,31 €
= **Netto**zinsen (Bankgutschrift)		5.895,19 €

Buchungssatz:

Sollkonto	Betrag (€)	Habenkonto
1800 (1200) Bank **2150** (1810) **Privatsteuern**	5.895,19 2.729,81 8.625,00	**7100** (2650) Zinserträge

Buchung:

S	**1800** (1200) **Bank**	H
	5.895,19	

S	**7100** (2650) **Zinserträge**	H
		8.625,00

S	**2150** (1810) **Privatsteuern**	H
	2.729,81	

Erhalten **Kapitalgesellschaften und** Personenhandelsgesellschaften i.S.d. § 264a HGB (z.B. **GmbH & Co. KG**) Zinsen unter Abzug der Kapitalertragsteuer und des Solidaritätszuschlags für Erträge gutgeschrieben, wird die **Kapitalertragsteuer** auf das Konto

7635 (2215) Zinsabschlagsteuer

gebucht **und** der **Solidaritätszuschlag** auf dem Konto

7608 (2208) Solidaritätszuschlag

erfasst.

Werden Wertpapiere **mit Zinsschein** erworben **und** wird der Zinsschein noch im Laufe des Anschaffungsjahrs **eingelöst**, dann werden die **Anschaffungskosten** des Zinsscheins **ausgebucht**. Dies kann **mit** oder **ohne** die sog. "Zinstopfregelung" nach § 43a Abs. 3 EStG erfolgen, weil § 43a Abs. 3 EStG eine **Kann**-Vorschrift ist.

Beispiel (**mit** Zinstopfregelung):

Die Bank schreibt dem Kunden Müller 2007 Zinsen unter Abzug der Kapitalertragsteuer und des Solidaritätszuschlags in Höhe von **236,70 €** für festverzinsliche Wertpapiere gut, die er im Laufe des Jahres 2007 **mit Zinsschein** erworben hat. Beim Kauf sind **100,00 €** Stückzinsen gezahlt worden (vergleiche Beispiel Seite 321). Die Bank hat für ihren Kunden Müller einen "Zinstopf" nach § 43a Abs. 3 EStG eingerichtet. Deshalb beträgt die Kapitalertragsteuer nur **60 €** (30 % von 300 € − 100 €) und der Solidaritätszuschlag **3,30 €** (5,5 % von 60 €).

Buchungssatz:

Sollkonto	Betrag (€)	Habenkonto
1800 (1200) Bank	236,70	
2150 (1810) Privatsteuern	63,30	
	100,00	**1511** (1349) **Zinsscheine**
	200,00	**7100** (2650) Zinserträge

Buchung:

S　**1800** (1200) **Bank**　　H　　　　S　**1511** (1349) **Zinsscheine**　H

　　236,70 |　　　　　　　　　　AB　　100,00 |　　　　**100,00**

S　**2150** (1810) **Privatsteuern**　H　　　S　**7100** (2650) **Zinserträge**　H

　　63,30 |　　　　　　　　　　　　　　　　　　|　　　　**200,00**

Probe:

gezahlte Stückzinsen beim Kauf (Seite 321)	– 100,00 €
erhaltene Zinsgutschrift bei Zinsfälligkeit	+ 300,00 €
= endgültiger Zinsertrag	+ 200,00 €
Bankgutschrift	236,70 €
– gezahlte Stückzinsen (Seite 321)	100,00 €
= Nettoertrag	136,70 €
= Bruttoertrag (136,70 € : 68,35 x 100)	200,00 €

Übung: 1. Wiederholungsfragen 11 bis 14 (Seite 335),
2. Übungsaufgaben 4 und 5 (Seite 336)

6.6.3.2 Dividendenerträge

Auch bei den **Dividendenpapieren** übernimmt in der Regel eine **Bank** den **Einzug der Dividenden und schreibt** sie dem Dividendengläubiger **gut**.

Die **Dividenden** aus Aktien unterliegen der **Kapitalertragsteuer** und damit dem **Solidaritätszuschlag** (§ 3 Abs. 1 Nr. 5 SolZG).

Die **Kapitalertragsteuer** beträgt **20 %** der **Bardividende** (§ 43a Abs. 1 Nr. 1 EStG). Sie wird vom Schuldner der Dividende einbehalten und an das Finanzamt abgeführt. Der **Aktionär** erhält – falls er keine **NV-Bescheinigung** vorlegt – nur die **Nettodividende**. Seit 2002 gilt das sog. **Halbeinkünfteverfahren**.
Nach § 3 Nr. 40d EStG ist die **Hälfte** der Gewinnausschüttungen **steuerfrei**.

Für den Betrieb ist die **Bardividende** ein **Ertrag**, der auf dem Konto

7103 (2655) **Laufende Erträge aus Anteilen an Kapitalgesellschaften**
　　　　　(Umlaufvermögen) 100 %/50 % steuerfrei (inländische Kap.Ges.)

erfasst wird.

Die **DaimlerChrysler AG** hat folgende **Dividendenbekanntmachung** in wichtigen Tageszeitungen veröffentlicht:

DAIMLERCHRYSLER

Dividendenbekanntmachung
ISIN DE 0007100000

Unsere 9. ordentliche Hauptversammlung hat am 4. April 2007 beschlossen, den **Bilanzgewinn** des Geschäftsjahres 2006

in Höhe von..	€	1.542.245.626,50
wie folgt zu verwenden:		
Ausschüttung von € 1,50 Dividende je dividendenberechtigter Stückaktie................	€	1.542.245.626,50
Einstellung in Gewinnrücklagen	€	–
Gewinnvortrag.............................	€	–

Die Dividende wird am 5. April 2007 nach Abzug von 20% Kapitalertragsteuer sowie 5,5% Solidaritätszuschlag auf die Kapitalertragsteuer in **Deutschland** wie folgt ausgezahlt:

- Für Namensaktien, die sich in Girosammelverwahrung befinden, erfolgt die Auszahlung der Dividende auf die bei den einzelnen Depotbanken geführten Konten der Aktionäre.

- Für Namensaktien, die sich in Eigensowie Streifbandverwahrung befinden, erfolgt die Auszahlung der Dividende durch Scheck an die im Aktienregister eingetragene Postanschrift der Aktionäre.

Für Namensaktien, die im US-Teil des Aktienregisters eingetragen sind, erfolgt die Auszahlung der Dividende über die Bank of New York.

Die Kapitalertragsteuer wird bei inländischen, nicht von der Steuer befreiten Aktionären gegen Vorlage der vom depotführenden Kreditinstitut auszustellenden Steuerbescheinigung auf die Einkommen- oder Körperschaftsteuer angerechnet. Gleichzeitig wird der einbehaltene Solidaritätszuschlag

auf den bei der Veranlagung zur Einkommen- oder Körperschaftsteuer festgesetzten Solidaritätszuschlag angerechnet. Aktienhalter von effektiven Stücken erhalten mit der Auszahlung der Dividende eine Steuerbescheinigung.

Inländische Aktionäre erhalten von dem depotführenden Kreditinstitut die Dividende ohne Abzug von Kapitalertragsteuer und Solidaritätszuschlag, wenn sie eine Nichtveranlagungsbescheinigung des für sie zuständigen Finanzamtes vorgelegt oder soweit sie aufgrund eines erteilten Freistellungsauftrags für Kapitalerträge Anspruch auf Steuererstattung haben.

Die Besteuerung der Dividende erfolgt bei inländischen Aktionären nach den Vorschriften des Einkommensteuergesetzes (Halbeinkünfteverfahren) bzw. Körperschaftsteuergesetzes.

Stuttgart, 5. April 2007

DaimlerChrysler AG
Der Vorstand

Beispiel:

Einzelhändler Müller besitzt 100 Aktien der DaimlerChrysler AG, die zu seinem Betriebsvermögen gehören. Die AG schüttet 2007 (siehe Anzeige) eine **Dividende** von **1,50 €** je Stückaktie aus. Die Bank erteilt Müller folgende Abrechnung:

Bardividende	(100 x 1,50 €)	150,00 €
− **Kapitalertragsteuer**	(20 % von 150 €)	− 30,00 €
− **Solidaritätszuschlag**	(5,5 % von 30 €)	− 1,65 €
= **Netto**dividende (Gutschrift der Bank)		118,35 €

Buchungssatz:

Sollkonto	Betrag (€)	Habenkonto
1800 (1200) Bank	118,35	
2150 (1810) Privatsteuern	31,65	
	150,00	**7103** (2655) Laufende Erträge

Buchung:

S	**1800** (1200) **Bank**	H		S **7103** (2655) **Laufende Erträge** H
118,35				150,00 *)

*) Von den 150 € sind **75 €** nach § 3 Nr. 1 40d EStG **steuerfrei**.

S	**2150** (1810) **Privatsteuern**	H
31,65		

Probe: **Bar**dividende = **Netto**dividende 118,35 € : 78,9 x 100 = **150 €**

Zusammenfassung zu Abschnitt 6.6.3.1 und 6.6.3.2:

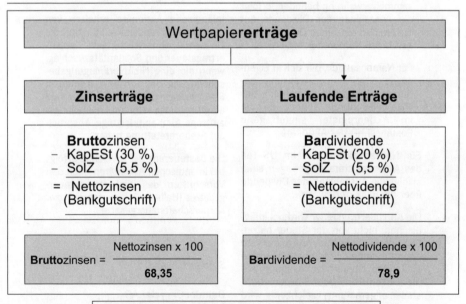

Übung: 1. Wiederholungsfragen 15 und 16 (Seite 335),
2. Übungsaufgaben 6 und 7 (Seite 336 f.)

6.6.4 Buchen beim Verkauf von Wertpapieren

Zum besseren Verständnis wird **zuerst** die Buchung des **Verkaufs** von **Dividenden-papieren** und dann die Buchung des **Verkaufs** von **festverzinslichen Wertpapieren** dargestellt.

6.6.4.1 Verkauf von Dividendenpapieren

Beim **Verkauf** von **Dividendenpapieren** werden deren **Anschaffungskosten** als **Abgang** auf dem entsprechenden Wertpapierkonto gebucht.

Der **Kurswert** der verkauften Wertpapiere **abzüglich** der **Veräußerungskosten** (Bankprovision, Maklergebühr) ergibt den **Nettoerlös**.

In der Regel wird der **Nettoerlös** eines verkauften Wertpapiers nicht mit dessen Anschaffungskosten übereinstimmen.

Ist der Nettoerlös **höher** als die Anschaffungskosten, erzielt der Verkäufer einen Kurs**gewinn**.

Ist der Nettoerlös **niedriger** als die Anschaffungskosten, erzielt der Verkäufer einen Kurs**verlust**.

	Nettoerlös
−	Anschaffungskosten
=	**Kursgewinn** oder Kurs**verlust**

Der Kurs**gewinn** aus dem **Verkauf** von Wertpapieren des Umlaufvermögens wird auf dem Konto

4901 (2723) **Erträge** aus der Veräußerung von Anteilen an Kapitalgesellschaften
100 %/50 % **steuerfrei** (inländische Kap.Ges.)

erfasst.

Der Kurs**verlust** aus dem **Verkauf** von Wertpapieren des Umlaufvermögens wird auf das Konto

6903 (2323) **Verluste** aus der Veräußerung von Anteilen an Kapitalgesellschaften
100 %/50 % **nicht abzugsfähig** (inländische Kap.Ges.)

gebucht.

Beispiel 1:

Wir verkaufen 2007 über unsere Bank Dividendenpapiere. Ihre Anschaffungskosten haben **2.432,40 €** betragen.

Die Bank erteilt uns folgende Abrechnung:

umgerechneter Kurswert	2.500,00 €
– Verkaufskosten (Bankprovision, Maklergebühr)	– 40,00 €
= Gutschrift der Bank (**Nettoerlös**)	**2.460,00 €**

Nettoerlös	**2.460,00 €**
– **Anschaffungskosten**	– **2.432,40 €**
= **Kursgewinn**	**27,60 €**

Buchungssatz:

Tz.	Sollkonto	Betrag (€)	Habenkonto
1.	**1800** (1200) Bank	2.460,00	
		2.432,40	**1510** (1348) Sonstige Wertpapiere
		27,60	**4901** (2723) **Erträge aus der Veräußerung von Anteilen an Kap. Ges**

Buchung:

S	**1800** (1200) **Bank**	H
1)	2.460,00	

S	**1510** (1348) **Sonstige Wertpapiere**	H
AK	2.432,40	1)	2.432,40

S	**4901** (2723) **Erträge aus der Veräußerung von Anteilen an Kap.Ges.**	H
		1)	27,60

Beispiel 2:

Sachverhalt wie im Beispiel 1 mit dem Unterschied, dass die Anschaffungskosten **2.550,00 €** betragen haben.

Nettoerlös	**2.460,00 €**
– **Anschaffungskosten**	– **2.550,00 €**
= **Kursverlust**	**90,00 €**

Buchungssatz:

Tz.	Sollkonto	Betrag (€)	Habenkonto
2.	**1800** (1200) Bank	2.460,00	
	6903 (2323) **Verluste aus der Ver-**		
	äußerung von Anteilen	90,00	
		2.550,00	**1510** (1348) Sonst. Wertp.

Buchung:

S	**1800** (1200) **Bank**	H		S **1510** (1348) **Sonst. Wertpapiere** H	
2)	2.460,00			AK 2.550,00	2) 2.550,00

	6903 (2323) **Verluste aus der Ver-**	
S	**äußerung von Anteilen**	H
2)	90,00	

Bei dieser Buchungsmethode wird das Wertpapierkonto als **reines Bestandskonto** geführt.

Es ist auch möglich, den Nettoerlös zunächst in voller Höhe im Haben des Wertpapierkontos zu buchen und den Kursgewinn oder Kursverlust erst im Rahmen der abschlussvorbereitenden Buchungen zum Abschluss-Stichtag vom Wertpapierkonto auf das Konto "Erträge aus der Veräußerung von Anteilen an Kapitalgesellschaften 100%/ 50% steuerfrei (inländische Kap. Ges.)" bzw. "Verluste aus der Veräußerung von Anteilen an Kapitalgesellschaften 100%/50% nicht abzugsfähig (inländische Kap. Ges.)" umzubuchen.

In diesem Fall wird das Wertpapierkonto als **gemischtes Konto** geführt. Der jeweilige Saldo dieses Kontos setzt sich im Jahresverlauf dann aus Bestands- und Erfolgsgrößen zusammen.

Gemischte Konten sollten im Interesse einer klaren Darstellung der Vermögenslage in der Buchführung nach Möglichkeit **nicht geführt** werden.

Übung: 1. Wiederholungsfrage 17 (Seite 335),
2. Übungsaufgaben 8 bis 10 (Seite 337)

6.6.4.2 Verkauf von festverzinslichen Wertpapieren

Hinsichtlich der **Buchung der Anschaffungskosten** der verkauften **festverzinslichen Wertpapiere** sowie des erzielten **Kursgewinns** oder **Kursverlustes** gilt das zum Verkauf von **Dividendenpapieren** Gesagte entsprechend.

Wie beim Kauf, so fallen in der Regel auch beim Verkauf von festverzinslichen Wertpapieren **Stückzinsen** an.

Wird der laufende **Zinsschein** beim Wertpapierverkauf **mit veräußert**, so hat der Käufer dem Verkäufer den Zinsbetrag zu vergüten, der auf die Zeit seit dem Beginn des laufenden Zinszahlungszeitraums bis zur Veräußerung entfällt.

Beispiel 1:

Wir verkaufen am 30.08.2007 über unsere Bank 8 %-Bundesanleihen zum Kurs von 101 % **mit** laufendem Zinsschein. Der Nennwert der Anleihe beträgt 2.000,00 €, Zinszahlungstermin M/N. Ihre Anschaffungskosten haben **1.980,45 €** betragen und gehören zum Umlaufvermögen. Unsere Bank erteilt uns folgende Abrechnung:

Kurswert (2.000 € x 101 %)	2.020,00 €
– Bankprovision, Maklergebühr (0,575 % von 2.000 €)	– 11,50 €
= Nettoerlös	2.008,50 €
+ Stückzinsen (8% von 2.000 € für 4 Monate)	53,33 €
– Kapitalertragsteuer (30 % von 53,33 €)	– 16,00 €
– Solidaritätszuschlag (5,5 % von 16,00 €)	– 0,88 €
= Gutschrift der Bank	2.044,95 €

Nettoerlös	2.008,50 €
– **Anschaffungskosten**	– **1.980,45 €**
= **Kursgewinn**	**28,05 €**

Buchungssatz:

Tz.	Sollkonto	Betrag (€)	Habenkonto
1.	**1800** (1200) Bank	2.044,95	
		1.980,45	**1510** (1348) Sonstige Wertpapiere
		28,05	**4905** (2725) Erträge aus dem Ab- gang von G. des UV
		53,33	**7100** (2650) Zinserträge
	2150 (1810) Privatsteuern	16,88	

Buchung:

S	**1800** (1200) **Bank**	H		S **1510** (1348) **Sonstige Wertpapiere** H
1)	2.044,95			AB 1.980,45 | 1) 1.980,45

		4905 (2725) **Erträge aus dem Ab-**
	S	**gang von G. des UV** H
		1) 28,05

S	**2150** (1810) **Privatsteuern**	H		S	**7100** (2650) **Zinserträge**	H
1)	16,88				1)	53,33

Wird der laufende **Zinsschein nicht** mit veräußert, sondern einbehalten, so hat der Verkäufer dem Käufer den Zinsbetrag zu vergüten, der auf die Zeit ab dem Tag der Veräußerung bis zum Ende des laufenden Zinszahlungszeitraums entfällt.

Beispiel 2:
Sachverhalt wie im Beispiel 1 mit dem Unterschied, dass wir am 17.10.2007 die Wertpapiere **ohne Zinsschein (o.Z.)** veräußern.

Unsere Bank erteilt uns folgende Abrechnung:

Kurswert (2.000 € x 101 %)	2.020,00 €
– Bankprovision, Maklergebühr (0,575 % von 2.000 €)	– 11,50 €
= Nettoerlös	2.008,50 €
– Stückzinsen (8 % von 2.000 € für 16 Tage)	– 7,11 €
= Gutschrift der Bank	2.001,39 €

Nettoerlös	**2.008,50 €**
– Anschaffungskosten	**– 1.980,45 €**
= Kursgewinn	**28,05 €**

Buchungssatz:

Tz.	Sollkonto	Betrag (€)	Habenkonto
2.	**1800** (1200) Bank	2.001,39	
	7310 (2110) Zinsaufw.	7,11	
		1.980,45	**1510** (1348) Sonstige Wertpapiere
		28,05	**4905** (2725) Erträge aus dem Abgang von G. des UV

Buchung:

S	**1800** (1200) **Bank**	H		S	**1510** (1348) **Sonstige Wertpapiere**	H
2)	2.001,39			AB	1.980,45	2) 1.980,45

S	**7310** (2110) **Zinsaufwendungen**	H		S	**4905** (2725) **Erträge aus dem Abgang von Gegenständen d. UV**	H
2)	7,11					2) 28,05

Zusammenfassung zu Abschnitt 6.6.4.1 und 6.6.4.2:

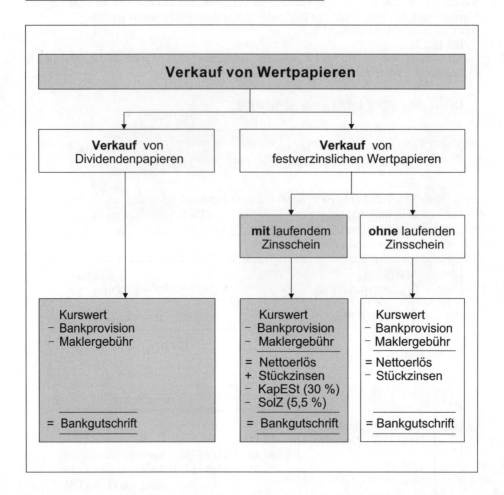

6.6.5 Erfolgskontrolle

WIEDERHOLUNGSFRAGEN

1. Was versteht man unter Wertpapieren im weitesten Sinne?
2. Wie werden die Effekten hinsichtlich ihres laufenden Ertrags unterteilt?
3. Wann gehören Wertpapiere zum Anlagevermögen?
4. Welche Wertpapiere werden dem Umlaufvermögen zugerechnet?
5. Wie setzen sich die Anschaffungskosten von Dividendenpapieren zusammen?
6. Wie setzen sich die Anschaffungskosten von festverzinslichen Wertpapieren zusammen?
7. Was versteht man beim Kauf von festverzinslichen Wertpapieren unter Stückzinsen?
8. In welchem Fall hat beim Kauf der Käufer die Stückzinsen zu zahlen?
9. In welchem Fall hat beim Kauf der Verkäufer die Stückzinsen zu zahlen?
10. Was ist ein Zinsschein?
11. Wie werden laufende Zinserträge gebucht?
12. Wie werden die Zinserträge gebucht, die im Laufe des Jahres mit Zinsschein erworben wurden?
13. Wodurch unterscheiden sich Zinserträge von Dividendenerträgen?
14. Was wissen Sie über den Solidaritätszuschlag?
15. Wie viel Prozent beträgt die Kapitalertragsteuer auf Dividenden?
16. Auf welchem Konto werden die Dividendenerträge gebucht?
17. Wie berechnen Sie den Kursgewinn bzw. Kursverlust beim Verkauf von Dividendenpapieren?
18. Wie berechnen Sie den Kursgewinn bzw. Kursverlust beim Verkauf von festverzinslichen Wertpapieren?

ÜBUNGSAUFGABEN

Übungsaufgabe 1:

Der bilanzierende Gewerbetreibende Schmidt, Heilbronn, erwirbt zur kurzfristigen Geldanlage über seine Hausbank Aktien der Hilbert AG, Leverkusen. Seine Hausbank belastet das betriebliche Bankkonto mit dem Kurswert von 3.500,00 € sowie Bankprovision und Maklergebühr von insgesamt 37,80 €. Schmidt ordnet die Wertpapiere dem Betriebsvermögen zu.

1. Ermitteln Sie die Anschaffungskosten der Wertpapiere.
2. Bilden Sie den Buchungssatz für den Erwerbsvorgang.

Übungsaufgabe 2:

Dem bilanzierenden Gewerbetreibenden Schulze, Düsseldorf, werden beim Kauf von Aktien von seiner Hausbank die üblichen Anschaffungsnebenkosten in Höhe von 151,20 € in Rechnung gestellt.

Berechnen Sie die Anschaffungskosten gemäß § 255 Abs. 1 HGB.

Übungsaufgabe 3:

Die bilanzierende Gewerbetreibende Klaus, Karlsruhe, erwirbt im Laufe des Geschäftsjahres über ihre Hausbank folgende festverzinsliche Wertpapiere:

Wertpapierart	Kurswert	Nennwert	Stückzinsen	Bankgebühren
Obligationen (m.Z.)	9.800,00 €	10.000,00 €	300,00 €	57,50 €
Anleihe (m.Z.)	5.050,00 €	5.000,00 €	200,00 €	28,75 €
Anleihe (o.Z.)	18.500,00 €	20.000,00 €	500,00 €	115,00 €

1. Erstellen Sie die jeweiligen Kaufabrechnungen der Bank.
2. Bilden Sie die Buchungssätze dazu. Die Wertpapiere gehören zum Umlaufvermögen.

Übungsaufgabe 4:

Die Bank schreibt im Geschäftsjahr 2007 dem Großhändler Mayer – nach Abzug der KapESt und des SolZ – Zinsen für festverzinsliche Wertpapiere des Umlaufvermögens in Höhe von 478,45 € gut. Die Papiere sind im Laufe des Geschäftsjahres 2007 gekauft worden. Beim Kauf wurden 240,00 € Stückzinsen gezahlt. Die Bank hat für ihren Kunden keinen "Zinstopf" gebildet.

1. Bilden Sie den Buchungssatz für die Zinsgutschrift.
2. Stellen Sie fest, wie sich die Geldanlage auf den steuerlichen Gewinn des Geschäftsjahres 2007 ausgewirkt hat.
3. Wie hoch wäre die Zinsgutschrift, wenn die Zinstopfregelung zur Anwendung käme?

Übungsaufgabe 5:

Die bilanzierende Gewerbetreibende Lydia Lustig kaufte sich am 31.03.2007 eine Bundesanleihe mit Zinsschein (m.Z.). Der Nennwert der Anleihe betrug 40.000,00 €; der Kurs 98 %. Die Auszahlung der Festzinsen (4 %) erfolgt jährlich am 01.01. Die Bankgebühren betrugen beim Kauf 230,00 €. Lydia Lustig ordnet die Wertpapiere dem Umlaufvermögen zu und buchte:

Sollkonto	Betrag (€)	Habenkonto
1510 (1348) Sonstige Wertpapiere	39.830,00	**1800** (1200) Bank

Die Zinsgutschrift zum 31.12.2007 buchte sie wie folgt:

Sollkonto	Betrag (€)	Habenkonto
1800 (1200) Bank	1.093,60	**7100** (2650) Zinserträge

1. Bilden Sie die notwendigen Korrekturbuchungssätze.
2. Ermitteln Sie die Gewinnauswirkung der Geschäftsvorfälle.

Übungsaufgabe 6:

Der bilanzierende Gewerbetreibende Franz Gans, Nürnberg, besitzt im Umlaufvermögen seit Jahren 500 Aktien der Lebkuchen AG, Nürnberg. Im Mai 2007 schüttet die AG eine Dividende in Höhe von 10,00 €/Aktie aus. Die Abzugssteuern wurden ordnungsgemäß einbehalten. Wie hoch ist die Bankgutschrift? Welche Antwort ist richtig?

(a) 3.945,00 €
(b) 3.681,25 €
(c) 3.417,50 €

Übungsaufgabe 7:

Der bilanzierende Gewerbetreibende Frieder Frost, Böblingen, hat seit Jahren 500 Aktien der Erfolgreich AG im Umlaufvermögen. Im Mai 2007 beschloss die Hauptversammlung der AG eine Dividende in Höhe von 20 €/Aktie. Die Dividendengutschrift nach Abzug der KapESt und des SolZ erfolgte auf dem privaten Bankkonto des Frost.

1. Bilden Sie den erforderlichen Buchungssatz.
2. Stellen Sie fest, inwieweit sich dieser Geschäftsvorfall auf den handelsrechtlichen und den steuerrechtlichen Gewinn auswirkt.

Übungsaufgabe 8:

Bilden Sie die Buchungssätze für folgende Verkäufe von Dividendenpapieren im Geschäftsjahr 2007 über die Hausbank des Gewerbetreibenden Eifrig, Köln. Die Wertpapiere gehörten bis zum Verkauf zum Umlaufvermögen. Das Wertpapierkonto wird als reines Bestandskonto geführt.

Buchwert zum Zeitpunkt des Verkaufs	Kurswert zum Zeitpunkt des Verkaufs	Veräußerungskosten
a) 4.680,50 €	5.200,00 €	70,20 €
b) 5.130,00 €	5.370,00 €	72,50 €
c) 3.740,85 €	3.500,00 €	47,25 €

Übungsaufgabe 9:

Ihr Mandant, der bilanzierende Gewerbetreibende Felix Hunger, veräußerte am 24.12.2007 40 Aktien der GuteHoffnung AG, Stuttgart, zum Kurs von 120,00 €/Stück. Die Verkaufsgebühren der Bank betrugen 51,84 €. Die Bank hat den Verkaufserlös auf dem privaten Bankkonto gutgeschrieben. Felix Hunger hatte im März 2007 100 Aktien der GuteHoffnung AG zum Kurs von 90,00 € gekauft; die Bankgebühren für diesen Kauf betrugen 97,20 €. Hunger hatte damals die Aktien im Umlaufvermögen aktiviert.

1. Bilden Sie den Buchungssatz für den Verkauf.
2. Ermitteln Sie die Auswirkung auf den steuerlichen Gewinn des Einzelunternehmers Felix Hunger.
3. Wie wäre der Fall zu beurteilen, wenn die Hunger GmbH die Aktien verkauft hätte?

Übungsaufgabe 10:

Im Frühjahr des Jahres 2007 (Geschäftsjahr = Kalenderjahr) hat sich die Gewerbetreibende Susi Müller, Berlin, folgende Aktien der Super AG, Stuttgart, die zu ihrem Umlaufvermögen gehören, gekauft:

Kaufdatum	Stückzahl	Anschaffungskosten
11.01.2007	100	4.000,00 €
26.01.2007	200	10.000,00 €
20.02.2007	100	3.200,00 €

Am 17.12.2007 veräußert Susi Müller 200 Aktien der Super AG. Die Bankgutschrift für den Verkaufserlös beträgt 11.000,00 €. Weitere Veräußerungskosten sind nicht angefallen.

Bilden Sie den Buchungssatz für den Verkauf (Hinweis: § 23 Abs. 1 Nr. 2 Satz 2 EStG).

Zusammenfassende Erfolgskontrolle

Der Unternehmer Ulrich Weiß, München, hat durch Inventur folgende Anfangsbestände ermittelt:

	EUR
0235 (0085) Bebaute Grundstücke	20.000,00
0240 (0090) Geschäftsbauten	80.000,00
0520 (0320) Pkw	20.000,00
0640 (0430) Ladeneinrichtung	25.000,00
1140 (3980) Bestand Waren	150.000,00
1530 (1349) Wertpapieranlagen	10.000,00
1200 (1400) Forderungen aLuL	20.000,00
1406 (1576) Vorsteuer 19 %	0,00
1800 (1200) Bankguthaben	20.000,00
1600 (1000) Kasse	5.000,00
3160 (0640) Verbindlichkeiten gegenüber Kreditinstituten	10.000,00
3300 (1600) Verbindlichkeiten aLuL	5.000,00
2000 (0800) Eigenkapital	335.000,00

Geschäftsvorfälle des Jahres 2007

	EUR
1. Verkauf von Waren auf Ziel, netto 50.000 € + 9.500 € USt	59.500,00
2. Weiß nahm zum 1.7.2007 ein Darlehen bei seiner Bank in Höhe von	50.000,00
auf. Bei der Auszahlung des Darlehens, das am 30.6.2012 in einer Summe zurückzuzahlen ist, wurde ein Damnum von 5 % einbehalten, sodass Weiß	47.500,00
gutgeschrieben wurden. Der gesamte Vorgang ist noch nicht gebucht.	
3. Ein Kunde sendet zum Ausgleich einer Forderung aLuL einen Wechsel über	2.800,00
4. Weiß gibt den Wechsel (Tz. 3) seiner Bank zum Diskont. Die Bank berechnet hierfür Diskont in Höhe von	35,00
5. Die Bank schreibt Weiß Zinsen für festverzinsliche Wertpapiere gut, netto	273,40
Kapitalertragsteuer: 30 % Solidaritätszuschlag: 5,5 %	
6. Kauf von Waren auf Ziel, netto 8.000 € + 1.520 € USt	9.520,00

Abschlussangaben

	EUR
7. Warenbestand lt. Inventur	128.000,00
8. Abschreibung auf Geschäftsbauten	2.000,00
9. Abschreibung auf Pkw	5.000,00
10. Abschreibung auf Ladeneinrichtung	5.000,00

Aufgaben

1. Bilden Sie die Buchungssätze der Geschäftsvorfälle des Jahres 2007.
2. Tragen Sie die Anfangsbestände auf Konten vor.
3. Buchen Sie die Geschäftsvorfälle.
4. Schließen Sie die Konten ab und ermitteln Sie den Gewinn.

 Weitere Aufgaben mit Lösungen finden Sie im **Lösungsbuch** der Buchführung 1.

7 Anlagenwirtschaft

7.1 Sachanlagenverkehr

In diesem Kapitel wird erläutert, wie die **Anschaffung** und die **Veräußerung** von **Sachanlagegütern** buchmäßig zu behandeln sind.

Die **Bilanzierung** der Anlagegüter wird in den Abschnitten 6.1 und 7.1 der **Buchführung 2**, 18. Auflage, Seite 69 ff., dargestellt und erläutert.

7.1.1 Überblick über die Sachanlagegüter

Das **Anlagevermögen** setzt sich zusammen aus:

I. Immateriellen Vermögensgegenständen,
II. **Sachanlagen** und
III. Finanzanlagen.

<u>Sachanlagegüter</u> sind bewegliche und unbewegliche körperliche Gegenstände, die zum Anlagevermögen gehören, wie

- **unbebaute** Grundstücke,
- Grundstückswerte eigener bebauter Grundstücke (**bebaute** Grundstücke),
- **Geschäftsbauten,**
- **Fabrikbauten,**
- **Wohnbauten,**
- **technische Anlagen und Maschinen,**
- **Betriebs- und Geschäftsausstattung,**
- **Anlagen im Bau.**

7.1.2 Buchen der Anschaffung von Sachanlagegütern

Unter <u>Anschaffung</u> versteht man den **entgeltlichen Erwerb** eines Wirtschaftsgutes von einem Anderen.

Anschaffungen sind mit den **Anschaffungskosten** auf den betreffenden **Anlagekonten** zu buchen (zu aktivieren).

Anschaffungskosten sind Aufwendungen, die geleistet werden, um einen Vermögensgegenstand zu erwerben und ihn in einen betriebsbereiten Zustand zu versetzen (§ 255 Abs. 1 HGB). Zu den Anschaffungskosten gehören auch die Nebenkosten. Anschaffungspreisminderungen sind abzusetzen.

Die **Anschaffungskosten** ergeben sich aus

> **Kaufpreis** (Anschaffungspreis)
> + Anschaffungs**nebenkosten**
> − Anschaffungspreis**minderungen**
>
> = **Anschaffungskosten (AK)**

Kaufpreis (Anschaffungs**preis**) ist alles, was der Käufer aufwendet, um den Vermögensgegenstand zu erhalten, jedoch abzüglich der anrechenbaren Vorsteuer.

Anschaffungsnebenkosten sind Kosten, die **neben** dem **Kaufpreis** anfallen, z.B.

> **bei Grundstücken**
>
> - Grunderwerbsteuer (3,5 % des Kaufpreises);
> - Notargebühren, netto;
> - Grundbuchgebühren;
> - Maklerprovision, netto;
> - Vermessungsgebühren, netto;
>
> **bei anderen Vermögensgegenständen**
>
> - Eingangsfrachten, netto;
> - Anfuhr- und Abladekosten, netto;
> - Eingangsprovisionen, netto;
> - Transportversicherungen;
> - Montagekosten, netto.

Anschaffungspreisminderungen sind z.B.

> - Skonti, netto;
> - Rabatte, netto;
> - Boni, netto;
> - Preisnachlässe, netto.

Nicht zu den **Anschaffungskosten** gehören:

> - **Geldbeschaffungskosten** (Zinsen, Damnum, Wechseldiskont), die für die Finanzierung einer Anschaffung aufgewendet werden,
> - **anrechenbare Vorsteuer.**

> **Merke:** Anschaffung und Finanzierung sind **zwei** verschiedene Vorgänge.

Die **nicht abziehbaren Vorsteuerbeträge** sind seit 2002 stets den **Anschaffungskosten** zuzurechnen (§ 9b Abs. 1 EStG).

Bei der **Anschaffung von Gebäuden** sind die **Anschaffungskosten aufzuteilen** auf den **Grund und Boden und** die **Baulichkeiten**, weil nur der Teil, der auf die Baulichkeiten entfällt, abgeschrieben werden kann.

Der Teil der **Anschaffungskosten**, der auf den **Grund und Boden** entfällt, wird auf dem Konto

0235 (0085) Grundstückswerte eigener bebauter Grundstücke

(bebaute Grundstücke)

erfasst.

Der Teil der **Anschaffungskosten**, der auf die **Baulichkeiten** entfällt, wird auf dem entsprechenden Gebäudekonto, z.B.

0240 (0090) **Geschäftsbauten**

gebucht.

Beispiel:
Der Unternehmer Weber, Bonn, hat 2007 ein Geschäftsgebäude zum **Kaufpreis** von **400.000,00 €** gegen Bankscheck gekauft.
Von den 400.000,00 € entfallen **40 % von 400.000,00 € = 160.000,00 € auf Grund und Boden** und **60 %** von 400.000,00 € = **240.000,00 €** auf das Gebäude. Außerdem sind **Anschaffungsnebenkosten** in Höhe von **20.000,00 €** durch Banküberweisung gezahlt worden, die entsprechend den Kaufpreiswerten aufzuteilen sind.

Die **Anschaffungskosten betragen:**

	Kaufpreis	+	Anschaffungsnebenkosten	=	AK
Grund und Boden	160.000,00 €	+	8.000,00 €	=	**168.000,00 €**
Gebäude	240.000,00 €	+	12.000,00 €	=	**252.000,00 €**
	400.000,00 €		**20.000,00 €**		**420.000,00 €**

Buchungssatz:

Tz.	Sollkonto	Betrag (€)	Habenkonto
1.	**0235** (0085) **Bebaute Grundstücke** **0240** (0090) **Geschäftsbauten**	160.000,00 240.000,00 400.000,00	**1800** (1200) Bank
2.	**0235** (0085) **Bebaute Grundstücke** **0240** (0090) **Geschäftsbauten**	8.000,00 12.000,00 20.000,00	**1800** (1200) Bank

Buchung:

S	0235 (0085) **Bebaute Grundstücke**	H		S	1800 (1200) **Bank**	H
1)	160.000,00				1)	400.000,00
2)	8.000,00				2)	20.000,00

S	0240 (0090) **Geschäftsbauten**	H
1)	240.000,00	
2)	12.000,00	

Anschaffungs**nebenkosten** (z.B. Bezugskosten) und Anschaffungs**preisminderungen** (z.B. Skonti) werden bei der Anschaffung von Gegenständen des **Anlagevermögens direkt (ohne** Unterkonten) auf dem entsprechenden **Anlagekonto** erfasst.

Beispiel:
Wir kaufen eine Maschine für **20.000 €** + 3.800 € USt = 23.800,00 € auf Ziel.
Neben dem Kaufpreis fallen an

		EUR
Bahnfracht, netto	800,00 €	
+ USt	152,00 €	952,00
Transportversicherung		200,00
Montagekosten, netto	1.500,00 €	
+ USt	285,00 €	1.785,00

Die Rechnung des Lieferanten begleichen wir vereinbarungsgemäß unter Abzug von **2 % Skonto** durch Banküberweisung.
Die Anschaffungs**nebenkosten** werden **ohne** Abzug von **Skonto** ebenfalls durch Banküberweisung beglichen.

Die **Anschaffungskosten** setzen sich wie folgt zusammen:

Kaufpreis, netto		20.000,00 €
+ Anschaffungs**nebenkosten**		
Bahnfracht, netto	800,00 €	
Transportversicherung	200,00 €	
Montagekosten, netto	1.500,00 €	2.500,00 €
– Anschaffungs**preisminderungen**		
Skonto, netto		– 400,00 €
= **Anschaffungskosten**		**22.100,00 €**

Buchungssatz:

Tz.	Sollkonto	Betrag (€)	Habenkonto
1.	**0440** (0210) Maschinen	20.000,00	
	1406 (1576) Vorsteuer 19 %	3.800,00	
		23.800,00	**3300** (1600) Verbindl. aLuL

Tz.	Sollkonto	Betrag (€)	Habenkonto
2.	**0440** (0210) Maschinen	2.500,00	
	1406 (1576) Vorsteuer 19 %	475,00	
		2.975,00	**1800** (1200) Bank
3.	**3300** (1600) Verbindl. aLuL	23.800,00	
		23.324,00	**1800** (1200) Bank
		400,00	**0440** (0210) Maschinen
		76,00	**1406** (1576) Vorsteuer 19 %

Buchung:

S	**0440** (0210) **Maschinen**	H	S	**3300** (1600) **Verbindl. aLuL**	H
1)	20.000,00	3) 400,00	3) 23.800,00	1)	23.800,00
2)	2.500,00				

S	**1406** (1576) **Vorsteuer 19 %**	H	S	**1800** (1200) **Bank**	H
1)	3.800,00	3) 76,00		2)	2.975,00
2)	475,00			3)	23.324,00

Das Maschinenkonto weist als Saldo die Anschaffungskosten in Höhe von **22.100,00 €** aus.

> **Übung**: 1. Wiederholungsfragen 1 bis 5 (Seite 360),
> 2. Übungsaufgaben 1 und 2 (Seite 360 f.)

7.1.3 Buchen der zu aktivierenden Eigenleistungen

Baubetriebe, Industriebetriebe, Handwerksbetriebe und andere Betriebe **mit eigenen Werkstätten** stellen neben den Wirtschaftsgütern, die für andere bestimmt sind, ganz oder zum Teil auch **Anlagegüter** her, die dem **eigenen Betrieb dienen** (z.B. Gebäude, maschinelle Anlagen, Büromöbel).

Diese **selbst hergestellten** Anlagegüter sind mit den **Herstellungskosten** zu aktivieren.

Herstellungskosten sind Aufwendungen, die durch den Verbrauch von Sachgütern und die Inanspruchnahme von Diensten für die Herstellung eines Vermögensgegenstandes, seine Erweiterung oder für eine über den ursprünglichen Zustand hinausgehende wesentliche Verbesserung entstehen (§ 255 Abs. 2 HGB).

Zu den **Herstellungskosten** gehören handelsrechtlich **mindestens** (§ 255 Abs. 2 Satz 2 HGB)

```
      Materialeinzelkosten
    + Fertigungseinzelkosten
    + Sondereinzelkosten der Fertigung
    = Wertuntergrenze der Herstellungskosten
```

Handelsrechtlich bilden die vorgenannten **Einzelkosten** die **Wertuntergrenze** der zu aktivierenden Herstellungskosten.

Einzelkosten sind Kosten, die den hergestellten Vermögensgegenständen **direkt** zugerechnet werden können.

Die **Materialeinzelkosten** umfassen den Verbrauch an Roh-, Hilfs- und Betriebsstoffen, sofern dieser Wertverzehr den hergestellten Vermögensgegenständen direkt zurechenbar ist.

Zu den **Fertigungseinzelkosten** gehören insbesondere die Fertigungslöhne, die im Rahmen der Produktion anfallen und den einzelnen Produkten unmittelbar zurechenbar sind.

Die **Sondereinzelkosten der Fertigung** umfassen u.a. Kosten für Modelle und Spezialwerkzeuge, Lizenzgebühren sowie Kosten für Materialprüfungen.

Handelsrechtlich dürfen (müssen aber nicht) darüber hinaus weitere im § 255 Abs. 2 Satz 3 HGB genannte Aufwendungen (z.B. angemessene Teile der Material- und Fertigungsgemeinkosten) in die zu aktivierenden Herstellungskosten eingerechnet werden.

Steuerrechtlich müssen die **Materialeinzelkosten**, die **Fertigungseinzelkosten**, die **Sondereinzelkosten der Fertigung sowie** die **Materialgemeinkosten** und die **Fertigungsgemeinkosten** in die zu aktivierenden Herstellungskosten einbezogen werden (R 6.3 EStR 2005).

Steuerrechtlich gehören demnach zu den **Herstellungskosten**:

	EUR	EUR
Material**einzelkosten**	. . . . .	
+ Material**gemeinkosten**	. . . . .	
= **Materialkosten**		. . . . .
Fertigungs**einzelkosten**	. . . . .	
+ Fertigungs**gemeinkosten**	. . . . .	
= **Fertigungskosten**		. . . . .
+ Sonder**einzelkosten** der Fertigung		. . . . .
= **Herstellungskosten (HK)**		. . . . .

Gemeinkosten sind Kosten, die dem hergestellten Vermögensgegenstand nur **indirekt** mithilfe von Zuschlagsätzen (ausgedrückt in Prozenten, bezogen auf die Einzelkosten) zuzurechnen sind.

Zu den **Materialgemeinkosten** und den **Fertigungsgemeinkosten** gehören nach R 6.3 Abs. 2 EStR 2005 u.a. die Aufwendungen für folgende Kostenstellen:

- Lagerhaltung, Transport und Prüfung des Fertigungsmaterials,
- Vorbereitung und Kontrolle der Fertigung,
- Werkzeuglager,
- Betriebsleitung, Raumkosten, Sachversicherungen,
- Unfallstationen und Unfallverhütungseinrichtungen der Fertigungsstätten,
- Lohnbüro, soweit in ihm die Löhne und Gehälter der in der Fertigung tätigen Arbeitnehmer abgerechnet werden.

In der Praxis aktivieren die meisten Unternehmen handelsrechtlich wie steuerrechtlich ihre Herstellungskosten in gleicher Höhe, d.h. sie setzen die **steuerrechtlich** aktivierungspflichtigen Herstellungskosten **auch handelsrechtlich** an.

Beispiel:
Ein Bauunternehmer mit eigenem Betonwerk, der handelsrechtlich und steuerrechtlich die gleichen Herstellungskosten aktiviert, errichtet eine **Garage** für die **eigenen Kraftfahrzeuge.**
Laut Materialentnahmescheinen und Lohnzettel sind angefallen:

Materialeinzelkosten	40.000,00 €
Fertigungslöhne (Fertigungseinzelkosten)	10.000,00 €
Die **Zuschlagsätze** betragen:	
Materialgemeinkosten	20 %
Fertigungsgemeinkosten	130 %

Die **Herstellungskosten** werden wie folgt ermittelt:

Materialeinzelkosten	**40.000,00 €**	
+ Materialgemeinkosten		
(20 % von 40.000 €)	8.000,00 €	
Materialkosten		**48.000,00 €**
Fertigungseinzelkosten	**10.000,00 €**	
+ Fertigungsgemeinkosten		
(130 % von 10.000 €)	13.000,00 €	
Fertigungskosten		**23.000,00 €**
= **Herstellungskosten**		**71.000,00 €**

Einzelheiten zur **Bewertung** in der Bilanz werden im Abschnitt "6.2 Bewertung in der Bilanz" in der **Buchführung 2**, 18. Auflage, Seite 74 ff., erläutert.

Die **Herstellungskosten** der selbst hergestellten Anlagegüter sind auf dem entsprechenden **Anlagekonto** (z.B. Geschäftsbauten, Garagen, Maschinen) zu aktivieren.

Die **Gegenbuchung** wird auf einem **eigenen Ertragskonto**, dem Konto

4820 (8990) **Andere aktivierte Eigenleistungen**,

vorgenommen und gesondert in der Gewinn- und Verlust**rechnung** ausgewiesen (siehe **Posten 3** der handelsrechtlich gegliederten Gewinn- und Verlust**rechnung**).

Die **Eigenleistungen** umfassen **eigenes Material** und **eigenen Lohnaufwand**.

Zugelieferte Materialien und **Fremdleistungen** werden in der Regel **direkt als Anlagezugänge** (und nicht zunächst als Aufwand und später als aktivierte Eigenleistungen) erfasst.

Durch das Wort "**andere**" wird darauf hingewiesen, dass auch die im **GuV-Posten 2** erfassten Bestands**erhöhungen Eigenleistungen** sind.

Beispiel:
Sachverhalt wie im Beispiel zuvor

Buchungssatz:

Sollkonto	Betrag (€)	Habenkonto
0270 (0110) Garagen	71.000,00	**4820** (8990) **Andere aktivierte EL**

Buchung:

S   **0270** (0110) **Garagen**   H   S **4820** (8990) **Andere aktivierte EL** H

71.000,00 | | 71.000,00

Das Konto "**4820** (8990) **Andere aktivierte Eigenleistungen**" wird über das **GuVK** abgeschlossen und in der **GuVR** unter dem **Posten Nr. 3** ausgewiesen.

Übung: 1. Wiederholungsfragen 6 bis 9 (Seite 360),
2. Übungsaufgaben 3 bis 5 (Seite 361)

7.1.4 Buchen der Veräußerungen von Sachanlagegütern

Unter **Veräußerung** versteht man die entgeltliche Übertragung des wirtschaftlichen Eigentums an einem Wirtschaftsgut [H 6b.1 (Veräußerung) EStH].

Die Veräußerung von Anlagegütern ist in der Regel **umsatzsteuerbar** und wenn kein Steuerbefreiungstatbestand vorliegt **umsatzsteuerpflichtig**.

Ist der **Nettoverkaufserlös** des Anlageguts **größer** als sein **Restbuchwert** im Zeitpunkt der Veräußerung, so entsteht ein **Buchgewinn**, ist er **kleiner**, so entsteht ein **Buchverlust**:

Nettoverkaufserlös
– Restbuchwert
= Buchgewinn bzw. Buchverlust

Aus **umsatzsteuerlichen** Gründen und wegen der Abstimmung mit dem **Anlagenverzeichnis** werden die Veräußerungen von Sachanlagegütern nach der **Bruttomethode** gebucht.

Der **Restbuchwert** bzw. **Restwert** ist der Wert, der sich für das Wirtschaftsgut im Zeitpunkt seiner Veräußerung ergeben würde, wenn für diesen Zeitpunkt eine Bilanz aufzustellen wäre (R 6b.1 Abs. 2 Satz 1 EStR 2005).

7.1.4.1 Bruttomethode

Bei der **Bruttomethode** werden die **Erlöse** und die **Aufwendungen** aus der Veräußerung eines Anlageguts **unsaldiert (brutto)** erfasst.

Dies geschieht in der Weise, dass die **Nettoverkaufserlöse** (die Gegenwerte aus der Veräußerung der Wirtschaftsgüter) auf den folgenden Konten gebucht werden:

6889 (8800) **Erlöse aus Verkäufen Sachanlagevermögen**

(bei Buch**verlust**)

und

4849 (8829) **Erlöse aus Verkäufen Sachanlagevermögen**

(bei Buch**gewinn**)

Den **Erlösen** werden die **Restbuchwerte (Aufwendungen)** auf den folgenden Konten gegenübergestellt:

6895 (2310) **Anlagenabgänge Sachanlagen**
(Restbuchwert bei Buch**verlust**)

4855 (2315) **Anlagenabgänge Sachanlagen**
(Restbuchwert bei Buch**gewinn**).

Für den **Ausweis** in der Gewinn- und Verlustrechnung werden die Aufwendungen und Erlöse saldiert. Durch die **Saldierung** der Aufwendungen und Erlöse ergeben sich die **Erträge** bzw. die **Verluste** aus der Veräußerung der Sachanlagegüter, die in der Gewinn- und Verlustrechnung als **"sonstige betriebliche Erträge"** bzw. **"sonstige betriebliche Aufwendungen"** erscheinen.

Für die **Buchung** der Veräußerung von Sachanlagegütern nach der Bruttomethode empfiehlt sich folgende **Reihenfolge**:

1. Ermittlung und Buchung der **Abschreibung**,
2. Buchung des **Restbuchwerts** (des Anlagenabgangs),
3. Buchung des **Veräußerungsvorgangs**.

Beispiel:
Wir **verkaufen** am 15.5.2007 einen **Pkw** für **4.000 €** + 760 € USt = 4.760,00 € gegen Bankscheck.
Der Pkw wird in der Vorjahresbilanz noch mit **3.000,00 €** ausgewiesen.
Die **Abschreibung** beträgt im Veräußerungsjahr (2007) **1.000,00 €**.

Der Buch**gewinn** wird wie folgt ermittelt:

Nettoverkaufserlöse	4.000,00 €
− Restbuchwert (3.000 € AB − 1.000 € AfA)	− 2.000,00 €
= **Buchgewinn**	**2.000,00 €**

Buchungssatz:

Tz.	Sollkonto	Betrag (€)	Habenkonto
1.	**6222** (4832) Abschr. auf Kfz	1.000,00	**0520** (0320) Pkw
2.	**4855** (2315) **Anlagenabgänge**	2.000,00	**0520** (0320) Pkw
3.	**1800** (1200) Bank **1800** (1200) Bank	4.000,00 760,00	**4849** (8829) **Erlöse aus Verk.** **3806** (1776) USt 19 %

Buchung:

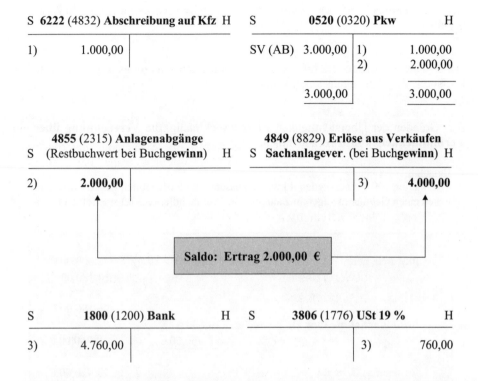

Der **steuerfreie** Anlagenabgang (z.B. Abgang eines Grundstücks) mit Buchgewinn oder Buchverlust wird nach dem Buchungs-ABC der DATEV auf die **Aufwand**skonten

6895 (2310) **Anlagenabgänge Sachanlagen** (Restbuchwert bei Buch**verlust**) oder

4855 (2315) **Anlagenabgänge Sachanlagen** (Restbuchwert bei Buch**gewinn**)

im **Soll** und auf den **Ertrags**konten

6900 (2320) **Verluste** aus dem Abgang von Gegenstände des AV oder

4900 (2720) **Erträge** aus dem Abgang von Gegenstände des AV

im **Haben** gebucht.

Ein **Vorteil** der **Bruttomethode** besteht darin, dass das **umsatzsteuerliche Entgelt** aus dem Erlöskonto in voller Höhe ersichtlich ist.

Nach § 22 Abs. 2 UStG sind die **steuerpflichtigen Umsätze** auf einem **gesonderten Konto** zu erfassen.

> **Übung**: 1. Wiederholungsfragen 10 und 11 (Seite 360),
> 2. Übungsaufgaben 6 bis 8 (Seite 362)

7.1.4.2 Inzahlungnahme von Sachanlagegütern

Beim **Kauf eines Kraftfahrzeugs** wird oft ein **gebrauchtes Fahrzeug in Zahlung gegeben**.

Dabei wird der Bruttoverkaufspreis des gebrauchten Fahrzeugs auf den Bruttoeinkaufspreis des Neuwagens angerechnet.

Aus Gründen der Übersichtlichkeit ist es zweckmäßig, die **Verrechnung über** ein **Verbindlichkeitskonto** vorzunehmen.

Beispiel:
Wir kaufen 2007 einen neuen Pkw, der ausschließlich betrieblich genutzt wird,und geben einen Gebrauchtwagen in Zahlung. Der Autohändler rechnet wie folgt ab:

Pkw neu, netto		22.000,00 €
+ USt		4.180,00 €
		26.180,00 €
– **Inzahlungnahme Pkw alt**, netto	4.000,00 €	
+ USt	760,00 €	– 4.760,00 €
= Restkaufpreis, brutto		21.420,00 €

Wir begleichen den Restkaufpreis durch Bankscheck. Der Gebrauchtwagen stand am 1.1.2007 mit **1.500,00 €** zu Buch. Die **AfA** des laufenden Jahres (2007) beträgt **500,00 €**.

Buchungssatz:

Tz.	Sollkonto	Betrag (€)	Habenkonto
1.	**0520** (0320) Pkw **1406** (1576) Vorsteuer 19 %	22.000,00 4.180,00 26.180,00	 **3300** (1600) Verbindl. aLuL
2.	**6222** (4832) Abschr. auf Kfz	500,00	**0520** (0320) Pkw
3.	**4855** (2315) Anlagenabgänge	1.000,00	**0520** (0320) Pkw
4.	**3300** (1600) Verbindl. aLuL	4.760,00 4.000,00 760,00	 **4849** (8829) Erlöse aus Verk. **3806** (1776) USt 19 %
5.	**3300** (1600) Verbindl. aLuL	21.420,00	**1800** (1200) Bank

Buchung:

S		0520 (0320) Pkw		H
SV	1.500,00	2)	500,00	
1)	22.000,00	3)	1.000,00	

S	3300 (1600) Verbindl. aLuL		H
4)	4.760,00	1)	26.180,00
5)	21.420,00		
	26.180,00		26.180,00

S 1406 (1576) Vorsteuer 19 % H	
1)	4.180,00

S	4849 (8829) Erlöse aus Verkäufen Sachanlagever. (bei Buchgewinn) H
	4) 4.000,00

S 6222 (4832) Abschr. auf Kfz H	
2)	500,00

S 3806 (1776) Umsatzsteuer 19 % H	
	4) 760,00

S 4855 (2315) Anlagenabgänge H	
3)	1.000,00

S	1800 (1200) Bank	H
	5)	21.420,00

Übung: Übungsaufgabe 9 (Seite 362)

7.1.5 Geringwertige Wirtschaftsgüter

So genannte **geringwertige Wirtschaftsgüter (GWG)** können im Wirtschaftsjahr der Anschaffung, Herstellung oder Einlage des Wirtschaftsguts oder der Eröffnung des Betriebs **in voller Höhe als Betriebsausgaben abgesetzt werden**, wenn folgende **Voraussetzungen** gegeben sind (§ **6 Abs. 2** EStG):

1. Die Wirtschaftsgüter müssen zum **beweglichen** abnutzbaren Anlagevermögen gehören;
2. die Wirtschaftsgüter müssen einer **selbständigen Nutzung** fähig sein;
3. die AK/HK, vermindert um einen darin enthaltenen Vorsteuerbetrag, oder der nach § 6 Abs. 1 Nr. 5 oder Nr. 6 EStG an deren Stelle tretende Wert dürfen für das einzelne Wirtschaftsgut **410 € nicht übersteigen**;
4. die Wirtschaftsgüter müssen aus einem **besonderen Verzeichnis** oder aus der **Buchführung** (auf einem besonderen Konto) ersichtlich sein.

Zu 1. Bewegliche abnutzbare Anlagegüter

Die AK/HK oder der Einlagewert eines abnutzbaren Anlageguts sind dann nach § 6 Abs. 2 EStG begünstigt, wenn es sich um ein **bewegliches** Wirtschaftsgut handelt.

Bewegliche Wirtschaftsgüter können nur

Sachen	**(§ 90 BGB),**
Tiere	**(§ 90a BGB) und**
Scheinbestandteile	**(§ 95 BGB)**

sein (R 7.1 Abs. 2 Satz 1 EStR 2005).

Immaterielle Wirtschaftsgüter gehören **grundsätzlich nicht** zu den **beweglichen** Wirtschaftsgütern [H 7.1 (Bewegliche Wirtschaftsgüter) EStH].

Eine **Ausnahme** stellen sog. **Trivial-Programme** (Standard-Anwender-Software) dar. Trivialprogramme sind abnutzbare **bewegliche** und selbständig nutzbare Wirtschaftsgüter. **Computerprogramme**, deren Anschaffungskosten **nicht mehr als 410 Euro** betragen, sind stets wie **Trivialprogramme** zu behandeln (R 5.5 Abs. 1 Satz 2 und Satz 3 EStR 2005).

Zu 2. Selbständige Nutzungsfähigkeit

Die Inanspruchnahme der Bewertungsfreiheit nach § 6 Abs. 2 EStG ist nur möglich, wenn das bewegliche abnutzbare Anlagegut **selbständig nutzungsfähig** ist.

Ein Wirtschaftsgut des Anlagevermögens ist einer **selbständigen** Nutzung **nicht** fähig, **wenn** folgende **Voraussetzungen kumulativ vorliegen** (R 6.13 Abs. 1 EStR 2005):

1. das Wirtschaftsgut kann nach seiner betrieblichen **Zweckbestimmung nur zusammen mit anderen Wirtschaftsgütern** des Anlagevermögens **genutzt** werden,

2. das Wirtschaftsgut ist mit den anderen Wirtschaftsgütern des Anlagevermögens in einen ausschließlichen betrieblichen **Nutzungszusammenhang** eingefügt, d.h. es tritt mit den in den Nutzungszusammenhang eingefügten anderen Wirtschaftsgütern des Anlagevermögens nach außen als **einheitliches Ganzes** in Erscheinung, wobei für die Bestimmung dieses Merkmals im Einzelfall die Feststellung der Verbindung, ihre technische Gestaltung und ihre Dauer von Bedeutung sein können,

3. das Wirtschaftsgut ist **mit den anderen** Wirtschaftsgütern des Anlagevermögens **technisch abgestimmt**.

Computerteile wie Rechner, Drucker, Maus, Tastatur und Monitor erfüllen alle diese drei Voraussetzungen, so dass sie **nicht selbständig nutzungsfähig** sind und damit **keine GWG** (FG München v. 30.6.1992, EFG 93 S. 214 rkr.).

Zu 3. Höchstgrenze der AK/HK von 410 Euro

Für die Beantwortung der Frage, ob bei einem GWG die Grenze von **410 Euro** überschritten ist oder nicht, ist stets von den **AK/HK abzüglich eines darin enthaltenen Vorsteuerbetrags** auszugehen.

Ob der Vorsteuerbetrag umsatzsteuerrechtlich **abziehbar ist oder nicht, spielt** in diesem Fall **keine Rolle** (R 9b Abs. 2 EStR 2005).

Zu 4. Besonderes, laufend zu führendes Verzeichnis

Für die Inanspruchnahme der Bewertungsfreiheit ist nach § 6 Abs. 2 Satz 4 EStG Voraussetzung, dass die geringwertigen Wirtschaftsgüter unter Angabe des Tages der Anschaffung oder Herstellung und der Anschaffungs- oder Herstellungskosten in einem **besonderen, laufend zu führenden Verzeichnis** aufgeführt werden.

Das Verzeichnis braucht **nicht** geführt zu werden, **wenn** sich die erforderlichen Angaben bereits aus der **Buchführung** ergeben **oder** wenn sich die erforderlichen Angaben bereits aus dem **Anlagenverzeichnis nach R 5.4** ergeben **oder** wenn die AK/HK für das einzelne Wirtschaftsgut **nicht mehr als 60 Euro** betragen haben (R 6.13 Abs. 2 EStR 2005).

Die **Bewertungsfreiheit** für geringwertige Anlagegüter können **auch** Steuerpflichtige in Anspruch nehmen, die den Gewinn nach **§ 4 Abs. 3 EStG** ermitteln, **wenn** sie ein **Verzeichnis** im obigen Sinne führen (R 6.13 Abs. 3 EStR 2005).

Sind die **Voraussetzungen** für die Inanspruchnahme der Bewertungsfreiheit nach § 6 Abs. 2 EStG **nicht gegeben oder** macht der Steuerpflichtige von der Bewertungsfreiheit **keinen Gebrauch**, **müssen die Wirtschaftsgüter aktiviert und** linear oder degressiv **abgeschrieben werden**.

Nimmt ein Steuerpflichtiger die Bewertungsfreiheit nach § 6 Abs. 2 EStG in Anspruch, müssen die **gesamten Aufwendungen für das GWG** im Jahr der Anschaffung, Herstellung, Einlage oder Eröffnung des Betriebes **in voller Höhe** als Betriebsausgaben abgesetzt werden.

Es ist **nicht zulässig**, im Jahr der Anschaffung oder Herstellung **nur einen Teil** der Aufwendungen **abzusetzen und** den **Restbetrag** auf die betriebsgewöhnliche Nutzungsdauer **zu verteilen** (R 6.13 Abs. 4 Satz 1 EStR 2005).

Die erforderlichen Angaben ergeben sich aus der **Buchführung**, wenn für die geringwertigen Wirtschaftsgüter ein **besonderes Konto** geführt wird.

Im DATEV-Kontenrahmen ist hierfür das Konto

<u>0670 (0480) Geringwertige Wirtschaftsgüter bis 410 Euro</u>

vorgesehen.

Die **Abschreibung** der GWG erfolgt über das Konto

<u>6262 (4860) Abschreibungen auf aktivierte, geringwertige Wirtschaftsgüter</u>.

<u>Beispiel:</u>
Der Gewerbetreibende Becker, Koblenz, hat im Laufe des Jahres 2007 ein Kopiergerät für **400 €** + 76 € USt = 476,00 € gegen Bankscheck angeschafft.

Becker nimmt zum 31.12.2007 die Bewertungsfreiheit nach § 6 Abs. 2 EStG in Anspruch.

1) Buchungssatz beim Kauf:

Tz.	Sollkonto	Betrag (€)	Habenkonto
1.	**0670** (0480) GWG **1406** (1576) Vorsteuer 19 %	400,00 76,00 476,00	 **1800** (1200) Bank

1) Buchung beim Kauf:

S	**0670** (0480) **Geringwertige Wirtschafts- güter bis 410 Euro**	H		S	**1800** (1200) **Bank**	H
1)	400,00				1)	476,00

S	**1406** (1576) **Vorsteuer 19 %**	H
1)	76,00	

2) Buchungssatz zum 31.12.2007:

Tz.	Sollkonto	Betrag (€)	Habenkonto
2.	**6262** (4860) Abschreibungen auf aktivierte GWG	400,00	**0670** (0480) GWG bis 410 Euro

2) Buchung zum 31.12.2007:

6262 (4860) **Abschreibungen auf**		**0670** (0480) **Geringwertige Wirt-**	
S	aktivierte GWG H	S	schaftsgüter (GWG) H
2) 400,00		1) 400,00	2) 400,00

In der Praxis werden die GWG **auch direkt** auf dem Konto "**6260** (4855) **Sofort-abschreibung geringwertiger Wirtschaftsgüter**" erfasst.

Die im Jahr der Anschaffung oder Herstellung in voller Höhe abgeschriebenen **GWG brauchen nicht** in das **besondere Verzeichnis** aufgenommen **oder** auf das **besondere Konto** (Geringwertige Wirtschaftsgüter bis 410 Euro) gebucht zu werden, **wenn** die **AK/HK** vermindert um einen darin enthaltenen Vorsteuerbetrag, für das einzelne Wirtschaftsgut **nicht mehr als 60 Euro betragen** (R 6.13 Abs. 2 EStR 2005).

In der Praxis ist es üblich, die **GWG bis 60 Euro direkt** auf ein entsprechendes **Aufwandskonto** (z.B. "**Bürobedarf**") **zu buchen.**

Beispiel:
Der Gewerbetreibende Grau hat im Laufe des Jahres 2007 eine Heftzange für **20,00 €** + 3,80 € USt = 23,80 € gegen Bankscheck angeschafft.

Buchungssatz:

Sollkonto	Betrag (€)	Habenkonto
6815 (4930) Bürobedarf	20,00	
1406 (1576) Vorsteuer 19 %	3,80	
	23,80	**1800** (1200) Bank

Buchung:

S **6815** (4930) **Bürobedarf** H	S **1800** (1200) **Bank** H
20,00	23,80

S **1406** (1576) **Vorsteuer 19 %** H	
3,80	

Übung: 1. Wiederholungsfragen 12 und 13 (Seite 360), 2. Übungsaufgaben 10 bis 12 (Seite 362 f.)

7.1.6 Anlagenspiegel

Die **Entwicklung** der einzelnen Posten **des Anlagevermögens** ist in der **Bilanz oder** im **Anhang** darzustellen (§ 268 Abs. 2 HGB).

Aufgrund der umfangreichen Informationspflichten zum Anlagevermögen verlagern die Kapitalgesellschaften und Personenhandelsgesellschaften i.S.d. § 264a HGB (z.B. GmbH & Co. KG) diese Angaben überwiegend aus Gründen der Übersichtlichkeit in den **Anhang** als sog. **Anlagenspiegel** (**Anlagengitter**).

Nach **§ 268 Abs. 2 HGB** sind im **Anlagenspiegel** zu den einzelnen Posten des Anlagevermögens folgende **Angaben** zu machen:

    AK/HK der am **Beginn** des Geschäftsjahres vorhandenen Anlagegüter

+   **Zugänge** des Geschäftsjahres zu AK/HK

−   **Abgänge** des Geschäftsjahres zu AK/HK

+/− **Umbuchungen** während des Geschäftsjahres zu AK/HK

+   **Zuschreibungen** des Geschäftsjahres

−   **Abschreibungen** gesamt (**kumuliert**).

Kleine Kapitalgesellschaften brauchen **kein Anlagengitter** aufzustellen (§ 274a Nr. 1 HGB).

Die **Abschreibungen des Geschäftsjahres** sind entweder in der **Bilanz oder** im **Anlagenspiegel** anzugeben. In der folgenden Darstellung werden die Abschreibungen des Geschäftsjahres im **Anlagenspiegel** vermerkt.

Beispiel:

Die J & M GmbH, deren Geschäftsjahr mit dem Kalenderjahr übereinstimmt, verfügt am 31.12.2006 u.a. über folgende **Anlagegegenstände**:

---

1. Unbebaute Grundstücke (Zugang 2004):   AK   50.000 €

2. Lkw (Zugang 2005):   AK 100.000 €

                    − Abschreibung 2005   − 20.000 €
                    − Abschreibung 2006   − 20.000 €
                    − Abschreibung 2007   − 20.000 €

                          Wert 31.12.2007   40.000 €

In 2007 ist u.a. folgender **Zugang** zu verzeichnen:

Pkw   AK   30.000 €

                    − Abschreibung 2007   − 6.000 €

                          Wert 31.12.2007   24.000 €

Im **Anlagenspiegel 2007** werden diese Vermögensgegenstände unter Einbeziehung der **Abschreibung 2007** und der **Bilanzwerte zum 31.12.2007** wie folgt berücksichtigt:

Anlage-vermögen	histo-rische AK/HK	Zu-gänge	Ab-gänge	Um-buchungen	Zu-schrei-bungen	Ab-schrei-bungen gesamt	**Ab-schrei-bungen 2007**	**Bilanz-wert 31.12. 2007**
		+	–	+/–	+	–	–	
	€	€	€	€	€	€	€	€
Grund-stücke	50.000							50.000
Betriebs- und Ge-schäfts-ausstat-tung								
Lkw	100.000					60.000	20.000	40.000
Pkw		30.000				6.000	6.000	24.000

Ähnlich wird die Bilanzierungspraxis auch mit den zahlreichen Vermerkpflichten zu den **Forderungen und Verbindlichkeiten** verfahren und sog. **Forderungsspiegel** und **Verbindlichkeitsspiegel** erstellen.

Übung: 1. Wiederholungsfrage 14 (Seite 360),
2. Übungsaufgabe 13 (Seite 364)

7.1.7 Geleistete Anzahlungen und Anlagen im Bau

Als **Anlagen im Bau** sind zu aktivierende Aufwendungen anzusetzen, die für Investitionen bis zum Bilanzstichtag vorgenommen wurden, ohne dass die Anlagen bereits endgültig fertiggestellt sind.

Im Bau befindliche Anlagen können Geschäftsbauten, Maschinen, Transportmittel und sonstige Ausstattungen sein.

Aus Gründen der Klarheit sind diese am Bilanzstichtag noch nicht fertiggestellten Anlagen in der Bilanz **gesondert** auszuweisen.

Die mit der Herstellung der Anlagen beauftragten Unternehmen verlangen im Allgemeinen dem Baufortschritt entsprechend **Abschlagzahlungen**.

Die **Anzahlungen auf Anlagen** werden als **Anlagevermögen** in der Bilanz ausgewiesen. **Geleistete Anzahlungen sind** – betriebswirtschaftlich gesehen – flüssige Mittel, die in Gegenständen des Sachanlagevermögens festgelegt worden sind.

Deshalb werden die **Anzahlungen** auf dem Konto **"Anlagen im Bau"** bzw. wenn für jede Anlageart ein eigenes Konto geführt wird, auf dem entsprechenden Konto aktiviert, z.B.

> **0710** (0120) **Geschäftsbauten im Bau**.

Beispiel:

Wir haben einen Bauunternehmer beauftragt, einen **Geschäftsbau** schlüsselfertig zu erstellen. Mit dem Bau ist im Oktober 2007 begonnen worden. Dem Baufortschritt entsprechend haben wir vereinbarungsgemäß folgende **Anzahlungen** durch Banküberweisung nach Vorlage entsprechender Rechnungen geleistet:

am 07.12.2007 netto **50.000,00 €** + 9.500,00 € USt = 59.500,00 €
am 21.12.2007 netto **40.000,00 €** + 7.600,00 € USt = 47.600,00 €

Buchungssatz:

Tz.	Sollkonto	Betrag (€)	Habenkonto
1.	**0710** (0120) **Geschäftsbauten im Bau** **1406** (1576) Vorsteuer 19 %	50.000,00 9.500,00 59.500,00	 **1800** (1200) Bank
2.	**0710** (0120) **Geschäftsbauten im Bau** **1406** (1576) Vorsteuer 19 %	40.000,00 7.600,00 47.600,00	 **1800** (1200) Bank

Buchung:

S **0710** (0120) **Geschäftsbauten im Bau** H		S **1800** (1200) **Bank** H
1) **50.000,00** 2) **40.000,00**		1) 59.500,00 2) 47.600,00

S **1406** (1576) **Vorsteuer 19 %** H
1) 9.500,00   2) 7.600,00

Zum Bilanzstichtag (31.12.2007) wird das Konto "**0710** (0120) **Geschäftsbauten im Bau**" über das Schlussbilanzkonto abgeschlossen.

Nach endgültiger **Fertigstellung** der Anlagen werden die auf den Übergangskonten "**Anlagen im Bau**" gesammelten Beträge auf die entsprechenden **Anlagekonten umgebucht**.

Beispiel:
Sachverhalt wie zuvor. Im **neuen Jahr** (2008) haben wir noch folgende **Anzahlungen geleistet:**

am 14.01.2008   netto   **60.000,00 €**   +   11.400,00 € USt   =   71.400,00 €,
am 25.03.2008   netto   **70.000,00 €**   +   13.300,00 € USt   =   83.300,00 €,
am 21.04.2008   **Schlusszahlung**
                 netto   **35.000,00 €**   +   6.650,00 € USt   =   41.650,00 €
                 nach Fertigstellung, Abnahme und Endabrechnung.

Buchungssatz:

Tz.	Sollkonto	Betrag (€)	Habenkonto
3.	**0710** (0120) **Geschäftsb. im Bau** **1406** (1576) Vorsteuer 19 %	60.000,00 11.400,00 71.400,00	 **1800** (1200) Bank
4.	**0710** (0120) **Geschäftsb. im Bau** **1406** (1576) Vorsteuer 19 %	70.000,00 13.300,00 83.300,00	 **1800** (1200) Bank
5.	**0710** (0120) **Geschäftsb.im Bau** **1406** (1576) Vorsteuer 19 %	35.000,00 6.650,00 41.650,00	 **1800** (1200) Bank
6.	**0240** (0090) **Geschäftsbauten**	255.000,00	**0710** (0120) **Geschäfts. im Bau**

Buchung:

```
S  0710 (0120) Geschäftsbauten im Bau  H      S        1800 (1200) Bank        H

AB        90.000,00 | 6)     255.000,00                          3)    71.400,00
3)        60.000,00 |                                            4)    83.300,00
4)        70.000,00 |                                            5)    41.650,00
5)        35.000,00 |

         255.000,00 |       255.000,00


S       1406 (1576) Vorsteuer 19 %       H

3)        11.400,00 |
4)        13.300,00 |
5)         6.650,00 |


S       0240 (0090) Geschäftsbauten       H

6)       255.000,00 |
```

Übung: 1. Wiederholungsfragen 15 bis 17 (Seite 360),
                 2. Übungsaufgabe 14 (Seite 364)

7.2 Erfolgskontrolle

WIEDERHOLUNGSFRAGEN

1. Welche Vermögensgegenstände gehören zu den Sachanlagegütern? Nennen Sie Beispiele.
2. Was versteht man unter Anschaffung?
3. Wie setzen sich die Anschaffungskosten zusammen?
4. Welche Aufwendungen gehören zu den Anschaffungsnebenkosten?
5. Was gehört zu den Anschaffungspreisminderungen?
6. Mit welchem Wert sind die Anlagegüter zu aktivieren, die selbst hergestellt wurden und dem eigenen Betrieb dienen?
7. Aus welchen Kosten setzt sich dieser Wert zusammen?
8. Was versteht man unter Einzelkosten?
9. Was versteht man unter Gemeinkosten?
10. Was versteht man unter Veräußerung?
11. Wie werden der Buchgewinn bzw. Buchverlust aus der Veräußerung eines Anlagegutes berechnet?
12. Was versteht man unter einem GWG im Sinne des § 6 Abs. 2 EStG?
13. Wie können geringwertige Wirtschaftsgüter bei der Gewinnermittlung berücksichtigt werden?
14. Welche Angaben sind im Anlagenspiegel zu den einzelnen Posten des Anlagevermögens nach § 268 Abs. 2 HGB zu machen?
15. Warum werden Konten für im Bau befindliche Anlagen geführt?
16. Was wird auf diesen Konten gebucht?
17. Über welches Konto werden die Konten "Anlagen im Bau" zum Bilanzstichtag abgeschlossen?

ÜBUNGSAUFGABEN

Übungsaufgabe 1:

Der bilanzierende Gewerbetreibende Peter Müller, Magdeburg, hat am 30.03.2007 mit notariellem Vertrag ein bebautes Grundstück gekauft, das in vollem Umfang betrieblich genutzt wird. Das Gebäude wurde im Jahre 1992 errichtet. Im Kaufpreis ist der Wert des Grund und Bodens mit 120.000,00 € enthalten.

Die Grunderwerbsteuer beträgt 21.000,00 €, die Kosten für den notariellen Kaufvertrag betrugen 2.000,00 € + 19 % USt und die Eintragung in das Grundbuch, die am 24.07.2007 erfolgte, 1.000,00 €. Der Übergang von Nutzen und Lasten war vereinbarungsgemäß am 01.05.2007.

Weil der Kaufpreis vom privaten Bankkonto gezahlt wurde, erfolgte insoweit bisher noch keine Buchung. Die anderen Zahlungen überwies Müller im Juni 2007 vom betrieblichen Bankkonto und buchte wie folgt:

Grunderwerbsteuer, Notargebühren und Grundbuchgebühren:

Sollkonto	Betrag (€)	Habenkonto
7650 (4340) Sonstige Steuern	21.000,00	**1800** (1200) Bank
6825 (4950) Rechts- und Beratungskosten	3.000,00	
1406 (1576) Vorsteuer	380,00	
	3.380,00	**1800** (1200) Bank

1. Bilden Sie alle notwendigen Buchungssätze zur Aktivierung des bebauten Grundstücks.
2. Ermitteln Sie die Gewinnauswirkungen Ihrer Buchungen.
3. Ermitteln Sie die Buchwerte für das Grundstück zum 31.12.2007.

Übungsaufgabe 2:

Der Bauunternehmer Schraube, Stuttgart, hat auf seinem Betriebsgelände eine alte Fabrikhalle von dem Abbruchunternehmer Braus, Leonberg, abreißen lassen. Das Grundstück wurde am 01.04.2007 (Übergang von Nutzen und Lasten) angeschafft, das Gebäude (Anteil an den Anschaffungskosten: 240.000,00 €) war objektiv noch nutzbar; Schraube will jedoch auf dem Gelände eine neue Lagerhalle bauen. Mit der Errichtung der Lagerhalle wurde im Januar 2008 begonnen. Braus sollte für den Abbruch 80.000,00 € erhalten. Der Abbruch erfolgte am 31.August 2007 und Schraube erhielt die entsprechende Eingangsrechnung im September 2007.

1. Wie ist der Abbruch der Fabrikhalle (betriebliche Restnutzungsdauer ca. 40 Jahre) bilanzsteuerrechtlich zu behandeln? Hinweis: H 6.4 EStH.
2. Bilden Sie den Buchungssatz für die Eingangsrechnung.

Übungsaufgabe 3:

Der Bauunternehmer U mit eigener Ziegelei erstellt 2007 mit seinen Arbeitern den Rohbau eines Geschäftsbaues für seinen Betrieb. Es betragen die Materialeinzel-kosten 150.000,00 € und die Fertigungslöhne 60.000,00 €. Nach den Kalkulations-unterlagen rechnet er mit einem Materialgemeinkostenzuschlagsatz von 20 % und einem Fertigungsgemeinkostenzuschlagsatz von 80 %. Einem Dritten hätte er für den Rohbau netto 320.000,00 € berechnet.

1. Mit welchem Wert wird der Rohbau aktiviert? Es werden handelsrechtlich wie steuerrechtlich die gleichen Werte angesetzt.
2. Bilden Sie den Buchungssatz für den Rohbau.

Übungsaufgabe 4:

Ein Büromaschinenhersteller entnimmt 2007 der eigenen Produktion eine Büro-maschine für den eigenen betrieblichen Bedarf. Es betragen deren

$$\text{Herstellungskosten} \quad 1.500,00 \ €,$$
$$\text{Verkaufspreis, netto} \quad 2.100,00 \ €.$$

Bilden Sie den Buchungssatz.

Übungsaufgabe 5:

Die Schreinerei eines Kaufhauses fertigt 2007 10 neue Schränke für die Ladenräume an. Das Holz hierfür wurde dem Lager entnommen. Der Nettoeinkaufspreis des Holzes hat 5.000,00 € betragen. Für sonstiges Fertigungsmaterial, das ebenfalls dem Lager entnommen worden ist, sind 600,00 € angefallen. Zugelieferte Materialien für die Schränke wurden für netto 500 € + 95 € USt gegen Bankscheck gekauft.
An Fertigungslöhnen wurden insgesamt 2.500,00 € aufgewendet. Der Fertigungsge-meinkostenzuschlagsatz beträgt 50 %.

Bilden Sie alle Buchungssätze für den Kauf des Fertigungsmaterials und die Anfertigung der Schränke.

Übungsaufgabe 6:

Wir verkaufen im Juni 2007 einen Lkw für netto 15.000 € + 2.850 € USt = 17.850,00 €
gegen Bankscheck.
Der Lkw stand in der Vorjahresbilanz noch mit 10.000,00 € zu Buche.
Die AfA vom letzten Bilanzstichtag bis zum Veräußerungszeitpunkt beträgt 3.333,00 €.

1. Bilden Sie den Buchungssatz für die AfA.
2. Bilden Sie die Buchungssätze für die Veräußerung des Lkw nach der Brutto-
   methode.

Übungsaufgabe 7:

Wir verkaufen im September 2007 ein unbebautes Grundstück für 40.000,00 €. Das
Grundstück stand mit 30.000,00 € zu Buche. Der Kaufpreis wurde mit Bank-
scheck beglichen.

Bilden Sie die erforderlichen Buchungssätze für die Veräußerung nach der
Bruttomethode.

Übungsaufgabe 8:

Wir verkaufen im April 2007 eine gebrauchte Büromaschine für netto 800,00 € +
152,00 € USt = 952,00 € gegen Bankscheck.
Im Zeitpunkt des Verkaufs hatte die Büromaschine einen Buchwert von 1.000,00 €.
Die AfA für den Zeitraum vom letzten Bilanzstichtag bis zum Veräußerungszeitpunkt
ist bereits gebucht.

Bilden Sie die Buchungssätze für den Verkauf der Büromaschine nach der Brutto-
methode.

Übungsaufgabe 9:

Der Unternehmer Weber, der zum Vorsteuerabzug berechtigt ist, kauft im Mai 2007
einen nur betrieblich genutzten Pkw für netto 25.000 € + 4.750 € USt = 29.750,00 €.
Er gibt einen gebrauchten Pkw für netto 5.000 € + 950 € USt = 5.950,00 € in Zahlung.
Dieser Pkw stand in der Vorjahresbilanz mit 3.000,00 € zu Buche.
Die noch zu berücksichtigende AfA im Veräußerungsjahr beträgt 2.000,00 €.
Den verbleibenden Kaufpreis begleicht Weber durch Banküberweisung.

Bilden Sie die erforderlichen Buchungssätze nach der Bruttomethode.

Übungsaufgabe 10:

Der Gewerbetreibende Thon hat im Laufe des Jahres 2007 zwei Büroschränke
angeschafft. Die Rechnung lautet: 2 Büroschränke zu je 422,68 € = 845,36 € +
160,62 € USt = 1.005,98 €.
Thon hat die Rechnung wie folgt gebucht:

Sollkonto	Betrag(€)	Habenkonto
0650 (0420) Büroeinrichtung	845,36	**3300** (1600) Verbindlichkeiten aLuL
1406 (1576) Vorsteuer 19 %	160,62	**3300** (1600) Verbindlichkeiten aLuL

Zehn Tage nach der Lieferung begleicht Thon die Rechnung unter Abzug von 3 %
Skonto durch Banküberweisung.
Die betriebsgewöhnliche Nutzungsdauer der Büroschränke beträgt 10 Jahre.

1. Kann Thon die Bewertungsfreiheit nach § 6 Abs. 2 EStG in Anspruch nehmen?
2. Bilden Sie die erforderlichen Buchungssätze
   a) bei Zahlung der Rechnung,
   b) zum Bilanzstichtag 31.12.2007.

   Absetzungen für Abnutzung sind linear vorzunehmen.

Übungsaufgabe 11:

Der bilanzierende Marko Soldo, Fensterbau in Heilbronn, erwarb am 01.07.2007 zwei Bürostühle (Nutzungsdauer 5 Jahre) für seinen Betrieb von der Baugut GmbH, Würzburg, für je 500,00 € netto. Die Eingangsrechnung wurde ordnungsgemäß gebucht. Eine unverzügliche Prüfung ergab, dass ein Bürostuhl leicht beschädigt, aber sonst voll nutzbar war. Soldo erhielt daraufhin von der Baugut GmbH eine Gutschrift in Höhe von 200,00 € netto für den beschädigten Stuhl.
Den Rechnungsausgleich buchte Soldo wie folgt:

Sollkonto	Betrag (€)	Habenkonto
3300 (1600) Verbindlichkeiten aLuL	1.190,00	
	38,00	**1406** (1576) Vorsteuer
	200,00	**0650** (0420) Büroeinrichtung
	952,00	**1800** (1200) Bank
0670 (0480) GWG	800,00	**0650** (0420) Büroeinrichtung

1. Bilden Sie die notwendigen Korrekturbuchungssätze. Soldo strebt einen möglichst geringen steuerlichen Gewinn an.
2. Welche Buchungssätze sind zum Bilanzstichtag notwendig?

Übungsaufgabe 12:

Der bilanzierende Gewerbetreibende Paul Allemann, Freiburg, erwarb vom Schweizer Fabrikanten Ürli, Neuchatel, fünf Schreibtische für seine Büroräume. Ürli lieferte die Schreibtische mit seinem Lkw an und stellte Allemann folgende Rechnung (Auszug):

5 Schreibtische "Senator S" je 400,00 €	2.000,00 €
+ Zoll	20,00 €
+ verauslagte Einfuhrumsatzsteuer	380,00 €
+ Transportkosten	60,00 €
Rechnungsbetrag	2.460,00 €

Weil Allemann am Tag der Lieferung (01.09.2007) sofort bar zahlte, erhielt er von Ürli einen Nachlass auf den Warenwert in Höhe von 50,00 €. Allemann buchte wie folgt:

Sollkonto	Betrag (€)	Habenkonto
0650 (0420) Büroeinrichtung	2.410,00	**1600** (1000) Kasse

Bilden Sie die notwendigen Korrekturbuchungssätze. Allemann strebt einen möglichst geringen steuerlichen Gewinn an.

Übungsaufgabe 13:

Die X-GmbH, Kiel, deren Geschäftsjahr mit dem Kalenderjahr übereinstimmt, verfügt am 31.12.2006 u.a. über folgende Anlagengegenstände:

1. Unbebaute Grundstücke (Zugang 2004)	AK	80.000,00 €
2. Lkw (Zugang 2006)	AK	100.000,00 €
Die Abschreibung beträgt ab 2006 jährlich		20.000,00 €

In 2007 hat die X-GmbH u.a. folgende Anlagegüter angeschafft:

1. Pkw	AK	50.000,00 €
Die Abschreibung beträgt 2007		10.000,00 €
2. Maschine	AK	90.000,00 €
Die Abschreibung beträgt 2007		9.000,00 €

Erstellen Sie nach dem Muster von Seite 357 einen Anlagenspiegel zum 31.12.2007.

Übungsaufgabe 14:

Wir haben einen Bauunternehmer beauftragt, ein Fabrikgebäude schlüsselfertig zu erstellen. Mit den Bauarbeiten wurde im November 2007 begonnen. Dem Fortschritt der Bauarbeiten entsprechend wurden folgende Abschlagzahlungen anhand von entsprechenden Rechnungen durch Banküberweisung geleistet:

am 21.12.2007	60.000 €	+	11.400 € USt,
am 04.02.2008	70.000 €	+	13.300 € USt,
am 10.03.2008	80.000 €	+	15.200 € USt.

Der Bau wurde im März 2008 fertiggestellt und abgenommen. Nach Vorlage der Endabrechnung erfolgte die Schlusszahlung durch Banküberweisung am 28.03.2008 in Höhe von 50.000 € + 9.500 € USt.

1. Bilden Sie den Buchungssatz für die Anzahlung am 21.12.2007.
2. Bilden Sie den Buchungssatz für den Abschluss des Anlagenkontos zum 31.12.2007.
3. Bilden Sie die Buchungssätze für die Zahlungen im neuen Jahr (2008).
4. Bilden Sie den Buchungssatz nach Fertigstellung des Fabrikgebäudes (März 2008).

Zusammenfassende Erfolgskontrolle

Die Unternehmerin Karin Klein, Köln, hat zum 31.12.2007 folgende Summenbilanz erstellt:

	Summenbilanz	
	Soll €	Haben €
0235 (0085) Bebaute Grundstücke		
0240 (0090) Geschäftsbauten		
0520 (0320) Pkw	13.186,00	
0650 (0420) Büroeinrichtung		
0690 (0490) Sonstige Betriebs- u. Geschäftsausstattung	34.888,00	
0670 (0480) GWG	358,64	
3160 (0640) Verbindlichkeiten gegenüber Kreditinstituten	8.707,57	89.368,97
2000 (0800) Eigenkapital		1.473,56
3070 (0970) Sonstige Rückstellungen	2.000,00	2.000,00
1900 (0980) Aktive Rechnungsabgrenzung	1.466,27	1.466,27
1600 (1000) Kasse	145.868,95	133.917,90
1800 (1200) Bank	126.835,09	135.764,90
1200 (1400) Forderungen aLuL		
1406 (1576) Vorsteuer 19 %	13.480,94	431,03
3300 (1600) Verbindlichkeiten aLuL	87.683,87	91.723,52
3500 (1700) Sonstige Verbindlichkeiten	385,80	385,80
3806 (1776) Umsatzsteuer 19 %	4.148,48	19.020,65
2100 (1800) Privatentnahmen	13.414,71	562,01
7310 (2110) Zinsaufwendungen für kurzfristige Verb.	3.451,61	
7320 (2120) Zinsaufwendungen für langfristige Verb.	4.065,37	
4855 (2315) Anlagenabgänge (Restbuchwert bei Buchgewinn)		
5200 (3200) Wareneingang	89.524,78	7.570,82
1140 (3980) Bestand Waren	45.943,83	
6305 (4200) Raumkosten	4.180,01	
6400 (4360) Versicherungen	1.775,90	
6500 (4500) Fahrzeugkosten	2.783,89	
6600 (4610) Werbekosten	980,22	
6220 (4830) Abschreibungen auf Sachanlagen		
6221 (4831) Abschreibungen auf Gebäude		
6222 (4832) Abschreibungen auf Kfz		
6262 (4860) Abschreibungen auf aktivierte GWG		
6800 (4910) Porto	423,00	
6805 (4920) Telefon	659,50	
6815 (4930) Bürobedarf	468,89	
6827 (4957) Abschluss- und Prüfungskosten	914,26	
6300 (4900) Sonstige betriebliche Aufwendungen	3.011,57	180,09
4200 (8200) Erlöse	262,55	127.004,18
4849 (8829) Erlöse aus Anlagenverkäufen (bei Buchgewinn)		
	610.869,70	610.869,70

Geschäftsvorfälle des Jahres 2007

	EUR
1. Klein erwarb im November 2007 ein bebautes Grundstück (Geschäftsgrundstück), Baujahr 2000, zum Kaufpreis von	600.000,00
Vom Kaufpreis entfielen auf	
Grund und Boden	120.000,00
Gebäude	480.000,00
Außerdem fielen noch Erwerbsnebenkosten in Höhe von	26.950,00
an (Grunderwerbsteuer 21.000 € sowie Notar- und Grundbuch-kosten von 5.000 € + 950 € USt = 5.950 €).	
Zahlungen wurden bisher noch nicht geleistet, sodass der gesamte Vorgang noch nicht gebucht ist.	
2. Kauf eines neuen Pkw im Dezember 2007 bei Inzahlunggabe eines gebrauchten Pkw. Beide Pkw werden bzw. wurden nur betrieblich genutzt.	
neuer Pkw, netto	30.000,00
+ USt	5.700,00
alter Pkw, netto	10.000,00
+ USt	1.900,00
Die AfA für den alten Pkw beträgt im Veräußerungsjahr	3.600,00
Zahlungen wurden bisher noch nicht geleistet.	
Der gesamte Vorgang ist noch nicht gebucht.	
3. Klein kauft im Dezember 2007 Büroeinrichtungsgegenstände	
zum Preis von netto	5.000,00
+ USt	950,00
Klein zahlt mit einem Bankscheck. Vom Kaufpreis zieht er vereinbarungsgemäß 2 % Skonto ab.	
Der gesamte Vorgang ist noch nicht gebucht.	

Abschlussangaben

1. Warenbestand lt. Inventur	49.622,83
2. Abschreibung auf Geschäftsbauten	1.669,00
3. Abschreibung auf neuen Pkw	4.500,00
4. Abschreibung auf Büroeinrichtung	735,00
5. Abschreibung auf sonstige Betriebs- und Geschäftsausstattung	4.601,00
6. Klein nimmt die Bewertungsfreiheit nach § 6 Abs. 2 EStG in Anspruch.	
7. Abschluss des Privatkontos	
8. Abschluss der Umsatzsteuerkonten	

Aufgaben

1. Bilden Sie die Buchungssätze der Geschäftsvorfälle des Jahres 2007.
2. Ermitteln Sie den Erfolg über T-Konten oder mithilfe einer Hauptabschlussübersicht.

 Weitere Aufgaben mit Lösungen finden Sie im **Lösungsbuch** der Buchführung 1.

8 Buchungen im Steuerbereich

8.1 Steuern und steuerliche Nebenleistungen

Steuern sind Geldleistungen, die nicht eine Gegenleistung für eine besondere Leistung darstellen und von einem öffentlich-rechtlichen Gemeinwesen zur Erzielung von Einnahmen allen auferlegt werden, bei denen der Tatbestand zutrifft, an den das Gesetz die Leistungspflicht knüpft (§ 3 Abs. 1 AO).

Einfuhr- und Ausfuhrabgaben sind **Steuern** im Sinne der Abgabenordnung (§ 3 Abs. 3 AO).

Für Zwecke der buchmäßigen Behandlung werden die Steuern wie folgt eingeteilt:

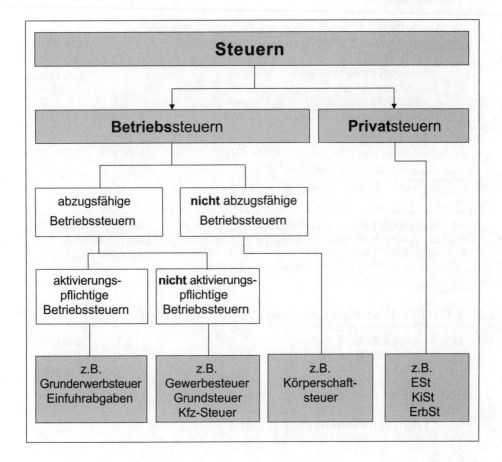

8.1.1 Betriebssteuern

Betriebssteuern sind Steuern, die unmittelbar durch den Betrieb veranlasst sind.

Betriebssteuern sind bei der Ermittlung des **steuerlichen** Gewinns entweder **abzugsfähig** oder **nicht abzugsfähig**.

8.1.1.1 Abzugsfähige Betriebssteuern

Fallen **abzugsfähige Betriebssteuern** bei der **Anschaffung** eines Wirtschaftsgutes an, so sind sie als Anschaffung**snebenkosten** als Teil der Anschaffungskosten **aktivierungspflichtig** (z.B. Grunderwerbsteuer, nicht abziehbare Vorsteuer).

Beispiel:
1. Der Unternehmer U, der zum Vorsteuerabzug berechtigt ist, hat ein **unbebautes** Betriebsgrundstück zum Preis von **50.000,00 Euro** gegen Bankscheck gekauft.
2. Außerdem wurden durch Banküberweisung gezahlt:

Grunderwerbsteuer (3,5 % von 50.000 €)		1.750,00 €
Notargebühren, netto	800 €	
+ USt	152 €	952,00 €
Grundbuchgebühr		650,00 €

Die **Anschaffungskosten** des unbebauten Grundstücks betragen:

Kaufpreis		50.000,00 €
+ **Anschaffungsnebenkosten**		
Grunderwerbsteuer	1.750 €	
Notargebühren	800 €	
Grundbuchgebühr	650 €	3.200,00 €
= **Anschaffungskosten**		**53.200,00 €**

Buchungssatz:

Tz.	Sollkonto	Betrag (€)	Habenkonto
1.	**0215** (0065) Unbebaute Grundstücke	50.000,00	**1800** (1200) Bank
2.	**0215** (0065) Unbebaute Grundstücke	3.200,00	**1800** (1200) Bank
	1406 (1576) Vorsteuer 19 %	152,00	**1800** (1200) Bank

Buchung:

S **0215** (0065) **Unbebaute Grundstücke** H	S **1800** (1200) **Bank** H
1) 50.000,00	1) 50.000,00
2) 3.200,00	2) 3.200,00
	2) 152,00

S **1406** (1576) **Vorsteuer 19 %** H
2) 152,00

Die als Anschaffung**snebenkosten** behandelten **Steuern** wirken sich in der Regel bei **nicht abnutzbaren** Wirtschaftsgütern erst im Zeitpunkt der **Veräußerung** oder **Entnahme** auf den **Gewinn** aus.

Übung: 1. Wiederholungsfragen 1 bis 3 (Seite 396),
2. Übungsaufgaben 1 und 2 (Seite 396 f.)

Fallen **abzugsfähige Betriebssteuern** bei der **Anschaffung bebauter** Grundstücke an, so sind sie als Anschaffungs**nebenkosten aufzuteilen** in den Teil, der auf den **Grund und Boden** entfällt, und den Teil, der auf die **Baulichkeiten** entfällt.

Beispiel:

1. Der Unternehmer Thomas Schmidt, der zum Vorsteuerabzug berechtigt ist, hat ein **bebautes** Geschäftsgrundstück zum Preis von **450.000,00 €** gegen Bankscheck gekauft. Von diesem Kaufpreis entfallen **90.000,00 €** auf den Grund und Boden.

2. Außerdem wurden durch Banküberweisung gezahlt:

Grunderwerbsteuer (3,5 % von 450.000 €)	15.750,00 €
Notargebühren (5.000 € + 950 € USt)	5.950,00 €
Grundbuchgebühr	4.500,00 €

Die **Anschaffungskosten** betragen:

	Kaufpreis	+	Nebenkosten	=	AK
Grund und Boden	90.000 €		5.050 €		**95.050,00 €**
Gebäude	360.000 €		20.200 €		**380.200,00 €**
	450.000 €		25.250 €		**475.250,00 €**

Buchungssatz:

Tz.	Sollkonto	Betrag (€)	Habenkonto
1.	**0235** (0085) Bebaute Grundstücke	90.000,00	**1800** (1200) Bank
	0240 (0090) Geschäftsbauten	360.000,00	**1800** (1200) Bank
2.	**0235** (0085) Bebaute Grundstücke	5.050,00	**1800** (1200) Bank
	0240 (0090) Geschäftsbauten	20.200,00	**1800** (1200) Bank
	1406 (1576) Vorsteuer 19 %	950,00	**1800** (1200) Bank

Buchung:

S	**0235** (0085) **Bebaute Grundstücke**	H		S		**1800** (1200) **Bank**	H
1)	90.000,00				1)	90.000,00	
2)	5.050,00				1)	360.000,00	
					2)	5.050,00	
					2)	20.200,00	
					2)	950,00	

S	**0240** (0090) **Geschäftsbauten**	H
1)	360.000,00	
2)	20.200,00	

S	**1406** (1576) **Vorsteuer 19 %**	H
2)	950,00	

Die als Anschaffungs**nebenkosten** behandelten Steuern wirken sich in der Regel bei **nicht abnutzbaren** Wirtschaftsgütern erst im Zeitpunkt der **Veräußerung** oder **Entnahme** und bei **abnutzbaren** Wirtschaftsgütern **während deren Nutzungsdauer** (in Form der Abschreibung) auf den **Gewinn aus.**

> **Übung:** Übungsaufgabe 3 (Seite 397)

Sind **abzugsfähige** Betriebssteuern **keine** Anschaffungs**nebenkosten**, dann sind sie **sofort abzugsfähig**, d.h. sie wirken sich im Jahr ihrer Entstehung voll auf den Gewinn aus.

Bei den **sofort abzugsfähigen (nicht aktivierungspflichtigen) Betriebssteuern** ist wegen des **Ausweises** in der Gewinn- und Verlustrechnung nach § 275 HGB zwischen "**Steuern vom Einkommen und Ertrag**" und "**sonstigen Steuern**" zu unterscheiden:

GuV-Posten nach § 275 HGB	Beispiele
Steuern vom Einkommen und Ertrag	Gewerbesteuer
sonstige Steuern	Grundsteuer Kfz-Steuer Ökosteuer

Beispiel:
Der Unternehmer Karl Josef Stoffel überweist in 2007 durch Bank die **Gewerbesteuer-Vorauszahlung** in Höhe von **2.500,00 €** für das Jahr 2007.

Buchungssatz:

Sollkonto	Betrag (€)	Habenkonto
7610 (4320) Gewerbesteuer	2.500,00	**1800** (1200) Bank

Buchung:

S **7610** (4320) **Gewerbesteuer** H   S **1800** (1200) **Bank** H

2.500,00 | | 2.500,00

8.1.1.2 Nicht abzugsfähige Betriebssteuern

Bestimmte **Steuern** sind zwar Betriebssteuern, aber nach § 12 EStG dürfen sie den **steuerlichen** Gewinn **nicht mindern.**

Auch bei den **nicht abzugsfähigen Betriebssteuern** ist wegen des Ausweises in der Gewinn- und Verlust**rechnung** nach § 275 HGB zwischen "**Steuern vom Einkommen und Ertrag**" und "**sonstigen Steuern**" zu unterscheiden:

GuV-Posten nach § 275 HGB	Beispiele
Steuern vom Einkommen und Ertrag	Körperschaftsteuer Solidaritätszuschlag Kapitalertragsteuer Zinsabschlagsteuer
sonstige Steuern	Vermögensteuer für Vorjahre *)

*) Die **Vermögensteuer** darf seit dem Veranlagungszeitraum 1997 nicht mehr festgesetzt werden.

Diese **Steuern mindern** zwar den **handelsbilanzmäßigen** Gewinn, dürfen aber den **steuerlichen** Gewinn **nicht mindern** (§ 12 Nr. 3 EStG).

Zur Ermittlung des **steuerlichen** Gewinns sind diese Steuern außerhalb der Buchführung dem Handelsbilanzgewinn wieder hinzuzurechnen.

Beispiel
Die J & M Möbelfabrik GmbH überweist durch Bank in 2007 die **Körperschaft-steuer** für 2007 in Höhe von **527,50 €** einschließlich SolZ an das Finanzamt.

Buchungssatz:

Sollkonto	Betrag (€)	Habenkonto
7600 (2200) Körperschaftsteuer **7608** (2208) Solidaritätszuschlag	500,00 27,50	**1800** (1200) Bank **1800** (1200) Bank

Buchung:

S	7600 (2200) **Körperschaftsteuer**	H		S	1800 (1200) **Bank**	H
	500,00					527,50

S	7608 (2208) **Solidaritätszuschlag**	H
	27,50	

Die Konten mit den **nicht abzugsfähigen** Betriebssteuern werden über das **GuVK** abgeschlossen. Damit mindern sie zulässigerweise den Handelsbilanzgewinn. Zur Ermittlung des **steuerlichen** Gewinns sind diese Steuern außerhalb der Buchführung dem in der Gewinn- und Verlust**rechnung** ausgewiesenen Gewinn hinzuzurechnen.

8.1.2 Privatsteuern

Privatsteuern sind Steuern, die **nicht** unmittelbar durch den Betrieb, sondern **privat** veranlasst sind.

Privatsteuern sind z.B. die **Einkommensteuer**, die **Kirchensteuer**, die **Erbschaft-steuer**, die **private Grundsteuer**, die **private Kfz-Steuer**, die **private Kapital-ertragsteuer**, der **private Solidaritätszuschlag**.

Privatsteuern dürfen bei der Ermittlung des steuerlichen Gewinns **nicht** abgezogen werden (§ 12 Nr. 3 EStG).

Die **Privatsteuern** werden auf das spezielle **Privatkonto**

2150 (1810) Privatsteuern

gebucht.

> Beispiel:
> Der Großhändler Willi Schröder zahlt die **Einkommensteuer** einschließlich der **Kirchensteuer** und des **Solidaritätszuschlags** durch Überweisung vom betrieblichen Bankkonto in Höhe von 2.550,00 € an das Finanzamt.
>
> Buchungssatz:

Sollkonto	Betrag (€)	Habenkonto
2150 (1810) **Privatsteuern**	2.550,00	**1800** (1200) Bank

Buchung:

S   **2150** (1810) **Privatsteuern**   H   S   **1800** (1200) **Bank**   H

       2.550,00 | | 2.550,00

8.1.3 Steuerliche Nebenleistungen

Die **steuerliche Nebenleistungen** sind selbst **keine Steuern**, sie können aber im Zusammenhang mit der **Besteuerung** und der **Steuererhebung** auftreten.

Steuerliche Nebenleistungen sind z.B. **Verspätungszuschläge**, **Zinsen**, **Säumnis-zuschläge** und **Zwangsgelder** (§ 3 Abs. 4 AO).

Die **Abzugsfähigkeit** dieser Nebenleistungen bei der Gewinnermittlung richtet sich nach der **Abzugsfähigkeit** der zugrundeliegenden **Steuer** (H 12.4 (Nebenleistungen) EStH).

Ist die **Steuer abzugsfähig**, ist die **Nebenleistung** ebenfalls **abzugsfähig**.

Ist die **Steuer nicht abzugsfähig**, ist die **Nebenleistung** ebenfalls **nicht abzugsfähig**.

Die **abzugsfähigen** steuerlichen Nebenleistungen werden auf den Konten

6436 (4396) **Steuerlich abzugsfähige Verspätungszuschläge und Zwangsgelder**

oder

6430 (4390) **Sonstige Abgaben**

erfasst.

Die **nicht abzugsfähigen** steuerlichen Nebenleistungen sind auf den Konten

6437 (4397) **Steuerlich nicht abzugsfähige Verspätungszuschläge und Zwangsgelder**

oder

2150 (1810) **Privatsteuern**

zu buchen.

> **Übung:** 1. Wiederholungsfragen 4 bis 9 (Seite 396),
> 2. Übungsaufgabe 4 (Seite 397 f.)

8.2 Steuerliche Sonderfälle

8.2.1 Export - Import

In diesem Abschnitt werden der **innergemeinschaftliche Erwerb**, die **innergemeinschaftliche Lieferung**, die **Ausfuhrlieferung** in Drittlandsgebiete und die **Leistungen im Sinne des § 13b UStG** buchmäßig erläutert.

> Die **Einfuhr** wurde bereits im Kapitel "Beschaffung und Absatz", Seite 176, dargestellt.

8.2.1.1 Innergemeinschaftlicher Erwerb

Seit dem 1.1.1993 sind Lieferungen zwischen vorsteuerabzugsberechtigten Unternehmern in der Europäischen Union (EU) als **innergemeinschaftlicher Erwerb** im **Bestimmungsland steuerpflichtig**.

Beim Import aus dem übrigen Gemeinschaftsgebiet ist **Steuerschuldner** nicht der Lieferer, sondern der **Erwerber**. Vorsteuerabzugsberechtigte Unternehmer können als Erwerber die **Erwerbsteuer** – wie die EUSt – als **Vorsteuer** abziehen (§ 15 Abs. 1 Nr. 3 UStG).

Der **innergemeinschaftliche Erwerb gegen Entgelt** ist **steuerbar**, wenn folgende **Tatbestandsmerkmale** erfüllt sind (§ 1 Abs. 1 **Nr. 5** i.V.m. § 1a **Abs. 1** UStG):

1. **Lieferung** (§ 3 Abs. 1 UStG),

2. aus dem Gebiet eines Mitgliedstaates (**übrigen Gemeinschaftsgebiet**),

3. in das Gebiet eines anderen Mitgliedstaates (**Inland**),

4. **durch** einen **Unternehmer** (keinen Kleinunternehmer), der die Lieferung gegen **Entgelt im Rahmen seines Unternehmens** ausführt,

5. an bestimmte **Erwerber**

   5.1 **Unternehmer**, der den Gegenstand **für sein Unternehmen** erwirbt oder

   5.2 **juristische Person**, die **nicht** als **Unternehmer** tätig ist **oder** die den Gegenstand der Lieferung **nicht** für ihr **Unternehmen** erwirbt.

Beim **innergemeinschaftlichen Erwerb** ergibt sich folgender **Grundfall**:

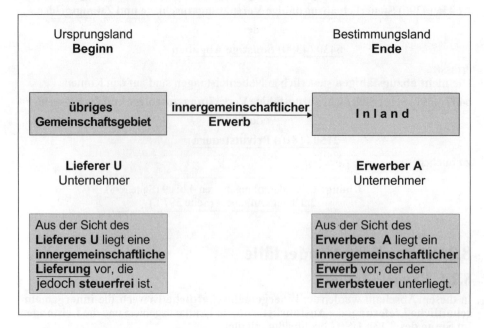

Der ausländische **Lieferer** muss **Unternehmer** im Sinne des § 2 Abs. 1 oder Abs. 3 UStG sein, d.h. er darf **kein Kleinunternehmer** im Sinne des § 19 Abs. 1 UStG sein. Der inländische Erwerber kann grundsätzlich davon ausgehen, dass ein ausländischer Lieferer **Unternehmer** ist, wenn dieser in der **Rechnung** die USt-IdNr. angibt, und lediglich den **Nettowert** ohne USt – unter Hinweis auf die **steuerfreie innergemein- schaftliche Lieferung** – in Rechnung stellt.

Der inländische **Erwerber** muss ebenfalls **Unternehmer** im Sinne des § 2 Abs. 1 oder Abs. 3 UStG sein, der den Gegenstand **für sein Unternehmen** erwirbt. Verwendet der inländische Erwerber beim Einkauf seine **USt-IdNr.**, so signalisiert er damit, dass er **Unternehmer** ist und den Gegenstand **für sein Unternehmen** erwerben will.

Für die **Buchung** des innergemeinschaftlichen Erwerbs sehen die DATEV-Kontenrahmen folgende Konten (allgemeiner Steuersatz) vor:

5425 (3425) **Innergemeinschaftlicher Erwerb 19 % Vorsteuer und 19 %**

       Umsatzsteuer,

1404 (1574) **Abziehbare Vorsteuer aus innergemeinschaftlichem Erwerb 19 % und**

3804 (1774) **Umsatzsteuer aus innergemeinschaftlichem Erwerb 19 %.**

Beispiel:
Der **französische Lieferer** Olivier Vergniolle, Paris, liefert 50 Damenmäntel an den **deutschen Erwerber** Kühlenthal und erteilt folgende **Rechnung**. Die Rechnung enthält die **USt-IdNr.** des französischen **Lieferers**, die **USt-IdNr.** des deutschen **Erwerbers** und den **Hinweis auf** die **Steuerfreiheit** der **Lieferung**:

Olivier Vergniolle, Textiles, 6 Rue Napoléon, Paris

Numéro d'identification: FR 128335655

Herrn
Textilkaufmann E. Kühlenthal
Karthäuserhofweg 30

56075 Koblenz

USt-IdNr.: DE 149637654   13.10.2007

Rechnung
Nr. 2007/007

Sie erhielten am 08.10.2007

Menge	Artikelbezeichnung	Stückpreis	Entgelt
50 Stück	Damenmäntel	200 €	**10.000,00 €**

Die innergemeinschaftliche Lieferung ist steuerfrei.

Kühlenthal erfasst den **innergemeinschaftlichen Erwerb** in seiner Buchhaltung wie folgt:

Buchungssatz:

Tz.	Sollkonto	Betrag (€)	Habenkonto
1.	**5425** (3425) **Innergemeinschaftl. Erwerb**	10.000,00	**3300** (1600) Verb. aLuL
2.	**1404** (1574) **Vorsteuer aus innerg. Erwerb**	1.900,00	**3804** (1774) USt aus i.E.

Buchung:

S AV 5425 (3425) Innerg. Erwerb H	S 3300 (1600) Verbindl. aLuL H
1) 10.000,00	1) 10.000,00

S 1404 (1574) Vorsteuer aus innerg. E. H	S 3804 (1774) USt aus innerg. E H
2) 1.900,00	2) 1.900,00

Buchführende Unternehmer erfüllen die Aufzeichnungspflicht dadurch, dass sie in ihrer Buchhaltung die **Konten den Anforderungen des § 22** Abs. 2 Nr. 7 UStG entsprechend **gliedern** (siehe obiges Beispiel).

Übung: 1. Wiederholungsfrage 10 (Seite 396),
2. Übungsaufgaben 5 (Seite 398)

8.2.1.2 Innergemeinschaftliche Lieferung

Eine **innergemeinschaftliche Lieferung** liegt vor, wenn der Gegenstand vom Inland in das übrige Gemeinschaftsgebiet gelangt.

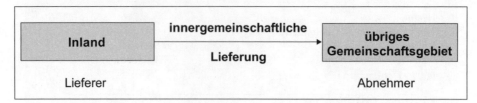

Die **innergemeinschaftliche Lieferung** ist in der Regel **steuerfrei**.

Eine **steuerfreie innergemeinschaftliche Lieferung** liegt nach § 4 **Nr. 1b** i.V.m. § **6a** Abs. 1 UStG vor, wenn folgende **Voraussetzungen** erfüllt sind:

1. **Beförderungs- oder Versendungslieferung** (§ 3 **Abs. 6** UStG),
2. durch den liefernden **Unternehmer** oder **Abnehmer**,
3. **vom Inland**,
4. in das **übrige Gemeinschaftsgebiet**,
5. **Abnehmer:**
   1. ein **Unternehmer**, der den Gegenstand **für sein Unternehmen** erwirbt oder
   2. eine **juristische Person**, die **nicht** als **Unternehmer** tätig ist **oder** die den Gegenstand der Lieferung **nicht für** ihr **Unternehmen** erwirbt oder
   3. eine **Privatperson**, die ein **neues Fahrzeug** erwirbt,
6. Erwerb unterliegt der **Erwerbsbesteuerung**.

Die **Voraussetzungen** für die **Steuerbefreiung** der innergemeinschaftlichen Lieferung **müssen** vom liefernden Unternehmer **nachgewiesen werden** (§ 6a Abs. 3 UStG). Dies geschieht durch **Beleg- und Buchnachweis** (§§ 17a bis 17c UStDV).

Steuerfreie innergemeinschaftliche Lieferungen werden auf dem Ertragskonto

4125 (8125) **Steuerfreie innergemeinschaftliche Lieferung § 4 Nr. 1b UStG**

erfasst.

> Beispiel:
> Der **deutsche** Unternehmer U mit deutscher USt-IdNr., Bonn, versendet im Dezember 2007 mit der Bahn eine Maschine für 10.000,00 € netto an den **französischen** Unternehmer A mit französischer USt-IdNr., Paris, der die Maschine in seinem Unternehmen einsetzt. U liefert auf Ziel. Entsprechende Beleg- und Buchungsnachweise liegen vor.
>
> Für U liegt eine **steuerfreie innergemeinschaftliche Lieferung** vor, weil alle Tatbestandsmerkmale des § 4 **Nr. 1b** i.V.m. § 6a Abs. 1 UStG erfüllt sind.

Buchungssatz:

Sollkonto	Betrag (€)	Habenkonto
1200 (1400) Forderungen aLuL	10.000,00	**4125** (8125) **Steuerfreie innerg. L.**

Buchung:

S **1200** (1400) **Forderungen aLuL** H	**4125** (8125) **Steuerfreie innerg. Lieferungen**
S H	S H
10.000,00	10.000,00

Der **deutsche** Unternehmer **U** hat die **steuerfreie innergemeinschaftliche Lieferung** in seiner **Umsatzsteuer-Voranmeldung 2007** in Zeile 21 (Kennzahl 41) einzutragen:

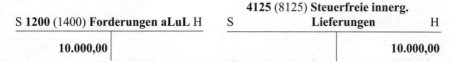

	Lieferungen und sonstige Leistungen	Bemessungsgrundlage		Steuer	
19	(einschließlich unentgeltlicher Wertabgaben)	ohne Umsatzsteuer			
20	**Steuerfreie Umsätze mit Vorsteuerabzug**	volle EUR	Ct	EUR	Ct
21	Innergemeinschaftliche Lieferungen (§ 4 Nr. 1b UStG) an Abnehmer **mit** USt-IdNr. **41**	**10.000**	—		

Über die in **Zeile 21** der **Umsatzsteuer-Voranmeldung 2007** einzutragenden **steuerfreien** innergemeinschaftlichen Lieferungen sind vierteljährlich **Zusammenfassende Meldungen – ZM –** auf **elektronischem** Weg dem **Bundeszentralamt für Steuern** zu übermitteln (§ 18a UStG).

Beispiel:

Sachverhalt wie im Beispiel zuvor. Der **deutsche** Unternehmer U trägt die **steuerfreie innergemeinschaftliche Lieferung** in der **Zusammenfassenden Meldung** für das **4. Quartal 2007** wie folgt ein:

		1	2		3
		USt-IdNr. des Erwerbers / Unternehmers in einem anderen Mitgliedstaat	Summe der Bemessungsgrundlagen		Hinweis auf Dreiecks- geschäfte (falls ja, bitte "1" eintragen)
Zeile	Länder- Kenn- Zeichen		EUR	Ct	
1	**F R**	9 9 9 9 9 9 9 9 9 9 9	**10.000**	—	

Übung: 1. Wiederholungsfrage 11 (Seite 396),
2. Übungsaufgabe 6 (Seite 398)

8.2.1.3 Ausfuhrlieferung

Eine **Ausfuhrlieferung** liegt vor, wenn der Gegenstand vom Inland in das Drittlandsgebiet gelangt.

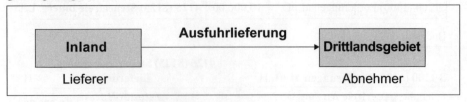

Die **Ausfuhrlieferung** in das Drittlandsgebiet ist in der Regel **steuerfrei**.

Eine **steuerfreie Ausfuhrlieferung** liegt nach § 4 Nr. 1a i.V.m. § 6 Abs. 1 Satz 1 Nr. 1 und 2 UStG vor, wenn folgende **Voraussetzungen** erfüllt sind:

1. **Beförderungs- oder Versendungslieferung** (§ 3 **Abs. 6** UStG),

2. durch den liefernden **Unternehmer** oder **ausländischen Abnehmer**,

3. **vom Inland,**

4. **in** das **Drittlandsgebiet.**

Die **Voraussetzungen** für die **Steuerbefreiung** der Ausfuhrlieferung müssen vom liefernden Unternehmer **nachgewiesen** werden (§ 6 **Abs. 4** UStG).
Dies geschieht durch **Ausfuhrnachweis** (§§ 9 und 10 UStDV) und **Buchnachweis** (§ 13 UStDV).

Steuerfreie Ausfuhrlieferungen werden auf dem Ertragskonto

4120 (8120) Steuerfreie Umsätze § 4 Nr. 1a UStG

erfasst.

Beispiel:
Der deutsche Maschinenhersteller U, Mannheim, verkauft und befördert mit eigenem Lkw eine Maschine für 15.000,00 € netto zum Abnehmer A nach Bern (Schweiz = Drittlandsgebiet). U liefert auf Ziel. Entsprechende Nachweise liegen vor.

Für U liegt eine **steuerfreie Ausfuhrlieferung** vor, weil alle Tatbestandsmerkmale des § 4 Nr. 1a i.V.m. § 6 Abs. 1 Satz 1 Nr. 1 UStG erfüllt sind.

Buchungssatz:

Sollkonto	Betrag (€)	Habenkonto
1200 (1400) Ford. aLuL	15.000,00	**4120** (8120) Steuerfreie Umsätze

Buchung:

S	1200 (1400) Forderungen aLuL	H
15.000,00		

S	4120 (8120) Steuerfreie Umsätze § 4 Nr. 1a UStG	H
		15.000,00

U hat die **steuerfreie Ausfuhrlieferung** in seiner **Umsatzsteuer-Voranmeldung 2007** in **Zeile 24 (Kennzahl 43)** einzutragen:

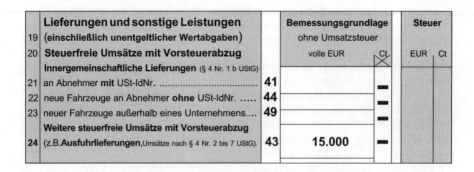

	Lieferungen und sonstige Leistungen		Bemessungsgrundlage		Steuer	
19	(einschließlich unentgeltlicher Wertabgaben)		ohne Umsatzsteuer			
20	**Steuerfreie Umsätze mit Vorsteuerabzug**		volle EUR	Ct	EUR	Ct
	Innergemeinschaftliche Lieferungen (§ 4 Nr. 1 b UStG)					
21	an Abnehmer mit USt-IdNr.	**41**		—		
22	neue Fahrzeuge an Abnehmer **ohne** USt-IdNr.	**44**		—		
23	neuer Fahrzeuge außerhalb eines Unternehmens....	**49**		—		
	Weitere steuerfreie Umsätze mit Vorsteuerabzug					
24	(z.B.**Ausfuhrlieferungen**,Umsätze nach § 4 Nr. 2 bis 7 UStG).	**43**	**15.000**	—		

> **Übung:** 1. Wiederholungsfrage 12 (Seite 396),
> 2. Übungsaufgabe 7 (Seite 398)

8.2.1.4 Leistungen im Sinne des § 13b UStG

Für die folgenden steuerpflichtigen Umsätze schuldet der **Leistungsempfänger** nach § 13b Abs. 2 UStG die Umsatzsteuer:

1. **Werklieferungen** und **sonstige Leistungen** (auch **Werkleistungen**) eines im **Ausland ansässigen Unternehmers**;
2. **Lieferungen sicherungsübereigneter Gegenstände** durch den Sicherungs-geber an den Sicherungsnehmer **außerhalb des Insolvenzverfahrens**;
3. Umsätze, die unter das Grunderwerbsteuergesetz fallen (**Grundstücksumsätze**);
4. **Bauleistungen**;
5. **Lieferungen von Gas und Elektrizität** eines im Ausland ansässigen Unternehmers.

Der **Leistungsempfänger** kann die von ihm nach § 13b Abs. 2 UStG geschuldete Umsatz-steuer – ähnlich wie beim innergemeinschaftlichen Erwerb – als **Vorsteuer** abziehen, wenn er die Lieferung oder sonstige Leistung **für sein Unternehmen** bezieht **und** zur Ausführung von Umsätzen verwendet, die den **Vorsteuerabzug nicht ausschließen.**

Die umsatzsteuerlichen Erläuterungen der Leistungen im Sinne des § 13b UStG erfolgen in der **Steuerlehre 1**, 28. Auflage 2007, Seite 327.

Für die Buchung der **Leistungen im Sinne des § 13b UStG** sehen die DATEV-Kontenrahmen folgende Konten (allgemeiner Steuersatz) vor:

> **5925** (3125) **Leistungen eines im Ausland ansässigen Unternehmers**
>
> **19 % Vorsteuer und 19 % Umsatzsteuer**
>
> **1407** (1577) **Abziehbare Vorsteuer nach § 13b UStG 19 %**
>
> **3837** (1787) **Umsatzsteuer nach § 13b UStG 19 %**

Beispiel:
Der Bauunternehmer U in Berlin lässt sich in 2007 von dem russischen Subunternehmer P aus Moskau in Potsdam einen Rohbau errichten, den P mit **100.000,00 €** in Rechnung stellt. Das Baumaterial wird von P gestellt. Die Bemessungsgrundlage beträgt 100.000,00 € (§ 10 Abs. 1 UStG).

Der im Ausland ansässige Unternehmer P erbringt im Inland eine steuerbare **Werklieferung** an den Bauunternehmer U (§ 1 Abs. 1 Nr. 1 i.V.m. § 3 Abs. 4 UStG). Ort der Werklieferung ist **Potsdam**, weil sich dort der Rohbau im Zeitpunkt der Verschaffung der Verfügungsmacht befindet (§ 3 Abs. 7 Satz 1 UStG). Die Werklieferung ist nach § 1 Abs. 1 Nr. 1 UStG steuerbar und mangels einer Steuerbefreiung (§ 4 UStG) auch steuerpflichtig. Die Umsatzsteuer für diese Werklieferung schuldet **U als Leistungsempfänger** (§ 13b **Abs. 2** Satz 1 UStG).
U kann die Umsatzsteuer als **Vorsteuer** abziehen (§ 15 Abs. 1 Satz 1 **Nr. 4** UStG; Abschn. 182a Abs. 33 UStR 2005).

Bauunternehmer U erfasst den Vorgang in seiner Buchhaltung wie folgt:

Buchungssatz:

Sollkonto	Betrag (€)	Habenkonto
5925 (3125) Leistungen eines i.A.a.U.	100.000,00	**3300** (1600) Verbindlichk. aLuL
1407 (1577) VoSt nach § 13b UStG	19.000,00	**3837** (1787) USt nach § 13b UStG

Buchung:

5925 (3125) **Leistungen eines im Ausland ansässigen Unternehmers**

S	19 % VoSt und 19 % USt	H		S	**3300** (1600) **Verbindl. aLuL**	H
100.000,00						100.000,00

S **1407** (1577) **Vorsteuer nach § 13b UStG** H		S **3837** (1787) **USt nach § 13b UStG** H
19.000,00		19.000,00

Bauunternehmer U hat die **Umsatzsteuer** in Höhe von **19.000,00 €** (19 % von 100.000 €) in seiner **Umsatzsteuer-Voranmeldung 2007** wie folgt einzutragen:

			Steuer	
44			EUR	Ct
45	Übertrag			
46	**Umsätze, für die als Leistungsempfänger die Steuer nach**	Bemessungsgrundlage ohne Umsatzsteuer		
47	**§ 13b Abs. 2 UStG geschuldet wird**	volle EUR ☒Ct		
48	Leistungen eines im Ausland ansässigen Unternehmers (§ 13b Abs. 1 Satz 1 Nr. 1 und 5 UStG)........................ 52	100.000 —	19.000,00	

Bauunternehmer U kann die Umsatzsteuer als **Vorsteuer** abziehen (§ 15 Abs. 1 Satz 1 Nr. 4 UStG). U hat die Vorsteuer in seiner **Umsatzsteuer-Voranmeldung 2007** wie folgt einzutragen:

58	Vorsteuerbeträge aus Leistungen i.S.d. § 13b Abs. 1 UStG (§ 15 Abs. 1 Satz 1 Nr. 4 UStG) . .	67	19.000,00

Übung: 1. Wiederholungsfrage 13 (Seite 396),
2. Übungsaufgabe 8 (Seite 398)

8.2.2 Nicht abzugsfähige Betriebsausgaben

Betriebsausgaben sind Aufwendungen, die durch den Betrieb veranlasst sind (**§ 4 Abs. 4** EStG).

Aber **nicht alle Betriebsausgaben sind** bei der Ermittlung des steuerlichen Gewinns **abzugsfähig**.

Durch **§ 4 Abs. 5** EStG wird der **Abzug von Betriebsausgaben eingeschränkt**. Diese Vorschrift soll verhindern, dass unangemessene Repräsentationsaufwendungen die Einkommensteuerschuld des Steuerpflichtigen mindern.

8.2.2.1 Art und Umfang der nicht abzugsfähigen Betriebsausgaben

Nicht abzugsfähige Betriebsausgaben (Repräsentationsaufwendungen), die nach § 4 **Abs. 5** Nr. 1 bis 7 EStG den **Gewinn nicht mindern** dürfen, sind:

1. **Aufwendungen für Geschenke** an Personen, die nicht Arbeitnehmer des Steuerpflichtigen sind, wenn die Anschaffungs- oder Herstellungskosten aller einem Empfänger in einem Wirtschaftsjahr zugewendeten betrieblichen Geschenke insgesamt **35 Euro übersteigen**;

2. **30 % der** als **angemessen** anzusehenden **Bewirtungsaufwendungen und** die **unangemessenen Bewirtungsaufwendungen**;

3. Aufwendungen für Gästehäuser, die sich außerhalb des Orts eines Betriebs des Steuerpflichtigen befinden;

4. Aufwendungen für Jagd oder Fischerei, für Segeljachten oder Motorjachten sowie für ähnliche Zwecke und die hiermit zusammenhängenden Bewirtungen;

5. Mehraufwendungen für Verpflegung, soweit bestimmte Pauschbeträge (**24/12/ 6 Euro**) überschritten werden;

6. **Aufwendungen für Fahrten** des Steuerpflichtigen **zwischen Wohnung und Betriebsstätte** und für Familienheimfahrten, soweit bestimmte Pauschbeträge überschritten werden;

6a. (weggefallen);

6b. Aufwendungen für ein häusliches Arbeitszimmer sowie die Kosten der Ausstattung. Dies gilt nicht, wenn das Arbeitszimmer den Mittelpunkt der gesamten betrieblichen und beruflichen Betätigung bildet;

7. andere als die genannten Aufwendungen, die die Lebensführung des Steuerpflichtigen oder anderer Personen berühren, soweit sie nach allgemeiner Verkehrsauffassung als unangemessen anzusehen sind.

Zu den **nicht abzugsfähigen Betriebsausgaben** gehören **auch** die Geldbußen, Ordnungsgelder und Verwarnungsgelder, die von einer Behörde oder einem Gericht festgesetzt wurden und Schmiergelder (§ 4 Abs. 5 Nr. 8 und Nr. 10 EStG).

Aufwendungen zur Finanzierung staatspolitischer Zwecke (Mitgliedsbeiträge und Spenden an politische Parteien) sind **keine Betriebsausgaben** im Sinne des EStG.

8.2.2.2 Buchmäßige und steuerliche Behandlung von nicht abzugsfähigen Betriebsausgaben

Um die **Abzugsfähigkeit** bzw. **Nichtabzugsfähigkeit** besser prüfen zu können, sind die **Aufwendungen** im Sinne des § 4 Abs. 5 **Nr. 1 bis 4, 6b** und **7** EStG **einzeln und getrennt** von den sonstigen Betriebsausgaben **aufzuzeichnen** (§ 4 **Abs. 7** EStG). Das **Erfordernis** der besonderen Aufzeichnung ist **erfüllt, wenn** für jede der in § 4 Abs. 7 EStG bezeichneten Gruppen von Aufwendungen **ein besonderes Konto** oder eine Spalte **geführt wird** (R 4.11 Abs. 1 Satz 1 EStR 2005). Ist diese Pflicht **nicht** erfüllt, so sind die Aufwendungen als **nicht abzugsfähige Betriebsausgaben** zu behandeln.

Vorsteuerbeträge, die auf Aufwendungen entfallen, für die das Abzugsverbot des § 4 Abs. 5 **Nr. 1 bis 4, 7** oder des **§ 12 Nr. 1** EStG gilt, sind **nicht abziehbar** (§ 15 Abs. 1a Satz 1 UStG). Dies gilt **nicht** für angemessene und nachgewiesene **Bewirtungsaufwendungen** im Sinne des § 4 Abs. 5 Nr. 2 EStG (§ 15 Abs. 1a **Satz 2** UStG).

Zu den **Aufwendungen**, die nach § 15 Abs. 1a **Satz 1** UStG vom **Vorsteuerabzug ausgeschlossen** sind, gehören:

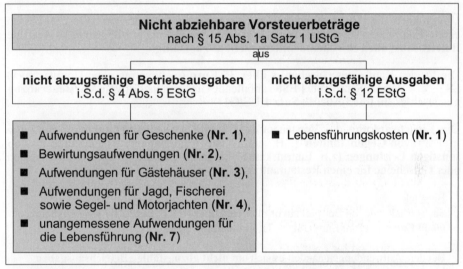

Im Folgenden werden exemplarisch die in der Praxis häufig vorkommenden **Aufwendungen für Geschenke** und **Bewirtungsaufwendungen** erläutert.

8.2.2.2.1 Aufwendungen für Geschenke

Aufwendungen für betrieblich veranlasste **Geschenke** an natürliche Personen, die nicht Arbeitnehmer des Steuerpflichtigen sind, oder an juristische Personen sind als Betriebsausgaben **abziehbar**, wenn die **Anschaffungs- oder Herstellungskosten** einschließlich eines umsatzsteuerrechtlich nicht abziehbaren Vorsteuerbetrags der dem Empfänger im Wirtschaftsjahr zugewendeten Geschenke insgesamt **35 Euro** (**Freigrenze**) **nicht übersteigen** (R 9b Abs. 2 EStR 2005).

Die Bestimmung der **Anschaffungs- oder Herstellungskosten** richtet sich nach den **allgemeinen** Grundsätzen, d.h. dass Skonti, Rabatte und andere Preisnachlässe die Anschaffungskosten mindern. **Vertriebskosten** (Verpackungs- und Versandkosten) gehören **nicht** zu den Anschaffungskosten (R 4.10 Abs. 3 EStR 2005).

Bei **Geschenken unter 35 Euro netto** kann der Vorsteuerabzug wie bisher gewährt werden, wenn der Unternehmer die Aufwendungen für Geschenke **gesondert** nach § 4 Abs. 7 EStG aufzeichnet (z.B. auf das Konto "**6610** (4630) Geschenke abzugsfähig " bucht).

Beispiel:
Unternehmer U, Bonn, der zum Vorsteuerabzug berechtigt ist, kauft im Mai 2007 ein Werbegeschenk für **30,00 €** + 5,70 € USt = 35,70 € bar.

Wird dieses Geschenk einem Kunden in einem Wirtschaftsjahr zugewendet, sind die Aufwendungen **abziehbar**, weil die Anschaffungskosten (30,00 €) die Freigrenze von 35 € nicht übersteigen. Ebenso kann die **Vorsteuer** in Höhe von 5,70 € abgezogen werden, wenn U seine Aufzeichnungspflichten nach § 4 Abs 7 EStG erfüllt.

Werden **mehrere** geringwertige Geschenke im Laufe eines Jahres demselben Empfänger zugewendet und dabei die **35 Euro-Grenze** überschritten, entfällt der **Vorsteuerabzug nachträglich**.

Übersteigen die Anschaffungskosten oder Herstellungskosten eines Geschenkes an einen Empfänger in einem Wirtschaftsjahr den Betrag von **35 Euro**, so sind die **Betriebsausgaben** in vollem Umfang **nicht abzugsfähig**.

Die für den Kauf eines **Geschenks über 35 Euro** (Nettobetrag ohne Umsatzsteuer) i.S.d. § 4 Abs. 5 Satz 1 **Nr. 1** EStG anfallende Umsatzsteuer ist vom **Vorsteuerabzug ausgeschlossen** (§ 15 Abs. 1a **Satz 1** UStG).

Die **Einschränkung** des Vorsteuerabzugs betrifft sowohl **höherwertige Geschenke** in Form von **Gegenständen** (z.B. eine Kiste Champagner) als auch in Form von **sonstigen Leistungen** (z.B. Eintrittskarten für Theater, Konzerte, Sportveranstaltungen oder Gutscheine für einen Restaurantbesuch).

Beispiel:
Sachverhalt wie im Beispiel zuvor mit dem **Unterschied**, dass U für das Geschenk **60,00 Euro** + 11,40 Euro USt = 71,40 Euro aufwendet.

Bei den Aufwendungen handelt es sich um **nicht abzugsfähige Betriebsausgaben** im Sinne des § 4 Abs. 5 Nr. 1 EStG, die vom **Vorsteuerabzug ausgeschlossen** sind.

Umsatzsteuerlich waren die nach **§ 4 Abs. 5** Nr. 1 **EStG nicht abzugsfähigen Betriebsausgaben** bis 31.3.1999 **Eigenverbrauch** (§ 1 Abs. 1 **Nr. 2c** UStG a.F.), der der **Umsatzsteuer** unterlag.

Seit dem 1.4.1999 sind die nach § 4 Abs. 5 Nr. 1 EStG **nicht abzugsfähigen Betriebsausgaben** vom **Vorsteuerabzug ausgeschlossen** (§ 15 Abs. 1a Satz 1 UStG).

Aufwendungen für Geschenke werden auf den folgenden Konten gebucht:

6610 (4630) **Geschenke abzugsfähig,**

6620 (4635) **Geschenke nicht abzugsfähig.**

Einzelheiten zur **besonderen Aufzeichnung** ergeben sich aus **R 4.11 EStR 2005**.

Geschenke abzugsfähig (bis 35 Euro)

Beispiel:
Unternehmer U, Bonn, der zum Vorsteuerabzug berechtigt ist, **kauft** im Juni 2007 ein Geschenk für **25,00 €** + 4,75 € USt = 29,75 € bar und **schenkt** es direkt einem Kunden.

Buchungssatz:

Sollkonto	Betrag (€)	Habenkonto
6610 (4630) Geschenke abzugsfähig **1406** (1576) Vorsteuer 19 %	25,00 4,75 29,75	**1600** (1000) Kasse

Buchung:

S **6610** (4630) **Geschenke abzugsfähig** H   S   **1600** (1000) **Kasse**   H

25,00		29,75

S   **1406** (1576) **Vorsteuer 19 %**   H

4,75

Geschenke nicht abzugsfähig (über 35 Euro)

Werden Gegenstände **über 35 Euro** netto direkt **als Geschenke** gekauft, ist der **Vorsteuerabzug** nach § 15 Abs. 1a Satz 1 UStG **ausgeschlossen**. In diesem Fall wird der **Bruttobetrag** auf das Konto "Geschenke nicht abzugsfähig" gebucht.

Beispiel:
Sachverhalt wie im Beispiel zuvor mit dem **Unterschied**, dass U für das Geschenk **50,00 Euro** + 9,50 Euro USt = 59,50 Euro aufwendet.

Buchungssatz:

Sollkonto	Betrag (€)	Habenkonto
6620 (4635) Geschenke nicht abzugsfähig	59,50	**1600** (1000) Kasse

Buchung des Kassenbelegs:

S **6620** (4635) **Geschenke nicht abzugsfähig** H   S   **1600** (1000) **Kasse**   H

59,50		**59,50**

Geschenke aus dem Warensortiment

Werden Gegenstände im Wert von über 35 Euro **nicht** direkt **als Geschenke gekauft**, sondern aus dem **Warensortiment** bzw. aus dem **Produktionsprogramm entnommen**, sind die Aufwendungen im **Zeitpunkt der Hingabe** des Geschenks auf das Konto "**6620** (4635) **Geschenke nicht abzugsfähig**" umzubuchen.

Die bisher abgezogene **Vorsteuer** ist nach § 17 Abs. 2 Nr. 5 UStG zu **berichtigen**, weil durch die spätere Umwandlung zum Geschenk Aufwendungen getätigt werden, die unter das Abzugsverbot des § 15 Abs. 1a Satz 1 UStG fallen. Nach dieser Vorschrift ist die **Vorsteuer nicht abziehbar**, wenn die Aufwendungen auch nach einkommensteuer-rechtlichen Vorschriften nicht abziehbar sind (§ 4 Abs. 5 Nr. 1 EStG).

Beispiel:
Uhrenhändler U, Köln, hat 100 Armbanduhren zum Stückpreis von 50 Euro + USt (5.000 Euro + 950 Euro USt) auf Ziel erworben. Er hat diesen Vorgang wie folgt erfasst:

Tz.	Sollkonto	Betrag (€)	Habenkonto
1.	**5200** (3200) Wareneingang	5.000,00	**3300** (1600) Verbindlichk. aLuL
	1406 (1576) Vorsteuer	950,00	**3300** (1600) Verbindlichk. aLuL

Eine dieser Uhren entnimmt er seinem Warensortiment und verschenkt sie an einen Kunden. Im Zeitpunkt der Hingabe des Geschenks ist eine **Vorsteuerkorrektur** nach § 17 Abs. 2 Nr. 5 UStG vorzunehmen (Abschn. 197 Abs. 5 UStR 2005).

Buchungssatz:

Tz.	Sollkonto	Betrag (€)	Habenkonto
2.	**6620** (4635) Geschenke nicht abzugsf.	50,00	**5200** (3200) Wareneingang
	6620 (4635) Geschenke nicht abzugsf.	9,50	**1406** (1576) VoSt 19 %

Buchung:

S **6620** (4635) **Geschenke nicht abzugsfähig** H		S **5200** (3200) **Wareneingang** H	
2)	**50,00**	1) 5.000,00	2) **50,00**
2)	**9,50**		

S **1406** (1576) **Vorsteuer 19 %** H	
1) 950,00	2) **9,50**

Werden Gegenstände im Wert bis 35 Euro **nicht** direkt **als Geschenke gekauft**, sondern aus dem **Warensortiment** bzw. aus dem **Produktionsprogramm entnommen**, sind die Aufwendungen im Zeitpunkt der Hingabe des Geschenks auf das Konto "**6610** (4630) **Geschenke abzugsfähig**" umzubuchen. Die **Vorsteuer** ist **nicht** zu **korrigieren**. Der Vorgang ist wie folgt zu buchen:

> **6610** (4630) **Geschenke abzugsfähig an 5200** (3200) **Wareneingang**

8.2.2.2.2 Bewirtungsaufwendungen

Bewirtungsaufwendungen sind Aufwendungen für den Verzehr von Speisen, Getränken und sonstigen Genussmitteln (R 4.10 Abs. 5 Satz 3 EStR 2005).

Seit 2004 dürfen **Bewirtungsaufwendungen nur noch** in Höhe von **70 %** der angemessenen und nachgewiesenen Aufwendungen als Betriebsausgaben abgezogen werden.
30 % der angemessenen und nachgewiesenen Bewirtungsaufwendungen dürfen als **Betriebsausgaben nicht** abgezogen werden.
Ebenso dürfen die **unangemessenen** bzw. **nicht nachgewiesenen Bewirtungs-aufwendungen** als Betriebsausgaben den Gewinn nicht mindern.

Der **Vorsteuerabzug** für Bewirtungsaufwendungen aus geschäftlichem Anlass bleibt zulässig, soweit die Bewirtungsaufwendungen einkommensteuerrechtlich als **Betriebsausgaben** abzugsfähig sind (§ 4 Abs. 5 Satz 1 **Nr. 2** EStG).

Nach § 15 Abs. 1a **Satz 2** UStG ist der Vorsteuerabzug in vollem Umfang für die dem einkommensteuerrechtlichen Abzugsverbot des § 4 Abs. 5 Satz 1 Nr. 2 EStG unterliegenden **angemessenen und nachgewiesenen** Bewirtungsaufwendungen unter den allgemeinen Voraussetzungen des § 15 UStG zu gewähren.

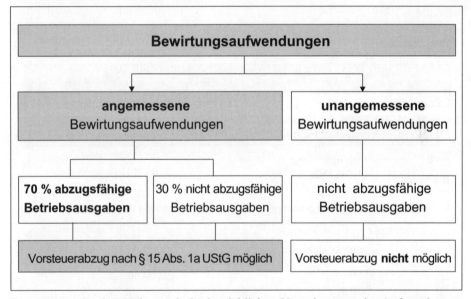

Der **Nachweis** der Höhe und der betrieblichen Veranlassung der Aufwendungen durch schriftliche Angaben zu Ort, Tag, Teilnehmer und Anlass der Bewirtung sowie Höhe der Aufwendungen ist gesetzliches Tatbestandsmerkmal für den Abzug der Bewirtungsaufwendungen als Betriebsausgaben.

Bei Bewirtung in einer **Gaststätte** genügen neben der beigefügten Rechnung Angaben zu dem Anlass und den Teilnehmern der Bewirtung. Die Rechnung muss den Anforderungen des § 14 UStG genügen und maschinell erstellt und registriert sein. Die in Anspruch genommenen Leistungen sind nach Art, Umfang, Entgelt und Tag der Bewirtung in der Rechnung gesondert zu bezeichnen, die für den Vorsteuerabzug ausreichende Angabe "Speisen und Getränke" und die Angabe der für die Bewirtung in Rechnung gestellten Gesamtsumme sind für den Betriebsausgabenabzug nicht ausreichend (R 4.10 Abs. 8 EStR 2005).

Die **Bewirtungsaufwendungen** werden auf den folgenden Konten gebucht:

6640 (4650) **(Abzugsfähige) Bewirtungskosten** und

6644 (4654) **Nicht abzugsfähige Bewirtungskosten**

Einzelheiten zur besonderen Aufzeichnung ergeben sich aus **R 4.11 EStR 2005**.

Beispiel 1:
Der Unternehmer U, Köln, hat im August 2007 für die **Bewirtung von Geschäfts-freunden** in einer Gaststätte **250 € + 47,50 € USt = 297,50 €** bar aufgewendet. Die Aufwendungen sind **angemessen** und werden durch einen ordnungsgemäß ausgestellten Beleg **nachgewiesen**.

175,00 Euro (70 % von 250 €) sind abzugsfähige Betriebsausgaben (§ 4 Abs. 5 Nr. 2 EStG).
75,00 Euro (30 % von 250 €) dürfen **nicht** als Betriebsausgaben abgezogen werden (§ 4 Abs. 5 Nr. 2 EStG).
47,50 Euro kann U nach § 15 Abs. 1a Satz 2 UStG in voller Höhe geltend machen.

Buchungssatz:

Sollkonto	Betrag (€)	Habenkonto
6640 (4650) Bewirtungskosten	175,00	**1600** (1000) Kasse
6644 (4654) Nicht abzugsfähige BK	75,00	**1600** (1000) Kasse
1406 (1576) Vorsteuer 19 %	47,50	**1600** (1000) Kasse

Buchung:

S   **6640** (4650) **Bewirtungskosten**   H   S   **1600** (1000) **Kasse**   H

        175,00 | | 297,50

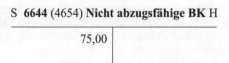

S **6644** (4654) **Nicht abzugsfähige BK** H

      75,00 |

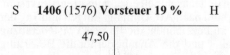

S   **1406** (1576) **Vorsteuer 19 %**   H

        47,50 |

Beispiel 2:
Sachverhalt wie im Beispiel 1 mit dem **Unterschied**, dass von den Aufwendungen **50 Euro** als **unangemessen** anzusehen sind.

Nach § 15 Abs. 1a Satz 2 UStG kann U den vollen **Vorsteuerabzug** auf die **angemessenen und nachgewiesenen** Bewirtungsaufwendungen in Höhe von 200 € geltend machen. U kann daher **38 €** (19 % von 200 €) als Vorsteuerabzug in Anspruch nehmen.

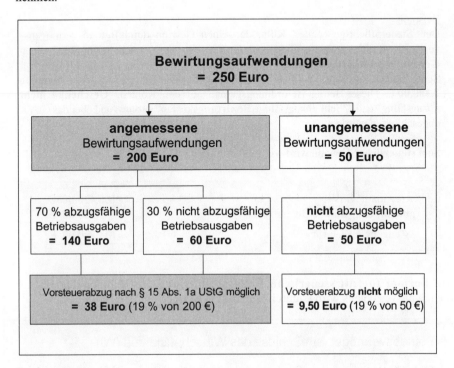

Buchungssatz:

Sollkonto	Betrag (€)	Habenkonto
6640 (4650) Bewirtungskosten	140,00	**1600** (1000) Kasse
6644 (4654) Nicht abz. BK	60,00	**1600** (1000) Kasse
6644 (4654) Nicht abz. BK	59,50	**1600** (1000) Kasse
1406 (1576) Vorsteuer 19 %	38,00	**1600** (1000) Kasse

Buchung:

S **6640** (4650) **Bewirtungskosten** H	S **1600** (1000) **Kasse** H
140,00	297,50
S 6644 (4654) **Nicht abzugsfähige BK** H	**S 1406** (1576) **Vorsteuer 19 %** H
60,00 59,50	38,00

Die Konten mit den **nicht abzugsfähigen Betriebsausgaben** ("Geschenke nicht abzugsfähig" und "Nicht abzugsfähige Bewirtungskosten") werden über das **GuVK** abgeschlossen.

Zur Ermittlung des **steuerlichen** Gewinns sind in diesem Fall diese **Aufwendungen außerhalb der Buchführung** dem in der Gewinn- und Verlustrechnung ausgewiesenen Gewinn **hinzuzurechnen**.

Beispiel:
Der Steuerpflichtige Müller, Köln, der seinen Gewinn durch Betriebsvermögensvergleich ermittelt, weist auf seinem **GuVK** für das Wirtschaftsjahr 2007 einen **Gewinn** von **106.420,00 €** aus.
Seine nach § 4 Abs. 5 EStG nicht abzugsfähigen Betriebsausgaben betragen **2.300,00 €**. Dieser Betrag ist ordnungsgemäß auf den Konten **"Geschenke nicht abzugsfähig"** und **"Nicht abzugsfähige Bewirtungskosten"** gebucht und über das GuVK abgeschlossen worden.

Sein **steuerlicher** Gewinn wird wie folgt ermittelt:

Gewinn lt. GuVK	106.420,00 €
+ **nicht abzugsfähige Betriebsausgaben**	**2.300,00 €**
= **steuerlicher** Gewinn	108.720,00 €

Die **Formel für die steuerliche Erfolgsermittlung** im Rahmen des Betriebsvermögensvergleichs wird dadurch wie folgt **erweitert**:

Betriebsvermögen am Schluss des Wirtschaftsjahres (Wj)

– Betriebsvermögen am Schluss des vorangegangenen Wirtschaftsjahres

= Unterschiedsbetrag

+ Entnahmen

– Einlagen

+ **nicht abzugsfähige Betriebsausgaben**
(z.B. "Geschenke nicht abzugsfähig", "Nicht abzugsfähige Bewirtungskosten")

= **steuerlicher** Gewinn/Verlust

Übung: 1. Wiederholungsfragen 14 und 15 (Seite 396),
2. Übungsaufgaben 9 bis 14 (Seite 399 f.)

8.2.3 Reisekosten

Reisekosten sind

> 1. **Fahrtkosten,**
>
> 2. **Verpflegungsmehraufwendungen,**
>
> 3. **Übernachtungskosten** und
>
> 4. **Reisenebenkosten,**

wenn diese so gut wie ausschließlich durch die berufliche Tätigkeit des **Arbeitnehmers** (**Unternehmers**) außerhalb seiner Wohnung und einer ortsgebundenen regelmäßigen Arbeitsstätte veranlasst sind (R 37 Abs. 1 Satz 1 LStR).

Eine **Dienstreise** ist ein Ortswechsel (eines **Arbeitnehmers**) einschließlich Hin- und Rückfahrt aus Anlass einer vorübergehenden (längstens drei Monate dauernden) **Auswärtstätigkeit** (R 37 Abs. 3 **Satz 1** LStR).

Eine **Auswärtstätigkeit** liegt vor, wenn der Arbeitnehmer außerhalb seiner Wohnung und seiner regelmäßigen Arbeitsstätte beruflich tätig wird (R 37 Abs. 3 **Satz 2** LStR).

Eine **Geschäftsreise** ist ein Ortswechsel eines **Unternehmers** einschließlich Hin- und Rückfahrt aus Anlass einer vorübergehenden (längstens drei Monate dauernden) Auswärtstätigkeit (R 4.12 Abs. 2 EStR 2005).

Einkommensteuerrechtlich kann der Arbeitgeber diese Reisekosten seinem Arbeitnehmer **steuerfrei** ersetzen, soweit sie bestimmte Höchstbeträge nicht übersteigen (§ 3 Nr. 16 EStG).

Umsatzsteuerrechtlich ist der **Vorsteuerabzug** für Umsätze, die aus Anlass einer **Geschäfts- oder Dienstreise** im **Inland** für das **Unternehmen** ausgeführt werden, seit dem 20.12.2003 unter den allgemeinen Voraussetzungen des § 15 UStG wieder möglich.

Bei **Reisekosten** können die

> 1. **tatsächlichen Aufwendungen** oder
>
> 2. **Pauschbeträge**

geltend gemacht werden.

Der Unternehmer kann nur bei den **tasächlichen** Aufwendungen die **Vorsteuer** geltend machen, **nicht** bei den **Pauschbeträgen.**

Reise**neben**kosten und **Übernachtungskosten** des **Unternehmers** können **nur** in **tatsächlicher Höhe** (**nicht** als **Pauschbeträge**) geltend gemacht werden.

Verpflegungsmehraufwendungen werden seit 1996 **nur** noch als **Pauschbeträge** und **nicht** mehr in tatsächlicher Höhe als abzugsfähige Betriebsausgaben anerkannt.

Bei den **anderen Reisekostenarten** hat der Steuerpflichtige ein **Wahlrecht.** Er kann die tatsächlichen Aufwendungen oder die Pauschbeträge ansetzen.

Die folgende Übersicht zeigt, welche Möglichkeiten im Einzelnen bestehen.

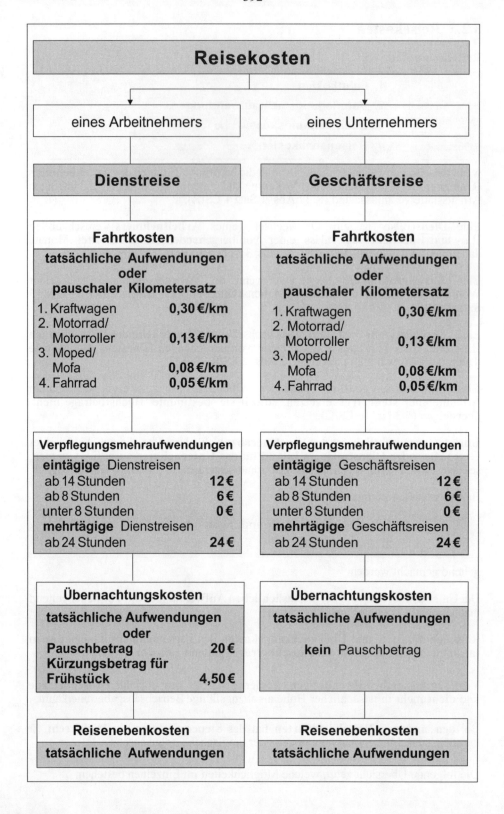

Reisekosten

eines Arbeitnehmers	eines Unternehmers

Dienstreise	Geschäftsreise

Fahrtkosten	**Fahrtkosten**
tatsächliche Aufwendungen oder pauschaler Kilometersatz	tatsächliche Aufwendungen oder pauschaler Kilometersatz

1. Kraftwagen 0,30 €/km
2. Motorrad/
  Motorroller 0,13 €/km
3. Moped/
  Mofa 0,08 €/km
4. Fahrrad 0,05 €/km
	1. Kraftwagen 0,30 €/km
	2. Motorrad/
	  Motorroller 0,13 €/km
	3. Moped/
	  Mofa 0,08 €/km
	4. Fahrrad 0,05 €/km

Verpflegungsmehraufwendungen	**Verpflegungsmehraufwendungen**
eintägige Dienstreisen ab 14 Stunden 12 € ab 8 Stunden 6 € unter 8 Stunden 0 € **mehrtägige** Dienstreisen ab 24 Stunden 24 €	**eintägige** Geschäftsreisen ab 14 Stunden 12 € ab 8 Stunden 6 € unter 8 Stunden 0 € **mehrtägige** Geschäftsreisen ab 24 Stunden 24 €

Übernachtungskosten	**Übernachtungskosten**
tatsächliche Aufwendungen oder **Pauschbetrag** 20 € **Kürzungsbetrag für** **Frühstück** 4,50 €	tatsächliche Aufwendungen **kein** Pauschbetrag

Reisenebenkosten	**Reisenebenkosten**
tatsächliche Aufwendungen	**tatsächliche Aufwendungen**

Seit dem 20.12.2003 ist **gesetzlich** geregelt, dass der **Vorsteuerabzug** aus **Reisekosten** unter den allgemeinen Voraussetzungen des § 15 wieder **möglich** ist.

Ein Vorsteuerabzug ist lediglich aus den **tatsächlichen** Verpflegungskosten möglich, wenn die Umsatzsteuer auf der Rechnung **gesondert** ausgewiesen ist und auf den Namen des **Unternehmers** lautet bzw. eine **Kleinbetragsrechnung** vorliegt.
Die **über** den Pauschbeträgen liegenden **Anteile** der tatsächlichen Verpflegungsaufwendungen sind **nicht abzugsfähige Betriebsausgaben**.
Der Vorsteuerabzug aus **Reisekostenpauschbeträgen**, z.B. aus der Verpflegungspauschale, ist **ausgeschlossen**.

Die Reisekosten, die als Betriebsausgaben **abziehbar** sind, werden auf den folgenden **allgemeinen** Aufwandskonten gebucht:

6650 (4660) **Reisekosten Arbeitnehmer** und

6670 (4670) **Reisekosten Unternehmer**.

Reisekosten, die **nicht** als Betriebsausgaben **abziehbar** sind, werden auf den folgenden Konten erfasst:

6652 (4662) **Reisekosten Arbeitnehmer** (nicht abziehbarer Anteil),

6672 (4672) **Reisekosten Unternehmer** (nicht abziehbarer Anteil).

Die Buchung kann anhand von **Einzelbelegen** oder nach **Pauschalbeträgen** erfolgen.

8.2.3.1 Buchung anhand von Einzelbelegen

Der Unternehmer kann nur bei **Einzelnachweis** den Vorsteuerabzug aus Reisekosten geltend machen.

Beispiel:
Der Unternehmer U, Köln, besucht in 2007 aus betrieblichen Gründen eine Messe in Leipzig. Die Dauer der Geschäftsreise beträgt 15 Stunden.
Dabei sind ihm folgende Aufwendungen entstanden, die er anhand von ordnungsgemäß ausgestellten Rechnungen (**Einzelbelegen**) nachweist:

	abziehbare BA	nicht abziehbare BA	Vorsteuer
1. **Fahrtkosten** für Bahnfahrt:	200,00 €		38,00 €
2. **Reisenebenkosten** für Taxifahrten:	60,00 €		4,20 €
3. **Verpflegungskosten**:	12,00 €	138,00 €	28,50 €
4. **Übernachtungskosten**:	250,00 €		47,50 €
	522,00 €	138,00 €	118,20 €

U kann anhand der Rechnungen (Einzelbelege) den **Vorsteuerabzug** in Höhe von **118,20 Euro** vornehmen, obwohl er nur Mehraufwendungen für Verpflegung von **12,00 Euro** als Betriebsausgaben absetzen kann.
Von den 150,00 € Verpflegungskosten sind **138,00 €** (150 € – 12 €) nicht abzugsfähige Betriebsausgaben.

Sollkonto	Betrag (€)	Habenkonto
6670 (4670) Reisekosten Unternehmer	522,00	**1600** (1000) Kasse
6672 (4672) Reisekosten U (n.abz.A.)	138,00	**1600** (1000) Kasse
1406 (1576) Vorsteuer 19 %	114,00	**1600** (1000) Kasse
1401 (1571) Vorsteuer 7 %	4,20	**1600** (1000) Kasse

Buchung:

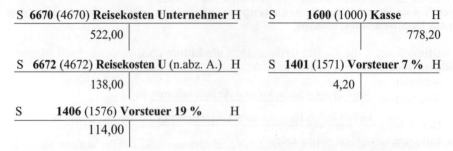

Der **Vorsteuerabzug** wird auch bei Fahrtkosten für **Fahrzeuge des Personals**, soweit der **Unternehmer Leistungsempfänger** (Rechnungsempfänger) ist, unter den übrigen Voraussetzungen des § 15 UStG zugelassen.

8.2.3.2 Buchung nach Pauschalbeträgen

Werden die Reisekosten nach **Pauschbeträgen** abgerechnet, können seit dem 1.4.1999 **keine Vorsteuerbeträge** mehr abgezogen werden.

8.2.3.2.1 Kilometerpauschalen bei Geschäfts- und Dienstreisen

Benutzt der **Arbeitnehmer** für eine **Dienstreise** sein **eigenes** Fahrzeug, so kann der Arbeitgeber die Fahrtkosten dem Arbeitnehmer ohne Nachweis der tatsächlich entstandenen Kosten mit den **pauschalen Kilometersätzen** lohnsteuerfrei vergüten (R 38 Abs. 1 LStR). Wird dem **Arbeitnehmer** für die Auswärtstätigkeit ein **Kraftfahrzeug zur Verfügung gestellt**, dürfen die pauschalen Kilometersätze **nicht** steuerfrei erstattet werden (R 38 Abs. 4 Satz 4 LStR).

Beispiel:

Der **Arbeitnehmer** A fährt im Mai 2007 bei einer **Dienstreise** mit seinem **eigenen Pkw** von Frankfurt nach Kassel. Die **einfache** Entfernung beträgt **193 km**. A erhält von seinem Arbeitgeber den **pauschalen Kilometersatz** von **115,80 Euro** (193 km x 0,30 € x 2) bar ersetzt.

Der Arbeitgeber kann den Betrag von **115,80 Euro** als **Betriebsausgabe** geltend machen. Seit dem 1.4.1999 kann der Arbeitgeber aus diesem Betrag **keine Vorsteuer** mehr herausrechnen.

Buchungssatz:

Sollkonto	Betrag (€)	Habenkonto
6650 (4660) Reisekosten Arbeitnehmer	115,80	**1600** (1000) Kasse

Buchung:

S **6650** (4660) **Reisekosten Arbeitnehmer** H	S **1600** (1000) **Kasse** H
115,80	115,80

8.2.3.2.2 Verpflegungspauschalen bei Geschäfts- und Dienstreisen

Nimmt ein **Unternehmer** aus Anlass einer **Geschäftsreise** im **Inland** für seine Mehraufwendungen für Verpflegung einen **Pauschbetrag** in Anspruch **oder** erstattet er seinem **Arbeitnehmer** aus Anlass einer **Dienstreise** im **Inland** die Aufwendungen für die Mehraufwendungen für Verpflegung nach Pauschbeträgen, so kann er diese Beträge als **Betriebsausgaben** geltend machen.

Seit 1.4.1999 kann der Arbeitgeber aus diesen Beträgen jedoch **keine Vorsteuer** mehr herausrechnen.

Beispiel:
Der **Arbeitnehmer** A ist am 13.12.2007 aus Anlass einer **Dienstreise 12 Stunden** außerhalb seiner regelmäßigen Arbeitsstätte tätig. Der Arbeitgeber erstattet A für Verpflegungsmehraufwendungen den **Pauschbetrag** von **6 Euro** bar.

Der Arbeitgeber kann den Betrag von **6 Euro** als **Betriebsausgabe** absetzen. Er kann aber aus diesem Betrag **keine Vorsteuer** mehr herausrechnen.

Buchungssatz:

Sollkonto	Betrag (€)	Habenkonto
6650 (4660) Reisekosten Arbeitnehmer	6,00	**1600** (1000) Kasse

Buchung:

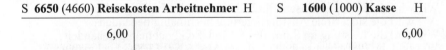

S **6650** (4660) **Reisekosten Arbeitnehmer** H   S   **1600** (1000) **Kasse**   H

          6,00   6,00

8.2.3.2.3 Übernachtungspauschale bei Dienstreisen

Erstattet der Unternehmer seinem **Arbeitnehmer** aus Anlass einer **Dienstreise** im **Inland** die Aufwendungen für Übernachtung nach Pauschbeträgen, so kann er diese Beträge als **Betriebsausgaben** geltend machen.
Seit 1.4.1999 kann der Arbeitgeber aus diesen Beträgen jedoch **keine Vorsteuer** mehr herausrechnen.

Beispiel:
Der **Arbeitnehmer** A erhält von seinem Arbeitgeber aus Anlass einer **Dienstreise** im August 2007 **Pauschbeträge** für Übernachtungskosten (mit Frühstück) in Höhe von **31 Euro** [(20 € x 2) – (4,50 € x 2)] bar erstattet.

Der Arbeitgeber kann den Betrag von **31 Euro** als **Betriebsausgabe** absetzen. Er kann aber aus diesem Betrag **keine Vorsteuer** mehr herausrechnen.

Buchungssatz:

Sollkonto	Betrag (€)	Habenkonto
6650 (4660) Reisekosten Arbeitnehmer	31,00	**1600** (1000) Kasse

Buchung:

S **6650** (4660) **Reisekosten Arbeitnehmer** H   S   **1600** (1000) **Kasse**   H

31,00 | | 31,00

> **Übung:** 1. Wiederholungsfragen 16 bis 19 (Seite 396),
> 2. Übungsaufgaben 15 bis 17 (Seite 400)

8.3 Erfolgskontrolle

WIEDERHOLUNGSFRAGEN

1. Was sind Steuern?
2. Was versteht man unter Betriebssteuern?
3. Wie sind abzugsfähige Betriebssteuern buchmäßig zu behandeln, die bei der Anschaffung eines Wirtschaftsgutes anfallen?
4. Wie sind abzugsfähige Betriebssteuern buchmäßig zu behandeln, die nicht zu den Anschaffungskosten gehören?
5. Welche Betriebssteuern sind steuerlich nicht abzugsfähig?
6. Was versteht man unter Privatsteuern?
7. Welche Privatsteuern kennen Sie?
8. Welche steuerlichen Nebenleistungen gibt es?
9. Wonach richtet sich die Abzugsfähigkeit der steuerlichen Nebenleistungen bei der Gewinnermittlung?
10. Wie wird der innergemeinschaftliche Erwerb buchmäßig behandelt?
11. Wie wird die innergemeinschaftliche Lieferung buchmäßig behandelt?
12. Wie wird die steuerfreie Ausfuhrlieferung buchmäßig behandelt?
13. Wie wird die Leistung im Sinne des § 13b UStG buchmäßig behandelt?
14. Wie sind die Betriebsausgaben i.S.d. § 4 Abs. 5 Nr. 1 EStG buchmäßig zu behandeln?
15. Wie werden Geschenke buchmäßig behandelt?
16. Welche Reisekosten können nur in tatsächlicher Höhe geltend gemacht werden?
17. Welche Reisekosten können nur als Pauschbeträge geltend gemacht werden?
18. Welche Reisekostenarten können entweder in tatsächlicher Höhe oder als Pauschbetrag geltend gemacht werden?
19. Wie werden Reisekosten bei der Pauschalierung buchmäßig behandelt?

ÜBUNGSAUFGABEN

Übungsaufgabe 1:

Welche der nachstehenden Steuern ist in der Regel aktivierungspflichtig?

1. Grundsteuer
2. Einkommensteuer
3. Grunderwerbsteuer
4. Gewerbesteuer

Übungsaufgabe 2:

Der Unternehmer Adams, der zum Vorsteuerabzug berechtigt ist, hat 2007 ein unbebautes Betriebsgrundstück zum Kaufpreis von 50.000 Euro gegen Bankscheck gekauft.
Außerdem wurden durch Banküberweisung gezahlt:

Grunderwerbsteuer (3,5 % von 50.000 €)	1.750,00 €
Notargebühren (800 € + 152 € USt)	952,00 €
Grundbuchgebühr	650,00 €

Zur teilweisen Finanzierung des Grundstücks hat Adam ein Darlehen bei seiner Bank aufgenommen. Die Bank hat ihm im Anschaffungsjahr berechnet:

Zinsen	3.400,00 €
Damnum (Bearbeitungsgebühren)	500,00 €

1. Ermitteln Sie die Anschaffungskosten des Grundstücks.
2. Bilden Sie die Buchungssätze für die Anschaffung des Grundstücks.

Übungsaufgabe 3:

Der Unternehmer Becker, der zum Vorsteuerabzug berechtigt ist, hat 2007 ein bebautes Betriebsgrundstück zum Preis von 500.000 Euro gegen Bankscheck gekauft. Von diesem Kaufpreis entfallen 100.000 Euro auf Grund und Boden.
Außerdem wurden durch Banküberweisung gezahlt:

Grunderwerbsteuer (3,5 % von 500.000 €)	17.500,00 €
Notargebühr (5.000 € + 950 € USt)	5.950,00 €
Grundbuchgebühr	5.000,00 €

1. Ermitteln Sie die Anschaffungskosten für den Grund und Boden und für das Gebäude.
2. Bilden Sie die Buchungssätze.

Übungsaufgabe 4:

Bilden Sie die Buchungssätze für folgende Geschäftsvorfälle:

1. Wir überweisen vom betrieblichen Bankkonto

Einkommensteuer	2.000,00 €
Kirchensteuer	180,00 €
Solidaritätszuschlag	150,00 €

für den Unternehmer.
2. Wir überweisen durch Postbank

Gewerbesteuer-Vorauszahlung	800,00 €
Grundsteuer für das Betriebsgrundstück	300,00 €

3. Der Spediteur Will berechnet uns für eine
   Wareneinfuhr Einfuhrabgaben (Einfuhrzoll)   3.000,00 €
4. Wir überweisen durch Bank Grunderwerbsteuer
   in Höhe von   7.000,00 €
   an das Finanzamt für den Erwerb eines
   unbebauten Betriebsgrundstücks.
5. Wir überweisen durch Postbank Kfz-Steuer
   für den betrieblichen Pkw an das Finanzamt   780,00 €
6. Das Finanzamt erstattet überzahlte Einkommen-
   und Kirchensteuer des Unternehmers auf das
   betriebliche Postbankkonto   3.270,00 €

7. Aufgrund einer Außenprüfung zahlen wir durch
Bank folgende Steuern für Vorjahre nach
Gewerbesteuer	600,00 €
Einkommensteuer	500,00 €
Kirchensteuer	45,00 €

8. Wir haben ein bebautes Grundstück zum Preis
von 300.000 € gekauft. Vom Kaufpreis ent-
fallen 45.000 € auf Grund und Boden und
255.000 € auf Geschäftsgebäude.
Wir überweisen die Grunderwerbsteuer von   10.500,00 €
an das Finanzamt durch Bank.
Bilden Sie nur den Buchungssatz für die Steuerzahlung.

9. Wir überweisen die Grunderwerbsteuer von   28.000,00 €
vom betrieblichen Bankkonto für ein Grundstück,
das zum Privatvermögen des Unternehmers gehört.

10. Die Gemeindekasse erstattet auf das
betriebliche Postbankkonto Grundsteuer
in Höhe von   200,00 €
für das Einfamilienhaus des Unternehmers.

11. Wir überweisen vom betrieblichen Bankkonto
Säumniszuschlag auf ESt	70,00 €
Säumniszuschlag auf GewSt	80,00 €

Übungsaufgabe 5:

Der niederländische Lieferer U versendet mit der Eisenbahn Ware für 15.000,00 €
netto an den Unternehmer A in Köln, der die Ware für sein Unternehmen verwendet.
Die Versendung beginnt am 26.07.2007 in Amsterdam und endet am 27.07.2007
in Köln. U und A sind Unternehmer mit USt-IdNr. U liefert auf Ziel.

Bilden Sie den Buchungssatz für den Unternehmer A.

Übungsaufgabe 6:

Der deutsche Unternehmer U mit deutscher USt-IdNr., Erfurt, versendet 2007 mit der
Bahn eine Maschine für 50.000,00 € netto an den italienischen Unternehmer A
mit italienischer USt-IdNr., der die Maschine in seinem Unternehmen einsetzt.
U liefert auf Ziel.

Bilden Sie den Buchungssatz für den Unternehmer U.

Übungsaufgabe 7:

Im August 2007 liefert Einzelunternehmer Friedrich Froh aus Fürstenfeldbruck Waren
auf Ziel an einen Kunden in Kanada.
Der Warenwert beträgt 1.350 € netto und die in Rechnung gestellte Luftfracht 150 € netto.

Bilden Sie den Buchungssatz für den Unternehmer Froh.

Übungsaufgabe 8:

Der in Bern (Schweiz) ansässige Unternehmer U errichtet 2007 in München für den
Unternehmer A eine Montagehalle für 150.000,00 Euro netto auf Ziel.

Bilden Sie den Buchungssatz für den Unternehmer A.

Übungsaufgabe 9:

Der Büromaschinenhändler Järgen, Köln, kauft im Dezember 2007 gegen Bankscheck für 875 € (netto) zuzüglich 166,25 € USt versilberte Kugelschreiber, die er guten Kunden zu Weihnachten schenkt. Die Anschaffungskosten haben je Kugelschreiber 35 € (netto) betragen. Andere Geschenke haben die Kunden in diesem Wirtschaftsjahr von Järgen nicht bekommen.

1. Bilden Sie den Buchungssatz für den Kauf der Kugelschreiber.
2. Wie sind die Geschenke bei der Ermittlung des steuerlichen Gewinns zu behandeln?

Übungsaufgabe 10:

Der Gewerbetreibende U, Koblenz, will zu Weihnachten treuen Kunden silberne Kugelschreiber schenken. Im November 2007 kauft er 60 silberne Kugelschreiber zu je 50 € = 3.000 € + 570 € USt = 3.570,00 € und begleicht den Betrag durch Banküberweisung. Im Dezember 2007 schenkt U seinen Kunden die im November 2007 gekauften silbernen Kugelschreiber.

Bilden Sie den Buchungssatz für die Geschenke der Kugelschreiber.

Übungsaufgabe 11:

Der Fabrikant Willi Müller, Ulm, kauft im November 2007 von dem französischen Unternehmer Jean Filou, Metz, 100 Brieftaschen zu je 40,00 €. Die Lieferung ging am 08.11.2007 ein, die Rechnung lag bei. Müller möchte die Brieftaschen seinen besten Kunden zu Weihnachten schenken.

Bilden Sie den Buchungssatz für die Eingangsrechnung. Die USt-IdNrn. der Unternehmer sind bekannt.

Übungsaufgabe 12:

Der bilanzierende Gewerbetreibende Heiner Boettinger, Mannheim, hat im November 2007 Geschenke (35,00 €/Stück) für seine Geschäftsfreunde gekauft; die Eingangs-rechnung wurde ordnungsgemäß gebucht.
Ein Geschenk übergab Boettinger dem Inhaber eines Fitness-Studios, weil er dort Stammkunde ist.

Bilden Sie den Buchungssatz.

Übungsaufgabe 13:

Der Großhändler Gillot, Frankfurt, hat im Mai 2007 während einer mehrtägigen Geschäftsreise zwei Kunden eingeladen und bewirtet. Dadurch sind ihm Kosten in Höhe von insgesamt 180,00 € (netto) zuzüglich 19 % USt entstanden, die angemessen sind. Von den Kosten entfallen 60,00 € auf ihn selbst. Die belegmäßig nachgewiesenen Kosten wurden bar bezahlt.

1. Bilden Sie den Buchungssatz für die Bewirtungsaufwendungen.
2. Wie sind die Aufwendungen bei der Ermittlung des steuerlichen Gewinns zu behandeln?

Übungsaufgabe 14:

Der Bauunternehmer Krank, Kiel, hat im Juni 2007 einen Kunden zum Mittagessen in ein Gourmet-Restaurant eingeladen. Dadurch sind ihm Kosten in Höhe von insgesamt 300,00 € (netto) zuzüglich 19 % USt entstanden. Von diesem Betrag können nach der allgemeinen Verkehrsauffassung 160,00 € (netto) als angemessen angesehen werden.

1. Bilden Sie den Buchungssatz für die Bewirtungsaufwendungen.
2. Wie sind die Aufwendungen bei der Ermittlung des steuerlichen Gewinns zu behandeln?

Übungsaufgabe 15:

Der Unternehmer U, Bonn, der zum Vorsteuerabzug berechtigt ist, unternimmt im Dezember 2007 mit seinem privaten Pkw eine dreitägige Geschäftsreise im Inland mit zwei Übernachtungen. Die einfache Entfernung beträgt 270 km.
Die Reisekosten werden bar aus der Geschäftskasse erstattet.

1. Ermitteln Sie den Betrag für die Kilometerpauschale, die der Unternehmer als Betriebs- ausgabe absetzen kann.
2. Bilden Sie den Buchungssatz.

Übungsaufgabe 16:

Sachverhalt wie in Übungsaufgabe 15 mit dem Unterschied, dass die Reise von einem Arbeitnehmer unternommen wird. Der Arbeitnehmer bekommt von seinem Arbeitgeber die lohnsteuerrechtlich zulässige Kilometerpauschale steuerfrei bar erstattet.

1. Ermitteln Sie den Betrag für die Kilometerpauschale, die der Unternehmer als Betriebs- ausgabe absetzen kann.
2. Bilden Sie den Buchungssatz.

Übungsaufgabe 17:

Der Arbeitnehmer A führt im September 2007 mit seinem eigenen Pkw im Auftrag seines Arbeitgebers, der zum Vorsteuerabzug berechtigt ist, eine viertägige Dienstreise im Inland mit drei Übernachtungen durch. Die Dauer der Dienstreise betrug am 1. Tag 12 Stunden, am 2. Tag 24 Stunden, am 3. Tag 24 Stunden und am 4. Tag 11 Stunden.
Der Arbeitgeber erstattet ihm die lohnsteuerrechtlich zulässigen Beträge bar für die Kilometerpauschale mit dem eigenen Pkw (einfache Entfernung 150 km), die Verpflegungspauschale und die Übernachtungspauschale (ohne Frühstück).

1. Ermitteln Sie den Betrag für die Kilometerpauschale, die Verpflegungspauschale und die Übernachtungspauschale, die der Unternehmer als Betriebsausgabe absetzen kann.
2. Bilden Sie den Buchungssatz.

Zusammenfassende Erfolgskontrolle

Der Unternehmer Klaus Kollmann, Worms, hat durch Inventur folgende Anfangsbestände ermittelt:

	EUR
0235 (0085) Bebaute Grundstücke	45.000,00
0240 (0090) Geschäftsbauten	120.000,00
0520 (0320) Pkw	45.000,00
0640 (0430) Ladeneinrichtung	65.000,00
1140 (3980) Bestand Waren	175.000,00
1200 (1400) Forderungen aLuL	133.900,00
1403 (1573) Vorsteuer aus innergemeinschaftlichem Erwerb	0,00
1406 (1576) Vorsteuer 19 %	0,00
1800 (1200) Bankguthaben	53.800,00
1600 (1000) Kasse	7.300,00
3300 (1600) Verbindlichkeiten aLuL	169.200,00
3720 (1740) Verbindlichkeiten aus Lohn und Gehalt	0,00
3730 (1741) Verbindlichkeiten aus LSt/KiSt	5.620,00
3740 (1742) Verbindlichkeiten im Rahmen der sozialen Sicherheit	6.480,00
3770 (1750) Verbindlichkeiten aus Vermögensbildung	0,00
3790 (1755) Lohn- und Gehaltsverrechnung	0,00
3803 (1773) Umsatzsteuer aus innergemeinschaftlichem Erwerb	0,00
3806 (1776) Umsatzsteuer 19 %	18.700,00
2100 (1800) Privatentnahmen	0,00
2000 (0800) Eigenkapital	?

Neben den obigen Bestandskonten sind folgende Erfolgskonten zu führen:
5200 (3200), **4200** (8200), **4645** (8921), **4646** (8922), **6020** (4120), **6080** (4170), **6110** (4130), **5425** (3425), **6640** (4650), **6644** (4654), **6220** (4830), **6221** (4831), **6222** (4832).

Geschäftsvorfälle des Jahres 2007

			EUR
1. Banküberweisung der USt-Schuld			18.700,00
2. Kauf von Waren auf Ziel, netto	142.000 €		
+ USt	26.980 €		168.980,00
3. Warenverkauf auf Ziel, netto	507.000 €		
+ USt	96.330 €		603.330,00
4. Kollmann verwendet sein Neufahrzeug lt. Fahrtenbuch zu 30 % für private Zwecke. Die gesamten Pkw-Kosten (einschl. der AfA) haben in 2007 betragen.			14.000,00
Davon entfallen auf Kfz-Steuer und Kfz-Versicherung			4.000,00
5. Kollmann benutzt sein gemietetes Geschäftstelefon zu 20 % für private Zwecke. Die gesamten Telefonkosten haben 2007 betragen.			6.000,00
Die Vorsteuer wurde ordnungsgemäß gekürzt.			

	EUR
6. Bruttogehalt	2.122,00
+ vwL (vom Arbeitgeber getragen)	39,17
steuer- und sozialversicherungspflichtiges Gehalt	2.161,17
– Lohnsteuer/Kirchensteuer/Solidaritätszuschlag	– 345,30
– Sozialversicherungsbeiträge	– 459,24
Nettogehalt	1.356,63
– abzuführende vwL	– 39,17
= Auszahlung	1.317,46
Das Nettogehalt wird durch Bank überwiesen.	
Arbeitgeberanteil zur Sozialversicherung,	
noch nicht abgeführt (20,1 % von 2.161,17 €)	434,40
7. Kollmann erwirbt im Dezember 2007 von einem	
französischen Lieferer Ware auf Ziel für netto	10.000,00
Kollmann und der Lieferer sind Unternehmer mit USt-IdNr.	
8. Kollmann hat im Dezember 2007 in einer Kölner Gaststätte	
für die Bewirtung von Geschäftsfreunden bar aufgewendet	
600 € + 114 € USt =	714,00
Die Aufwendungen sind angemessen und werden durch einen	
ordnungsgemäß ausgestellten Beleg nachgewiesen.	
Abschlussangaben	
9. Warenbestand lt. Inventur	60.000,00
Der innergemeinschaftliche Erwerb von 10.000 Euro ist	
sofort verkauft worden.	
10. Abschreibung auf Geschäftsbauten	4.000,00
11. Abschreibung auf Pkw	5.000,00
12. Abschreibung auf Ladeneinrichtung	15.000,00

Aufgaben

1. Bilden Sie die Buchungssätze der Geschäftsvorfälle des Jahres 2007. Tz. 6 ist nach der Verrechnungsmethode zu kontieren.
2. Tragen Sie die Anfangsbestände auf den Konten vor.
3. Buchen Sie die Geschäftsvorfälle.
4. Schließen Sie die Konten ab.
5. Ermitteln Sie den handelsrechtlichen Gewinn.
6. Ermitteln Sie außerhalb der Buchführung den steuerrechtlichen Gewinn.

 Weitere Aufgaben mit Lösungen finden Sie im **Lösungsbuch** der Buchführung 1.

DATEV-Kontenrahmen nach dem Bilanzrichtlinien-Gesetz
Standardkontenrahmen (SKR) 04 – (Abschlussgliederungsprinzip)
Gültig ab 2007

Anhang 1 DΛTEV

SKR 04

Bilanz-Posten[2]	Programmverbindung[4]	0 Anlagevermögenskonten	Bilanz-Posten[2]	Programmverbindung[4]	0 Anlagevermögenskonten
		Ausstehende Einlagen auf das gezeichnete Kapital	Grundstücke, grundstücksgleiche Rechte und Bauten einschließlich der Bauten auf fremden Grundstücken	0250	Fabrikbauten
				0260	Andere Bauten
				0270	Garagen
Ausstehende Einlagen auf das gezeichnete Kapital	0001	Ausstehende Einlagen auf das gezeichnete Kapital, nicht eingefordert (Aktivausweis)		0280	Außenanlagen für Geschäfts-, Fabrik- und andere Bauten
	0040	Ausstehende Einlagen auf das gezeichnete Kapital, eingefordert (Aktivausweis)		0285	Hof- und Wegebefestigungen
				0290	Einrichtungen für Geschäfts-, Fabrik- und andere Bauten
Sonstige Aktiva oder *sonstige Passiva*	0050 -59	Ausstehende Einlagen auf das Komplementär-Kapital, nicht eingefordert		0300	Wohnbauten
				0305	Garagen
	0060 -69	Ausstehende Einlagen auf das Komplementär-Kapital, eingefordert		0310	Außenanlagen
				0315	Hof- und Wegebefestigungen
				0320	Einrichtungen für Wohnbauten
	0070 -79	Ausstehende Einlagen auf das Kommandit-Kapital, nicht eingefordert		0329	Gebäudeteil des häuslichen Arbeitszimmers[13]
				0330	Bauten auf fremden Grundstücken
	0080 -89	Ausstehende Einlagen auf das Kommandit-Kapital, eingefordert		0340	Geschäftsbauten
		Aufwendungen für die Ingangsetzung und Erweiterung des Geschäftsbetriebs		0350	Fabrikbauten
				0360	Wohnbauten
				0370	Andere Bauten
				0380	Garagen
				0390	Außenanlagen
Aufwendungen für die Ingangsetzung und Erweiterung des Geschäftsbetriebs	0095	Aufwendungen für die Ingangsetzung und Erweiterung des Geschäftsbetriebs		0395	Hof- und Wegebefestigungen
				0398	Einrichtungen für Geschäfts-, Fabrik-, Wohn- und andere Bauten
			Technische Anlagen und Maschinen	**0400**	**Technische Anlagen und Maschinen**
				0420	Technische Anlagen
Aufwendungen für die Währungsumstellung auf den Euro	0096	Aufwendungen für die Währungsumstellung auf den Euro		0440	Maschinen
				0460	Maschinengebundene Werkzeuge
				0470	Betriebsvorrichtungen
		Anlagevermögen	Andere Anlagen, Betriebs- und Geschäftsausstattung	**0500**	**Andere Anlagen, Betriebs- und Geschäftsausstattung**
		Immaterielle Vermögensgegenstände		0510	Andere Anlagen
				0520	Pkw
				0540	Lkw
Konzessionen, gewerbliche Schutzrechte und ähnliche Rechte und Werte sowie Lizenzen an solchen Rechten und Werten	**0100**	**Konzessionen, gewerbliche Schutzrechte und ähnliche Rechte und Werte sowie Lizenzen an solchen Rechten und Werten**		0560	Sonstige Transportmittel
				0620	Werkzeuge
				0640	Ladeneinrichtung
				0650	Büroeinrichtung
	0110	Konzessionen		0660	Gerüst- und Schalungsmaterial
	0120	Gewerbliche Schutzrechte		0670	Geringwertige Wirtschaftsgüter bis 410 Euro
	0130	Ähnliche Rechte und Werte			
	0135	EDV-Software		0680	Einbauten in fremde Grundstücke
	0140	Lizenzen an gewerblichen Schutzrechten und ähnlichen Rechten und Werten		0690	Sonstige Betriebs- und Geschäftsausstattung
Geschäfts- oder Firmenwert	**0150**	**Geschäfts- oder Firmenwert**	Geleistete Anzahlungen und Anlagen im Bau	**0700**	**Geleistete Anzahlungen und Anlagen im Bau**
				0705	Anzahlungen auf Grundstücke und grundstücksgleiche Rechte ohne Bauten
Verschmelzungsmehrwert	**0160**	**Verschmelzungsmehrwert**		0710	Geschäfts-, Fabrik- und andere Bauten im Bau auf eigenen Grundstücken
Geleistete Anzahlungen	**0170**	**Geleistete Anzahlungen auf immaterielle Vermögensgegenstände**		0720	Anzahlungen auf Geschäfts-, Fabrik- und andere Bauten auf eigenen Grundstücken und grundstücksgleichen Rechten
				0725	Wohnbauten im Bau
	0179	**Anzahlungen auf Geschäfts- oder Firmenwert**		0735	Anzahlungen auf Wohnbauten auf eigenen Grundstücken und grundstücksgleichen Rechten
		Sachanlagen		0740	Geschäfts-, Fabrik- und andere Bauten im Bau auf fremden Grundstücken
Grundstücke, grundstücksgleiche Rechte und Bauten einschließlich der Bauten auf fremden Grundstücken	**0200**	**Grundstücke, grundstücksgleiche Rechte und Bauten einschließlich der Bauten auf fremden Grundstücken**		0750	Anzahlungen auf Geschäfts-, Fabrik- und andere Bauten auf fremden Grundstücken
	0210	Grundstücke und grundstücksgleiche Rechte ohne Bauten		0755	Wohnbauten im Bau
	0215	Unbebaute Grundstücke		0765	Anzahlungen auf Wohnbauten auf fremden Grundstücken
	0220	Grundstücksgleiche Rechte (Erbbaurecht, Dauerwohnrecht)		0770	Technische Anlagen und Maschinen im Bau
	0225	Grundstücke mit Substanzverzehr		0780	Anzahlungen auf technische Anlagen und Maschinen
	0229	Grundstücksanteil des häuslichen Arbeitszimmers[13]		0785	Andere Anlagen, Betriebs- und Geschäftsausstattung im Bau
	0230	Bauten auf eigenen Grundstücken und grundstücksgleichen Rechten		0795	Anzahlungen auf andere Anlagen, Betriebs- und Geschäftsausstattung
	0235	Grundstückswerte eigener bebauter Grundstücke			
	0240	Geschäftsbauten			

SKR 04

Bilanz-Posten[2]	Pro-gramm-verbin-dung[4]	0 Anlagevermögenskonten	Bilanz-Posten[2]	Pro-gramm-verbin-dung[4]	1 Umlaufvermögenskonten
					KU 1000-1179 V 1180-1189 M 1190-1199 KU 1200-1486 V 1487 KU 1488-1899
		Finanzanlagen			
Anteile an ver-bundenen Unter-nehmen		**0800 Anteile an verbundenen Unter-nehmen**			**Vorräte**
		0809 Anteile an herrschender oder mit Mehrheit beteiligter Gesellschaft			
Ausleihungen an verbundene Un-ternehmen		**0810 Ausleihungen an verbundene Unternehmen**	Roh-, Hilfs- und Betriebsstoffe		**1000 Roh-, Hilfs- und** **-39 Betriebsstoffe (Bestand)**
Beteiligungen		**0820 Beteiligungen**	Unfertige Er-zeugnisse, unfer-tige Leistungen		**1040 Unfertige Erzeugnisse, unfer-** **-49 tige Leistungen (Bestand)**
		0829 Beteiligung einer GmbH & Co. KG an einer Komplementär GmbH			1050 Unfertige Erzeugnisse -79
		0830 Typisch stille Beteiligungen			1080 Unfertige Leistungen -89
		0840 Atypisch stille Beteiligungen			
		0850 Andere Beteiligungen an Kapi-talgesellschaften	In Ausführung befindliche Bauaufträge		1090 In Ausführung befindliche -94 Bauaufträge
		0860 Andere Beteiligungen an Perso-nengesellschaften			
Ausleihungen an Unternehmen, mit denen ein Beteili-gungsverhältnis besteht		**0880 Ausleihungen an Unterneh-men, mit denen ein Beteili-gungsverhältnis besteht**	In Arbeit befind-liche Aufträge		1095 In Arbeit befindliche Aufträge -99
			Fertige Erzeug-nisse und Waren		**1100 Fertige Erzeugnisse und** **-09 Waren (Bestand)**
					1110 Fertige Erzeugnisse **-39 (Bestand)**
					1140 Waren (Bestand) -79
Wertpapiere des Anlagevermö-gens		**0900 Wertpapiere des Anlage-vermögens**			
		0910 Wertpapiere mit Gewinnbeteili-gungsansprüchen, die dem Halb-einkünfteverfahren unterliegen[8]	Geleistete Anzah-lungen		**1180 Geleistete Anzahlungen auf Vorräte**
		0920 Festverzinsliche Wertpapiere			AV 1181 Geleistete Anzahlungen 7 % Vorsteuer
					R 1182
					-83
Sonstige Ausleihungen		**0930 Sonstige Ausleihungen**			AV 1184 Geleistete Anzahlungen 16 % Vorsteuer
		0940 Darlehen			AV 1185 Geleistete Anzahlungen 15 % Vorsteuer
		0960 Ausleihungen an Gesellschafter			
		0970 Ausleihungen an nahe stehende Personen			AV 1186 Geleistete Anzahlungen 19 % Vorsteuer[1]
Genossen-schaftsanteile		**0980 Genossenschaftsanteile zum langfristigen Verbleib**	Erhaltene Anzahlungen auf Bestellungen		1190 Erhaltene Anzahlungen auf Bestellungen (von Vorräten offen abgesetzt)
Rückdeckungs-ansprüche aus Lebensversiche-rungen		**0990 Rückdeckungsansprüche aus Lebensversicherungen zum langfristigen Verbleib**			**Forderungen und sonstige Vermögensgegenstände**
			Forderungen aus Lieferungen und Leistungen oder *sonstige Verbind-lichkeiten*		S 1200 **Forderungen aus Lieferungen und Leistungen**
					R 1201 Forderungen aus Lieferungen -06 und Leistungen
					F 1210 Forderungen aus Lieferungen -14 und Leistungen ohne Kontokorrent
					F 1215 Forderungen aus Lieferungen und Leistungen zum allgemeinen Umsatzsteuersatz oder eines Kleinunternehmers (EÜR)[13]
					F 1216 Forderungen aus Lieferungen und Leistungen zum ermäßigten Umsatzsteuersatz (EÜR)[13]
					F 1217 Forderungen aus steuerfreien oder nicht steuerbaren Lieferun-gen und Leistungen (EÜR)[13]
					F 1218 Forderungen aus Lieferungen und Leistungen nach Durch-schnittssätzen gemäß § 24 UStG (EÜR)[13]
					F 1219 Gegenkonto 1215-1218 bei Auf-teilung der Forderungen nach Steuersätzen (EÜR)[13]
					F 1220 Forderungen nach § 11 Abs. 1 Satz 2 EStG für § 4/3 EStG
					F 1221 Forderungen aus Lieferungen und Leistungen ohne Kontokorrent – Restlaufzeit bis 1 Jahr
					F 1225 – Restlaufzeit größer 1 Jahr
					F 1230 Wechsel aus Lieferungen und Leistungen
					F 1231 – Restlaufzeit bis 1 Jahr
					F 1232 – Restlaufzeit größer 1 Jahr

Bilanz-Posten[2]	Pro-gramm-verbin-dung[4]	1 Umlaufvermögenskonten	Bilanz-Posten[2]	Pro-gramm-verbin-dung[4]	1 Umlaufvermögenskonten
Forderungen aus Lieferungen und Leistungen oder *sonstige Verbind-lichkeiten*		F 1235 Wechsel aus Lieferungen und Leistungen, bundesbankfähig	Forderungen ge-gen Unterneh-men, mit denen ein Beteiligungs-verhältnis besteht H-Saldo		1296 Wertberichtigungen zu Forde-rungen mit einer Restlaufzeit bis zu 1 Jahr gegen Unternehmen, mit denen ein Beteiligungsver-hältnis besteht
		F 1240 Zweifelhafte Forderungen			
		F 1241 – Restlaufzeit bis 1 Jahr			
		F 1245 – Restlaufzeit größer 1 Jahr			1297 Wertberichtigungen zu Forde-rungen mit einer Restlaufzeit von mehr als 1 Jahr gegen Unter-nehmen, mit denen ein Beteili-gungsverhältnis besteht
Forderungen aus Lieferungen und Leistungen H-Saldo		1246 Einzelwertberichtigungen zu Forderungen mit einer Restlauf-zeit bis zu 1 Jahr			
		1247 Einzelwertberichtigungen zu Forderungen mit einer Restlauf-zeit von mehr als 1 Jahr			**1298 Ausstehende Einlagen auf das gezeichnete Kapital, eingefor-dert (Forderungen, nicht ein-geforderte ausstehende Einla-gen s. Konto 2910)**
		1248 Pauschalwertberichtigung zu Forderungen mit einer Restlauf-zeit bis zu 1 Jahr	Eingeforderte, noch ausste-hende Kapital-einlagen		
		1249 Pauschalwertberichtigung zu Forderungen mit einer Restlauf-zeit von mehr als 1 Jahr	Eingeforderte Nachschüsse		**1299 Eingeforderte Nachschüsse (Gegenkonto 2929)**
Forderungen aus Lieferungen und Leistungen oder *sonstige Verbindlichkeiten*		F 1250 Forderungen aus Lieferungen und Leistungen gegen Gesell-schafter	Sonstige Vermö-gensgegenstände		**1300 Sonstige Vermögensgegen-stände**
		F 1251 – Restlaufzeit bis 1 Jahr			1301 – Restlaufzeit bis 1 Jahr
		F 1255 – Restlaufzeit größer 1 Jahr			1305 – Restlaufzeit größer 1 Jahr
					1310 Forderungen gegen Vorstands-mitglieder und Geschäftsführer
Forderungen aus Lieferungen und Leistungen H-Saldo		1258 Gegenkonto zu sonstigen Ver-mögensgegenständen bei Bu-chungen über Debitorenkonto			1311 – Restlaufzeit bis 1 Jahr
					1315 – Restlaufzeit größer 1 Jahr
					1320 Forderungen gegen Aufsichts-rats- und Beirats-Mitglieder
Forderungen aus Lieferungen und Leistungen H-Saldo oder *sonstige Verbindlichkeiten S-Saldo*		1259 Gegenkonto 1221-1229, 1240-1245,1250-1257, 1270-1279, 1290-1297 bei Aufteilung Debitorenkonto			1321 – Restlaufzeit bis 1 Jahr
					1325 – Restlaufzeit größer 1 Jahr
					1330 Forderungen gegen Gesellschaf-ter
					1331 – Restlaufzeit bis 1 Jahr
					1335 – Restlaufzeit größer 1 Jahr
					1340 Forderungen gegen Personal aus Lohn- und Gehaltsabrech-nung
Forderungen ge-gen verbundene Unternehmen oder *Verbindlich-keiten gegenüber verbundenen Un-ternehmen*		**1260 Forderungen gegen verbun-dene Unternehmen**			1341 – Restlaufzeit bis 1 Jahr
		1261 – Restlaufzeit bis 1 Jahr			1345 – Restlaufzeit größer 1 Jahr
		1265 – Restlaufzeit größer 1 Jahr			1350 Kautionen
		1266 Besitzwechsel gegen verbundene Unternehmen			1351 – Restlaufzeit bis 1 Jahr
		1267 – Restlaufzeit bis 1 Jahr			1355 – Restlaufzeit größer 1 Jahr
		1268 – Restlaufzeit größer 1 Jahr			1360 Darlehen
		1269 Besitzwechsel gegen verbunde-ne Unternehmen, bundesbankfähig			1361 – Restlaufzeit bis 1 Jahr
					1365 – Restlaufzeit größer 1 Jahr
		F 1270 Forderungen aus Lieferungen und Leistungen gegen verbun-dene Unternehmen	Sonstige Vermö-gensgegenstände oder *sonstige Verbindlichkeiten*		1370 Durchlaufende Posten
					1374 Fremdgeld
		F 1271 – Restlaufzeit bis 1 Jahr	Sonstige Vermö-gensgegenstände		
		F 1275 – Restlaufzeit größer 1 Jahr			1375 Agenturwarenabrechnung
Forderungen ge-gen verbundene Unternehmen H-Saldo		1276 Wertberichtigungen zu Forde-rungen mit einer Restlaufzeit bis zu 1 Jahr gegen verbundene Un-ternehmen	Sonstige Vermö-gensgegenstände oder *sonstige Verbindlichkeiten*	U	F 1376 Nachträglich abziehbare Vor-steuer, § 15a Abs. 2 UStG
				U	F 1377 Zurückzuzahlende Vorsteuer, § 15a Abs. 2 UStG
		1277 Wertberichtigungen zu Forde-rungen mit einer Restlaufzeit von mehr als 1 Jahr gegen verbun-dene Unternehmen	Sonstige Vermö-gensgegenstände		1378 Ansprüche aus Rückdeckungs-versicherungen
					1390 GmbH-Anteile zum kurzfristigen Verbleib
Forderungen ge-gen Unterneh-men, mit denen ein Beteiligungs-verhältnis besteht oder *Verbindlichkeiten gegenüber Unter-nehmen, mit denen ein Betei-ligungsverhältnis besteht*		**1280 Forderungen gegen Unter-nehmen, mit denen ein Betei-ligungsverhältnis besteht**			1395 Genossenschaftsanteile zum kurzfristigen Verbleib
		1281 – Restlaufzeit bis 1 Jahr	Sonstige Vermö-gensgegenstände oder *sonstige Verbind-lichkeiten*	U	F 1396 Nachträglich abziehbare Vor-steuer, § 15a Abs. 1 UStG, bewegliche Wirtschaftsgüter
		1285 – Restlaufzeit größer 1 Jahr			
		1286 Besitzwechsel gegen Unterneh-men, mit denen ein Beteili-gungsverhältnis besteht		U	F 1397 Zurückzuzahlende Vorsteuer, § 15a Abs. 1 UStG, bewegliche Wirtschaftsgüter
		1287 – Restlaufzeit bis 1 Jahr		U	F 1398 Nachträglich abziehbare Vor-steuer, § 15a Abs. 1 UStG, unbewegliche Wirtschaftsgüter
		1288 – Restlaufzeit größer 1 Jahr			
		1289 Besitzwechsel gegen Unterneh-men, mit denen ein Beteili-gungsverhältnis besteht, bun-desbankfähig		U	F 1399 Zurückzuzahlende Vorsteuer, § 15a Abs. 1 UStG, unbewegli-che Wirtschaftsgüter
		F 1290 Forderungen aus Lieferungen und Leistungen gegen Unter-nehmen, mit denen ein Beteili-gungsverhältnis besteht		U	S 1400 Abziehbare Vorsteuer
				U	S 1401 Abziehbare Vorsteuer 7 %
				U	S 1402 Abziehbare Vorsteuer aus inner-gemeinschaftlichem Erwerb
		F 1291 – Restlaufzeit bis 1 Jahr			
		F 1295 – Restlaufzeit größer 1 Jahr		U	S 1403 Abziehbare Vorsteuer aus inner-gemeinschaftlichem Erwerb 16%

SKR 04

SKR 04

Bilanz-Posten[2]	Pro-gramm-verbin-dung[4]	1 Umlaufvermögenskonten		Bilanz-Posten[2]	Pro-gramm-verbin-dung[4]	1 Umlaufvermögenskonten	
Sonstige Vermögensgegenstände oder *sonstige Verbindlichkeiten*	U	S 1404	Abziehbare Vorsteuer aus innergemeinschaftlichem Erwerb 19 %[1]	Sonstige Verbindlichkeiten S-Saldo		F 1495	Verrechnungskonto erhaltene Anzahlungen bei Buchung über Debitorenkonto
	U	S 1405	Abziehbare Vorsteuer 16 %				
	U	S 1406	Abziehbare Vorsteuer 19 %[1]	Sonstige Vermögensgegenstände oder *sonstige Verbindlichkeiten*		F 1498	Überleitungskonto Kostenstellen
	U	S 1407	Abziehbare Vorsteuer nach § 13b UStG 19 %[1]				
	U	S 1408	Abziehbare Vorsteuer nach § 13b UStG				
	U	S 1409	Abziehbare Vorsteuer nach § 13b UStG 16 %				**Wertpapiere**
		S 1410	Aufzuteilende Vorsteuer	Anteile an verbundenen Unternehmen		1500	**Anteile an verbundenen Unternehmen (Umlaufvermögen)**
		S 1411	Aufzuteilende Vorsteuer 7 %			1504	**Anteile an herrschender oder mit Mehrheit beteiligter Gesellschaft**
		S 1412	Aufzuteilende Vorsteuer aus innergemeinschaftlichem Erwerb				
		S 1413	Aufzuteilende Vorsteuer aus innergemeinschaftlichem Erwerb 19 %[1]	Eigene Anteile		1505	**Eigene Anteile**
		R 1414		Sonstige Wertpapiere		1510	**Sonstige Wertpapiere**
		S 1415	Aufzuteilende Vorsteuer 16 %			1520	Finanzwechsel
		S 1416	Aufzuteilende Vorsteuer 19 %[1]			1525	Andere Wertpapiere mit unwesentlichen Wertschwankungen im Sinne Textziffer 18 DRS 2
		S 1417	Aufzuteilende Vorsteuer nach §§ 13a/13b UStG				
		S 1418	Aufzuteilende Vorsteuer nach §§ 13a/13b UStG 16 %			1530	Wertpapieranlagen im Rahmen der kurzfristigen Finanzdisposition
		S 1419	Aufzuteilende Vorsteuer nach §§ 13a/13b UStG 19 %[1]				
Sonstige Vermögensgegenstände		1420	Umsatzsteuerforderungen				**Kassenbestand, Bundesbankguthaben, Guthaben bei Kreditinstituten und Schecks**
Sonstige Vermögensgegenstände oder *sonstige Verbindlichkeiten*		1421	Umsatzsteuerforderungen laufendes Jahr	Kassenbestand, Bundesbankguthaben, Guthaben bei Kreditinstituten und Schecks		F 1550	**Schecks**
						F 1600	**Kasse**
						F 1610	Nebenkasse 1
						F 1620	Nebenkasse 2
Sonstige Vermögensgegenstände		1422	Umsatzsteuerforderungen Vorjahr				
		1425	Umsatzsteuerforderungen frühere Jahre	Kassenbestand, Bundesbankguthaben, Guthaben bei Kreditinstituten und oder *Verbindlichkeiten gegenüber Kreditinstituten*		F 1700	**Postbank**
		1427	Forderungen aus entrichteten Verbrauchsteuern			F 1710	Postbank 1
						F 1720	Postbank 2
Sonstige Vermögensgegenstände oder *sonstige Verbindlichkeiten*		R 1430				F 1730	Postbank 3
	U	S 1431	Abziehbare Vorsteuer aus der Auslagerung von Gegenständen aus einem Umsatzsteuerlager			F 1780	LZB-Guthaben
						F 1790	Bundesbankguthaben
	U	S 1432	Abziehbare Vorsteuer aus innergemeinschaftlichem Erwerb von Neufahrzeugen von Lieferanten ohne Umsatzsteuer-Identifikationsnummer			F 1800	**Bank**
						F 1810	Bank 1
						F 1820	Bank 2
						F 1830	Bank 3
						F 1840	Bank 4
	U	F 1433	Bezahlte Einfuhrumsatzsteuer			F 1850	Bank 5
		1434	Vorsteuer im Folgejahr abziehbar			1890	Finanzmittelanlagen im Rahmen der kurzfristigen Finanzdisposition
Sonstige Vermögensgegenstände		1435	Steuerüberzahlungen				
		R 1436				1895	Verbindlichkeiten gegenüber Kreditinstituten (nicht im Finanzmittelfonds enthalten)[1]
		1440	Steuererstattungsanspruch gegenüber anderen EG-Ländern				
		1450	Körperschaftsteuerrückforderung				**Abgrenzungsposten**
		F 1456	Forderungen an das Finanzamt aus abgeführtem Bauabzugsbetrag	Rechnungsabgrenzungsposten		1900	**Aktive Rechnungsabgrenzung**
						1920	Als Aufwand berücksichtigte Zölle und Verbrauchsteuern auf Vorräte
Sonstige Vermögensgegenstände oder *sonstige Verbindlichkeiten*		F 1460	Geldtransit				
		1480	Gegenkonto Vorsteuer § 4/3 EStG			1930	Als Aufwand berücksichtigte Umsatzsteuer auf Anzahlungen
		1481	Auflösung Vorsteuer aus Vorjahr § 4/3 EStG			1940	Damnum/Disagio
		1482	Vorsteuer aus Investitionen § 4/3 EStG	Abgrenzung latenter Steuern		1950	**Abgrenzung aktive latente Steuern**
		1483	Gegenkonto für Vorsteuer nach Durchschnittssätzen für § 4 Abs. 3 EStG[13]				
	U	F 1484	Vorsteuer nach allgemeinen Durchschnittssätzen UStVA Kz. 63				
		F 1485	Verrechnungskonto Gewinnermittlung § 4/3 EStG, ergebniswirksam				
		F 1486	Verrechnungskonto Gewinnermittlung § 4/3 EStG, nicht ergebniswirksam				
		1487	Wirtschaftsgüter des Umlaufvermögens gemäß § 4 Abs. 3 Satz 4 EStG[1]				
		F 1490	Verrechnungskonto Ist-Versteuerung				

Bilanz-Posten[2]	Pro-gramm-verbin-dung[4]	2 Eigenkapitalkonten	Bilanz-Posten[2]	Pro-gramm-verbin-dung[4]	2 Eigenkapitalkonten
		KU 2000-2348 V 2349[10] KU 2350-2398 M 2399[10] KU 2400-2999			**Gezeichnetes Kapital**
			Gezeichnetes Kapital	K	2900 **Gezeichnetes Kapital**[17]
			Nicht eingeforder-te ausstehende Einlagen		2910 Ausstehende Einlagen auf das gezeichnete Kapital, nicht ein-gefordert (Passivausweis, von gezeichnetem Kapital offen ab-gesetzt; eingeforderte ausste-hende Einlagen s. Konto 1298)
		Kapital Vollhafter/Einzelunternehmer			
		2000 Festkapital -09			
		2010 Variables Kapital -19			**Kapitalrücklage**
		2020 Gesellschafter-Darlehen[12] -29	Kapitalrücklage	K	2920 **Kapitalrücklage**[17]
		2030 (zur freien Verfügung) -49		K	2925 Kapitalrücklage durch Ausgabe von Anteilen über Nennbetrag[17]
				K	2926 Kapitalrücklage durch Ausgabe von Schuldverschreibungen für Wandlungsrechte und Options-rechte zum Erwerb von Antei-len[17]
		Kapital Teilhafter			
		2050 Kommandit-Kapital -59		K	2927 Kapitalrücklage durch Zuzah-lungen gegen Gewährung eines Vorzugs für Anteile[17]
		2060 Verlustausgleichskonto -69		K	2928 Andere Zuzahlungen in das Eigenkapital[17]
		2070 Gesellschafter-Darlehen[12] -79		K	2929 Eingefordertes Nachschuss-kapital (Gegenkonto 1299)[17]
		2080 (zur freien Verfügung) -99			
		Privat Vollhafter/Einzelunternehmer			**Gewinnrücklagen**
		2100 Privatentnahmen allgemein -29	Gesetzliche Rücklage	K	2930 **Gesetzliche Rücklage**[17]
		2130 Unentgeltliche Wertabgaben -49	Rücklage für eigene Anteile	K	2940 **Rücklage für eigene Anteile**[17]
		2150 Privatsteuern -79	Satzungsmäßige Rücklagen	K	2950 **Satzungsmäßige Rücklagen**[17]
		2180 Privateinlagen -99			
		2200 Sonderausgaben beschränkt -29 abzugsfähig	Andere Gewinnrücklagen	K	2960 **Andere Gewinnrücklagen**[17]
		2230 Sonderausgaben unbeschränkt -49 abzugsfähig		K	2962 Eigenkapitalanteil von Wertauf-holungen[17]
		2250 Zuwendungen, Spenden -79			**Gewinnvortrag/Verlustvortrag vor Verwendung**
		2280 Außergewöhnliche -99 Belastungen			
		2300 Grundstücksaufwand -48	Gewinnvortrag oder *Verlustvortrag*	K	2970 Gewinnvortrag vor Verwen-dung[17]
		2349 Grundstücksaufwand (Umsatz-steuerschlüssel möglich)[10]		K	2978 Verlustvortrag vor Verwen-dung[17]
		2350 Grundstücksertrag -98	Vortrag auf neue Rechnung	K	2979 Vortrag auf neue Rechnung (Bi-lanz)[17]
		2399 Grundstücksertrag (Umsatz-steuerschlüssel möglich)[10]			
		Privat Teilhafter			**Sonderposten mit Rücklagean-teil**
		2500 Privatentnahmen allgemein -29	Sonderposten mit Rücklageanteil		2980 Sonderposten mit Rücklagean-teil steuerfreie Rücklagen[7]
		2530 Unentgeltliche Wertabgaben -49			2981 Sonderposten mit Rücklagean-teil nach § 6b EStG
		2550 Privatsteuern -79			2982 Sonderposten mit Rücklagean-teil nach Abschnitt 35 EStR
		2580 Privateinlagen -99			2983 Sonderposten mit Rücklagean-teil nach § 6d EStG
		2600 Sonderausgaben beschränkt -29 abzugsfähig			2984 Sonderposten mit Rücklagean-teil nach § 1 EntwLStG
		2630 Sonderausgaben unbeschränkt -49 abzugsfähig	Sonderposten aus der Wäh-rungsumstellung auf den Euro		2985 Sonderposten aus der Wäh-rungsumstellung auf den Euro[11]
		2650 Zuwendungen, Spenden -79			
		2680 Außergewöhnliche -99 Belastungen			
		2700 Grundstücksaufwand -49			
		2750 Grundstücksertrag -99			

SKR 04

SKR 04

Bilanz-Posten[2]	Programm-verbin-dung[4]	2 Eigenkapitalkonten	Bilanz-Posten[2]	Programm-verbin-dung[4]	3 Fremdkapitalkonten
Sonderposten mit Rücklageanteil		2986 Sonderposten mit Rücklageanteil nach § 7d EStG			KU 3000-3069 KU 3100-3249 M 3250-3299 KU 3300-3899
		2987 Sonderposten mit Rücklageanteil nach § 79 EStDV			
		2988 Sonderposten mit Rücklageanteil nach § 80 EStDV			**Rückstellungen**
		2989 Sonderposten mit Rücklageanteil nach § 52 Abs. 16 EStG	Rückstellungen für Pensionen und ähnliche Verpflichtungen		**3000 Rückstellungen für Pensionen und ähnliche Verpflichtungen**
		2990 Sonderposten mit Rücklageanteil, Sonderabschreibungen[7]			3010 Pensionsrückstellungen 3015 Rückstellungen für pensionsähnliche Verpflichtungen
		2991 Sonderposten mit Rücklageanteil nach § 82a EStDV			
		2992 Sonderposten mit Rücklageanteil nach § 82d EStDV	Steuerrückstellungen		**3020 Steuerrückstellungen** 3030 Gewerbesteuerrückstellung
		2993 Sonderposten mit Rücklageanteil nach § 82e EStDV			3040 Körperschaftsteuerrückstellung 3060 Rückstellung für latente Steuern
		2994 Sonderposten mit Rücklageanteil nach § 14 BerlinFG			
		2995 Sonderposten mit Rücklageanteil für Förderung nach § 3 ZonenRFG/§ 4-6 FördergebietsG	Sonstige Rückstellungen		**3070 Sonstige Rückstellungen** 3074 Rückstellungen für Personalkosten[1]
		2996 Sonderposten mit Rücklageanteil nach § 4d EStG			3075 Rückstellungen für unterlassene Aufwendungen für Instandhaltung, Nachholung in den ersten drei Monaten
		2997 Sonderposten mit Rücklageanteil nach § 7g Abs. 1 EStG			3080 Rückstellungen für unterlassene Aufwendungen für Instandhaltung, Nachholung innerhalb des 4. bis 12. Monats
		2998 Sonderposten mit Rücklageanteil nach § 7g Abs. 3 u. 7 EStG			3085 Rückstellungen für Abraum- und Abfallbeseitigung
Sonderposten für Zuschüsse und Zulagen		2999 Sonderposten für Zuschüsse und Zulagen			3090 Rückstellungen für Gewährleistungen (Gegenkonto 6790)
					3092 Rückstellungen für drohende Verluste aus schwebenden Geschäften
					3095 Rückstellungen für Abschluss- und Prüfungskosten
					3096 Rückstellungen zur Erfüllung der Aufbewahrungspflichten[1]
					3098 Aufwandsrückstellungen gemäß § 249 Abs. 2 HGB
					3099 Rückstellungen für Umweltschutz
					Verbindlichkeiten
			Anleihen		**3100 Anleihen,** nicht konvertibel 3101 – Restlaufzeit bis 1 Jahr
					3105 – Restlaufzeit 1 bis 5 Jahre 3110 – Restlaufzeit größer 5 Jahre
					3120 Anleihen, konvertibel 3121 – Restlaufzeit bis 1 Jahr
					3125 – Restlaufzeit 1 bis 5 Jahre 3130 – Restlaufzeit größer 5 Jahre
			Verbindlichkeiten gegenüber Kreditinstituten oder *Kassenbestand, Bundesbankguthaben, Guthaben bei Kreditinstituten und Schecks*		**3150 Verbindlichkeiten gegenüber Kreditinstituten** 3151 – Restlaufzeit bis 1 Jahr 3160 – Restlaufzeit 1 bis 5 Jahre 3170 – Restlaufzeit größer 5 Jahre
					3180 Verbindlichkeiten gegenüber Kreditinstituten aus Teilzahlungsverträgen
					3181 – Restlaufzeit bis 1 Jahr 3190 – Restlaufzeit 1 bis 5 Jahre 3200 – Restlaufzeit größer 5 Jahre
					3210 (frei, in Bilanz kein Restlaufzeit--48 vermerk)
			Verbindlichkeiten gegenüber Kreditinstituten		3249 Gegenkonto 3150-3209 bei Aufteilung der Konten 3210-3248

SKR 04

Bilanz-Posten[2]	Programm-verbindung[4]	3 Fremdkapitalkonten	Bilanz-Posten[2]	Programm-verbindung[4]	3 Fremdkapitalkonten
Erhaltene Anzahlungen auf Bestellungen	U	**3250 Erhaltene Anzahlungen auf Bestellungen** AM 3260 Erhaltene Anzahlungen 7 % USt R 3261 -64 AM 3270 Erhaltene Anzahlungen 16 % USt AM 3271 Erhaltene Anzahlungen 15 % USt AM 3272 Erhaltene, versteuerte Anzahlungen 19 % USt (Verbindlichkeiten)[1] R 3273 -74 3280 Erhaltene Anzahlungen – Restlaufzeit bis 1 Jahr 3284 – Restlaufzeit 1 bis 5 Jahre 3285 – Restlaufzeit größer 5 Jahre	Verbindlichkeiten gegenüber Unternehmen, mit denen ein Beteiligungsverhältnis besteht oder *Forderungen gegen Unternehmen, mit denen ein Beteiligungsverhältnis besteht*		**3450 Verbindlichkeiten gegenüber Unternehmen, mit denen ein Beteiligungsverhältnis besteht** 3451 – Restlaufzeit bis 1 Jahr 3455 – Restlaufzeit 1 bis 5 Jahre 3460 – Restlaufzeit größer 5 Jahre F 3470 Verbindlichkeiten aus Lieferungen und Leistungen gegenüber Unternehmen, mit denen ein Beteiligungsverhältnis besteht F 3471 – Restlaufzeit bis 1 Jahr F 3475 – Restlaufzeit 1 bis 5 Jahre F 3480 – Restlaufzeit größer 5 Jahre
			Sonstige Verbindlichkeiten		**3500 Sonstige Verbindlichkeiten** 3501 – Restlaufzeit bis 1 Jahr 3504 – Restlaufzeit 1 bis 5 Jahre 3507 – Restlaufzeit größer 5 Jahre 3509 Sonstige Verbindlichkeiten z. B. nach § 11 Abs. 2 Satz 2 EStG für § 4/3 EStG
Verbindlichkeiten aus Lieferungen und Leistungen oder *sonstige Vermögensgegenstände*		**S 3300 Verbindlichkeiten aus Lieferungen und Leistungen** R 3301 Verbindlichkeiten aus Lieferungen und Leistungen -03 F 3305 Verbindlichkeiten aus Lieferungen und Leistungen zum allgemeinen Umsatzsteuersatz (EÜR)[13] F 3306 Verbindlichkeiten aus Lieferungen und Leistungen zum ermäßigten Umsatzsteuersatz (EÜR)[13] F 3307 Verbindlichkeiten aus Lieferungen und Leistungen ohne Vorsteuer (EÜR)[13] F 3309 Gegenkonto 3305-3307 bei Aufteilung der Verbindlichkeiten nach Steuersätzen (EÜR)[13] F 3310 Verbindlichkeiten aus Lieferungen und Leistungen ohne Kontokorrent -33 F 3334 Verbindlichkeiten aus Lieferungen und Leistungen für Investitionen für § 4/3 EStG F 3335 Verbindlichkeiten aus Lieferungen und Leistungen ohne Kontokorrent – Restlaufzeit bis 1 Jahr F 3337 – Restlaufzeit 1 bis 5 Jahre F 3338 – Restlaufzeit größer 5 Jahre F 3340 Verbindlichkeiten aus Lieferungen und Leistungen gegenüber Gesellschaftern F 3341 – Restlaufzeit bis 1 Jahr F 3345 – Restlaufzeit 1 bis 5 Jahre F 3348 – Restlaufzeit größer 5 Jahre			3510 Verbindlichkeiten gegenüber Gesellschaftern 3511 – Restlaufzeit bis 1 Jahr 3514 – Restlaufzeit 1 bis 5 Jahre 3517 – Restlaufzeit größer 5 Jahre 3519 Verbindlichkeiten gegenüber Gesellschaftern für offene Ausschüttungen 3520 Darlehen typisch stiller Gesellschafter 3521 – Restlaufzeit bis 1 Jahr 3524 – Restlaufzeit 1 bis 5 Jahre 3527 – Restlaufzeit größer 5 Jahre 3530 Darlehen atypisch stiller Gesellschafter 3531 – Restlaufzeit bis 1 Jahr 3534 – Restlaufzeit 1 bis 5 Jahre 3537 – Restlaufzeit größer 5 Jahre 3540 Partiarische Darlehen 3541 – Restlaufzeit bis 1 Jahr 3544 – Restlaufzeit 1 bis 5 Jahre 3547 – Restlaufzeit größer 5 Jahre 3550 Erhaltene Kautionen 3551 – Restlaufzeit bis 1 Jahr 3554 – Restlaufzeit 1 bis 5 Jahre 3557 – Restlaufzeit größer 5 Jahre 3560 Darlehen 3561 – Restlaufzeit bis 1 Jahr 3564 – Restlaufzeit 1 bis 5 Jahre 3567 – Restlaufzeit größer 5 Jahre 3570 (frei, in Bilanz kein Restlaufzeitvermerk) -98 3599 Gegenkonto 3500-3569 bei Aufteilung der Konten 3570-3598 3600 Agenturwarenabrechnungen 3610 Kreditkartenabrechnung
Verbindlichkeiten aus Lieferungen und Leistungen S-Saldo oder *sonstige Vermögensgegenstände H-Saldo*		3349 Gegenkonto 3335-3348, 3420-3449, 3470-3499 bei Aufteilung Kreditorenkonto	Sonstige Vermögensgegenstände oder *sonstige Verbindlichkeiten*		3620 Gewinnverfügungskonto stille Gesellschafter 3630 Sonstige Verrechnungskonten (Interimskonto)
			Sonstige Vermögensgegenstände H-Saldo		3695 Verrechnungskonto geleistete Anzahlungen bei Buchung über Kreditorenkonto
Verbindlichkeiten aus der Annahme gezogener Wechsel und aus der Ausstellung eigener Wechsel		**F 3350 Verbindlichkeiten aus der Annahme gezogener Wechsel und aus der Ausstellung eigener Wechsel** F 3351 – Restlaufzeit bis 1 Jahr F 3380 – Restlaufzeit 1 bis 5 Jahre F 3390 – Restlaufzeit größer 5 Jahre	Sonstige Verbindlichkeiten		3700 Verbindlichkeiten aus Betriebssteuern und -abgaben 3701 – Restlaufzeit bis 1 Jahr 3710 – Restlaufzeit 1 bis 5 Jahre 3715 – Restlaufzeit größer 5 Jahre 3720 Verbindlichkeiten aus Lohn und Gehalt
Verbindlichkeiten gegenüber verbundenen Unternehmen oder *Forderungen gegen verbundene Unternehmen*		**F 3400 Verbindlichkeiten gegenüber verbundenen Unternehmen** 3401 – Restlaufzeit bis 1 Jahr 3405 – Restlaufzeit 1 bis 5 Jahre 3410 – Restlaufzeit größer 5 Jahre F 3420 Verbindlichkeiten aus Lieferungen und Leistungen gegenüber verbundenen Unternehmen F 3421 – Restlaufzeit bis 1 Jahr F 3425 – Restlaufzeit 1 bis 5 Jahre F 3430 – Restlaufzeit größer 5 Jahre	Sonstige Verbindlichkeiten oder *sonstige Vermögensgegenstände*		3725 Verbindlichkeiten für Einbehaltungen von Arbeitnehmern 3726 Verbindlichkeiten an das Finanzamt aus abzuführendem Bauabzugsbetrag 3730 Verbindlichkeiten aus Lohn- und Kirchensteuer

SKR 04

Bilanz-Posten[2]	Pro-gramm-verbin-dung[4]	3 Fremdkapitalkonten		Bilanz-Posten[2]	Pro-gramm-verbin-dung[4]	3 Fremdkapitalkonten	
Sonstige Verbindlichkeiten		3740	Verbindlichkeiten im Rahmen der sozialen Sicherheit	Sonstige Verbindlichkeiten oder *sonstige Vermögensgegenstände*	U	F 3820	Umsatzsteuer-Vorauszahlungen
		3741	– Restlaufzeit bis 1 Jahr		U	F 3830	Umsatzsteuer-Vorauszahlungen 1/11
		3750	– Restlaufzeit 1 bis 5 Jahre			R 3831	
		3755	– Restlaufzeit größer 5 Jahre		U	F 3832	Nachsteuer, UStVA Kz. 65
		3759	Voraussichtliche Beitragsschuld gegenüber den Sozialversicherungsträgern			R 3833	
					U	S 3834	Umsatzsteuer aus innergemeinschaftlichem Erwerb von Neufahrzeugen von Lieferanten ohne Umsatzsteuer-Identifikationsnummer
		3760	Verbindlichkeiten aus Einbehaltungen (KapESt und Solz auf KapESt)				
		3761	Verbindlichkeiten für Verbrauchsteuern			S 3835	Umsatzsteuer nach § 13b UStG
		3770	Verbindlichkeiten aus Vermögensbildung			S 3836	Umsatzsteuer nach § 13b UStG 16 %
		3771	– Restlaufzeit bis 1 Jahr		U	S 3837	Umsatzsteuer nach § 13b UStG 19 %[1]
		3780	– Restlaufzeit 1 bis 5 Jahre				
		3785	– Restlaufzeit größer 5 Jahre			R 3838	
Sonstige Verbindlichkeiten oder *sonstige Vermögensgegenstände*		**3790**	**Lohn- und Gehaltsverrechnungskonto**			S 3839	Umsatzsteuer aus der Auslagerung von Gegenständen aus einem Umsatzsteuerlager
		3791	Lohn- und Gehaltsverrechnung § 11 Abs. 2 EStG für § 4 Abs. 3 EStG			3840	Umsatzsteuer laufendes Jahr
						3841	Umsatzsteuer Vorjahr
						3845	Umsatzsteuer frühere Jahre
Sonstige Verbindlichkeiten		3796	Verbindlichkeiten im Rahmen der sozialen Sicherheit (für § 4/3 EStG)			3850	Einfuhrumsatzsteuer aufgeschoben bis ...
Sonstige Verbindlichkeiten oder *sonstige Vermögensgegenstände*		S 3800	Umsatzsteuer		U	F 3851	In Rechnung unrichtig oder unberechtigt ausgewiesene Steuerbeträge, UStVA Kz. 69
		S 3801	Umsatzsteuer 7 %				
		S 3802	Umsatzsteuer aus innergemeinschaftlichem Erwerb			3854	Steuerzahlungen an andere EG-Länder
		S 3803	Umsatzsteuer aus innergemeinschaftlichem Erwerb 16 %	Sonstige Verbindlichkeiten			
		S 3804	Umsatzsteuer aus innergemeinschaftlichem Erwerb 19 %[1]				**Rechnungsabgrenzungsposten**
		S 3805	Umsatzsteuer 16 %			**3900**	**Passive Rechnungsabgrenzung**
		S 3806	Umsatzsteuer 19 %[1]	Rechnungsabgrenzungsposten			
		S 3807	Umsatzsteuer aus im Inland steuerpflichtigen EG-Lieferungen	Sonstige Passiva oder *sonstige Aktiva*		3950	Abgrenzungen zur unterjährigen Kostenverrechnung für BWA
		S 3808	Umsatzsteuer aus im Inland steuerpflichtigen EG-Lieferungen 19 %[1]				
		S 3809	Umsatzsteuer aus innergemeinschaftlichem Erwerb ohne Vorsteuerabzug				
Steuerrückstellungen oder sonstige Vermögensgegenstände		S 3810	Umsatzsteuer nicht fällig				
		S 3811	Umsatzsteuer nicht fällig 7 %				
		S 3812	Umsatzsteuer nicht fällig aus im Inland steuerpflichtigen EG-Lieferungen				
		S 3813	Umsatzsteuer nicht fällig aus im Inland steuerpflichtigen EG-Lieferungen 16 %				
		S 3814	Umsatzsteuer nicht fällig aus im Inland steuerpflichtigen EG-Lieferungen 19 %[1]				
		S 3815	Umsatzsteuer nicht fällig 16 %				
		S 3816	Umsatzsteuer nicht fällig 19 %[1]				
Sonstige Verbindlichkeiten		S 3817	Umsatzsteuer aus im anderen EG-Land steuerpflichtigen Lieferungen				
		S 3818	Umsatzsteuer aus im anderen EG-Land steuerpflichtigen sonstigen Leistungen/Werklieferungen				
		R 3819					

GuV-Posten[2]	Pro-gramm-verbin-dung[4]	4 — Betriebliche Erträge
		M 4000-4604 · KU 4679 · KU 4605 · M 4680-4688 · M 4606-4618 · KU 4689-4699 · KU 4619 · M 4700-4799 · M 4620-4636 · KU 4800-4829 · KU 4637-4639 · M 4830-4839 · M 4640-4658 · KU 4840-4843 · KU 4659 · M 4844-4948 · M 4660-4678 · KU 4949
		Umsatzerlöse
Umsatzerlöse		4000 Umsatzerlöse -99 (Zur freien Verfügung)
	U	AM 4100 Steuerfreie Umsätze § 4 Nr. 8 ff. UStG
	U	AM 4105 Steuerfreie Umsätze nach § 4 Nr. 12 UStG (Vermietung und Verpachtung)[1]
	U	AM 4110 Sonstige steuerfreie Umsätze Inland
	U	AM 4120 Steuerfreie Umsätze § 4 Nr. 1a UStG[18]
	U	AM 4125 Steuerfreie innergemeinschaftliche Lieferungen § 4 Nr. 1b UStG
	U	AM 4130 Lieferungen des ersten Abnehmers bei innergemeinschaftlichen Dreiecksgeschäften § 25b Abs. 2 UStG
	U	AM 4135 Steuerfreie innergemeinschaftliche Lieferungen von Neufahrzeugen an Abnehmer ohne Umsatzsteuer-Identifikationsnummer
		R 4138
	U	AM 4140 Steuerfreie Umsätze Offshore etc.[18]
	U	AM 4150 Sonstige steuerfreie Umsätze (z. B. § 4 Nr. 2-7 UStG)
	U	AM 4160 Steuerfreie Umsätze ohne Vorsteuerabzug zum Gesamtumsatz gehörend[1]
		4180 Erlöse, die mit den Durchschnittssätzen des § 24 UStG versteuert werden[13]
		R 4182 -83
		4185 Erlöse als Kleinunternehmer i. S. d. § 19 Abs. 1 UStG[13]
	U	AM 4186 Erlöse aus Geldspielautomaten 19 % USt[8]
	U	AM 4187 Erlöse aus Geldspielautomaten 16 % USt[1]
		R 4188
		4200 Erlöse
	U	AM 4300 -09 Erlöse 7 % USt
	U	AM 4310 -14 Erlöse aus im Inland steuerpflichtigen EG-Lieferungen 7 % USt
	U	AM 4315 -19 Erlöse aus im Inland steuerpflichtigen EG-Lieferungen 19 % USt[8]
		4320 -29 Erlöse aus im anderen EG-Land steuerpflichtigen Lieferungen[3]
	U	AM 4330 Erlöse aus im Inland steuerpflichtigen EG-Lieferungen 16 % USt[1]
		R 4331 -36
	U	AM 4337 Erlöse aus Leistungen, für die der Leistungsempfänger die Umsatzsteuer nach § 13b UStG schuldet
	U	AM 4338 Erlöse aus im Drittland steuerbaren Leistungen, im Inland nicht steuerbare Umsätze
	U	AM 4339 Erlöse aus im anderen EG-Land steuerbaren Leistungen, im Inland nicht steuerbare Umsätze

GuV-Posten[2]	Pro-gramm-verbin-dung[4]	4 — Betriebliche Erträge
Umsatzerlöse	U	AM 4340 -49 Erlöse 16 % USt[1]
	U	AM 4400 -09 Erlöse 19 % USt[8]
	U	AM 4410 Erlöse 19 % USt
		R 4411 -49
		R 4507
		R 4509
		4510 Erlöse Abfallverwertung
		4520 Erlöse Leergut
		4560 Provisionsumsätze
		R 4561 -63
	U	AM 4564 Provisionsumsätze, steuerfrei (§ 4 Nr. 8 ff. UStG)
	U	AM 4565 Provisionsumsätze, steuerfrei (§ 4 Nr. 5 UStG)
	U	AM 4566 Provisionsumsätze 7 % USt
		R 4567
	U	AM 4568 Provisionsumsätze 16 % USt[1]
	U	AM 4569 Provisionsumsätze 19 % USt[8]
Sonstige betriebliche Erträge		4570 Provision, sonstige Erträge
		R 4571 -73
	U	AM 4574 Provision, sonstige Erträge steuerfrei (§ 4 Nr. 8 ff. UStG)
	U	AM 4575 Provision, sonstige Erträge steuerfrei (§ 4 Nr. 5 UStG)
	U	AM 4576 Provision, sonstige Erträge 7 % USt
		R 4577
	U	AM 4578 Provision, sonstige Erträge 16 % USt[1]
	U	AM 4579 Provision, sonstige Erträge 19 % USt[8]
		Statistische Konten EÜR[15]
Umsatzerlöse		4580 Statistisches Konto Erlöse zum allgemeinen Umsatzsteuersatz (EÜR)[13][15]
		4581 Statistisches Konto Erlöse zum ermäßigten Umsatzsteuersatz (EÜR)[13][15]
		4582 Statistisches Konto Erlöse steuerfrei und nicht steuerbar (EÜR)[13][15]
		4589 Gegenkonto 4580-4582 bei Aufteilung der Erlöse nach Steuersätzen (EÜR)[13]
		4600 Unentgeltliche Wertabgaben
		4605 Entnahme von Gegenständen ohne USt
		R 4608 -09
	U	AM 4610 -16 Entnahme durch Unternehmer für Zwecke außerhalb des Unternehmens (Waren) 7 % USt
		R 4617 -18
		4619 Entnahme durch Unternehmer für Zwecke außerhalb des Unternehmens (Waren) ohne USt
	U	AM 4620 -26 Entnahme durch den Unternehmer für Zwecke außerhalb des Unternehmens (Waren) 19 % USt[8]
	U	AM 4627 Entnahme durch den Unternehmer für Zwecke außerhalb des Unternehmens (Waren) 16 % USt[1]
		R 4628 -29

SKR 04

SKR 04

GuV-Posten[2]	Programmverbindung[4]	4 Betriebliche Erträge		GuV-Posten[2]	Programmverbindung[4]	4 Betriebliche Erträge
Sonstige betriebliche Erträge	U	AM 4630 -36	Verwendung von Gegenständen für Zwecke außerhalb des Unternehmens 7 % USt	Umsatzerlöse	U	AM 4723 Erlösschmälerungen 16 % USt[1]
		4637	Verwendung von Gegenständen für Zwecke außerhalb des Unternehmens ohne USt		U	AM 4724 Erlösschmälerungen aus steuerfreien innergemeinschaftlichen Lieferungen
		4638	Verwendung von Gegenständen für Zwecke außerhalb des Unternehmens ohne USt (Telefon-Nutzung)		U	AM 4725 Erlösschmälerungen aus im Inland steuerpflichtigen EG-Lieferungen 7 % USt
		4639	Verwendung von Gegenständen für Zwecke außerhalb des Unternehmens ohne USt (Kfz-Nutzung)		U	AM 4726 Erlösschmälerungen aus im Inland steuerpflichtigen EG-Lieferungen 19 % USt[8]
	U	AM 4640 -44	Verwendung von Gegenständen für Zwecke außerhalb des Unternehmens 19 % USt[8]			4727 Erlösschmälerungen aus im anderen EG-Land steuerpflichtigen Lieferungen[3]
	U	AM 4645	Verwendung von Gegenständen für Zwecke außerhalb des Unternehmens 19 % USt (Kfz-Nutzung)[8]			R 4728
	U	AM 4646	Verwendung von Gegenständen für Zwecke außerhalb des Unternehmens 19 % USt (Telefon-Nutzung)[8]		U	AM 4729 Erlösschmälerungen aus im Inland steuerpflichtigen EG-Lieferungen 16 % USt[1]
	U	AM 4647	Verwendung von Gegenständen für Zwecke außerhalb des Unternehmens 16 % USt[1]			S 4730 Gewährte Skonti
	U	AM 4648	Verwendung von Gegenständen für Zwecke außerhalb des Unternehmens 16 % USt (Kfz-Nutzung)[1]		U	S/AM 4731 Gewährte Skonti 7 % USt
	U	AM 4649	Verwendung von Gegenständen für Zwecke außerhalb des Unternehmens 16 % USt (Telefon-Nutzung)[1]			R 4732 -34
	U	AM 4650 -56	Unentgeltliche Erbringung einer sonstigen Leistung 7 % USt		U	S/AM 4735 Gewährte Skonti 16 % USt
		R 4657 -58			U	S/AM 4736 Gewährte Skonti 19 % USt[1]
		4659	Unentgeltliche Erbringung einer sonstigen Leistung ohne USt			R 4737 -38
	U	AM 4660 -66	Unentgeltliche Erbringung einer sonstigen Leistung 19 % USt[8]		U	S/AM 4741 Gewährte Skonti aus Leistungen, für die der Leistungsempfänger die Umsatzsteuer nach § 13b UStG schuldet
	U	AM 4667	Unentgeltliche Erbringung einer sonstigen Leistung 16 % USt[1]			R 4742
		R 4668 -69			U	S/AM 4743 Gewährte Skonti aus steuerfreien innergemeinschaftlichen Lieferungen § 4 Nr. 1b UStG
Umsatzerlöse	U	AM 4670 -76	Unentgeltliche Zuwendung von Waren 7 % USt			R 4744
		R 4677 -78				S 4745 Gewährte Skonti aus im Inland steuerpflichtigen EG-Lieferungen
		4679	Unentgeltliche Zuwendung von Waren ohne USt		U	S/AM 4746 Gewährte Skonti aus im Inland steuerpflichtigen EG-Lieferungen 7 % USt
	U	AM 4680 -84	Unentgeltliche Zuwendung von Waren 19 % USt[8]			R 4747
	U	AM 4685	Unentgeltliche Zuwendung von Waren 16 % USt[1]		U	S/AM 4748 Gewährte Skonti aus im Inland steuerpflichtigen EG-Lieferungen 19 % USt[1]
Sonstige betriebliche Erträge	U	AM 4686 -87	Unentgeltliche Zuwendung von Gegenständen 19 % USt[8]		U	S/AM 4749 Gewährte Skonti aus im Inland steuerpflichtigen EG-Lieferungen 16 % USt
	U	AM 4688	Unentgeltliche Zuwendung von Gegenständen 16 % USt[1]		U	AM 4750 -51 Gewährte Boni 7 % USt
		4689	Unentgeltliche Zuwendung von Gegenständen ohne USt			R 4752 -59
Umsatzerlöse		4690	Nicht steuerbare Umsätze (Innenumsätze)		U	AM 4760 -61 Gewährte Boni 19 % USt[8]
		4695	Umsatzsteuervergütung		U	AM 4762 -63 Gewährte Boni 16 % USt[1]
		4700	Erlösschmälerungen			R 4764 -68
	U	AM 4705	Erlösschmälerungen aus steuerfreien Umsätzen § 4 Nr. 1a UStG[18]			4769 Gewährte Boni
	U	AM 4710 -11	Erlösschmälerungen 7 % USt			4770 Gewährte Rabatte
		R 4712 -19			U	AM 4780 -81 Gewährte Rabatte 7 % USt
	U	AM 4720 -21	Erlösschmälerungen 19 % USt[1]			R 4782 -89
		R 4722			U	AM 4790 -91 Gewährte Rabatte 19 % USt[8]
					U	AM 4792 -93 Gewährte Rabatte 16 % USt[1]
						R 4794 -99

GuV-Posten[2]	Programm-verbindung[4]	4 Betriebliche Erträge		GuV-Posten[2]	Programm-verbindung[4]	4 Betriebliche Erträge
		Erhöhung oder Verminderung des Bestands an fertigen und unfertigen Erzeugnissen		Sonstige betriebliche Erträge		4860 Grundstückserträge
Erhöhung des Bestands an fertigen und unfertigen Erzeugnissen oder *Verminderung des Bestands an fertigen und unfertigen Erzeugnissen*		4800 Bestandsveränderungen - fertige Erzeugnisse			U	AM 4865 Erlöse aus Verkäufen von Wirtschaftsgütern des Umlaufvermögens 19 % USt für § 4 Abs. 3 Satz 4 EStG[1][13]
		4810 Bestandsveränderungen - unfertige Erzeugnisse			U	AM 4866 Erlöse aus Verkäufen von Wirtschaftsgütern des Umlaufvermögens, umsatzsteuerfrei § 4 Nr. 8 ff UStG i. V. m. § 4 Abs. 3 Satz 4 EStG[1][13]
		4815 Bestandsveränderungen - unfertige Leistungen			U G K	AM 4867 Erlöse aus Verkäufen von Wirtschaftsgütern des Umlaufvermögens, umsatzsteuerfrei § 4 Nr. 8 ff UStG i. V. m. § 4 Abs. 3 Satz 4 EStG, 100 %/50 % steuerfrei (inländische Kap.Ges.)[1][9][13]
Erhöhung des Bestands in Ausführung befindlicher Bauaufträge oder *Verminderung des Bestands in Ausführung befindlicher Bauaufträge*		4816 Bestandsveränderungen in Ausführung befindliche Bauaufträge				4869 Erlöse aus Verkäufen von Wirtschaftsgütern des Umlaufvermögens nach § 4 Abs. 3 Satz 4 EStG[1][13]
Erhöhung des Bestands in Arbeit befindlicher Aufträge oder *Verminderung des Bestands in Arbeit befindlicher Aufträge*		4818 Bestandsveränderungen in Arbeit befindliche Aufträge				4900 Erträge aus dem Abgang von Gegenständen des Anlagevermögens
					G K	4901 Erträge aus der Veräußerung von Anteilen an Kapitalgesellschaften 100 %/50 % steuerfrei (inländische Kap.Ges.)[9]
		Andere aktivierte Eigenleistungen				4905 Erträge aus dem Abgang von Gegenständen des Umlaufvermögens außer Vorräte
Andere aktivierte Eigenleistungen		**4820 Andere aktivierte Eigenleistungen**			G K	4906 Erträge aus dem Abgang von Gegenständen des Umlaufvermögens (außer Vorräte) 100 %/50 % steuerfrei (inländische Kap.Ges.)[9]
		Sonstige betriebliche Erträge				4910 Erträge aus Zuschreibungen des Sachanlagevermögens
Sonstige betriebliche Erträge		4830 Sonstige betriebliche Erträge				4911 Erträge aus Zuschreibungen des immateriellen Anlagevermögens
	U	AM 4834 Sonstige Erträge betrieblich und regelmäßig 16 % USt[1]				4912 Erträge aus Zuschreibungen des Finanzanlagevermögens
		4835 Sonstige Erträge betrieblich und regelmäßig			G K	4913 Erträge aus Zuschreibungen des Finanzanlagevermögens 100 %/50 % steuerfrei (inländische Kap.Ges.)[9]
	U	AM 4836 Sonstige Erträge betrieblich und regelmäßig 19 % USt[8]			G K	4914 Erträge aus Zuschreibungen des anderen Anlagevermögens 100 %/50 % steuerfrei (inländische Kap.Ges.)[9]
		4837 Sonstige Erträge betriebsfremd und regelmäßig				4915 Erträge aus Zuschreibungen des Umlaufvermögens außer Vorräten
		4839 Sonstige Erträge unregelmäßig			G K	4916 Erträge aus Zuschreibungen des Umlaufvermögens 100 % /50 % steuerfrei (inländische Kap.Ges.)[9]
		4840 Erträge aus Kursdifferenzen				4920 Erträge aus der Herabsetzung der Pauschalwertberichtigung zu Forderungen
		4843 Erträge aus Bewertung Finanzmittelfonds				4923 Erträge aus der Herabsetzung der Einzelwertberichtigung zu Forderungen
	U	AM 4844 Erlöse aus Verkäufen Sachanlagevermögen steuerfrei § 4 Nr. 1a UStG (bei Buchgewinn)[18]				4925 Erträge aus abgeschriebenen Forderungen
	U	AM 4845 Erlöse aus Verkäufen Sachanlagevermögen 19 % USt (bei Buchgewinn)[8]				4930 Erträge aus der Auflösung von Rückstellungen
	U	AM 4846 Erlöse aus Verkäufen Sachanlagevermögen 16 % USt (bei Buchgewinn)[1]				4932 Erträge aus der steuerlich niedrigeren Bewertung von Rückstellungen
		R 4847				4933 Erträge aus der steuerlich niedrigeren Bewertung von Verbindlichkeiten
	U	AM 4848 Erlöse aus Verkäufen Sachanlagevermögen steuerfrei § 4 Nr. 1b UStG (bei Buchgewinn)				4934 Erträge aus der Auflösung von Sonderposten mit Rücklageanteil (Existenzgründerrücklage)[13]
		4849 Erlöse aus Verkäufen Sachanlagevermögen (bei Buchgewinn)				4935 Erträge aus der Auflösung von Sonderposten mit Rücklageanteil (steuerfreie Rücklagen)
		4850 Erlöse aus Verkäufen immaterieller Vermögensgegenstände (bei Buchgewinn)				4936 Erträge aus der Auflösung von Sonderposten mit Rücklageanteil (Ansparabschreibungen)
		4851 Erlöse aus Verkäufen Finanzanlagen (bei Buchgewinn)				
	G K	4852 Erlöse aus Verkäufen Finanzanlagen 100 %/50 % steuerfrei (inländische Kap.Ges.) (bei Buchgewinn)[9]				
		4855 Anlagenabgänge Sachanlagen (Restbuchwert bei Buchgewinn)				
		4856 Anlagenabgänge immaterielle Vermögensgegenstände (Restbuchwert bei Buchgewinn)				
		4857 Anlagenabgänge Finanzanlagen (Restbuchwert bei Buchgewinn)				
	G K	4858 Anlagenabgänge Finanzanlagen 100 %/50 % steuerfrei (inländische Kap.Ges.) (Restbuchwert bei Buchgewinn)[9]				

SKR 04

SKR 04

GuV-Posten[2]	Programm-verbindung[4]	4 Betriebliche Erträge		GuV-Posten[2]	Programm-verbindung[4]	5 Betriebliche Aufwendungen
Sonstige betriebliche Erträge		4937 Erträge aus der Auflösung von Sonderposten mit Rücklageanteil (Sonderabschreibungen)				V 5000-5599 / V 5700-5859 / KU 5860-5899 / V 5900-5999
		4938 Erträge aus der Auflösung von Sonderposten mit Rücklageanteil (aus der Währungsumstellung auf den Euro)[11]				**Material- und Stoffverbrauch**
		4939 Erträge aus der Auflösung von Sonderposten mit Rücklageanteil nach § 52 Abs. 16 EStG		Aufwendungen für Roh-, Hilfs- und Betriebsstoffe und für bezogene Waren		5000 / -99 Aufwendungen für Roh-, Hilfs- und Betriebsstoffe und für bezogene Waren
		4940 Verrechnete sonstige Sachzüge (keine Waren)				**Materialaufwand**
	U	AM 4941 Sachzüge 7 % USt (Waren)				5100 Einkauf von Roh-, Hilfs- und Betriebsstoffen
		R 4942 / -43				5190 Energiestoffe (Fertigung)
	U	AM 4944 Sachzüge 16 % USt (Waren)[1]				**5200 Wareneingang**
	U	AM 4945 Sachzüge 19 % USt (Waren)[8]				AV 5300 / -09 Wareneingang 7 % Vorsteuer
		4946 Verrechnete sonstige Sachbezüge				R 5310 / -39
	U	AM 4947 Verrechnete sonstige Sachbezüge 19 % USt (z. B. Kfz-Gestellung)[8]				AV 5340 / -49 Wareneingang 16 % Vorsteuer[1]
	U	AM 4948 Verrechnete sonstige Sachbezüge 16 % USt (z. B. Kfz-Gestellung)[1]				AV 5400 / -09 Wareneingang 19 % Vorsteuer[8]
						R 5410 / -19
		4949 Verrechnete sonstige Sachbezüge ohne Umsatzsteuer			U	AV 5420 / -24 Innergemeinschaftlicher Erwerb 7 % Vorsteuer und 7 % Umsatzsteuer
		4960 Periodenfremde Erträge (soweit nicht außerordentlich)			U	AV 5425 / -29 Innergemeinschaftlicher Erwerb 19 % Vorsteuer und 19 % Umsatzsteuer[8]
		4970 Versicherungsentschädigungen			U	AV 5430 Innergemeinschaftlicher Erwerb ohne Vorsteuerabzug 7 % Umsatzsteuer
		4975 Investitionszuschüsse (steuerpflichtig)				R 5431 / -32
	G K	4980 Investitionszulagen (steuerfrei)			U	AV 5433 / -34 Innergemeinschaftlicher Erwerb 16 % Vorsteuer und 16 % Umsatzsteuer[1]
	G K	4981 Steuerfreie Erträge aus der Auflösung von Sonderposten mit Rücklageanteil[13]			U	AV 5435 Innergemeinschaftlicher Erwerb ohne Vorsteuerabzug und 19 % Umsatzsteuer[8]
	G K	4982 Sonstige steuerfreie Betriebseinnahmen[13]			U	AV 5436 Innergemeinschaftlicher Erwerb ohne Vorsteuerabzug und 16 % Umsatzsteuer[1]
						R 5437 / -39
					U	AV 5440 Innergemeinschaftlicher Erwerb von Neufahrzeugen von Lieferanten ohne Umsatzsteuer-Identifikationsnummer 19 % Vorsteuer und 19 % Umsatzsteuer[8]
					U	AV 5441 Innergemeinschaftlicher Erwerb von Neufahrzeugen von Lieferanten ohne Umsatzsteuer-Identifikationsnummer 16 % Vorsteuer und 16 % Umsatzsteuer[1]
						R 5442 / -49
						AV 5500 / -04 Wareneingang 5 % Vorsteuer
						AV 5505 / -09 Wareneingang 5,5 % Vorsteuer[1]
						R 5510 / -29
						AV 5530 / -34 Wareneingang 9 % Vorsteuer
						R 5535 / -39
						AV 5540 / -49 Wareneingang 10,7 % Vorsteuer[5]
					U	AV 5550 Steuerfreier innergemeinschaftlicher Erwerb
						R 5551 / -58
						5559 Steuerfreie Einfuhren

Left columns

GuV-Posten[2]	Programm-verbindung[4]	5 Betriebliche Aufwendungen
Aufwendungen für Roh-, Hilfs- und Betriebsstoffe und für bezogene Waren	U	AV 5560 Waren aus einem Umsatzsteuerlager, § 13a UStG 7 % Vorsteuer und 7 % Umsatzsteuer
		R 5561 -64
	U	AV 5565 Waren aus einem Umsatzsteuerlager, § 13a UStG 19 % Vorsteuer und 19 % Umsatzsteuer[8]
	U	AV 5566 Waren aus einem Umsatzsteuerlager, § 13a UStG 16 % Vorsteuer und 16 % Umsatzsteuer[1]
		R 5567 -69
		5600 Nicht abziehbare Vorsteuer
		-09
		5610 Nicht abziehbare Vorsteuer 7 %
		-19
		5650 Nicht abziehbare Vorsteuer 16 %
		-59
		5660 Nicht abziehbare Vorsteuer 19 %[1]
		-69
		5700 Nachlässe
		AV 5710 Nachlässe 7 % Vorsteuer
		-11
		R 5712 -19
		AV 5720 Nachlässe 19 % Vorsteuer[8]
		-21
		AV 5722 Nachlässe 16 % Vorsteuer[1]
		AV 5723 Nachlässe 15 % Vorsteuer
	U	AV 5724 Nachlässe aus innergemeinschaftlichem Erwerb 7 % Vorsteuer und 7 % Umsatzsteuer
	U	AV 5725 Nachlässe aus innergemeinschaftlichem Erwerb 19 % Vorsteuer und 19 % Umsatzsteuer[8]
	U	AV 5726 Nachlässe aus innergemeinschaftlichem Erwerb 16 % Vorsteuer und 16 % Umsatzsteuer[1]
	U	AV 5727 Nachlässe aus innergemeinschaftlichem Erwerb 15 % Vorsteuer und 15 % Umsatzsteuer
		R 5728 -29
		S 5730 Erhaltene Skonti
		S/AV 5731 Erhaltene Skonti 7 % Vorsteuer
		R 5732 -34
		S/AV 5735 Erhaltene Skonti 16 % Vorsteuer
		S/AV 5736 Erhaltene Skonti 19 % Vorsteuer[1]
		R 5737 -38
		S 5745 Erhaltene Skonti aus steuerpflichtigem innergemeinschaftlichem Erwerb
	U	S/AV 5746 Erhaltene Skonti aus steuerpflichtigem innergemeinschaftlichem Erwerb 7 % Vorsteuer und 7 % Umsatzsteuer
		R 5747
	U	S/AV 5748 Erhaltene Skonti aus steuerpflichtigem innergemeinschaftlichem Erwerb 19 % Vorsteuer und 19 % Umsatzsteuer[1]
	U	S/AV 5749 Erhaltene Skonti aus steuerpflichtigem innergemeinschaftlichem Erwerb 16 % Vorsteuer und 16 % Umsatzsteuer
		AV 5750 Erhaltene Boni 7 % Vorsteuer
		-51
		R 5752 -59
		AV 5760 Erhaltene Boni 19 % Vorsteuer[8]
		-61
		R 5762 -63
		AV 5764 Erhaltene Boni 16 % Vorsteuer[1]
		-65
		R 5766 -68
		5769 Erhaltene Boni

Right columns

GuV-Posten[2]	Programm-verbindung[4]	5 Betriebliche Aufwendungen
Aufwendungen für Roh-, Hilfs- und Betriebsstoffe und für bezogene Waren		5770 Erhaltene Rabatte
		AV 5780 Erhaltene Rabatte 7 % -81 Vorsteuer
		R 5782 -89
		AV 5790 Erhaltene Rabatte 19 % -91 Vorsteuer[8]
		R 5792 -93
		AV 5794 Erhaltene Rabatte 16 % -95 Vorsteuer[1]
		R 5796 -99
		5800 Bezugsnebenkosten
		5820 Leergut
		5840 Zölle und Einfuhrabgaben
		5860 Verrechnete Stoffkosten (Gegenkonto 5000-99)
		5880 Bestandsveränderungen Roh-, Hilfs- und Betriebsstoffe/Waren
		Aufwendungen für bezogene Leistungen
Aufwendungen für bezogene Leistungen		5900 Fremdleistungen
		Umsätze, für die als Leistungsempfänger die Steuer nach § 13b Abs. 2 UStG geschuldet wird
	U	AV 5910 Bauleistungen eines im Inland ansässigen Unternehmers 7 % Vorsteuer und 7 % Umsatzsteuer
		R 5911 -14
	U	AV 5915 Leistungen eines im Ausland ansässigen Unternehmers 7 % Vorsteuer und 7 % Umsatzsteuer
		R 5916 -19
	U	AV 5920 Bauleistungen eines im Inland -21 ansässigen Unternehmers 19 % Vorsteuer und 19 % Umsatzsteuer[8]
	U	AV 5922 Bauleistungen eines im Inland ansässigen Unternehmers 16 % Vorsteuer und 16 % Umsatzsteuer[1]
		R 5923 -24
	U	AV 5925 Leistungen eines im Ausland -26 ansässigen Unternehmers 19 % Vorsteuer und 19 % Umsatzsteuer[8)1]
	U	AV 5927 Leistungen eines im Ausland ansässigen Unternehmers 16 % Vorsteuer und 16 % Umsatzsteuer[1]
		R 5928 -29
	U	AV 5930 Bauleistungen eines im Inland ansässigen Unternehmers ohne Vorsteuer und 7 % Umsatzsteuer
		R 5931 -34
	U	AV 5935 Leistungen eines im Ausland ansässigen Unternehmers ohne Vorsteuer und 7 % Umsatzsteuer
		R 5936 -39
	U	AV 5940 Bauleistungen eines im Inland -41 ansässigen Unternehmers ohne Vorsteuer und 19 % Umsatzsteuer[8)1]
	U	AV 5942 Bauleistungen eines im Inland ansässigen Unternehmers ohne Vorsteuer und 16 % Umsatzsteuer[1]
		R 5943 -44

SKR 04

GuV-Posten[2]	Pro-gramm-verbin-dung[4]	5 Betriebliche Aufwendungen		GuV-Posten[2]	Pro-gramm-verbin-dung[4]	6 Betriebliche Aufwendungen	
Aufwendungen für bezogene Leistungen	U	AV 5945 -46	Leistungen eines im Ausland ansässigen Unternehmers ohne Vorsteuer und 19 % Umsatz-steuer[5)1)]			M 6280-6289 V 6300-6389 V 6450-6859 M 6884-6899 M 6930-6939	
	U	AV 5947	Leistungen eines im Ausland ansässigen Unternehmers ohne Vorsteuer und 16 % Umsatz-steuer[1)]				
		R 5948 -49					**Personalaufwand**
		S 5950	Erhaltene Skonti aus Leistun-gen, für die als Leistungsempf-fänger die Steuer nach § 13b UStG geschuldet wird	Löhne und Gehälter		6000	**Löhne und Gehälter**
						6010	Löhne
						6020	Gehälter
						6024	Geschäftsführergehälter der GmbH-Gesellschafter
	U	S/AV 5951	Erhaltene Skonti aus Leistun-gen, für die als Leistungsemp-fänger die Steuer nach § 13b UStG geschuldet wird 19 % Vorsteuer und 19 % Umsatz-steuer[1)]		K	6026	Tantiemen
					G	6027	Geschäftsführergehälter
						6028	Vergütungen an angestellte Mitunternehmer § 15 EStG
						6030	Aushilfslöhne
						6040	Pauschale Steuer für Aushilfen
						6045	Bedienungsgelder
	U	S/AV 5952	Erhaltene Skonti aus Leistun-gen, für die als Leistungsemp-fänger die Steuer nach § 13b UStG geschuldet wird 16 % Vorsteuer und 16 % Umsatz-steuer			6050	Ehegattengehalt
						6060	Freiwillige soziale Aufwendun-gen, lohnsteuerpflichtig
						6069	Pauschale Steuer auf sonstige Bezüge (z. B. Fahrtkosten-zuschüsse)
		S 5953	Erhaltene Skonti aus Leistun-gen, für die als Leistungsemp-fänger die Steuer nach § 13b UStG geschuldet wird ohne Vorsteuer aber mit Umsatz-steuer			6070	Krankengeldzuschüsse
						6075	Zuschüsse der Agenturen für Arbeit (Haben)
						6080	Vermögenswirksame Leistungen
						6090	Fahrtkostenerstattung Woh-nung/Arbeitsstätte
		R 5954 -59		Soziale Abgaben und Aufwendun-gen für Altersver-sorgung und für Unterstützung		6100	**Soziale Abgaben und Auf-wendungen für Altersvor-gung und für Unterstützung**
						6110	Gesetzliche soziale Aufwen-dungen
					G	6118	Gesetzliche soziale Aufwen-dungen für Mitunternehmer § 15 EStG
						6120	Beiträge zur Berufsgenossen-schaft
						6130	Freiwillige soziale Aufwendun-gen, lohnsteuerfrei
						6140	Aufwendungen für Altersver-sorgung
						6147	Pauschale Steuer auf sonstige Bezüge (z.B. Direktversiche-rungen)
					G	6148	Aufwendungen für Altersver-sorgung für Mitunternehmer § 15 EStG
						6150	Versorgungskassen
						6160	Aufwendungen für Unterstüt-zung
						6170	Sonstige soziale Abgaben
							Abschreibungen auf imma-terielle Vermögensgegenstände des Anlagevermögens und Sachanlagen sowie auf akti-vierte Aufwendungen für die Ingangsetzung und Erweite-rung des Geschäftsbetriebs
				Abschreibungen auf immaterielle Vermögensge-genstände des Anlagevermö-gens und Sach-anlagen sowie auf aktivierte Auf-wendungen für die Ingangset-zung und Erwei-terung des Ge-schäftsbetriebs		6200	Abschreibungen auf immateriel-le Vermögensgegenstände
						6205	Abschreibungen auf den Ge-schäfts- oder Firmenwert
						6210	Außerplanmäßige Abschrei-bungen auf immaterielle Ver-mögensgegenstände
						6220	Abschreibungen auf Sachanla-gen (ohne AfA auf Kfz und Ge-bäude)
						6221	Abschreibungen auf Gebäude[13]
						6222	Abschreibungen auf Kfz[13]
						6223	Abschreibungen auf Gebäude-teil des häuslichen Arbeitszim-mers

GuV-Posten[2]	Programm-verbindung[4]	6 Betriebliche Aufwendungen
Abschreibungen auf immaterielle Vermögensgegenstände des Anlagevermögens und Sachanlagen sowie auf aktivierte Aufwendungen für die Ingangsetzung und Erweiterung des Geschäftsbetriebs		6230 Außerplanmäßige Abschreibungen auf Sachanlagen
		6231 Absetzung für außergewöhnliche technische und wirtschaftliche Abnutzung der Gebäude[13]
		6232 Absetzung für außergewöhnliche technische und wirtschaftliche Abnutzung des Kfz[13]
		6233 Absetzung für außergewöhnliche technische und wirtschaftliche Abnutzung sonstiger Wirtschaftsgüter[13]
		6240 Abschreibungen auf Sachanlagen auf Grund steuerlicher Sondervorschriften
		6241 Sonderabschreibungen nach § 7g Abs. 1 und 2 EStG (ohne Kfz)[13]
		6242 Sonderabschreibungen nach § 7g Abs. 1 und 2 EStG (für Kfz)[13]
		6250 Kaufleasing
		6260 Sofortabschreibung geringwertiger Wirtschaftsgüter
		6262 Abschreibungen auf aktivierte, geringwertige Wirtschaftsgüter
		6266 Außerplanmäßige Abschreibungen auf aktivierte, geringwertige Wirtschaftsgüter
		6268 Abschreibungen auf Aufwendungen für die Ingangsetzung und Erweiterung des Geschäftsbetriebs
		6269 Abschreibungen auf Aufwendungen für die Währungsumstellung auf den Euro
		Abschreibungen auf Vermögensgegenstände des Umlaufvermögens, soweit diese die in der Kapitalgesellschaft üblichen Abschreibungen überschreiten
Abschreibungen auf Vermögensgegenstände des Umlaufvermögens, soweit diese in der Kapitalgesellschaft üblichen Abschreibungen überschreiten		6270 Abschreibungen auf Vermögensgegenstände des Umlaufvermögens (soweit unüblich hoch)
		6272 Abschreibungen auf Umlaufvermögen, steuerrechtlich bedingt (soweit unüblich hoch)
		6275 Vorwegnahme künftiger Wertschwankungen im Umlaufvermögen (soweit unüblich hoch)
		6280 Forderungsverluste (soweit unüblich hoch)
	U	AM 6281 Forderungsverluste 7 % USt (soweit unüblich hoch)
		R 6282 -84
	U	AM 6285 Forderungsverluste 16 % USt (soweit unüblich hoch)
	U	AM 6286 Forderungsverluste 19 % USt (soweit unüblich hoch)[1]
	U	AM 6287 Forderungsverluste 15 % USt (soweit unüblich hoch)
		R 6288

GuV-Posten[2]	Programm-verbindung[4]	6 Betriebliche Aufwendungen
Sonstige betriebliche Aufwendungen		**Sonstige betriebliche Aufwendungen**
		6300 Sonstige betriebliche Aufwendungen
		6303 Fremdleistungen/Fremdarbeiten
		6304 Sonstige Aufwendungen betrieblich und regelmäßig
		6305 Raumkosten
		6310 Miete
	G K	6313 Gewerbesteuerlich zu berücksichtigende Miete § 8 GewStG[5]
	G	6314 Vergütungen an Mitunternehmer für die mietweise Überlassung ihrer Wirtschaftsgüter § 15 EStG
		6315 Pacht
	G K	6318 Gewerbesteuerlich zu berücksichtigende Pacht § 8 GewStG[5]
	G	6319 Vergütungen an Mitunternehmer für die pachtweise Überlassung ihrer Wirtschaftsgüter § 15 EStG
		6320 Heizung
		6325 Gas, Strom, Wasser
		6330 Reinigung
		6335 Instandhaltung betrieblicher Räume
		6340 Abgaben für betrieblich genutzten Grundbesitz
		6345 Sonstige Raumkosten
		6348 Aufwendungen für ein häusliches Arbeitszimmer (abziehbarer Anteil)[13]
	G	6349 Aufwendungen für ein häusliches Arbeitszimmer (nicht abziehbarer Anteil)[13]
		6350 Grundstücksaufwendungen, betrieblich
		6352 Grundstücksaufwendungen, sonstige neutrale
	G K	6390 Zuwendungen, Spenden, steuerlich nicht abziehbar
	G K	6391 Zuwendungen, Spenden für wissenschaftliche und kulturelle Zwecke
	G K	6392 Zuwendungen, Spenden für mildtätige Zwecke
	G K	6393 Zuwendungen, Spenden für kirchliche, religiöse und gemeinnützige Zwecke
	G K	6394 Zuwendungen, Spenden an politische Parteien
	G K	6395 Zuwendungen, Spenden an Stiftungen für gemeinnützige Zwecke i. S. d. § 52 Abs. 2 Nr. 1-3 AO
	G K	6396 Zuwendungen, Spenden an Stiftungen für gemeinnützige Zwecke i. S. d. § 52 Abs. 2 Nr. 4 AO
	G K	6397 Zuwendungen, Spenden an Stiftungen für kirchliche, religiöse und gemeinnützige Zwecke
	G K	6398 Zuwendungen, Spenden an Stiftungen für wissenschaftliche, mildtätige, kulturelle Zwecke

SKR 04

GuV-Posten[2]	Programm-verbindung[4]	6 Betriebliche Aufwendungen		GuV-Posten[2]	Programm-verbindung[4]	6 Betriebliche Aufwendungen
Sonstige betriebliche Aufwendungen		6400 Versicherungen		Sonstige betriebliche Aufwendungen		6670 Reisekosten Unternehmer
		6405 Versicherungen für Gebäude			G K	6672 Reisekosten Unternehmer (nicht abziehbarer Anteil)
		6410 Netto-Prämie für Rückdeckung künftiger Versorgungsleistungen				6673 Reisekosten Unternehmer Fahrtkosten
		6420 Beiträge				6674 Reisekosten Unternehmer Verpflegungsmehraufwand
		6430 Sonstige Abgaben				6680 Reisekosten Unternehmer Übernachtungsaufwand
		6436 Steuerlich abzugsfähige Verspätungszuschläge und Zwangsgelder			R 6685 -86	
	G K	6437 Steuerlich nicht abzugsfähige Verspätungszuschläge und Zwangsgelder				6688 Fahrten zwischen Wohnung und Arbeitsstätte (abziehbarer Anteil)
		6440 Ausgleichsabgabe i. S. d. Schwerbehindertengesetzes			G	6689 Fahrten zwischen Wohnung und Arbeitsstätte (nicht abziehbarer Anteil)[13]
		6450 Reparaturen und Instandhaltung von Bauten				6690 Fahrten zwischen Wohnung und Arbeitsstätte (Haben)[13]
		6460 Reparaturen und Instandhaltung von technischen Anlagen und Maschinen				6700 Kosten der Warenabgabe
		6470 Reparaturen und Instandhaltung von Betriebs- und Geschäftsausstattung				6710 Verpackungsmaterial
		6485 Reparaturen und Instandhaltung von anderen Anlagen				6740 Ausgangsfrachten
		6490 Sonstige Reparaturen und Instandhaltung				6760 Transportversicherungen
		6495 Wartungskosten für Hard- und Software				6770 Verkaufsprovisionen
		6498 Mietleasing				6780 Fremdarbeiten (Vertrieb)
	G K	6499 Gewerbesteuerlich zu berücksichtigendes Mietleasing § 8 GewStG[5]				6790 Aufwand für Gewährleistung
		6500 Fahrzeugkosten				6800 Porto
		6520 Kfz-Versicherungen				6805 Telefon
		6530 Laufende Kfz-Betriebskosten				6810 Telefax und Internetkosten
		6540 Kfz-Reparaturen				6815 Bürobedarf
		6550 Garagenmiete				6820 Zeitschriften, Bücher
		6560 Leasingfahrzeugkosten				6821 Fortbildungskosten
		6570 Sonstige Kfz-Kosten				6822 Freiwillige Sozialleistungen
		6580 Mautgebühren			G	6823 Vergütungen an Mitunternehmer § 15 EStG
		6590 Kfz-Kosten für betrieblich genutzte zum Privatvermögen gehörende Kraftfahrzeuge[13]			G	6824 Haftungsvergütung an Mitunternehmer § 15 EStG
		6595 Fremdfahrzeugkosten[13]				6825 Rechts- und Beratungskosten
		6600 Werbekosten				6827 Abschluss- und Prüfungskosten
		6610 Geschenke abzugsfähig				6830 Buchführungskosten
	G K	6620 Geschenke nicht abzugsfähig				6835 Mieten für Einrichtungen
		6625 Geschenke ausschließlich betrieblich genutzt			G K	6839 Gewerbesteuerlich zu berücksichtigende Miete für Einrichtungen § 8 GewStG[5]
		6630 Repräsentationskosten				6840 Mietleasing
		6640 Bewirtungskosten			G K	6844 Gewerbesteuerlich zu berücksichtigendes Mietleasing § 8 GewStG[5]
		6641 Sonstige eingeschränkt abziehbare Betriebsausgaben (abziehbarer Anteil)[13]				6845 Werkzeuge und Kleingeräte
	G K	6642 Sonstige eingeschränkt abziehbare Betriebsausgaben (nicht abziehbarer Anteil)[13]				6850 Sonstiger Betriebsbedarf
		6643 Aufmerksamkeiten				6855 Nebenkosten des Geldverkehrs
	G K	6644 Nicht abzugsfähige Bewirtungskosten			G K	6856 Aufwendungen aus Anteilen an Kapitalgesellschaften 100 % / 50 % nicht abzugsfähig (inländische Kap.Ges.)[9][16]
	G K	6645 Nicht abzugsfähige Betriebsausgaben aus Werbe- und Repräsentationskosten (nicht abziehbarer Anteil)			G	6857 Aufwendungen aus der Veräußerung von Anteilen an Kapitalgesellschaften 100 %/50 % nicht abzugsfähig (inländische Kap.Ges.)[9]
		6646 [14]				6859 Aufwendungen für Abraum- und Abfallbeseitigung
		6647 [14]				6860 Nicht abziehbare Vorsteuer
	G K	6650 Reisekosten Arbeitnehmer				6865 Nicht abziehbare Vorsteuer 7 %
		6652 Reisekosten Arbeitnehmer (nicht abziehbarer Anteil)				6870 Nicht abziehbare Vorsteuer 16 %
		6660 Reisekosten Arbeitnehmer Übernachtungsaufwand				6871 Nicht abziehbare Vorsteuer 19 %[1]
		6663 Reisekosten Arbeitnehmer Fahrtkosten			K	6875 Nicht abziehbare Hälfte der Aufsichtsratsvergütungen
		6664 Reisekosten Arbeitnehmer Verpflegungsmehraufwand				6876 Abziehbare Aufsichtsratsvergütungen
	R 6665					6880 Aufwendungen aus Kursdifferenzen
		6668 Kilometergelderstattung Arbeitnehmer				6883 Aufwendungen aus Bewertung Finanzmittelfonds
					U	AM 6884 Erlöse aus Verkäufen Sachanlagevermögen steuerfrei § 4 Nr. 1a UStG (bei Buchverlust)[18]
					U	AM 6885 Erlöse aus Verkäufen Sachanlagevermögen 19 % USt (bei Buchverlust)[8]
					U	AM 6886 Erlöse aus Verkäufen Sachanlagevermögen 16 % USt (bei Buchverlust)[1]
					R 6887	

GuV-Posten[2]	Programm-verbindung[4]	6 Betriebliche Aufwendungen
Sonstige betriebliche Aufwendungen	U	AM 6888 Erlöse aus Verkäufen Sachanlagevermögen steuerfrei § 4 Nr. 1b UStG (bei Buchverlust)
		6889 Erlöse aus Verkäufen Sachanlagevermögen (bei Buchverlust)
		6890 Erlöse aus Verkäufen immaterieller Vermögensgegenstände (bei Buchverlust)
		6891 Erlöse aus Verkäufen Finanzanlagen (bei Buchverlust)
	G K	6892 Erlöse aus Verkäufen Finanzanlagen 100 %/50 % nicht abzugsfähig (inländische Kap.Ges.) (bei Buchverlust)[9]
		6895 Anlagenabgänge Sachanlagen (Restbuchwert bei Buchverlust)
		6896 Anlagenabgänge immaterielle Vermögensgegenstände (Restbuchwert bei Buchverlust)
		6897 Anlagenabgänge Finanzanlagen (Restbuchwert bei Buchverlust)
	G K	6898 Anlagenabgänge Finanzanlagen 100 %/50 % nicht abzugsfähig (inländische Kap.Ges) (Restbuchwert bei Buchverlust)[9]
		6900 Verluste aus dem Abgang von Gegenständen des Anlagevermögens
	G K	6903 Verluste aus der Veräußerung von Anteilen an Kapitalgesellschaften 100 %/50 % nicht abzugsfähig (inländische Kap.Ges.)[9]
		6905 Verluste aus dem Abgang von Gegenständen des Umlaufvermögens außer Vorräte
	G K	6906 Verluste aus dem Abgang von Gegenständen des Umlaufvermögens (außer Vorräte) 100 %/50 % nicht abzugsfähig (inländische Kap.Ges.)[9]
		6907 Abgang von Wirtschaftsgütern des Umlaufvermögens nach § 4 Abs. 3 Satz 4 EStG[1)13)]
	G K	6908 Abgang von Wirtschaftsgütern des Umlaufvermögens 100%/50 % nicht abzugsfähig (inländische Kap. Ges.) nach § 4 Abs. 3 Satz 4 EStG[1)9)13)]
		6910 Abschreibungen auf Umlaufvermögen außer Vorräte und Wertpapiere des UV (übliche Höhe)
		6912 Abschreibungen auf Umlaufvermögen außer Vorräte und Wertpapiere des UV, steuerrechtlich bedingt (übliche Höhe)
		6915 Vorwegnahme künftiger Wertschwankungen im Umlaufvermögen außer Vorräte und Wertpapiere
		6916 Aufwendungen aus der Zuschreibung von steuerlich niedriger bewerteten Verbindlichkeiten
		6917 Aufwendungen aus der Zuschreibung von steuerlich niedriger bewerteten Rückstellungen
		6920 Einstellung in die Pauschalwertberichtigung zu Forderungen
		6923 Einstellung in die Einzelwertberichtigung zu Forderungen
		6925 Einstellungen in Sonderposten mit Rücklageanteil (steuerfreie Rücklagen)
		6926 Einstellungen in Sonderposten mit Rücklageanteil (Ansparabschreibungen)
		6927 Einstellungen in Sonderposten mit Rücklageanteil (Sonderabschreibungen)
		6928 Einstellungen in Sonderposten mit Rücklageanteil (Existenzgründerrücklage)[13]
		6929 Einstellungen in Sonderposten mit Rücklageanteil (§ 52 Abs. 16 EStG)[11]

GuV-Posten[2]	Programm-verbindung[4]	6 Betriebliche Aufwendungen
Sonstige betriebliche Aufwendungen		6930 Forderungsverluste (übliche Höhe)
	U	AM 6931 Forderungsverluste 7% USt (übliche Höhe)
	U	AM 6932 Forderungsverluste aus steuerfreien EG-Lieferungen (übliche Höhe)
	U	AM 6933 Forderungsverluste aus im Inland steuerpflichtigen EG-Lieferungen 7 % USt (übliche Höhe)
	U	AM 6934 Forderungsverluste aus im Inland steuerpflichtigen EG-Lieferungen 16 % USt (übliche Höhe)
	U	AM 6935 Forderungsverluste 16 % USt (übliche Höhe)
	U	AM 6936 Forderungsverluste 19 % USt (übliche Höhe)[1]
	U	AM 6937 Forderungsverluste 15 % USt (übliche Höhe)
	U	AM 6938 Forderungsverluste aus im Inland steuerpflichtigen EG-Lieferungen 19 % USt (übliche Höhe)[1]
	U	AM 6939 Forderungsverluste aus im Inland steuerpflichtigen EG-Lieferungen 15 % USt (übliche Höhe)
		6960 Periodenfremde Aufwendungen soweit nicht außerordentlich
		6967 Sonstige Aufwendungen betriebsfremd und regelmäßig
		6969 Sonstige Aufwendungen unregelmäßig
		Kalkulatorische Kosten
Sonstige betriebliche Aufwendungen		6970 Kalkulatorischer Unternehmerlohn
		6972 Kalkulatorische Miete/Pacht
		6974 Kalkulatorische Zinsen
		6976 Kalkulatorische Abschreibungen
		6978 Kalkulatorische Wagnisse
		6979 Kalkulatorischer Lohn für unentgeltliche Mitarbeiter
		6980 Verrechneter kalkulatorischer Unternehmerlohn
		6982 Verrechnete kalkulatorische Miete/Pacht
		6984 Verrechnete kalkulatorische Zinsen
		6986 Verrechnete kalkulatorische Abschreibungen
		6988 Verrechnete kalkulatorische Wagnisse
		6989 Verrechneter kalkulatorischer Lohn für unentgeltliche Mitarbeiter
		Kosten bei Anwendung des Umsatzkostenverfahrens
Sonstige betriebliche Aufwendungen		6990 Herstellungskosten
		6992 Verwaltungskosten
		6994 Vertriebskosten
		6999 Gegenkonto 6990-6998

SKR 04

SKR 04

GuV-Posten[2]	Programmverbindung[4]	7 — Weitere Erträge und Aufwendungen
		Erträge aus Beteiligungen
Erträge aus Beteiligungen	G K	7000 Erträge aus Beteiligungen
	G K	7005 Laufende Erträge aus Anteilen an Kapitalgesellschaften (Beteiligung) 100 %/50 % steuerfrei (inländische Kap. Ges.)[9]
	G K	7006 Laufende Erträge aus Anteilen an Kapitalgesellschaften (verbundene Unternehmen) 100 % / 50 % steuerfrei (inländische Kap. Ges.)[9]
	G K	7007 Gewinne aus Anteilen an nicht steuerbefreiten inländischen Kapitalgesellschaften § 9 Nr. 2a GewStG
	G K	7008 Gewinnanteile aus Mitunternehmerschaften § 9 GewStG
		7009 Erträge aus Beteiligungen an verbundenen Unternehmen
		Erträge aus anderen Wertpapieren und Ausleihungen des Finanzanlagevermögens
Erträge aus anderen Wertpapieren und Ausleihungen des Finanzanlagevermögens		7010 Erträge aus anderen Wertpapieren und Ausleihungen des Finanzanlagevermögens
	G K	7014 Laufende Erträge aus Anteilen an Kapitalgesellschaften (Finanzanlagevermögen) 100 % / 50 % steuerfrei (inländische Kap. Ges.)[9]
	G K	7015 Laufende Erträge aus Anteilen an Kapitalgesellschaften (verbundene Unternehmen) 100 % / 50 % steuerfrei (inländische Kap. Ges.)[9]
		7019 Erträge aus anderen Wertpapieren und Ausleihungen des Finanzanlagevermögens aus verbundenen Unternehmen
		Sonstige Zinsen und ähnliche Erträge
Sonstige Zinsen und ähnliche Erträge		7100 Sonstige Zinsen und ähnliche Erträge
	G K	7103 Laufende Erträge aus Anteilen an Kapitalgesellschaften (Umlaufvermögen) 100 % / 50 % steuerfrei (inländische Kap. Ges.)[9]
	G K	7104 Laufende Erträge aus Anteilen an Kapitalgesellschaften (verbundene Unternehmen) 100 % / 50 % steuerfrei (inländische Kap. Ges.)[9]
		7105 Zinserträge § 233a AO
	G K	7106 Zinserträge § 233a AO Sonderfall Anlage A KSt
		7109 Sonstige Zinsen und ähnliche Erträge aus verbundenen Unternehmen
		7110 Sonstige Zinserträge
		7119 Sonstige Zinserträge aus verbundenen Unternehmen
		7120 Zinsähnliche Erträge
		7129 Zinsähnliche Erträge aus verbundenen Unternehmen
		7130 Diskonterträge
		7139 Diskonterträge aus verbundenen Unternehmen

GuV-Posten[2]	Programmverbindung[4]	7 — Weitere Erträge und Aufwendungen
		Erträge aus Verlustübernahme und auf Grund einer Gewinngemeinschaft, eines Gewinn- oder Teilgewinnabführungsvertrags erhaltene Gewinne
Erträge aus Verlustübernahme	K	7190 Erträge aus Verlustübernahme
		7192 Erhaltene Gewinne auf Grund einer Gewinngemeinschaft
Auf Grund einer Gewinngemeinschaft, eines Gewinn- oder Teilgewinnabführungsvertrags erhaltene Gewinne	K	7194 Erhaltene Gewinne auf Grund eines Gewinn- oder Teilgewinnabführungsvertrags
		Abschreibungen auf Finanzanlagen und auf Wertpapiere des Umlaufvermögens
		7200 Abschreibungen auf Finanzanlagen
Abschreibungen auf Finanzanlagen und auf Wertpapiere des Umlaufvermögens	G K	7204 Abschreibungen auf Finanzanlagen 100 % / 50 % nicht abzugsfähig (inländische Kap.Ges.)[9]
	G K	7208 Abschreibungen auf Grund von Verlustanteilen an Mitunternehmerschaften § 8 GewStG
		7210 Abschreibungen auf Wertpapiere des Umlaufvermögens
	G K	7214 Abschreibungen auf Wertpapiere des Umlaufvermögens 100 %/ 50 % nicht abzugsfähig (inländische Kap.Ges.)[9]
		7250 Abschreibungen auf Finanzanlagen auf Grund steuerlicher Sondervorschriften
	G K	7255 Abschreibungen auf Finanzanlagen auf Grund steuerlicher Sondervorschriften 100 % / 50 % nicht abzugsfähig (inländische Kap.Ges.)[9]
		7260 Vorwegnahme künftiger Wertschwankungen bei Wertpapieren des Umlaufvermögens
		Zinsen und ähnliche Aufwendungen
Zinsen und ähnliche Aufwendungen		7300 Zinsen und ähnliche Aufwendungen
		7303 Steuerlich abzugsfähige, andere Nebenleistungen zu Steuern
	G K	7304 Steuerlich nicht abzugsfähige, andere Nebenleistungen zu Steuern
		7305 Zinsaufwendungen § 233a AO betriebliche Steuern
	G K	7306 Zinsaufwendungen §§ 233a bis 237 AO Personensteuern
		7309 Zinsen und ähnliche Aufwendungen an verbundene Unternehmen
		7310 Zinsaufwendungen für kurzfristige Verbindlichkeiten
	G	7313 Nicht abzugsfähige Schuldzinsen gemäß § 4 Abs. 4a EStG (Hinzurechnungsbetrag)[13]
	G K	7318 In Dauerschuldzinsen umqualifizierte Zinsen auf kurzfristige Verbindlichkeiten
		7319 Zinsaufwendungen für kurzfristige Verbindlichkeiten an verbundene Unternehmen
	G K	7320 Zinsaufwendungen für langfristige Verbindlichkeiten

SKR 04

GuV-Posten[2]	Programm-verbindung[4]	7 Weitere Erträge und Aufwendungen	GuV-Posten[2]	Programm-verbindung[4]	7 Weitere Erträge und Aufwendungen
Zinsen und ähnliche Aufwendungen	G K	7325 Zinsaufwendungen für Gebäude, die zum Betriebsvermögen gehören[13]			**Steuern vom Einkommen und Ertrag**
	G K	7326 Zinsen zur Finanzierung des Anlagevermögens	Steuern vom Einkommen und Ertrag	K	7600 Körperschaftsteuer
	G K	7327 Renten und dauernde Lasten aus Gründung/Erwerb § 8 GewStG		K	7603 Körperschaftsteuer für Vorjahre
	G	7328 Zinsaufwendungen an Mitunternehmer für die Hingabe von Kapital § 15 EStG		K	7604 Körperschaftsteuererstattungen für Vorjahre
	G K	7329 Zinsaufwendungen für langfristige Verbindlichkeiten an verbundene Unternehmen		K	7607 Solidaritätszuschlagerstattungen für Vorjahre
		7330 Zinsähnliche Aufwendungen		K	7608 Solidaritätszuschlag
		7339 Zinsähnliche Aufwendungen an verbundene Unternehmen		K	7609 Solidaritätszuschlag für Vorjahre
		7340 Diskontaufwendungen		G K	7610 Gewerbesteuer
		7349 Diskontaufwendungen an verbundene Unternehmen		G K	7630 Kapitalertragsteuer 25 %
	G K	7350 Zinsen und ähnliche Aufwendungen 100 % / 50 % nicht abzugsfähig (inländische Kap. Ges.)[9][16]		G K	7632 Kapitalertragsteuer 20 %
				G K	7633 Anrechenbarer Solidaritätszuschlag auf Kapitalertragsteuer 25 %
	G K	7351 Zinsen und ähnliche Aufwendungen an verbundene Unternehmen 100 % / 50 % nicht abzugsfähig (inländische Kap. Ges.)[9][16]		G K	7634 Anrechenbarer Solidaritätszuschlag auf Kapitalertragsteuer 20 %
				G K	7635 Zinsabschlagsteuer
				G K	7638 Anrechenbarer Solidaritätszuschlag auf Zinsabschlagsteuer
		Aufwendungen aus Verlustübernahme und auf Grund einer Gewinngemeinschaft, eines Gewinn- oder Teilgewinnabführungsvertrags abgeführte Gewinne		G K	7639 Ausländische Quellensteuer[1]
					7640 Steuernachzahlungen Vorjahre für Steuern vom Einkommen und Ertrag
Aufwendungen aus Verlustübernahme	K	7390 Aufwendungen aus Verlustübernahme			7642 Steuererstattungen Vorjahre für Steuern vom Einkommen und Ertrag
					7644 Erträge aus der Auflösung von Rückstellungen für Steuern vom Einkommen und Ertrag
Auf Grund einer Gewinngemeinschaft, eines Gewinn- oder Teilgewinnabführungsvertrags abgeführte Gewinne		7392 Abgeführte Gewinne auf Grund einer Gewinngemeinschaft			**Sonstige Steuern**
	K	7394 Abgeführte Gewinne auf Grund eines Gewinn- oder Teilgewinnabführungsvertrags	Sonstige Steuern		7650 Sonstige Steuern
					7675 Verbrauchsteuer
	G K	7399 Abgeführte Gewinnanteile an stille Gesellschafter § 8 GewStG			7678 Ökosteuer
					7680 Grundsteuer
		Außerordentliche Erträge			7685 Kfz-Steuer
Außerordentliche Erträge		7400 Außerordentliche Erträge			7690 Steuernachzahlungen Vorjahre für sonstige Steuern
		7401 Außerordentliche Erträge finanzwirksam			7692 Steuererstattungen Vorjahre für sonstige Steuern
		7450 Außerordentliche Erträge nicht finanzwirksam			7694 Erträge aus der Auflösung von Rückstellungen für sonstige Steuern
		Außerordentliche Aufwendungen	Gewinnvortrag oder *Verlustvortrag*		7700 **Gewinnvortrag nach Verwendung**
Außerordentliche Aufwendungen		7500 Außerordentliche Aufwendungen			7720 **Verlustvortrag nach Verwendung**
		7501 Außerordentliche Aufwendungen finanzwirksam	Entnahmen aus der Kapitalrücklage		7730 **Entnahmen aus der Kapitalrücklage**
		7550 Außerordentliche Aufwendungen nicht finanzwirksam	Entnahmen aus Gewinnrücklagen aus der gesetzlichen Rücklage		**Entnahmen aus Gewinnrücklagen**
					7735 **Entnahmen aus der gesetzlichen Rücklage**
			Entnahmen aus Gewinnrücklagen aus der Rücklage für eigene Anteile		7740 **Entnahmen aus der Rücklage für eigene Anteile**
			Entnahmen aus Gewinnrücklagen aus satzungsmäßigen Rücklagen		7745 **Entnahmen aus satzungsmäßigen Rücklagen**
			Entnahmen aus Gewinnrücklagen aus anderen Gewinnrücklagen		7750 **Entnahmen aus anderen Gewinnrücklagen**
			Erträge aus Kapitalherabsetzung		7755 **Erträge aus Kapitalherabsetzung**

SKR 04

GuV-Posten[2]	Pro-gramm-verbin-dung[4]	7 Weitere Erträge und Aufwendungen	Bilanz-Posten[2]	Pro-gramm-verbin-dung[4]	9 Vortrags-, Kapital- und Statistische Konten
Einstellungen in die Kapitalrücklage nach den Vorschriften über die vereinfachte Kapitalherabsetzung		**7760 Einstellungen in die Kapital-rücklage nach den Vorschriften über die vereinfachte Kapitalherabsetzung**			KU 9000-9999
					Vortragskonten
					S 9000 Saldenvorträge, Sachkonten
					F 9001 Saldenvorträge
					-07
		Einstellungen in Gewinn-rücklagen			S 9008 Saldenvorträge Debitoren
Einstellungen in Gewinnrücklagen in die gesetzliche Rücklage		**7765 Einstellungen in die gesetzliche Rücklage**			S 9009 Saldenvorträge Kreditoren
					F 9060 Offene Posten aus 1990
					F 9069 Offene Posten aus 1999
Einstellungen in Gewinnrücklagen in die Rücklage für eigene Anteile		**7770 Einstellungen in die Rücklage für eigene Anteile**			F 9070 Offene Posten aus 2000
					F 9071 Offene Posten aus 2001
					F 9072 Offene Posten aus 2002
					F 9073 Offene Posten aus 2003
					F 9074 Offene Posten aus 2004
Einstellungen in Gewinnrücklagen in satzungsmäßige Rücklagen		**7775 Einstellungen in satzungs-mäßige Rücklagen**			F 9075 Offene Posten aus 2005
					F 9076 Offene Posten aus 2006
					F 9077 Offene Posten aus 2007[1]
Einstellungen in Gewinnrücklagen in andere Gewinnrücklagen		**7780 Einstellungen in andere Gewinnrücklagen**			**F 9090 Summenvortragskonto**
					F 9091 Offene Posten aus 1991
					F 9092 Offene Posten aus 1992
					F 9093 Offene Posten aus 1993
					F 9094 Offene Posten aus 1994
Ausschüttung	K	**7790 Vorabausschüttung**			F 9095 Offene Posten aus 1995
					F 9096 Offene Posten aus 1996
Vortrag auf neue Rechnung		**7795 Vortrag auf neue Rechnung (GuV)**			F 9097 Offene Posten aus 1997
					F 9098 Offene Posten aus 1998
Sonstige betriebliche Aufwendungen		7800 (zur freien Verfügung)			**Statistische Konten für Betriebswirtschaftliche Auswertungen (BWA)**
		-99			
		R 7900 (reserviertes Konto)			
		R 7910			F 9101 Verkaufstage
		-13			F 9102 Anzahl der Barkunden
		R 7915			F 9103 Beschäftigte Personen
		R 7920			F 9104 Unbezahlte Personen
		-23			F 9105 Verkaufskräfte
		R 7930			F 9106 Geschäftsraum m²
		-33			F 9107 Verkaufsraum m²
		R 7940			F 9116 Anzahl Rechnungen
		-43			F 9117 Anzahl Kreditkunden monatlich
		R 7945			F 9118 Anzahl Kreditkunden aufgelau-fen
		R 7950			
		R 7955			9120 Erweiterungsinvestitionen
		R 7960			F 9130 [6]
		R 7965			-31
		R 7970			9135 Auftragseingang im Geschäfts-jahr
		R 7975			
		R 7980			9140 Auftragsbestand
		R 7985			F 9190 Gegenkonto für statistische Mengeneinheiten Konten 9101-9107 und Konten 9116-9118
Sonstige betrieb-liche Erträge oder *sonstige betriebli-che Aufwendun-gen*		7990 Aufwendungen/Erträge aus Umrechnungsdifferenzen			9199 Gegenkonto zu Konten 9120, 9135-9140
					Statistische Konten für den Kennziffernteil der Bilanz
					F 9200 Beschäftigte Personen
					F 9201 [6]
					-08
					F 9209 Gegenkonto zu 9200
					9210 Produktive Löhne
					9219 Gegenkonto zu 9210
					Statistische Konten zur infor-mativen Angabe des gezeich-neten Kapitals in anderer Währung
			Gezeichnetes Kapital in DM		F 9220 Gezeichnetes Kapital in DM (Art. 42 Abs. 3 S. 1 EGHGB)
			Gezeichnetes Kapital in Euro		F 9221 Gezeichnetes Kapital in Euro (Art. 42 Abs. 3 S. 2 EGHGB)
					F 9229 Gegenkonto zu 9220-9221

SKR 04

Bilanz-Posten[2]	Programm-verbindung[4]	9 Vortrags-, Kapital- und Statistische Konten	Bilanz-Posten[2]	Programm-verbindung[4]	9 Vortrags-, Kapital- und Statistische Konten
		Passive Rechnungsabgrenzung			**Statistische Konten für die im Anhang anzugebenden sonstigen finanziellen Verpflichtungen**
		9230 Baukostenzuschüsse			
		9232 Investitionszulagen			
		9234 Investitionszuschüsse			9280 Gegenkonto zu 9281-9284
		9239 Gegenkonto zu Konten 9230-9238			9281 Verpflichtungen aus Miet- und Leasingverträgen
		9240 Investitionsverbindlichkeiten bei den Leistungsverbindlichkeiten			9282 Verpflichtungen aus Miet- und Leasingverträgen gegenüber verbundenen Unternehmen
		9241 Investitionsverbindlichkeiten aus Sachanlagenkäufen bei Leistungsverbindlichkeiten			9283 Andere Verpflichtungen gemäß § 285 Nr. 3 HGB
		9242 Investitionsverbindlichkeiten aus Käufen von immateriellen Vermögensgegenständen bei Leistungsverbindlichkeiten			9284 Andere Verpflichtungen gemäß § 285 Nr. 3 HGB gegenüber verbundenen Unternehmen
		9243 Investitionsverbindlichkeiten aus Käufen von Finanzanlagen bei Leistungsverbindlichkeiten			**Statistische Konten für § 4 Abs. 3 EStG**
		9244 Gegenkonto zu Konto 9240-43			9287 Zinsen bei Buchungen über Debitoren bei § 4 Abs. 3 EStG[1][13]
		9245 Forderungen aus Sachanlagenverkäufen bei sonstigen Vermögensgegenständen			9288 Mahngebühren bei Buchungen über Debitoren bei § 4 Abs. 3 EStG[1][13]
		9246 Forderungen aus Verkäufen immaterieller Vermögensgegenstände bei sonstigen Vermögensgegenständen			9289 Gegenkonto zu 9287 und 9288[1][13]
		9247 Forderungen aus Verkäufen von Finanzanlagen bei sonstigen Vermögensgegenständen			9290 Statistisches Konto steuerfreie Auslagen
		9249 Gegenkonto zu Konto 9245-47			9291 Gegenkonto zu 9290
					9292 Statistisches Konto Fremdgeld
		Eigenkapitalersetzende Gesellschafterdarlehen			9293 Gegenkonto zu 9292
Einlagen stiller Gesellschafter		9250 Eigenkapitalersetzende Gesellschafterdarlehen			9295 Einlagen stiller Gesellschafter
Steuerrechtlicher Ausgleichsposten		9255 Ungesicherte Gesellschafterdarlehen mit Restlaufzeit größer 5 Jahre			9297 Steuerrechtlicher Ausgleichsposten
		9259 Gegenkonto zu 9250 und 9255			F 9300 -20 [6]
		Aufgliederung der Rückstellungen			F 9326 -43 [6]
		9260 Kurzfristige Rückstellungen			F 9346 -49 [6]
		9262 Mittelfristige Rückstellungen			F 9357 -60 [6]
		9264 Langfristige Rückstellungen, außer Pensionen			F 9365 -67 [6]
		9269 Gegenkonto zu Konten 9260-9268			F 9371 -72 [6]
		Statistische Konten für in der Bilanz auszuweisende Haftungsverhältnisse			F 9399 [6]
		9270 Gegenkonto zu 9271-9279 (Soll-Buchung)			**Privat Teilhafter (für Verrechnung Gesellschafterdarlehen mit Eigenkapitalcharakter - Konto 9840-9849)**
		9271 Verbindlichkeiten aus der Begebung und Übertragung von Wechseln			9400 Privatentnahmen allgemein -09
		9272 Verbindlichkeiten aus der Begebung und Übertragung von Wechseln gegenüber verbundenen Unternehmen			9410 Privatsteuern -19
		9273 Verbindlichkeiten aus Bürgschaften, Wechsel- und Scheckbürgschaften			9420 Sonderausgaben beschränkt abzugsfähig -29
		9274 Verbindlichkeiten aus Bürgschaften, Wechsel- und Scheckbürgschaften gegenüber verbundenen Unternehmen			9430 Sonderausgaben unbeschränkt abzugsfähig -39
		9275 Verbindlichkeiten aus Gewährleistungsverträgen			9440 Zuwendungen, Spenden -49
		9276 Verbindlichkeiten aus Gewährleistungsverträgen gegenüber verbundenen Unternehmen			9450 Außergewöhnliche Belastungen -59
		9277 Haftung aus der Bestellung von Sicherheiten für fremde Verbindlichkeiten			9460 Grundstücksaufwand -69
		9278 Haftung aus der Bestellung von Sicherheiten für fremde Verbindlichkeiten gegenüber verbundenen Unternehmen			9470 Grundstücksertrag -79
		9279 Verpflichtungen aus Treuhandvermögen			9480 Unentgeltliche Wertabgaben -89
					9490 Privateinlagen -99

SKR 04

Bilanz-Posten[2]	Pro-gramm-verbin-dung[4]	9 Vortrags-, Kapital- und Statistische Konten	Bilanz-Posten[2]	Pro-gramm-verbin-dung[4]	9 Vortrags-, Kapital- und Statistische Konten
		Statistische Konten für die Kapitalkontenentwicklung			**Ausgleichsposten für aktivierte eigene Anteile und Bilanzierungshilfen**
		9500 Anteil für Konto 2000-09			
		-09 Vollhafter			9880 Ausgleichsposten für aktivierte eigene Anteile
		9510 Anteil für Konto 2010-19			9882 Ausgleichsposten für aktivierte Bilanzierungshilfen
		-19 Vollhafter			
		9520 Anteil für Konto 2020-29			**Nicht durch Vermögenseinlagen gedeckte Entnahmen**
		-29 Vollhafter[12]			
		9530 Anteil für Konto 9810-19			9883 Nicht durch Vermögenseinlagen gedeckte Entnahmen persönlich haftender Gesellschafter
		-39 Vollhafter			
		9540 Anteil für Konto 0060-69			9884 Nicht durch Vermögenseinlagen gedeckte Entnahmen Kommanditisten
		-49 Vollhafter			
		9550 Anteil für Konto 2050-59			
		-59 Teilhafter			**Verrechnungskonto für nicht durch Vermögenseinlagen gedeckte Entnahmen**
		9560 Anteil für Konto 2060-69			
		-69 Teilhafter			9885 Verrechnungskonto für nicht durch Vermögenseinlagen gedeckte Entnahmen persönlich haftender Gesellschafter
		9570 Anteil für Konto 2070-79			
		-79 Teilhafter[12]			
		9580 Anteil für Konto 9820-29			9886 Verrechnungskonto für nicht durch Vermögenseinlagen gedeckte Entnahmen Kommanditisten
		-89 Vollhafter			
		9590 Anteil für Konto 0080-89			
		-99 Teilhafter			**Steueraufwand der Gesellschafter**
		9600 Name des Gesellschafters			
		-09 Vollhafter			9887 Steueraufwand der Gesellschafter
		9610 Tätigkeitsvergütung			
		-19 Vollhafter			9889 Gegenkonto zu 9887
		9620 Tantieme			
		-29 Vollhafter			
		9630 Darlehensverzinsung			**Statistische Konten für Gewinnzuschlag**
		-39 Vollhafter			
		9640 Gebrauchsüberlassung			9890 Statistisches Konto für den Gewinnzuschlag nach §§ 6b, 6c und 7g EStG (Haben-Buchung)
		-49 Vollhafter			
		9650 Sonstige Vergütungen		G K	9891 Statistisches Konto für Gewinnzuschlag - Gegenkonto zu 9890
		-89 Vollhafter			
		9690 Restanteil			**Vorsteuer-/Umsatzsteuerkonten zur Korrektur der Forderungen/Verbindlichkeiten (EÜR)**
		-99 Vollhafter			
		9700 Name des Gesellschafters			
		-09 Teilhafter			
		9710 Tätigkeitsvergütung			9893 Umsatzsteuer in den Forderungen zum allgemeinen Umsatzsteuersatz (EÜR)[13]
		-19 Teilhafter			
		9720 Tantieme			9894 Umsatzsteuer in den Forderungen zum ermäßigten Umsatzsteuersatz (EÜR)[13]
		-29 Teilhafter			
		9730 Darlehensverzinsung			9895 Gegenkonto 9893-9894 für die Aufteilung der Umsatzsteuer (EÜR)[13]
		-39 Teilhafter			
		9740 Gebrauchsüberlassung			
		-49 Teilhafter			9896 Vorsteuer in den Verbindlichkeiten zum allgemeinen Umsatzsteuersatz (EÜR)[13]
		9750 Sonstige Vergütungen			
		-79 Teilhafter			9897 Vorsteuer in den Verbindlichkeiten zum ermäßigten Umsatzsteuersatz (EÜR)[13]
		9780 Anteil für Konto 9840-49			
		-89 Teilhafter			9899 Gegenkonto 9896-9897 für die Aufteilung der Vorsteuer (EÜR)[13]
		9790 Restanteil			
		-99 Teilhafter			
		9800 Lösch- und Korrekturschlüssel			**Statistische Konten zu § 4 (4a) EStG**
		9801 Lösch- und Korrekturschlüssel			9910 Gegenkonto zur Minderung der Entnahmen § 4 (4a) EStG[6]
		Kapital Personenhandelsgesellschaft Vollhafter			9911 Minderung der Entnahmen § 4 (4a) EStG (Haben)[6]
		9810 Gesellschafter-Darlehen			9912 Erhöhung der Entnahmen § 4 (4a) EStG[1]
		-19			9913 Gegenkonto zur Erhöhung der Entnahmen § 4 (4a) EStG (Haben)[1]
		9820 Verlust-/Vortragskonto			
		-29			
		9830 Verrechnungskonto für Einzahlungsverpflichtungen			
		-39			
		Kapital Personenhandelsgesellschaft Teilhafter			
		9840 Gesellschafter-Darlehen			
		-49			
		9850 Verrechnungskonto für Einzahlungsverpflichtungen			
		-59			
		Einzahlungsverpflichtungen im Bereich der Forderungen			
		9860 Einzahlungsverpflichtungen persönlich haftender Gesellschafter			
		-69			
		9870 Einzahlungsverpflichtungen Kommanditisten			
		-79			

Bilanz-Posten[2]	Programm-verbin-dung[4]	9 Vortrags-, Kapital- und Statistische Konten	Bilanz-Posten[2]	Programm-verbin-dung[4]	9 Vortrags-, Kapital- und Statistische Konten
	G	**Statistische Konten für Kinderbetreuungskosten** 9918 Kinderbetreuungskosten (wie Betriebsausgaben steuerlich anzusetzender Betrag)[1] 9919 Gegenkonto zu 9918 (Haben)[1] **Personenkonten**			
Sollsalden: Forderungen aus Lieferungen und Leistungen		10000 -69999 = Debitoren			
Habensalden: Sonstige Verbindlichkeiten					
Habensalden: Verbindlichkeiten aus Lieferungen und Leistungen		70000 -99999 = Kreditoren			
Sollsalden: Sonstige Vermögensgegenstände					

SKR 04

Erläuterungen zu den Kontenfunktionen:
Zusatzfunktionen (über einer Kontenklasse):

KU Keine Errechnung der Umsatzsteuer möglich
V Zusatzfunktion „Vorsteuer"
M Zusatzfunktion „Umsatzsteuer"

Hauptfunktionen (vor einem Konto)

AV Automatische Errechnung der Vorsteuer
AM Automatische Errechnung der Umsatzsteuer
S Sammelkonten
F Konten mit allgemeiner Funktion
R Diese Konten dürfen erst dann bebucht werden, wenn ihnen eine andere Funktion zugeteilt wurde.

Hinweise zu den Konten sind durch Fußnoten gekennzeichnet:

1) Konto für das Buchungsjahr 2007 neu eingeführt
2) Bilanz- und GuV-Posten große Kapitalgesellschaft GuV-Gesamtkostenverfahren Tabelle S4004
3) Diese Konten können mit BU-Schlüssel 10 bebucht werden. Das EG-Land und der ausländische Steuersatz werden über das EG-Fenster eingegeben.
4) Kontenbezogene Kennzeichnung der Programmverbindung in Kanzlei-Rechnungswesen/Bilanz zu Umsatzsteuererklärung (U), Gewerbesteuer (G) und Körperschaftsteuer (K).
   Da bei Erstellung des SKR-Formulars die Steuererklärungsformulare noch nicht vorlagen, können sich Abweichungen zwischen den in der Programmverbindung berücksichtigten Konten und den Programmverbindungskennzeichen ergeben.
5) Programmseitige Reduzierung des vollen Betrags auf die gewerbesteuerlich relevante Höhe
6) Diese Konten werden für die BWA-Formen 03, 10 und 70 mit statistischen Mengeneinheiten bebucht und wurden mit der Umrechnungssperre, Funktion 18000, belegt.
7) Die Konten 2980 Sonderposten mit Rücklageanteil, steuerfreie Rücklagen und 2990 Sonderposten mit Rücklageanteil, Sonderabschreibungen gelten als Hauptkonten für Sachverhalte, die in diesen Kontenbereichen nicht als spezieller Sachverhalt auf Einzelkonten dargestellt sind.
8) Kontenbeschriftung in 2007 geändert
9) An der Schnittstelle zu GewSt werden die Erträge zu 50 % als steuerfrei und die Aufwendungen zu 50 % als nicht abziehbar behandelt.
   An der Schnittstelle zu KSt werden die Erträge zu 100 % als steuerfrei und die Aufwendungen zu 100 % als nicht abziehbar behandelt.
   Siehe § 3 Nr. 40 EStG, § 3c EStG und § 8b KStG.
10) Diese Konten haben ab Buchungsjahr 2005 nicht mehr die Zusatzfunktion KU. Bitte verwenden Sie diese Konten nur noch in Verbindung mit einem Gegenkonto mit Geldkontenfunktion.
11) Das Konto wird ab Buchungsjahr 2004 nur noch für Auswertungen mit Vorjahresvergleich benötigt.
12) Die Konten haben in den Zuordnungstabellen (ZOT) S5204 und S0504 Eigenkapitalcharakter. In einer anderen ZOT für Personengesellschaften werden diese Konten im Fremdkapital ausgewiesen.
13) Das Konto wurde für die Gewinnermittlung nach § 4 Abs. 3 EStG eingeführt.
   Nach § 60 Abs. 4 EStDV ist bei einer Gewinnermittlung nach § 4 Abs. 3 EStG der Steuererklärung ein amtlich vorgeschriebener Vordruck beizufügen, - Einnahmenüberschussrechnung - EÜR-.
14) Diese Konten empfehlen wir für die Einrichtung der Kontenfunktion für die automatische Umbuchung der abzugsfähigen Bewirtungskosten mit 7 % (Konto 6646) und 0 % (Konto 6647) Vorsteuerabzug.
15) Die Konten wurden zur Aufteilung nach Steuersätzen am Jahresende eingerichtet und sollten unterjährig nicht bebucht werden. Bitte beachten Sie die Buchungsregeln im Dok.-Nr. 1012932 der Informations-Datenbank.
16) Das Konto wird in KSt nur bei Organgesellschaften berücksichtigt.
17) Das Konto wird in Körperschaftsteuer ausschließlich in die Positionen „Eigen-/ Nennkapital zum Schluss des vorangegangenen Wirtschaftsjahres" übernommen.
18) Das Konto hat ab 2007 für die Programmverbindung zur Umsatzsteuer eine neue Funktion.

Bedeutung der Steuerschlüssel:

1 Umsatzsteuerfrei (mit Vorsteuerabzug)
2 Umsatzsteuer 7 %
3 Umsatzsteuer 19 %
4 gesperrt
5 Umsatzsteuer 16 %
6 gesperrt
7 Vorsteuer 16 %
8 Vorsteuer 7 %
9 Vorsteuer 19 %

Nachschlagewerke zu Buchungsfällen:

Bei Fragen zu besonderen Buchungssachverhalten im Bereich der Finanzbuchführung und Jahresabschluss bietet die DATEV folgende Nachschlagewerke an:

Buchungs-ABC (Art.-Nr. 10 013)
Buchungsregeln für den Jahresabschluss
(Art.-Nr. 36 020 oder Dok.-Nr. 0907735 auf der Informations-Datenbank)

Bedeutung der Berichtigungsschlüssel:

1 Steuerschlüssel bei Buchungen mit einem EG-Tatbestand ab Buchungsjahr 1993
2 Generalumkehr
3 Generalumkehr bei aufzuteilender Vorsteuer
4 Aufhebung der Automatik
5 Individueller Umsatzsteuer-Schlüssel
6 Generalumkehr bei Buchungen mit einem EG-Tatbestand ab Buchungsjahr 1993
7 Generalumkehr bei individuellem Umsatzsteuer-Schlüssel
8 Generalumkehr bei Aufhebung der Automatik
9 Aufzuteilende Vorsteuer

Bedeutung der Steuerschlüssel 91/92/94/95 und 46 (6. und 7. Stelle des Gegenkontos)
Umsatzsteuerschlüssel für die Verbuchung von Umsätzen, für die der Leistungsempfänger die Steuer nach § 13b UStG schuldet.

Beim Leistungsempfänger:

91	7 % Vorsteuer und 7 % Umsatzsteuer
92	ohne Vorsteuer und 7 % Umsatzsteuer
94	19 % Vorsteuer und 19 % Umsatzsteuer
95	ohne Vorsteuer und 19 % Umsatzsteuer

Die Unterscheidung der verschiedenen Sachverhalte nach § 13b UStG erfolgt nach Eingabe des Steuerschlüssels direkt bei der Erfassung des Buchungssatzes.
Hier erfolgt auch die Eingabe, falls Sie ab Buchungsjahr 2007 noch mit der Steuerrechnung mit 16% benötigen.

Beim Leistenden:

46 Ausweis Kennzahl 60 der UStVA

Bedeutung der Steuerschlüssel bei Buchungen mit einem EG-Tatbestand (6. und 7. Stelle des Gegenkontos):

10	nicht steuerbarer Umsatz in Deutschland (Steuerpflicht im anderen EG-Land)	
11	Umsatzsteuerfrei (mit Vorsteuerabzug)	
12	Umsatzsteuer	7 %
13	Umsatzsteuer	19 %
15	Umsatzsteuer	16 %
17	Umsatzsteuer/ Vorsteuer	16 % 16 %
18	Umsatzsteuer/ Vorsteuer	7 % 7 %
19	Umsatzsteuer/ Vorsteuer	19 % 19 %

Bedeutung der Generalumkehrschlüssel bei Buchungen mit einem EG-Tatbestand (6. und 7. Stelle des Gegenkontos):

60	nicht steuerbarer Umsatz in Deutschland (Steuerpflicht im anderen EG-Land)	
61	Umsatzsteuerfrei (mit Vorsteuerabzug)	
62	Umsatzsteuer	7 %
63	Umsatzsteuer	19 %
65	Umsatzsteuer	16 %
67	Umsatzsteuer/ Vorsteuer	16 % 16 %
68	Umsatzsteuer/ Vorsteuer	7 % 7 %
69	Umsatzsteuer/ Vorsteuer	19 % 19 %

Erläuterungen zur Kennzeichnung von Konten für die Programmverbindung zwischen Kanzlei-Rechnungswesen/Bilanz und Steuerprogrammen:

Die Erweiterung des Standardkontenrahmens um zusätzliche Konten und besondere Kennzeichen verbessert weiter die Integration der DATEV-Programme und erleichtert die Arbeit für Anwender von Kanzlei-Rechnungswesen/Bilanz, die gleichzeitig DATEV-Steuerprogramme nutzen. Steuerliche Belange können bereits während des Kontierens stärker berücksichtigt werden.

In der Spalte Programmverbindung werden die Konten gekennzeichnet, die über die Schnittstelle in Kanzlei-Rechnungswesen/Bilanz an das entsprechende Steuerprogramm Umsatzsteuererklärung (U), Gewerbesteuer (G) und Körperschaftsteuer (K) weitergegeben und an entsprechende Stelle der Steuerberechnung zu Grunde gelegt werden.

Die Kennzeichnung „G" und „K" an Standardkonten umfasst für die Weitergabe an Gewerbesteuer und Körperschaftsteuer auch die nachfolgenden Konten bis zum nächsten standardmäßig belegten Konto.

Die Kennzeichnung „U" an Standardkonten stellt die Weitergabe an Umsatzsteuererklärung dar. Kontenbereiche werden nur weitergegeben, wenn sie im Standardkontenrahmen ausgewiesen sind (z. B. AM 4300-09).

Wegen der über weite Bereiche geschlossenen Kontenabfrage für Erbschaft- und Schenkungsteuer wird auf eine einzelne Kennzeichnung verzichtet. An Erbschaft- und Schenkungsteuer werden folgende Bereiche an Aktiv- und Passivkonten weitergegeben:

0040-0049	0880-0899
0060-0069	0930-1499
0080-0089	1550-1949
0100-0199	2984-2984
0400-0700	2988-2988
0720-0724	2997-2997
0735-0739	3000-3059
0750-0754	3070-3079
0765-0799	3085-3097
0810-0819	3099-3949
0830-0839	

Nicht gekennzeichnet sind solche Konten, die lediglich eine rechnerische Hilfsfunktion im steuerlichen Sinne ausüben wie Löhne und Gehälter sowie Umsätze für die Berechnung des zulässigen Spendenabzugs im Rahmen von Gewerbesteuer und Körperschaftsteuer.

Abgebildet wird mit den Kennzeichen die Programmverbindung, nicht der steuerliche Ursprung. Die Gewerbesteuer-Berechnung für Körperschaften ist in das Produkt Körperschaftsteuer integriert. Daher ist an Konten mit gewerbesteuerlichem Merkmal auch ein "K" für diese Programmverbindung zu finden.

SKR 04

Bilanz-Posten[2]	Programm-verbin-dung[4]	0 Anlage- und Kapitalkonten	Bilanz-Posten[2]	Programm-verbin-dung[4]	0 Anlage- und Kapitalkonten
Aufwendungen für die Ingang-setzung und Erweiterung des Geschäftsbe-triebs		**0001 Aufwendungen für die Ingang-setzung und Erweiterung des Geschäftsbetriebs**	Grundstücke, grundstücks-gleiche Rechte und Bauten ein-schließlich der Bauten auf fremden Grund-stücken		0140 Wohnbauten 0145 Garagen 0146 Außenanlagen 0147 Hof- und Wegebefestigungen 0148 Einrichtungen für Wohnbauten 0149 Gebäudeteil des häuslichen Arbeitszimmers[13]
Aufwendungen für die Wäh-rungsumstel-lung auf den Euro		**0002 Aufwendungen für die Wäh-rungsumstellung auf den Euro**	Geleistete An-zahlungen und Anlagen im Bau		0150 Wohnbauten im Bau 0159 Anzahlungen auf Wohnbauten auf eigenen Grundstücken und grundstücksgleichen Rechten
		Immaterielle Vermögensgegen-stände	Grundstücke, grundstücks-gleiche Rechte und Bauten ein-schließlich der Bauten auf fremden Grund-stücken		**0160 Bauten auf fremden Grund-stücken** 0165 Geschäftsbauten 0170 Fabrikbauten 0175 Garagen 0176 Außenanlagen 0177 Hof- und Wegebefestigungen 0178 Einrichtungen für Geschäfts- und Fabrikbauten 0179 Andere Bauten
Konzessionen, gewerbliche Schutzrechte und ähnliche Rechte und Werte sowie Lizenzen an solchen Rech-ten und Werten		**0010 Konzessionen, gewerbliche Schutzrechte und ähnliche Rechte und Werte sowie Lizen-zen an solchen Rechten und Werten** 0015 Konzessionen 0020 Gewerbliche Schutzrechte 0025 Ähnliche Rechte und Werte 0027 EDV-Software 0030 Lizenzen an gewerblichen Schutz-rechten und ähnlichen Rechten und Werten			
			Geleistete An-zahlungen und Anlagen im Bau		0180 Geschäfts-, Fabrik- und andere Bauten im Bau 0189 Anzahlungen auf Geschäfts-, Fabrik- und andere Bauten auf fremden Grundstücken
Geschäfts- oder Firmenwert		**0035 Geschäfts- oder Firmenwert**	Grundstücke, grundstücks-gleiche Rechte und Bauten ein-schließlich der Bauten auf fremden Grund-stücken		0190 Wohnbauten 0191 Garagen 0192 Außenanlagen 0193 Hof- und Wegebefestigungen 0194 Einrichtungen für Wohnbauten
Geleistete An-zahlungen		**0038 Anzahlungen auf Geschäfts- oder Firmenwert** **0039 Anzahlungen auf immaterielle Vermögensgegenstände**			
Verschmel-zungsmehrwert		**0040 Verschmelzungsmehrwert**	Geleistete An-zahlungen und Anlagen im Bau		0195 Wohnbauten im Bau 0199 Anzahlungen auf Wohnbauten auf fremden Grundstücken
		Sachanlagen	Technische An-lagen und Ma-schinen		**0200 Technische Anlagen und Maschinen** 0210 Maschinen 0220 Maschinengebundene Werkzeuge 0240 Maschinelle Anlagen 0260 Transportanlagen und Ähnliches 0280 Betriebsvorrichtungen
Grundstücke, grundstücks-gleiche Rechte und Bauten ein-schließlich der Bauten auf fremden Grund-stücken		**0050 Grundstücke, grundstücks-gleiche Rechte und Bauten ein-schließlich der Bauten auf fremden Grundstücken** 0059 Grundstücksanteil des häuslichen Arbeitszimmers[13] **0060 Grundstücke und grundstücks-gleiche Rechte ohne Bauten** 0065 Unbebaute Grundstücke 0070 Grundstücksgleiche Rechte - (Erbbaurecht, Dauerwohnrecht) 0075 Grundstücke mit Substanzverzehr			
			Geleistete An-zahlungen und Anlagen im Bau		0290 Technische Anlagen und Maschi-nen im Bau 0299 Anzahlungen auf technische - Anlagen und Maschinen
Geleistete An-zahlungen und Anlagen im Bau		0079 Anzahlungen auf Grundstücke und grundstücksgleiche Rechte ohne Bauten	Andere Anla-gen, Betriebs- und Geschäfts-ausstattung		**0300 Andere Anlagen, Betriebs- und Geschäftsausstattung** 0310 Andere Anlagen 0320 Pkw 0350 Lkw 0380 Sonstige Transportmittel 0400 Betriebsausstattung 0410 Geschäftsausstattung 0420 Büroeinrichtung 0430 Ladeneinrichtung 0440 Werkzeuge 0450 Einbauten 0460 Gerüst- und Schalungsmaterial 0480 Geringwertige Wirtschaftsgüter bis 410 Euro 0490 Sonstige Betriebs- und Ge-schäftsausstattung
Grundstücke, grundstücks-gleiche Rechte und Bauten ein-schließlich der Bauten auf fremden Grund-stücken		**0080 Bauten auf eigenen Grund-stücken und grundstücks-gleichen Rechten** 0085 Grundstückswerte eigener bebauter Grundstücke 0090 Geschäftsbauten 0100 Fabrikbauten 0110 Garagen 0111 Außenanlagen 0112 Hof- und Wegebefestigungen 0113 Einrichtungen für Geschäfts- und Fabrikbauten 0115 Andere Bauten			
Geleistete An-zahlungen und Anlagen im Bau		0120 Geschäfts-, Fabrik- und andere Bauten im Bau 0129 Anzahlungen auf Geschäfts-, Fab-rik- und andere Bauten auf eige-nen Grundstücken und grund-stücksgleichen Rechten	Geleistete An-zahlungen und Anlagen im Bau		0498 Andere Anlagen, Betriebs- und Geschäftsausstattung im Bau 0499 Anzahlungen auf andere Anlagen, Betriebs- und Geschäftsausstat-tung

SKR 03

Bilanz-Posten[2)	Programm-verbin-dung[4)	0 Anlage- und Kapitalkonten	Bilanz-Posten[2)	Programm-verbin-dung[4)	0 Anlage- und Kapitalkonten
		Finanzanlagen	Verbindlichkeiten gegenüber verbundenen Unternehmen oder *Forderungen gegen verbundene Unternehmen*		**0700 Verbindlichkeiten gegenüber verbundenen Unternehmen** 0701 – Restlaufzeit bis 1 Jahr 0705 – Restlaufzeit 1 bis 5 Jahre 0710 – Restlaufzeit größer 5 Jahre
Anteile an ver-bundenen Unternehmen		**0500 Anteile an verbundenen Unter-nehmen (Anlagevermögen)** **0504 Anteile an herrschender oder mit Mehrheit beteiligter Gesell-schaft**			
Ausleihungen an verbundene Unternehmen		**0505 Ausleihungen an verbundene Unternehmen**			
Beteiligungen		**0510 Beteiligungen** 0513 Typisch stille Beteiligungen 0516 Atypisch stille Beteiligungen 0517 Andere Beteiligungen an Kapital-gesellschaften 0518 Andere Beteiligungen an Perso-nengesellschaften 0519 Beteiligung einer GmbH & Co.KG an einer Komplementär GmbH	Verbindlichkei-ten gegenüber Unternehmen, mit denen ein Beteiligungsver-hältnis besteht oder *Forderungen gegen Unter-nehmen, mit denen ein Beteiligungsver-hältnis besteht*		**0715 Verbindlichkeiten gegenüber Unternehmen, mit denen ein Beteiligungsverhältnis besteht** 0716 – Restlaufzeit bis 1 Jahr 0720 – Restlaufzeit 1 bis 5 Jahre 0725 – Restlaufzeit größer 5 Jahre
Ausleihungen an Unterneh-men, mit denen ein Beteili-gungsverhältnis besteht		**0520 Ausleihungen an Unternehmen, mit denen ein Beteiligungs-verhältnis besteht**	Sonstige Ver-bindlichkeiten		**0730 Verbindlichkeiten gegenüber Gesellschaftern** 0731 – Restlaufzeit bis 1 Jahr 0740 – Restlaufzeit 1 bis 5 Jahre 0750 – Restlaufzeit größer 5 Jahre 0755 Verbindlichkeiten gegenüber Ge-sellschaftern für offene Ausschüt-tungen 0760 Darlehen typisch stiller Gesell-schafter 0761 – Restlaufzeit bis 1 Jahr 0764 – Restlaufzeit 1 bis 5 Jahre 0767 – Restlaufzeit größer 5 Jahre 0770 Darlehen atypisch stiller Gesell-schafter 0771 – Restlaufzeit bis 1 Jahr 0774 – Restlaufzeit 1 bis 5 Jahre 0777 – Restlaufzeit größer 5 Jahre 0780 Partiarische Darlehen 0781 – Restlaufzeit bis 1 Jahr 0784 – Restlaufzeit 1 bis 5 Jahre 0787 – Restlaufzeit größer 5 Jahre 0790 (frei, in Bilanz kein Restlaufzeit- -98 vermerk) 0799 Gegenkonto 0730-0789 bei Auf-teilung der Konten 0790-0798
Wertpapiere des Anlage-vermögens		**0525 Wertpapiere des Anlage-vermögens** 0530 Wertpapiere mit Gewinnbeteili-gungsansprüchen, die dem Halb-einkünfteverfahren unterliegen[8) 0535 Festverzinsliche Wertpapiere			
Sonstige Aus-leihungen		**0540 Sonstige Ausleihungen** 0550 Darlehen			
Genossen-schaftsanteile		**0570 Genossenschaftsanteile zum langfristigen Verbleib**			
Sonstige Aus-leihungen		0580 Ausleihungen an Gesellschafter 0590 Ausleihungen an nahe stehende Personen			
Rückdeckungs-ansprüche aus Lebensver-sicherungen		**0595 Rückdeckungsansprüche aus Lebensversicherungen zum langfristigen Verbleib**			
		Verbindlichkeiten			**Kapital Kapitalgesellschaft**
Anleihen		**0600 Anleihen** nicht konvertibel 0601 – Restlaufzeit bis 1 Jahr 0605 – Restlaufzeit 1 bis 5 Jahre 0610 – Restlaufzeit größer 5 Jahre 0615 Anleihen konvertibel 0616 – Restlaufzeit bis 1 Jahr 0620 – Restlaufzeit 1 bis 5 Jahre 0625 – Restlaufzeit größer 5 Jahre	Gezeichnetes Kapital	K	**0800 Gezeichnetes Kapital[17)**
			Ausstehende Einlagen auf das gezeichnete Kapital		**0801 Ausstehende Einlagen auf das** **-09 gezeichnete Kapital,** nicht einge-fordert (Aktivausweis) 0810 Ausstehende Einlagen auf das -19 gezeichnete Kapital, eingefordert (Aktivausweis)
Verbindlichkei-ten gegenüber Kreditinstituten oder *Schecks, Kassenbestand, Bundesbank-und Postbank-guthaben, Gut-haben bei Kre-ditinstituten*		**0630 Verbindlichkeiten gegenüber Kreditinstituten** 0631 – Restlaufzeit bis 1 Jahr 0640 – Restlaufzeit 1 bis 5 Jahre 0650 – Restlaufzeit größer 5 Jahre 0660 Verbindlichkeiten gegenüber Kre-ditinstituten aus Teilzahlungsver-trägen 0661 – Restlaufzeit bis 1 Jahr 0670 – Restlaufzeit 1 bis 5 Jahre 0680 – Restlaufzeit größer 5 Jahre 0690 (frei, in Bilanz kein Restlaufzeit- -98 vermerk)	Nicht einge-for-derte ausstehende Einlagen		0820 Ausstehende Einlagen auf das -29 gezeichnete Kapital, nicht einge-fordert (Passivausweis, von ge-zeichnetem Kapital offen abge-setzt; eingeforderte ausstehende Einlagen s. Konten 0830-0838)
			Eingeforderte, noch ausstehende Kapitaleinlagen		0830 Ausstehende Einlagen auf das -38 gezeichnete Kapital, eingefordert (Forderungen, nicht eingeforderte ausstehende Einlagen s. Konten 0820-0829)
Verbindlichkei-ten gegenüber Kreditinstituten		0699 Gegenkonto 0630-0689 bei Auftei-lung der Konten 0690-0698	Eingeforderte Nachschüsse		0839 Eingeforderte Nachschüsse (For-derungen, Gegenkonto 0845)

Bilanz-Posten[2]	Programm-verbindung[4]	0 Anlage- und Kapitalkonten	Bilanz-Posten[2]	Programm-verbindung[4]	0 Anlage- und Kapitalkonten
		Kapitalrücklage	Sonderposten mit Rücklage-anteil		0936 Sonderposten mit Rücklageanteil nach § 7d EStG
Kapitalrücklage	K	**0840 Kapitalrücklage**[17]			0937 Sonderposten mit Rücklageanteil nach § 79 EStDV
	K	0841 Kapitalrücklage durch Ausgabe von Anteilen über Nennbetrag[17]			0938 Sonderposten mit Rücklageanteil nach § 80 EStDV
	K	0842 Kapitalrücklage durch Ausgabe von Schuldverschreibungen für Wandlungsrechte und Options-rechte zum Erwerb von Anteilen[17]			0939 Sonderposten mit Rücklageanteil nach § 52 Abs. 16 EStG
	K	0843 Kapitalrücklage durch Zuzahlun-gen gegen Gewährung eines Vor-zugs für Anteile[17]			0940 Sonderposten mit Rücklageanteil, Sonderabschreibungen[6]
	K	0844 Kapitalrücklage durch andere Zu-zahlungen in das Eigenkapital[17]			0941 Sonderposten mit Rücklageanteil nach § 82a EStDV
	K	0845 Eingefordertes Nachschusskapital (Gegenkonto 0839)[17]			0942 Sonderposten mit Rücklageanteil nach § 82d EStDV
		Gewinnrücklagen			0943 Sonderposten mit Rücklageanteil nach § 82e EStDV
					0944 Sonderposten mit Rücklageanteil nach § 14 BerlinFG
Gesetzliche Rücklage	K	**0846 Gesetzliche Rücklage**[17]			0945 Sonderposten mit Rücklageanteil für Förderung nach § 3 Zonen-RFG/§ 4-6 FördergebietsG
Rücklage für eigene Anteile	K	**0850 Rücklage für eigene Anteile**[17]			0946 Sonderposten mit Rücklageanteil nach § 4d EStG
					0947 Sonderposten mit Rücklageanteil nach § 7g Abs. 1 EStG
Satzungs-mäßige Rück-lagen	K	**0851 Satzungsmäßige Rücklagen**[17]			0948 Sonderposten mit Rücklageanteil nach § 7g Abs. 3 u. 7 EStG
Andere Gewinn-rücklagen	K K	**0855 Andere Gewinnrücklagen**[17] 0856 Eigenkapitalanteil von Wertaufho-lungen[17]	Sonderposten für Zuschüsse und Zulagen		0949 Sonderposten für Zuschüsse und Zulagen
Gewinnvortrag oder *Verlustvor-trag*	K	**0860 Gewinnvortrag vor Verwen-dung**[17]	Rückstellungen für Pensionen und ähnliche Verpflichtungen		**Rückstellungen** **0950 Rückstellungen für Pensionen und ähnliche Verpflichtungen**
	K	**0868 Verlustvortrag vor Verwen-dung**[17]			
Vortrag auf neue Rechnung	K	**0869 Vortrag auf neue Rechnung (Bilanz)**[17]	Steuerrückstel-lungen		**0955 Steuerrückstellungen** 0957 Gewerbesteuerrückstellung 0963 Körperschaftsteuerrückstellung
		Kapital Personenhandels-gesellschaft Vollhafter/Einzelunternehmer	Sonstige Rück-stellungen		0965 Rückstellungen für Personal-kosten[1] 0966 Rückstellungen zur Erfüllung der Aufbewahrungspflichten[1]
		0870 Festkapital -79 0880 Variables Kapital -89 0890 Gesellschafter-Darlehen[12] -99	Steuerrückstel-lungen		0969 Rückstellung für latente Steuern
		Teilhafter	Sonstige Rück-stellungen		0970 Sonstige Rückstellungen 0971 Rückstellungen für unterlassene Aufwendungen für Instandhaltung, Nachholung in den ersten drei Monaten
		0900 Kommandit-Kapital -09 0910 Verlustausgleichskonto -19 0920 Gesellschafter-Darlehen[12] -29			0972 Rückstellungen für unterlassene Aufwendungen für Instandhaltung, Nachholung innerhalb des 4. bis 12. Monats 0973 Rückstellungen für Abraum- und Abfallbeseitigung
		Sonderposten mit Rücklage-anteil			0974 Rückstellungen für Gewährleis-tungen (Gegenkonto 4790)
Sonderposten mit Rücklage-anteil		0930 Sonderposten mit Rücklageanteil, steuerfreie Rücklagen[6] 0931 Sonderposten mit Rücklageanteil nach § 6b EStG			0976 Rückstellungen für drohende Verluste aus schwebenden Geschäften
		0932 Sonderposten mit Rücklageanteil nach Abschnitt 35 EStR			0977 Rückstellungen für Abschluss- und Prüfungskosten
		0933 Sonderposten mit Rücklageanteil nach § 6d EStG 0934 Sonderposten mit Rücklageanteil nach § 1 EntwLStG			0978 Aufwandsrückstellungen gemäß § 249 Abs. 2 HGB
Sonderposten aus der Wäh-rungsumstel-lung auf den Euro		0935 Sonderposten aus der Währungs-umstellung auf den Euro[11]			0979 Rückstellungen für Umweltschutz

SKR 03

SKR 03

Bilanz-Posten[2]	Pro-gramm-verbin-dung[4]	0 Anlage- und Kapitalkonten	Bilanz-Posten[2]	Pro-gramm-verbin-dung[4]	1 Finanz- und Privatkonten
		Abgrenzungsposten			KU 1000-1371 V 1372 KU 1373-1509 V 1510-1520 KU 1521-1709 M 1710-1729 KU 1730-1868 V 1869[10] KU 1870-1878 M 1879[10] KU 1880-1999
Rechnungsab-grenzungs-posten (Aktiva)		**0980 Aktive Rechnungsabgrenzung**			
Abgrenzung latenter Steuern		0983 Abgrenzung aktive latente Steuern			
Rechnungsab-grenzungs-posten (Aktiva)		0984 Als Aufwand berücksichtigte Zölle und Verbrauchsteuern auf Vorräte 0985 Als Aufwand berücksichtigte Um-satzsteuer auf Anzahlungen 0986 Damnum/Disagio			**Schecks, Kassenbestand, Bundesbank- und Postbank-guthaben, Guthaben bei Kredit-instituten**
Rechnungsab-grenzungs-posten (Passiva)		**0990 Passive Rechnungsabgrenzung**	Kassenbestand, Bundesbank-guthaben, Gut-haben bei Kre-ditinstituten und Schecks		F 1000 **Kasse** F 1010 Nebenkasse 1 F 1020 Nebenkasse 2
Sonstige Aktiva oder *sonstige Passiva*		**0992 Abgrenzungen zur unterjährigen Kostenverrechnung für BWA**	Kassenbestand, Bundesbank-guthaben, Gut-haben bei Kre-ditinstituten und Schecks oder *Verbindlichkei-ten gegenüber Kreditinstituten*		F 1100 **Postbank** F 1110 Postbank 1 F 1120 Postbank 2 F 1130 Postbank 3 F 1190 LZB-Guthaben F 1195 Bundesbankguthaben F 1200 **Bank** F 1210 Bank 1 F 1220 Bank 2 F 1230 Bank 3 F 1240 Bank 4 F 1250 Bank 5 1290 Finanzmittelanlagen im Rahmen der kurzfristigen Finanzdisposition 1295 Verbindlichkeiten gegenüber Kreditinstituten (nicht im Finanz-mittelfonds enthalten)[1]
Forderungen aus Lieferungen und Leistungen H-Saldo		0996 Pauschalwertberichtigung auf Forderungen mit einer Restlauf-zeit bis zu 1 Jahr 0997 Pauschalwertberichtigung auf Forderungen mit einer Restlauf-zeit von mehr als 1 Jahr 0998 Einzelwertberichtigungen auf For-derungen mit einer Restlaufzeit bis zu 1 Jahr 0999 Einzelwertberichtigungen auf For-derungen mit einer Restlaufzeit von mehr als 1 Jahr			
			Forderungen aus Lieferungen und Leistungen oder *sonstige Verbindlichkei-ten*		F 1300 Wechsel aus Lieferungen und Leistungen F 1301 – Restlaufzeit bis 1 Jahr F 1302 – Restlaufzeit größer 1 Jahr F 1305 Wechsel aus Lieferungen und Leistungen, bundesbankfähig
			Forderungen gegen verbun-dene Unter-nehmen oder *Verbindlichkei-ten gegenüber verbundenen Unternehmen*		1310 Besitzwechsel gegen verbundene Unternehmen 1311 – Restlaufzeit bis 1 Jahr 1312 – Restlaufzeit größer 1 Jahr 1315 Besitzwechsel gegen verbundene Unternehmen, bundesbankfähig
			Forderungen gegenüber Un-ternehmen, mit denen ein Be-teiligungs-verhältnis be-steht oder *Ver-bindlichkeiten gegenüber Un-ternehmen, mit denen ein Be-teiligungs-verhältnis be-steht*		1320 Besitzwechsel gegen Unterneh-men, mit denen ein Beteiligungs-verhältnis besteht 1321 – Restlaufzeit bis 1 Jahr 1322 – Restlaufzeit größer 1 Jahr 1325 Besitzwechsel gegen Unterneh-men, mit denen ein Beteiligungs-verhältnis besteht, bundesbank-fähig
			Sonstige Wert-papiere		1327 Finanzwechsel 1329 Andere Wertpapiere mit unwe-sentlichen Wertschwankungen im Sinne Textziffer 18 DRS 2
			Kassenbestand, Bundesbank-guthaben, Gut-haben bei Kre-ditinstituten und Schecks		F 1330 **Schecks**

Bilanz-Posten[2]	Programm-verbin-dung[4]	1 Finanz- und Privatkonten	Bilanz-Posten[2]	Programm-verbin-dung[4]	1 Finanz- und Privatkonten
		Wertpapiere	Forderungen gegen verbundene Unter-nehmen H-Saldo		1478 Wertberichtigungen auf Forderungen mit einer Restlaufzeit bis zu 1 Jahr gegen verbundene Unternehmen
Anteile an ver-bundenen Un-ternehmen		1340 **Anteile an verbundenen Unternehmen (Umlaufvermögen)**			1479 Wertberichtigungen auf Forderungen mit einer Restlaufzeit von mehr als 1 Jahr gegen verbundene Unternehmen
		1344 **Anteile an herrschender oder mit Mehrheit beteiligter Gesellschaft**			
Eigene Anteile		1345 **Eigene Anteile**	Forderungen gegen Unter-nehmen, mit denen ein Be-teiligungs-verhältnis be-steht oder *Verbindlichkeiten gegenüber Un-ternehmen, mit denen ein Be-teiligungs-verhältnis be-steht*		F 1480 Forderungen aus Lieferungen und Leistungen gegen Unternehmen, mit denen ein Beteiligungsver-hältnis besteht
Sonstige Wert-papiere		1348 **Sonstige Wertpapiere** 1349 Wertpapieranlagen im Rahmen der kurzfristigen Finanzdisposition			F 1481 – Restlaufzeit bis 1 Jahr F 1485 – Restlaufzeit größer 1 Jahr
		Forderungen und sonstige Ver-mögensgegenstände			
Sonstige Ver-mögensgegen-stände		1350 GmbH-Anteile zum kurzfristigen Verbleib 1352 Genossenschaftsanteile zum kurzfristigen Verbleib 1355 Ansprüche aus Rückdeckungs-versicherungen			
Sonstige Ver-mögensgegen-stände oder *sonstige Ver-bindlichkeiten*	F 1358 -59 F 1360 F 1370 F 1371 1372 F 1380 F 1390	F 1358 -59 Geldtransit F 1360 Verrechnungskonto für Gewinn-ermittlung § 4/3 EStG, ergebnis-wirksam F 1371 Verrechnungskonto für Gewinn-ermittlung § 4/3 EStG, nicht er-gebniswirksam 1372 Wirtschaftsgüter des Umlaufver-mögens gemäß § 4 Abs 3 Satz 4 EStG[1] F 1380 Überleitungskonto Kostenstelle F 1390 Verrechnungskonto Ist-Ver-steuerung	Forderungen gegen Unter-nehmen, mit denen ein Be-teiligungs-verhältnis be-steht H-Saldo		1488 Wertberichtigungen auf Forderungen mit einer Restlaufzeit bis 1 Jahr gegen Unternehmen, mit de-nen ein Beteiligungsverhältnis be-steht 1489 Wertberichtigungen auf Forderungen mit einer Restlaufzeit von mehr als 1 Jahr gegen Unterneh-men, mit denen ein Beteiligungs-verhältnis besteht
Forderungen aus Lieferungen und Leistungen oder *sonstige Verbindlichkei-ten*	S 1400 R 1401 -06 F 1410 -44 F 1445 F 1446 F 1447 F 1448 F 1449 F 1450 F 1451 F 1455 F 1460 F 1461 F 1465	S 1400 **Forderungen aus Lieferungen und Leistungen** R 1401 Forderungen aus Lieferungen und -06 Leistungen F 1410 Forderungen aus Lieferungen und -44 Leistungen ohne Kontokorrent F 1445 Forderungen aus Lieferungen und Leistungen zum allgemeinen Um-satzsteuersatz oder eines Klein-unternehmers (EÜR)[13] F 1446 Forderungen aus Lieferungen und Leistungen zum ermäßigten Um-satzsteuersatz (EÜR)[13] F 1447 Forderungen aus steuerfreien oder nicht steuerbaren Lieferun-gen und Leistungen (EÜR)[13] F 1448 Forderungen aus Lieferungen und Leistungen nach Durchschnitts-sätzen gemäß § 24 UStG (EÜR)[13] F 1449 Gegenkonto 1445-1448 bei Auftei-lung der Forderungen nach Steu-ersätzen (EÜR)[13] F 1450 Forderungen nach § 11 Abs. 1 Satz 2 EStG für § 4/3 EStG F 1451 Forderungen aus Lieferungen und Leistungen ohne Kontokorrent – Restlaufzeit bis 1 Jahr F 1455 – Restlaufzeit größer 1 Jahr F 1460 Zweifelhafte Forderungen F 1461 – Restlaufzeit bis 1 Jahr F 1465 – Restlaufzeit größer 1 Jahr	Forderungen aus Lieferungen und Leistungen oder *sonstige Verbindlichkei-ten*		F 1490 Forderungen aus Lieferungen und Leistungen gegen Gesellschafter F 1491 – Restlaufzeit bis 1 Jahr F 1495 – Restlaufzeit größer 1 Jahr
			Forderungen aus Lieferungen und Leistungen H-Saldo		1498 Gegenkonto zu sonstigen Vermö-gensgegenständen bei Buchun-gen über Debitorenkonto
			Forderungen aus Lieferungen und Leistungen H-Saldo oder *sonstige Ver-bindlichkeiten* S-Saldo		1499 Gegenkonto 1451-1497 bei Auftei-lung Debitorenkonto
			Sonstige Ver-mögensgegen-stände		1500 **Sonstige Vermögensgegen-stände** 1501 – Restlaufzeit bis 1 Jahr 1502 – Restlaufzeit größer 1 Jahr 1503 Forderungen gegen Vorstands-mitglieder und Geschäftsführer – Restlaufzeit bis 1 Jahr 1504 Forderungen gegen Vorstands-mitglieder und Geschäftsführer – Restlaufzeit größer 1 Jahr 1505 Forderungen gegen Aufsichtsrats- und Beiratsmitglieder – Restlaufzeit bis 1 Jahr 1506 Forderungen gegen Aufsichtsrats- und Beiratsmitglieder – Restlaufzeit größer 1 Jahr 1507 Forderungen gegen Gesell-schafter – Restlaufzeit bis 1 Jahr 1508 Forderungen gegen Gesell-schafter – Restlaufzeit größer 1 Jahr
Forderungen gegen verbun-dene Unter-nehmen oder *Verbindlichkei-ten gegenüber verbundenen Unternehmen*	F 1470 F 1471 F 1475	F 1470 Forderungen aus Lieferungen und Leistungen gegen verbundene Unternehmen F 1471 – Restlaufzeit bis 1 Jahr F 1475 – Restlaufzeit größer 1 Jahr			

SKR 03

SKR 03

Bilanz-Posten[2]	Pro-gramm-verbin-dung[4]	1 Finanz- und Privatkonten	Bilanz-Posten[2]	Pro-gramm-verbin-dung[4]	1 Finanz- und Privatkonten
Geleistete An-zahlungen		**1510 Geleistete Anzahlungen auf Vorräte**	Sonstige Ver-mögensgegen-stände oder sonstige Ver-bindlichkeiten	U	S 1578 Abziehbare Vorsteuer nach § 13b UStG
	AV 1511	Geleistete Anzahlungen, 7 % Vorsteuer		U	S 1579 Abziehbare Vorsteuer nach § 13b UStG 16 %
	R 1512				
	-15				1580 Gegenkonto Vorsteuer § 4/3 EStG
	AV 1516	Geleistete Anzahlungen, 15 % Vorsteuer			1581 Auflösung Vorsteuer aus Vorjahr § 4/3 EStG
	AV 1517	Geleistete Anzahlungen, 16 % Vorsteuer			1582 Vorsteuer aus Investitionen § 4/3 EStG
	AV 1518	Geleistete Anzahlungen, 19 % Vorsteuer[1]			1583 Gegenkonto für Vorsteuer nach Durchschnittssätzen für § 4 Abs. 3 EStG[13]
Sonstige Ver-mögensgegen-stände		1521 Agenturwarenabrechnung		U	S 1584 Abziehbare Vorsteuer aus inner-gemeinschaftlichem Erwerb von Neufahrzeugen von Lieferanten ohne Umsatzsteuer-Identifika-tionsnummer
		1525 Kautionen			
		1526 – Restlaufzeit bis 1 Jahr			
		1527 – Restlaufzeit größer 1 Jahr			
Sonstige Ver-mögensgegen-stände oder sonstige Ver-bindlichkeiten	U	F 1528 Nachträglich abziehbare Vorsteuer, § 15a Abs. 2 UStG		U	S 1585 Abziehbare Vorsteuer aus der Auslagerung von Gegenständen aus einem Umsatzsteuerlager
	U	F 1529 Zurückzuzahlende Vorsteuer, § 15a Abs. 2 UStG			
					R 1586
Sonstige Ver-mögensgegen-stände		1530 Forderungen gegen Personal aus Lohn- und Gehaltsabrechnung		U	F 1587 Vorsteuer nach allgemeinen Durchschnittssätzen UStVA Kz. 63
		1531 – Restlaufzeit bis 1 Jahr		U	F 1588 Bezahlte Einfuhrumsatzsteuer
		1537 – Restlaufzeit größer 1 Jahr			R 1589
		1540 Steuerüberzahlungen			1590 Durchlaufende Posten
		1542 Steuererstattungsansprüche gegenüber anderen EG-Ländern			1592 Fremdgeld
		F 1543 Forderungen an das Finanzamt aus abgeführtem Bauabzugsbetrag	Sonstige Ver-bindlichkeiten S-Saldo		F 1593 Verrechnungskonto erhaltene Anzahlungen bei Buchung über Debitorenkonto
		1545 Umsatzsteuerforderungen			
		1547 Forderungen aus entrichteten Verbrauchsteuern	Forderungen gegen verbun-dene Unter-nehmen oder Verbindlichkei-ten gegenüber verbundenen Unternehmen		**1594 Forderungen gegen verbundene Unternehmen**
Sonstige Ver-mögensgegen-stände oder sonstige Ver-bindlichkeiten		1548 Vorsteuer im Folgejahr abziehbar			1595 – Restlaufzeit bis 1 Jahr
					1596 – Restlaufzeit größer 1 Jahr
Sonstige Ver-mögensgegen-stände		1549 Körperschaftsteuerrückforderung	Forderungen gegen Unter-nehmen, mit denen ein Betei-ligungsverhält-nis besteht oder Verbindlichkei-ten gegenüber Unternehmen, mit denen ein Beteiligungsver-hältnis besteht		1597 Forderungen gegen Unterneh-men, mit denen ein Beteiligungs-verhältnis besteht
		1550 Darlehen			1598 – Restlaufzeit bis 1 Jahr
		1551 – Restlaufzeit bis 1 Jahr			1599 – Restlaufzeit größer 1 Jahr
		1555 – Restlaufzeit größer 1 Jahr			
Sonstige Ver-mögensgegen-stände oder sonstige Ver-bindlichkeiten	U	F 1556 Nachträglich abziehbare Vor-steuer, § 15a Abs. 1 UStG, bewegliche Wirtschaftsgüter			
	U	F 1557 Zurückzuzahlende Vorsteuer, § 15a Abs. 1 UStG, bewegliche Wirtschaftsgüter			
	U	F 1558 Nachträglich abziehbare Vor-steuer, § 15a Abs. 1 UStG, unbe-wegliche Wirtschaftsgüter			
	U	F 1559 Zurückzuzahlende Vorsteuer, § 15a Abs. 1 UStG, unbewegliche Wirtschaftsgüter			
		S 1560 Aufzuteilende Vorsteuer			
		S 1561 Aufzuteilende Vorsteuer 7 %			
		S 1562 Aufzuteilende Vorsteuer aus in-nergemeinschaftlichem Erwerb			
		S 1563 Aufzuteilende Vorsteuer aus inner-gemeinschaftlichem Erwerb 19 %[1]			
		R 1564			
		S 1565 Aufzuteilende Vorsteuer 16 %			
		S 1566 Aufzuteilende Vorsteuer 19 %[1]			
		S 1567 Aufzuteilende Vorsteuer nach §§ 13a/13b UStG			
		S 1568 Aufzuteilende Vorsteuer nach §§ 13a/13b UStG 16 %			
		S 1569 Aufzuteilende Vorsteuer nach §§ 13a/13b UStG 19 %[1]			
	U	S 1570 Abziehbare Vorsteuer			
	U	S 1571 Abziehbare Vorsteuer 7 %			
	U	S 1572 Abziehbare Vorsteuer aus inner-gemeinschaftlichem Erwerb			
	U	S 1573 Abziehbare Vorsteuer aus inner-gemeinschaftlichem Erwerb 16 %			
	U	S 1574 Abziehbare Vorsteuer aus inner-gemeinschaftlichem Erwerb 19 %[1]			
	U	S 1575 Abziehbare Vorsteuer 16 %			
	U	S 1576 Abziehbare Vorsteuer 19 %[1]			
	U	S 1577 Abziehbare Vorsteuer nach § 13b UStG 19 %[1]			

SKR 03

Bilanz-Posten[2)	Programm-verbin-dung[4)	1 Finanz- und Privatkonten	Bilanz-Posten[2)	Programm-verbin-dung[4)	1 Finanz- und Privatkonten
		Verbindlichkeiten	Sonstige Verbindlichkeiten		1700 **Sonstige Verbindlichkeiten**
Verbindlichkeiten aus Lieferungen und Leistungen oder *sonstige Vermögensgegenstände*		S 1600 **Verbindlichkeiten aus Lieferungen und Leistungen**			1701 – Restlaufzeit bis 1 Jahr
		R 1601 Verbindlichkeiten aus Lieferungen			1702 – Restlaufzeit 1 bis 5 Jahre
		-03 und Leistungen			1703 – Restlaufzeit größer 5 Jahre
		F 1605 Verbindlichkeiten aus Lieferungen und Leistungen zum allgemeinen Umsatzsteuersatz (EÜR)[13)			1704 Sonstige Verbindlichkeiten z. B. nach § 11 Abs. 2 Satz 2 EStG für § 4/3 EStG
		F 1606 Verbindlichkeiten aus Lieferungen und Leistungen zum ermäßigten Umsatzsteuersatz (EÜR)[13)			1705 Darlehen
					1706 – Restlaufzeit bis 1 Jahr
					1707 – Restlaufzeit 1 bis 5 Jahre
		F 1607 Verbindlichkeiten aus Lieferungen und Leistungen ohne Vorsteuer (EÜR)			1708 – Restlaufzeit größer 5 Jahre
			Sonstige Verbindlichkeiten oder *sonstige Vermögensgegenstände*		1709 Gewinnverfügungskonto stiller Gesellschafter
		F 1609 Gegenkonto 1605-1607 bei Aufteilung der Verbindlichkeiten nach Steuersätzen (EÜR)[13)			
		F 1610 Verbindlichkeiten aus Lieferungen	Erhaltene Anzahlungen auf Bestellungen (Passiva)		1710 **Erhaltene Anzahlungen (Verbindlichkeiten)**
		-23 und Leistungen ohne Kontokorrent		U	AM 1711 Erhaltene, versteuerte Anzahlungen 7 % USt (Verbindlichkeiten)
		F 1624 Verbindlichkeiten aus Lieferungen und Leistungen für Investitionen für § 4/3 EStG		R	1712
					-15
		F 1625 Verbindlichkeiten aus Lieferungen und Leistungen ohne Kontokorrent		U	AM 1716 Erhaltene, versteuerte Anzahlungen 15 % USt (Verbindlichkeiten)
		– Restlaufzeit bis 1 Jahr		U	AM 1717 Erhaltene, versteuerte Anzahlungen 16 % USt (Verbindlichkeiten)
		F 1626 – Restlaufzeit 1 bis 5 Jahre		U	AM 1718 Erhaltene, versteuerte Anzahlungen 19 % USt (Verbindlichkeiten)[1)
		F 1628 – Restlaufzeit größer 5 Jahre			1719 Erhaltene Anzahlungen – Restlaufzeit bis 1 Jahr
		F 1630 Verbindlichkeiten aus Lieferungen und Leistungen gegenüber verbundenen Unternehmen			1720 – Restlaufzeit 1 bis 5 Jahre
Verbindlichkeiten gegenüber verbundenen Unternehmen oder *Forderungen gegen verbundene Unternehmen*		F 1631 – Restlaufzeit bis 1 Jahr			1721 – Restlaufzeit größer 5 Jahre
		F 1635 – Restlaufzeit 1 bis 5 Jahre	Erhaltene Anzahlungen auf Bestellungen (Aktiva)		1722 Erhaltene Anzahlungen (von Vorräten offen abgesetzt)
		F 1638 – Restlaufzeit größer 5 Jahre			
Verbindlichkeiten gegenüber Unternehmen, mit denen ein Beteiligungsverhältnis besteht oder *Forderungen gegen Unternehmen, mit denen ein Beteiligungsverhältnis besteht*		F 1640 Verbindlichkeiten aus Lieferungen und Leistungen gegenüber Unternehmen, mit denen ein Beteiligungsverhältnis besteht	Sonstige Verbindlichkeiten		1730 Kreditkartenabrechnung
					1731 Agenturwarenabrechnung
		F 1641 – Restlaufzeit bis 1 Jahr			1732 Erhaltene Kautionen
		F 1645 – Restlaufzeit 1 bis 5 Jahre			1733 – Restlaufzeit bis 1 Jahr
		F 1648 – Restlaufzeit größer 5 Jahre			1734 – Restlaufzeit 1 bis 5 Jahre
					1735 – Restlaufzeit größer 5 Jahre
					1736 Verbindlichkeiten aus Betriebssteuern und -abgaben
					1737 – Restlaufzeit bis 1 Jahr
					1738 – Restlaufzeit 1 bis 5 Jahre
					1739 – Restlaufzeit größer 5 Jahre
Verbindlichkeiten aus Lieferungen und Leistungen oder *sonstige Vermögensgegenstände*		F 1650 Verbindlichkeiten aus Lieferungen und Leistungen gegenüber Gesellschaftern			1740 Verbindlichkeiten aus Lohn und Gehalt
		F 1651 – Restlaufzeit bis 1 Jahr	Sonstige Verbindlichkeiten oder *sonstige Vermögensgegenstände*		1741 Verbindlichkeiten aus Lohn- und Kirchensteuer
		F 1655 – Restlaufzeit 1 bis 5 Jahre			
		F 1658 – Restlaufzeit größer 5 Jahre			
Verbindlichkeiten aus Lieferungen und Leistungen S-Saldo oder *sonstige Vermögensgegenstände* H-Saldo*		1659 Gegenkonto 1625-1658 bei Aufteilung Kreditorenkonto	Sonstige Verbindlichkeiten		1742 Verbindlichkeiten im Rahmen der sozialen Sicherheit
					1743 – Restlaufzeit bis 1 Jahr
					1744 – Restlaufzeit 1 bis 5 Jahre
					1745 – Restlaufzeit größer 5 Jahre
					1746 Verbindlichkeiten aus Einbehaltungen (KapESt und Solz auf KapESt)
Verbindlichkeiten aus der Annahme gezogener Wechsel und aus der Ausstellung eigener Wechsel		F 1660 **Schuldwechsel**			1747 Verbindlichkeiten für Verbrauchsteuern
		F 1661 – Restlaufzeit bis 1 Jahr			1748 Verbindlichkeiten für Einbehaltungen von Arbeitnehmern
		F 1680 – Restlaufzeit 1 bis 5 Jahre			1749 Verbindlichkeiten an das Finanzamt aus abzuführendem Bauabzugsbetrag
		F 1690 – Restlaufzeit größer 5 Jahre			1750 Verbindlichkeiten aus Vermögensbildung
					1751 – Restlaufzeit bis 1 Jahr
					1752 – Restlaufzeit 1 bis 5 Jahre
					1753 – Restlaufzeit größer 5 Jahre
					1754 Steuerzahlungen an andere EG-Länder

SKR 03

Bilanz-Posten[2]	Programm-verbindung[4]	1 Finanz- und Privatkonten	Bilanz-Posten[2]	Programm-verbindung[4]	1 Finanz- und Privatkonten
Sonstige Verbindlichkeiten oder *sonstige Vermögensgegenstände*		**1755 Lohn- und Gehaltsverrechnung** 1756 Lohn- und Gehaltsverrechnung § 11 Abs. 2 EStG für § 4/3 EStG R 1758 1759 Voraussichtliche Beitragsschuld gegenüber den Sozialversicherungsträgern	Sonstige Vermögensgegenstände H-Saldo		1793 Verrechnungskonto geleistete Anzahlungen bei Buchung über Kreditorenkonto 1795 Verbindlichkeiten im Rahmen der sozialen Sicherheit (für § 4/3 EStG)
Steuerrückstellungen oder *sonstige Vermögensgegenstände*		S 1760 Umsatzsteuer nicht fällig S 1761 Umsatzsteuer nicht fällig 7 % S 1762 Umsatzsteuer nicht fällig aus im Inland steuerpflichtigen EG-Lieferungen S 1763 Umsatzsteuer nicht fällig aus im Inland steuerpflichtigen EG-Lieferungen 16 % S 1764 Umsatzsteuer nicht fällig aus im Inland steuerpflichtigen EG-Lieferungen 19 %[1] S 1765 Umsatzsteuer nicht fällig 16 % S 1766 Umsatzsteuer nicht fällig 19 %[1]	Sonstige Vermögensgegenstände oder *sonstige Verbindlichkeiten*	F 1799	
Sonstige Verbindlichkeiten		S 1767 Umsatzsteuer aus im anderen EG-Land steuerpflichtigen Lieferungen S 1768 Umsatzsteuer aus im anderen EG-Land steuerpflichtigen sonstigen Leistungen/Werklieferungen			**Privat Vollhafter/Einzelunternehmer** 1800 Privatentnahmen allgemein -09 1810 Privatsteuern -19 1820 Sonderausgaben beschränkt -29 abzugsfähig 1830 Sonderausgaben unbeschränkt -39 abzugsfähig 1840 Zuwendungen, Spenden -49 1850 Außergewöhnliche Belastungen -59 1860 Grundstücksaufwand -68
Sonstige Verbindlichkeiten oder *sonstige Vermögensgegenstände*	U	S 1769 Umsatzsteuer aus der Auslagerung von Gegenständen aus einem Umsatzsteuerlager S 1770 Umsatzsteuer S 1771 Umsatzsteuer 7 % S 1772 Umsatzsteuer aus innergemeinschaftlichem Erwerb S 1773 Umsatzsteuer aus innergemeinschaftlichem Erwerb 16 % S 1774 Umsatzsteuer aus innergemeinschaftlichem Erwerb 19 %[1] S 1775 Umsatzsteuer 16 % S 1776 Umsatzsteuer 19 %[1] S 1777 Umsatzsteuer aus im Inland steuerpflichtigen EG-Lieferungen S 1778 Umsatzsteuer aus im Inland steuerpflichtigen EG-Lieferungen 19 %[1] S 1779 Umsatzsteuer aus innergemeinschaftlichem Erwerb ohne Vorsteuerabzug			1869 Grundstücksaufwand (Umsatzsteuerschlüssel möglich)[10] 1870 Grundstücksertrag -78 1879 Grundstücksertrag (Umsatzsteuerschlüssel möglich)[10] 1880 Unentgeltliche Wertabgaben -89 1890 Privateinlagen -99 **Privat Teilhafter** 1900 Privatentnahmen allgemein -09 1910 Privatsteuern -19 1920 Sonderausgaben beschränkt -29 abzugsfähig 1930 Sonderausgaben unbeschränkt -39 abzugsfähig
	U U	F 1780 Umsatzsteuer-Vorauszahlungen F 1781 Umsatzsteuer-Vorauszahlung 1/11			1940 Zuwendungen, Spenden -49 1950 Außergewöhnliche Belastungen -59
	U U	F 1782 Nachsteuer, UStVA Kz. 65 F 1783 In Rechnung unrichtig oder unberechtigt ausgewiesene Steuerbeträge, UStVA Kz. 69			1960 Grundstücksaufwand -69 1970 Grundstücksertrag -79
	U	S 1784 Umsatzsteuer aus innergemeinschaftlichem Erwerb von Neufahrzeugen von Lieferanten ohne Umsatzsteuer-Identifikationsnummer			1980 Unentgeltliche Wertabgaben -89 1990 Privateinlagen -99
	U U U	S 1785 Umsatzsteuer nach § 13b UStG S 1786 Umsatzsteuer nach § 13b UStG 16 % S 1787 Umsatzsteuer nach § 13b UStG 19 %[1] 1788 Einfuhrumsatzsteuer aufgeschoben bis 1789 Umsatzsteuer laufendes Jahr 1790 Umsatzsteuer Vorjahr 1791 Umsatzsteuer frühere Jahre			
Sonstige Vermögensgegenstände oder *sonstige Verbindlichkeiten*		1792 Sonstige Verrechnungskonten (Interimskonten)			

GuV-Posten[2]	Programmverbindung[4]	2 Abgrenzungskonten	GuV-Posten[2]	Programmverbindung[4]	2 Abgrenzungskonten
		M 2400-2449	Sonstige betriebliche Aufwendungen		2150 Aufwendungen aus Kursdifferenzen
		Außerordentliche Aufwendungen i. S. d. BiRiLiG			2166 Aufwendungen aus Bewertung Finanzmittelfonds
Außerordentliche Aufwendungen		2000 Außerordentliche Aufwendungen			2170 Nicht abziehbare Vorsteuer
		2001 Außerordentliche Aufwendungen finanzwirksam			2171 Nicht abziehbare Vorsteuer 7 %
		2005 Außerordentliche Aufwendungen nicht finanzwirksam		R 2174	
					2175 Nicht abziehbare Vorsteuer 16 %
					2176 Nicht abziehbare Vorsteuer 19 %[1]
		Betriebsfremde und periodenfremde Aufwendungen			**Steueraufwendungen**
Sonstige betriebliche Aufwendungen		2010 Betriebsfremde Aufwendungen (soweit nicht außerordentlich)	Steuern vom Einkommen und Ertrag	K	2200 Körperschaftsteuer
		2020 Periodenfremde Aufwendungen (soweit nicht außerordentlich)		K	2203 Körperschaftsteuer für Vorjahre
				K	2204 Körperschaftsteuererstattungen für Vorjahre
		Zinsen und ähnliche Aufwendungen		K	2208 Solidaritätszuschlag
Zinsen und ähnliche Aufwendungen		**2100 Zinsen und ähnliche Aufwendungen**		K	2209 Solidaritätszuschlag für Vorjahre
		2103 Steuerlich abzugsfähige, andere Nebenleistungen zu Steuern		K	2210 Solidaritätszuschlagerstattungen für Vorjahre
	G K	2104 Steuerlich nicht abzugsfähige, andere Nebenleistungen zu Steuern		G K	2212 Kapitalertragsteuer 20 %
		2107 Zinsaufwendungen § 233a AO betriebliche Steuern		G K	2213 Kapitalertragsteuer 25 %
	G K	2108 Zinsaufwendungen §§ 233a bis 237 AO Personensteuern		G K	2214 Anrechenbarer Solidaritätszuschlag auf Kapitalertragsteuer 20 %
		2109 Zinsaufwendungen an verbundene Unternehmen		G K	2215 Zinsabschlagsteuer
		2110 Zinsaufwendungen für kurzfristige Verbindlichkeiten		G K	2216 Anrechenbarer Solidaritätszuschlag auf Kapitalertragsteuer 25 %
	G	2113 Nicht abzugsfähige Schuldzinsen gemäß § 4 Abs. 4a EStG (Hinzurechnungsbetrag)[13]		G K	2218 Anrechenbarer Solidaritätszuschlag auf Zinsabschlagsteuer
	G K	2115 Zinsen und ähnliche Aufwendungen 100 % / 50 % nicht abzugsfähig (inländische Kap.Ges.)[9][16]		G K	2219 Ausländische Quellensteuer[1]
	G K	2116 Zinsen und ähnliche Aufwendungen an verbundene Unternehmen 100 % / 50 % nicht abzugsfähig (inländische Kap.Ges.)[9][16]			2280 Steuernachzahlungen Vorjahre für Steuern vom Einkommen und Ertrag
	G K	2118 In Dauerschuldzinsen umqualifizierte Zinsen auf kurzfristige Verbindlichkeiten			2282 Steuererstattungen Vorjahre für Steuern vom Einkommen und Ertrag
		2119 Zinsaufwendungen für kurzfristige Verbindlichkeiten an verbundene Unternehmen			2284 Erträge aus der Auflösung von Rückstellungen für Steuern vom Einkommen und Ertrag
	G K	2120 Zinsaufwendungen für langfristige Verbindlichkeiten	Sonstige Steuern		2285 Steuernachzahlungen Vorjahre für sonstige Steuern
	G K	2125 Zinsaufwendungen für Gebäude, die zum Betriebsvermögen gehören[13]			2287 Steuererstattungen Vorjahre für sonstige Steuern
	G K	2126 Zinsen zur Finanzierung des Anlagevermögens			2289 Erträge aus der Auflösung von Rückstellungen für sonstige Steuern
	G K	2127 Renten und dauernde Lasten aus Gründung/Erwerb § 8 GewStG			**Sonstige Aufwendungen**
	G	2128 Zinsaufwendungen an Mitunternehmer für die Hingabe von Kapital § 15 EStG	Sonstige betriebliche Aufwendungen		**2300 Sonstige Aufwendungen**
	G K	2129 Zinsaufwendungen für langfristige Verbindlichkeiten an verbundene Unternehmen			2307 Sonstige Aufwendungen betriebsfremd und regelmäßig
		2130 Diskontaufwendungen			2309 Sonstige Aufwendungen unregelmäßig
		2139 Diskontaufwendungen an verbundene Unternehmen			2310 Anlagenabgänge Sachanlagen (Restbuchwert bei Buchverlust)
		2140 Zinsähnliche Aufwendungen			2311 Anlagenabgänge immaterielle Vermögensgegenstände (Restbuchwert bei Buchverlust)
		2149 Zinsähnliche Aufwendungen an verbundene Unternehmen			2312 Anlagenabgänge Finanzanlagen (Restbuchwert bei Buchverlust)
				G K	2313 Anlagenabgänge Finanzanlagen 100 %/50 % nicht abzugsfähig, (inländische Kap. Ges.) (Restbuchwert bei Buchverlust)[9]
			Sonstige betriebliche Erträge		2315 Anlagenabgänge Sachanlagen (Restbuchwert bei Buchgewinn)
					2316 Anlagenabgänge immaterielle Vermögensgegenstände (Restbuchwert bei Buchgewinn)
					2317 Anlagenabgänge Finanzanlagen (Restbuchwert bei Buchgewinn)
				G K	2318 Anlagenabgänge Finanzanlagen 100 %/50 % steuerfrei (inländische Kap. Ges.) (Restbuchwert bei Buchgewinn)[9]

SKR 03

SKR 03

GuV-Posten[2]	Programm-verbindung[4]	2 Abgrenzungskonten	GuV-Posten[2]	Programm-verbindung[4]	2 Abgrenzungskonten
Sonstige betriebliche Aufwendungen		2320 Verluste aus dem Abgang von Gegenständen des Anlagevermögens	Sonstige betriebliche Aufwendungen		**2400 Forderungsverluste (übliche Höhe)**
	G K	2323 Verluste aus der Veräußerung von Anteilen an Kapitalgesellschaften 100 %/50 % nicht abzugsfähig (inländische Kap. Ges.)[9]		U	AM 2401 Forderungsverluste 7 % USt (übliche Höhe)
				U	AM 2402 Forderungsverluste aus steuerfreien EG-Lieferungen (übliche Höhe)
		2325 Verluste aus dem Abgang von Gegenständen des Umlaufvermögens (außer Vorräte)		U	AM 2403 Forderungsverluste aus im Inland steuerpflichtigen EG-Lieferungen 7 % USt (übliche Höhe)
	G K	2326 Verluste aus dem Abgang von Gegenständen des Umlaufvermögens (außer Vorräte) 100 %/50 % nicht abzugsfähig (inländische Kap.Ges.)[9]		U	AM 2404 Forderungsverluste aus im Inland steuerpflichtigen EG-Lieferungen 16 % USt (übliche Höhe)
				U	AM 2405 Forderungsverluste 16 % USt (übliche Höhe)
		2327 Abgang von Wirtschaftsgütern des Umlaufvermögens nach § 4 Abs. 3 Satz 4 EStG[1)13]		U	AM 2406 Forderungsverluste 19 % USt (übliche Höhe)[1]
				U	AM 2407 Forderungsverluste 15 % USt (übliche Höhe)
	G K	2328 Abgang von Wirtschaftsgütern des Umlaufvermögens 100 %/50 % nicht abzugsfähig (inländische Kap.Ges.) nach § 4 Abs. 3 Satz 4 EStG[1)9)13]		U	AM 2408 Forderungsverluste aus im Inland steuerpflichtigen EG-Lieferungen 19 % USt (übliche Höhe)[1]
				U	AM 2409 Forderungsverluste aus im Inland steuerpflichtigen EG-Lieferungen 15 % USt (übliche Höhe)
		2340 Einstellungen in Sonderposten mit Rücklageanteil (steuerfreie Rücklagen)	Abschreibungen auf Vermögensgegenstände des Umlaufvermögens, soweit diese die in der Kapitalgesellschaft üblichen Abschreibungen überschreiten		2430 Forderungsverluste, unüblich hoch
		2341 Einstellungen in Sonderposten mit Rücklageanteil (Ansparabschreibungen)			
		2342 Einstellungen in Sonderposten mit Rücklageanteil (Existenzgründerrücklage)[13]			
		2345 Einstellungen in Sonderposten mit Rücklageanteil (Sonderabschreibungen)	Sonstige betriebliche Aufwendungen		2450 Einstellungen in die Pauschalwertberichtigung zu Forderungen
		2346 Einstellungen in Sonderposten mit Rücklageanteil (§ 52 Abs. 16 EStG)[1]			2451 Einstellung in die Einzelwertberichtigung zu Forderungen
		2348 Aufwendungen aus der Zuschreibung von steuerlich niedriger bewerteten Verbindlichkeiten	Aufwendungen aus Verlustübernahme	K	2490 Aufwendungen aus Verlustübernahme
		2349 Aufwendungen aus der Zuschreibung von steuerlich niedriger bewerteten Rückstellungen	Auf Grund einer Gewinngemeinschaft, eines Gewinn- oder Teilgewinnabführungsvertrags abgeführte Gewinne		2492 Abgeführte Gewinne auf Grund einer Gewinngemeinschaft
		2350 Grundstücksaufwendungen, neutral		G K	2493 Abgeführte Gewinnanteile an stille Gesellschafter § 8 GewStG
Sonstige Steuern		2375 Grundsteuer		K	2494 Abgeführte Gewinne auf Grund eines Gewinn- oder Teilgewinnabführungsvertrags
Sonstige betriebliche Aufwendungen	G K	2380 Zuwendungen, Spenden, steuerlich nicht abziehbar	Einstellungen in die Kapitalrücklage nach den Vorschriften über die vereinfachte Kapitalherabsetzung		2495 Einstellungen in die Kapitalrücklage nach den Vorschriften über die vereinfachte Kapitalherabsetzung
	G K	2381 Zuwendungen, Spenden für wissenschaftliche und kulturelle Zwecke			
	G K	2382 Zuwendungen, Spenden für mildtätige Zwecke			
	G K	2383 Zuwendungen, Spenden für kirchliche, religiöse und gemeinnützige Zwecke	Einstellungen in Gewinnrücklagen in die gesetzliche Rücklage		2496 Einstellungen in die gesetzliche Rücklage
	G K	2384 Zuwendungen, Spenden an politische Parteien			
	K	2385 Nicht abziehbare Hälfte der Aufsichtsratvergütungen			
		2386 Abziehbare Aufsichtsratvergütungen	Einstellungen in Gewinnrücklagen in satzungsmäßige Rücklagen		2497 Einstellungen in satzungsmäßige Rücklagen
	G K	2387 Zuwendungen, Spenden an Stiftungen für gemeinnützige Zwecke i. S. d. § 52 Abs. 2 Nr. 1-3 AO			
	G K	2388 Zuwendungen, Spenden an Stiftungen für gemeinnützige Zwecke i. S. d. § 52 Abs. 2 Nr. 4 AO	Einstellungen in Gewinnrücklagen in die Rücklage für eigene Anteile		2498 Einstellungen in die Rücklage für eigene Anteile
	G K	2389 Zuwendungen, Spenden an Stiftungen für kirchliche, religiöse und gemeinnützige Zwecke			
	G K	2390 Zuwendungen, Spenden an Stiftungen für wissenschaftliche, mildtätige, kulturelle Zwecke			

GuV-Posten[2]	Programm-verbindung[4]	2 Abgrenzungskonten	GuV-Posten[2]	Programm-verbindung[4]	2 Abgrenzungskonten
Einstellungen in Gewinnrücklagen in andere Gewinnrücklagen		2499 Einstellungen in andere Gewinn-rücklagen	Sonstige Zinsen und ähnliche Erträge		2670 Diskonterträge 2679 Diskonterträge aus verbundenen Unternehmen 2680 Zinsähnliche Erträge 2689 Zinsähnliche Erträge aus verbundenen Unternehmen
		Außerordentliche Erträge i. S. d. BiRiLiG			**Sonstige Erträge**
Außerordentliche Erträge		2500 Außerordentliche Erträge 2501 Außerordentliche Erträge finanzwirksam 2505 Außerordentliche Erträge nicht finanzwirksam	Sonstige betriebliche Erträge		**2700 Sonstige Erträge** 2705 Sonstige Erträge betrieblich und regelmäßig 2707 Sonstige Erträge betriebsfremd und regelmäßig 2709 Sonstige Erträge unregelmäßig 2710 Erträge aus Zuschreibungen des Sachanlagevermögens 2711 Erträge aus Zuschreibungen des immateriellen Anlagevermögens 2712 Erträge aus Zuschreibungen des Finanzanlagevermögens
		Betriebsfremde und periodenfremde Erträge		G K	2713 Erträge aus Zuschreibungen des Finanzanlagevermögens 100 %/50 % steuerfrei (inländische Kap. Ges.)[9]
Sonstige betriebliche Erträge		2510 Betriebsfremde Erträge (soweit nicht außerordentlich) 2520 Periodenfremde Erträge (soweit nicht außerordentlich)		G K	2714 Erträge aus Zuschreibungen des anderen Anlagevermögens 100 %/50 % steuerfrei (inländische Kap. Ges.)[9]
		Zinserträge			2715 Erträge aus Zuschreibungen des Umlaufvermögens
Erträge aus Beteiligungen	G K	**2600 Erträge aus Beteiligungen** 2615 Laufende Erträge aus Anteilen an Kapitalgesellschaften (Beteiligung 100 % / 50 % steuerfrei) (inländische Kap.Ges.)[9]		G K	2716 Erträge aus Zuschreibungen des Umlaufvermögens 100 % /50 % steuerfrei (inländische Kap. Ges.)[9]
	G K	2616 Laufende Erträge aus Anteilen an Kapitalgesellschaften (verbundene Unternehmen) 100 % / 50 % steuerfrei (inländische Kap.Ges.)[9]			2720 Erträge aus dem Abgang von Gegenständen des Anlagevermögens
	G K	2617 Gewinne aus Anteilen an nicht steuerbefreiten inländischen Kapitalgesellschaften § 9 Nr. 2a GewStG		G K	2723 Erträge aus der Veräußerung von Anteilen an Kapitalgesellschaft 100 %/50 % steuerfrei (inländische Kap. Ges.)[9]
	G K	2618 Gewinnanteile aus Mitunternehmerschaften § 9 GewStG			2725 Erträge aus dem Abgang von Gegenständen des Umlaufvermögens (außer Vorräte)
		2619 Erträge aus Beteiligungen an verbundenen Unternehmen		G K	2726 Erträge aus dem Abgang von Gegenständen des Umlaufvermögens (außer Vorräte) 100 %/50 % steuerfrei (inländische Kap.Ges.)[9]
Erträge aus anderen Wertpapieren und Ausleihungen des Finanzanlagevermögens	G K	**2620 Erträge aus anderen Wertpapieren und Ausleihungen des Finanzanlagevermögens** 2625 Laufende Erträge aus Anteilen an Kapitalgesellschaften (Finanzanlagevermögen) 100 % / 50 % steuerfrei (inländische Kap.Ges.)[9]			2730 Erträge aus Herabsetzung der Pauschalwertberichtigung zu Forderungen
	G K	2626 Laufende Erträge aus Anteilen an Kapitalgesellschaften (verbundene Unternehmen) 100 % / 50 % steuerfrei (inländische Kap.Ges.)[9]			2731 Erträge aus Herabsetzung der Einzelwertberichtigung zu Forderungen
		2649 Erträge aus anderen Wertpapieren und Ausleihungen des Finanzanlagevermögens aus verbundenen Unternehmen			2732 Erträge aus abgeschriebenen Forderungen
Sonstige Zinsen und ähnliche Erträge		**2650 Sonstige Zinsen und ähnliche Erträge**			2733 Erträge aus der Auflösung von Sonderposten mit Rücklageanteil (Existenzgründerrücklage)[13]
	G K	2655 Laufende Erträge aus Anteilen an Kapitalgesellschaften (Umlaufvermögen) 100 % / 50 % steuerfrei (inländische Kap.Ges.)[9]			2734 Erträge aus der steuerlich niedrigeren Bewertung von Verbindlichkeiten
	G K	2656 Laufende Erträge aus Anteilen an Kapitalgesellschaften (verbundene Unternehmen) 100 % / 50 % steuerfrei (inländische Kap.Ges.)[9]			2735 Erträge aus der Auflösung von Rückstellungen
		2657 Zinserträge § 233a AO			2736 Erträge aus der steuerlich niedrigeren Bewertung von Rückstellungen
	G K	2658 Zinserträge § 233a AO Sonderfall Anlage A KSt			2737 Erträge aus der Auflösung von Sonderposten mit Rücklageanteil (aus der Währungsumstellung auf den Euro)[11]
		2659 Sonstige Zinsen und ähnliche Erträge aus verbundenen Unternehmen			2738 Erträge aus der Auflösung von Sonderposten mit Rücklageanteil nach § 52 Abs. 16 EStG
Sonstige betriebliche Erträge		2660 Erträge aus Kursdifferenzen 2666 Erträge aus Bewertung Finanzmittelfonds			2739 Erträge aus der Auflösung von Sonderposten mit Rücklageanteil (Ansparabschreibungen)

SKR 03

GuV-Posten[2]	Programm-verbin-dung[4]	2 Abgrenzungskonten	GuV-Posten[2]	Programm-verbin-dung[4]	2 Abgrenzungskonten
Sonstige betriebliche Erträge		2740 Erträge aus der Auflösung von Sonderposten mit Rücklageanteil (steuerfreie Rücklagen)			**Verrechnete kalkulatorische Kosten**
		2741 Erträge aus der Auflösung von Sonderposten mit Rücklageanteil (Sonderabschreibungen)	Sonstige betriebliche Aufwendungen		2890 Verrechneter kalkulatorischer Unternehmerlohn
		2742 Versicherungsentschädigungen			2891 Verrechnete kalkulatorische Miete und Pacht
		2743 Investitionszuschüsse (steuerpflichtig)			2892 Verrechnete kalkulatorische Zinsen
	G K	2744 Investitionszulagen (steuerfrei)			2893 Verrechnete kalkulatorische Abschreibungen
Erträge aus Kapitalherabsetzung		2745 Erträge aus Kapitalherabsetzung			2894 Verrechnete kalkulatorische Wagnisse
					2895 Verrechneter kalkulatorischer Lohn für unentgeltliche Mitarbeiter
Sonstige betriebliche Erträge	G K	2746 Steuerfreie Erträge aus der Auflösung von Sonderposten mit Rücklageanteil[13]			R 2900 -01
	G K	2747 Sonstige steuerfreie Betriebseinnahmen[13]			R 2907 R 2912 -14
		2750 Grundstückserträge			R 2917 R 2920
Erträge aus Verlustübernahme	K	2790 Erträge aus Verlustübernahme			-31 R 2950 -53
Auf Grund einer Gewinngemeinschaft, eines Gewinn- oder Teilgewinnabführungsvertrags erhaltene Gewinne		2792 Erhaltene Gewinne auf Grund einer Gewinngemeinschaft			R 2960 -63
	K	2794 Erhaltene Gewinne auf Grund eines Gewinn- oder Teilgewinnabführungsvertrags	Sonstige betriebliche Erträge oder *sonstige betriebliche Aufwendungen*		2990 Aufwendungen/Erträge aus Umrechnungsdifferenzen
Entnahmen aus der Kapitalrücklage		2795 Entnahmen aus der Kapitalrücklage			
Entnahmen aus Gewinnrücklagen aus der gesetzlichen Rücklage		2796 Entnahmen aus der gesetzlichen Rücklage			
Entnahmen aus Gewinnrücklagen aus satzungsmäßigen Rücklagen		2797 Entnahmen aus satzungsmäßigen Rücklagen			
Entnahmen aus Gewinnrücklagen aus der Rücklage für eigene Anteile		2798 Entnahmen aus der Rücklage für eigene Anteile			
Entnahmen aus Gewinnrücklagen aus anderen Gewinnrücklagen		2799 Entnahmen aus anderen Gewinnrücklagen			
Gewinnvortrag oder *Verlustvortrag*		**2860 Gewinnvortrag nach Verwendung**			
		2868 Verlustvortrag nach Verwendung			
Vortrag auf neue Rechnung		**2869 Vortrag auf neue Rechnung (GuV)**			
Ausschüttung	K	2870 Vorabausschüttung			

Bilanz-/GuV-Posten[2]	Programm-verbindung[4]	3 Wareneingangs- und Bestandskonten	Bilanz-/GuV-Posten[2]	Programm-verbindung[4]	3 Wareneingangs- und Bestandskonten
		V 3000-3599 V 3700-3959 KU 3960-3999	Aufwendungen für bezogene Leistungen		S 3153 Erhaltene Skonti aus Leistungen, für die als Leistungsempfänger die Steuer nach § 13b UStG geschuldet wird ohne Vorsteuer aber mit Umsatzsteuer
		Materialaufwand			R 3154 -59
Aufwendungen für Roh-, Hilfs- und Betriebsstoffe und für bezogene Waren		3000 Roh-, Hilfs- und Betriebsstoffe 3090 Energiestoffe (Fertigung)	Aufwendungen für Roh-, Hilfs- und Betriebsstoffe und für bezogene Waren		**3200 Wareneingang**
					AV 3300 Wareneingang 7 % Vorsteuer -09
Aufwendungen für bezogene Leistungen		**3100 Fremdleistungen**			R 3310 -39
		Umsätze, für die als Leistungsempfänger die Steuer nach § 13b Abs. 2 UStG geschuldet wird			AV 3340 Wareneingang 16 % Vorsteuer[1] -49
					AV 3400 Wareneingang 19 % Vorsteuer[8] -09
	U	AV 3110 Bauleistungen eines im Inland ansässigen Unternehmers 7 % Vorsteuer und 7 % Umsatzsteuer			R 3410 -19
		R 3111 -14		U	AV 3420 Innergemeinschaftlicher Erwerb 7 % Vorsteuer und 7 % Umsatzsteuer -24
	U	AV 3115 Leistungen eines im Ausland ansässigen Unternehmers 7 % Vorsteuer und 7 % Umsatzsteuer		U	AV 3425 Innergemeinschaftlicher Erwerb 19 % Vorsteuer und 19 % Umsatzsteuer[8] -29
		R 3116 -19		U	AV 3430 Innergemeinschaftlicher Erwerb ohne Vorsteuer und 7 % Umsatzsteuer
	U	AV 3120 Bauleistungen eines im Inland ansässigen Unternehmers 19 % Vorsteuer und 19 % Umsatzsteuer[1,8] -21			R 3431 -32
	U	AV 3122 Bauleistungen eines im Inland ansässigen Unternehmers 16 % Vorsteuer und 16 % Umsatzsteuer[1]		U	R 3433 Innergemeinschaftlicher Erwerb 16 % Vorsteuer und 16 % Umsatzsteuer[1] -34
		R 3123 -24		U	AV 3435 Innergemeinschaftlicher Erwerb ohne Vorsteuer und 19 % Umsatzsteuer[8]
	U	AV 3125 Leistungen eines im Ausland ansässigen Unternehmers 19 % Vorsteuer und 19 % Umsatzsteuer[1,8] -26		U	AV 3436 Innergemeinschaftlicher Erwerb ohne Vorsteuer und 16 % Umsatzsteuer[1]
	U	AV 3127 Leistungen eines im Ausland ansässigen Unternehmers 16 % Vorsteuer und 16 % Umsatzsteuer[1]			R 3437 -39
		R 3128 -29		U	AV 3440 Innergemeinschaftlicher Erwerb von Neufahrzeugen von Lieferanten ohne Umsatzsteuer-Identifikationsnummer 19 % Vorsteuer und 19 % Umsatzsteuer[8]
	U	AV 3130 Bauleistungen eines im Inland ansässigen Unternehmers ohne Vorsteuer und 7 % Umsatzsteuer		U	AV 3441 Innergemeinschaftlicher Erwerb von Neufahrzeugen von Lieferanten ohne Umsatzsteuer-Identifikationsnummer 16 % Vorsteuer und 16 % Umsatzsteuer[1]
		R 3131 -34			R 3442 -49
	U	AV 3135 Leistungen eines im Ausland ansässigen Unternehmers ohne Vorsteuer und 7 % Umsatzsteuer			AV 3500 Wareneingang 5 % Vorsteuer -04
		R 3136 -39			AV 3505 Wareneingang 5,5 % Vorsteuer[1] -09
	U	AV 3140 Bauleistungen eines im Inland ansässigen Unternehmers ohne Vorsteuer und 19 % Umsatzsteuer[1,8] -41			R 3510 -29
	U	AV 3142 Bauleistungen eines im Inland ansässigen Unternehmers ohne Vorsteuer und 16 % Umsatzsteuer[1]			AV 3530 Wareneingang 9 % Vorsteuer -34
		R 3143 -44			R 3535 -39
	U	AV 3145 Leistungen eines im Ausland ansässigen Unternehmers ohne Vorsteuer und 19 % Umsatzsteuer[1,8] -46			AV 3540 Wareneingang 10,7 % Vorsteuer[8] -49
	U	AV 3147 Leistungen eines im Ausland ansässigen Unternehmers ohne Vorsteuer und 16 % Umsatzsteuer[1]		U	AV 3550 Steuerfreier innergemeinschaftlicher Erwerb
		R 3148 -49			R 3551 -58
		S 3150 Erhaltene Skonti aus Leistungen, für die als Leistungsempfänger die Steuer nach § 13b UStG geschuldet wird			3559 Steuerfreie Einfuhren
	U	S/AV 3151 Erhaltene Skonti aus Leistungen, für die als Leistungsempfänger die Steuer nach § 13b UStG geschuldet wird 19 % Vorsteuer und 19 % Umsatzsteuer[1]		U	AV 3560 Waren aus einem Umsatzsteuerlager, § 13a UStG 7 % Vorsteuer und 7 % Umsatzsteuer
					R 3561 -64
	U	S/AV 3152 Erhaltene Skonti aus Leistungen, für die als Leistungsempfänger die Steuer nach § 13b UStG geschuldet wird 16 % Vorsteuer und 16 % Umsatzsteuer		U	AV 3565 Waren aus einem Umsatzsteuerlager, § 13a UStG 19 % Vorsteuer und 19 % Umsatzsteuer[8]
				U	AV 3566 Waren aus einem Umsatzsteuerlager, § 13a UStG 16 % Vorsteuer und 16 % Umsatzsteuer[1]
					R 3567 -69
					3600 Nicht abziehbare Vorsteuer -09

SKR 03

Bilanz-/GuV-Posten[2]	Pro-gramm-verbin-dung[4]	3 Wareneingangs- und Bestandskonten	Bilanz-/GuV-Posten[2]	Pro-gramm-verbin-dung[4]	3 Wareneingangs- und Bestandskonten
Aufwendungen für Roh-, Hilfs- und Betriebs-stoffe und für bezogene Waren		3610 Nicht abziehbare Vorsteuer 7 %	Aufwendungen für Roh-, Hilfs- und Betriebs-stoffe und für bezogene Waren		3800 Bezugsnebenkosten
		-19			3830 Leergut
		R 3620			3850 Zölle und Einfuhrabgaben
		-29			3960 Bestandsveränderungen Roh-,
		3650 Nicht abziehbare Vorsteuer 16 %			-69 Hilfs- und Betriebsstoffe sowie
		-59			bezogene Waren
		3660 Nicht abziehbare Vorsteuer 19 %[1]			
		-69			**Bestand an Vorräten**
		3700 Nachlässe	Roh-, Hilfs- und Betriebsstoffe		3970 Bestand Roh-, Hilfs- und
		AV 3710 Nachlässe 7 % Vorsteuer			-79 Betriebsstoffe
		-11			
		R 3712	Fertige Erzeug-nisse und Waren		3980 Bestand Waren
		-19			-89
		AV 3720 Nachlässe 19 % Vorsteuer[8]			
		-21			
		AV 3722 Nachlässe 16 % Vorsteuer[1]			**Verrechnete Stoffkosten**
		AV 3723 Nachlässe 15 % Vorsteuer			3990 Verrechnete Stoffkosten
	U	AV 3724 Nachlässe aus innergemein-schaftlichem Erwerb 7 % Vorsteuer und 7 % Umsatzsteuer	Aufwendungen für Roh-, Hilfs- und Betriebs-stoffe und für bezogene Waren		-99 (Gegenkonto zu 4000-99)
	U	AV 3725 Nachlässe aus innergemein-schaftlichem Erwerb 19 % Vor-steuer und 19 % Umsatzsteuer[8]			
	U	AV 3726 Nachlässe aus innergemein-schaftlichem Erwerb 16 % Vor-steuer und 16 % Umsatzsteuer[1]			
	U	AV 3727 Nachlässe aus innergemein-schaftlichem Erwerb 15 % Vor-steuer und 15 % Umsatzsteuer			
		R 3728			
		-29			
		S 3730 Erhaltene Skonti			
		S/AV 3731 Erhaltene Skonti 7 % Vorsteuer			
		R 3732			
		-34			
		S/AV 3735 Erhaltene Skonti 16 % Vorsteuer			
		S/AV 3736 Erhaltene Skonti 19 % Vorsteuer[1]			
		R 3737			
		-38			
		S 3745 Erhaltene Skonti aus steuerpflich-tigem innergemeinschaftlichem Erwerb			
	U	S/AV 3746 Erhaltene Skonti aus steuerpflich-tigem innergemeinschaftlichem Erwerb 7 % Vorsteuer und 7 % Umsatzsteuer			
		R 3747			
	U	S/AV 3748 Erhaltene Skonti aus steuerpflich-tigem innergemeinschaftlichem Erwerb 19 % Vorsteuer und 19 % Umsatzsteuer[1]			
	U	S/AV 3749 Erhaltene Skonti aus steuerpflich-tigem innergemeinschaftlichem Erwerb 16 % Vorsteuer und 16 % Umsatzsteuer			
		AV 3750 Erhaltene Boni 7 % Vorsteuer			
		-51			
		R 3752			
		-59			
		AV 3760 Erhaltene Boni 19 % Vorsteuer[8]			
		-61			
		R 3762			
		-63			
		AV 3764 Erhaltene Boni 16 % Vorsteuer[1]			
		-65			
		R 3766			
		-68			
		3769 Erhaltene Boni			
		3770 Erhaltene Rabatte			
		AV 3780 Erhaltene Rabatte 7 % Vorsteuer			
		-81			
		R 3782			
		-89			
		AV 3790 Erhaltene Rabatte 19 %			
		-91 Vorsteuer[8]			
		R 3792			
		-93			
		AV 3794 Erhaltene Rabatte 16 %			
		-95 Vorsteuer[1]			
		R 3796			
		-99			

GuV-Posten[2]	Prog.-verbin-dung[4]	4 Betriebliche Aufwendungen	GuV-Posten[2]	Prog.-verbin-dung[4]	4 Betriebliche Aufwendungen
		V 4000-4099 V 4200-4299 V 4400-4819 V 4900-4989	Sonstige betriebliche Aufwendungen		**Sonstige betriebliche Aufwendungen und Abschreibungen** 4200 Raumkosten 4210 Miete
		Material- und Stoffverbrauch		G K	4218 Gewerbesteuerlich zu berücksichtigende Miete § 8 GewStG [5]
Aufwendungen für Roh-, Hilfs- und Betriebsstoffe und für bezogene Waren		4000 Material- und Stoffverbrauch -99		G	4219 Vergütungen an Mitunternehmer für die mietweise Überlassung ihrer Wirtschaftsgüter § 15 EStG 4220 Pacht
				G K	4228 Gewerbesteuerlich zu berücksichtigende Pacht § 8 GewStG [5]
Löhne und Gehälter		**Personalaufwendungen** 4100 Löhne und Gehälter 4110 Löhne 4120 Gehälter		G	4229 Vergütungen an Mitunternehmer für die pachtweise Überlassung ihrer Wirtschaftsgüter § 15 EStG
		4124 Geschäftsführergehälter der GmbH-Gesellschafter 4125 Ehegattengehalt			4230 Heizung 4240 Gas, Strom, Wasser 4250 Reinigung
	K	4126 Tantiemen 4127 Geschäftsführergehälter			4260 Instandhaltung betrieblicher Räume
	G	4128 Vergütungen an angestellte Mitunternehmer § 15 EStG			4270 Abgaben für betrieblich genutzten Grundbesitz
					4280 Sonstige Raumkosten 4288 Aufwendungen für ein häusliches Arbeitszimmer (abziehbarer Anteil) [13]
Soziale Abgaben und Aufwendungen für Altersversorgung und für Unterstützung	G	4130 Gesetzliche soziale Aufwendungen 4137 Gesetzliche soziale Aufwendungen für Mitunternehmer § 15 EStG 4138 Beiträge zur Berufsgenossenschaft		G	4289 Aufwendungen für ein häusliches Arbeitszimmer (nicht abziehbarer Anteil) [13] 4290 Grundstücksaufwendungen betrieblich
Sonstige betriebliche Aufwendungen		4139 Ausgleichsabgabe i. S. d. Schwerbehindertengesetzes			4300 Nicht abziehbare Vorsteuer 4301 Nicht abziehbare Vorsteuer 7 %
				R 4304	4305 Nicht abziehbare Vorsteuer 16 % 4306 Nicht abziehbare Vorsteuer 19 % [1]
Soziale Abgaben und Aufwendungen für Altersversorgung und für Unterstützung		4140 Freiwillige soziale Aufwendungen, lohnsteuerfrei	Steuern vom Einkommen und Ertrag	G K	4320 Gewerbesteuer
			Sonstige Steuern		4340 Sonstige Betriebssteuern 4350 Verbrauchsteuer 4355 Ökosteuer
Löhne und Gehälter		4145 Freiwillige soziale Aufwendungen, lohnsteuerpflichtig 4149 Pauschale Steuer auf sonstige Bezüge (z. B. Fahrtkostenzuschüsse) 4150 Krankengeldzuschüsse 4155 Zuschüsse der Agenturen für Arbeit (Haben)	Sonstige betriebliche Aufwendungen		4360 Versicherungen 4366 Versicherungen für Gebäude 4370 Netto-Prämie für Rückdeckung künftiger Versorgungsleistungen 4380 Beiträge 4390 Sonstige Abgaben 4396 Steuerlich abzugsfähige Verspätungszuschläge und Zwangsgelder
Soziale Abgaben und Aufwendungen für Altersversorgung und für Unterstützung	G	4160 Versorgungskassen 4165 Aufwendungen für Altersversorgung 4167 Pauschale Steuer auf sonstige Bezüge (z. B. Direktversicherungen) 4168 Aufwendungen für Altersversorgung für Mitunternehmer § 15 EStG 4169 Aufwendungen für Unterstützung		G K	4397 Steuerlich nicht abzugsfähige Verspätungszuschläge und Zwangsgelder
			Sonstige Steuern		4400 (zur freien Verfügung) -99 4500 Fahrzeugkosten 4510 Kfz-Steuer
Löhne und Gehälter		4170 Vermögenswirksame Leistungen 4175 Fahrtkostenerstattung - Wohnung/Arbeitsstätte 4180 Bedienungsgelder 4190 Aushilfslöhne 4199 Pauschale Steuer für Aushilfen	Sonstige betriebliche Aufwendungen		4520 Kfz-Versicherungen 4530 Laufende Kfz-Betriebskosten 4540 Kfz-Reparaturen 4550 Garagenmiete 4560 Mautgebühren 4570 Leasingfahrzeugkosten 4580 Sonstige Kfz-Kosten 4590 Kfz-Kosten für betrieblich genutzte zum Privatvermögen gehörende Kraftfahrzeuge [13] 4595 Fremdfahrzeugkosten [13]

SKR 03

SKR 03

GuV-Posten[2]	Programm-verbin-dung[4]	4 Betriebliche Aufwendungen	GuV-Posten[2]	Programm-verbin-dung[4]	4 Betriebliche Aufwendungen
Sonstige betriebliche Aufwendungen		4600 Werbekosten	Abschreibungen auf immaterielle Vermögensgegenstände des Anlagevermögens und Sachanlagen sowie auf aktivierte Aufwendungen für die Ingangsetzung und Erweiterung des Geschäftsbetriebs		4815 Kaufleasing
	G K	4630 Geschenke abzugsfähig			**4820 Abschreibungen** auf Aufwendungen für die Ingangsetzung und Erweiterung des Geschäftsbetriebs
		4635 Geschenke nicht abzugsfähig			
		4638 Geschenke ausschließlich betrieblich genutzt			4821 Abschreibungen auf Aufwendungen für die Währungsumstellung auf den Euro
		4640 Repräsentationskosten			
		4650 Bewirtungskosten			4822 Abschreibungen auf immaterielle Vermögensgegenstände
	G K	4651 Sonstige eingeschränkt abziehbare Betriebsausgaben (abziehbarer Anteil)[13]			4824 Abschreibungen auf den Geschäfts- oder Firmenwert
	G K	4652 Sonstige eingeschränkt abziehbare Betriebsausgaben (nicht abziehbarer Anteil)[13]			4826 Außerplanmäßige Abschreibungen auf immaterielle Vermögensgegenstände
		4653 Aufmerksamkeiten			4830 Abschreibungen auf Sachanlagen (ohne AfA auf Kfz und Gebäude)
	G K	4654 Nicht abzugsfähige Bewirtungskosten			4831 Abschreibungen auf Gebäude[13]
	G K	4655 Nicht abzugsfähige Betriebsausgaben aus Werbe- und Repräsentationskosten (nicht abziehbarer Anteil)			4832 Abschreibungen auf Kfz[13]
		4656 [14]			4833 Abschreibungen auf Gebäudeanteil des häuslichen Arbeitszimmers
		4657 [14]			
	G K	4660 Reisekosten Arbeitnehmer			4840 Außerplanmäßige Abschreibungen auf Sachanlagen
		4662 Reisekosten Arbeitnehmer (nicht abziehbarer Anteil)			4841 Absetzung für außergewöhnliche technische und wirtschaftliche Abnutzung der Gebäude[13]
		4663 Reisekosten Arbeitnehmer Fahrtkosten			4842 Absetzung für außergewöhnliche technische und wirtschaftliche Abnutzung des Kfz[13]
		4664 Reisekosten Arbeitnehmer Verpflegungsmehraufwand			
		4666 Reisekosten Arbeitnehmer Übernachtungsaufwand			4843 Absetzung für außergewöhnliche technische und wirtschaftliche Abnutzung sonstiger Wirtschaftsgüter[13]
	R 4667				
		4668 Kilometergelderstattung Arbeitnehmer			4850 Abschreibungen auf Sachanlagen auf Grund steuerlicher Sondervorschriften
	G K	4670 Reisekosten Unternehmer			4851 Sonderabschreibungen nach § 7g Abs. 1 und 2 EStG (ohne Kfz)[13]
		4672 Reisekosten Unternehmer (nicht abziehbarer Anteil)			
		4673 Reisekosten Unternehmer Fahrtkosten			4852 Sonderabschreibungen nach § 7g Abs. 1 und 2 EStG (für Kfz)[13]
		4674 Reisekosten Unternehmer Verpflegungsmehraufwand			4855 Sofortabschreibung geringwertiger Wirtschaftsgüter
	R 4675				
		4676 Reisekosten Unternehmer Übernachtungsaufwand			4860 Abschreibungen auf aktivierte, geringwertige Wirtschaftsgüter
	R 4677				4865 Außerplanmäßige Abschreibungen auf aktivierte, geringwertige Wirtschaftsgüter
		4678 Fahrten zwischen Wohnung und Arbeitsstätte (abziehbarer Anteil)[13]			
	G	4679 Fahrten zwischen Wohnung und Arbeitsstätte (nicht abziehbarer Anteil)[13]	Abschreibungen auf Finanzanlagen und auf Wertpapiere des Umlaufvermögens		4870 Abschreibungen auf Finanzanlagen
		4680 Fahrten zwischen Wohnung und Arbeitsstätte (Haben)[13]		G K	4871 Abschreibungen auf Finanzanlagen 100 % / 50 % nicht abzugsfähig (inländische Kap. Ges.)[9]
	R 4685				
		4700 Kosten der Warenabgabe		G K	4872 Abschreibungen auf Grund von Verlustanteilen an Mitunternehmerschaften § 8 GewStG
		4710 Verpackungsmaterial			
		4730 Ausgangsfrachten		G K	4873 Abschreibungen auf Finanzanlagen auf Grund steuerlicher Sondervorschriften 100 % / 50 % nicht abzugsfähig (inländische Kap. Ges.)[9]
		4750 Transportversicherungen			
		4760 Verkaufsprovisionen			
		4780 Fremdarbeiten (Vertrieb)			
		4790 Aufwand für Gewährleistungen			4874 Abschreibungen auf Finanzanlagen auf Grund steuerlicher Sondervorschriften
		4800 Reparaturen und Instandhaltung von technischen Anlagen und Maschinen			4875 Abschreibungen auf Wertpapiere des Umlaufvermögens
		4805 Reparaturen und Instandhaltung von anderen Anlagen und Betriebs- und Geschäftsausstattung		G K	4876 Abschreibungen auf Wertpapiere des Umlaufvermögens 100 %/ 50 % nicht abzugsfähig (inländische Kap. Ges.)[9]
		4806 Wartungskosten für Hard- und Software			
		4809 Sonstige Reparaturen und Instandhaltungen			4879 Vorwegnahme künftiger Wertschwankungen bei Wertpapieren des Umlaufvermögens
		4810 Mietleasing			
	G K	4814 Gewerbesteuerlich zu berücksichtigendes Mietleasing § 8 GewStG[5]			

GuV-Posten[2]	Programm-verbindung[4]	4 Betriebliche Aufwendungen	GuV-Posten[2]	Programm-verbindung[4]	4 Betriebliche Aufwendungen
Abschreibungen auf Vermögensgegenstände des Umlaufvermögens, soweit diese die in der Kapitalgesellschaft üblichen Abschreibungen überschreiten		4880 Abschreibungen auf Umlaufvermögen ohne Wertpapiere (soweit unübliche Höhe) 4882 Abschreibungen auf Umlaufvermögen, steuerrechtlich bedingt (soweit unübliche Höhe)			**Kalkulatorische Kosten** 4990 Kalkulatorischer Unternehmerlohn 4991 Kalkulatorische Miete und Pacht 4992 Kalkulatorische Zinsen 4993 Kalkulatorische Abschreibungen 4994 Kalkulatorische Wagnisse 4995 Kalkulatorischer Lohn für unentgeltliche Mitarbeiter
Sonstige betriebliche Aufwendungen		4885 Vorwegnahme künftiger Wertschwankungen im Umlaufvermögen außer Vorräte und Wertpapiere des Umlaufvermögens 4886 Abschreibungen auf Umlaufvermögen außer Vorräte und Wertpapiere (soweit übliche Höhe) 4887 Abschreibungen auf Umlaufvermögen, steuerrechtlich bedingt (soweit übliche Höhe)	Sonstige betriebliche Aufwendungen		**Kosten bei Anwendung des Umsatzkostenverfahrens** 4996 Herstellungskosten 4997 Verwaltungskosten 4998 Vertriebskosten 4999 Gegenkonto 4996-4998
Abschreibungen auf Vermögensgegenstände des Umlaufvermögens, soweit diese die in der Kapitalgesellschaft üblichen Abschreibungen überschreiten		4890 Vorwegnahme künftiger Wertschwankungen im Umlaufvermögen (soweit unübliche Höhe)			
Sonstige betriebliche Aufwendungen		4900 Sonstige betriebliche Aufwendungen 4905 Sonstige Aufwendungen betrieblich und regelmäßig	GuV-Posten[2]	Programm-verbindung[4]	5
		4909 Fremdleistungen/Fremdarbeiten 4910 Porto 4920 Telefon 4925 Telefax und Internetkosten 4930 Bürobedarf 4940 Zeitschriften, Bücher 4945 Fortbildungskosten 4946 Freiwillige Sozialleistungen	Sonstige betriebliche Aufwendungen	**5000 -5999**	
	G	4948 Vergütungen an Mitunternehmer § 15 EStG			
	G	4949 Haftungsvergütung an Mitunternehmer § 15 EStG			
		4950 Rechts- und Beratungskosten 4955 Buchführungskosten 4957 Abschluss- und Prüfungskosten 4960 Mieten für Einrichtungen 4965 Mietleasing			
	G K	4966 Gewerbesteuerlich zu berücksichtigendes Mietleasing § 8 GewStG[5]			
	G K	4968 Gewerbesteuerlich zu berücksichtigende Miete für Einrichtungen § 8 GewStG[5]	GuV-Posten[2]	Programm-verbindung[4]	6
		4969 Aufwendungen für Abraum- und Abfallbeseitigung 4970 Nebenkosten des Geldverkehrs	Sonstige betriebliche Aufwendungen	**6000 -6999**	
	G K	4975 Aufwendungen aus Anteilen an Kapitalgesellschaften 100 %/ 50 % nicht abzugsfähig (inländische Kap.Ges.)[9][16]			
	G	4976 Aufwendungen aus der Veräußerung von Anteilen an Kapitalgesellschaften 100 %/50 % nicht abzugsfähig (inländische Kap. Ges.)[9] 4980 Betriebsbedarf 4985 Werkzeuge und Kleingeräte			

SKR 03

Bilanz-Posten[2]	Pro-gramm-verbin-dung[4]	7 Bestände an Erzeugnissen	GuV-Posten[2]	Pro-gramm-verbin-dung[4]	8 Erlöskonten

KU 7000-7999

M 8000-8612
KU 8613-8614
M 8615-8904
KU 8905-8906
M 8907-8917
KU 8918-8919
M 8920-8923
KU 8924
M 8925-8928
KU 8929
M 8930-8938
KU 8939
M 8940-8948
KU 8949-8999

Unfertige Erzeugnisse, unfertige Leistungen

7000 Unfertige Erzeugnisse, unfertige Leistungen (Bestand)
7050 Unfertige Erzeugnisse (Bestand)
7080 Unfertige Leistungen (Bestand)

In Ausführung befindliche Bauaufträge

7090 In Ausführung befindliche Bauaufträge

In Arbeit befindliche Aufträge

7095 In Arbeit befindliche Aufträge

Umsatzerlöse

Fertige Erzeugnisse und Waren

7100 Fertige Erzeugnisse und Waren (Bestand)
7110 Fertige Erzeugnisse (Bestand)
7140 Waren (Bestand)

Umsatzerlöse

	8000 (Zur freien Verfügung)
	-99
U	AM 8100 Steuerfreie Umsätze § 4 Nr. 8 ff. UStG
U	AM 8105 Steuerfreie Umsätze nach § 4 Nr. 12 UStG (Vermietung und Verpachtung)[1]
U	AM 8110 Sonstige steuerfreie Umsätze Inland
U	AM 8120 Steuerfreie Umsätze § 4 Nr. 1a UStG[18]
U	AM 8125 Steuerfreie innergemeinschaftliche Lieferungen § 4 Nr. 1b UStG
	R 8128
U	AM 8130 Lieferungen des ersten Abnehmers bei innergemeinschaftlichen Dreiecksgeschäften § 25 b Abs. 2 UStG
U	AM 8135 Steuerfreie innergemeinschaftliche Lieferungen von Neufahrzeugen an Abnehmer ohne Umsatzsteuer-Identifikationsnummer
U	AM 8140 Steuerfreie Umsätze Offshore usw.[18]
U	AM 8150 Sonstige steuerfreie Umsätze (z. B. § 4 Nr. 2-7 UStG)
U	AM 8160 Steuerfreie Umsätze ohne Vorsteuerabzug zum Gesamtumsatz gehörend[1]
	8190 Erlöse, die mit den Durchschnittssätzen des § 24 UStG versteuert werden[13]
	R 8192
	-93
	8195 Erlöse als Kleinunternehmer i. S. d. § 19 Abs. 1 UStG[13]
U	AM 8196 Erlöse aus Geldspielautomaten 19 % USt[8]
U	AM 8197 Erlöse aus Geldspielautomaten 16 % USt[1]
	R 8198
	8200 Erlöse
U	AM 8300 Erlöse 7 % USt
	-09
U	AM 8310 Erlöse aus im Inland steuerpflichtigen EG-Lieferungen 7 % USt
	-14
U	AM 8315 Erlöse aus im Inland steuerpflichtigen EG-Lieferungen 19 % USt[8]
	-19
	8320 Erlöse aus im anderen EG-Land steuerpflichtigen Lieferungen[3]
	-29

SKR 03

SKR 03

GuV-Posten[2)	Programm-verbindung[4)	8 Erlöskonten
Umsatzerlöse	U	AM 8330 Erlöse aus im Inland steuerpflichtigen EG-Lieferungen 16 % USt[1)
		R 8331
		-36
	U	AM 8337 Erlöse aus Leistungen, für die der Leistungsempfänger die Umsatzsteuer nach § 13b UStG schuldet
	U	AM 8338 Erlöse aus im Drittland steuerbaren Leistungen, im Inland nicht steuerbare Umsätze
	U	AM 8339 Erlöse aus im anderen EG-Land steuerbaren Leistungen, im Inland nicht steuerbare Umsätze
	U	AM 8340 Erlöse 16 % USt[1)
		-49
	U	AM 8400 Erlöse 19 % USt[8)
		-09
	U	AM 8410 Erlöse 19 % USt
		R 8411
		-49
		R 8507
		R 8509
		8510 Provisionsumsätze
		R 8511
		-13
	U	AM 8514 Provisionsumsätze, steuerfrei § 4 Nr. 8 ff UStG
	U	AM 8515 Provisionsumsätze, steuerfrei § 4 Nr. 5 UStG
	U	AM 8516 Provisionsumsätze 7 % USt
		R 8517
	U	AM 8518 Provisionsumsätze 16 % USt[1)
	U	AM 8519 Provisionsumsätze 19 % USt[8)
		8520 Erlöse Abfallverwertung
		8540 Erlöse Leergut
Sonstige betriebliche Erträge		8570 Provision, sonstige Erträge
		R 8571
		-73
	U	AM 8574 Provision, sonstige Erträge steuerfrei § 4 Nr. 8 ff UStG
	U	AM 8575 Provision, sonstige Erträge steuerfrei § 4 Nr. 5 UStG
	U	AM 8576 Provision, sonstige Erträge 7 % USt
		R 8577
	U	AM 8578 Provision, sonstige Erträge 16 % USt[1)
	U	AM 8579 Provision, sonstige Erträge 19 % USt[8)
Umsatzerlöse		**Statistische Konten EÜR[15)**
		8580 Statistisches Konto Erlöse zum allgemeinen Umsatzsteuersatz (EÜR)[13)15)
		8581 Statistisches Konto Erlöse zum ermäßigten Umsatzsteuersatz (EÜR)[13)15)
		8582 Statistisches Konto Erlöse steuerfrei und nicht steuerbar (EÜR)[13)15)
		8589 Gegenkonto 8580-8582 bei Aufteilung der Erlöse nach Steuersätzen (EÜR)[13)

GuV-Posten[2)	Programm-verbindung[4)	8 Erlöskonten
Sonstige betriebliche Erträge		8590 Verrechnete sonstige Sachbezüge (keine Waren)
	U	AM 8591 Sachbezüge 7 % USt (Waren)
		R 8594
	U	AM 8595 Sachbezüge 19 % USt (Waren)[8)
	U	AM 8596 Sachbezüge 16 % USt (Waren)[1)
		R 8597
		8600 Sonstige Erlöse betrieblich und regelmäßig
		8605 Sonstige Erträge betrieblich und regelmäßig[1)
	U	AM 8609 Sonstige Erlöse betrieblich und regelmäßig, steuerfrei § 4 Nr. 8 ff UStG
		8610 Verrechnete sonstige Sachbezüge
	U	AM 8611 Verrechnete sonstige Sachbezüge 19 % USt (z. B. Kfz-Gestellung)[8)
	U	AM 8612 Verrechnete sonstige Sachbezüge 16 % USt (z. B. Kfz-Gestellung)[1)
		R 8613
		8614 Verrechnete sonstige Sachbezüge ohne Umsatzsteuer
	U	AM 8625 Sonstige Erlöse betrieblich und regelmäßig, steuerfrei z. B. § 4 Nr. 2-7 UStG
		-29
	U	AM 8630 Sonstige Erlöse betrieblich und regelmäßig 7 % USt
		-34
		R 8635
		-39
	U	AM 8640 Sonstige Erlöse betrieblich und regelmäßig 19 % USt[8)
		-44
		R 8645
		-47
	U	AM 8648 Sonstige Erlöse betrieblich und regelmäßig 16 % USt[1)
		-49
Sonstige Zinsen und ähnliche Erträge		8650 Erlöse Zinsen und Diskontspesen
		8660 Erlöse Zinsen und Diskontspesen aus verbundenen Unternehmen
Umsatzerlöse		8700 Erlösschmälerungen
	U	AM 8705 Erlösschmälerungen aus steuerfreien Umsätzen § 4 Nr. 1a UStG[18)
	U	AM 8710 Erlösschmälerungen 7 % USt
		-11
		R 8712
		-19
	U	AM 8720 Erlösschmälerungen 19 % USt[8)
		-21
		R 8722
	U	AM 8723 Erlösschmälerungen 16 % USt[1)
	U	AM 8724 Erlösschmälerungen aus steuerfreien innergemeinschaftlichen Lieferungen
	U	AM 8725 Erlösschmälerungen aus im Inland steuerpflichtigen EG-Lieferungen 7 % USt
	U	AM 8726 Erlösschmälerungen aus im Inland steuerpflichtigen EG-Lieferungen 19 % USt[8)
		8727 Erlösschmälerungen aus im anderen EG-Land steuerpflichtigen Lieferungen[3)
		R 8728
	U	AM 8729 Erlösschmälerungen aus im Inland steuerpflichtigen EG-Lieferungen 16 % USt[1)
		S 8730 Gewährte Skonti
	U	S/AM 8731 Gewährte Skonti 7 % USt
		R 8732
		-34
	U	S/AM 8735 Gewährte Skonti 16 % USt
	U	S/AM 8736 Gewährte Skonti 19 % USt[1)
		R 8737
		-38

SKR 03

GuV-Posten[2]	Programmverbindung[4]	8 Erlöskonten	GuV-Posten[2]	Programmverbindung[4]	8 Erlöskonten
Umsatzerlöse	U	S/AM 8741 Gewährte Skonti aus Leistungen, für die der Leistungsempfänger die Umsatzsteuer nach § 13b UStG schuldet	Sonstige betriebliche Erträge	U	AM 8820 Erlöse aus Verkäufen Sachanlagevermögen 19 % USt (bei Buchgewinn)[8]
		R 8742			-25
	U	S/AM 8743 Gewährte Skonti aus steuerfreien innergemeinschaftlichen Lieferungen § 4 Nr. 1b UStG		U	AM 8826 Erlöse aus Verkäufen Sachanlagevermögen 16 % USt (bei Buchgewinn)[1]
		R 8744			
		S 8745 Gewährte Skonti aus im Inland steuerpflichtigen EG-Lieferungen		U	AM 8827 Erlöse aus Verkäufen Sachanlagevermögen steuerfrei § 4 Nr. 1a UStG (bei Buchgewinn)[18]
	U	S/AM 8746 Gewährte Skonti aus im Inland steuerpflichtigen EG-Lieferungen 7 % USt		U	AM 8828 Erlöse aus Verkäufen Sachanlagevermögen steuerfrei § 4 Nr. 1b UStG (bei Buchgewinn)
		R 8747			8829 Erlöse aus Verkäufen Sachanlagevermögen (bei Buchgewinn)
	U	S/AM 8748 Gewährte Skonti aus im Inland steuerpflichtigen EG-Lieferungen 19 % USt[1]			R 8830
					-36
	U	S/AM 8749 Gewährte Skonti aus im Inland steuerpflichtigen EG-Lieferungen 16 % USt			8837 Erlöse aus Verkäufen immaterieller Vermögensgegenstände (bei Buchgewinn)
	U	AM 8750 Gewährte Boni 7 % USt			8838 Erlöse aus Verkäufen Finanzanlagen (bei Buchgewinn)
		-51			
		R 8752		G K	8839 Erlöse aus Verkäufen Finanzanlagen 100 %/50 % steuerfrei (inländische Kap. Ges.) (bei Buchgewinn)[9]
		-59			
	U	AM 8760 Gewährte Boni 19 % USt[8]		U	AM 8850 Erlöse aus Verkäufen von Wirtschaftsgütern des Umlaufvermögens 19 % USt für § 4 Abs. 3 Satz 4 EStG[1][13]
		-61			
		R 8762			
		-63			
	U	AM 8764 Gewährte Boni 16 % USt[1]		U	AM 8851 Erlöse aus Verkäufen von Wirtschaftsgütern des Umlaufvermögens, umsatzsteuerfrei § 4 Nr. 8 ff UStG i. V. m. § 4 Abs. 3 Satz 4 EStG[1][13]
		-65			
		R 8766			
		-68			
		8769 Gewährte Boni		U G K	AM 8852 Erlöse aus Verkäufen von Wirtschaftsgütern des Umlaufvermögens, umsatzsteuerfrei § 4 Nr. 8 ff UStG i. V. m. § 4 Abs. 3 Satz 4 EStG, 100 %/50 % steuerfrei (inländische Kap.Ges.)[1][9][13]
		8770 Gewährte Rabatte			
	U	AM 8780 Gewährte Rabatte 7 % USt			
		-81			
		R 8782			
		-89			8853 Erlöse aus Verkäufen von Wirtschaftsgütern des Umlaufvermögens nach § 4 Abs. 3 Satz 4 EStG[1][13]
	U	AM 8790 Gewährte Rabatte 19 % USt[8]			
		-91			
		R 8792			
		-93			
	U	AM 8794 Gewährte Rabatte 16 % USt[1]	Umsatzerlöse		8900 Unentgeltliche Wertabgaben
		-95			8905 Entnahme von Gegenständen ohne USt
		R 8796			8906 Verwendung von Gegenständen für Zwecke außerhalb des Unternehmens ohne USt
		-99	Sonstige betriebliche Erträge		
Sonstige betriebliche Aufwendungen		8800 Erlöse aus Verkäufen Sachanlagevermögen (bei Buchverlust)			R 8908
					-09
	U	AM 8801 Erlöse aus Verkäufen Sachanlagevermögen 19 % USt (bei Buchverlust)[8]	Umsatzerlöse	U	AM 8910 Entnahme durch den Unternehmer für Zwecke außerhalb des Unternehmens (Waren) 19 % USt[8]
		-06			-13
	U	AM 8807 Erlöse aus Verkäufen Sachanlagevermögen steuerfrei § 4 Nr. 1a UStG (bei Buchverlust)[18]		U	AM 8914 Entnahme durch den Unternehmer für Zwecke außerhalb des Unternehmens (Waren) 16 % USt[1]
	U	AM 8808 Erlöse aus Verkäufen Sachanlagevermögen steuerfrei § 4 Nr. 1b UStG (bei Buchverlust)			
	U	AM 8809 Erlöse aus Verkäufen Sachanlagevermögen 16 % USt (bei Buchverlust)		U	AM 8915 Entnahme durch den Unternehmer für Zwecke außerhalb des Unternehmens (Waren) 7 % USt
		R 8810			-17
		-16			8918 Verwendung von Gegenständen für Zwecke außerhalb des Unternehmens ohne USt (Telefon-Nutzung)
		8817 Erlöse aus Verkäufen immaterieller Vermögensgegenstände (bei Buchverlust)			
		8818 Erlöse aus Verkäufen Finanzanlagen (bei Buchverlust)			8919 Entnahme durch den Unternehmer für Zwecke außerhalb des Unternehmens (Waren) ohne USt
	G K	8819 Erlöse aus Verkäufen Finanzanlagen 100 %/50 % nicht abzugsfähig (inländische Kap. Ges.) (bei Buchverlust)[9]			

GuV-Posten[2)	Pro-gramm-verbin-dung[4)	8 Erlöskonten	GuV-Posten[2)	Pro-gramm-verbin-dung[4)	8 Erlöskonten
Sonstige betriebliche Erträge	U	AM 8920 Verwendung von Gegenständen für Zwecke außerhalb des Unternehmens 19 % USt[8)	Erhöhung des Bestands in Arbeit befindlicher Aufträge oder *Verminderung des Bestands in Arbeit befindlicher Aufträge*		**8977 Bestandsveränderungen – in Arbeit befindliche Aufträge**
	U	AM 8921 Verwendung von Gegenständen für Zwecke außerhalb des Unternehmens 19 % USt (Kfz-Nutzung)[8)			
	U	AM 8922 Verwendung von Gegenständen für Zwecke außerhalb des Unternehmens 19 % USt (Telefon-Nutzung)[8)	Erhöhung des Bestands an fertigen und unfertigen Erzeugnissen oder *Verminderung des Bestands an fertigen und unfertigen Erzeugnissen*		**8980 Bestandsveränderungen – fertige Erzeugnisse**
	U	AM 8923 Verwendung von Gegenständen für Zwecke außerhalb des Unternehmens 16 % USt[1)			
		8924 Verwendung von Gegenständen für Zwecke außerhalb des Unternehmens ohne USt (Kfz-Nutzung)			
	U	AM 8925 Unentgeltliche Erbringung einer -27 sonstigen Leistung 19 % USt[8)			
	U	AM 8928 Unentgeltliche Erbringung einer sonstigen Leistung 16 % USt[1)			
		8929 Unentgeltliche Erbringung einer sonstigen Leistung ohne USt	Andere aktivierte Eigenleistungen		**8990 Andere aktivierte Eigenleistungen**
	U	AM 8930 Verwendung von Gegenständen -31 für Zwecke außerhalb des Unternehmens 7 % USt			
	U	AM 8932 Unentgeltliche Erbringung einer -33 sonstigen Leistung 7 % USt			
	U	AM 8934 Verwendung von Gegenständen für Zwecke außerhalb des Unternehmens 16 % USt (Kfz-Nutzung)[1)			
	U	AM 8935 Unentgeltliche Zuwendung von -37 Gegenständen 19 % USt[8)			
	U	AM 8938 Unentgeltliche Zuwendung von Gegenständen 16 % USt[1)			
		8939 Unentgeltliche Zuwendung von Gegenständen ohne USt			
Umsatzerlöse	U	AM 8940 Unentgeltliche Zuwendung von -43 Waren 19 % USt[8)			
	U	AM 8944 Unentgeltliche Zuwendung von Waren 16 % USt[1)			
	U	AM 8945 Unentgeltliche Zuwendung von -47 Waren 7 % USt			
Sonstige betriebliche Erträge	U	AM 8948 Verwendung von Gegenständen für Zwecke außerhalb des Unternehmens 16 % USt (Telefon-Nutzung)[1)			
Umsatzerlöse		8949 Unentgeltliche Zuwendung von Waren ohne USt			
		8950 Nicht steuerbare Umsätze (Innenumsätze)			
		8955 Umsatzsteuervergütungen			
Erhöhung des Bestands an fertigen und unfertigen Erzeugnissen oder *Verminderung des Bestands an fertigen und unfertigen Erzeugnissen*		**8960 Bestandsveränderungen – unfertige Erzeugnisse** **8970 Bestandsveränderungen – unfertige Leistungen**			
Erhöhung des Bestands in Ausführung befindlicher Bauaufträge oder *Verminderung des Bestands in Ausführung befindlicher Bauaufträge*		**8975 Bestandsveränderungen – in Ausführung befindliche Bauaufträge)**			

SKR 03

SKR 03

Bilanz-Posten[2]	Pro-gramm-verbin-dung[4]	9 Vortrags-, Kapital- und statistische Konten

KU   9000-9999

Vortragskonten

S 9000 Saldenvorträge, Sachkonten
F 9001 Saldenvorträge, Sachkonten
  -07
S 9008 Saldenvorträge, Debitoren
S 9009 Saldenvorträge, Kreditoren

F 9060 Offene Posten aus 1990
F 9069 Offene Posten aus 1999
F 9070 Offene Posten aus 2000
F 9071 Offene Posten aus 2001
F 9072 Offene Posten aus 2002
F 9073 Offene Posten aus 2003
F 9074 Offene Posten aus 2004
F 9075 Offene Posten aus 2005
F 9076 Offene Posten aus 2006

F 9077 Offene Posten aus 2007[1]

F 9090 Summenvortragskonto
F 9091 Offene Posten aus 1991
F 9092 Offene Posten aus 1992
F 9093 Offene Posten aus 1993
F 9094 Offene Posten aus 1994
F 9095 Offene Posten aus 1995
F 9096 Offene Posten aus 1996
F 9097 Offene Posten aus 1997
F 9098 Offene Posten aus 1998

Statistische Konten für Betriebswirtschaftliche Auswertungen (BWA)

F 9101 Verkaufstage
F 9102 Anzahl der Barkunden
F 9103 Beschäftigte Personen
F 9104 Unbezahlte Personen
F 9105 Verkaufskräfte
F 9106 Geschäftsraum m²
F 9107 Verkaufsraum m²
F 9116 Anzahl Rechnungen
F 9117 Anzahl Kreditkunden monatlich
F 9118 Anzahl Kreditkunden aufgelaufen
9120 Erweiterungsinvestitionen
F 9130 7)
  -31
9135 Auftragseingang im Geschäftsjahr
9140 Auftragsbestand
F 9190 Gegenkonto für statistische Men-
  geneinheiten Konten 9101-9107
  und Konten 9116-9118
9199 Gegenkonto zu Konten 9120,
  9135-9140

Statistische Konten für den Kennziffernteil der Bilanz

F 9200 Beschäftigte Personen
F 9201 7)
  -08
F 9209 Gegenkonto zu 9200
9210 Produktive Löhne
9219 Gegenkonto zu 9210

Statistische Konten zur informativen Angabe des gezeichneten Kapitals in anderer Währung

| Gezeichnetes Kapital in DM | | F 9220 Gezeichnetes Kapital in DM (Art. 42 Abs. 3 S. 1 EGHGB) |
| Gezeichnetes Kapital in Euro | | F 9221 Gezeichnetes Kapital in Euro (Art. 42 Abs. 3 S. 2 EGHGB) |

F 9229 Gegenkonto zu 9220-9221

Bilanz-Posten[2]	Pro-gramm-verbin-dung[4]	9 Vortrags-, Kapital- und statistische Konten

Passive Rechnungsabgrenzung

9230 Baukostenzuschüsse
9232 Investitionszulagen
9234 Investitionszuschüsse
9239 Gegenkonto zu Konten 9230-9238

9240 Investitionsverbindlichkeiten bei
  den Leistungsverbindlichkeiten
9241 Investitionsverbindlichkeiten aus
  Sachanlagenkäufen bei Leistungs-
  verbindlichkeiten
9242 Investitionsverbindlichkeiten aus
  Käufen von immateriellen Vermö-
  gensgegenständen bei Leistungs-
  verbindlichkeiten
9243 Investitionsverbindlichkeiten aus
  Käufen von Finanzanlagen bei
  Leistungsverbindlichkeiten
9244 Gegenkonto zu Konten 9240-9243
9245 Forderungen aus Sachanlagen-
  verkäufen bei sonstigen Vermö-
  gensgegenständen
9246 Forderungen aus Verkäufen im-
  materieller Vermögensgegenstän-
  de bei sonstigen Vermögens-
  gegenständen
9247 Forderungen aus Verkäufen von
  Finanzanlagen bei sonstigen Ver-
  mögensgegenständen
9249 Gegenkonto zu Konten 9245-9247

Eigenkapitalersetzende Gesellschafterdarlehen
9250 Eigenkapitalersetzende
  Gesellschafterdarlehen
9255 Ungesicherte Gesellschafter-
  darlehen mit Restlaufzeit größer
  5 Jahre
9259 Gegenkonto zu 9250 und 9255

Aufgliederung der Rück-stellungen
9260 Kurzfristige Rückstellungen

9262 Mittelfristige Rückstellungen
9264 Langfristige Rückstellungen,
  außer Pensionen
9269 Gegenkonto zu Konten 9260-9268

Statistische Konten für in der Bilanz auszuweisende Haftungs-verhältnisse
9270 Gegenkonto zu 9271-9279
  (Soll-Buchung)
9271 Verbindlichkeiten aus der
  Begebung und Übertragung von
  Wechseln
9272 Verbindlichkeiten aus der
  Begebung und Übertragung von
  Wechseln gegenüber verbunde-
  nen Unternehmen
9273 Verbindlichkeiten aus Bürgschaf-
  ten, Wechsel- und Scheckbürg-
  schaften
9274 Verbindlichkeiten aus Bürgschaf-
  ten, Wechsel- und Scheckbürg-
  schaften gegenüber verbundenen
  Unternehmen
9275 Verbindlichkeiten aus Gewährleis-
  tungsverträgen
9276 Verbindlichkeiten aus Gewährleis-
  tungsverträgen gegenüber ver-
  bundenen Unternehmen
9277 Haftung aus der Bestellung von
  Sicherheiten für fremde
  Verbindlichkeiten
9278 Haftung aus der Bestellung von
  Sicherheiten für fremde Verbind-
  lichkeiten gegenüber verbundenen
  Unternehmen
9279 Verpflichtungen aus Treuhand-
  vermögen

Bilanz-Posten[2]	Pro-gramm-verbin-dung[4]	9 Vortrags-, Kapital- und statistische Konten	Bilanz-Posten[2]	Pro-gramm-verbin-dung[4]	9 Vortrags-, Kapital- und statistische Konten
		Statistische Konten für die im Anhang anzugebenden sonstigen finanziellen Verpflichtungen			**Statistische Konten für die Kapitalkontenentwicklung**
		9280 Gegenkonto zu 9281-9284			9500 Anteil für Konto 0900-09
		9281 Verpflichtungen aus Miet- und Leasingverträgen			-09 Teilhafter
					9510 Anteil für Konto 0910-19
		9282 Verpflichtungen aus Miet- und Leasingverträgen gegenüber verbundenen Unternehmen			-19 Teilhafter
					9520 Anteil für Konto 0920-29
					-29 Teilhafter[12]
		9283 Andere Verpflichtungen gem. § 285 Nr. 3 HGB			9530 Anteil für Konto 0830-39/
					-39 9950-59 Teilhafter
		9284 Andere Verpflichtungen gem. § 285 Nr. 3 HGB gegenüber verbundenen Unternehmen			9540 Anteil für Konto 0810-19/
					-49 9930-39 Vollhafter
					9550 Anteil für Konto 9810-19
		Statistische Konten für § 4 Abs. 3 EStG			-59 Vollhafter
					9560 Anteil für Konto 9820-29
		9287 Zinsen bei Buchungen über Debitoren bei § 4 Abs. 3 EStG[1)13]			-69 Vollhafter
					9570 Anteil für Konto 0870-79
		9288 Mahngebühren bei Buchungen über Debitoren bei § 4 Abs. 3 EStG[1)13]			-79 Vollhafter
					9580 Anteil für Konto 0880-89
					-89 Vollhafter
		9289 Gegenkonto zu 9287 und 9288[1)13]			9590 Anteil für Konto 0890-99
					-99 Vollhafter[12]
		9290 Statistisches Konto steuerfreie Auslagen			9600 Name des Gesellschafters
					-09 Vollhafter
		9291 Gegenkonto zu 9290			9610 Tätigkeitsvergütung
		9292 Statistisches Konto Fremdgeld			-19 Vollhafter
		9293 Gegenkonto zu 9292			9620 Tantieme
Einlagen stiller Gesellschafter	G K	9295 Einlagen stiller Gesellschafter			-29 Vollhafter
					9630 Darlehensverzinsung
					-39 Vollhafter
					9640 Gebrauchsüberlassung
					-49 Vollhafter
Steuerrechtlicher Ausgleichsposten		9297 Steuerrechtlicher Ausgleichsposten			9650 Sonstige Vergütungen
					-89 Vollhafter
					9690 Restanteil
					-99 Vollhafter
		F 9300 [7]			9700 Name des Gesellschafters
		-20			-09 Teilhafter
		F 9326 [7]			9710 Tätigkeitsvergütung
		-43			-19 Teilhafter
		F 9346 [7]			9720 Tantieme
		-49			-29 Teilhafter
		F 9357 [7]			9730 Darlehensverzinsung
		-60			-39 Teilhafter
		F 9365 [7]			9740 Gebrauchsüberlassung
		-67			-49 Teilhafter
		F 9371 [7]			9750 Sonstige Vergütungen
		-72			-79 Teilhafter
		F 9399 [7]			9780 Anteil für Konto 9840-49
					-89 Teilhafter
					9790 Restanteil
		Privat Teilhafter (für Verrechnung Gesellschafterdarlehen mit Eigenkapitalcharakter - Konto 9840-9849)			-99 Teilhafter
					9800 Lösch- und Korrekturschlüssel
					9801 Lösch- und Korrekturschlüssel
		9400 Privatentnahmen allgemein			**Kapital Personenhandelsgesellschaft Vollhafter**
		-09			9810 Gesellschafter Darlehen
		9410 Privatsteuern			-19
		-19			9820 Verlust-/Vortragskonto
		9420 Sonderausgaben beschränkt			-29
		-29 abzugsfähig			9830 Verrechnungskonto für Einzah-
		9430 Sonderausgaben unbeschränkt			-39 lungsverpflichtungen
		-39 abzugsfähig			
		9440 Zuwendungen, Spenden			**Kapital Personenhandelsgesellschaft Teilhafter**
		-49			9840 Gesellschafter-Darlehen
		9450 Außergewöhnliche Belastungen			-49
		-59			9850 Verrechnungskonto für Einzah-
		9460 Grundstücksaufwand			-59 lungsverpflichtungen
		-69			
		9470 Grundstücksertrag			**Einzahlungsverpflichtungen im Bereich der Forderungen**
		-79			9860 Einzahlungsverpflichtungen per-
		9480 Unentgeltliche Wertabgaben			-69 sönlich haftender Gesellschafter
		-89			9870 Einzahlungsverpflichtungen
		9490 Privateinlagen			-79 Kommanditisten
		-99			

Bilanz-Posten[2]	Programm-verbin-dung[4]	9 Vortrags-, Kapital- und statistische Konten	Bilanz-Posten[2]	Programm-verbin-dung[4]	9 Vortrags-, Kapital- und statistische Konten
		Ausgleichsposten für aktivierte eigene Anteile und Bilanzie- rungshilfen			**Ausstehende Einlagen**
		9880 Ausgleichsposten für aktivierte eigene Anteile			9920 Ausstehende Einlagen auf das -29 Komplementär-Kapital, nicht ein- gefordert
		9882 Ausgleichsposten für aktivierte Bilanzierungshilfen			9930 Ausstehende Einlagen auf das -39 Komplementär-Kapital, eingefordert
		Nicht durch Vermögenseinlagen gedeckte Entnahmen			9940 Ausstehende Einlagen auf das -49 Kommandit-Kapital, nicht einge- fordert
		9883 Nicht durch Vermögenseinlagen gedeckte Entnahmen persönlich haftender Gesellschafter			9950 Ausstehende Einlagen auf das -59 Kommandit-Kapital, eingefordert
		9884 Nicht durch Vermögenseinlagen gedeckte Entnahmen Kommandi- tisten	Sollsalden: Forderungen aus Lieferungen und Leistungen		**Personenkonten** 10000 -69999 Debitoren
		Verrechnungskonto für nicht durch Vermögenseinlagen gedeckte Entnahmen	*Habensalden: Sonstige Ver- bindlichkeiten*		
		9885 Verrechnungskonto für nicht durch Vermögenseinlagen gedeckte Entnahmen persönlich haftender Gesellschafter			
		9886 Verrechnungskonto für nicht durch Vermögenseinlagen gedeckte Entnahmen Kommanditisten	Habensalden: Verbindlichkei- ten aus Liefe- rungen und Leistungen		70000 -99999 Kreditoren
		Steueraufwand der Gesellschaf- ter			
		9887 Steueraufwand der Gesellschafter	*Sollsalden: Sonstige Ver- mögensgegen- stände*		
		9889 Gegenkonto zu 9887			
		Statistische Konten für Gewinn- zuschlag			
		9890 Statistisches Konto für den Gewinnzuschlag nach §§ 6b, 6c und 7g EStG (Haben-Buchung)			
	G K	9891 Statistisches Konto für den Gewinnzuschlag - Gegenkonto zu 9890			
		Vorsteuer-/Umsatzsteuerkonten zur Korrektur der Forderun- gen/Verbindlichkeiten (EÜR)			
		9893 Umsatzsteuer in den Forderungen zum allgemeinen Umsatzsteuersatz (EÜR)[13]			
		9894 Umsatzsteuer in den Forderungen zum ermäßigten Umsatzsteuersatz (EÜR)[13]			
		9895 Gegenkonto 9893-9894 für die Auf- teilung der Umsatzsteuer (EÜR)[13]			
		9896 Vorsteuer in den Verbindlichkeiten zum allgemeinen Umsatzsteuersatz (EÜR)[13]			
		9897 Vorsteuer in den Verbindlichkeiten zum ermäßigten Umsatzsteuersatz (EÜR)[13]			
		9899 Gegenkonto 9896-9897 für die Auf- teilung der Vorsteuer (EÜR)[13]			
		Statistische Konten zu § 4 (4a) EStG			
		9910 Gegenkonto zur Minderung der Entnahmen § 4 (4a) EStG[8]			
		9911 Minderung der Entnahmen § 4 (4a) EStG (Haben)[8]			
		9912 Erhöhung der Entnahmen § 4 (4a) EStG[1]			
		9913 Gegenkonto zur Erhöhung der Ent- nahmen § 4 (4a) EStG (Haben)[1]			
		Statistische Konten für Kinder- betreuungskosten			
	G	9918 Kinderbetreuungskosten (wie Betriebsausgaben steuerlich anzusetzender Betrag)[1]			
		9919 Gegenkonto zu 9918 (Haben)[1]			

Erläuterungen zu den Kontenfunktionen:

Zusatzfunktionen (über einer Kontenklasse):
KU Keine Errechnung der Umsatzsteuer möglich
V Zusatzfunktion „Vorsteuer"
M Zusatzfunktion „Umsatzsteuer"

Hauptfunktionen (vor einem Konto)
AV Automatische Errechnung der Vorsteuer
AM Automatische Errechnung der Umsatzsteuer
S Sammelkonten
F Konten mit allgemeiner Funktion
R Diese Konten dürfen erst dann bebucht werden, wenn ihnen eine andere Funktion zugeteilt wurde.

Hinweise zu den Konten sind durch Fußnoten gekennzeichnet:
1) Konto für das Buchungsjahr 2007 neu eingeführt
2) Bilanz- und GuV-Posten große Kapitalgesellschaft GuV-Gesamtkostenverfahren Tabelle S4003
3) Diese Konten können mit BU-Schlüssel 10 bebucht werden. Das EG-Land und der ausländische Steuersatz werden über das EG-Fenster eingegeben.
4) Kontenbezogene Kennzeichnung der Programmverbindung in Kanzlei-Rechnungswesen/Bilanz zu Umsatzsteuererklärung (U), Gewerbesteuer (G) und Körperschaftsteuer (K).
Da bei Erstellung des SKR-Formulars die Steuererklärungsformulare noch nicht vorlagen, können sich Abweichungen zwischen den in der Programmverbindung berücksichtigten Konten und den Programmverbindungskennzeichen ergeben.
5) Programmseitige Reduzierung des vollen Betrags auf die gewerbesteuerlich relevante Höhe
6) Die Konten 0930 Sonderposten mit Rücklageanteil, steuerfreie Rücklagen und 0940 Sonderposten mit Rücklageanteil, Sonderabschreibungen gelten als Hauptkonten für Sachverhalte, die in diesen Kontenbereichen nicht als spezieller Sachverhalt auf Einzelkonten dargestellt sind.
7) Diese Konten werden für die BWA-Formen 03, 10 und 70 mit statistischen Mengeneinheiten bebucht und wurden mit der Umrechnungssperre, Funktion 18000 belegt.
8) Kontenbeschriftung in 2007 geändert
9) An der Schnittstelle zu GewSt werden die Erträge zu 50 % als steuerfrei und die Aufwendungen zu 50 % als nicht abziehbar behandelt.
An der Schnittstelle zu KSt werden die Erträge zu 100 % als steuerfrei und die Aufwendungen zu 100 % als nicht abziehbar behandelt.
Siehe § 3 Nr. 40 EStG, § 3c EStG und § 8b KStG.
10) Diese Konten haben ab Buchungsjahr 2005 nicht mehr die Zusatzfunktion KU. Bitte verwenden Sie diese Konten nur noch in Verbindung mit einem Gegenkonto mit Geldkontenfunktion.
11) Das Konto wird ab Buchungsjahr 2004 nur noch für Auswertungen mit Vorjahresvergleich benötigt.
12) Die Konten haben in den Zuordnungstabellen (ZOT) S 5203 und S 0503 Eigenkapitalcharakter. In allen anderen ZOT für Personengesellschaften werden diese Konten im Fremdkapital ausgewiesen.
13) Das Konto wurde für die Gewinnermittlung nach § 4 Abs. 3 EStG eingeführt.
Nach § 60 Abs. 4 EStDV ist bei einer Gewinnermittlung nach § 4 Abs. 3 EStG der Steuererklärung ein amtlich vorgeschriebener Vordruck beizufügen, -Einnahmenüberschussrechnung - EÜR-".
14) Diese Konten empfehlen wir für die Einrichtung der Kontenfunktion für die automatische Umbuchung der abzugsfähigen Bewirtungskosten mit 7 % (Konto 4656) und 0 % (Konto 4657) Vorsteuerabzug.
15) Die Konten wurden zur Aufteilung nach Steuersätzen am Jahresende eingerichtet und sollten unterjährig nicht bebucht werden. Bitte beachten Sie die Buchungsregeln im Dok.-Nr. 1012932 der Informations-Datenbank.
16) Das Konto wird in KSt nur bei Organgesellschaften berücksichtigt.
17) Das Konto wird in Körperschaftsteuer ausschließlich in die Positionen „Eigen-/Nennkapital zum Schluss des vorangegangenen Wirtschaftsjahrs" übernommen.
18) Das Konto hat ab 2007 für die Programmverbindung zur Umsatzsteuer eine neue Funktion.

Bedeutung der Steuerschlüssel:
1 Umsatzsteuerfrei (mit Vorsteuerabzug)
2 Umsatzsteuer 7 %
3 Umsatzsteuer 19 %
4 gesperrt
5 Umsatzsteuer 16 %
6 gesperrt
7 Vorsteuer 16 %
8 Vorsteuer 7 %
9 Vorsteuer 19 %

Nachschlagewerke zu Buchungsfällen:

Bei Fragen zu besonderen Buchungssachverhalten im Bereich der Finanzbuchführung und Jahresabschluss bietet die DATEV folgende Nachschlagewerke an:

Buchungs-ABC (Art.-Nr. 10 013)
Buchungsregeln für den Jahresabschluss
(Art.-Nr. 36 020 oder Dok.-Nr. 0907735 auf der Informations-Datenbank)

Bedeutung der Berichtigungsschlüssel:
1 Steuerschlüssel bei Buchungen mit einem EG-Tatbestand ab Buchungsjahr 1993
2 Generalumkehr
3 Generalumkehr bei aufzuteilender Vorsteuer
4 Aufhebung der Automatik
5 Individueller Umsatzsteuer-Schlüssel
6 Generalumkehr bei Buchungen mit einem EG-Tatbestand ab Buchungsjahr 1993
7 Generalumkehr bei individuellem Umsatzsteuer-Schlüssel
8 Generalumkehr bei Aufhebung der Automatik
9 Aufzuteilende Vorsteuer

Bedeutung der Steuerschlüssel bei Buchungen mit einem EG-Tatbestand (6. und 7. Stelle des Gegenkontos):

Bedeutung der Generalumkehrschlüssel bei Buchungen mit einem EG-Tatbestand (6. und 7. Stelle des Gegenkontos):

10	nicht steuerbarer Umsatz in Deutschland (Steuerpflicht im anderen EG-Land)		60	nicht steuerbarer Umsatz in Deutschland (Steuerpflicht im anderen EG-Land)
11	Umsatzsteuerfrei (mit Vorsteuerabzug)		61	Umsatzsteuerfrei (mit Vorsteuerabzug)
12	Umsatzsteuer	7 %	62	Umsatzsteuer 7 %
13	Umsatzsteuer	19 %	63	Umsatzsteuer 19 %
15	Umsatzsteuer	16 %	65	Umsatzsteuer 16 %
17	Umsatzsteuer/ Vorsteuer	16 % 16 %	67	Umsatzsteuer/ Vorsteuer 16 % 16 %
18	Umsatzsteuer/ Vorsteuer	7 % 7 %	68	Umsatzsteuer/ Vorsteuer 7 % 7 %
19	Umsatzsteuer/ Vorsteuer	19 % 19 %	69	Umsatzsteuer/ Vorsteuer 19 % 19 %

Bedeutung der Steuerschlüssel 91/92/94/95 und 46 (6. und 7. Stelle des Gegenkontos)
Umsatzsteuerschlüssel für die Verbuchung von Umsätzen, für die der Leistungsempfänger die Steuer nach § 13b UStG schuldet.

Beim Leistungsempfänger:

91 7 % Vorsteuer und
   7 % Umsatzsteuer
92 ohne Vorsteuer und
   7 % Umsatzsteuer
94 19 % Vorsteuer und
   19 % Umsatzsteuer
95 ohne Vorsteuer und
   19 % Umsatzsteuer

Die Unterscheidung der verschiedenen Sachverhalte nach § 13b UStG **erfolgt** nach Eingabe des Steuerschlüssels direkt bei der Erfassung des Buchungssatzes. Hier erfolgt auch die Eingabe, falls Sie ab Buchungsjahr 2007 noch mit 16 % benötigen.

Beim Leistenden:

46 Ausweis Kennzahl 60 der UStVA

Erläuterungen zur Kennzeichnung von Konten für die Programmverbindung zwischen Kanzlei-Rechnungswesen/Bilanz und Steuerprogrammen:

Die Erweiterung des Standardkontenrahmens um zusätzliche Konten und besondere Kennzeichen verbessert weiter die Integration der DATEV-Programme und erleichtert die Arbeit für Anwender von Kanzlei-Rechnungswesen/Bilanz, die gleichzeitig DATEV-Steuerprogramme nutzen. Steuerliche Belange können bereits während des Kontierens stärker berücksichtigt werden.
In der Spalte Programmverbindung werden die Konten gekennzeichnet, die über die Schnittstelle in Kanzlei-Rechnungswesen/Bilanz an das entsprechende Steuerprogramm Umsatzsteuererklärung (U), Gewerbesteuer (G) und Körperschaftsteuer (K) weitergegeben und an entsprechender Stelle der Steuerberechnung zu Grunde gelegt werden.
Die Kennzeichnung „G" und „K" an Standardkonten umfasst für die Weitergabe an Gewerbesteuer und Körperschaftsteuer auch die nachfolgenden Konten bis zum nächsten standardmäßig belegten Konto. Die Kennzeichnung „U" an Standardkonten stellt die Weitergabe an Umsatzsteuererklärung dar. Kontenbereiche werden nur weitergegeben, wenn sie im Standardkontenrahmen ausgewiesen sind (z. B. AM 8400-09).
Wegen der über weite Bereiche geschlossenen Kontenabfrage für Erbschaft- und Schenkungsteuer wird auf eine einzelne Kennzeichnung verzichtet. An Erbschaft- und Schenkungsteuer werden folgende Bereiche an Aktiv- und Passivkonten weitergegeben:

0010-0049	0513-0515	0947-0947	1330-1339
0079-0079	0520-0524	0950-0968	1350-1799
0129-0139	0540-0799	0970-0971	3970-3989
0159-0159	0810-0819	0973-0977	7000-7999
0189-0189	0830-0839	0979-0982	9930-9939
0199-0499	0934-0934	0984-0991	9950-9959
0505-0509	0938-0938	0996-1326	

Nicht gekennzeichnet sind solche Konten, die lediglich eine rechnerische Hilfsfunktion im steuerlichen Sinne ausüben wie Löhne und Gehälter sowie Umsätze für die Berechnung des zulässigen Spendenabzugs im Rahmen von Gewerbesteuer und Körperschaftsteuer.
Abgebildet wird mit dem Kennzeichen die Programmverbindung, nicht der steuerliche Ursprung. Die Gewerbesteuer-Berechnung für Körperschaften ist in das Produkt Körperschaftsteuer integriert. Daher ist an Konten mit gewerbesteuerlichem Merkmal auch ein „K" für diese Programmverbindung zu finden.

Stichwortverzeichnis